# Italian-English Dictionary

# Dizionario Inglese-Italiano

**Berlitz Publishing / APA Publications GmbH & Co.**
**Verlag KG, Singapore Branch, Singapore**

# Berlitz Dictionaries

| | |
|---|---|
| **Dansk** | Engelsk, Fransk, Italiensk, Spansk, Tysk |
| **Deutsch** | Dänisch, Englisch, Finnisch, Französisch, Italienisch, Niederländisch, Norwegisch, Portugiesisch, Schwedish, Spanisch |
| **English** | Danish, Dutch, Finnish, French, German, Italian, Norwegian, Portuguese, Spanish, Swedish, Turkish |
| **Español** | Alemán, Danés, Finlandés, Francés, Holandés, Inglés, Noruego, Sueco |
| **Français** | Allemand, Anglais, Danois, Espagnol, Finnois, Italien, Néerlandais, Norvégien, Portugais, Suédois |
| **Italiano** | Danese, Finlandese, Francese, Inglese, Norvegese, Olandese, Svedese, Tedesco |
| **Nederlands** | Duits, Engels, Frans, Italiaans, Portugees, Spaans |
| **Norsk** | Engelsk, Fransk, Italiensk, Spansk, Tysk |
| **Português** | Alemão, Francês, Holandês, Inglês, Sueco |
| **Suomi** | Englanti, Espanja, Italia, Ranska, Ruotsi, Saksa |
| **Svenska** | Engelska, Finska, Franska, Italienska, Portugisiska, Spanska, Tyska |

# Italian-English Dictionary

# Dizionario Inglese-Italiano

**Contacting the Editors**
Every effort has been made to provide accurate information in this publication, but changes are inevitable. The publisher cannot be responsible for any resulting loss, inconvenience or injury. We would appreciate it if readers would call our attention to any errors or outdated information by contacting Berlitz Publishing, 95 Progress Street, Union, NJ 07083, USA. Fax: 1-908-206-1103

Satisfaction guaranteed—If you are dissatisfied with this product for any reason, send the complete package, your dated sale receipt showing price and store name, and a brief note describing your dissatisfaction to: Berlitz Publishing, Langenscheidt Publishing Group, Dept. L, 46-35 54th Rd., Maspeth, NY 11378. You'll receive a full refund.

# Contents

# Indice

# Preface

In selecting the 12.500 word-concepts in each language for this dictionary, the editors have had the traveller's needs foremost in mind. This book will prove invaluable to all the millions of travellers, tourists and business people who appreciate the reassurance a small and practical dictionary can provide. It offers them—as it does beginners and students—all the basic vocabulary they are going to encounter and to have to use, giving the key words and expressions to allow them to cope in everyday situations.

Like our successful phrase books and travel guides, these dictionaries—created with the help of a computer data bank—are designed to slip into pocket or purse, and thus have a role as handy companions at all times.

Besides just about everything you normally find in dictionaries, there are these Berlitz bonuses:

- imitated pronunciation next to each foreign-word entry, making it easy to read and enunciate words whose spelling may look forbidding

- a unique, practical glossary to simplify reading a foreign restaurant menu and to take the mystery out of complicated dishes and indecipherable names on bills of fare

- useful information on how to tell the time and how to count, on conjugating irregular verbs, commonly seen abbreviations and converting to the metric system, in addition to basic phrases.

While no dictionary of this size can pretend to completeness, we expect the user of this book will feel well armed to affront foreign travel with confidence. We should, however, be very pleased to receive comments, criticism and suggestions that you think may be of help in preparing future editions.

# Prefazione

Selezionando le 12.500 parole-concetti in ogni lingua di questo dizionario, i nostri redattori hanno tenuto conto innanzitutto delle necessità di chi viaggia. Questo libro si rivelerà prezioso per i milioni di turisti, viaggiatori, uomini d'affari che apprezzano il contributo che può dare un dizionario pratico e di formato ridotto. Di grande utilità sarà anche per i principianti e gli studenti, perchè contiene tutti i vocaboli di base che sentiranno e dovranno usare, oltre a parole-chiave ed espressioni che permettono di affrontare situazioni correnti.

Come i nostri manuali di conversazione e le nostre guide turistiche, già molto apprezzate, questi dizionari – realizzati grazie a una banca dei dati su ordinatore – hanno la dimensione giusta per scivolare in una tasca o in una borsetta, diventando così i compagni indispensabili di ogni momento.

Oltre a tutto quanto si trova normalmente in un dizionario, i nostri volumetti contengono:

● una trascrizione fonetica accanto a ogni lemma, al fine di facilitarne la lettura; ciò si rivela particolarmente utile per quelle parole che sembrano impronunciabili

● un pratico lessico gastronomico, inteso a semplificare la lettura del menù in un ristorante straniero e a svelare i misteri di pietanze complicate e di nomi indecifrabili sui conti

● preziose informazioni sul modo di esprimere il tempo, di contare, sui verbi irregolari, sulle abbreviazioni e le conversioni nel sistema metrico, oltre alle espressioni più correnti.

Nessun dizionario di questo formato può pretendere di essere completo, ma il suo scopo è di permettere a chi lo usa di affrontare con fiducia un viaggio all'estero. Naturalmente saremo lieti di ricevere commenti, critiche e suggerimenti che potrebbero essere di aiuto nella preparazione di future edizioni.

italian-english
italiano-inglese

# Introduction

The dictionary has been designed to take account of your practical needs. Unnecessary linguistic information has been avoided. The entries are listed in alphabetical order, regardless of whether the entry word is printed in a single word or in two or more separate words. As the only exception to this rule, a few idiomatic expressions are listed alphabetically as main entries, by order of the most significant word in the expression. When an entry is followed by sub-entries such as expressions and locutions, these, too, have been listed in alphabetical order.

Each main-entry word is followed by a phonetic transcription (see Guide to pronunciation). Following the transcription is the part of speech of the entry word, whenever applicable. When an entry word may be used as more than one part of speech, the translations are grouped together after the respective part of speech.

Irregular plurals of nouns are shown in brackets after the part of speech.

Whenever an entry word is repeated in irregular plurals or in sub-entries, a tilde ($\sim$) is used to represent the full entry word.

An asterisk (*) in front of a verb indicates that the verb is irregular. For details, refer to the lists or irregular verbs.

## Abbreviations

| | | | |
|---|---|---|---|
| *adj* | adjective | *num* | numeral |
| *adv* | adverb | *p* | past tense |
| *Am* | American | *pl* | plural |
| *art* | article | *plAm* | plural (American) |
| *conj* | conjunction | *pp* | past participle |
| *f* | feminine | *pr* | present tense |
| *fpl* | feminine plural | *pref* | prefix |
| *m* | masculine | *prep* | preposition |
| *mpl* | masculine plural | *pron* | pronoun |
| *n* | noun | *v* | verb |
| *nAm* | noun (American) | *vAm* | verb (American) |

# Guide to Pronunciation

Each main entry in this part of the dictionary is followed by a phonetic transcription which shows you how to pronounce the words. This transcription should be read as if it were English. It is based on Standard British pronunciation, though we have tried to take account of General American pronunciation also. Below, only those letters and symbols are explained which we consider likely to be ambiguous or not immediately understood.

The syllables are separated by hyphens, and stressed syllables are printed in *italics*.

Of course, the sounds of any two languages are never exactly the same, but if you follow carefully our indications, you should be able to pronounce the foreign words in such a way that you'll be understood. To make your task easier, our transcriptions occasionally simplify slightly the sound system of the language while still reflecting the essential sound differences.

## Consonants

| | |
|---|---|
| g | always hard, as in **go** |
| l$^y$ | like **lli** in mi**lli**on |
| ñ | as in Spanish se**ñ**or, or like **ni** in o**ni**on |
| r | slightly rolled in the front of the mouth |
| s | always hard, as in **so** |
| y | always as in **yet**, not as in eas**y** |

## Vowels and Diphthongs

| | |
|---|---|
| aa | long **a**, as in c**ar** |
| ah | a short version of **aa**; between **a** in c**a**t and **u** in c**u**t |
| ai | like **air**, without any **r**-sound |
| eh | like **e** in g**e**t |
| igh | as in s**igh** |
| o | always as in h**o**t (British pronunciation) |
| ou | as in l**ou**d |

1) A bar over a vowel symbol (e.g. $\overline{oo}$) shows that this sound is long.

2) Raised letters (e.g. **ah**[ay], **eh**[oo]) should be pronounced only fleetingly.

3) Italian vowels (i.e. not diphthongs) are pure. Therefore, you should try to read a transcription like **oa** without moving tongue or lips while pronouncing the sound.

4) A few Italian words borrowed from French contain nasal vowels, which we transcribe with a vowel symbol plus **ng** (e.g. **ong**). This **ng** should *not* be pronounced, and serves solely to indicate nasal quality of the preceding vowel. A nasal vowel is pronounced simultaneously through the mouth and the nose.

# A

**a** (ah) *prep* at; to; on
**abbagliante** (ahb-bah-*lʸahn*-tay) *adj* glaring
**abbagliare** (ahb-bah-*lʸaa*-ray) *v* blind
**abbaiare** (ahb-bah-*yaa*-ray) *v* bark
**abbandonare** (ahb-bahn-doa-*naa*-ray) *v* abandon
**abbassare** (ahb-bahss-*saa*-ray) *v* lower
**abbastanza** (ahb-bah-*stahn*-tsah) *adv* enough; fairly, rather, pretty, quite
**abbattere** (ahb-*baht*-tay-ray) *v* knock down, fell; dishearten
**abbattuto** (ahb-bah-*tōō*-toa) *adj* low, down
**abbigliamento sportivo** (ahb-bee-*lʸah*-mayn-toa spoar-*tee*-voa) sportswear
**abbigliare** (ahb-bee-*lʸaa*-ray) *v* dress
**abbonamento** (ahb-boa-nah-*mayn*-toa) *m* subscription; season-ticket
**abbonato** (ahb-boa-*naa*-toa) *m* subscriber
**abbondante** (ahb-boan-*dahn*-tay) *adj* plentiful, abundant
**abbondanza** (ahb-boan-*dahn*-tsah) *f* plenty, abundance
**abbottonare** (ahb-boat-toa-*naa*-ray) *v* button
**abbozzare** (ahb-boat-*tsaa*-ray) *v* sketch
**abbracciare** (ahb-braht-*chaa*-ray) *v* embrace, hug

**abbraccio** (ahb-*braht*-choa) *m* embrace, hug
**abbreviazione** (ahb-bray-vyah-*tsyōa*-nay) *f* abbreviation
**abbronzato** (ahb-broan-*dzaa*-toa) *adj* tanned
**abbronzatura** (ahb-broan-dzah-*tōō*-rah) *f* sunburn
**aberrazione** (ah-bayr-rah-*tsyōa*-nay) *f* aberration
**abete** (ah-*bāy*-tay) *m* fir-tree
**abile** (*aa*-bee-lay) *adj* able; skilled, skilful
**abilità** (ah-bee-lee-*tah*) *f* capacity, ability; art, skill
**abilitare** (ah-bee-lee-*taa*-ray) *v* enable
**abisso** (ah-*beess*-soa) *m* abyss
**abitabile** (ah-bee-*taa*-bee-lay) *adj* inhabitable, habitable
**abitante** (ah-bee-*tahn*-tay) *m* inhabitant
**abitare** (ah-bee-*taa*-ray) *v* live; inhabit; reside
**abitazione** (ah-bee-tah-*tsyōa*-nay) *f* house; home
**abito** (*aa*-bee-toa) *m* frock; suit; **abiti** clothes *pl*; ~ **da sera** evening dress; ~ **femminile** robe, dress
**abituale** (ah-bee-*twaa*-lay) *adj* common, customary
**abitualmente** (ah-bee-twahl-*mayn*-tay) *adv* usually

**abituare** (ah-bee-*twaa*-ray ) v accustom

**abitudine** (ah-bee-*tōō*-dee-nay ) f habit; custom; routine

**abolire** (ah-boa-*lee*-ray ) v abolish

**aborto** (ah-*bor*-toa ) m miscarriage; abortion

**abramide** (ah-brah-*mee*-day ) m bream

**abuso** (ah-*bōō*-zoa ) m misuse, abuse

**accademia** (ahk-kah-*dai*-myah ) f academy; ~ **di belle arti** art school

*****accadere** (ahk-kah-*dāy*-ray ) v occur, happen

**accamparsi** (ahk-kahm-*pahr*-see ) v camp

**accanto** (ahk-*kahn*-toa ) adv next-door; ~ **a** beside

**accappatoio** (ahk-kahp-pah-*tōā*-yoa ) m bathrobe

**accelerare** (aht-chay-lay-*raa*-ray ) v accelerate

**accelerato** (aht-chay-lay-*raa*-toa ) m stopping train

**acceleratore** (aht-chay-lay-rah-*tōā*-ray ) m accelerator

*****accendere** (aht-*chehn*-day-ray ) v *light; turn on, switch on

**accendino** (aht-chayn-*dee*-noa ) m cigarette-lighter, lighter

**accennare** (aht-chayn-*naa*-ray ) v beckon; ~ **a** allude to

**accensione** (aht-chayn-*syō*-nay ) f ignition; contact; **bobina di** ~ ignition coil

**accento** (aht-*chehn*-toa ) m accent; stress

**accerchiare** (aht-chayr-*kyaa*-ray ) v circle, encircle

**accertare** (aht-chayr-*taa*-ray ) v ascertain

**accessibile** (aht-chayss-*see*-bee-lay ) adj accessible

**accesso** (aht-*chehss*-soa ) m access; approach, entrance

**accessori** (aht-chayss-*sōā*-ree ) mpl accessories pl

**accessorio** (aht-chayss-*sōā*-ryoa ) adj additional

**accettare** (aht-chayt-*taa*-ray ) v accept

**acchiappare** (ahk-kyahp-*paa*-ray ) v *catch

**acciaio** (aht-*chaa*-yoa ) m steel; ~ **inossidabile** stainless steel

**accidentato** (aht-chee-dayn-*taa*-toa ) adj bumpy

**acciuga** (aht-*chōō*-gah ) f anchovy

**acclamare** (ahk-klah-*maa*-ray ) v cheer

*****accludere** (ahk-*klōō*-day-ray ) v enclose

**accoglienza** (ahk-koa-*lYehn*-tsah ) f reception, welcome

*****accogliere** (ahk-*kaw*-lYay-ray ) v welcome; accept

**accomodamento** (ahk-koa-moa-dah-*mayn*-toa ) m arrangement, settlement

**accompagnare** (ahk-koam-pah-*ñaa*-ray ) v accompany; *take

**acconciatura** (ahk-koan-chah-*tōō*-rah ) f hair-do

**acconsentire** (ahk-koan-sayn-*tee*-ray ) v consent

**accontentato** (ahk-koan-tayn-*taa*-toa ) adj satisfied

**acconto** (ahk-*koan*-toa ) m down payment

**accordare** (ahk-koar-*daa*-ray ) v grant, extend; **accordarsi** v agree

**accordo** (ahk-*kor*-doa ) m agreement, settlement; approval; deal; **d'accordo!** okay!

*****accorgersi di** (ahk-*kor*-jayr-see ) notice

*****accorrere** (ahk-*koar*-ray-ray ) v rush

**accreditare** (ahk-kray-dee-*taa*-ray ) v credit

*****accrescersi** (ahk-kraysh-*shayr*-see ) v increase

**accudire a** (ahk-koo-*dee*-ray ) attend to

**accumulatore** (ahk-koo-moo-lah-*tōā*-ray) *m* battery

**accurato** (ahk-koo-*raa*-toa) *adj* careful, accurate; thorough

**accusa** (ahk-*kōō*-zah) *f* charge

**accusare** (ahk-koo-*zaa*-ray) *v* accuse; charge

**accusato** (ahk-koo-*zaa*-toa) *m* accused

**acero** (*ah*-chay-roa) *m* maple

**aceto** (ah-*chāy*-toa) *m* vinegar

**acido** (ah-*chee*-doa) *m* acid

**acne** (*ahk*-nay) *f* acne

**acqua** (*ahk*-kwah) *f* water; ~ **corrente** running water; ~ **dentifricia** mouthwash; ~ **di mare** sea-water; ~ **di seltz** soda-water; ~ **dolce** fresh water; ~ **ghiacciata** iced water; ~ **minerale** mineral water; ~ **ossigenata** *m* peroxide; ~ **potabile** drinking-water

**acquaforte** (ahk-kwah-*for*-tay) *f* etching

**acquazzone** (ahk-kwaht-*tsōā*-nay) *m* shower, downpour

**acquerello** (ahk-kway-*rehl*-loa) *m* water-colour

**acquisizione** (ahk-kwee-zee-*tsyōā*-nay) *f* acquisition

**acquistare** (ahk-kwee-*staa*-ray) *v* *buy

**acquisto** (ahk-*kwee*-stoa) *m* purchase

**acuto** (ah-*kōō*-toa) *adj* acute

**adattare** (ah-daht-*taa*-ray) *v* adapt; adjust, suit

**adattatore** (ah-daht-tah-*tōā*-ray) *m* adaptor

**adatto** (ah-*daht*-toa) *adj* proper, suitable, fit; appropriate

**addestramento** (ahd-day-strah-*mayn*-toa) *m* training

**addestrare** (ahd-day-*straa*-ray) *v* train, drill

**addio** (ahd-*dee*-oa) *m* parting

***addirsi** (ahd-*deer*-see) *v* *become, suit; qualify

**additare** (ahd-dee-*taa*-ray) *v* point

**addizionare** (ahd-dee-tsyoa-*naa*-ray) *v* add, count

**addizione** (ahd-dee-*tsyōā*-nay) *f* addition

**addolcitore** (ahd-doal-chee-*tōā*-ray) *m* water-softener

**addomesticare** (ahd-doa-may-stee-*kaa*-ray) *v* tame; **addomesticato** tame

**addormentato** (ahd-doar-mayn-*taa*-toa) *adj* asleep

**adeguato** (ah-day-*gwaa*-toa) *adj* adequate; suitable

**adempiere** (ah-*dehm*-pyay-ray) *v* accomplish

**adempimento** (ah-daym-pee-*mayn*-toa) *m* achievement

**adesso** (ah-*dehss*-soa) *adv* now

**adiacente** (ah-dyah-*chehn*-tay) *adj* neighbouring

**adolescente** (ah-doa-laysh-*shehn*-tay) *m* teenager

**adoperare** (ah-doa-pay-*raa*-ray) *v* use

**adorabile** (ah-doa-*raa*-bee-lay) *adj* adorable

**adottare** (ah-doat-*taa*-ray) *v* adopt; borrow

**adulto** (ah-*dool*-toa) *adj* grown-up, adult; *m* grown-up, adult

**aerare** (ah^(ay)-*raa*-ray) *v* ventilate

**aerazione** (ah^(ay)-rah-*tsyōā*-nay) *f* ventilation

**aereo** (ah-*ai*-ray-oa) *m* plane, aircraft; ~ **a reazione** turbojet

**aerodromo** (ah^(ay)-*ro*-dro-moa) *m* airfield

**aeroplano** (ah^(ay)-roa-*plaa*-noa) *m* aeroplane; airplane *nAm*

**aeroporto** (ah^(ay)-roa-*por*-toa) *m* airport

**affabile** (ahf-*faa*-bee-lay) *adj* friendly

**affacciarsi** (ahf-faht-*chahr*-see) *v* appear

**affamato** (ahf-fah-*maa*-toa) *adj* hungry

**affare** (ahf-*faa*-ray) *m* matter, affair,

business; bargain; deal; **affari** business; *fare affari con *deal with; **per affari** on business

**affascinante** (ahf-fahsh-shee-*nahn*-tay) *adj* glamorous, enchanting, charming

**affascinare** (ahf-fahsh-shee-*naa*-ray) *v* fascinate

**affastellare** (ahf-fah-stayl-*laa*-ray) *v* bundle

**affaticato** (ahf-fah-tee-*kaa*-toa) *adj* weary, tired

**affatto** (ahf-*faht*-toa) *adv* at all

**affermare** (ahf-fayr-*maa*-ray) *v* state

**affermativo** (ahf-fayr-mah-*tee*-voa) *adj* affirmative

**afferrare** (ahf-fayr-*raa*-ray) *v* grasp, *catch, seize; *take

**affettato** (ahf-fayt-*taa*-toa) *adj* affected

**affetto** (ahf-*feht*-toa) *m* affection

**affettuoso** (ahf-fayt-*twoā*-soa) *adj* affectionate

**affezionato a** (ahf-fay-tsyoa-*naa*-toa ah) attached to

**affezione** (ahf-fay-*tsyoā*-nay) *f* affection, ailment

**affidare** (ahf-fee-*daa*-ray) *v* commit

**affilare** (ahf-fee-*laa*-ray) *v* sharpen

**affilato** (ahf-fee-*laa*-toa) *adj* sharp

**affinché** (ahf-feeng-*kay*) *conj* so that

**affisso** (ahf-*feess*-soa) *m* placard

**affittacamere** (ahf-feet-tah-*kaa*-may-ray) *m* landlord; *f* landlady

**affittare** (ahf-feet-*taa*-ray) *v* *let; rent

**affitto** (ahf-*feet*-toa) *m* rent; *dare in ~ lease; *prendere in ~ lease

*affliggersi** (ahf-fleed-*jayr*-see) *v* grieve

**afflitto** (ahf-*fleet*-toa) *adj* sad

**afflizione** (ahf-flee-*tsyoā*-nay) *f* affliction; grief

**affogare** (ahf-foa-*gaa*-ray) *v* drown; **affogarsi** *v* *be drowned

**affollato** (ahf-foal-*laa*-toa) *adj* crowded

**affondare** (ahf-foan-*daa*-ray) *v* *sink

**affrancare** (ahf-frahng-*kaa*-ray) *v* stamp

**affrancatura** (ahf-frahng-kah-*tōō*-rah) *f* postage

**affrettarsi** (ahf-frayt-*tahr*-see) *v* rush, hasten, hurry

**affrontare** (ahf-froan-*taa*-ray) *v* tackle, face

**Africa** (*aa*-free-kah) *f* Africa; **Africa del Sud** South Africa

**africano** (ah-free-*kaa*-noa) *adj* African; *m* African

**agenda** (ah-*jehn*-dah) *f* diary; agenda

**agente** (ah-*jehn*-tay) *m* policeman; agent; ~ **di viaggio** travel agent; ~ **immobiliare** house agent

**agenzia** (ah-jayn-*tsee*-ah) *f* agency; ~ **viaggi** travel agency

**agevolazione** (ah-jay-voa-lah-*tsyoā*-nay) *f* facility

**aggeggio** (ahd-*jayd*-joa) *m* gadget

**aggettivo** (ahd-jayt-*tee*-voa) *m* adjective

**aggiudicare** (ahd-joo-dee-*kaa*-ray) *v* award

*aggiungere** (ahd-*joon*-jay-ray) *v* add

**aggiunta** (ahd-*joon*-tah) *f* addition; **in ~ a** beyond

**aggiustamento** (ahd-joo-stah-*mayn*-toa) *m* settlement

**aggredire** (ahg-gray-*dee*-ray) *v* assault

**aggressivo** (ahg-grayss-*see*-voa) *adj* aggressive

**agiato** (ah-*jaa*-toa) *adj* well-to-do

**agile** (*ah*-jee-lay) *adj* supple

**agio** (*aa*-joa) *m* comfort, ease

**agire** (ah-*jee*-ray) *v* act; operate

**agitare** (ah-jee-*taa*-ray) *v* *shake

**agitazione** (ah-jee-tah-*tsyoā*-nay) *f* excitement, unrest

**aglio** (*aa*-lʸoa) *m* garlic

**agnello** (ah-*ñehl*-loa) *m* lamb

**ago** (*aa*-goa) *m* needle

**agosto** (ah-*goa*-stoa) August

**agricolo** (ah-*gree*-koa-loa) *adj* agrarian

**agricoltura** (ah-gree-koal-*tōō*-rah) *f* agriculture

**agro** (*aa*-groa) *adj* sour

**aguzzo** (ah-*goot*-tsoa) *adj* keen

**aiola** (igh-*aw*-lah) *f* flowerbed

**airone** (igh-*rōa*-nay) *m* heron

**aiutante** (ah-yoo-*tahn*-tay) *m* helper

**aiutare** (ah-yoo-*taa*-ray) *v* aid, help

**aiuto** (ah-*yōō*-toa) *m* assistance, help; relief

**ala** (*aa*-lah) *f* wing

**alba** (*ahl*-bah) *f* dawn

**albergatore** (ahl-bayr-gah-*tōa*-ray) *m* inn-keeper

**albergo** (ahl-*behr*-goa) *m* hotel

**albero** (*ahl*-bay-roa) *m* tree; mast; ~ **a camme** camshaft; ~ **a gomiti** crankshaft

**albicocca** (ahl-bee-*kok*-kah) *f* apricot

**album** (*ahl*-boom) *m* album; ~ **da disegno** sketch-book; ~ **per ritagli** scrap-book

**alce** (*ahl*-chay) *m* moose

**alcool** (*ahl*-koa-oal) *m* alcohol; ~ **metilico** methylated spirits

**alcoolico** (ahl-*kaw*-lee-koa) *adj* alcoholic

**alcuno** (ahl-*kōō*-noa) *adj* any; **alcuni** *adj* some; *pron* some

**alfabeto** (ahl-fah-*bai*-toa) *m* alphabet

**algebra** (*ahl*-jay-brah) *f* algebra

**Algeria** (ahl-jay-*ree*-ah) *f* Algeria

**algerino** (ahl-jay-*ree*-noa) *adj* Algerian; *m* Algerian

**aliante** (ah-*lyahn*-tay) *m* glider

**alimentari** (ah-lee-mayn-*taa*-ree) *mpl* groceries *pl*, foodstuffs *pl*

**alimento** (ah-lee-*mayn*-toa) *m* food; **alimenti** alimony

**allacciare** (ahl-laht-*chaa*-ray) *v* fasten

**allargare** (ahl-lahr-*gaa*-ray) *v* widen; extend; expand

**allarmante** (ahl-lahr-*mahn*-tay) *adj* scary

**allarmare** (ahl-lahr-*maa*-ray) *v* alarm

**allarme** (ahl-*lahr*-may) *m* alarm; ~ **d'incendio** fire-alarm

**allattare** (ahl-laht-*taa*-ray) *v* nurse

**alleanza** (ahl-lay-*ahn*-tsah) *f* alliance

**alleato** (ahl-lay-*aa*-toa) *m* associate; **Alleati** Allies *pl*

**allegare** (ahl-lay-*gaa*-ray) *v* enclose

**allegato** (ahl-lay-*gaa*-toa) *m* annex, enclosure

**allegria** (ahl-lay-*gree*-ah) *f* gaiety

**allegro** (ahl-*lāy*-groa) *adj* merry, joyful, gay, cheerful; jolly

**allenatore** (ahl-lay-nah-*tōa*-ray) *m* coach

**allergia** (ahl-layr-*jee*-ah) *f* allergy

**allevare** (ahl-lay-*vaa*-ray) *v* raise; rear; *breed

**allibrare** (ahl-lee-*braa*-ray) *v* book

**allibratore** (ahl-lee-brah-*tōa*-ray) *m* bookmaker

**allievo** (ahl-*lyai*-voa) *m* scholar

**allodola** (ahl-*law*-doa-lah) *f* lark

**alloggiare** (ahl-load-*jaa*-ray) *v* accommodate, lodge

**alloggio** (ahl-*lod*-joa) *m* accommodation, lodgings *pl*; apartment *nAm*; ~ **e colazione** bed and breakfast

**allontanare** (ahl-loan-tah-*naa*-ray) *v* remove; **allontanarsi** depart; deviate

**allora** (ahl-*lōa*-rah) *adv* then; **da ~** since

**allungare** (ahl-loong-*gaa*-ray) *v* lengthen; dilute

**almanacco** (ahl-mah-*nahk*-koa) *m* almanac

**almeno** (ahl-*māy*-noa) *adv* at least

**alpinismo** (ahl-pee-*nee*-zmoa) *m* mountaineering

**alquanto** (ahl-*kwahn*-toa) *adv* fairly, rather, pretty, quite; somewhat

**alt!** (ahlt) stop!

**altalena** (ahl-tah-*láy*-nah ) *f* swing; see-saw

**altare** (ahl-*taa*-ray ) *m* altar

**alternativa** (ahl-tayr-nah-*tee*-vah ) *f* alternative

**alternato** (ahl-tayr-*naa*-toa ) *adj* alternate

**altezza** (ahl-*tayt*-tsah ) *f* height

**altezzoso** (ahl-tayt-*tsóa*-soa ) *adj* haughty

**altitudine** (ahl-tee-*tóo*-dee-nay ) *f* altitude

**alto** (*ahl*-toa) *adj* high; tall; loud; **verso l'alto** up

**altoparlante** (ahl-toa-pahr-*lahn*-tay ) *m* loud-speaker

**altopiano** (ahl-toa-*pyaa*-noa ) *m* (pl altipiani) plateau, uplands *pl*

**altrettanto** (ahl-trayt-*tahn*-toa ) *adv* as much

**altrimenti** (ahl-tree-*mayn*-tee ) *adv* otherwise, else; *conj* otherwise

**altro** (*ahl*-troa ) *adj* other; different; **l'un l'altro** each other; **l'uno o l'altro** either; **tra l'altro** among other things; **un ~** another

**d'altronde** (dahl-*troan*-day ) besides

**altrove** (ahl-*tróa*-vay ) *adv* elsewhere

**altura** (ahl-*tóo*-rah ) *f* rise

**alveare** (ahl-vay-*aa*-ray ) *m* beehive

**alzare** (ahl-*tsaa*-ray ) *v* lift; **alzarsi** *get up, *rise

**amabile** (ah-*maa*-bee-lay ) *adj* gentle

**amaca** (ah-*maa*-kah ) *f* hammock

**amante** (ah-*mahn*-tay ) *m* lover; *f* mistress

**amare** (ah-*maa*-ray ) *v* love; *be fond of

**amaro** (ah-*maa*-roa ) *adj* bitter

**amato** (ah-*maa*-toa ) *adj* beloved

**ambasciata** (ahm-bahsh-*shaa*-tah ) *f* embassy

**ambasciatore** (ahm-bahsh-shah-*tóa*-ray ) *m* ambassador

**ambiente** (ahm-*byayn*-tay ) *m* milieu, environment

**ambiguo** (ahm-*bee*-gwoa ) *adj* ambiguous

**ambizioso** (ahm-bee-*tsyóa*-soa ) *adj* ambitious

**ambra** (*ahm*-brah ) *f* amber

**ambulante** (ahm-boo-*lahn*-tay ) *adj* itinerant

**ambulanza** (ahm-boo-*lahn*-tsah ) *f* ambulance

**America** (ah-*mai*-ree-kah ) *f* America; **~ Latina** Latin America

**americano** (ah-may-ree-*kaa*-noa ) *adj* American; *m* American

**ametista** (ah-may-*tee*-stah ) *f* amethyst

**amianto** (ah-*myahn*-toa ) *m* asbestos

**amica** (ah-*mee*-kah ) *f* friend

**amichevole** (ah-mee-*káy*-voa-lay ) *adj* friendly

**amicizia** (ah-mee-*chee*-tsyah ) *f* friendship

**amico** (ah-*mee*-koa ) *m* friend

**amido** (*aa*-mee-doa ) *m* starch

**ammaccare** (ahm-mahk-*kaa*-ray ) *v* bruise

**ammaccatura** (ahm-mahk-kah-*tóo*-rah ) *f* dent

**ammaestrare** (ahm-mah[ay]-*straa*-ray ) *v* train

**ammainare** (ahm-migh-*naa*-ray ) *v* *strike

**ammalato** (ahm-mah-*laa*-toa ) *adj* ill, sick

**ammazzare** (ahm-maht-*tsaa*-ray ) *v* kill

*ammettere** (ahm-*mayt*-tay-ray ) *v* admit; acknowledge

**amministrare** (ahm-mee-nee-*straa*-ray ) *v* direct

**amministrativo** (ahm-mee-nee-strah-*tee*-voa ) *adj* administrative

**amministrazione** (ahm-mee-nee-strah-*tsyóa*-nay ) *f* administration; direction

**ammiraglio** (ahm-mee-*rah*-lᵞoa ) *m* admiral

**ammirare** (ahm-mee-*raa*-ray ) *v* admire

**ammirazione** (ahm-mee-rah-*tsyōa*-nay ) *f* admiration

**ammissione** (ahm-meess-*syōa*-nay ) *f* admittance, admission

**ammobiliare** (ahm-moa-bee-*lᵞaa*-ray ) *v* furnish; **non ammobiliato** unfurnished

**ammollare** (ahm-moal-*laa*-ray ) *v* soak

**ammoniaca** (ahm-moa-*nee*-ah-kah) *f* ammonia

**ammonire** (ahm-moa-*nee*-ray ) *v* caution

**ammontare** (ahm-moan-*taa*-ray ) *m* amount

**ammontare a** (ahm-moan-*taa*-ray ) amount to

**ammorbidire** (ahm-moar-bee-*dee*-ray ) *v* soften

**ammortizzatore** (ahm-moar-teed-dzah-*tōa*-ray ) *m* shock absorber

**ammucchiare** (ahm-mook-*kyaa*-ray ) *v* pile

**ammuffito** (ahm-moof-*fee*-toa ) *adj* mouldy

**ammutinamento** (ahm-moo-tee-nah-*mayn*-toa ) *m* mutiny

**amnistia** (ahm-nee-*stee*-ah ) *f* amnesty

**amo** (*aa*-moa ) *m* fishing hook; **pescare con l'amo** fish

**amore** (ah-*mōa*-ray ) *m* love; darling, sweetheart

**amoretto** (ah-moa-*rayt*-toa ) *m* affair

**ampio** (*ahm*-pyoa ) *adj* extensive, broad

**ampliamento** (ahm-plyah-*mayn*-toa ) *m* extension

**ampliare** (ahm-*plyaa*-ray ) *v* enlarge

**amuleto** (ah-moo-*lāy*-toa ) *m* charm

**analfabeta** (ah-nahl-fah-*bai*-tah ) *m* illiterate

**analisi** (ah-*naa*-lee-zee ) *f* analysis

**analista** (ah-nah-*lee*-stah ) *m* analyst

**analizzare** (ah-nah-leed-*dzaa*-ray ) *v* analyse; *break down

**analogo** (ah-*naa*-loa-goa ) *adj* similar

**ananas** (*ah*-nah-nahss ) *m* pineapple

**anarchia** (ah-nahr-*kee*-ah ) *f* anarchy

**anatomia** (ah-nah-toa-*mee*-ah ) *f* anatomy

**anche** (*ahng*-kay ) *adv* too, also; even

**ancora**[1] (*ahng*-*kōā*-rah ) *adv* yet, still; again; some more; ~ **una volta** once more

**ancora**[2] (*ahng*-koa-rah ) *f* anchor

*__andare__ (ahn-*daa*-ray ) *v* *go; ~ **a prendere** *get, fetch; ~ **carponi** crawl; ~ **in macchina** *ride; *__andarsene__ *go away, depart

**andata** (ahn-*daa*-tah ) *f* going

**andatura** (ahn-dah-*tōō*-rah ) *f* walk; pace, gait

**andirivieni** (ahn-dee-ree-*vyai*-nee ) *m* bustle

**anello** (ah-*nehl*-loa ) *m* ring; ~ **di fidanzamento** engagement ring; ~ **per stantuffo** piston ring

**anemia** (ah-nay-*mee*-ah ) *f* anaemia

**anestesia** (ah-nay-stay-*see*-ah ) *f* anaesthesia

**anestetico** (ah-nay-*stai*-tee-koa ) *m* anaesthetic

**angelo** (*ahn*-jay-loa ) *m* angel

**angolo** (*ahng*-goa-loa ) *m* corner; angle

**angora** (*ahng*-go-rah ) *f* mohair

**anguilla** (ahng-*gweel*-lah ) *f* eel

**anguria** (ahng-*gōō*-ryah ) *f* watermelon

**angusto** (ahng-*goo*-stoa ) *adj* narrow

**anima** (*aa*-nee-mah ) *f* soul; essence

**animale** (ah-nee-*maa*-lay ) *m* animal; beast; ~ **da preda** beast of prey; ~ **domestico** pet

**animato** (ah-nee-*maa*-toa ) *adj* busy

**animo** (*aa*-nee-moa ) *m* heart; intention; courage

**anitra** (aa-nee-trah) f duck

**\*annettere** (ahn-neht-tay-ray) v annex; attach

**anniversario** (ahn-nee-vayr-saa-ryoa) m anniversary; jubilee

**anno** (ahn-noa) m year; **all'anno** per annum; ~ **bisestile** leap-year; ~ **nuovo** New Year

**annodare** (ahn-noa-daa-ray) v knot, tie

**annoiare** (ahn-noa-yaa-ray) v annoy; bore

**annotare** (ahn-noa-taa-ray) v \*write down, note

**annuale** (ahn-nwaa-lay) adj yearly, annual

**annuario** (ahn-nwaa-ryoa) m annual

**annuire** (ahn-nwee-ray) v nod

**annullamento** (ahn-nool-lah-mayn-toa) m cancellation

**annullare** (ahn-nool-laa-ray) v cancel

**annunziare** (ahn-noon-tsyaa-ray) v announce

**annunzio** (ahn-noon-tsyoa) m announcement; ~ **pubblicitario** commercial

**anonimo** (ah-naw-nee-moa) adj anonymous

**anormale** (ah-noar-maa-lay) adj abnormal

**ansia** (ahn-syah) f worry

**ansietà** (ahn-syay-tah) f anxiety, concern

**ansimare** (ahn-see-maa-ray) v pant

**ansioso** (ahn-syoa-soa) adj anxious, eager

**d'anteguerra** (dahn-tay-gwehr-rah) pre-war

**antenato** (ahn-tay-naa-toa) m ancestor

**antenna** (ahn-tayn-nah) f aerial

**anteriore** (ahn-tay-ryoa-ray) adj prior, previous

**anteriormente** (ahn-tay-ryoar-mayn-tay) adv formerly

**antibiotico** (ahn-tee-byaw-tee-koa) m

antibiotic

**anticaglia** (ahn-tee-kaa-lYah) f antique

**antichità** (ahn-tee-kee-tah) fpl antiquities pl; **Antichità** f antiquity

**anticipare** (ahn-tee-chee-paa-ray) v anticipate

**anticipatamente** (ahn-tee-chee-pah-tah-mayn-tay) adv in advance

**anticipo** (ahn-tee-chee-poa) m advance; **in** ~ in advance

**antico** (ahn-tee-koa) adj ancient; antique; former

**anticoncezionale** (ahn-tee-koan-chay-tsyoa-naa-lay) m contraceptive

**anticongelante** (ahn-tee-koan-jay-lahn-tay) m antifreeze

**antipasto** (ahn-tee-pah-stoa) m hors-d'œuvre

**antipatia** (ahn-tee-pah-tee-ah) f antipathy, dislike

**antipatico** (ahn-tee-paa-tee-koa) adj unpleasant, nasty

**antiquario** (ahn-tee-kwaa-ryoa) m antique dealer

**antiquato** (ahn-tee-kwaa-toa) adj ancient, old-fashioned; quaint

**antisettico** (ahn-tee-seht-tee-koa) m antiseptic

**antologia** (ahn-toa-loa-jee-ah) f anthology

**anzi** (ahn-tsee) adv rather, on the contrary

**anziano** (ahn-tsyaa-noa) adj aged, elderly

**ape** (aa-pay) f bee

**aperitivo** (ah-pay-ree-tee-voa) m aperitif, drink

**aperto** (ah-pehr-toa) adj open; **all'aperto** outdoors

**apertura** (ah-payr-tōō-rah) f opening

**apice** (aa-pee-chay) m zenith

**appagamento** (ahp-pah-gah-mayn-toa) m satisfaction

**apparato** (ahp-pah-raa-toa) m appliance; pomp

**apparecchio** (ahp-pah-*rayk*-kyoa) *m* appliance, apparatus, machine

**apparente** (ahp-pah-*rehn*-tay) *adj* apparent

**apparentemente** (ahp-pah-rayn-tay-*mayn*-tay) *adv* apparently

**apparenza** (ahp-pah-*rehn*-tsah) *f* appearance; semblance

* **apparire** (ahp-pah-*ree*-ray) *v* appear

**apparizione** (ahp-pah-ree-*tsyōa*-nay) *f* apparition

**appartamento** (ahp-pahr-tah-*mayn*-toa) *m* flat; suite; apartment *nAm*; **blocco di appartamenti** apartment house *Am*

* **appartenere** (ahp-pahr-tay-*nāy*-ray) *v* belong

**appassionato** (ahp-pahss-syoa-*naa*-toa) *adj* passionate; keen

**appello** (ahp-*pehl*-loa) *m* appeal; call

**appena** (ahp-*pai*-nah) *adv* hardly, barely; just; **non ~** as soon as

* **appendere** (ahp-*pehn*-day-ray) *v* *hang

**appendice** (ahp-payn-*dee*-chay) *f* appendix

**appendicite** (ahp-payn-dee-*chee*-tay) *f* appendicitis

**appetito** (ahp-pay-*tee*-toa) *m* appetite

**appetitoso** (ahp-pay-tee-*tōa*-soa) *adj* appetizing

**appezzamento** (ahp-payt-tsah-*mayn*-toa) *m* plot

**appiccicare** (ahp-peet-chee-*kaa*-ray) *v* *stick

**appiccicaticcio** (ahp-peet-chee-kah-*teet*-choa) *adj* sticky

**applaudire** (ahp-plou-*dee*-ray) *v* clap

**applauso** (ahp-*plou*-zoa) *m* applause

**applicare** (ahp-plee-*kaa*-ray) *v* apply; **applicarsi** apply

**applicazione** (ahp-plee-kah-*tsyōa*-nay) *f* application

**appoggiare** (ahp-poad-*jaa*-ray) *v* support; **appoggiarsi** *lean

**apposta** (ahp-*po*-stah) *adv* on purpose

* **apprendere** (ahp-*prehn*-day-ray) *v* learn; *hear

**apprezzamento** (ahp-prayt-tsah-*mayn*-toa) *m* appreciation

**apprezzare** (ahp-prayt-*tsaa*-ray) *v* appreciate

**approfittare** (ahp-proa-feet-*taa*-ray) *v* profit, benefit

**appropriato** (ahp-proa-*pryaa*-toa) *adj* appropriate, proper

**approssimativo** (ahp-proass-see-mah-*tee*-voa) *adj* approximate

**approvare** (ahp-proa-*vaa*-ray) *v* approve; approve of

**approvazione** (ahp-proa-vah-*tsyōa*-nay) *f* approval

**appuntamento** (ahp-poon-tah-*mayn*-toa) *m* appointment, date

**appuntare** (ahp-poon-*taa*-ray) *v* pin

**appuntato** (ahp-poon-*taa*-toa) *adj* pointed

**appunto** (ahp-*poon*-toa) *m* note; **blocco per appunti** pad, writing-pad

**apribottiglie** (ah-pree-boat-*tee*-lʸay) *m* bottle opener

**aprile** (ah-*pree*-lay) April

* **aprire** (ah-*pree*-ray) *v* open; unlock; turn on

**apriscatole** (ah-pree-*skaa*-toa-lay) *m* tin-opener, can opener

**aquila** (*ah*-kwee-lah) *f* eagle

**Arabia Saudita** (ah-*raa*-byah sou-*dee*-tah) Saudi Arabia

**arabo** (*ah*-rah-boa) *adj* Arab; *m* Arab

**arachide** (ah-*raa*-kee-day) *f* peanut

**aragosta** (ah-rah-*goa*-stah) *f* lobster

**aragostina** (ah-rah-goa-*stee*-nah) *f* prawn

**arancia** (ah-*rahn*-chah) *f* orange

**arancione** (ah-rahn-*chōa*-nay) *adj* orange

**arare** (ah-*raa*-ray) *v* plough

**aratro** (ah-*raa*-troa) *m* plough

**arazzo** (ah-*raht*-tsoa) *m* tapestry

**arbitrario** (ahr-bee-*traa*-ryoa) *adj* arbitrary

**arbitro** (*ahr*-bee-troa) *m* umpire

**arbusto** (ahr-*boo*-stoa) *m* shrub

**arcata** (ahr-*kaa*-tah) *f* arch; arcade

**arcato** (ahr-*kaa*-toa) *adj* arched

**archeologia** (ahr-kay-oa-loa-*jee*-ah) *f* archaeology

**archeologo** (ahr-kay-*o*-loa-goa) *m* archaeologist

**architetto** (ahr-kee-*tayt*-toa) *m* architect

**architettura** (ahr-kee-tayt-*tōō*-rah) *f* architecture

**archivio** (ahr-*kee*-vyoa) *m* archives *pl*

**arcivescovo** (ahr-chee-*vay*-skoa-voa) *m* archbishop

**arco** (*ahr*-koa) *m* bow; arch

**arcobaleno** (ahr-koa-bah-*lāy*-noa) *m* rainbow

***ardere** (*ahr*-day-ray) *v* *burn; glow

**ardesia** (ahr-*dāy*-syah) *f* slate

**ardore** (ahr-*dōā*-ray) *m* glow

**area** (*aa*-ray-ah) *f* area

**arena** (ah-*rāy*-nah) *f* bullring

**argenteria** (ahr-jayn-tay-*ree*-ah) *f* silverware

**argentiere** (ahr-jayn-*tyai*-ray) *m* silversmith

**Argentina** (ahr-jayn-*tee*-nah) *f* Argentina

**argentino** (ahr-jayn-*tee*-noa) *adj* Argentinian; *m* Argentinian

**argento** (ahr-*jehn*-toa) *m* silver; **d'argento** silver

**argilla** (ahr-*jeel*-lah) *f* clay

**argine** (*ahr*-jee-nay) *m* dike, dam; river bank, embankment

**argomentare** (ahr-goa-mayn-*taa*-ray) *v* argue

**argomento** (ahr-goa-*mayn*-toa) *m* argument; theme

**aria** (*aa*-ryah) *f* air, sky; tune; **ad ~ condizionata** air-conditioned; **a tenuta d'aria** airtight; ***aver l'aria** look; **condizionamento dell'aria** air-conditioning

**arido** (*aa*-ree-doa) *adj* arid

**arieggiare** (ah-ryayd-*jaa*-ray) *v* air

**aringa** (ah-*reeng*-gah) *f* herring

**arioso** (ah-*ryōā*-soa) *adj* airy

**aritmetica** (ah-reet-*mai*-tee-kah) *f* arithmetic

**arma** (*ahr*-mah) *f* (pl armi) arm, weapon

**armadio** (ahr-*maa*-dyoa) *m* cupboard; closet *nAm*

**armare** (ahr-*maa*-ray) *v* arm

**armatore** (ahr-mah-*tōā*-ray) *m* shipowner

**armonia** (ahr-moa-*nee*-ah) *f* harmony

**arnese** (ahr-*nāy*-say) *m* tool, utensil; **cassetta degli arnesi** tool kit

**aroma** (ah-*raw*-mah) *m* aroma

**arpa** (*ahr*-pah) *f* harp

**arrabbiato** (ahr-rahb-*byaa*-toa) *adj* angry, cross

**arrampicare** (ahr-rahm-pee-*kaa*-ray) *v* climb

**arrangiarsi con** (ahr-rahn-*jahr*-see) *make do with

**arredare** (ahr-ray-*daa*-ray) *v* furnish

***arrendersi** (ahr-*rehn*-dayr-see) *v* surrender

**arrestare** (ahr-ray-*staa*-ray) *v* arrest

**arresto** (ahr-*reh*-stoa) *m* arrest

**arretrato** (ahr-ray-*traa*-toa) *adj* overdue

**arricciacapelli** (ahr-reet-chah-kah-*payl*-lee) *m* curling-tongs *pl*

**arricciare** (ahr-reet-*chaa*-ray) *v* curl

**arrischiare** (ahr-ree-*skyaa*-ray) *v* venture

**arrivare** (ahr-ree-*vaa*-ray) *v* arrive

**arrivederci!** (ahr-ree-vay-*dayr*-chee)

good-bye!

**arrivo** (ahr-*ree*-voa ) *m* arrival; **in ~ due**

**arrogante** (ahr-roa-*gahn*-tay) *adj* snooty

**arrossire** (ahr-roass-*see*-ray) *v* blush

**arrostire** (ahr-roa-*stee*-ràry) *v* roast

**arrotondato** (ahr-roa-toan-*daa*-toa) *adj* rounded

**arrugginito** (ahr-rood-jee-*nee*-toa) *adj* rusty

**arte** (*ahr*-tay) *f* art; **arti e mestieri** arts and crafts; **belle arti** fine arts; **opera d'arte** work of art

**arteria** (ahr-*tai*-ryah) *f* artery; thoroughfare

**articolazione** (ahr-tee-koa-lah-*tsyōa*-nay) *f* joint

**articolo** (ahr-*tee*-koa-loa) *m* article; item; **articoli da toeletta** toiletry

**artificiale** (ahr-tee-fee-*chaa*-lay) *adj* artificial

**artificio** (ahr-tee-*fee*-choa) *m* artifice

**artigianato** (ahr-tee-jah-*naa*-toa) *m* handicraft

**artiglio** (ahr-*tee*-lᵞoa) *m* claw

**artista** (ahr-*tee*-stah) *m* artist

**artistico** (ahr-*tee*-stee-koa) *adj* artistic

**\*ascendere** (ahsh-*shayn*-day-ray) *v* ascend

**ascensione** (ahsh-shayn-*syōa*-nay) *f* ascent

**ascensore** (ahsh-shayn-*sōa*-ray) *m* lift; elevator *nAm*

**ascesa** (ahsh-*shāy*-sah) *f* rise; climb; ascent

**ascesso** (ahsh-*shehss*-soa) *m* abscess

**ascia** (*ahsh*-shah) *f* axe

**asciugacapelli** (ahsh-shoo-gah-kah-*payl*-lee) *m* hair-dryer

**asciugamano** (ahsh-shoo-gah-*maa*-noa) *m* towel, bath towel

**asciugare** (ahsh-shoo-*gaa*-ray) *v* dry; wipe

**asciutto** (ahsh-*shoot*-toa) *adj* dry

**ascoltare** (ah-skoal-*taa*-ray) *v* listen

**ascoltatore** (ah-skoal-tah-*tōa*-ray) *m* listener

**asfalto** (ah-*sfahl*-toa) *m* asphalt

**Asia** (*aa*-zyah) *f* Asia

**asiatico** (ah-*zyaa*-tee-koa) *adj* Asian; *m* Asian

**asilo** (ah-*zee*-loa) *m* asylum; **~ infantile** kindergarten

**asino** (*aa*-see-noa) *m* ass, donkey

**asma** (*ah*-zmah) *f* asthma

**asola** (*aa*-zoa-lah) *f* buttonhole

**asparago** (ah-*spaa*-rah-goa) *m* asparagus

**aspettare** (ah-spayt-*taa*-ray) *v* wait; await; expect

**aspettativa** (ah-spayt-tah-*tee*-vah) *f* expectation

**aspetto** (ah-*speht*-toa) *m* look; appearance; aspect; **di bell'aspetto** good-looking

**aspirapolvere** (ah-spee-rah-*poal*-vay-ray) *m* vacuum cleaner; **pulire con l'aspirapolvere** hoover; vacuum *vAm*

**aspirare** (ah-spee-*raa*-ray) *v* inhale; aspire; **~ a** aim at

**aspirazione** (ahss-pee-rah-*tsyōa*-nay) *f* suction; aspiration

**aspirina** (ah-spee-*ree*-nah) *f* aspirin

**aspro** (*ah*-sproa) *adj* harsh

**assaggiare** (ahss-sahd-*jaa*-ray) *v* taste

**assai** (ahss-*sigh*) *adv* very, quite

**\*assalire** (ahss-sah-*lee*-ray) *v* attack

**assassinare** (ahss-sahss-see-*naa*-ray) *v* murder

**assassinio** (ahss-sahss-*see*-ῆoa) *m* assassination, murder

**assassino** (ahss-sahss-*see*-noa) *m* murderer

**asse** (*ahss*-say) *m* axle; *f* plank, board

**assedio** (ahss-*sāy*-dyoa) *m* siege

**assegnare** (ahss-say-*ῆaa*-ray) *v* allot;

~ **a** assign to

**assegno** (ahss-*sāy*-ñoa ) *m* allowance; cheque; check *nAm*; ~ **turistico** traveller's cheque; **libretto di assegni** cheque-book; check-book *nAm*

**assemblea** (ahss-saym-*blai*-ah ) *f* assembly, meeting

**assennato** (ahss-sayn-*naa*-toa ) *adj* sober

**assente** (ahss-*sehn*-tay ) *adj* absent

**assenza** (ahss-*sehn*-tsah ) *f* absence

**asserire** (ahss-say-*ree*-ray ) *v* claim

**assetato** (ahss-say-*taa*-toa ) *adj* thirsty

**assicurare** (ahss-see-koo-*raa*-ray ) *v* assure; insure; **assicurarsi** secure

**assicurazione** (ahss-see-koo-rah-*tsyōā*-nay ) *f* insurance; ~ **sulla vita** life insurance; ~ **viaggi** travel insurance

**assieme** (ahss-*syai*-may ) *m* set

**assistente** (ahss-see-*stehn*-tay ) *m* assistant

**assistenza** (ahss-see-*stehn*-tsah ) *f* assistance

*****assistere** (ahss-*see*-stay-ray ) *v* assist, aid; ~ **a** attend, assist at

**associare** (ahss-soa-*chaa*-ray ) *v* associate; **associarsi** *v* join

**associato** (ahss-soa-*chaa*-toa ) *adj* affiliated

**associazione** (ahss-soa-chah-*tsyōā*-nay ) *f* association; society, club

**assolutamente** (ahss-soa-loo-tah-*mayn*-tay ) *adv* absolutely

**assoluto** (ahss-soa-*lōō*-toa ) *adj* sheer; total

**assoluzione** (ahss-soa-loo-*tsyōā*-nay ) *f* acquittal

**assomigliare a** (ahss-soa-mee-*lʸaa*-ray ) resemble

**assonnato** (ahss-soan-*naa*-toa ) *adj* sleepy

**assortimento** (ahss-soar-tee-*mayn*-toa ) *m* assortment

**assortire** (ahss-soar-*tee*-ray ) *v* assort; sort

**assortito** (ahss-soar-*tee*-toa ) *adj* varied

*****assumere** (ahss-*sōō*-may-ray ) *v* assume; engage

**assurdo** (ahss-*soor*-doa ) *adj* absurd

**asta** (*ah*-stah ) *f* auction

**astemio** (ah-*stai*-myoa ) *m* teetotaller

*****astenersi da** (ah-stay-*nayr*-see ) abstain from

**astore** (ah-*stōā*-ray ) *m* hawk

**astratto** (ah-*straht*-toa ) *adj* abstract

**astronomia** (ah-stroa-noa-*mee*-ah ) *f* astronomy

**astuccio** (ah-*stoot*-choa ) *m* case; ~ **di toeletta** toilet case; ~ **per tabacco** tobacco pouch

**astuto** (ah-*stōō*-toa ) *adj* sly

**astuzia** (ah-*stōō*-tsyah ) *f* ruse

**ateo** (*aa*-tay-oa ) *m* atheist

**Atlantico** (aht-*lahn*-tee-koa ) *m* Atlantic

**atleta** (aht-*lai*-tah ) *m* athlete

**atletica** (aht-*lai*-tee-kah ) *f* athletics *pl*

**atmosfera** (aht-moa-*sfai*-rah ) *f* atmosphere

**atomico** (ah-*taw*-mee-koa ) *adj* atomic

**atomizzatore** (ah-toa-meed-dzah-*tōā*-ray ) *m* atomizer

**atomo** (*aa*-toa-moa ) *m* atom

**atrio** (*aa*-tryoa ) *m* lobby

**atroce** (ah-*trōā*-chay ) *adj* horrible

**attaccapanni** (aht-tahk-kah-*pahn*-nee ) *m* hat rack; coat-hanger, hanger

**attaccare** (aht-tahk-*kaa*-ray ) *v* attach; assault

**attacco** (aht-*tahk*-koa ) *m* attack; fit; ~ **cardiaco** heart attack

**atteggiamento** (aht-tayd-jah-*mayn*-toa ) *m* position

**attempato** (aht-taym-*paa*-toa ) *adj* aged

*****attendere** (aht-*tehn*-day-ray ) *v* await, wait; ~ **a** attend to

**attento** (aht-*tehn*-toa ) *adj* attentive;

careful; · **stare** ~ look out

**attenzione** (aht-tayn-*tsyōā*-nay ) *f* attention; consideration, notice; · **fare** ~ mind, *pay attention, look out, beware; **prestare** ~ **a** attend to

**atterrare** (aht-tayr-*raa*-ray ) *v* knock down; land

**attesa** (aht-*tāy*-sah ) *f* waiting

**attestato** (aht-tay-*staa*-toa ) *m* certificate

**attillato** (aht-teel-*laa*-toa ) *adj* tight

**attimo** (*aht*-tee-moa ) *m* moment

**attinenza** (aht-tee-*nehn*-tsah ) *f* relation

**attitudine** (aht-tee-*tōō*-dee-nay ) *f* faculty, talent; attitude

**attività** (aht-tee-vee-*tah* ) *f* activity; work

**attivo** (aht-*tee*-voa ) *adj* active

**atto** (*aht*-toa ) *m* deed, act; certificate

**attore** (aht-*tōā*-ray ) *m* actor

**attorno** (aht-*toar*-noa ) *adv* about; ~ **a** round

**attraccare** (aht-trahk-*kaa*-ray ) *v* dock

**attraente** (aht-trah-*ehn*-tay ) *adj* attractive

· **attrarre** (aht-*trahr*-ray ) *v* attract

**attrattiva** (aht-trah-*tee*-vah ) *f* attraction

**attraversare** (aht-trah-vayr-*saa*-ray ) *v* cross; pass through

**attraverso** (aht-trah-*vehr*-soa ) *prep* across; through

**attrazione** (aht-trah-*tsyōā*-nay ) *f* attraction

**attrezzatura** (aht-trayt-tsah-*tōō*-rah ) *f* gear

**attrezzo** (aht-*trayt*-tsoa ) *m* tool; **attrezzi da pesca** fishing tackle, fishing gear

**attribuire a** (aht-tree-*bwee*-ray ) assign to

**attrice** (aht-*tree*-chay ) *f* actress

**attrito** (aht-*tree*-toa ) *m* friction

**attuale** (aht-*twaa*-lay ) *adj* present;

topical

**attualmente** (aht-twahl-*mayn*-tay ) *adv* at present

**attuare** (aht-*twaa*-ray ) *v* realize

**audace** (ou-*daa*-chay ) *adj* brave

**audacia** (ou-*daa*-chah ) *f* courage; nerve

**auditorio** (ou-dee-*tōā*-ryoa ) *m* auditorium

**augurare** (ou-goo-*raa*-ray ) *v* wish

**aula** (*ou*-lah ) *f* classroom

**aumentare** (ou-mayn-*taa*-ray ) *v* increase; raise

**aumento** (ou-*mayn*-toa ) *m* rise, increase; raise *nAm*

**aureo** (*ou*-ray-oa ) *adj* golden

**aurora** (ou-*raw*-rah ) *f* daybreak, dawn; sunrise

**Australia** (ou-*straa*-lᵞah ) *f* Australia

**australiano** (ou-strah-*lᵞaa*-noa ) *adj* Australian; *m* Australian

**Austria** (*ou*-stryah ) *f* Austria

**austriaco** (ou-*stree*-ah-koa ) *adj* Austrian; *m* Austrian

**autentico** (ou-*tehn*-tee-koa ) *adj* original, authentic; true

**autista** (ou-*tee*-stah ) *m* driver, chauffeur

**autobus** (*ou*-toa-booss ) *m* (pl ~) bus; coach

**autocarro** (ou-toa-*kahr*-roa ) *m* lorry; truck *nAm*

**autogoverno** (ou-toa-goa-*vehr*-noa ) *m* self-government

**automatico** (ou-toa-*maa*-tee-koa ) *adj* automatic

**automazione** (ou-toa-mah-*tsyōā*-nay ) *f* automation

**automobile** (ou-toa-*maw*-bee-lay ) *f* automobile, motor-car; ~ **club** automobile club

**automobilismo** (ou-toa-moa-bee-*lee*-zmoa ) *m* motoring

**automobilista** (ou-toa-moa-bee-*lee*-

stah ) *m* motorist

**autonoleggio** (ou-toa-noa-*layd*-joa ) *m* car hire; car rental *Am*

**autonomo** (ou-*taw*-noa-moa ) *adj* autonomous, independent

**autore** (ou-*tōa*-ray ) *m* author

**autorità** (ou-toa-ree-*tah*) *f* authority

**autoritario** (ou-toa-ree-*taa*-ryoa) *adj* authoritarian

**autorizzare** (ou-toa-reed-*dzaa*-ray ) *v* license

**autorizzazione** (ou-toa-reed-dzah-*tsyōa*-nay ) *f* authorization, permission

**autostello** (ou-toa-*stehl*-loa ) *m* motel

**autostoppista** (ou-toa-stoap-*pee*-stah ) *m* hitchhiker; *fare l'autostop hitchhike

**autostrada** (ou-toa-*straa*-dah ) *f* motorway; highway *nAm*

**autunno** (ou-*toon*-noa ) *m* autumn; fall *nAm*

**avanti** (ah-*vahn*-tee) *adv* onwards, forward; ahead; ~ **dritto** straight on

**avant'ieri** (ah-vahn-*tyai*-ree ) *adv* the day before yesterday

**avanzamento** (ah-vahn-tsah-*mayn*-toa ) *m* advance

**avanzare** (ah-vahn-*tsaa*-ray ) *v* advance; *get on

**avanzo** (ah-*vahn*-tsoa ) *m* remainder

**avaria** (ah-vah-*ree*-ah ) *f* breakdown

**avaro** (ah-*vaa*-roa ) *adj* avaricious

**avena** (ah-*vāȳ*-nah ) *f* oats *pl*

***avere** (ah-*vāȳ*-ray ) *v* *have

**avido** (*aa*-vee-doa ) *adj* greedy

**aviogetto** (ah-vyoa-*jeht*-toa ) *m* jet

**avorio** (ah-*vaw*-ryoa ) *m* ivory

**avvelenare** (ahv-vay-lay-*naa*-ray ) *v* poison

**avvenente** (ahv-vay-*nehn*-tay) *adj* handsome

**avvenimento** (ahv-vay-nee-*mayn*-toa ) *m* event

**avvenire** (ahv-vay-*nee*-ray ) *m* future

***avvenire** (ahv-vay-*nee*-ray ) *v* happen

**avventato** (ahv-vayn-*taa*-toa ) *adj* rash

**avventore** (ahv-vayn-*tōa*-ray ) *m* customer

**avventura** (ahv-vayn-*tōō*-rah ) *f* adventure

**avverbio** (ahv-*vehr*-byoa ) *m* adverb

**avversario** (ahv-vayr-*saa*-ryoa ) *m* opponent

**avversione** (ahv-vayr-*syōa*-nay ) *f* aversion, dislike

**avversità** (ahv-vayr-see-*tah*) *f* misfortune

**avverso** (ahv-*vehr*-soa ) *adj* averse

**avvertimento** (ahv-vayr-tee-*mayn*-toa ) *m* warning

**avvertire** (ahv-vayr-*tee*-ray ) *v* warn; notice

**avviatore** (ahv-vyah-*taw*-ray ) *m* starter motor

**avvicinare** (ahv-vee-chee-*naa*-ray ) *v* approach

**avvisare** (ahv-vee-*zaa*-ray ) *v* warn; notify

**avviso** (ahv-*vee*-zoa ) *m* notice, announcement; advertisement

**avvitare** (ahv-vee-*taa*-ray ) *v* screw

**avvocato** (ahv-voa-*kaa*-toa ) *m* lawyer; barrister, solicitor, attorney

***avvolgere** (ahv-*vol*-jay-ray ) *v* *wind; wrap

**avvolgibile** (ahv-voal-*jee*-bee-lay) *m* blind

**avvoltoio** (ahv-voal-*tōa*-yoa ) *m* vulture

**azienda** (ah-*dzyehn*-dah ) *f* concern, business

**azione** (ah-*tsyōa*-nay ) *f* deed, action; share

**azoto** (ah-*dzaw*-toa ) *m* nitrogen

**azzardo** (ahd-*dzahr*-doa ) *m* chance

**azzurro** (ahd-*dzoor*-roa ) *adj* sky-blue

# B

**babbo** (*bahb*-boa) *m* dad

**babordo** (bah-*boar*-doa) *m* port

**baby-pullman** (*bay*-bee-pool-mahn) *m* carry-cot

**bacca** (*bahk*-kah) *f* berry

**baccano** (bahk-*kaa*-noa) *m* noise

**bacheca** (bah-*kai*-kah) *f* show-case

**baciare** (bah-*chaa*-ray) *v* kiss

**bacino** (bah-*chee*-noa) *m* basin; dock; pelvis

**bacio** (*baa*-choa) *m* kiss

**badare a** (bah-*daa*-ray) tend, look after; mind

**badia** (bah-*dee*-ah) *f* abbey

**baffi** (*bahf*-fee) *mpl* moustache

**bagagliaio** (bah-gah-*l<sup>y</sup>aa*-yoa) *m* luggage van; boot; trunk *nAm*

**bagaglio** (bah-*gaa*-l<sup>y</sup>oa) *m* luggage, baggage; ~ **a mano** hand luggage; hand baggage *Am*

**bagliore** (bah-*l<sup>y</sup>ōā*-ray) *m* glare

**bagnarsi** (bah-*ñahr*-see) *v* bathe

**bagnato** (bah-*ñaa*-toa) *adj* wet; moist

**bagno** (*baa*-ñoa) *m* bath; ~ **turco** Turkish bath; **costume da** ~ bathing-suit; **cuffia da** ~ bathing-cap; *fare il* ~ bathe

**baia** (*baa*-yah) *f* bay

**balbettare** (bahl-bayt-*taa*-ray) *v* falter

**balconata** (bahl-koa-*naa*-tah) *f* circle

**balcone** (bahl-*kōā*-nay) *m* balcony

**balena** (bah-*lāȳ*-nah) *f* whale

**baleno** (bah-*lāȳ*-noa) *m* flash

**ballare** (bahl-*laa*-ray) *v* dance

**balletto** (bahl-*layt*-toa) *m* ballet

**ballo** (*bahl*-loa) *m* dance; ball

**balsamo** (bal-*sah*-moa) *m* conditioner

**balzare** (bahl-*dzaa*-ray) *v* *leap

**bambina** (bahm-*bee*-nah) *f* little girl

**bambinaia** (bahm-bee-*naa*-yah) *f* nurse; babysitter

**bambino** (bahm-*bee*-noa) *m* child; kid

**bambola** (*bahm*-boa-lah) *f* doll

**bambù** (bahm-*boo*) *m* bamboo

**banana** (bah-*naa*-nah) *f* banana

**banca** (*bahng*-kah) *f* bank

**bancarella** (bahng-kah-*rehl*-lah) *f* stall

**banchetto** (bahng-*kayt*-toa) *m* banquet

**banchina** (bahng-*kee*-nah) *f* platform

**banco** (*bahng*-koa) *m* bench; counter; stand; reef; ~ **di scuola** desk

**banconota** (bahng-koa-*naw*-tah) *f* banknote

**banda** (*bahn*-dah) *f* gang; band

**bandiera** (bahn-*dyai*-rah) *f* flag

**bandito** (bahn-*dee*-toa) *m* bandit

**bar** (bahr) *m* bar; saloon, café, pub

**baracca** (bah-*rahk*-kah) *f* shed; booth

**baratro** (*baa*-rah-troa) *m* chasm

**barattare** (bah-raht-*taa*-ray) *v* swap

**barattolo** (bah-*raht*-toa-loa) *m* tin, canister

**barba** (*bahr*-bah) *f* beard

**barbabietola** (bahr-bah-*byai*-toa-lah) *f* beetroot, beet

**barbiere** (bahr-*byai*-ray) *m* barber

**barbone** (bahr-*bōā*-nay) *m* tramp

**barca** (*bahr*-kah) *f* boat; ~ **a remi** rowing-boat; ~ **a vela** sailing-boat

**barchetta** (bahr-*kayt*-tah) *f* dinghy

**barcollante** (bahr-koal-*lahn*-tay) *adj* unsteady

**bar-emporio** (bahr-aym-*paw*-ryoa) *m* drugstore *nAm*

**barile** (bah-*ree*-lay) *m* cask, barrel

**bariletto** (bah-ree-*layt*-toa) *m* keg

**barista** (bah-*ree*-stah) *m* bartender, barman; *f* barmaid

**baritono** (bah-*ree*-toa-noa) *m* baritone

**barocco** (bah-*rok*-koa) *adj* baroque

**barometro** (bah-*raw*-may-troa) *m* barometer

**barra** (*bahr*-rah) *f* rod

**barriera** (bahr-*ryai*-rah) *f* barrier; ~ **di**

**sicurezza** crash barrier

**basamento** (bah-zah-*mayn*-toa ) *m* crankcase

**basare** (bah-*zaa*-ray ) *v* base

**base** (*baa*-zay ) *f* base; basis

**basette** (bah-*zayt*-tay ) *fpl* sideburns *pl*, whiskers *pl*

**basilica** (bah-*zee*-lee-kah ) *f* basilica

**basso** (*bahss*-soa ) *adj* low; short; *m* bass

**bassopiano** (bahss-soa-*pyaa*-noa ) *m* lowlands *pl*

**bastante** (bah-*stahn*-tay ) *adj* sufficient

**bastardo** (bah-*stahr*-doa ) *m* bastard

**bastare** (bah-*staa*-ray ) *v* suffice, *do

**bastone** (bah-*stōā*-nay ) *m* stick; cane; ~ **da passeggio** walking-stick; **bastoni da sci** ski sticks; ski poles *Am*

**battaglia** (baht-*taa*-l<sup>y</sup>ah ) *f* battle

**battello** (baht-*tehl*-loa ) *m* boat

**battere** (*baht*-tay-ray ) *v* *beat; ~ **le mani** clap

**batteria** (baht-tay-*ree*-ah ) *f* battery

**batterio** (baht-*tai*-ryoa ) *m* bacterium

**battesimo** (baht-*tāȳ*-zee-moa ) *m* christening, baptism

**battezzare** (baht-tayd-*dzaa*-ray ) *v* christen, baptize

**baule** (bah-*ōō*-lay ) *m* chest; trunk

**becco** (*bayk*-koa ) *m* beak; nozzle; goat

**beffare** (bayf-*faa*-ray ) *v* fool

**beige** (baizh ) *adj* beige

**belga** (*behl*-gah ) *adj* (pl belgi) Belgian; *m* Belgian

**Belgio** (*behl*-joa ) *m* Belgium

**bellezza** (bayl-*layt*-tsah ) *f* beauty

**bellino** (bayl-*lee*-noa ) *adj* nice

**bello** (*behl*-loa ) *adj* beautiful; fair, lovely, fine, pretty

**benché** (behng-*kay* ) *conj* although, though

**benda** (*bayn*-dah ) *f* band

**bendare** (bayn-*daa*-ray ) *v* dress

**bene** (*bai*-nay ) *adv* well; **va bene!** all right!

*** benedire** (bay-nay-*dee*-ray ) *v* bless

**benedizione** (bay-nay-dee-*tsyōā*-nay ) *f* blessing

**beneficiario** (bay-nay-fee-*chaa*-ryoa ) *m* payee

**beneficio** (bay-nay-*fee*-choa ) *m* benefit

**benessere** (bay-*nehss*-say-ray ) *m* welfare

**benevolenza** (bay-nay-voa-*lehn*-tsah ) *f* goodwill

**benevolo** (bay-*nai*-voa-loa ) *adj* kind

**benvenuto** (behn-vay-*nōō*-toa ) *adj* welcome

**benzina** (bayn-*dzee*-nah ) *f* fuel, petrol; gasoline *nAm*, gas *nAm*; ~ **senza piombo** unleaded petrol

*** bere** (*bāȳ*-ray ) *v* *drink

**berretto** (bayr-*rayt*-toa ) *m* cap; beret

**bersaglio** (bayr-*saa*-l<sup>y</sup>oa ) *m* mark; target

**bestemmia** (bay-*staym*-myah ) *f* curse

**bestemmiare** (bay-staym-*myaa*-ray ) *v* curse, *swear

**bestia** (*beh*-styah ) *f* beast

**bestiame** (bay-*styaa*-may ) *m* cattle *pl*

**bevanda** (bay-*vahn*-dah ) *f* beverage; **bevande alcooliche** spirits, liquor

**biancheria** (byahng-kay-*ree*-ah ) *f* linen; lingerie; ~ **da letto** bedding; ~ **personale** underwear

**bianco** (*byahng*-koa ) *adj* white

**biasimare** (byah-zee-*maa*-ray ) *v* blame

**biasimo** (*byaa*-zee-moa ) *m* blame

**bibbia** (*beeb*-byah ) *f* bible

**bibita** (*bee*-bee-tah ) *f* drink; ~ **analcoolica** soft drink

**biblioteca** (bee-blyoa-*tai*-kah ) *f* library

**bicchiere** (beek-*kyai*-ray ) *m* glass; tumbler

**bicicletta** (bee-chee-*klayt*-tah ) *f* cycle, bicycle

**biforcarsi** (bee-foar-*kahr*-see ) *v* fork

**biglietteria** (bee-lᵛayt-tay-ree-ah) f box-office; ~ **automatica** ticket machine

**biglietto** (bee-lᵛayt-toa) m note; ticket; ~ **da visita** visiting-card; ~ **gratuito** free ticket

**bigodino** (bee-goa-dee-noa) m curler

**bilancia** (bee-lahn-chah) f weighing-machine, scales pl

**bilancio** (bee-lahn-choa) m budget; balance

**bile** (bee-lay) f gall, bile

**biliardo** (bee-lᵛahr-doa) m billiards pl

**bilingue** (bee-leeng-gway) adj bilingual

**bimbetto** (beem-bayt-toa) m tot

**bimbo** (beem-boa) m toddler

**binario** (bee-naa-ryoa) m track

**binocolo** (bee-naw-koa-loa) m binoculars pl; field glasses

**biologia** (byoa-loa-jee-ah) f biology

**bionda** (byoan-dah) f blonde

**biondo** (byoan-doa) adj fair

**birbante** (beer-bahn-tay) m rascal

**birichinata** (bee-ree-kee-naa-tah) f mischief

**birra** (beer-rah) f beer, ale

**birreria** (beer-ray-ree-ah) f brewery

**bisaccia** (bee-zaht-chah) f haversack

**biscottino** (bee-skoat-tee-noa) m biscuit; cracker nAm

**biscotto** (bee-skot-toa) m cookie nAm

**bisognare** (bee-zoa-ñaa-ray) v need

**bisogno** (bee-zō-ñoa) m want; need; misery; \*aver ~ **di** need

**bistecca** (bee-stayk-kah) f steak

**bivio** (bee-vyoa) m road fork, fork

**bizzarro** (beed-dzahr-roa) adj odd, strange, queer, quaint

**bloccare** (bloak-kaa-ray) v block

**blu** (bloo) adj blue

**blusa** (blōo-zah) f blouse

**boa** (baw-ah) f buoy

**bocca** (boak-kah) f mouth

**boccale** (boak-kaa-lay) m mug

**boccaporto** (boak-kah-por-toa) m porthole

**bocchino** (boak-kee-noa) m cigarette-holder

**bocciare** (boat-chaa-ray) v fail

**bocciolo** (boat-chaw-loa) m bud

**boccone** (boak-kōa-nay) m bite

**boia** (boi-ah) m (pl ~) executioner

**Bolivia** (boa-lee-vyah) f Bolivia

**boliviano** (boa-lee-vyaa-noa) adj Bolivian; m Bolivian

**bolla** (boal-lah) f bubble; blister

**bollettino meteorologico** (boal-layt-tee-noa may-tay-oa-roa-law-jee-koa) weather forecast

**bollire** (boal-lee-ray) v boil

**bollitore** (boal-lee-tōa-ray) m kettle

**bomba** (boam-bah) f bomb

**bombardare** (boam-bahr-daa-ray) v bomb

**bordello** (boar-dehl-loa) m brothel

**bordo** (boar-doa) m edge; border, verge; **a** ~ aboard

**borghese** (boar-gāy-say) adj middle-class, bourgeois; m civilian

**borsa**[1] (boar-sah) f bag; ~ **da ghiaccio** ice-bag; ~ **dell'acqua calda** hot-water bottle; ~ **per la spesa** shopping bag

**borsa**[2] (boar-sah) f grant; ~ **di studio** scholarship

**borsa**[3] (boar-sah) f exchange; stock market, stock exchange

**borsellino** (boar-sayl-lee-noa) m purse

**borsetta** (boar-sayt-tah) f handbag, bag

**boschetto** (boa-skayt-toa) m grove

**bosco** (bo-skoa) m wood

**boscoso** (boa-skōa-soa) adj wooded

**botanica** (boa-taa-nee-kah) f botany

**botola** (bo-toa-lah) f hatch

**botte** (boat-tay) f cask, barrel

**bottega** (boat-tāy-gah) f store

**botteghino** (boat-tay-*gee*-noa) *m* box-office

**bottiglia** (boat-*tee*-lʸah) *f* bottle

**bottone** (boat-*tōa*-nay) *m* button

**boutique** (boo-*teek*) *m* boutique

**a braccetto** (ah braht-*chayt*-toa) arm-in-arm

**braccialetto** (braht-chah-*layt*-toa) *m* bracelet, bangle

**braccio**[1] (*braht*-choa) *m* (pl le braccia) arm

**braccio**[2] (*braht*-choa) *m* (pl bracci) arm; tributary

**brachetta** (brah-*kayt*-tah) *f* fly

**braciola** (brah-*chaw*-lah) *f* chop

**bramare** (brah-*maa*-ray) *v* long for

**bramosia** (brah-moa-*zee*-ah) *f* longing

**branchia** (*brahng*-kyah) *f* gill

**branda** (*brahn*-dah) *f* camp-bed

**brano** (*braa*-noa) *m* excerpt, passage

**branzino** (brahn-*dzee*-noa) *m* bass

**Brasile** (brah-*zee*-lay) *m* Brazil

**brasiliano** (brah-zee-lʸaa-noa) *adj* Brazilian; *m* Brazilian

**bravo** (*braa*-voa) *adj* clever; honest

**breccia** (*brayt*-chah) *f* gap; breach

**bretelle** (bray-*tehl*-lay) *fpl* braces *pl*; suspenders *plAm*

**breve** (*brāy*-vay) *adj* brief; concise; **tra ~** shortly

**brevetto** (bray-*vayt*-toa) *m* patent

**brezza** (*brayd*-dzah) *f* breeze

**briciola** (*bree*-choa-lah) *f* crumb

**brillante** (breel-*lahn*-tay) *adj* brilliant, bright

**brillantina** (breel-lahn-*tee*-nah) *f* hair cream

**brillare** (breel-*laa*-ray) *v* *shine

**brindisi** (*breen*-dee-zee) *m* toast

**britannico** (bree-*tahn*-nee-koa) *adj* British

**britanno** (bree-*tahn*-noa) *m* Briton

**brivido** (*bree*-vee-doa) *m* chill, shudder, shiver

**brocca** (*brok*-kah) *f* pitcher, jug

**bronchite** (broang-*kee*-tay) *f* bronchitis

**brontolare** (broan-toa-*laa*-ray) *v* growl; grumble

**bronzeo** (*broan*-dzay-oa) *adj* bronze

**bronzo** (*broan*-dzoa) *m* bronze

**bruciare** (broo-*chaa*-ray) *v* *burn

**bruciatura** (broo-chah-*tōō*-rah) *f* burn

**brughiera** (broo-*gyāy*-rah) *f* moor

**bruna** (*brōō*-nah) *f* brunette

**bruno** (*brōō*-noa) *adj* brown

**brutale** (broo-*taa*-lay) *adj* brutal

**brutto** (*broot*-toa) *adj* ugly; bad

**buca** (*bōō*-kah) *f* pit, hole; **~ delle lettere** pillar-box

**bucato** (boo-*kaa*-toa) *adj* punctured; *m* washing, laundry

**bucatura** (boo-kah-*tōō*-rah) *f* flat tyre, puncture

**buccia** (*boot*-chah) *f* skin, peel

**buco** (*bōō*-koa) *m* hole; **~ della serratura** keyhole

**budella** (boo-*dehl*-lah) *fpl* bowels *pl*

**bue** (*bōō*-ay) *m* ox

**buffé** (boof-*feh*) *m* buffet

**buffo** (*boof*-foa) *adj* funny

**buffonata** (boof-foa-*naa*-tah) *f* farce

**buio** (*bōō*-yoa) *adj* obscure, dark; *m* dark

**bulbo** (*bool*-boa) *m* bulb; light bulb

**Bulgaria** (bool-gah-*ree*-ah) *f* Bulgaria

**bulgaro** (*bool*-gah-roa) *adj* Bulgarian; *m* Bulgarian

**bullone** (bool-*lōā*-nay) *m* bolt

**buongustaio** (bwon-goo-*staa*-yoa) *m* gourmet

**buono** (*bwaw*-noa) *adj* good; kind; nice; *m* voucher

**burocrazia** (boo-roa-krah-*tsee*-ah) *f* bureaucracy

**burrasca** (boor-*rah*-skah) *f* gale

**burro** (*boor*-roa) *m* butter

**bussare** (booss-*saa*-ray) *v* knock, tap

**bussola** (*booss*-soa-lah) *f* compass

**busta** (*boo*-stah) *f* envelope; sleeve

**busto** (*boo*-stoa) *m* bust; corset, girdle

**buttare** (boot-*taa*-ray) *v* \*throw; **da ~** disposable

# C

**cabaret** (kah-bah-*ray*) *m* cabaret

**cabina** (kah-*bee*-nah) *f* booth, cabin; **~ di coperta** deck cabin; **~ telefonica** telephone booth

**caccia** (*kaht*-chah) *f* chase, hunt

**cacciare** (kaht-*chaa*-ray) *v* hunt; chase; **~ di frodo** poach

**cacciatore** (kaht-chah-*tōā*-ray) *m* hunter

**cacciavite** (kaht-chah-*vee*-tay) *m* screw-driver

**cachemire** (kahsh-*meer*) *m* cashmere

**cadavere** (kah-*daa*-vay-ray) *m* corpse

**\*cadere** (kah-*dāy*-ray) *v* \*fall; **\*far ~** drop

**caduta** (kah-*dōō*-tah) *f* fall

**caffè** (kahf-*feh*) *m* coffee; public house

**caffeina** (kahf-fay-*ee*-nah) *f* caffeine

**calare** (kah-*laa*-ray) *v* lower

**calce** (*kahl*-chay) *f* lime

**calcestruzzo** (kahl-chay-*stroot*-tsoa) *m* concrete

**calcio** (*kahl*-choa) *m* kick; soccer; calcium; **~ d'inizio** kick-off; **~ di rigore** penalty kick; **\*prendere a calci** kick

**calcolare** (kahl-koa-*laa*-ray) *v* calculate

**calcolatrice** (kahl-koa-laa-*tree*-chay) *f* calculator

**calcolo** (*kahl*-koa-loa) *m* calculation; **calcolo biliare** gallstone; **\*fare i calcoli** reckon

**caldo** (*kahl*-doa) *adj* warm, hot; *m* heat

**calendario** (kah-layn-*daa*-ryoa) *m* calendar

**callista** (kahl-*lee*-stah) *m* chiropodist

**callo** (*kahl*-loa) *m* callus; corn

**calma** (*kahl*-mah) *f* calm

**calmare** (kahl-*maa*-ray) *v* calm down; **calmarsi** calm down

**calmo** (*kahl*-moa) *adj* calm; serene, quiet

**calore** (kah-*lōā*-ray) *m* warmth, heat

**caloria** (kah-loa-*ree*-ah) *f* calorie

**calunnia** (kah-*loon*-ñah) *f* slander

**calvinismo** (kahl-vee-*nee*-zmoa) *m* Calvinism

**calvo** (*kahl*-voa) *adj* bald

**calza** (*kahl*-tsah) *f* sock; stocking; **calze elastiche** support hose

**calzamaglia** (kahl-tsah-*maa*-lᵞah) *f* panty-hose, tights *pl*

**calzatura** (kahl-tsah-*tōō*-rah) *f* footwear

**calzolaio** (kahl-tsoa-*laa*-yoa) *m* shoemaker

**calzoleria** (kahl-tsoa-lay-*ree*-ah) *f* shoeshop

**calzoncini** (kahl-tsoan-*chee*-nee) *mpl* shorts *pl*; trunks *pl*

**calzoni** (kahl-*tsōā*-nee) *mpl* slacks *pl*; pants *plAm*; **~ da sci** ski pants

**cambiamento** (kahm-byah-*mayn*-toa) *m* alteration, change

**cambiare** (kahm-*byaa*-ray) *v* change; alter, vary; exchange, switch; **~ marcia** change gear; **cambiarsi** change

**cambio** (*kahm*-byoa) *m* change; exchange; **~ di velocità** gear-box; **corso del ~** exchange rate; **\*dare il ~** relieve

**camera** (*kaa*-may-rah) *f* room, chamber; **~ blindata** vault; **~ da letto** bedroom; **~ d'aria** inner tube; **~**

**degli ospiti** guest-room; **~ dei bambini** nursery

**cameriera** (kah-may-*ryai*-rah) *f* maid; chambermaid; waitress

**cameriere** (kah-may-*ryai*-ray) *m* valet; waiter

**camerino** (kah-may-*ree*-noa) *m* dressing-room

**camicia** (kah-*mee*-chah) *f* shirt; **~ da notte** nightdress

**camino** (kah-*mee*-noa) *m* chimney

**camionetta** (kah-myoa-*nayt*-tah) *f* pick-up van

**cammello** (kahm-*mehl*-loa) *m* camel

**cammeo** (kahm-*mai*-oa) *m* cameo

**camminare** (kahm-mee-*naa*-ray) *v* *go, walk; step; hike

**campagna** (kahm-*paa*-ñah) *f* countryside, country; campaign

**campana** (kahm-*paa*-nah) *f* bell

**campanello** (kahm-pah-*nehl*-loa) *m* bell, doorbell

**campanile** (kahm-pah-*nee*-lay) *m* steeple

**campeggiatore** (kahm-payd-jah-*tōā*-ray) *m* camper

**campeggio** (kahm-*payd*-joa) *m* camping; camping site

**campione** (kahm-*pyōā*-nay) *m* champion; sample

**campo** (*kahm*-poa) *m* field; camp; **~ di gioco** recreation ground; **~ di golf** golf-course; **~ di grano** cornfield; **~ di tennis** tennis-court

**camposanto** (kahm-poa-*sahn*-toa) *m* churchyard

**Canadà** (kah-nah-*dah*) *m* Canada

**canadese** (kah-nah-*dāy*-zay) *adj* Canadian; *m* Canadian

**canale** (kah-*naa*-lay) *m* canal; channel

**canapa** (*kah-nah-pah*) *f* hemp

**canarino** (kah-nah-*ree*-noa) *m* canary

**cancello** (kahn-*chehl*-loa) *m* gate

**cancro** (*kahng*-kroa) *m* cancer

**candela** (kahn-*dāy*-lah) *f* candle; **~ d'accensione** sparking-plug

**candelabro** (kahn-day-*laa*-broa) *m* candelabrum

**candidato** (kahn-dee-*daa*-toa) *m* candidate

**cane** (*kaa*-nay) *m* dog; **~ guida** guide-dog

**canguro** (kahng-*gōō*-roa) *m* kangaroo

**canile** (kah-*nee*-lay) *m* kennel

**canna** (*kahn*-nah) *f* cane; **~ da pesca** fishing rod

**cannella** (kahn-*nehl*-lah) *f* cinnamon

**cannone** (kahn-*nōā*-nay) *m* gun

**canoa** (kah-*nōā*-ah) *f* canoe

**cantante** (kahn-*tahn*-tay) *m* singer, vocalist

**cantare** (kahn-*taa*-ray) *v* *sing

**canticchiare** (kahn-teek-*kyaa*-ray) *v* hum

**cantina** (kahn-*tee*-nah) *f* cellar; winecellar

**cantiniere** (kahn-tee-*nyai*-ray) *m* winewaiter

**canto** (*kahn*-toa) *m* song *c*

**canzonare** (kahn-tsoa-*naa*-ray) *v* mock

**canzone** (kahn-*tsōā*-nay) *f* song; **~ popolare** folk song

**caos** (*kaa*-oass) *m* chaos

**caotico** (kah-*aw*-tee-koa) *adj* chaotic

**capace** (kah-*paa*-chay) *adj* able; capable

**capacità** (kah-pah-chee-*tah*) *f* capacity; faculty

**capanna** (kah-*pahn*-nah) *f* hut; cabin

**caparbio** (kah-*pahr*-byoa) *adj* obstinate

**capello** (kah-*payl*-loa) *m* hair; **fissatore per capelli** setting lotion

**capigliatura** (kah-pee-lˈyah-*tōō*-rah) *f* hair-do

**capire** (kah-*pee*-ray) *v* *understand, *see, *take

**capitale** (kah-pee-*taa*-lay) *m* capital

**capitalismo** (kah-pee-tah-*lee*-zmoa) *m*

capitalism

**capitano** (kah-pee-*taa*-noa) *m* captain

**capitare** (kah-pee-*ta*-ray) *v* occur

**capitolazione** (kah-pee-toa-lah-*tsyoa*-nay) *f* capitulation

**capitolo** (kah-*pee*-toa-loa) *m* chapter

**capo** (*kaa*-poa) *m* head; manager, boss, chieftain, chief; cape; ~ **di stato** head of state

**capocameriere** (kah-poa-kah-may-*ryai*-ray) *m* head-waiter

**capocuoco** (kah-poa-*kwaw*-koa) *m* chef

**capogiro** (kah-poa-*jee*-roa) *m* dizziness

**capolavoro** (kah-poa-lah-*voa*-roa) *m* masterpiece

**capomastro** (kah-poa-*mah*-stroa) *m* foreman

**capostazione** (kah-poa-stah-*tsyoa*-nay) *m* station-master

**capoverso** (kah-poa-*vehr*-soa) *m* paragraph

*****capovolgere** (kah-poa-*vol*-jay-ray) *v* turn over

**cappella** (kahp-*pehl*-lah) *f* chapel

**cappellano** (kahp-payl-*laa*-noa) *m* chaplain

**cappello** (kahp-*pehl*-loa) *m* hat

**cappotto** (kahp-*pot*-toa) *m* coat; ~ **di pelliccia** fur coat

**cappuccio** (kahp-*poot*-choa) *m* hood

**capra** (*kaa*-prah) *f* goat

**capretto** (kah-*prayt*-toa) *m* kid

**capriccio** (kah-*preet*-choa) *m* fancy, fad, whim

**capsula** (*kah*-psoo-lah) *f* capsule

**caraffa** (kah-*rahf*-fah) *f* carafe

**caramella** (kah-rah-*mehl*-lah) *f* toffee; sweet; candy *nAm*

**carato** (kah-*raa*-toa) *m* carat

**carattere** (kah-*raht*-tay-ray) *m* character

**caratteristica** (kah-raht-tay-*ree*-stee-kah) *f* feature, characteristic, quality

**caratteristico** (kah-raht-tay-*ree*-stee-koa) *adj* typical, characteristic

**caratterizzare** (kah-raht-tay-reed-*dzaa*-ray) *v* mark, characterize

**carbone** (kahr-*boa*-nay) *m* coal; ~ **di legno** charcoal

**carburatore** (kahr-boo-rah-*toa*-ray) *m* carburettor

**carcere** (*kahr*-chay-ray) *m* gaol

**carceriere** (kahr-chay-*ryai*-ray) *m* jailer

**carciofo** (kahr-*chaw*-foa) *m* artichoke

**cardinale** (kahr-dee-*naa*-lay) *m* cardinal; *adj* cardinal

**cardine** (*kahr*-dee-nay) *m* hinge

**cardo** (*kahr*-doa) *m* thistle

**carenza** (kah-*rehn*-tsah) *f* shortage

**caricare** (kah-ree-*kaa*-ray) *v* load, charge; *wind

**carico** (*kaa*-ree-koa) *m* cargo, load, freight, charge

**carillon** (kah-ree-*yoyah*) *m* chimes *pl*

**carino** (kah-*ree*-noa) *adj* nice; pretty

**carità** (kah-ree-*tah*) *f* charity

**carnagione** (kahr-nah-*joa*-nay) *f* complexion

**carne** (*kahr*-nay) *f* flesh; meat

**carnevale** (kahr-nay-*vaa*-lay) *m* carnival

**caro** (*kaa*-roa) *adj* dear; expensive; *m* darling

**carota** (kah-*raw*-tah) *f* carrot

**carovana** (kah-roa-*vah*-nah) *f* caravan

**carpa** (*kahr*-pah) *f* carp

**carriera** (kahr-*ryai*-rah) *f* career

**carriola** (kahr-*ryaw*-lah) *f* wheelbarrow

**carro** (*kahr*-roa) *m* cart

**carrozza** (kahr-*rot*-tsah) *f* coach, carriage

**carrozzeria** (kahr-roat-tsay-*ree*-ah) *f* coachwork; motor body *Am*

**carrozzina** (kahr-roat-*tsee*-nah) *f* pram; baby carriage *Am*

**carrozzone** (kahr-roat-*tsoa*-nay) *m* caravan

**carrucola** (kahr-*roo*-koa-lah) *f* pulley

**carta** (*kahr*-tah) *f* paper; map; menu; ~ **assorbente** blotting paper; ~ **carbone** carbon paper; ~ **da gioco** playing-card; ~ **da imballaggio** wrapping paper; ~ **da lettere** writing-paper; notepaper; ~ **da macchina** typing paper; ~ **da parati** wallpaper; ~ **di credito** credit card; charge plate *Am*; ~ **d'identità** identity card; ~ **igienica** toiletpaper; ~ **nautica** chart; ~ **stradale** road map; ~ **verde** green card; ~ **vetrata** sandpaper; **di** ~ paper

**cartella** (kahr-*tehl*-lah) *f* briefcase; satchel

**cartello indicatore** (kahr-*tehl*-loa een-dee-kah-*tōa*-ray) milepost, signpost

**cartellone** (kahr-tayl-*lōa*-nay) *m* poster

**cartilagine** (kahr-tee-*laa*-jee-nay) *f* cartilage

**cartoleria** (kahr-toa-lay-*ree*-ah) *f* stationer's; stationery

**cartolina** (kahr-toa-*lee*-nah) *f* card, postcard; ~ **illustrata** picture postcard

**cartoncino** (kahr-toan-*chee*-noa) *m* card

**cartone** (kahr-*tōa*-nay) *m* cardboard; ~ **animato** cartoon; **di** ~ cardboard

**cartuccia** (kahr-*toot*-chah) *f* cartridge

**casa** (*kaa*-sah) *f* house; home; **a** ~ home; ~ **di campagna** country house; ~ **di riposo** rest-home; ~ **galleggiante** houseboat; ~ **padronale** manor-house; **in** ~ at home

**casalinga** (kah-sah-*leeng*-gah) *f* housewife

**casalingo** (kah-sah-*leeng*-goa) *adj* home-made

**cascata** (kah-*skaa*-tah) *f* waterfall

**cascina** (kah-*shee*-nah) *f* farmhouse

**casco** (*kah*-skoa) *m* helmet

**caseggiato** (kah-sayd-*jaa*-toa) *m* block

of flats

**caserma** (kah-*zehr*-mah) *f* barracks *pl*

**casinò** (kah-see-*noa*) *m* casino

**caso** *m* luck, chance; case, instance, event; ~ **di emergenza** emergency; **in** ~ **di** in case of; **in ogni** ~ anyway; **per** ~ by chance

**cassa** (*kahss*-sah) *f* pay-desk; ~ **di risparmio** savings bank; ~ **mobile** container

**cassaforte** (kahss-sah-*for*-tay) *f* safe

**casseruola** (kahss-say-*rwaw*-lah) *f* saucepan

**cassetta postale** (kahss-*sayt*-tah poa-*staa*-lay) letter-box; mailbox *nAm*

**cassetto** (kahss-*sayt*-toa) *m* drawer

**cassettone** (kahss-sayt-*tōa*-nay) *m* chest of drawers

**cassiera** (kahss-*syai*-rah) *f* cashier

**cassiere** (kahss-*syai*-ray) *m* cashier

**castagna** (kah-*staa*-ñah) *f* chestnut

**castano** (kah-*staa*-noa) *adj* auburn

**castello** (kah-*stehl*-loa) *m* castle

**casto** (*kah*-stoa) *adj* chaste, pure

**castoro** (kah-*staw*-roa) *m* beaver

**catacomba** (kah-tah-*koam*-bah) *f* catacomb

**catalogo** (kah-*taa*-loa-goa) *m* catalogue

**catarro** (kah-*tahr*-roa) *m* catarrh

**catastrofe** (kah-*tah*-stroa-fay) *f* catastrophe, disaster

**categoria** (kah-tay-goa-*ree*-ah) *f* category

**categorico** (kah-tay-*gaw*-ree-koa) *adj* explicit

**catena** (kah-*tāy*-nah) *f* chain; ~ **di montagne** mountain range

**catino** (kah-*tee*-noa) *m* basin

**catrame** (kah-*traa*-may) *m* tar

**cattedra** (*kaht* tay-drah) *f* pulpit

**cattedrale** (kaht-tay-*draa*-lay) *f* cathedral

**cattivo** (kaht-*tee*-voa) *adj* bad; ill,

evil; naughty

**cattolico** (kaht-*taw*-lee-koa) *adj* Roman Catholic, catholic

**cattura** (kaht-*too*-rah) *f* capture

**catturare** (kaht-too-*raa*-ray) *v* capture

**cauccIù** (kou-*choo*) *m* rubber

**causa** (*kou*-zah) *f* cause; reason; case; lawsuit; **a ~ di** owing to; because of, for, on account of

**causare** (kou-*zaa*-ray) *v* cause

**cautela** (kou-*tai*-lah) *f* caution

**cauto** (*kou*-toa) *adj* cautious

**cauzione** (kou-*tsyoa*-nay) *f* guarantee, security; bail

**cava** (*kaa*-vah) *f* quarry

**cavalcare** (kah-vahl-*kaa*-ray) *v* *ride

**cavaliere** (kah-vah-*lYai*-ray) *m* knight

**cavalla** (kah-*vahl*-lah) *f* mare

**cavallerizzo** (kah-vahl-lay-*reet*-tzoa) *m* rider, horseman

**cavalletta** (kah-vahl-*layt*-tah) *f* grasshopper

**cavallino** (kah-vahl-*lee*-noa) *m* pony

**cavallo** (kah-*vahl*-loa) *m* horse; **~ da corsa** race-horse; **~ vapore** horse-power

**cavatappi** (kah-vah-*tahp*-pee) *m* corkscrew

**caverna** (kah-*vehr*-nah) *f* cavern, cave

**caviale** (kah-*vyaa*-lay) *m* caviar

**caviglia** (kah-*vee*-lYah) *f* ankle

**cavità** (kah-vee-*tah*) *f* cavity

**cavo** (*kaa*-voa) *m* cable

**cavolfiore** (kah-voal-*fyoa*-ray) *m* cauliflower

**cavolini** (kah-voa-*lee*-nee) *mpl* sprouts *pl*

**cavolo** (*kaa*-voa-loa) *m* cabbage

**ceco** (*chai*-koa) *adj* Czech: *m* Czech; **Repubblica ceca** (ray-*poob*-bleekah *chai*-kah) *f* Czech Republic

**cedere** (*chai*-day-ray) *v* *give in, indulge

**cedola** (*chai*-doa-lah) *f* coupon

**cedro** (*chay*-droa) *m* lime

**ceffone** (chayf-*foa*-nay) *m* smack

**celare** (chay-*laa*-ray) *v* *hide

**celebrare** (chay-lay-*braa*-ray) *v* celebrate

**celebrazione** (chay-lay-brah-*tsyoa*-nay) *f* celebration

**celebre** (*chai*-lay-bray) *adj* famous

**celebrità** (chay-lay-bree-*tah*) *f* celebrity

**celibato** (chay-lee-*baa*-toa) *m* celibacy

**celibe** (*chai*-lee-bay) *adj* single; *m* bachelor

**cella** (*chehl*-lah) *f* cell

**cellofan** (*chehl*-loa-fahn) *m* cellophane

**cemento** (chay-*mayn*-toa) *m* cement

**cena** (*chay*-nah) *f* dinner, supper

**cenere** (*chay*-nay-ray) *f* ash

**cenno** (*chayn*-noa) *m* sign

**censura** (chayn-*soo*-rah) *f* censorship

**centigrado** (chayn-*tee*-grah-doa) *adj* centigrade

**centimetro** (chayn-*tee*-may-troa) *m* centimetre; tape-measure

**cento** (*chehn*-toa) *num* hundred

**centrale** (chayn-*traa*-lay) *adj* central; **~ elettrica** power-station

**centralinista** (chayn-trah-lee-*nee*-stah) *f* operator

**centralino** (chayn-trah-*lee*-noa) *m* telephone exchange

**centralizzare** (chayn-trah-leed-*dzaa*-ray) *v* centralize

**centro** (*chehn*-troa) *m* centre; **~ commerciale** shopping centre; **~ della città** town centre; **~ di ricreazione** recreation centre; **~ sanitario** health centre

**ceppo** (*chayp*-poa) *m* block; log

**cera** (*chay*-rah) *f* wax

**ceramica** (chay-*raa*-mee-kah) *f* faience, ceramics *pl*, pottery

**cerbiatto** (chayr-*byaht*-toa) *m* fawn

**cercare** (chayr-*kaa*-ray) *v* look for; *seek, search, hunt for; look up

**cerchio** (*chayr*-kyoa) *m* circle, ring
**cerchione** (chayr-*kyōa*-nay) *m* rim
**cerimonia** (chay-ree-*maw*-ñah) *f* ceremony
**cerotto** (chay-*rot*-toa) *m* plaster, adhesive tape
**certamente** (chayr-tah-*mayn*-tay) *adv* surely
**certezza** (chayr-*tayt*-tsah) *f* certainty
**certificato** (chayr-tee-fee-*kaa*-toa) *m* certificate; **~ di sanità** health certificate
**certo** (*chehr*-toa) *adj* certain
**cervello** (chayr-*vehl*-loa) *m* brain
**cervo** (*chehr*-voa) *m* deer
**cespuglio** (chay-*spōo*-lYoa) *m* scrub, bush
**cessare** (chayss-*saa*-ray) *v* end; stop, discontinue, quit
**cestino** (chay-*stee*-noa) *m* wastepaper-basket
**ceto** (*chai*-toa) *m* rank; **~ medio** middle class
**cetriolo** (chay-*tryaw*-loa) *m* cucumber
**chalet** (shah-*lay*) *m* chalet
**champagne** (shahng-*pahñ*) *m* champagne
**che** (kay) *pron* that, who, which; how; *conj* that; as, than
**chi** (kee) *pron* who; **a ~** whom
**chiacchierare** (kyahk-kyay-*raa*-ray) *v* chat
**chiacchierata** (kyahk-kyay-*raa*-tah) *f* chat
**chiacchierone** (kyahk-kyay-*rōa*-nay) *m* chatterbox
**chiamare** (kyah-*maa*-ray) *v* call; **chiamarsi** *be called
**chiamata** (kyah-*maa*-tah) *f* telephone call; **~ locale** local call
**chiarificare** (kyah-ree-fee-*kaa*-ray) *v* clarify
**chiarire** (kyah-*ree*-ray) *v* clarify, explain

**chiaro** (*kyaa*-roa) *adj* clear; pale, light; plain, distinct; **~ di luna** moonlight
**chiasso** (*kyahss*-soa) *m* noise, racket
**chiave** (*kyaa*-vay) *f* key; wrench; **~ di casa** latchkey
**chiavistello** (kyah-vee-*stehl*-loa) *m* bolt
**chiazza** (*keeaht*-tsah) *f* spot
**chiazzato** (kyaht-*tsaa*-toa) *adj* spotted
***chiedere** (*kyai*-day-ray) *v* ask; beg; ***chiedersi** wonder
**chierico** (*kyai*-ree-koa) *m* clergyman
**chiesa** (*kyai*-zah) *f* church, chapel
**chiglia** (*kee*-lYah) *f* keel
**chilo** (*kee*-loa) *m* kilogram
**chilometraggio** (kee-loa-may-*trahd*-joa) *m* distance in kilometres
**chilometro** (kee-*law*-may-troa) *m* kilometre
**chimica** (*kee*-mee-kah) *f* chemistry
**chimico** (*kee*-mee-koa) *adj* chemical
**chinarsi** (kee-*nahr*-see) *v* *bend down
**chinino** (kee-*nee*-noa) *m* quinine
**chiocciola di mare** (*kyot*-choa-lah dee *maa*-ray) winkle
**chiodo** (*kyaw*-doa) *m* nail
**chiosco** (*kyo*-skoa) *m* kiosk
**chirurgo** (kee-*roor*-goa) *m* surgeon
**chitarra** (kee-*tahr*-rah) *f* guitar
***chiudere** (*kyōo*-day-ray) *v* close; fasten, *shut; turn off; **~ a chiave** lock; lock up
**chiunque** (*kyoong*-kway) *pron* anybody, whoever; anyone
**chiusa** (*kyōo*-sah) *f* sluice, lock
**chiuso** (*kyōo*-soa) *adj* closed, shut
**chiusura lampo** (kyoo-*sōo*-rah *lahm*-poa) *f* zip; zipper
**ci** (chee) *pron* ourselves, us
**ciabatta** (chah-*baht*-tah) *f* slipper
**cialda** (*chahl*-dah) *f* waffle
**ciancia** (*chahn*-chah) *f* chat
**ciao!** (*chaa*-oa) hello!
**ciarlare** (chahr-*laa*-ray) *v* chat

**ciarlata** (chahr-*laa*-tah ) *f* chat

**ciarlatano** (chahr-lah-*taa*-noa ) *m* quack

**ciascuno** (chah-*skōō*-noa ) *adj* every, each

**cibo** (*chee*-boa ) *m* fare, food ; ~ **surgelato** frozen food

**cicatrice** (chee-kah-*tree*-chay ) *f* scar

**ciclista** (chee-*klee*-stah ) *m* cyclist

**ciclo** (*chee*-kloa ) *m* cycle ; bicycle

**cicogna** (chee-*kōa*-ñah ) *f* stork

**cieco** (*chai*-koa ) *adj* blind

**cielo** (*chai*-loa ) *m* sky ; heaven

**cifra** (*chee*-frah ) *f* number, figure

**ciglio** (*chee*-lᵞoa ) *m* (pl le ciglia) eyelash

**cigno** (*chee*-ñoa ) *m* swan

**cigolare** (chee-goa-*laa*-ray ) *v* creak

**Cile** (*chee*-lay) *m* Chile

**cileno** (chee-*lāy*-noa ) *adj* Chilean ; *m* Chilean

**ciliegia** (chee-*lᵞāy*-jah ) *f* cherry

**cilindro** (chee-*leen*-droa ) *m* cylinder

**cima** (*chee*-mah ) *f* top ; peak ; **in ~ a** on top of

**cimice** (*chee*-mee-chay ) *f* bug

**cimitero** (chee-mee-*tai*-roa ) *m* graveyard, cemetery

**Cina** (*chee*-nah ) *f* China

**cinegiornale** (chee-nay-joar-*naa*-lay ) *m* newsreel

**cinema** (*chee*-nay-mah ) *m* pictures ; movie theater *Am*, movies *Am*

**cinematografo** (chee-nay-mah-*taw*-grah-foa ) *m* cinema

**cinepresa** (chee-nay-*prāy*-sah ) *f* camera

**cinese** (chee-*nāy*-say ) *adj* Chinese ; *m* Chinese

*****cingere** (*cheen*-jay-ray ) *v* encircle

**cinghia** (*cheeng*-gyah ) *f* strap ; belt ; ~ **del ventilatore** fan belt

**cinquanta** (cheeng-*kwahn*-tah ) *num* fifty

**cinque** (*cheeng*-kway ) *num* five

**ciò** (cho ) *pron* that, this

**cioccolata** (choak-koa-*laa*-tah ) *f* chocolate

**cioccolatino** (choak-koa-lah-*tee*-noa ) *m* chocolate

**cioccolato** (choak-koa-*laa*-toa ) *m* chocolate

**cioè** (choa-*ai* ) *adv* namely

**ciottolo** (*chot*-toa-loa ) *m* pebble

**cipolla** (chee-*poal*-lah ) *f* onion

**cipollina** (chee-poal-*lee*-nah ) *f* chives *pl*

**cipria** (*chee*-pryah ) *f* face-powder ; **piumino da ~** powder-puff

**circa** (*cheer*-kah ) *adv* approximately, about ; *prep* about

**circo** (*cheer*-koa ) *m* circus

**circolazione** (cheer-koa-lah-*tsyōa*-nay ) *f* circulation ; ~ **del sangue** circulation

**circolo** (*cheer*-koa-loa ) *m* circle ; club ; ~ **nautico** yacht-club

**circondare** (cheer-koan-*daa*-ray ) *v* circle, encircle, surround

**circonvallazione** (cheer-koan-vahl-lah-*tsyōa*-nay ) *f* by-pass

**circostante** (cheer-koa-*stahn*-tay ) *adj* surrounding

**circostanza** (cheer-koa-*stahn*-tsah ) *f* circumstance, condition

**cistifellea** (chee-stee-*fehl*-lay-ah ) *f* gall bladder

**cistite** (chee-*stee*-tay ) *f* cystitis

**citare** (chee-*taa*-ray ) *v* quote

**citazione** (chee-tah-*tsyōa*-nay ) *f* mention, quotation ; summons

**città** (cheet-*tah*) *f* city, town

**cittadinanza** (cheet-tah-dee-*nahn*-tsah ) *f* townspeople *pl* ; citizenship

**cittadino** (cheet-tah-*dee*-noa ) *m* citizen

**civico** (*chee*-vee-koa ) *adj* civic

**civile** (chee-*vee*-lay) *adj* civilian, civil

**civilizzato** (chee-vee-leed-*dzaa*-toa ) *adj* civilized

**civiltà** (chee-veel-*tah*) f civilization

**clacson** (*klahk*-soan) m hooter; horn

**classe** (*klahss*-say) f class; grade; form; ~ **turistica** tourist class

**classico** (*klahss*-see-koa) adj classical

**classificare** (klahss-see-fee-*kaa*-ray) v classify, grade; sort

**clausola** (*klou*-zoa-lah) f clause

**clava** (*klaa*-vah) f club

**clavicembalo** (klah-vee-*chaym*-bah-loa) m harpsichord

**clavicola** (klah-*vee*-koa-lah) f collarbone

**clemenza** (klay-*mehn*-tsah) f mercy

**cliente** (*klyehn*-tay) m client, customer

**clima** (*klee*-mah) m climate

**clinica** (*klee*-nee-kah) f clinic

**cloro** (*klaw*-roa) m chlorine

**coagulare** (koa-ah-goo-*laa*-ray) v coagulate

**cocaina** (koa-kah-*ee*-nah) f cocaine

**cocciuto** (koat-*chōō*-toa) adj stubborn

**cocco** (*kok*-koa) m pet

**coccodrillo** (koak-koa-*dreel*-loa) m crocodile

**coda** (*kōā*-dah) f tail; queue; *fare la ~ queue; stand in line Am

**codardo** (koa-*dahr*-doa) m coward

**codice** (*kaw*-dee-chay) m code; ~ postale zip code Am

**coerenza** (koa-ay-*rehn*-tsah) f coherence

**cofano** (*kaw*-fah-noa) m bonnet; hood nAm

*cogliere** (*kaw*-lʸay-ray) v pick; *catch

**cognac** (koa-*ñahk*) m cognac

**cognata** (koa-*ñaa*-tah) f sister-in-law

**cognato** (koa-*ñaa*-toa) m brother-in-law

**cognome** (koa-*ñōā*-may) m family name, surname; ~ **da nubile** maiden name

**coincidenza** (koa-een-chee-*dehn*-tsah) f connection

*coincidere** (koa-een-*chee*-day-ray) v coincide

*coinvolgere** (koa-een-*vol*-jay-ray) v involve

**colapasta** (koa-lah-*pah*-stah) m strainer

**colazione** (koa-lah-*tsyōā*-nay) f luncheon, lunch; **prima ~** breakfast; **seconda ~** lunch

**colla** (*koal*-lah) f gum, glue

**collaborazione** (koal-lah-boa-rah-*tsyōā*-nay) f collaboration

**collana** (koal-*laa*-nah) f beads pl, necklace

**collare** (koal-*laa*-ray) m collar

**collega** (koal-*lai*-gah) m colleague

**collegare** (koal-lay-*gaa*-ray) v connect, link

**collera** (*kol*-lay-rah) f anger, passion

**collettivo** (koal-layt-*tee*-voa) adj collective

**colletto** (koal-*layt*-toa) m collar; **bottoncino per ~** collar stud

**collettore** (koal-layt-*tōā*-ray) m collector

**collezione** (koal-lay-*tsyōā*-nay) f collection; ~ **d'arte** art collection

**collezionista** (koal-lay-tsyoa-*nee*-stah) m collector

**collina** (koal-*lee*-nah) f hill

**collinoso** (koal-lee-*nōā*-soa) adj hilly

**collisione** (koal-lee-*zyōā*-nay) f collision

**collo** (*kol*-loa) m throat, neck

**collocare** (koal-loa-*kaa*-ray) v *lay, *put

**colmo** (*koai*-moa) adj full up; m height

**Colombia** (koa-*loam*-byah) f Colombia

**colombiano** (koa-loam-*byaa*-noa) adj Colombian; m Colombian

**colonia** (koa-*law*-ñah) f colony; ~ **di vacanze** holiday camp colonna (koa-*lon*-nah) *f* pillar, column

colonnello (koa-loan-*nehl*-loa) *m* colonel

colore (koa-*lōā*-ray) *m* paint; colour; di ~ coloured

colorito (koa-loa-*ree*-toa) *adj* colourful

colpa (*koal*-pah) *f* guilt, fault, blame

colpetto (koal-*payt*-toa) *m* tap

colpevole (koal-*pāȳ*-voa-lay) *adj* guilty; dichiarare ~ convict

colpire (koal-*pee*-ray) *v* *hit; *strike; touch

colpo (*koal*-poa) *m* knock, blow; stroke; ~ di sole sunstroke

coltello (koal-*tehl*-loa) *m* knife

coltivare (koal-tee-*vaa*-ray) *v* cultivate; *grow, raise

colto (*koal*-toa) *adj* cultured

coltura (koal-*tōō*-rah) *f* culture

coma (*kaw*-mah) *m* coma

comandante (koa-mahn-*dahn*-tay) *m* commander; captain

comandare (koa-mahn-*daa*-ray) *v* command, order

comando (koa-*mahn*-doa) *m* order; leadership

combattere (koam-*baht*-tay-ray) *v* combat, *fight, battle

combattimento (koam-baht-tee-*mayn*-toa) *m* combat, battle; fight, struggle

combinare (koam-bee-*naa*-ray) *v* combine

combinazione (koam-bee-nah-*tsyōā*-nay) *f* combination

combustibile (koam-boo-*stee*-bee-lay) *m* fuel

come (*kōā*-may) *adv* such as, like; how; *conj* as; ~ pure as well; as well as; ~ se as if

comico (*kaw*-mee-koa) *adj* comic, humorous; *m* comedian, entertainer

cominciare (koa-meen-*chaa*-ray) *v* *begin, start

comitato (koa-mee-*taa*-toa) *m* committee, commission

commedia (koam-*mai*-dyah) *f* comedy; ~ musicale musical comedy, musical

commediante (koam-may-*dyahn*-tay) *m* comedian

commemorazione (koam-may-moa-rah-*tsyōā*-nay) *f* commemoration

commentare (koam-mayn-*taa*-ray) *v* comment

commento (koam-*mayn*-toa) *m* comment; note

commerciale (koam-mayr-*chaa*-lay) *adj* commercial

commerciante (koam-mayr-*chahn*-tay) *m* tradesman, merchant, dealer

commerciare (koam-mayr-*chaa*-ray) *v* trade

commercio (koam-*mehr*-choa) *m* trade, commerce, business; ~ al minuto retail trade

commessa (koam-*mayss*-sah) *f* salesgirl

commesso (koam-*mayss*-soa) *m* salesman, shop assistant; ~ d'ufficio clerk

commestibile (koam-may-*stee*-bee-lay) *adj* edible

*commettere (koam-*mayt*-tay-ray) *v* commit

commissione (koam-meess-*syōā*-nay) *f* message, errand; committee

commozione (koam-moa-*tsyōā*-nay) *f* emotion; ~ cerebrale concussion

*commuovere (koam-*mwaw*-vay-ray) *v* move

comò (koa-*mo*) *m* (pl ~) bureau *nAm*

comodità (koa-moa-dee-*tah*) *f* comfort

comodo (*kaw*-moa-doa) *adj* convenient; comfortable, easy; *m* leisure

compact disc (*kom*-pahkt-disk) *m* compact disc; compact disc player

compagnia (koam-pah-*ñee*-ah) *f* company; society

**compagno** (koam-*paa*-ñoa) *m* companion; partner; comrade; **~ di classe** class-mate

*****comparire** (koam-pah-*ree*-ray) *v* appear

**compassione** (koam-pahss-*syōā*-nay) *f* sympathy; **provare ~ per** pity

**compatire** (koam-pah-*tee*-ray) *v* pity

**compatriota** (koam-pah-*tryaw*-tah) *m* countryman

**compatto** (koam-*paht*-toa) *adj* compact

**compensare** (koam-payn-*saa*-ray) *v* compensate, *make good

**compensazione** (koam-payn-sah-*tsyōā*-nay) *f* compensation

**compera** (*koam*-pay-rah) *f* purchase

**competente** (koam-pay-*tehn*-tay) *adj* expert; qualified

**competere** (koam-*pai*-tay-ray) *v* compete

**competizione** (koam-pay-tee-*tsyōā*-nay) *f* contest

**compiacente** (koam-pyah-*chehn*-tay) *adj* willing

**compiere** (*koam*-pyay-ray) *v* accomplish; commit; perform

**compilare** (koam-pee-*laa*-ray) *v* compile; *make up; fill out *Am*

**compitare** (koam-pee-*taa*-ray) *v* *spell

**compito** (*koam*-pee-toa) *m* duty, task

**compleanno** (koam-play-*ahn*-noa) *m* birthday

**complesso** (koam-*plehss*-soa) *adj* complex; *m* complex

**completamente** (koam-play-tah-*mayn*-tay) *adv* wholly, completely, quite

**completare** (koam-play-*taa*-ray) *v* complete, finish; fill in; fill out *Am*

**completo** (koam-*plai*-toa) *adj* total, complete, whole, utter

**complicato** (koam-plee-*kaa*-toa) *adj* complicated

**complice** (*kom*-plee-chay) *m* accessary

**complimentare** (koam-plee-mayn-*taa*-ray) *v* compliment

**complimento** (koam-plee-*mayn*-toa) *m* compliment

**complotto** (koam-*plot*-toa) *m* plot

**componimento** (koam-poa-nee-*mayn*-toa) *m* essay

*****comporre** (koam-*poar*-ray) *v* compose

**comportamento** (koam-poar-tah-*mayn*-toa) *m* behaviour

**comportare** (koam-poar-*taa*-ray) *v* imply; **comportarsi** behave, act; **comportarsi male** misbehave

**compositore** (koam-poa-zee-*tōā*-ray) *m* composer

**composizione** (koam-poa-zee-*tsyōā*-nay) *f* composition

**comprare** (koam-*praa*-ray) *v* *buy, purchase

**compratore** (koam-prah-*tōā*-ray) *m* buyer, purchaser

*****comprendere** (koam-*prehn*-day-ray) *v* contain, include, comprise; conceive, *understand

**comprensione** (koam-prayn-*syōā*-nay) *f* understanding

**comprensivo** (koam-prayn-*see*-voa) *adj* comprehensive; sympathetic

**compreso** (koam-*prāy*-soa) *adj* inclusive

**compromesso** (koam-proa-*mayss*-soa) *m* compromise

**computare** (koam-poo-*taa*-ray) *v* calculate

**computer** (koam-*poo*-tayr) *m* computer

**comune** (koa-*mōō*-nay) *adj* common

**comunicare** (koa-moo-nee-*kaa*-ray) *v* communicate, inform

**comunicato** (koa-moo-nee-*kaa*-toa) *m* communiqué

**comunicazione** (koa-moo-nee-kah-*tsyōā*-nay) *f* communication, information

**comunione** (koa-moo-*nyōa*-nay) *f* congregation

**comunismo** (koa-moo-nee-zmoa) *m* communism

**comunista** (koa-moo-*nee*-stah) *m* communist

**comunità** (koa-moo-nee-*tah*) *f* community

**comunque** (koa-*moong*-kway) *adv* at any rate, any way; though, still

**con** (koan) *prep* with; by

*  **concedere** (koan-*chai*-day-ray) *v* grant

**concentrare** (koan-chayn-*traa*-ray) *v* concentrate

**concentrazione** (koan-chayn-trah-*tsyōa*-nay) *f* concentration

**concepimento** (koan-chay-pee-*mayn*-toa) *m* conception

**concepire** (koan-chay-pee-*pee*-ray) *v* conceive

**concernere** (koan-*chehr*-nay-ray) *v* concern

**concerto** (koan-*chehr*-toa) *m* concert

**concessione** (koan-chayss-*syōa*-nay) *f* concession

**concetto** (koan-*cheht*-toa) *m* idea

**concezione** (koan-chay-*tsyōa*-nay) *f* conception

**conchiglia** (koang-*kee*-lᵞah) *f* sea-shell, shell

**concime** (koan-*chee*-may) *m* manure

**conciso** (koan-*chee*-zoa) *adj* concise

*  **concludere** (koang-*klōō*-day-ray) *v* conclude

**conclusione** (koang-kloo-*zyōa*-nay) *f* conclusion, issue

**concordanza** (koang-koar-*dahn*-tsah) *f* agreement

**concorrente** (koang-koar-*rehn*-tay) *m* rival, competitor

**concorrenza** (koang-koar-*rehn*-tsah) *f* rivalry, competition

**concorso** (koang-*koar*-soa) *m* concurrence

**concreto** (koang-*krai*-toa) *adj* concrete

**concupiscenza** (koang-koo-peesh-*shehn*-tsah) *f* lust

**condanna** (koan-*dahn*-nah) *f* conviction

**condannare** (koan-dahn-*naa*-ray) *v* sentence

**condannato** (koan-dahn-*naa*-toa) *m* convict

**condire** (koan-*dee*-ray) *v* flavour

**condito** (koan-*dee*-toa) *adj* spiced

*  **condividere** (koan-dee-*vee*-day-ray) *v* share

**condizionale** (koan-dee-tsyoa-*naa*-lay) *adj* conditional

**condizione** (koan-dee-*tsyōa*-nay) *f* term, condition

**condotta** (koan-*doat*-tah) *f* conduct

*  **condurre** (koan-*door*-ray) *v* conduct, carry; *drive

**conduttore** (koan-doot-*tōa*-ray) *m* conductor

**confederazione** (koan-fay-day-rah-*tsyōa*-nay) *f* union, federation

**conferenza** (koan-fay-*rehn*-tsah) *f* lecture; conference; ~ **stampa** press conference

**conferma** (koan-*fayr*-mah) *f* confirmation

**confermare** (koan-fayr-*maa*-ray) *v* confirm, acknowledge

**confessare** (koan-fayss-*saa*-ray) *v* confess

**confessione** (koan-fayss-*syōa*-nay) *f* confession

**confezionare** (koan-fay-tsyoa-*naa*-ray) *v* manufacture

**confezionato** (koan-fay-tsyoa-*naa*-toa) *adj* ready-made

**confidente** (koan-fee-*dehn*-tay) *adj* confident

**confidenziale** (koan-fee-dayn-*tsyaa*-lay)

*adj* confidential; familiar

**confine** (koan-*fee*-nay) *m* border

**confiscare** (koan-fee-*skaa*-ray) *v* confiscate

**conflitto** (koan-*fleet*-toa) *m* conflict

*\*confondere** (koan-*foan*-day-ray) *v* \*mistake, confuse

**in conformità con** (een koan-foar-mee-*tah* koan) in accordance with

**confortevole** (koan-foar-*tay*-voa-lay) *adj* cosy, comfortable

**conforto** (koan-*for*-toa) *m* comfort

**confronto** (koan-*froan*-toa) *m* comparison; confrontation

**confusione** (koan-foo-*zyoa*-nay) *f* confusion, disorder

**confuso** (koan-*foo*-zoa) *adj* confused

**congedare** (koan-jay-*daa*-ray) *v* dismiss

**congedo** (koan-*jai*-doa) *m* leave

**congelarsi** (koan-jay-*lahr*-see) *v* \*freeze

**congelato** (koan-jay-*laa*-toa) *adj* frozen

**congelatore** (koan-jay-lah-*toa*-ray) *m* deep-freeze

**congettura** (koan-jayt-*too*-rah) *f* guess

**congetturare** (koan-jayt-too-*raa*-ray) *v* guess

**congiunto** (koan-*joon*-toa) *adj* joint; related

**congiura** (koan-*joo*-rah) *f* plot

**congratularsi** (koang-grah-too-*lahr*-see) *v* congratulate

**congratulazione** (koang-grah-too-lah-*tsyoa*-nay) *f* congratulation

**congregazione** (koang-gray-gah-*tsyoa*-nay) *f* congregation

**congresso** (koang-*grehss*-soa) *m* congress

**coniglio** (koa-*nee*-l^yoa) *m* rabbit

**coniugi** (*kaw*-ñoo-jee) *mpl* married couple

**connessione** (koan-nayss-*syoa*-nay) *f* connection

*\*connettere** (koan-*neht*-tay-ray) *v* connect; plug in

**connotati** (koan-noa-*taa*-tee) *mpl* description

**conoscenza** (koa-noash-*shehn*-tsah) *f* knowledge; acquaintance

*\*conoscere** (koa-*noash*-shay-ray) *v* \*know

**conquista** (koang-*kwee*-stah) *f* conquest

**conquistare** (koang-kwee-*staa*-ray) *v* conquer

**conquistatore** (koang-kwee-stah-*toa*-ray) *m* conqueror

**consapevole** (koan-sah-*pay*-voa-lay) *adj* aware

**conscio** (*kon*-shoa) *adj* conscious

**consegna** (koan-*say*-ñah) *f* delivery

**consegnare** (koan-say-*ñaa*-ray) *v* deliver; commit

**conseguentemente** (koan-say-gwayn-tay-*mayn*-tay) *adv* consequently

**conseguenza** (koan-say-*gwehn*-tsah) *f* result, consequence; issue; **in ~ di** because of, for

**conseguibile** (koan-say-*gwee*-bee-lay) *adj* attainable

**conseguire** (koan-say-*gwee*-ray) *v* obtain

**consenso** (koan-*sehn*-soa) *m* consent

**consentire** (koan-sayn-*tee*-ray) *v* agree, consent

**conservare** (koan-sayr-*vaa*-ray) *v* preserve; \*hold

**conservatore** (koan-sayr-vah-*toa*-ray) *adj* conservative

**conservatorio** (koan-sayr-vah-*taw*-ryoa) *m* music academy

**conserve** (koan-*sehr*-vay) *fpl* tinned food; \*mettere in conserva preserve

**considerare** (koan-see-day-*raa*-ray) *v* consider, regard; count, reckon

**considerato** (koan-see-day-*raa*-toa)

*prep* considering

**considerazione** (koan-see-day-rah-*tsyōa*-nay) *f* consideration

**considerevole** (koan-see-day-*rāy*-voa-lay) *adj* considerable

**consigliare** (koan-see-*lʸaa*-ray) *v* recommend, advise

**consigliere** (koan-see-*lʸai*-ray) *m* counsellor; councillor

**consiglio** (koan-*see-lʸoa*) *m* board; advice; counsel, council

**consistere in** (koan-*see*-stay-ray) consist of

**consolare** (koan-soa-*laa*-ray) *v* comfort

**consolato** (koan-soa-*laa*-toa) *m* consulate

**consolazione** (koan-soa-lah-*tsyōa*-nay) *f* comfort

**console** (*kon*-soa-lay) *m* consul

**consorte** (koan-*sor*-tay) *f* wife

**constante** (koan-*stahn*-tay) *adj* constant

**constatare** (koan-stah-*taa*-ray) *v* ascertain

**consueto** (koan-*swai*-toa) *adj* habitual

**consulta** (koan-*sool*-tah) *f* consultation

**consultare** (koan-sool-*taa*-ray) *v* consult

**consultazione** (koan-sool-tah-*tsyōa*-nay) *f* consultation

**consultorio** (koan-sool-*taw*-ryoa) *m* surgery

**consumare** (koan-soo-*maa*-ray) *v* use up

**consumato** (koan-soo-*maa*-toa) *adj* worn

**consumatore** (koan-soo-mah-*tōa*-ray) *m* consumer

**contadino** (koan-tah-*dee*-noa) *m* peasant

**contagioso** (koan-tah-*jōa*-soa) *adj* contagious, infectious

**contaminazione** (koan-tah-mee-nah-*tsyōa*-nay) *f* pollution

**contanti** (koan-*tahn*-tee) *mpl* cash

**contare** (koan-*taa*-ray) *v* count; ~ **su** rely on

**contattare** (koan-taht-*taa*-ray) *v* contact

**contatto** (koan-*taht*-toa) *m* touch, contact

**conte** (*koan*-tay) *m* count, earl

**contea** (koan-*tai*-ah) *f* county

**contemporaneo** (koan-taym-poa-*raa*-nay-oa) *adj* contemporary; *m* contemporary

***contenere** (koan-tay-*nāy*-ray) *v* contain; comprise; restrain

**contento** (koan-*tehn*-toa) *adj* content; glad, happy

**contenuto** (koan-tay-*nōo*-toa) *m* contents *pl*

**contessa** (koan-*tayss*-sah) *f* countess

**contiguo** (koan-*tee*-gwoa) *adj* neighbouring

**continentale** (koan-tee-nayn-*taa*-lay) *adj* continental

**continente** (koan-tee-*nehn*-tay) *m* continent

**continuamente** (koan-tee-nwah-*mayn*-tay) *adv* all the time, continually

**continuare** (koan-tee-*nwaa*-ray) *v* continue, carry on; *go on, *go ahead, *keep on, *keep

**continuazione** (koan-tee-nwah-*tsyōa*-nay) *f* sequel

**continuo** (koan-*tee*-nwoa) *adj* continuous, continual

**conto** (*koan*-toa) *m* account; bill; check *nAm*; ~ **bancario** bank account; **per ~ di** on behalf of; *rendere ~ di** account for

**contorno** (koan-*toar*-noa) *m* outline, contour

**contrabbandare** (koan-trahb-bahn-*daa*-ray) *v* smuggle

***contraddire** (koan-trahd-*dee*-ray) *v*

contradict

**contraddittorio** (koan-trahd-deet-*taw*-ryoa) *adj* contradictory

**contraffatto** (koan-trahf-*faht*-toa) *adj* false

**contralto** (koan-*trahl*-toa) *m* alto

**contrario** (koan-*traa*-ryoa) *adj* contrary, opposite; *m* reverse, contrary; **al** ~ on the contrary

*****contrarre** (koan-*trahr*-ray) *v* contract

**contrasto** (koan-*trah*-stoa) *m* contrast

**contratto** (koan-*traht*-toa) *m* agreement, contract; ~ **di affitto** lease

**contravvenzione** (koan-trahv-vayn-*tsyōa*-nay) *f* ticket

**contribuire** (koan-tree-*bwee*-ray) *v* contribute

**contributo** (koan-tree-*bōō*-toa) *m* contribution

**contribuzione** (koan-tree-boo-*tsyōa*-nay) *f* contribution

**contro** (*koan*-troa) *prep* against; versus

**controllare** (koan-troal-*laa*-ray) *v* control

**controllo** (koan-*trol*-loa) *m* control, inspection; ~ **passaporti** passport control

**controllore** (koan-troal-*lōa*-ray) *m* ticket collector

**controversia** (koan-troa-*vehr*-syah) *f* dispute

**controverso** (koan-troa-*vehr*-soa) *adj* controversial

**contusione** (koan-too-*zyōa*-nay) *f* bruise

**conveniente** (koan-vay-*ñehn*-tay) *adj* convenient, proper

*****convenire** (koan-vay-*nee*-ray) *v* suit, fit

**convento** (koan-*vehn*-toa) *m* convent; nunnery

**conversazione** (koan-vayr-sah-*tsyōa*-nay) *f* conversation, discussion, talk

**convertire** (koan-vayr-*tee*-ray) *v* convert; cash

*****convincere** (koan-*veen*-chay-ray) *v* convince, persuade

**convinzione** (koan-veen-*tsyōa*-nay) *f* conviction, persuasion

**convitto** (koan-*veet*-toa) *m* boarding-school

**convulsione** (koan-vool-*syōa*-nay) *f* convulsion

**cooperante** (koa-oa-pay-*rahn*-tay) *adj* co-operative

**cooperativa** (koa-oa-pay-rah-*tee*-vah) *f* co-operative

**cooperativo** (koa-oa-pay-rah-*tee*-voa) *adj* co-operative

**cooperatore** (koa-oa-pay-rah-*tōa*-ray) *adj* co-operative

**cooperazione** (koa-oa-pay-rah-*tsyōa*-nay) *f* co-operation

**coordinare** (koa-oar-dee-*naa*-ray) *v* co-ordinate

**coordinazione** (koa-oar-dee-nah-*tsyōa*-nay) *f* co-ordination

**coperchio** (koa-*pehr*-kyoa) *m* top, cover, lid

**coperta** (koa-*pehr*-tah) *f* blanket; quilt; deck

**copertina** (koa-payr-*tee*-nah) *f* cover, jacket

**coperto** (koa-*pehr*-toa) *adj* overcast

**copertone** (koa-payr-*tōa*-nay) *m* tyre

**copia** (*kaw*-pyah) *f* copy; ~ **fotostatica** photostat

**copiare** (koa-*pyaa*-ray) *v* copy

**coppa** (*kop*-pah) *f* cup

**coppia** (*kop*-pyah) *f* couple

**copriletto** (koa-pree-*leht*-toa) *m* counterpane

*****coprire** (koa-*pree*-ray) *v* cover

**coraggio** (koa-*rahd*-joa) *m* guts, courage

**coraggioso** (koa-rahd-*jōa*-soa) *adj* courageous; plucky, brave, bold

**corallo** (koa-*rahl*-loa ) *m* coral

**corazza** (koa-*raht*-tsah ) *f* armour

**corda** ( *kor*-dah ) *f* cord, rope; string

**cordiale** (koar-*dyaa*-lay ) *adj* cordial; hearty, sympathetic

**cordicella** (koar-dee-*chehl*-lah ) *f* line

**cordoglio** (koar-*daw*-lʸoa ) *m* grief

**cordone elettrico** (koar-*dōā*-nay ay-*leht*-tree-koa) electric cord

**cornacchia** (koar-*nahk*-kyah ) *f* crow

**cornice** (koar-*nee*-chay ) *f* frame

**corno¹** ( *kor*-noa) *m* (pl le corna) horn

**corno²** ( *kor*-noa) *m* (pl i corni) horn

**coro** ( *kaw*-roa) *m* choir

**corona** (koa-*rōā*-nah) *f* crown

**coronare** (koa-roa-*naa*-ray ) *v* crown

**corpo** ( *kor*-poa) *m* body

**corpulento** (koar-poo-*lehn*-toa) *adj* corpulent, stout

**corredo** (koar-*rai*-doa) *m* kit

**\*correggere** (koar-*rehd*-jay-ray ) *v* correct

**corrente** (koar-*rehn*-tay) *adj* current; *f* current, stream; **con la ~** downstream; **contro ~** upstream; **~ alternata** alternating current; **~ continua** direct current; **~ d'aria** draught; **\*mettere al ~** inform

**\*correre** ( *koar*-ray-ray ) *v* \*run; \*speed; **\*~ troppo** \*speed

**correttezza** (koar-rayt-*tayt*-tsah ) *f* correctness

**corretto** (koar-*reht*-toa) *adj* correct, right

**correzione** (koar-ray-*tsyōā*-nay) *f* correction

**corrida** (koar-*ree*-dah ) *f* bullfight

**corridoio** (koar-ree-*dōā*-yoa ) *m* corridor

**corriera** *f* coach

**corrispondente** (koar-ree-spoan-*dehn*-tay) *m* correspondent; reporter

**corrispondenza** (koar-ree-spoan-*dehn*-tsah ) *f* correspondence

**\*corrispondere** (koar-ree-*spoan*-day-ray) *v* correspond, agree

**\*corrompere** (koar-*roam*-pay-ray ) *v* corrupt, bribe

**corrotto** (koar-*roat*-toa) *adj* corrupt; vicious

**corruzione** (koar-roo-*tsyōā*-nay) *f* corruption, bribery

**corsa** ( *koar*-sah) *f* ride; race; **~ di cavalli** horserace

**corsia** (koar-*see*-ah ) *f* lane

**corso** ( *koar*-soa) *m* course; promenade; **~ accelerato** intensive course; **~ del cambio** exchange rate, rate of exchange

**corte** ( *koar*-tay) *f* court

**corteccia** (koar-*tayt*-chah ) *f* bark

**corteo** (koar-*tai*-oa ) *m* procession

**cortese** (koar-*tāy*-zay) *adj* civil, courteous, polite

**cortile** (koar-*tee*-lay) *m* yard; **~ di ricreazione** playground

**corto** ( *koar*-toa) *adj* short; **~ circuito** short circuit

**corvo** ( *kor*-voa) *m* raven

**cosa** ( *kaw*-sah ) *f* thing; **che ~** what; **qualunque ~** anything

**coscia** ( *kosh*-shah ) *f* thigh

**coscienza** (koash-*shehn*-tsah ) *f* consciousness; conscience

**coscritto** (koa-*skreet*-toa) *m* conscript

**così** (koa-*see*) *adv* so, thus, such; as; **~ che** so that; **e ~ via** and so on

**cosiddetto** (koa-seed-*dayt*-toa) *adj* so-called

**cosmetici** (koa-*zmai*-tee-chee) *mpl* cosmetics *pl*

**cospirare** (koa-spee-*raa*-ray ) *v* conspire

**costa** ( *ko*-stah ) *f* coast

**costante** (koa-*stahn*-tay) *adj* even

**costare** (koa-*staa*-ray ) *v* \*cost

**costatare** (koa-stah-*taa*-ray ) *v* diagnose

**costernato** (koa-stayr-*naa*-toa) *adj* upset

**costituire** (koa-stee-*twee*-ray) *v* constitute

**costituzione** (koa-stee-too-*tsyōā*-nay) *f* constitution

**costo** (*ko*-stoa) *m* cost; charge

**costola** (*ko*-stoa-lah) *f* rib

**costoletta** (koa-stoa-*layt*-tah) *f* cutlet

**costoso** (koa-*stōā*-soa) *adj* expensive

**\*costringere** (koa-*streen*-jay-ray) *v* compel, force

**costruire** (koa-*strwee*-ray) *v* construct, \*build

**costruzione** (koa-stroo-*tsyōā*-nay) *f* construction

**costume** (koa-*stōō*-may) *m* custom; ~ **da bagno** bathing-suit, swim-suit; ~ **nazionale** national dress; **costumi** *mpl* morals

**cotoletta** (koa-toa-*layt*-tah) *f* chop

**cotone** (koa-*tōā*-nay) *m* cotton; **di** ~ cotton

**cozza** (*koat*-tsah) *f* mussel

**cozzare** (koat-*tsaa*-ray) *v* collide, bump

**crampo** (*krahm*-poa) *m* cramp

**cranio** (*kraa*-ñoa) *m* skull

**cratere** (krah-*tai*-ray) *m* crater

**cravatta** (krah-*vaht*-tah) *f* tie, necktie; ~ **a farfalla** bow tie

**cravattino** (krah-vaht-*tee*-noa) *m* bow tie

**creare** (kray-*aa*-ray) *v* create

**creatura** (kray-ah-*tōō*-rah) *f* creature

**credenza** (kray-*dehn*-tsah) *f* closet

**credere** (*krāȳ*-day-ray) *v* believe; guess, reckon

**credibile** (kray-*dee*-bee-lay) *adj* credible

**credito** (*krāȳ*-dee-toa) *m* credit

**creditore** (kray-dee-*tōā*-ray) *m* creditor

**credulo** (*krai*-doo-loa) *adj* credulous

**crema** (*krai*-mah) *f* cream; ~ **da barba** shaving-cream; ~ **di bellezza** face-cream; ~ **idratante** moisturizing cream; ~ **per la notte** night-

cream; ~ **per la pelle** skin cream; ~ **per le mani** hand cream

**cremare** (kray-*maa*-ray) *v* cremate

**cremazione** (kray-mah-*tsyōā*-nay) *f* cremation

**cremisino** (kray-mee-*zee*-noa) *adj* crimson

**cremoso** (kray-*mōā*-soa) *adj* creamy

**crepa** (*krai*-pah) *f* cleft

**crepuscolo** (kray-*poo*-skoa-loa) *m* twilight, dusk

**\*crescere** (*kraysh*-shay-ray) *v* \*grow

**crescione** (kraysh-*shōā*-nay) *m* watercress

**crescita** (*kraysh*-shee-tah) *f* growth

**cresta** (*kray*-stah) *f* ridge

**creta** (*krāȳ*-tah) *f* chalk

**cricco** (*kreek*-koa) *m* jack

**criminale** (kree-mee-*naa*-lay) *adj* criminal; *m* criminal

**criminalità** (kree-mee-nah-lee-*tah*) *f* criminality

**crimine** (*kree*-mee-nay) *m* crime

**crisi** (*kree*-zee) *f* crisis

**cristallino** (kree-stahl-*lee*-noa) *adj* crystal

**cristallo** (kree-*stahl*-loa) *m* crystal

**cristiano** (kree-*styaa*-noa) *adj* Christian; *m* Christian

**Cristo** (*kree*-stoa) *m* Christ

**critica** (*kree*-tee-kah) *f* criticism

**criticare** (kree-tee-*kaa*-ray) *v* criticize

**critico** (*kree*-tee-koa) *adj* critical; *m* critic

**croccante** (kroak-*kahn*-tay) *adj* crisp

**croce** (*krōā*-chay) *f* cross

**crocevia** (kroa-chay-*vee*-ah) *m* junction, crossing

**crociata** (kroa-*chaa*-tah) *f* crusade

**crocicchio** (kroa-*cheek*-kyoa) *m* crossroads

**crociera** (kroa-*chai*-rah) *f* cruise

**\*crocifiggere** (kroa-chee-*feed*-jay-ray) *v* crucify

**crocifissione** (kroa-chee-feess-*syōā*-nay) f crucifixion

**crocifisso** (kroa-chee-*feess*-soa) m crucifix

**crollare** (kroal-*laa*-ray) v collapse

**cromo** (*kraw*-moa) m chromium

**cronico** (*kraw*-nee-koa) adj chronic

**cronologico** (kroa-noa-*law*-jee-koa) adj chronological

**crosta** (*kro*-stah) f crust

**crostaceo** (kroa-*staa*-chay-oa) m shellfish

**crostino** (kroa-*stee*-noa) m toast

**crudele** (kroo-*dai*-lay) adj cruel, harsh

**crudo** (*krōō*-doa) adj raw

**cruscotto** (kroo-*skot*-toa) m dashboard

**Cuba** (*kōō*-bah) f Cuba

**cubano** (koo-*baa*-noa) adj Cuban; m Cuban

**cubo** (*kōō*-boa) m cube

**cuccetta** (koot-*chayt*-tah) f berth, bunk

**cucchiaiata** (kook-kyah-*yaa*-tah) f spoonful

**cucchiaino** (kook-kyah-*ee*-noa) m teaspoon; teaspoonful

**cucchiaio** (kook-*kyaa*-yoa) m spoon, tablespoon; ~ **da minestra** soup-spoon

**cucina** (koo-*chee*-nah) f kitchen; stove; ~ **a gas** gas cooker

**cucinare** (koo-chee-*naa*-ray) v cook; ~ **alla griglia** grill

**cucire** (koo-*chee*-ray) v sew

**cucitura** (koo-chee-*tōō*-rah) f seam; **senza** ~ seamless

**cuculo** (*kōō*-koo-loa) m cuckoo

**cugina** (koo-*jee*-nah) f cousin

**cugino** (koo-*jee*-noa) m cousin

**cui** (*koo*-ee) pron whose; of which; whom; to which

**culla** (*kool*-lah) f cradle

**culmine** (*kool*-mee-nay) m height

**culto** (*kool*-toa) m worship

**cultura** (kool-*tōō*-rah) f culture

**cumulo** (*koo*-moo-loa) m heap

**cuneo** (*kōō*-nay-oa) m wedge

**cunetta** (koo-*nayt*-tah) f gutter

**cuoco** (*kwaw*-koa) m cook

**cuore** (*kwaw*-ray) m heart

**cupidigia** (koo-pee-*dee*-jah) f greed

**cupo** (*kōō*-poa) adj gloomy

**cupola** (*kōō*-poa-lah) f dome

**cura** (*kōō*-rah) f care; cure; **\*aver** ~ **di** \*take care of; ~ **di bellezza** beauty treatment

**curapipe** (koo-rah-*pee*-pay) m pipe cleaner

**curare** (koo-*raa*-ray) v nurse; cure; ~ **le unghie** manicure

**curato** (koo-*raa*-toa) adj neat

**curiosità** (koo-ryoa-see-*tah*) f curiosity; sight, curio

**curioso** (koo-*ryōā*-soa) adj curious

**curva** (*koor*-vah) f bend; curve

**curvare** (koor-*vaa*-ray) v \*bend

**curvatura** (koor-vah-*tōō*-rah) f bend

**curvo** (*koor*-voa) adj curved

**cuscinetto** (koosh-shee-*nayt*-toa) m pad

**cuscino** (koosh-*shee*-noa) m cushion; ~ **elettrico** heating pad

**custode** (koo-*staw*-day) m warden; custodian; caretaker

**custodia** (koo-*staw*-dyah) f custody

**custodire** (koo-stoa-*dee*-ray) v guard

# D

**da** (dah) prep out of, from; at, to; as from; since; by

**dabbasso** (dahb-*bahss*-soa) adv downstairs; down

**dacché** (dahk-*kay*) adv since

**dado** (*daa*-doa) m nut

**daltonico** (dahl-*taw*-nee-koa) adj colour-blind

**danese** (dah-*nāy*-say) *adj* Danish; *m* Dane

**Danimarca** (dah-nee-*mahr*-kah) *f* Denmark

**danneggiare** (dahn-nayd-*jaa*-ray) *v* damage

**danno** (*dahn*-noa) *m* damage; mischief, harm

**dannoso** (dahn-*nōā*-soa) *adj* harmful

**dappertutto** (dahp-payr-*toot*-toa) *adv* throughout

***dare** (*daa*-ray) *v* *give

**data** (*daa*-tah) *f* date

**dato** (*daa*-toa) *m* data *pl*

**dattero** (*daht*-tay-roa) *m* date

**dattilografa** (daht-tee-*law*-grah-fah) *f* typist

**dattilografare** (daht-tee-loa-grah-*faa*-ray) *v* type

**dattiloscritto** (daht-tee-loa-*skreet*-toa) *adj* typewritten

**davanti** (dah-*vahn*-tee) *prep* before

**davanzale** (dah-vahn-*tsaa*-lay) *m* window-sill

**davvero** (dahv-*vāy*-roa) *adv* really

**dazio** (*daa*-tsyoa) *m* Customs duty, duty

**dea** (*dai*-ah) *f* goddess

**debito** (*dai*-bee-toa) *m* debt; debit

**debole** (*dāy*-boa-lay) *adj* weak; faint; dim

**debolezza** (day-boa-*layt*-tsah) *f* weakness

**decaffeinizzato** (day-kahf-fay-neet-*tsaa*-toa) *adj* decaffeinated

**deceduto** (day-chay-*dōō*-toa) *adj* dead

**decente** (day-*chehn*-tay) *adj* decent, proper

**decenza** (day-*chehn*-tsah) *f* decency

***decidere** (day-*chee*-day-ray) *v* decide

**decimo** (*dai*-chee-moa) *num* tenth

**decisione** (day-chee-*zyōā*-nay) *f* decision

**deciso** (day-*chee*-zoa) *adj* resolute

**decollare** (day-koal-*laa*-ray) *v* *take off

**decollo** (day-*kol*-loa) *m* take-off

**decrepito** (day-*krai*-pee-toa) *adj* dilapidated

***decrescere** (day-*kraysh*-shay-ray) *v* decrease

**dedicare** (day-dee-*kaa*-ray) *v* dedicate; devote

***dedurre** (day-*door*-ray) *v* infer, deduce

**deferenza** (day-fay-*rehn*-tsah) *f* respect

**deficienza** (day-fee-*chehn*-tsah) *f* deficiency, shortcoming

**deficit** (*dai*-fee-cheet) *m* deficit

**definire** (day-fee-*nee*-ray) *v* define

**definitivo** (day-fee-nee-*tee*-voa) *adj* definitive

**definizione** (day-fee-nee-*tsyōā*-nay) *f* definition

**deformato** (day-foar-*maa*-toa) *adj* deformed

**deforme** (day-*foar*-may) *adj* deformed

**degno di** (*day*-ñoa dee) worthy of

**delegato** (day-lay-*gaa*-toa) *m* delegate

**delegazione** (day-lay-gah-*tsyōā*-nay) *f* delegation

**deliberare** (day-lee-bay-*raa*-ray) *v* deliberate

**deliberazione** (day-lee-bay-rah-*tsyōā*-nay) *f* deliberation

**delicato** (day-lee-*kaa*-toa) *adj* delicate; tender; gentle

**delinquente** (day-leeng-*kwehn*-tay) *m* criminal

**delizia** (day-*lee*-tsyah) *f* delight, joy

**deliziare** (day-lee-*tsyaa*-ray) *v* delight

**delizioso** (day-lee-*tsyōā*-soa) *adj* delicious, lovely, wonderful

**delucidare** (day-loo-chee-*daa*-ray) *v* elucidate

***deludere** (day-*lōō*-day-ray) *v* disappoint, *let down; *be disappointing

**delusione** (day-loo-*zyōā*-nay) *f* disappointment

**democratico** (day-moa-*kraa*-tee-koa) *adj* democratic

**democrazia** (day-moa-krah-*tsee*-ah) *f* democracy

**demolire** (day-moa-*lee*-ray) *v* demolish

**demolizione** (day-moa-lee-*tsyōā*-nay) *f* demolition

**denaro** (day-*naa*-roa) *m* money

**denominazione** (day-noa-mee-nah-*tsyōā*-nay) *f* denomination

**denso** (*dehn*-soa) *adj* dense, thick

**dente** (*dehn*-tay) *m* tooth

**dentiera** (dayn-*tyai*-rah) *f* denture, false teeth

**dentifricio** (dayn-tee-*free*-choa) *m* toothpaste

**dentista** (dayn-*tee*-stah) *m* dentist

**dentro** (*dayn*-troa) *adv* in, inside; *prep* inside, within

**denutrizione** (day-noo-tree-*tsyōā*-nay) *f* malnutrition

**deodorante** (day-oa-doa-*rahn*-tay) *m* deodorant

**deperibile** (day-pay-*ree*-bee-lay) *adj* perishable

**depositare** (day-poa-zee-*taa*-ray) *v* deposit, bank

**deposito** (day-*paw*-zee-toa) *m* deposit; depot, warehouse; ~ **bagagli** left luggage office; baggage deposit office *Am*

**depressione** (day-prayss-*syōā*-nay) *f* depression

**depresso** (day-*prehss*-soa) *adj* depressed, blue

**deprimente** (day-pree-*mayn*-tay) *adj* depressing

*****deprimere** (day-*pree*-may-ray) *v* depress

**deputato** (day-poo-*taa*-toa) *m* deputy; Member of Parliament

**derisione** (day-ree-*zyōā*-nay) *f* mockery

**derivare** (day-ree-*vaa*-ray) *v* divert; ~

**da** derive from

*****descrivere** (day-*skree*-vay-ray) *v* describe

**descrizione** (day-skree-*tsyōā*-nay) *f* description

**deserto** (day-*zehr*-toa) *adj* desert; *m* desert

**desiderabile** (day-see-day-*raa*-bee-lay) *adj* desirable

**desiderare** (day-see-day-*raa*-ray) *v* want, desire, wish

**desiderio** (day-see-*dai*-ryoa) *m* desire, wish

**desideroso** (day-see-day-*rōā*-soa) *adj* eager

**designare** (day-see-*ñaa*-ray) *v* designate; appoint

**desistere** (day-*see*-stay-ray) *v* *give up

**destarsi** (day-*stahr*-see) *v* wake up

**destinare** (day-stee-*naa*-ray) *v* destine

**destinatario** (day-stee-nah-*taa*-ryoa) *m* addressee

**destinazione** (day-stee-nah-*tsyōā*-nay) *f* destination

**destino** (day-*stee*-noa) *m* fate, destiny, fortune

**destro** (*deh*-stroa) *adj* right; right-hand; skilful

**detenuto** (day-tay-*nōō*-toa) *m* prisoner

**detenzione** (day-tayn-*tsyōā*-nay) *f* custody

**detergente** (day-tayr-*jehn*-tay) *m* detergent

**determinare** (day-tayr-mee-*naa*-ray) *v* define, determine; **determinato** definite

**determinazione** (day-tayr-mee-nah-*tsyōā*-nay) *f* determination

**detersivo** (day-tayr-*see*-voa) *m* washing-powder

**detestare** (day-tay-*staa*-ray) *v* hate, dislike

**dettagliante** (dayt-tah-*lʸahn*-tay) *m* retailer

**dettagliato** (dayt-tah-*lYaa*-toa) *adj* detailed

**dettaglio** (dayt-*taa*-lYoa) *m* detail

**dettare** (dayt-*taa*-ray) *v* dictate

**dettato** (dayt-*taa*-toa) *m* dictation

**deviare** (day-*vyaa*-ray) *v* deviate

**deviazione** (day-vyah-*tsyoā*-nay) *f* detour, diversion

**di** (dee) *prep* of

**diabete** (dyah-*bai*-tay) *m* diabetes

**diabetico** (dyah-*bai*-tee-koa) *m* diabetic

**diagnosi** (*dyaa*-ñoa-zee) *f* diagnosis

**diagnosticare** (dyah-ñoa-stee-*kaa*-ray) *v* diagnose

**diagonale** (dyah-goa-*naa*-lay) *adj* diagonal; *f* diagonal

**diagramma** (dyah-*grahm*-mah) *m* chart; diagram

**dialetto** (dyah-*leht*-toa) *m* dialect

**diamante** (dyah-*mahn*-tay) *m* diamond

**diapositiva** (dyah-poa-zee-*tee*-vah) *f* slide

**diario** (*dyaa*-ryoa) *m* diary

**diarrea** (dyahr-*rai*-ah) *f* diarrhoea

**diavolo** (*dyaa*-voa-loa) *m* devil

**dibattere** (dee-*baht*-tay-ray) *v* discuss

**dibattito** (dee-*baht*-tee-toa) *m* debate, discussion

**dicembre** (dee-*chehm*-bray) December

**diceria** (dee-chay-*ree*-ah) *f* rumour

**dichiarare** (dee-kyah-*raa*-ray) *v* declare

**dichiarazione** (dee-kyah-rah-*tsyoā*-nay) *f* declaration, statement

**diciannove** (dee-chahn-*naw*-vay) *num* nineteen

**diciannovesimo** (dee-chahn-noa-*vai*-zee-moa) *num* nineteenth

**diciassette** (dee-chahss-*seht*-tay) *num* seventeen

**diciassettesimo** (dee-chahss-sayt-*tai*-zee-moa) *num* seventeenth

**diciottesimo** (dee-choat-*tai*-zee-moa) *num* eighteenth

**diciotto** (dee-*chot*-toa) *num* eighteen

**didietro** (dee-*dyai*-troa) *m* bottom

**dieci** (*dyai*-chee) *num* ten

**dieta** (*dyai*-tah) *f* diet

**dietro** (*dyai*-troa) *prep* behind

*\*difendere** (dee-*fehn*-day-ray) *v* defend

**difensore** (dee-fayn-*soā*-ray) *m* champion

**difesa** (dee-*fāy*-sah) *f* defence; plea

**difetto** (dee-*feht*-toa) *m* fault

**difettoso** (dee-fayt-*toā*-soa) *adj* defective, faulty

**differente** (deef-fay-*rehn*-tay) *adj* different

**differenza** (deef-fay-*rehn*-tsah) *f* difference; contrast, distinction

**differire** (deef-fay-*ree*-ray) *v* differ, vary; delay

**difficile** (deef-*fee*-chee-lay) *adj* difficult, hard

**difficoltà** (deef-fee-koal-*tah*) *f* difficulty

**diffidare di** (deef-fee-*daa*-ray) mistrust

*\*diffondere** (deef-*foan*-day-ray) *v* \*shed

**diffusione** (deef-foo-*zyoā*-nay) *f* diffusion

**difterite** (deef-tay-*ree*-tay) *f* diphtheria

**diga** (*dee*-gah) *f* dike, dam

**digeribile** (dee-jay-*ree*-bee-lay) *adj* digestible

**digerire** (dee-jay-*ree*-ray) *v* digest

**digestione** (dee-jay-*styoā*-nay) *f* digestion

**digitale** (dee-*jee*-taa-lay) *adj* digital

**dignità** (dee-ñee-*tah*) *f* dignity; rank

**dignitoso** (dee-ñee-*toā*-soa) *adj* dignified

**dilettevole** (dee-layt-*tāy*-voa-lay) *adj* delightful

**diletto** (dee-*leht*-toa) *adj* dear; *m* delight, pleasure

**diligente** (dee-lee-*jehn*-tay) *adj* diligent

**diligenza** (dee-lee-*jehn*-tsah ) f diligence

**diluire** (dee-*lwee*-ray ) v dilute

**diluito** (dee-*lwee*-toa ) adj weak

**dimagrire** (dee-mah-*gree*-ray ) v slim

**dimensione** (dee-mayn-*syōā*-nay ) f extent, size

**dimenticare** (dee-mayn-tee-*kaa*-ray ) v *forget

*dimettersi** (dee-*mayt*-tayr-see ) v resign

**dimezzare** (dee-mayd-*dzaa*-ray ) v halve

**diminuire** (dee-mee-*nwee*-ray ) v reduce; decrease, lessen

**diminuzione** (dee-mee-noo-*tsyōā*-nay ) f decrease

**dimissioni** (dee-meess-*syōā*-nee ) fpl resignation

**dimostrare** (dee-moa-*straa*-ray ) v demonstrate, prove, *show

**dimostrazione** (dee-moa-strah-*tsyōā*-nay ) f demonstration; *fare una ~ demonstrate

**dinamo** ( *dee*-nah-moa ) f dynamo

**dinanzi a** (dee-*nahn*-tsee ah ) before

**dintorni** (deen-*toar*-nee ) mpl environment, surroundings pl

**dio** ( *dee*-oa ) m (pl dei) god

**dipendente** (dee-payn-*dehn*-tay ) adj dependant

**dipendenza** (dee-payn-*dehn*-tsah ) f annex

*dipendere da** (dee-*pehn*-day-ray ) depend on

**diploma** (dee-*plaw*-mah ) m certificate; diploma

**diplomarsi** (dee-ploa-*mahr*-see ) v graduate

**diplomatico** (dee-ploa-*maa*-tee-koa ) m diplomat

*dire** ( *dee*-ray ) v *say, *tell; *voler ~ *mean

**direttamente** (dee-rayt-tah-*mayn*-tay )

adv straight away

**direttiva** (dee-rayt-*tee*-vah ) f directive

**diretto** (dee-*reht*-toa ) adj direct; ~ **a** bound for

**direttore** (dee-rayt-*tōā*-ray ) m director, manager; executive; ~ **di scuola** head teacher, headmaster; ~ **d'orchestra** conductor

**direzione** (dee-ray-*tsyōā*-nay ) f way, direction; management; **indicatore di** ~ trafficator; directional signal Am

**dirigente** (dee-ree-*jehn*-tay ) m leader

*dirigere** (dee-*ree*-jay-ray ) v direct, head, *lead; conduct; manage

**diritto** (dee-*reet*-toa ) adj erect, upright; m right; ~ **amministrativo** administrative law; ~ **civile** civil law; ~ **commerciale** commercial law; ~ **elettorale** franchise; ~ **penale** criminal law; **sempre** ~ straight ahead

**dirottare** (dee-roat-*taa*-ray ) v hijack

**dirottatore** (dee-roat-tah-*tōā*-ray ) m hijacker

**disabitato** (dee-zah-bee-*taa*-toa ) adj uninhabited

**disadatto** (dee-zah-*daht*-toa ) adj unfit

**disapprovare** (dee-zahp-proa-*vaa*-ray ) v disapprove

**disastro** (dee-*zah*-stroa ) m disaster, calamity

**disastroso** (dee-zah-*strōā*-soa ) adj disastrous

**discendente** (deesh-shayn-*dehn*-tay ) m descendant

**discendenza** (deesh-shayn-*dehn*-tsah ) f origin

**discernimento** (deesh-shayr-nee-*mayn*-toa ) m sense

**discesa** (deesh-*shāy*-sah ) f descent; **in** ~ downwards

**disciplina** (deesh-shee-*plee*-nah ) f discipline

**disco** (*dee*-skoa) *m* disc; record

**discorso** (dee-*skoar*-soa) *m* speech; conversation

**discussione** (dee-skooss-*syōa*-nay) *f* argument, discussion

\***discutere** (dee-*skōō*-tay-ray) *v* argue, discuss; dispute

**disdegno** (deez-*dāy*-ñoa) *m* contempt

\***disdire** (deez-*dee*-ray) *v* cancel; check out

**disegnare** (dee-say-*ñaa*-ray) *v* sketch, \*draw

**disegno** (dee-*sāy*-ñoa) *m* sketch, drawing; pattern; design; **puntina da disegno** drawing-pin; thumbtack *nAm*

**disertare** (dee-zayr-*taa*-ray) *v* desert

\***disfare** (dee-*sfaa*-ray) *v* \*undo; unpack, unwrap

**disgelarsi** (deez-jay-*lahr*-see) *v* thaw

**disgelo** (deez-*jai*-loa) *m* thaw

\***disgiungere** (deez-*joon*-jay-ray) *v* disconnect

**disgrazia** (deez-*graa*-tsyah) *f* accident; disgrace

**disgraziatamente** (deez-grah-tsyah-tah-*mayn*-tay) *adv* unfortunately

**disgustoso** (deez-goo-*stōa*-soa) *adj* revolting, disgusting

**disimparare** (dee-zeem-pah-*raa*-ray) *v* unlearn

**disinfettante** (dee-zeen-fayt-*tahn*-tay) *m* disinfectant

**disinfettare** (dee-zeen-fayt-*taa*-ray) *v* disinfect

**disinserire** (dee-zeen-say-*ree*-ray) *v* disconnect

**disinteressato** (dee-zeen-tay-rayss-*saa*-toa) *adj* unselfish

**disinvoltura** (dee-zeen-voal-*tōō*-rah) *f* ease

**disoccupato** (dee-zoak-koo-*paa*-toa) *adj* unemployed

**disoccupazione** (dee-zoak-koo-pah-tsyōa-nay) *f* unemployment

**disonesto** (dee-zoa-*neh*-stoa) *adj* crooked, unfair, dishonest

**disonore** (dee-zoa-*nōa*-ray) *m* disgrace, shame

**disordinato** (dee-zoar-dee-*naa*-toa) *adj* sloppy, untidy

**disordine** (dee-*zoar*-dee-nay) *m* mess, disorder

**disossare** (dee-zoass-*saa*-ray) *v* bone

**dispari** (*dee*-spah-ree) *adj* odd

**dispensa** (dee-*spehn*-sah) *f* larder

**dispensare** (dee-spayn-*saa*-ray) *v* exempt

**disperare** (dee-spay-*raa*-ray) *v* despair

**disperato** (dee-spay-*raa*-toa) *adj* desperate; hopeless

**disperazione** (dee-spay-rah-*tsyōa*-nay) *f* despair

**dispiacere** (dee-spyah-*chāy*-ray) *m* sorrow

\***dispiacere** (dee-spyah-*chāy*-ray) *v* displease

**disponibile** (dee-spoa-*nee*-bee-lay) *adj* available; spare

\***disporre di** (dee-*spoar*-ray) dispose of

**dispositivo** (dee-spoa-zee-*tee*-voa) *m* apparatus

**disposizione** (dee-spoa-zee-*tsyōa*-nay) *f* disposal

**disprezzare** (dee-sprayt-*tsaa*-ray) *v* despise, scorn

**disprezzo** (dee-*spreht*-tsoa) *m* contempt, scorn

**disputa** (*dee*-spoo-tah) *f* argument, dispute

**disputare** (dee-spoo-*taa*-ray) *v* argue; dispute

**dissenteria** (deess-sayn-tay-*ree*-ah) *f* dysentery

**dissentire** (deess-sayn-*tee*-ray) *v* disagree

**dissimile** (deess-*see*-mee-lay) *adj* unlike

*dissuadere (deess-swah-*day*-ray) v dissuade from

distante (dee-*stahn*-tay) adj far-away, remote

distanza (dee-*stahn*-tsah) f distance; space, way

*distinguere (dee-*steeng*-gway-ray) v distinguish

distinto (dee-*steen*-toa) adj distinct; separate; distinguished

distinzione (dee-steen-*tsyōa*-nay) f difference, distinction

*distogliere (dee-*staw*-lᵛay-ray) v avert

distorsione (dee-stoar-*syōa*-nay) f sprain

distretto (dee-*strayt*-toa) m district

distribuire (dee-stree-*bwee*-ray) v *deal, distribute; issue

distributore (dee-stree-boo-*tōa*-ray) m distributor; ~ automatico slot-machine; ~ di benzina petrol station, filling station, service station

distribuzione (dee-stree-boo-*tsyōa*-nay) f distribution; disposition

*distruggere (dee-*strood*-jay-ray) v destroy, wreck

distruzione (dee-stroo-*tsyōa*-nay) f destruction

disturbare (dee-stoor-*baa*-ray) v trouble, disturb; disturbarsi bother

disturbo (dee-*stoor*-boa) m disturbance

ditale (dee-*taa*-lay) m thimble

dito (*dee*-toa) m (pl le dita) finger; ~ del piede toe

ditta (*deet*-tah) f company, firm; business

dittafono (deet-*taa*-foa-noa) m dictaphone

dittatore (deet-tah-*tōa*-ray) m dictator

divano (dee-*vaa*-noa) m couch

*divenire (dee-vay-*nee*-ray) v *become

diventare (dee-vayn-*taa*-ray) v *grow,

*go, *get

diversione (dee-vayr-*syōa*-nay) f diversion

diverso (dee-*vehr*-soa) adj different; diversi several

divertente (dee-vayr-*tehn*-tay) adj funny, entertaining, enjoyable, amusing

divertimento (dee-vayr-tee-*mayn*-toa) m pleasure, fun, entertainment, amusement

divertire (dee-vayr-*tee*-ray) v entertain, amuse

*dividere (dee-*vee*-day-ray) v divide

divieto (dee-*vyai*-toa) m prohibition; ~ di sorpasso no overtaking; no passing Am; ~ di sosta no parking

divino (dee-*vee*-noa) adj divine

divisa estera (dee-*vee*-zah eh-*stay*-rah) foreign currency

divisione (dee-vee-*zyōa*-nay) f division; agency

divisorio (dee-vee-*zaw*-ryoa) m partition

divorziare (dee-voar-*tsyaa*-ray) v divorce

divorzio (dee-*vor*-tsyoa) m divorce

dizionario (dee-tsyoa-*naa*-ryoa) m dictionary

doccia (*doat*-chah) f shower

docente (doa-*chehn*-tay) m teacher

documento (doa-koo-*mayn*-toa) m document

dodicesimo (doa-dee-*chai*-zee-moa) num twelfth

dodici (*dōa*-dee-chee) num twelve

dogana (doa-*gaa*-nah) f Customs pl

doganiere (doa-gah-*ñai*-ray) m Customs officer

doglie (*daw*-lᵛay) fpl labour

dolce (*doal*-chay) adj sweet; gentle, tender; m cake; dessert, sweet

dolciumi (doal-*chōō*-mee) mpl sweets; candy nAm

*dolere (doa-*lay*-ray) v ache, *hurt

**dolore** (doa-lōā-ray) *m* pain, ache; grief, sorrow

**doloroso** (doa-loa-rōā-soa) *adj* sorrowful, painful

**domanda** (doa-mahn-dah) *f* inquiry, query; request; demand

**domandare** (doa-mahn-daa-ray) *v* ask; query

**domani** (doa-maa-nee) *adv* tomorrow

**domenica** (doa-māy-nee-kah) *f* Sunday

**domestica** (doa-meh-stee-kah) *f* housemaid

**domestico** (doa-meh-stee-koa) *adj* domestic; *m* domestic; **faccende domestiche** housekeeping

**domicilio** (doa-mee-chee-lyoa) *m* domicile

**dominante** (doa-mee-nahn-tay) *adj* leading

**dominare** (doa-mee-naa-ray) *v* master; rule

**dominazione** (doa-mee-nah-tsyōā-nay) *f* domination

**dominio** (doa-mee-ñoa) *m* rule, dominion

**donare** (doa-naa-ray) *v* donate

**donatore** (doa-nah-tōā-ray) *m* donor

**donazione** (doa-nah-tsyōā-nay) *f* donation

**dondolare** (doan-doa-laa-ray) *v* rock, *swing

**donna** (don-nah) *f* woman

**dono** (dōā-noa) *m* gift, present

**dopo** (daw-poa) *prep* after; ~ **che** after

**doppio** (doap-pyoa) *adj* double

**dorato** (doa-raa-toa) *adj* gilt

**dormire** (doar-mee-ray) *v* *sleep

**dormitorio** (doar-mee-taw-ryoa) *m* dormitory

**dorso** (dawr-soa) *m* back

**dose** (daw-zay) *f* dose

**dotato** (doa-taa-toa) *adj* talented

**dottore** (doat-tōā-ray) *m* doctor

**dove** (dōā-vay) *adv* where; *conj* where

**dovere** (doa-vāy-ray) *m* duty

*dovere** (doa-vāy-ray) *v* need to, *have to, *be obliged to, *be bound to, *must, *ought to, *should, *shall; owe

**dovunque** (doa-voong-kway) *adv* anywhere; *conj* wherever

**dovuto** (doa-vōō-toa) *adj* due

**dozzina** (doad-dzee-nah) *f* dozen

**drago** (draa-goa) *m* dragon

**dramma** (drahm-mah) *m* drama

**drammatico** (drahm-maa-tee-koa) *adj* dramatic

**drammaturgo** (drahm-mah-toor-goa) *m* playwright, dramatist

**drapperia** (drahp-pay-ree-ah) *f* drapery

**drenare** (dray-naa-ray) *v* drain

**dritto** (dreet-toa) *adj* straight; *adv* straight

**drogheria** (droa-gay-ree-ah) *f* grocer's

**droghiere** (droa-gyai-ray) *m* grocer

**dubbio** (doob-byoa) *m* doubt; *mettere in ~ query

**dubbioso** (doob-byōā-soa) *adj* doubtful

**dubitare** (doo-bee-taa-ray) *v* doubt

**duca** (dōō-kah) *m* (pl duchi) duke

**duchessa** (doo-kayss-sah) *f* duchess

**due** (dōō-ay) *num* two; **tutti e ~** either

**duna** (dōō-nah) *f* dune

**dunque** (doong-kway) *conj* so; then

**duomo** (dwaw-moa) *m* cathedral

**durante** (doo-rahn-tay) *prep* for, during

**durare** (doo-raa-ray) *v* last

**durata** (doo-raa-tah) *f* duration

**duraturo** (doo-rah-tōō-roa) *adj* permanent, lasting

**durevole** (doo-rāy-voa-lay) *adj* lasting

**duro** (dōō-roa) *adj* tough, hard

# E

**e** (ay) *conj* and

**ebano** (*ai*-bah-noa) *m* ebony

**ebbene!** (ayb-*bai*-nay) well!

**ebraico** (ay-*braa*-ee-koa) *adj* Jewish; *m* Hebrew

**ebreo** (ay-*brai*-oa) *m* Jew

**eccedenza** (ayt-chay-*dehn*-tsah) *f* surplus

**eccedere** (ayt-*chai*-day-ray) *v* exceed

**eccellente** (ayt-chayl-*lehn*-tay) *adj* excellent

**\*eccellere** (ayt-*chehl*-lay-ray) *v* excel

**eccentrico** (ayt-*chehn*-tree-koa) *adj* eccentric

**eccessivo** (ayt-chayss-*see*-voa) *adj* excessive

**eccesso** (ayt-*chehss*-soa) *m* excess; ~ **di velocità** speeding

**eccetera** (ayt-*chai*-tay-rah) etcetera

**eccetto** (ayt-*cheht*-toa) *prep* except

**eccezionale** (ayt-chayss-syoa-*naa*-lay) *adj* exceptional

**eccezione** (ayt-chayss-*syōa*-nay) *f* exception

**eccitante** (ayt-chee-*tahn*-tay) *adj* exciting

**eccitare** (ayt-chee-*taa*-ray) *v* excite

**eccitazione** (ayt-chee-tah-*tsyōa*-nay) *f* excitement

**ecco** (*ehk*-koa) here you are; *adv* here is

**eclissi** (ay-*kleess*-see) *f* eclipse

**eco** (*ai*-koa) *m/f* echo

**economia** (ay-koa-noa-*mee*-ah) *f* economy

**economico** (ay-koa-*naw*-mee-koa) *adj* economic; inexpensive, cheap, economical

**economista** (ay-koa-noa-*mee*-stah) *m* economist

**economizzare** (ay-koa-noa-meed-*dzaa*-ray) *v* economize

**Ecuador** (*ay*-kwah-doar) *m* Ecuador

**ecuadoriano** (ay-kwah-doa-*ryaa*-noa) *m* Ecuadorian

**eczema** (ayk-*jai*-mah) *m* eczema

**edera** (*ai*-day-rah) *f* ivy

**edicola** (ay-*dee*-koa-lah) *f* newsstand, bookstand

**edificare** (ay-dee-fee-*kaa*-ray) *v* construct

**edificio** (ay-dee-*fee*-choa) *m* construction, building

**editore** (ay-dee-*tōa*-ray) *m* publisher

**edizione** (ay-dee-*tsyōa*-nay) *f* issue, edition; ~ **del mattino** morning edition

**educare** (ay-doo-*kaa*-ray) *v* educate; \*bring up

**educazione** (ay-doo-kah-*tsyōa*-nay) *f* education

**effervescenza** (ayf-fayr-vaysh-*shehn*-tsah) *f* fizz

**effettivamente** (ayf-fayt-tee-vah-*mayn*-tay) *adv* as a matter of fact; indeed

**effetto** (ayf-*feht*-toa) *m* effect; **effetti personali** belongings *pl*

**effettuare** (ayf-fayt-*twaa*-ray) *v* implement, effect; achieve

**efficace** (ayf-fee-*kaa*-chay) *adj* effective

**efficiente** (ayf-fee-*chehn*-tay) *adj* efficient

**Egitto** (ay-*jeet*-toa) *m* Egypt

**egiziano** (ay-jee-*tsyaa*-noa) *adj* Egyptian; *m* Egyptian

**egli** (*āy*-lʸee) *pron* he; ~ **stesso** himself

**egocentrico** (ay-goa-*chehn*-tree-koa) *adj* self-centred

**egoismo** (ay-goa-*ee*-zmoa) *m* selfishness

**egoista** (ay-goa-*ee*-stah) *adj* selfish

**egoistico** (ay-goa-*ee*-stee-koa) *adj* egoistic

**elaborare** (ay-lah-boa-*raa*-ray) *v* elaborate

**elasticità** (ay-lah-stee-chee-*tah*) *f* elasticity

**elastico** (ay-*lah*-stee-koa) *adj* elastic; *m* rubber band, elastic

**elefante** (ay-lay-*fahn*-tay) *m* elephant

**elegante** (ay-lay-*gahn*-tay) *adj* smart, elegant

**eleganza** (ay-lay-*gahn*-tsah) *f* elegance

*__eleggere__ (ay-*lehd*-jay-ray) *v* elect

**elementare** (ay-lay-mayn-*taa*-ray) *adj* primary

**elemento** (ay-lay-*mayn*-toa) *m* element

**elencare** (ay-layng-*kaa*-ray) *v* list

**elenco** (ay-*lehng*-koa) *m* list; ~ **telefonico** telephone directory; telephone book *Am*

**elettricista** (ay-layt-tree-*chee*-stah) *m* electrician

**elettricità** (ay-layt-tree-chee-*tah*) *f* electricity

**elettrico** (ay-*leht*-tree-koa) *adj* electric

**elettronico** (ay-layt-*traw*-nee-koa) *adj* electronic

**elevare** (ay-lay-*vaa*-ray) *v* raise; elevate; **elevato** high; lofty

**elevazione** (ay-lay-vah-*tsyoā*-nay) *f* mound

**elezione** (ay-lay-*tsyoā*-nay) *f* election

**elica** (*ai*-lee-kah) *f* propeller

**eliminare** (ay-lee-mee-*naa*-ray) *v* eliminate

**ella** (*ayl*-lah) *pron* she

**elogio** (ay-*law*-joa) *m* praise

**emancipazione** (ay-mahn-chee-pah-*tsyoā*-nay) *f* emancipation

**emblema** (aym-*blai*-mah) *m* emblem

**emergenza** (ay-mayr-*jehn*-tsah) *f* emergency

*__emergere__ (ay-*mehr*-jay-ray) *v* appear, emerge; *stand out

*__emettere__ (ay-*mayt*-tay-ray) *v* utter

**emicrania** (ay-mee-*kraa*-ñah) *f* migraine

**emigrante** (ay-mee-*grahn*-tay) *m* emigrant

**emigrare** (ay-mee-*graa*-ray) *v* emigrate

**emigrazione** (ay-mee-grah-*tsyoā*-nay) *f* emigration

**eminente** (ay-mee-*nehn*-tay) *adj* outstanding

**emissione** (ay-meess-*syoā*-nay) *f* issue; broadcast

**emorragia** (ay-moar-rah-*jee*-ah) *f* haemorrhage

**emorroidi** (ay-moar-*raw*-ee-dee) *fpl* haemorrhoids *pl*, piles *pl*

**emozione** (ay-moa-*tsyoā*-nay) *f* emotion

**enciclopedia** (ayn-chee-kloa-pay-*dee*-ah) *f* encyclopaedia

**energia** (ay-nayr-*jee*-ah) *f* energy; power; ~ **nucleare** nuclear energy

**energico** (ay-*nehr*-jee-koa) *adj* energetic

**enigma** (ay-*neeg*-mah) *m* enigma, mystery; puzzle

**enorme** (ay-*nor*-may) *adj* tremendous, immense, enormous, huge

**ente** (*ehn*-tay) *m* being; society

**entrambi** (ayn-*trahm*-bee) *adj* both

**entrare** (ayn-*traa*-ray) *v* *go in, enter

**entrata** (ayn-*traa*-tah) *f* way in, entry, entrance; **entrate** revenue

**entro** (*ayn*-troa) *prep* in

**entusiasmo** (ayn-too-*zyah*-zmoa) *m* enthusiasm

**entusiastico** (ayn-too-*zyah*-stee-koa) *adj* enthusiastic

**epico** (*ai*-pee-koa) *adj* epic

**epidemia** (ay-pee-day-*mee*-ah) *f* epidemic

**epilessia** (ay-pee-layss-*seeah*) *f* epilepsy

**epilogo** (ay-*pee*-loa-goa) *m* epilogue

**episodio** (ay-pee-*zaw*-dyoa) *m* episode

**epoca** (*ai*-poa-kah) *f* period

**eppure** (ayp-*pōō*-ray) *conj* yet, however

**equatore** (ay-kwah-*tōa*-ray) *m* equator

**equilibrio** (ay-kwee-*lee*-bryoa) *m* balance

**equipaggiamento** (ay-kwee-pahd-jah-*mayn*-toa) *m* outfit, equipment

**equipaggiare** (ay-kwee-pahd-*jaa*-ray) *v* equip

**equipaggio** (ay-kwee-*pahd*-joa) *m* crew

**equitazione** (ay-kwee-tah-*tsyōa*-nay) *f* riding

**equivalente** (ay-kwee-vah-*lehn*-tay) *adj* equivalent

**equivoco** (ay-*kwee*-voa-koa) *adj* ambiguous

**equo** (*ai*-kwoa) *adj* right

**erba** (*ehr*-bah) *f* grass; herb

**erbaccia** (ayr-*baht*-chah) *f* weed

**eredità** (ay-ray-dee-*tah*) *f* inheritance

**ereditare** (ay-ray-dee-*taa*-ray) *v* inherit

**ereditario** (ay-ray-dee-*taa*-ryoa) *adj* hereditary

**erica** (*ai*-ree-kah) *f* heather

*****erigere** (ay-*ree*-jay-ray) *v* erect

**ernia** (*ehr*-ñah) *f* hernia, slipped disc

**eroe** (ay-*raw*-ay) *m* hero

**errare** (ayr-*raa*-ray) *v* wander, err

**erroneo** (ayr-*raw*-nay-oa) *adj* mistaken, wrong

**errore** (ayr-*rōa*-ray) *m* mistake, error

**erudito** (ay-roo-*dee*-toa) *m* scholar

**eruzione** (ay-roo-*tsyōa*-nay) *f* rash

**esagerare** (ay-zah-jay-*raa*-ray) *v* exaggerate

**esalare** (ay-zah-*laa*-ray) *v* exhale

**esame** (ay-*zaa*-may) *m* examination; test

**esaminare** (ay-zah-mee-*naa*-ray) *v* examine

**esantema** (ay-zahn-*tai*-mah) *m* rash

**esattamente** (ay-*zaht*-tah-mayn-tay) *adv* just

**esatto** (ay-*zaht*-toa) *adj* exact, precise; correct, just

**esaurire** (ay-zou-*ree*-ray) *v* exhaust; **esaurito** sold out; **esausto** overtired, overstrung

**esca** (*ay*-skah) *f* bait

**esclamare** (ay-sklah-*maa*-ray) *v* exclaim

**esclamazione** (ay-sklah-mah-*tsyōa*-nay) *f* exclamation

*****escludere** (ay-*sklōō*-day-ray) *v* exclude

**esclusivamente** (ay-skloo-zee-vah-*mayn*-tay) *adv* solely, exclusively

**esclusivo** (ay-skloo-*zee*-voa) *adj* exclusive

**escogitare** (ay-skoa-jee-*taa*-ray) *v* devise

**escoriazione** (ay-skoa-ryah-*tsyōa*-nay) *f* graze

**escrescenza** (ay-skraysh-*shehn*-tsah) *f* growth

**escursione** (ay-skoor-*syōa*-nay) *f* excursion

**esecutivo** (ay-zay-koo-*tee*-voa) *adj* executive

**esecuzione** (ay-zay-koo-*tsyōa*-nay) *f* execution

**eseguire** (ay-zay-*gwee*-ray) *v* execute, perform, carry out

**esempio** (ay-*zaym*-pyoa) *m* instance, example; **per ~** for instance, for example

**esemplare** (ay-zaym-*plaa*-ray) *m* specimen

**esentare** (ay-zayn-*taa*-ray) *v* exempt

**esente** (ay-*zehn*-tay) *adj* exempt; **~ da tassa** tax-free

**esenzione** (ay-zayn-*tsyōa*-nay) *f* exemption

**esercitare** (ay-zayr-chee-*taa*-ray) *v* exercise; **esercitarsi** practise

**esercito** (ay-*zehr*-chee-toa) *m* army

**esercizio** (ay-zayr-*chee*-tsyoa) *m* exercise

**esibire** (ay-zee-*bee*-ray) v exhibit; *show

**esigente** (ay-zee-*jehn*-tay) adj particular

**esigenza** (ay-zee-*jehn*-tsah) f demand; requirement

*esigere** (ay-*zee*-jay-ray) v demand; require

**esiguo** (ay-zee-gwoa) adj minor

**esilio** (ay-zee-lʸoa) m exile

**esistenza** (ay-zee-*stehn*-tsah) f existence

*esistere** (ay-*zee*-stay-ray) v exist

**esitare** (ay-zee-*taa*-ray) v hesitate

**esito** (*ai*-zee-toa) m result; issue

**esonerare da** (ay-zoa-nay-*raa*-ray) discharge of

**esotico** (ay-*zaw*-tee-koa) adj exotic

*espandere** (ay-*spahn*-day-ray) v expand

*espellere** (ay-*spehl*-lay-ray) v expel

**esperienza** (ay-spay-*ryehn*-tsah) f experience

**esperimento** (ay-spay-ree-*mayn*-toa) m experiment

**esperto** (ay-*spehr*-toa) adj experienced; skilful, skilled; m expert

**espirare** (ay-spee-*raa*-ray) v expire

**esplicazione** (ay-splee-kah-*tsyōā*-nay) f explanation

**esplicito** (ay-*splee*-chee-toa) adj explicit; express, definite

*esplodere** (ay-*splaw*-day-ray) v explode

**esplorare** (ay-sploa-*raa*-ray) v explore

**esplosione** (ay-sploa-*zyōā*-nay) f explosion, blast

**esplosivo** (ay-sploa-*zee*-voa) adj explosive; m explosive

*esporre** (ay-*spoar*-ray) v exhibit, display

**esportare** (ay-spoar-*taa*-ray) v export

**esportazione** (ay-spoar-tah-*tsyōā*-nay) f

exports pl, exportation, export

**esposimetro** (ay-spoa-*zee*-may-troa) m exposure meter

**esposizione** (ay-spoa-zee-*tsyōā*-nay) f exposition, exhibition, display, show; exposure

**espressione** (ay-sprayss-*syōā*-nay) f expression

**espresso** (ay-*sprehss*-soa) adj express; **per ~** special delivery

*esprimere** (ay-*spree*-may-ray) v express

**essa** (*ayss*-sah) pron she; **~ stessa** herself

**essenza** (ayss-*sehn*-tsah) f essence

**essenziale** (ayss-sayn-*tsyaa*-lay) adj essential

**essenzialmente** (ayss-sayn-tsyahl-*mayn*-tay) adv essentially

**essere** (*ehss*-say-ray) m creature; being; **~ umano** human being

*essere** (*ehss*-say-ray) v *be

**essi** (*ayss*-see) pron they; **~ stessi** themselves

**essiccatoio** (ayss-see-kah-tʸah-*tōā*-yoa) m dryer

**est** (ehst) m east

**estasi** (*eh*-stah-zee) f ecstasy

**estate** (ay-*staa*-tay) f summer; **piena ~** midsummer

*estendere** (ay-*stehn*-day-ray) v extend; expand

**esteriore** (ay-stay-*ryōā*-ray) adj external; m outside

**esterno** (ay-*stehr*-noa) adj outward, exterior; m outside, exterior

**all'estero** (ahl-*leh*-stay-roa) abroad

**esteso** (ay-*stāy*-soa) adj broad

*estinguere** (ay-*steeng*-gway-ray) v extinguish

**estintore** (ay-steen-*tōā*-ray) m fire-extinguisher

*estorcere** (ay-*stor*-chay-ray) v extort

**estorsione** (ay-stoar-*syōā*-nay) f extor-

tion
**estradare** (ay-strah-*daa*-ray) *v* extradite

**estraneo** (ay-*straa*-nay-oa) *adj* foreign; *m* stranger

\***estrarre** (ay-*strahr*-ray) *v* extract

**estremità** (ay-stray-mee-*tah*) *f* end

**estremo** (ay-*stray*-moa) *adj* extreme; very, utmost; *m* extreme

**estuario** (ay-*stwaa*-ryoa) *m* estuary

**esuberante** (ay-zoo-bay-*rahn*-tay) *adj* exuberant

**esule** (*ai*-zoo-lay) *m* exile

**età** (ay-*tah*) *f* age

**etere** (*ai*-tay-ray) *m* ether

**eternità** (ay-tayr-nee-*tah*) *f* eternity

**eterno** (ay-*tehr*-noa) *adj* eternal

**eterosessuale** (ay-tay-roa-sayss-*swaa*-lay) *adj* heterosexual

**etichetta** (ay-tee-*kayt*-tah) *f* label, tag

**etichettare** (ay-tee-kayt-*taa*-ray) *v* label

**Etiopia** (ay-*tyaw*-pyah) *f* Ethiopia

**etiopico** (ay-*tyaw*-pee-koa) *adj* Ethiopian; *m* Ethiopian

**Europa** (ay°°-*raw*-pah) *f* Europe

**europeo** (ay°°-roa-*pai*-oa) *adj* European; *m* European

**evacuare** (ay-vah-*kwaa*-ray) *v* evacuate

**evaporare** (ay-vah-poa-*raa*-ray) *v* evaporate

**evasione** (ay-vah-*zyōa*-nay) *f* escape

**evento** (ay-*vehn*-toa) *m* occurrence, event, happening

**eventuale** (ay-vayn-*twaa*-lay) *adj* eventual, possible

**evidente** (ay-vee-*dehn*-tay) *adj* evident

**evidentemente** (ay-vee-dehn-tay-*mayn*-tay) *adv* apparently

**evitare** (ay-vee-*taa*-ray) *v* avoid

**evoluzione** (ay-voa-loo-*tsyōa*-nay) *f* evolution

# F

**fa** (fah) *adv* ago

**fabbrica** (*fahb*-bree-kah) *f* factory, mill, works *pl*

**fabbricante** (fahb-bree-*kahn*-tay) *m* manufacturer

**fabbricare** (fahb-bree-*kaa*-ray) *v* construct; manufacture

**fabbricazione** (fahb-bree-kah-*tsyōa*-nay) *f* construction

**fabbro** (*fahb*-broa) *m* smith, blacksmith

**faccenda** (faht-*chehn*-dah) *f* matter, concern; **faccende di casa** housekeeping

**facchino** (fahk-*kee*-noa) *m* porter

**faccia** (*faht*-chah) *f* face; **in ~ a** *prep* facing

**facciata** (faht-*chaa*-tah) *f* façade; front

**facile** (*faa*-chee-lay) *adj* easy

**facilità** (fah-chee-lee-*tah*) *f* ease

**facilone** (fah-chee-*lōa*-nay) *adj* easy-going

**facoltà** (fah-koal-*tah*) *f* faculty

**facoltativo** (fah-koal-tah-*tee*-voa) *adj* optional

**faggio** (*fahd*-joa) *m* beech

**fagiano** (fah-*jaa*-noa) *m* pheasant

**fagiolo** (fah-*jaw*-loa) *m* bean

**fagotto** (fah-*got*-toa) *m* bundle

**falcone** (fahl-*kōa*-nay) *m* hawk

**falegname** (fah-lay-*ñaa*-may) *m* carpenter

**fallace** (fahl-*laa*-chay) *adj* false

**fallimento** (fahl-lee-*mayn*-toa) *m* failure

**fallire** (fahl-*lee*-ray) *v* fail

**fallito** (fahl-*lee*-toa) *adj* bankrupt

**fallo** (*fahl*-loa) *m* mistake

**falsificare** (fahl-see-fee-*kaa*-ray) *v* counterfeit, forge

**falsificazione** (fahl-see-fee-kah-*tsyōa*-nay) f fake

**falso** (*fahl*-soa) adj untrue; false

**fama** (*faa*-mah) f fame; reputation; **di ~ mondiale** world-famous

**fame** (*faa*-may) f hunger

**famigerato** (fah-mee-jay-*raa*-toa) adj notorious

**famiglia** (fah-*mee*-lᵞah) f family

**familiare** (fah-mee-*lᵞaa*-ray) adj familiar

**famoso** (fah-*mōa*-soa) adj famous

**fanale** (fah-*naa*-lay) m headlamp; **~ antinebbia** foglamp; **fanalino posteriore** rear-light

**fanatico** (fah-naa-tee-koa) adj fanatical

**fanciulla** (fahn-*chool*-lah) f young girl

**fanciullo** (fahn-*chool*-loa) m boy

**fanfara** (fahn-*faa*-rah) f brass band

**fango** (*fahng*-goa) m mud

**fangoso** (fahng-*gōa*-soa) adj muddy

**fantasia** (fahn-tah-*zee*-ah) f fantasy

**fantasma** (fahn-*tah*-zmah) m spirit, phantom

**fantastico** (fahn-*tah*-stee-koa) adj fantastic

**fante** (*fahn*-tay) m knave

**fanteria** (fahn-tay-*ree*-ah) f infantry

**fantino** (fahn-*tee*-noa) m jockey

***fare** (*faa*-ray) v *do; *make; *have

**farfalla** (fahr-*fahl*-lah) f butterfly

**farina** (fah-*ree*-nah) f flour

**farmacia** (fahr-mah-*chee*-ah) f pharmacy, chemist's; drugstore *nAm*

**farmacista** (fahr-mah-*chee*-stah) m chemist

**farmaco** (*fahr*-mah-koa) m drug

**farmacologia** (fahr-mah-koa-loa-*jee*-ah) f pharmacology

**faro** (*faa*-roa) m lighthouse; headlight

**farsa** (*fahr*-sah) f farce

**fasciatura** (fahsh-shah-*tōō*-rah) f bandage

**fascino** (*fahsh*-shee-noa) m glamour, charm

**fascismo** (fahsh-*shee*-zmoa) m fascism

**fascista** (fahsh-*shee*-stah) m fascist

**fascistico** (fahsh-*shee*-stee-koa) adj fascist

**fase** (*faa*-zay) f phase; stage

**fastidioso** (fah-stee-*dyōa*-soa) adj inconvenient, difficult

**fata** (*faa*-tah) f fairy

**fatale** (fah-*taa*-lay) adj fatal

**faticare** (fah-tee-*kaa*-ray) v labour

**faticoso** (fah-tee-*kōa*-soa) adj tiring

**fato** (*faa*-toa) m fate

**fatto** (*faht*-toa) m fact

**fattore** (faht-*tōa*-ray) m factor; farmer

**fattoressa** (faht-toa-*rayss*-sah) f farmer's wife

**fattoria** (faht-toa-*ree*-ah) f farm

**fattorino d'albergo** (faht-toa-*ree*-noa dahl-*behr*-goa) bellboy

**fattura** (faht-*tōō*-rah) f bill, invoice

**fatturare** (faht-too-*raa*-ray) v bill

**fauci** (*fou*-chee) fpl mouth

**favola** (*fah*-voa-lah) f fable

**favore** (fah-*vōa*-ray) m favour; **a ~ di** on behalf of; **per ~** please

**favorevole** (fah-voa-*rāy*-voa-lay) adj favourable

**favorire** (fah-voa-*ree*-ray) v favour

**favorito** (fah-voa-*ree*-toa) adj pet; m favourite

**fax** (fahkss) m fax, telefax

**fazzoletto** (faht-tsoa-*layt*-toa) m handkerchief; **~ di carta** paper tissue

**febbraio** (fayb-*braa*-yoa) February

**febbre** (*fehb*-bray) f fever; **~ del fieno** hay fever

**febbricitante** (fayb-bree-chee-*tahn*-tay) adj feverish

**fecondo** (fay-*koan*-doa) adj fertile

**fede** (*fāy*-day) f belief, faith; wedding-ring

**fedele** (fay-*dāy*-lay) adj true, faithful

**federa** ( *fai*-day-rah ) *f* pillow-case

**federale** (fay-day-*raa*-lay ) *adj* federal

**federazione** (fay-day-rah-*tsyōā*-nay) *f* federation

**fegato** ( *fāy*-gah-toa ) *m* liver

**felice** (fay-*lee*-chay) *adj* happy

**felicissimo** (faylee-*cheess*-see-moa) *adj* delighted

**felicità** (fay-lee-chee-*tah*) *f* happiness

**felicitarsi con** (fay-lee-chee-*tahr*-see) compliment, congratulate

**felicitazione** (fay-lee-chee-tah-*tsyōā*-nay) *f* congratulation

**feltro** ( *fayl*-troa ) *m* felt

**femmina** (*faym*-mee-nah ) *f* female; girl

**femminile** (faym-mee-*nee*-lay ) *adj* female; feminine

***fendere** (*fayn*-day-ray ) *v* \*split

**fenicottero** (fay-nee-*kot*-tay-roa ) *m* flamingo

**fenomeno** (fay-*naw*-may-noa ) *m* phenomenon

**ferie** ( *fai*-ryay ) *fpl* holiday; **in ~** on holiday

**ferire** (fay-*ree*-ray ) *v* injure, wound, \*hurt

**ferita** (fay-*ree*-tah ) *f* injury, wound

**ferito** (fay-*ree*-toa ) *adj* injured

**fermaglio** (fayr-*maa*-lYoa ) *m* fastener; **~ per capelli** bobby pin *Am*

**fermarsi** (fayr-*mahr*-see ) *v* halt, pull up

**fermata** (fayr-*maa*-tah ) *f* stop

**fermentare** (fayr-mayn-*taa*-ray ) *v* ferment

**fermo** ( *fayr*-moa ) *adj* steadfast; **~ posta** poste restante

**feroce** (fay-*rōā*-chay ) *adj* wild, fierce

**ferramenta** (fayr-rah-*mayn*-tah ) *fpl* hardware

**ferriera** (fayr-*ryai*-rah ) *f* ironworks

**ferro** ( *fehr*-roa ) *m* iron; **di ~** iron; **~ da stiro** iron; **~ di cavallo** horse-shoe; **rottame di ~** scrap-iron

**ferrovia** (fayr-roa-*vee*-ah ) *f* railway; railroad *nAm*

**fertile** ( *fehr*-tee-lay ) *adj* fertile

**fessura** (fayss-*sōō*-rah ) *f* crack, chink; slot

**festa** ( *feh*-stah ) *f* holiday; feast; party

**festival** (*fay*-stee-vahl ) *m* festival

**festivo** (fay-*stee*-voa ) *adj* festive

**fetta** ( *fayt*-tah ) *f* slice

**feudale** (fay°°-*daa*-lay ) *adj* feudal

**fiaba** ( *fyaa*-bah ) *f* fairytale

**fiacco** (*fyahk*-koa ) *adj* feeble, faint

**fiamma** (*fyahm*-mah ) *f* flame

**fiammifero** (fyahm-*mee*-fay-roa ) *m* match

**fianco** (*fyahng*-koa ) *m* hip

**fiato** ( *fyaa*-toa ) *m* breath

**fibbia** (*feeb*-byah ) *f* buckle

**fibra** ( *fee*-brah ) *f* fibre

**fico** ( *fee*-koa ) *m* fig

**fidanzamento** (fee-dahn-tsah-*mayn*-toa ) *m* engagement

**fidanzata** (fee-dahn-*tsaa*-tah ) *f* fiancée

**fidanzato** (fee-dahn-*tsaa*-toa ) *adj* engaged; *m* fiancé

**fidarsi** (fee-*dahr*-see ) *v* trust

**fidato** (fee-*daa*-toa ) *adj* trustworthy, reliable; **non ~** unreliable

**fiducia** (fee-*dōō*-chah ) *f* faith, trust, confidence

**fieno** ( *fyai*-noa ) *m* hay

**fiera** ( *fyai*-rah ) *f* fair

**fierezza** (fyay-*rayt*-tsah ) *f* pride

**fiero** (*fyai*-roa ) *adj* proud

**figlia** ( *fee*-lYah ) *f* daughter

**figliastro** (fee-*lYah*-stroa ) *m* stepchild

**figliata** (fee-*lYaa*-tah ) *f* litter

**figlio** ( *fee*-lYoa ) *m* son

**figliolo** (fee-*lYaw*-loa ) *m* son; boy

**figura** (fee-*gōō*-rah ) *f* figure; picture

**figurarsi** (fee-goo-*rahr*-see ) *v* imagine; fancy

**fila** ( *fee*-lah ) *f* row, rank, file, line

**filare** (fee-*laa*-ray) *v* \*spin

**filippino** (fee-leep-*pee*-noa) *adj* Philippine; *m* Filipino

**film** (feelm) *m* (pl ~) film, movie

**filmare** (feel-*maa*-ray) *v* film

**filo** (*fee*-loa) *m* thread, wire, yarn

**filobus** (fee-loa-*booss*) *m* trolley-bus

**filosofia** (fee-loa-zoa-*fee*-ah) *f* philosophy

**filosofo** (fee-*law*-zoa-foa) *m* philosopher

**filtrare** (feel-*traa*-ray) *v* strain

**filtro** (*feel*-troa) *m* filter; percolator; ~ **dell'aria** air-filter; ~ **dell'olio** oil filter

**finale** (fee-*naa*-lay) *adj* eventual, final

**finalmente** (fee-nahl-*mayn*-tay) *adv* at last

**finanze** (fee-*nahn*-tsay) *fpl* finances *pl*

**finanziare** (fee-nahn-*tsyaa*-ray) *v* finance

**finanziario** (fee-nahn-*tsyaa*-ryoa) *adj* financial

**finanziatore** (fee-nahn-tsyah-*tōa*-ray) *m* investor

**finché** (feeng-*kay*) *conj* until, till; ~ **non** till

**fine** (*fee*-nay) *f* ending, end; *m* purpose; **fine-settimana** weekend

**finestra** (fee-*nay*-strah) *f* window

\***fingere** (*feen*-jay-ray) *v* pretend

**finire** (fee-*nee*-ray) *v* end, finish; expire; **finito** finished; over

**finlandese** (feen-lahn-*dāy*-say) *adj* Finnish; *m* Finn

**Finlandia** (feen-*lahn*-dyah) *f* Finland

**fino** (*fee*-noa) *adj* fine; sheer

**fino a** (*fee*-noa ah) *prep* until, to, till

**finora** (fee-*nōā*-rah) *adv* so far

**finzione** (feen-*tsyōā*-nay) *f* fiction

**fioraio** (fyoa-*raa*-yoa) *m* florist

**fiore** (*fyōā*-ray) *m* flower

**fiorente** (fyoa-*rehn*-tay) *adj* prosperous

**firma** (*feer*-mah) *f* signature

**firmare** (feer-*maa*-ray) *v* sign

**fischiare** (fee-*skyaa*-ray) *v* whistle

**fischio** (*fee*-skyoa) *m* whistle

**fisica** (*fee*-zee-kah) *f* physics

**fisico** (*fee*-zee-koa) *adj* physical; *m* physicist

**fisiologia** (fee-zyoa-loa-*jee*-ah) *f* physiology

**fissare** (feess-*saa*-ray) *v* gaze, stare; settle

**fisso** (*feess*-soa) *adj* permanent, fixed

**fitta** (*feet*-tah) *f* stitch

**fiume** (*fyōō*-may) *m* river

**flacone** (flah-*kōā*-nay) *m* flask

**flagello** (flah-*jehl*-loa) *m* plague

**flanella** (flah-*nehl*-lah) *f* flannel

**flauto** (*flou*-toa) *m* flute

**flessibile** (flayss-*see*-bee-lay) *adj* supple, flexible, elastic

**floscio** (*flosh*-shoa) *adj* limp

**flotta** (*flot*-tah) *f* fleet

**fluente** (*flwehn*-tay) *adj* fluent

**fluido** (*flōō*-ee-doa) *adj* fluid; *m* fluid

**flusso** (*flooss*-soa) *m* flood

**foca** (*faw*-kah) *f* seal

**foce** (*faw*-chay) *f* mouth

**focolare** (foa-koa-*laa*-ray) *m* fireplace, hearth

**fodera** (*faw*-day-rah) *f* lining

**foglia** (*faw*-lʸah) *f* leaf

**foglio** (*faw*-lʸoa) *m* sheet; ~ **di registrazione** registration form

**fogna** (*fōā*-ñah) *f* sewer

**folklore** (toal-*klaw*-ray) *m* folklore

**folla** (*fol*-lah) *f* crowd

**folle** (*fol*-lay) *adj* crazy, mad

**folletto** (toal-*layt*-toa) *m* elf

**fondamentale** (foan-dah-mayn-*taa*-lay) *adj* fundamental, essential, basic

**fondamento** (foan-dah-*mayn*-toa) *m* base; basis

**fondare** (foan-*daa*-ray) *v* found; **fondato** well-founded

**fondazione** (foan-dah-*tsyōā*-nay) *f* foundation

***fondere*** (*foan*-day-ray) *v* melt

**fondo** (*foan*-doa) *m* ground, bottom; **fondi** fund; ~ **tinta** foundation cream

**fonetico** (foa-*nai*-tee-koa) *adj* phonetic

**fontana** (foan-*taa*-nah) *f* fountain

**fonte** (*foan*-tay) *f* spring; source

**foratura** (foa-rah-*tōō*-rah) *f* puncture, blow-out

**forbici** (*for*-bee-chee) *fpl* scissors *pl*; **forbicine per le unghie** nail-scissors *pl*

**forca** (*foar*-kah) *f* gallows *pl*

**forchetta** (foar-*kayt*-tah) *f* fork

**forcina** (foar-*chee*-nah) *f* hairpin, hairgrip

**foresta** (foa-*reh*-stah) *f* forest

**forestiero** (foa-ray-*styai*-roa) *m* foreigner

**forfora** (*foar*-foa-rah) *f* dandruff

**forma** (*foar*-mah) *f* form, shape; figure; condition

**formaggio** (foar-*mahd*-joa) *m* cheese

**formale** (foar-*maa*-lay) *adj* formal

**formalità** (foar-mah-lee-*tah*) *f* formality

**formare** (foar-*maa*-ray) *v* form, shape

**formato** (foar-*maa*-toa) *m* size

**formazione** (foar-mah-*tsyōā*-nay) *f* formation

**formica** (foar-*mee*-kah) *f* ant

**formidabile** (foar-mee-*daa*-bee-lay) *adj* terrific

**formula** (*for*-moo-lah) *f* formula

**formulario** (foar-moo-*laa*-ryoa) *m* form

**fornace** (foar-*naa*-chay) *f* furnace

**fornello** (foar-*nehl*-loa) *m* cooker; ~ **a gas** gas cooker; ~ **a spirito** spirit stove

**fornire** (foar-*nee*-ray) *v* furnish, provide, supply

**fornitura** (foar-nee-*tōō*-rah) *f* supply

**forno** (*foar*-noa) *m* oven; ~ **a microonde** microwave oven

**forse** (*foar*-say) *adv* maybe, perhaps

**forte** (*for*-tay) *adj* strong, powerful; loud; *m* fort

**fortezza** (foar-*tayt*-tsah) *f* fortress

**fortuito** (foar-*tōō*-ee-toa) *adj* casual, accidental

**fortuna** (foar-*tōō*-nah) *f* lot; luck

**fortunato** (foar-too-*naa*-toa) *adj* lucky, fortunate

**foruncolo** (foa-*roong*-koa-loa) *m* boil

**forza** (*for*-tsah) *f* energy, strength, force; ~ **di volontà** will-power; ~ **motrice** driving force; **forze militari** military force

**forzare** (foar-*tsaa*-ray) *v* force; strain

**foschia** (foa-*skee*-ah) *f* mist, haze

**fosco** (*foa*-skoa) *adj* hazy

**fossato** (foass-*saa*-toa) *m* ditch; moat

**fosso** (*foass*-soa) *m* ditch

**foto** (*faw*-toa) *f* photo; ~ **per passaporto** passport photograph

**fotocopia** (foa-toa-*kaw*-pyah) *f* photocopy

**fotografare** (foa-toa-grah-*faa*-ray) *v* photograph

**fotografia** (foa-toa-grah-*fee*-ah) *f* photography; photograph

**fotografo** (foa-*taw*-grah-foa) *m* photographer

**fra** (frah) *prep* among; amid

**fragile** (*fraa*-jee-lay) *adj* fragile

**fragola** (*fraa*-goa-lah) *f* strawberry

***fraintendere*** (frah-een-*tehn*-day-ray) *v* *misunderstand

**francese** (frahn-*chāy*-zay) *adj* French; *m* Frenchman

**Francia** (*frahn*-chah) *f* France

**franco** (*frahng*-koa) *adj* open; ~ **di dazio** duty-free; ~ **di porto** postage paid

**francobollo** (frahng-koa-*boal*-loa) *m* postage stamp

**frangia** (*frahn*-jah) *f* fringe

**frappé** (frahp-*pay*) *m* milk-shake

**frase** (*fraa*-zay) *f* sentence; phrase

**fratello** (frah-*tehl*-loa) *m* brother

**fraternità** (frah-tayr-nee-*tah*) *f* fraternity

**frattanto** (fraht-*tahn*-toa) *adv* meanwhile

**nel frattempo** (nayl fraht-*tehm*-poa) in the meantime

**frattura** (fraht-*tōō*-rah) *f* fracture; break

**fratturare** (fraht-too-*raa*-ray) *v* fracture

**frazione** (frah-*tsyōā*-nay) *f* fraction; hamlet

**freccia** (*frayt*-chah) *f* arrow; indicator

**freddino** (frayd-*dee*-noa) *adj* chilly

**freddo** (*frayd*-doa) *adj* cold; *m* cold

**freno** (*frāy*-noa) *m* brake; ~ **a mano** hand-brake; ~ **a pedale** foot-brake

**frequentare** (fray-kwayn-*taa*-ray) *v* mix with, associate with

**frequente** (fray-*kwehn*-tay) *adj* frequent

**frequenza** (fray-*kwehn*-tsah) *f* frequency; attendance

**fresco** (*fray*-skoa) *adj* fresh; cool

**fretta** (*frayt*-tah) *f* speed, haste, hurry; **in** ~ in a hurry

**frettoloso** (frayt-toa-*lōā*-soa) *adj* hasty

***friggere** (*freed*-jay-ray) *v* fry

**frigorifero** (free-goa-*ree*-fay-roa) *m* refrigerator, fridge

**fringuello** (freeng-*gwehl*-loa) *m* finch

**frittata** (freet-*taa*-tah) *f* omelette

**frizione** (free-*tsyōā*-nay) *f* clutch

**frode** (*fraw*-day) *f* fraud

**fronte** (*froan*-tay) *f* forehead; **di** ~ **a** in front of; opposite; ***far** ~ **a** face

**frontiera** (froan-*tyai*-rah) *f* frontier; boundary

**frontone** (froan-*tōā*-nay) *m* gable

**frullatore** (frool-lah-*tōā*-ray) *m* mixer

**frumento** (froo-*mayn*-toa) *m* corn, grain; wheat

**frusta** (*froo*-stah) *f* whip

**frutta** (*froot*-tah) *f* fruit

**frutteto** (froot-*tāy*-toa) *m* orchard

**fruttivendolo** (froot-tee-*vayn*-doa-loa) *m* greengrocer; vegetable merchant

**frutto** (*froot*-toa) *m* fruit

**fruttuoso** (froot-*twōā*-soa) *adj* profitable

**fucile** (foo-*chee*-lay) *m* gun, rifle

**fuga** (*fōō*-gah) *f* flight; leak

**fuggire** (food-*jee*-ray) *v* escape

**fuggitivo** (food-jee-*tee*-voa) *m* runaway

**fulvo** (*fool*-voa) *adj* fawn

**fumare** (foo-*maa*-ray) *v* smoke

**fumatore** (foo-mah-*tōā*-ray) *m* smoker; **compartimento per fumatori** smoking-compartment

**fumo** (*fōō*-moa) *m* smoke

**funerale** (foo-nay-*raa*-lay) *m* funeral

**fungo** (*foong*-goa) *m* toadstool, mushroom

**funzionamento** (foon-tsyoa-nah-*mayn*-toa) *m* working, operation

**funzionare** (foon-tsyoa-*naa*-ray) *v* work, operate

**funzionario** (foon-tsyoa-*naa*-ryoa) *m* civil servant

**funzione** (foon-*tsyōā*-nay) *f* function; office

**fuoco** (*fwaw*-koa) *m* fire; focus

**fuori** (*fwaw*-ree) *adv* out; outside; **al di** ~ outwards; ~ **di** outside, out of

**furbo** (*foor*-boa) *adj* cunning

**furfante** (foor-*fahn*-tay) *m* villain

**furgone** (foor-*gōā*-nay) *m* delivery van, van

**furibondo** (foo-ree-*boan*-doa) *adj* furious

**furioso** (foo-*ryōā*-soa) *adj* furious

**furore** (foo-*rōā*-ray) *m* rage

**furto** (*foor*-toa) *m* robbery, theft

**fusibile** (foo-*zee*-bee-lay) *m* fuse

**fusione** (foo-*zyōā*-nay) *f* merger

**futile** (*fōō*-tee-lay) *adj* insignificant, petty

**futuro** (foo-*tōō*-roa) *m* future; *adj* future

# G

**gabbia** (*gahb*-byah) *f* cage; ~ **da imballaggio** crate

**gabbiano** (gahb-*byaa*-noa) *m* gull; seagull

**gabinetto** (gah-bee-*nayt*-toa) *m* toilet, bathroom, lavatory; cabinet; ~ **per signore** ladies' room, powder-room; ~ **per signori** men's room

**gaiezza** (gah-*yayt*-tsah) *f* gaiety

**gaio** (*gaa*-yoa) *adj* cheerful

**galleggiante** (gahl-layd-*jahn*-tay) *m* float

**galleggiare** (gahl-layd-*jaa*-ray) *v* float

**galleria** (gahl-lay-*ree*-ah) *f* tunnel; gallery; ~ **d'arte** art gallery

**gallina** (gahl-*lee*-nah) *f* hen

**gallo** (*gahl*-loa) *m* cock

**galoppo** (gah-*lop*-poa) *m* gallop

**gamba** (*gahm*-bah) *f* leg

**gamberetto** (gahm-bay-*rayt*-toa) *m* shrimp

**gambero** (*gahm*-bay-roa) *m* prawn

**gambo** (*gahm*-boa) *m* stem

**gancio** (*gahn*-choa) *m* peg

**gara** (*gaa*-rah) *f* competition; race

**garante** (gah-*rahn*-tay) *m* guarantor

**garantire** (gah-rahn-*tee*-ray) *v* guarantee

**garanzia** (gah-rahn-*tsee*-ah) *f* guarantee

**gargarizzare** (gahr-gah-reed-*dzaa*-ray) *v* gargle

**garza** (*gahr*-dzah) *f* gauze

**gas** (gahz) *m* gas; ~ **di scarico** exhaust gases

**gastrico** (*gah*-stree-koa) *adj* gastric

**gatto** (*gaht*-toa) *m* cat

**gazza** (*gahd*-dzah) *f* magpie

**gelare** (jay-*laa*-ray) *v* *freeze

**gelatina** (jay-lah-*tee*-nah) *f* jelly

**gelato** (jay-*laa*-toa) *m* ice-cream

**gelo** (*jai*-loa) *m* frost

**gelone** (jay-*lōā*-nay) *m* chilblain

**gelosia** (jay-loa-*see*-ah) *f* jealousy

**geloso** (jay-*lōā*-soa) *adj* envious, jealous

**gemelli** (jay-*mehl*-lee) *mpl* twins *pl*; cuff-links *pl*

**gemere** (*jai*-may-ray) *v* groan, moan

**gemma** (*jehm*-mah) *f* gem

**generale** (jay-nay-*raa*-lay) *adj* general; universal, broad, public; *m* general; **in** ~ in general

**generalmente** (jay-nay-rahl-*mayn*-tay) *adv* as a rule

**generare** (jay-nay-*raa*-ray) *v* generate

**generatore** (jay-nay-rah-*tōā*-ray) *m* generator

**generazione** (jay-nay-rah-*tsyōā*-nay) *f* generation

**genere** (*jai*-nay-ray) *m* sort, kind; gender

**genero** (*jai*-nay-roa) *m* son-in-law

**generosità** (jay-nay-roa-see-*tah*) *f* generosity

**generoso** (jay-nay-*rōā*-soa) *adj* generous, liberal

**gengiva** (jayn-*jee*-vah) *f* gum

**genio** (*jai*-ñoa) *m* genius

**genitale** (jay-nee-*taa*-lay) *adj* genital

**genitori** (jay-nee-*tōā*-ree) *mpl* parents *pl*

**gennaio** (jayn-*naa*-yoa) January

**gente** (*jehn*-tay) *f* people *pl*

**gentile** (jayn-*tee*-lay) *adj* good-natured; kind

**genuino** (jay-*nwee*-noa) *adj* genuine

**geografia** (jay-oa-grah-*fee*-ah) *f* ge-

ography
**geologia** (jay-oa-loa-*jee*-ah) f geology
**geometria** (jay-oa-may-*tree*-ah) f geometry
**gerarchia** (jay-rahr-*kee*-ah) f hierarchy
**Germania** (jayr-*maa*-nyah) f Germany
**germe** (*jehr*-may) m germ
**gesso** (*jehss*-soa) m plaster
**gesticolare** (jay-stee-koa-*laa*-ray) v gesticulate
**gestione** (jay-*styoā*-nay) f management
**gesto** (*jeh*-stoa) m sign
**gettare** (jayt-*taa*-ray) v toss, *throw, *cast
**getto** (*jeht*-toa) m spout, jet
**gettone** (jayt-*tōā*-nay) m token, chip
**ghiacciaio** (gyaht-*chaa*-yoa) m glacier
**ghiaccio** (*gyaht*-choa) m ice
**ghiaia** (*gyaa*-yah) f gravel
**ghianda** (*gyahn*-dah) f acorn
**ghiandola** (*gyahn*-doa-lah) f gland
**ghignare** (gee-*ñaa*-ray) v grin
**ghiottoneria** (gyoat-toa-nay-*ree*-ah) f delicacy
**ghiribizzo** (gee-ree-*beed*-dzoa) m whim
**ghisa** (*gee*-zah) f cast iron
**già** (jah) adv already; formerly
**giacca** (*jahk*-kah) f jacket; ~ e calzoni pant-suit; ~ sportiva blazer
**giacché** (jahk-*kay*) conj since
**giacchetta** (jahk-*kayt*-tah) f jacket; ~ sportiva sports-jacket
**giaccone** (jahk-*kōā*-nay) m cardigan
**giacimento** (jah-chee-*mayn*-toa) m deposit
**giada** (*jaa*-dah) f jade
**giallo** (*jahl*-loa) adj yellow
**Giappone** (jahp-*pōā*-nay) m Japan
**giapponese** (jahp-poa-*nāy*-say) adj Japanese; m Japanese
**giara** (*jaa*-rah) f jar
**giardiniere** (jahr-dee-*ñai*-ray) m gardener

**giardino** (jahr-*dee*-noa) m garden; ~ d'infanzia kindergarten; ~ pubblico public garden; ~ zoologico zoological gardens, zoo
**gigante** (jee-*gahn*-tay) m giant
**gigantesco** (jee-gahn-*tay*-skoa) adj gigantic
**giglio** (*jee*-lヅoa) m lily
**ginecologo** (jee-nay-*kaw*-loa-goa) m gynaecologist
**ginnasta** (jeen-*nah*-stah) m gymnast
**ginnastica** (jeen-*nah*-stee-kah) f gymnastics pl
**ginocchio** (jee-*nok*-kyoa) m (pl le ginocchia) knee
**giocare** (joa-*kaa*-ray) v play
**giocatore** (joa-kah-*tōā*-ray) m player
**giocattolo** (joa-*kaht*-toa-loa) m toy
**gioco** (*jaw*-koa) m play; carta da ~ playing-card; ~ della dama draughts; checkers plAm; ~ delle bocce bowling
**giogo** (*jōā*-goa) m yoke
**gioia** (*jaw*-yah) f gladness, joy; gioie jewellery
**gioielliere** (joa-yayl-*lヅai*-ray) m jeweller
**gioiello** (joa-*yehl*-loa) m gem, jewel; gioielli jewellery
**gioioso** (joa-*yōā*-soa) adj joyful
**Giordania** (joar-*daa*-ñah) f Jordan
**giordano** (joar-*daa*-noa) adj Jordanian; m Jordanian
**giornalaio** (joar-nah-*laa*-yoa) m newsagent
**giornale** (joar-*naa*-lay) m paper, newspaper; journal; ~ del mattino morning paper
**giornaliero** (joar-nah-*lヅai*-roa) adj daily
**giornalismo** (joar-nah-*lee*-zmoa) m journalism
**giornalista** (joar-nah-*lee*-stah) m journalist
**giornata** (joar-*naa*-tah) f day
**giorno** (*joar*-noa) m day; al ~ per

day; **di** ~ by day; ~ **feriale** week-day; ~ **lavorativo** working day; **quindicina di giorni** fortnight; **un** ~ some time; **un** ~ **o l'altro** some day

**giostra** (*jo*-strah) *f* merry-go-round

**giovane** (*jōa*-vah-nay) *adj* young; *m* lad; ~ **esploratore** boy scout; ~ **esploratrice** girl guide

**giovanile** (joa-vah-*nee*-lay) *adj* juvenile

**giovanotto** (joa-vah-*not*-toa) *m* youth

**giovare** (joa-*vaa*-ray) *v* *be of use

**giovedì** (joa-vay-*dee*) *m* Thursday

**gioventù** (joa-vayn-*too*) *f* youth

**giovinezza** (joa-vee-*nayt*-tsah) *f* youth

**giradischi** (jee-rah-*dee*-skee) *m* record-player

**girare** (jee-*raa*-ray) *v* turn; endorse; *far ~ *spin; ~ **intorno a** by-pass

**giro** (*jee*-roa) *m* turn; day trip; detour; ~ **d'affari** turnover

**gita** (*jee*-tah) *f* trip, excursion; ~ **turistica** tour

**giù** (joo) *adv* beneath, below, down; over; ~ **da** off; **in** ~ downwards, down

**giudicare** (joo-dee-*kaa*-ray) *v* judge

**giudice** (*jōō*-dee-chay) *m* judge

**giudizio** (joo-*dee*-tsyoa) *m* judgment

**giugno** (*jōō*-ñoa) June

**giunco** (*joong*-koa) *m* reed; rush

*giungere** (*joon*-jay-ray) *v* arrive

**giungla** (*joong*-glah) *f* jungle

**giuoco** (*jwaw*-koa) *m* game

**giuramento** (joo-rah-*mayn*-toa) *m* oath, vow

**giurare** (joo-*raa*-ray) *v* vow, *swear

**giuria** (joo-*ree*-ah) *f* jury

**giuridico** (joo-*ree*-dee-koa) *adj* legal

**giurista** (joo-*ree*-stah) *m* lawyer

**giustamente** (joo-stah-*mayn*-tay) *adv* rightly

**giustificare** (joo-stee-fee-*kaa*-ray) *v* justify

**giustizia** (joo-*stee*-tsyah) *f* justice

**giusto** (*joo*-stoa) *adj* righteous, right, fair, just; proper

**glaciale** (glah-*chaa*-lay) *adj* freezing

**gli** (l**y**ee) *pron* him

**globale** (gloa-*baa*-lay) *adj* overall

**globo** (*glaw*-boa) *m* globe

**gloria** (*glaw*-ryah) *f* glory

**glossario** (gloass-*saa*-ryoa) *m* vocabulary

**goccia** (*goat*-chah) *f* drop

**godere** (goa-*dāy*-ray) *v* enjoy

**godimento** (goa-dee-*mayn*-toa) *m* enjoyment

**goffo** (*gof*-foa) *adj* clumsy, awkward

**gola** (*gōa*-lah) *f* throat; gorge, glen

**golf** (goalf) *m* jumper; golf; **campo di** ~ golf-links

**golfo** (*goal*-foa) *m* gulf

**goloso** (goa-*lōa*-soa) *adj* greedy

**gomito** (*gaw*-mee-toa) *m* elbow

**gomma** (*goam*-mah) *f* gum; ~ **da masticare** chewing-gum; ~ **per cancellare** rubber, eraser

**gommapiuma** (goam-mah-*pyōō*-mah) *f* foam-rubber

**gondola** (*goan*-doa-lah) *f* gondola

**gonfiabile** (goan-*fyaa*-bee-lay) *adj* inflatable

**gonfiare** (goan-*fyaa*-ray) *v* inflate; *swell

**gonfiore** (goan-*fyōa*-ray) *m* swelling

**gonna** (*goan*-nah) *f* skirt

**gotta** (*goat*-tah) *f* gout

**governante** (goa-vayr-*nahn*-tay) *f* governess; housekeeper

**governare** (goa-vayr-*naa*-ray) *v* govern, rule; navigate

**governatore** (goa-vayr-nah-*tōa*-ray) *m* governor

**governo** (goa-*vehr*-noa) *m* government, rule

**gradevole** (grah-*dāy*-voa-lay) *adj*

pleasing, pleasant, enjoyable, agreeable

**gradire** (grah-*dee*-ray) v fancy, like

**grado** (*graa*-doa) m degree; **\*essere in ~ di** \*be able to

**graduale** (grah-*dwaa*-lay) adj gradual

**graffetta** (grahf-*fayt*-tah) f staple

**graffiare** (grahf-*fyaa*-ray) v scratch

**graffio** (*grahf*-fyoa) m scratch

**grafico** (*graa*-fee-koa) adj graphic; m graph, diagram

**grammatica** (grahm-*maa*-tee-kah) f grammar

**grammaticale** (grahm-mah-tee-*kaa*-lay) adj grammatical

**grammo** (*grahm*-moa) m gram

**grammofono** (grahm-*maw*-foa-noa) m gramophone

**granaio** (grah-*naa*-yoa) m barn

**Gran Bretagna** (grahn bray-*taa*-ñah) Great Britain, Britain

**granchio** (*grahng*-kyoa) m crab

**grande** (*grahn*-day) adj big; great, large, major

**grandezza** (grahn-*dayt*-tsah) f size

**grandine** (*grahn*-dee-nay) f hail

**grandioso** (grahn-*dyōa*-soa) adj magnificent, superb

**granello** (grah-*nehl*-loa) m corn, grain

**graniglia** (grah-*nee*-lʸah) f grit

**granito** (grah-*nee*-toa) m granite

**grano** (*graa*-noa) m corn, grain

**granturco** (grahn-*toor*-koa) m maize; **pannocchia di ~** corn on the cob

**grasso** (*grahss*-soa) adj fat; corpulent; greasy; m grease, fat

**grassottello** (grahss-soat-*tehl*-loa) adj plump

**grata** (*graa*-tah) f grate

**gratis** (*graa*-teess) adj gratis

**gratitudine** (grah-tee-*tōō*-dee-nay) f gratitude

**grato** (*graa*-toa) adj grateful

**grattacielo** (graht-tah-*chai*-loa) m sky-

scraper

**grattugia** (graht-*tōō*-jah) f grater

**gratuito** (grah-*tōō*-ee-toa) adj free of charge, free

**grave** (*graa*-vay) adj grave

**gravità** (grah-vee-*tah*) f gravity

**grazia** (*graa*-tsyah) f grace; pardon

**grazie** (*graa*-tsyay) thank you

**grazioso** (grah-*tsyōa*-soa) adj graceful

**Grecia** (*grai*-chah) f Greece

**greco** (*grai*-koa) adj (pl greci) Greek; m Greek

**gregge** (*grayd*-jay) m herd, flock

**grembiule** (graym-*byōō*-lay) m apron

**gremito** (gray-*mee*-toa) adj chock-full

**gridare** (gree-*daa*-ray) v cry; shout

**grido** (*gree*-doa) m cry, scream, shout

**grigio** (*gree*-joa) adj grey

**griglia** (*gree*-lʸah) f grill

**grilletto** (greel-*layt*-toa) m trigger

**grillo** (*greel*-loa) m cricket

**grinza** (*green*-tsah) f crease

**grossa** (*gross*-sah) f gross

**grossista** (groass-*see*-stah) m wholesale dealer

**grosso** (*gross*-soa) adj big, stout

**grossolano** (groass-soa-*laa*-noa) adj coarse; rude

**grotta** (*grot*-tah) f grotto

**gru** (groo) f crane

**grullo** (*grool*-loa) adj silly

**grumo** (*grōō*-moa) m lump

**grumoso** (groo-*mōa*-soa) adj lumpy

**gruppo** (*groop*-poa) m group, party, set; bunch

**guadagnare** (gwah-dah-*ñaa*-ray) v \*make, earn; gain

**guadagno** (gwah-*daa*-ñoa) m profit

**guadare** (gwah-*daa*-ray) v wade

**guado** (*gwaa*-doa) m ford

**guaio** (*gwaa*-yoa) m trouble

**guancia** (*gwahn*-chah) f cheek

**guanciale** (gwahn-*chaa*-lay) m pillow

**guanto** (*gwahn*-toa) m glove

**guardare** (gwahr-*daa*-ray) *v* look;
watch, look at, view; **guardarsi** beware

**guardaroba** (gwahr-dah-*raw*-bah) *m*
wardrobe; checkroom *nAm*

**guardia** (*gwahr*-dyah) *f* attendant; ~
**del corpo** bodyguard; ~ **forestale**
forester

**guardiano** (gwahr-*dyaa*-noa) *m* guard,
warden

**guarigione** (gwah-ree-*joa*-nay) *f* recovery, cure

**guarire** (gwah-*ree*-ray) *v* heal; recover

**guastare** (gwah-*staa*-ray) *v* *spoil;
**guastarsi** *break down

**guasto** (*gwah*-stoa) *adj* broken; *m*
breakdown

**guerra** (*gwehr*-rah) *f* war; ~ **mondiale** world war

**gufo** (*goo*-foa) *m* owl

**guglia** (*goo*-l ͟Yah) *f* spire

**guida** (*gwee*-dah) *f* lead; guide;
guidebook; **patente di** ~ driving licence

**guidare** (gwee-*daa*-ray) *v* guide, conduct; *drive

**guinzaglio** (gween-*tsaa*-l ͟Yoa) *m* leash,
lead

**guscio** (*goosh*-shoa) *m* shell; ~ **di noce** nutshell

**gustare** (goo-*staa*-ray) *v* enjoy

**gusto** (*goo*-stoa) *m* taste; flavour;
zest

**gustoso** (goo-*stoa*-soa) *adj* enjoyable,
tasty

# I

**icona** (ee-*koa*-nah) *f* icon

**idea** (ee-*dai*-ah) *f* idea; ~ **luminosa**
brain-wave

**ideale** (ee-day-*aa*-lay) *adj* ideal; *m*
ideal

**identico** (ee-*dehn*-tee-koa) *adj* identical

**identificare** (ee-dayn-tee-fee-*kaa*-ray) *v*
identify

**identificazione** (ee-dayn-tee-fee-kah-
*tsyoa*-nay) *f* identification

**identità** (ee-dayn-tee-*tah*) *f* identity

**idillio** (ee-*deel*-l ͟Yoa) *m* romance

**idioma** (ee-*dyaw*-mah) *m* idiom

**idiomatico** (ee-dyoa-*maa*-tee-koa) *adj*
idiomatic

**idiota** (ee-*dyaw*-tah) *adj* idiotic; *m*
fool, idiot

**idolo** (*ee*-doa-loa) *m* idol

**idoneo** (ee-*daw*-nay-oa) *adj* adequate

**idraulico** (ee-*drou*-lee-koa) *m* plumber

**idrogeno** (ee-*draw*-jay-noa) *m* hydrogen

**ieri** (*yai*-ree) *adv* yesterday

**igiene** (ee-*jai*-nay) *f* hygiene

**igienico** (ee-*jai*-nee-koa) *adj* hygienic

**ignorante** (ee-ñoa-*rahn*-tay) *adj* ignorant

**ignorare** (ee-ñoa-*raa*-ray) *v* ignore

**ignoto** (ee-*ñaw*-toa) *adj* unknown

**il** (eel) *art* (f la;pl i, gli, le) the *art*

**illecito** (eel-*lay*̄-chee-toa) *adj* unauthorized

**illegale** (eel-lay-*gaa*-lay) *adj* unlawful,
illegal

**illeggibile** (eel-layd-*jee*-bee-lay) *adj* illegible

**illimitato** (eel-lee-mee-*taa*-toa) *adj* unlimited

**illuminare** (eel-loo-mee-*naa*-ray) *v* illuminate

**illuminazione** (eel-loo-mee-nah-*tsyōa*-nay) f lighting, illumination

**illusione** (eel-loo-*zyōa*-nay) f illusion

**illustrare** (eel-loo-*straa*-ray) v illustrate

**illustrazione** (eel-loo-strah-*tsyōa*-nay) f illustration; picture

**illustre** (eel-*loo*-stray) adj noted

**imballaggio** (eem-bahl-*lahd*-joa) m packing

**imballare** (eem-bahl-*laa*-ray) v pack up, pack

**imbarazzante** (eem-bah-raht-*tsahn*-tay) adj awkward, embarrassing; puzzling

**imbarazzare** (eem-bah-raht-*tsaa*-ray) v embarrass

**imbarcare** (eem-bahr-*kaa*-ray) v embark

**imbarco** (eem-*bahr*-koa) m embarkation

**imbiancare** (eem-byahng-*kaa*-ray) v bleach

**imboscata** (eem-boa-*skaa*-tah) f ambush

**imbrogliare** (eem-broa-*lʸa*-ray) v cheat

**imbroglio** (eem-*braw*-lʸoa) m muddle

**imbronciato** (eem-broan-*chaa*-toa) adj cross

**imbuto** (eem-*bōō*-toa) m funnel

**imitare** (ee-mee-*taa*-ray) v copy, imitate

**imitazione** (ee-mee-tah-*tsyōa*-nay) f imitation

**immacolato** (eem-mah-koa-*laa*-toa) adj stainless, spotless

**immagazzinare** (eem-mah-gahd-dzee-*naa*-ray) v store

**immaginare** (eem-mah-jee-*naa*-ray) v fancy, imagine

**immaginario** (eem-mah-jee-*naa*-ryoa) adj imaginary

**immaginazione** (eem-mah-jee-nah-*tsyōa*-nay) f fancy, imagination

**immagine** (eem-*maa*-jee-nay) f image; ~ riflessa reflection

**immangiabile** (eem-mahn-*jaa*-bee-lay) adj inedible

**immediatamente** (eem-may-dyah-tah-*mayn*-tay) adv instantly, immediately

**immediato** (eem-may-*dyaa*-toa) adj immediate

**immenso** (eem-*mehn*-soa) adj vast, immense, huge

**immigrante** (eem-mee-*grahn*-tay) m immigrant

**immigrare** (eem-mee-*graa*-ray) v immigrate

**immigrazione** (eem-mee-grah-*tsyōa*-nay) f immigration

**imminente** (eem-mee-*nehn*-tay) adj oncoming

**immobile** (eem-*maw*-bee-lay) m house

**immodesto** (eem-moa-*deh*-stoa) adj immodest

**immondizia** (eem-moan-*dee*-tsyah) f rubbish, refuse, garbage

**immunità** (eem-moo-nee-*tah*) f immunity

**immunizzare** (eem-moo-need-*dzaa*-ray) v immunize

**impalcatura** (eem-pahl-kah-*tōō*-rah) f scaffolding

**imparare** (eem-pah-*raa*-ray) v *learn; ~ a memoria memorize

**imparziale** (eem-pahr-*tsyaa*-lay) adj impartial

**impasticciare** (eem-pah-steet-*chaa*-ray) v muddle

**impasto** (eem-*pah*-stoa) m batter

**impaurito** (eem-pou-*ree*-toa) adj afraid

**impaziente** (eem-pah-*tsyehn*-tay) adj eager, impatient

**impeccabile** (eem-payk-*kaa*-bee-lay) adj faultless

**impedimento** (eem-pay-dee-*mayn*-toa)

*m* impediment

**impedire** (eem-pay-*dee*-ray) *v* prevent; impede

**impegnare** (eem-pay-*ñaa*-ray) *v* pawn; **impegnarsi** engage

**impegno** (eem-*pāy*-ñoa) *m* engagement

**imperatore** (eem-pay-rah-*tōa*-ray) *m* emperor

**imperatrice** (eem-pay-rah-*tree*-chay) *f* empress

**imperfetto** (eem-payr-*feht*-toa) *adj* imperfect

**imperfezione** (eem-payr-fay-*tsyōa*-nay) *f* fault

**imperiale** (eem-pay-*ryaa*-lay) *adj* imperial

**impermeabile** (eem-payr-may-*aa*-bee-lay) *adj* waterproof, rainproof; *m* mackintosh, raincoat

**impero** (eem-*pai*-roa) *m* empire

**impersonale** (eem-payr-soa-*naa*-lay) *adj* impersonal

**impertinente** (eem-payr-tee-*nehn*-tay) *adj* insolent, impertinent

**impertinenza** (eem-payr-tee-*nehn*-tsah) *f* impertinence

**impetuoso** (eem-pay-*twōa*-soa) *adj* violent

**impianto** (eem-*pyahn*-toa) *m* plant

**impiegare** (eem-pyay-*gaa*-ray) *v* employ; *spend

**impiegato** (eem-pyay-*gaa*-toa) *m* clerk, employee

**impiego** (eem-*pyai*-goa) *m* job, post; employment; **domanda d'impiego** application

**implicare** (eem-plee-*kaa*-ray) *v* imply

**imponente** (eem-poa-*nehn*-tay) *adj* imposing, grand

**impopolare** (eem-poa-poa-*laa*-ray) *adj* unpopular

**\*imporre** (eem-*poar*-ray) *v* impose; order; *imporsi assert oneself

**importante** (eem-poar-*tahn*-tay) *adj* important, capital; big

**importanza** (eem-poar-*tahn*-tsah) *f* importance; *avere ~ matter

**importare** (eem-poar-*taa*-ray) *v* import

**importatore** (eem-poar-tah-*tōa*-ray) *m* importer

**importazione** (eem-poar-tah-*tsyōa*-nay) *f* import

**importunare** (eem-poar-too-*naa*-ray) *v* disturb, bother

**impossibile** (eem-poass-*see*-bee-lay) *adj* impossible

**imposta¹** (eem-*po*-stah) *f* shutter

**imposta²** (eem-*poa*-stah) *f* taxation; ~ **sul reddito** income-tax

**impostare** (eem-poa-*staa*-ray) *v* mail, post

**impostazione** (eem-poa-stah-*tsyōa*-nay) *f* approach

**impotente** (eem-poa-*tehn*-tay) *adj* powerless; impotent

**impotenza** (eem-poa-*tehn*-tsah) *f* impotence

**impraticabile** (eem-prah-tee-*kaa*-bee-lay) *adj* impassable

**imprenditore** (eem-prayn-dee-*tōa*-ray) *m* contractor

**impresa** (eem-*prāy*-sah) *f* enterprise, concern, undertaking

**impressionante** (eem-prayss-syoa-*nahn*-tay) *adj* impressive; striking

**impressionare** (eem-prayss-syoa-*naa*-ray) *v* impress

**impressione** (eem-prayss-*syōa*-nay) *f* impression

**imprigionamento** (eem-pree-joa-nah-*mayn*-toa) *m* imprisonment

**imprigionare** (eem-pree-joa-*naa*-ray) *v* imprison

**improbabile** (eem-proa-*baa*-bee-lay) *adj* improbable, unlikely

**improprio** (eem-*praw*-pryoa) *adj* improper

**improvvisamente** (eem-proav-vee-zah-*mayn*-tay) *adv* suddenly

**improvvisare** (eem-proav-vee-*zaa*-ray) *v* improvise

**improvviso** (eem-proav-*vee*-zoa) *adj* sudden

**impudente** (eem-poo-*dehn*-tay) *adj* impudent

**impugnare** (eem-poo-*ñaa*-ray) *v* grip

**impugnatura** (eem-poo-ñah-*tōō*-rah) *f* handle

**impulsivo** (eem-pool-*see*-voa) *adj* impulsive

**impulso** (eem-*pool*-soa) *m* impulse; urge

**in** (een) *prep* in, into; at

**inabilitato** (ee-nah-bee-lee-*taa*-toa) *adj* disabled

**inabitabile** (ee-nah-bee-*taa*-bee-lay) *adj* uninhabitable

**inaccessibile** (ee-naht-chayss-*see*-bee-lay) *adj* inaccessible

**inaccettabile** (ee-naht-chayt-*taa*-bee-lay) *adj* unacceptable

**inadatto** (ee-nah-*daht*-toa) *adj* unsuitable

**inadeguato** (ee-nah-day-*gwaa*-toa) *adj* inadequate

**inamidare** (ee-nah-mee-*daa*-ray) *v* starch

**inaspettato** (ee-nah-spayt-*taa*-toa) *adj* unexpected

**inatteso** (ee-naht-*tāy*-soa) *adj* unexpected

**inaugurare** (ee-nou-goo-*raa*-ray) *v* open, inaugurate

**incantare** (eeng-kahn-*taa*-ray) *v* bewitch

**incantevole** (eeng-kahn-*tāy*-voa-lay) *adj* enchanting

**incanto** (eeng-*kahn*-toa) *m* spell, charm

**incapace** (eeng-kah-*paa*-chay) *adj* incapable, unable

**incaricare** (eeng-kah-ree-*kaa*-ray) *v* charge; **incaricarsi di** *take charge of; **incaricato di** in charge of

**incarico** (eeng-*kaa*-ree-koa) *m* assignment

**incassare** (eeng-kahss-*saa*-ray) *v* cash

**incauto** (eeng-*kou*-toa) *adj* unwise

**incendio** (een-*chehn*-dyoa) *m* fire

**incenso** (een-*chehn*-soa) *m* incense

**incerto** (een-*chehr*-toa) *adj* uncertain, doubtful

**inchiesta** (eeng-*kyeh*-stah) *f* enquiry, inquiry

**inchinare** (eeng-kee-*naa*-ray) *v* bow

**inchiostro** (eeng-*kyo*-stroa) *m* ink

**inciampare** (een-chahm-*paa*-ray) *v* stumble

**incidentale** (een-chee-dayn-*taa*-lay) *adj* incidental, casual

**incidente** (een-chee-*dehn*-tay) *m* accident; incident; ~ **aereo** plane crash

*incidere** (een-*chee*-day-ray) *v* engrave

**incinta** (een-*cheen*-tah) *adj* pregnant

**incisione** (een-chee-*zyoa*-nay) *f* cut; engraving

**incisore** (een-chee-*zōa*-ray) *m* engraver

**incitare** (een-chee-*taa*-ray) *v* incite

**inclinare** (eeng-klee-*naa*-ray) *v* slant; **inclinato** slanting, sloping

**inclinazione** (eeng-klee-nah-*tsyōa*-nay) *f* gradient; inclination, tendency

*includere** (eeng-*klōō*-day-ray) *v* count, include

**incollare** (eeng-koal-*laa*-ray) *v* paste, *stick

**incolto** (eeng-*koal*-toa) *adj* desert, waste, uncultivated; uneducated

**incolume** (eeng-*kaw*-loo-may) *adj* unhurt

**incombustibile** (eeng-koam-boo-*stee*-bee-lay) *adj* fireproof

**incompetente** (eeng-koam-pay-*tehn*-tay) *adj* incompetent; unqualified

**incompleto** (eeng-koam-*plai*-toa) *adj*

incomplete

**inconcepibile** (eeng-koan-chay-*pee*-bee-lay) *adj* inconceivable

**incondizionato** (eeng-koan-dee-tsyoa-*naa*-toa) *adj* unconditional

**inconscio** (eeng-*kon*-shoa) *adj* unconscious

**inconsueto** (eeng-koan-*swai*-toa) *adj* unusual

**incontrare** (eeng-koan-*traa*-ray) *v* *meet, run into, *come across, encounter

**incontro** (eeng-*koan*-troa) *m* meeting, encounter

**inconveniente** (eeng-koan-vay-*ñehn*-tay) *adj* inconvenient; *m* inconvenience

**incoraggiare** (eeng-koa-rahd-*jaa*-ray) *v* encourage

**incoronare** (eeng-koa-roa-*naa*-ray) *v* crown

**incosciente** (eeng-koash-*shehn*-tay) *adj* unaware

**incredibile** (eeng-kray-*dee*-bee-lay) *adj* incredible

**incremento** (eeng-kray-*mayn*-toa) *m* increase

**increscioso** (eeng-kraysh-*shōā*-soa) *adj* unpleasant

**increspare** (eeng-kray-*spaa*-ray) *v* crease

**incrinarsi** (eeng-kree-*nahr*-see) *v* crack

**incrocio** (eeng-*krōā*-choa) *m* junction

**incurabile** (eengkoo-*raa*-bee-lay) *adj* incurable

**indaffarato** (een-dahf-fah-*raa*-toa) *adj* busy

**indagare** (een-dah-*gaa*-ray) *v* enquire; inquire

**indagine** (een-*daa*-jee-nay) *f* inquiry; examination

**indecente** (een-day-*chehn*-tay) *adj* indecent

**indefinito** (eer-day-fee-*nee*-toa) *adj* in-

definite

**indemoniato** (een-day-moa-*ñaa*-toa) *adj* possessed

**indennità** (een-dayn-nee-*tah*) *f* indemnity, compensation

**indesiderabile** (een-day-see-day-*raa*-bee-lay) *adj* undesirable

**India** (*een*-dyah) *f* India

**indiano** (een-*dyaa*-noa) *adj* Indian; *m* Indian

**indicare** (een-dee-*kaa*-ray) *v* point out; indicate, declare

**indicazione** (een-dee-kah-*tsyōā*-nay) *f* indication; direction

**indice** (*een*-dee-chay) *m* index finger; index; table of contents

**indietro** (een-*dyai*-troa) *adv* behind; back; **all'indietro** backwards

**indifeso** (een-dee-*fāy*-soa) *adj* unprotected

**indifferente** (een-deef-fay-*rehn*-tay) *adj* indifferent

**indigeno** (een-*dee*-jay-noa) *m* native

**indigestione** (een-dee-jay-styōā-nay) *f* indigestion

**indignazione** (een-dee-ñah-tsyōā-nay) *f* indignation

**indipendente** (een-dee-payn-*dehn*-tay) *adj* independent, self-employed

**indipendenza** (een-dee-payn-*dehn*-tsah) *f* independence

**indiretto** (een-dee-*reht*-toa) *adj* indirect

**indirizzare** (een-dee-reet-*tsaa*-ray) *v* address

**indirizzo** (een-dee-*reet*-tsoa) *m* address

**indispensabile** (een-dee-spayn-*saa*-bee-lay) *adj* essential

**indisposto** (een-dee-*spoa*-stoa) *adj* unwell

**individuale** (een-dee-vee-*dwaa*-lay) *adj* individual

**individuo** (een-dee-*vee*-dwoa) *m* individual

**indiziato** (een-dee-*tsyaa*-toa) *m* suspect

**indizio** (een-*dee*-tsyoa) *m* indication

**indole** (*een*-doa-lay) *f* nature

**indolenzito** (een-doa-layn-*jee*-toa) *adj* sore

**indolore** (een-doa-*lōā*-ray) *adj* painless

**Indonesia** (een-doa-*nai*-zyah) *f* Indonesia

**indonesiano** (een-doa-nay-*zyaa*-noa) *adj* Indonesian; *m* Indonesian

**indossare** (een-doass-*saa*-ray) *v* *put on; *wear

**indossatrice** (een-doass-sah-*tree*-chay) *f* model, mannequin

**indovinare** (een-doa-vee-*naa*-ray) *v* guess

**indovinello** (een-doa-vee-*nehl*-loa) *m* riddle

**indubbiamente** (een-doob-byah-*mayn*-tay) *adv* undoubtedly

**indugio** (een-*dōō*-joa) *m* delay

***indurre a** (een-*door*-ray) cause to

**industria** (een-*doo*-stryah) *f* industry; ~ **mineraria** mining

**industriale** (een-doo-*stryaa*-lay) *adj* industrial

**inefficace** (een-ayf-fee-*kaa*-chay) *adj* inefficient

**ineguale** (ee-nay-*gwaa*-lay) *adj* uneven, unequal

**inesatto** (ee-nay-*zaht*-toa) *adj* incorrect, inaccurate

**inesperto** (ee-nay-*spehr*-toa) *adj* inexperienced

**inesplicabile** (ee-nay-splee-*kaa*-bee-lay) *adj* unaccountable

**inestimabile** (ee-nay-stee-*maa*-bee-lay) *adj* priceless

**inevitabile** (ee-nay-vee-*taa*-bee-lay) *adj* inevitable, unavoidable

**infastidire** (een-fah-stee-*dee*-ray) *v* annoy; bother

**infatti** (een-*faht*-tee) *conj* as a matter of fact, in fact

**infedele** (een-fay-*dai*-lay) *adj* unfaithful

**infelice** (een-fay-*lee*-chay) *adj* unhappy

**inferiore** (een-fay-*ryōā*-ray) *adj* inferior, bottom

**infermeria** (een-fayr-may-*ree*-ah) *f* infirmary

**infermiera** (een-fayr-*myai*-rah) *f* nurse

**inferno** (een-*fehr*-noa) *m* hell

**inferriata** (een-fayr-*ryaa*-tah) *f* railing

**infettare** (een-fayt-*taa*-ray) *v* infect

**infezione** (een-fay-*tsyōā*-nay) *f* infection

**infiammabile** (een-fyahm-*maa*-bee-lay) *adj* inflammable

**infiammarsi** (een-fyahm-*mahr*-see) *v* *become septic

**infiammazione** (een-fyahm-mah-*tsyōā*-nay) *f* inflammation

**infierire** (een-fyay-*ree*-ray) *v* rage

**infilare** (een-fee-*laa*-ray) *v* thread

**infine** (een-*fee*-nay) *adv* at last

**infinito** (een-fee-*nee*-toa) *adj* infinite, endless; *m* infinitive

**inflazione** (een-flah-*tsyōā*-nay) *f* inflation

**influente** (een-*flwehn*-tay) *adj* influential

**influenza** (een-*flwehn*-tsah) *f* influence; influenza, flu

**influenzare** (een-floo-ayn-*tsaa*-ray) *v* affect

**influire** (een-*flwee*-ray) *v* influence

**informale** (een-foar-*maa*-lay) *adj* informal, casual

**informare** (een-foar-*maa*-ray) *v* inform; **informarsi** enquire, inquire

**informazione** (een-foar-mah-*tsyōā*-nay) *f* information, enquiry

**infornare** (een-foar-*naa*-ray) *v* bake

**infrangibile** (een-frahn-*jee*-bee-lay) *adj* unbreakable

**infrarosso** (een-frah-*roass*-soa) *adj* infra-red

**infreddolito** (een-frayd-doa-*lee*-toa) *adj* shivery

**infrequente** (een-fray-*kwehn*-tay) *adj* infrequent

**infruttuoso** (een-froot-*twōā*-soa) *adj* unsuccessful

**ingannare** (eeng-gahn-*naa*-ray) *v* deceive, cheat

**inganno** (eeng-*gahn*-noa) *m* deceit; illusion

**ingegnere** (eeng-jay-*ñai*-ray) *m* engineer

**ingente** (een-*jehn*-tay) *adj* enormous

**ingenuo** (een-*jai*-nwoa) *adj* simple, naïve

**Inghilterra** (eeng-geel-*tehr*-rah) *f* England

**inghiottire** (eeng-gyoat-*tee*-ray) *v* swallow

**inginocchiarsi** (een-jee-noak-*kyahr*-see) *v* *kneel

**ingiuriare** (een-joo-*ryaa*-ray) *v* call names

**ingiustizia** (een-joo-*stee*-tsyah) *f* injustice

**ingiusto** (een-*joo*-stoa) *adj* unjust, unfair

**inglese** (eeng-*glāy*-say) *adj* English; British; *m* Englishman; Briton

**ingoiare** (eeng-goa-*yaa*-ray) *v* swallow

**ingorgo** (eeng-*goar*-goa) *m* traffic jam; bottleneck

**ingrandimento** (eeng-grahn-dee-*mayn*-toa) *m* enlargement

**ingrandire** (eeng-grahn-*dee*-ray) *v* enlarge

**ingrato** (eeng-*graa*-toa) *adj* ungrateful

**ingrediente** (eeng-gray-*dyehn*-tay) *m* ingredient

**ingresso** (eeng-*grehss*-soa) *m* entry; entrance; appearance, admission; entrance-fee

**ingrosso** (eeng-*gross*-soa) *m* wholesale

**inguine** (*eeng*-gwee-nay) *m* groin

**iniettare** (ee-ñayt-*taa*-ray) *v* inject

**iniezione** (ee-ñay-*tsyōā*-nay) *f* injection, shot

**ininterrotto** (ee-neen-tayr-*roat*-toa) *adj* continuous

**iniziale** (ee-nee-*tsyaa*-lay) *adj* initial; *f* initial; *apporre le iniziali initial

**iniziare** (ee-nee-*tsyaa*-ray) *v* *begin, commence

**iniziativa** (ee-nee-tsyah-*tee*-vah) *f* initiative

**inizio** (ee-*nee*-tsyoa) *m* beginning, start

**innalzare** (een-nahl-*tsaa*-ray) *v* erect

**innamorato** (een-nah-moa-*raa*-toa) *adj* in love

**innanzi** (een-*nahn*-tsee) *adv* forwards; before; ~ **a** before

**innato** (een-*naa*-toa) *adj* natural

**inno** (*een*-noa) *m* hymn; ~ **nazionale** national anthem

**innocente** (een-noa-*chehn*-tay) *adj* innocent

**innocenza** (een-noa-*chehn*-tsah) *f* innocence

**innocuo** (een-*naw*-kwoa) *adj* harmless

**inoculare** (ee-noa-koo-*laa*-ray) *v* inoculate

**inoculazione** (ee-noa-koo-lah-*tsyōā*-nay) *f* inoculation

**inoltrare** (ee-noal-*traa*-ray) *v* forward

**inoltre** (ee-*noal*-tray) *adv* moreover, besides, furthermore; likewise

**inondazione** (ee-noan-dah-*tsyōā*-nay) *f* flood

**inopportuno** (ee-noap-poar-*tōō*-noa) *adj* misplaced

**inquieto** (eeng-kwee-*ai*-toa) *adj* restless, uneasy

**inquietudine** (eeng-kwee-ay-*tōō*-dee-nay) *f* unrest

**inquilino** (eeng-kwee-*lee*-noa) *m* tenant; lodger

**inquinamento** (eeng-kwee-nah-*mayn*-toa) *m* pollution

**inquisitivo** (eeng-kwee-zee-*tee*-voa) *adj* inquisitive

**insalata** (een-sah-*laa*-tah) *f* salad

**insano** (een-*saa*-noa) *adj* insane

**insegnamento** (een-say-ñah-*mayn*-toa) *m* tuition; teachings *pl*

**insegnante** (een-say-*ñah*-tay) *m* teacher; master, schoolteacher, schoolmaster

**insegnare** (een-say-*ñaa*-ray) *v* *teach

**inseguire** (een-say-*gwee*-ray) *v* chase

**insenatura** (een-say-nah-*tōō*-rah) *f* creek, inlet

**insensato** (een-sayn-*saa*-toa) *adj* senseless; meaningless

**insensibile** (een-sayn-*see*-bee-lay) *adj* insensitive

**inserire** (een-say-*ree*-ray) *v* insert

**insetticida** (een-sayt-tee-*chee*-dah) *m* insecticide

**insettifugo** (een-sayt-tee-*fōō*-goa) *m* insect repellent

**insetto** (een-*seht*-toa) *m* insect; bug *nAm*

**insieme** (een-*syai*-may) *adv* together; jointly

**insignificante** (een-see-ñee-fee-*kahn*-tay) *adj* unimportant, insignificant; petty; inconspicuous

**insipido** (een-*see*-pee-doa) *adj* tasteless

**insistere** (een-*see*-stay-ray) *v* insist

**insoddisfacente** (een-soad-dee-sfah-*chehn*-tay) *adj* unsatisfactory

**insolente** (een-soa-*lehn*-tay) *adj* insolent, impertinent

**insolenza** (een-soa-*lehn*-tsah) *f* insolence

**insolito** (een-*saw*-lee-toa) *adj* uncommon, unusual

**insomma** (een-*soam*-mah) *adv* in short

**insonne** (een-*son*-nay) *adj* sleepless

**insonnia** (een-*son*-ñah) *f* insomnia

**insonorizzato** (een-soa-noa-reed-*jaa*-toa) *adj* soundproof

**insopportabile** (een-soap-poar-*taa*-bee-lay) *adj* unbearable

**instabile** (een-*staa*-bee-lay) *adj* unstable

**installare** (een-stahl-*laa*-ray) *v* install

**installazione** (een-stahl-lah-*tsyōā*-nay) *f* installation

**insuccesso** (een-soot-*chehss*-soa) *m* failure

**insufficiente** (een-soof-fee-*chehn*-tay) *adj* insufficient

**insultante** (een-sool-*tahn*-tay) *adj* offensive

**insultare** (een-sool-*taa*-ray) *v* insult

**insulto** (een-*sool*-toa) *m* insult

**insuperato** (een-soo-pay-*raa*-toa) *adj* unsurpassed

**insurrezione** (een-soor-ray-*tsyōā*-nay) *f* rising

**intagliare** (een-tah-*lYaa*-ray) *v* carve

**intanto** (een-*tahn*-toa) *adv* in the meantime

**intatto** (een-*taht*-toa) *adj* unbroken, whole, intact

**intelletto** (een-tayl-*leht*-toa) *m* intellect

**intellettuale** (een-tayl-layt-*twaa*-lay) *adj* intellectual

**intelligente** (een-tayl-lee-*jehn*-tay) *adj* intelligent; clever, smart, bright

**intelligenza** (een-tayl-lee-*jehn*-tsah) *f* intelligence; brain

***intendere** (een-*tehn*-day-ray) *v* *mean; intend

**intenditore** (een-tayn-dee-*tōā*-ray) *m* connoisseur

**intensità** (een-tayn-see-*tah*) *f* intensity

**intenso** (een-*tehn*-soa) *adj* intense, violent

**intento** (een-*tehn*-toa) *m* aim

**intenzionale** (een-tayn-tsyoa-*naa*-lay)

*adj* intentional

**intenzione** (een-tayn-*tsyoā*-nay ) *f* intention, purpose

**interamente** (een-tay-rah-*mayn*-tay ) *adv* completely, entirely, altogether, quite

**interessamento** (een-tay-rayss-sah-*mayn*-toa) *m* interest

**interessante** (een-tay-rayss-*sahn*-tay ) *adj* interesting

**interessare** (een-tay-rayss-*saa*-ray ) *v* interest; **interessato** concerned

**interesse** (een-tay-*rehss*-say) *m* interest

**interferenza** (een-tayr-fay-*rehn*-tsah) *f* interference

**interferire** (een-tayr-fay-*ree*-ray) *v* interfere

**interim** (*een*-tay-reem) *m* interim

**interiora** (con tay-*ryoā*-rah) *fpl* insides

**interiore** (een-tay-*ryoā*-ray) *m* interior

**intermediario** (een-tayr-may-*dyaa*-ryoa ) *m* intermediary; *\*fare da ~* mediate

**intermezzo** (een-tayr-*mehd*-dzoa ) *m* interlude

**internazionale** (een-tayr-nah-tsyoa-*naa*-lay) *adj* international

**interno** (een-*tehr*-noa) *adj* inner, internal, inside; resident; domestic; *m* inside; **all'interno** within; **verso l'interno** inwards

**intero** (een-*tāy*-roa) *adj* entire, whole

**interpretare** (een-tayr-pray-*taa*-ray) *v* interpret

**interprete** (een-*tehr*-pray-tay) *m* interpreter

**interrogare** (een-tayr-roa-*gaa*-ray) *v* interrogate

**interrogativo** (een-tayr-roa-gah-*tee*-voa) *adj* interrogative

**interrogatorio** (een-tayr-roa-gah-*taw*-ryoa) *m* interrogation

**interrogazione** (een-tayr-roa-gah-*tsyoā*-

nay) *f* examination

*\***interrompere** (een-tayr-*roam*-pay-ray) *v* interrupt; *\***interrompersi** pause

**interruttore** (een-tayr-root-*tōā*-ray) *m* switch

**interruzione** (een-tayr-roo-*tsyoā*-nay) *f* interruption

**intersezione** (een-tayr-say-*tsyoā*-nay) *f* intersection

**interurbana** (een-tay-roor-*baa*-nah) *f* trunk-call

**intervallo** (een-tayr-*vahl*-loa) *m* interval; intermission, break; half-time

*\***intervenire** (een-tayr-vay-*nee*-ray) *v* intervene

**intervista** (een-tayr-*vee*-stah) *f* interview

**intestino** (een-tay-*stee*-noa) *m* gut, intestine; bowels *pl*

**intimità** (een-tee-mee-*tah*) *f* privacy

**intimo** (*een*-tee-moa) *adj* intimate; cosy

**intirizzito** (een-tee-reed-*dzee*-toa) *adj* numb

**intollerabile** (een-toal-lay-*raa*-bee-lay) *adj* intolerable

**intonarsi con** (een-toa-*nahr*-see) match

**intorno** (een-*toar*-noa) *adv* around; *~* **a** around, round, about

**intorpidito** (een-toar-pee-*dee*-toa) *adj* numb

**intossicazione alimentare** (een-toass-see-kah-*tsyoā*-nay ah-lee-mayn-*taa*-ray) food poisoning

*\***intraprendere** (een-trah-*prehn*-day-ray) *v* \*undertake

*\***intrattenere** (een-traht-tay-*nāy*-ray) *v* entertain

*\***intravvedere** (een-trahv-vay-*dāy*-ray) *v* glimpse

**intricato** (een-tree-*kaa*-toa) *adj* complex

**intrigo** (een-*tree*-goa) *m* intrigue

*\***introdurre** (een-troa-*door*-ray) *v* in-

troduce

**introduzione** (een-troa-doo-*tsyōa*-nay) *f* introduction

**intromettersi in** (een-troa-*mayt*-tayr-see) interfere with

**intuire** (een-*twee*-ray) *v* *understand

**inumidire** (ee-noo-mee-*dee*-ray) *v* moisten, damp

**inutile** (ee-*nōō*-tee-lay) *adj* useless; vain

**inutilmente** (ee-noo-teel-*mayn*-tay) *adv* in vain

***invadere** (een-*vaa*-day-ray) *v* invade

**invalido** (een-*vaa*-lee-doa) *adj* disabled, invalid; *m* invalid

**invano** (een-*vaa*-noa) *adv* in vain

**invasione** (een-vah-*zyōa*-nay) *f* invasion

**invece di** (een-*vāȳ*-chay dee) instead of

**inveire** (een-vay-*ee*-ray) *v* scold

**inventare** (een-vayn-*taa*-ray) *v* invent

**inventario** (een-vayn-*taa*-ryoa) *m* inventory

**inventivo** (een-vayn-*tee*-voa) *adj* inventive

**inventore** (een-vayn-*tōa*-ray) *m* inventor

**invenzione** (een-vayn-*tsyōa*-nay) *f* invention

**inverno** (een-*vehr*-noa) *m* winter

**inverso** (een-*vehr*-soa) *adj* reverse

**invertire** (een-vayr-*tee*-ray) *v* invert

**investigare** (een-vay-stee-*gaa*-ray) *v* investigate

**investigatore** (een-vay-stee-gah-*tōa*-ray) *m* detective

**investigazione** (een-vay-stee-gah-*tsyōa*-nay) *f* enquiry, investigation

**investimento** (een-vay-stee-*mayn*-toa) *m* investment

**investire** (een-vay-*stee*-ray) *v* invest

**inviare** (een-*vyaa*-ray) *v* dispatch

**inviato** (een-*v̇yaa*-toa) *m* envoy

**invidia** (een-*vee*-dyah) *f* envy

**invidiare** (een-vee-*dyaa*-ray) *v* grudge, envy

**invidioso** (een-vee-*dyōa*-soa) *adj* envious

**invio** (een-*vee*-oa) *m* expedition

**invisibile** (een-vee-*zee*-bee-lay) *adj* invisible

**invitare** (een-vee-*taa*-ray) *v* ask, invite

**invito** (een-*vee*-toa) *m* invitation

**invocare** (een-voa-*kaa*-ray) *v* invoke

**involontario** (een-voa-loan-*taa*-ryoa) *adj* unintentional

**inzuppare** (een-tsoop-*paa*-ray) *v* soak

**io** (*ee*-oa) *pron* I; ~ stesso myself

**iodio** (*yaw*-dyoa) *m* iodine

**ipocrisia** (ee-poa-kree-*see*-ah) *f* hypocrisy

**ipocrita** (ee-*paw*-kree-tah) *m* hypocrite; *adj* hypocritical

**ipoteca** (ee-poa-*tai*-kah) *f* mortgage

**ipotesi** (ee-*paw*-tay-zee) *f* supposition

**ippodromo** (eep-*paw*-droa-moa) *m* race-course

**ippoglosso** (eep-poa-*gloss*-soa) *m* halibut

**ira** (*ee*-rah) *f* anger

**iracheno** (ee-rah-*kāȳ*-noa) *adj* Iraqi; *m* Iraqi

**Iran** (*ee*-rahn) *m* Iran

**iraniano** (ee-rah-*nyaa*-noa) *adj* Iranian; *m* Iranian

**Iraq** (*ee*-rahk) *m* Iraq

**irascibile** (ee-rahsh-*shee*-bee-lay) *adj* irascible, hot-tempered, quick-tempered

**irato** (ee-*raa*-toa) *adj* angry

**Irlanda** (eer-*lahn*-dah) *f* Ireland

**irlandese** (eer-lahn-*dāȳ*-say) *adj* Irish; *m* Irishman

**ironia** (ee-roa-*nee*-ah) *f* irony

**ironico** (ee-*raw*-nee-koa) *adj* ironical

**irragionevole** (eer-rah-joa-*nāȳ*-voa-lay) *adj* unreasonable

**irreale** (eer-ray-*aa*-lay) *adj* unreal

**irregolare** (eer-ray-goa-*laa*-ray) *adj* irregular; uneven

**irreparabile** (eer-ray-pah-*raa*-bee-lay) *adj* irreparable

**irrequieto** (eer-ray-kwee-*ai*-toa) *adj* restless

**irrestringibile** (eer-ray-streen-*jee*-bee-lay) *adj* shrinkproof

**irrevocabile** (eer-ray-voa-*kaa*-bee-lay) *adj* irrevocable

**irrilevante** (eer-ree-lay-*vahn*-tay) *adj* insignificant

**irrisorio** (eer-ree-*zaw*-ryoa) *adj* ludicrous

**irritabile** (eer-ree-*taa*-bee-lay) *adj* irritable

**irritare** (eer-ree-*taa*-ray) *v* irritate

**irruzione** (eer-roo-*tsyōa*-nay) *f* invasion, raid

*****iscrivere** (ee-*skree*-vay-ray) *v* enter; **per iscritto** in writing, written

**iscrizione** (ee-skree-*tsyōa*-nay) *f* inscription

**Islanda** (ee-*zlahn*-dah) *f* Iceland

**islandese** (ee-zlahn-*dāy*-say) *adj* Icelandic; *m* Icelander

**isola** (*ee*-zoa-lah) *f* island

**isolamento** (ee-zoa-lah-*mayn*-toa) *m* isolation; insulation

**isolare** (ee-zoa-*laa*-ray) *v* isolate; insulate

**isolato** (ee-zoa-*laa*-toa) *adj* isolated; *m* house block *Am*

**isolatore** (ee-zoa-lah-*tōa*-ray) *m* insulator

**Isole Filippine** (*ee*-zoa-lay fee-leep-*pee*-nay) Philippines *pl*

**ispessire** (ee-spayss-*see*-ray) *v* thicken

**ispettore** (ee-spayt-*tōa*-ray) *m* inspector; supervisor

**ispezionare** (ee-spay-tsyoa-*naa*-ray) *v* inspect

**ispezione** (ee-spay-*tsyōa*-nay) *f* inspection

**ispirare** (ee-spee-*raa*-ray) *v* inspire

**Israele** (ee-zrah-*ai*-lay) *m* Israel

**israeliano** (ee-zrah-ay-*lΥaa*-noa) *adj* Israeli; *m* Israeli

**issare** (eess-*saa*-ray) *v* hoist

**istantanea** (ee-stahn-*taa*-nay-ah) *f* snapshot

**istante** (ee-*stahn*-tay) *m* instant, second; while; **all'istante** instantly

**istanza** (ee-*stahn*-tsah) *f* petition, application

**isterico** (ee-*stai*-ree-koa) *adj* hysterical

**istigare** (ee-stee-*gah*-ray) *v* investigate; stir up

**istinto** (ee-*steen*-toa) *m* instinct

**istituire** (ee-stee-*twee*-ray) *v* institute; found

**istituto** (ee-stee-*tōo*-toa) *m* institute; institution

**istituzione** (ee-stee-too-*tsyōa*-nay) *f* institution, institute

**istmo** (*eest*-moa) *m* isthmus

**istruire** (ee-*strwee*-ray) *v* instruct; educate

**istruttivo** (ee-stroot-*tee*-voa) *adj* instructive

**istruttore** (ee-stroot-*tōa*-ray) *m* instructor

**istruzione** (ee-stroo-*tsyōa*-nay) *f* instruction; background; **istruzioni per l'uso** directions for use

**Italia** (ee-*taa*-lΥah) *f* Italy

**italiano** (ee-tah-*lΥaa*-noa) *adj* Italian; *m* Italian

**itinerario** (ee-tee-nay-*raa*-ryoa) *m* itinerary

**itterizia** (eet-tay-*ree*-tsyah) *f* jaundice

# K

**kaki** (*kaa*-kee) *m* khaki

**Kenia** (*kai*-nyah) *m* Kenya

# L

**la** (lah) *pron* her

**là** (lah) *adv* there; **al di ~** beyond; **al di ~ di** past; **di ~** there

**labbro** (*lahb*-broa) *m* (pl le labbra) lip; **pomata per le labbra** lipsalve

**labirinto** (lah-bee-*reen*-toa) *m* labyrinth, maze

**laboratorio** (lah-boa-rah-*taw*-ryoa) *m* laboratory; **~ linguistico** language laboratory

**laborioso** (lah-boa-*ryōā*-soa) *adj* industrious

**lacca** (*lahk*-kah) *f* lacquer; varnish; **~ per capelli** hair-spray

**laccio** (*laht*-choa) *m* lace

**lacrima** (*laa*-kree-mah) *f* tear

**ladro** (*laa*-droa) *m* robber, thief

**laggiù** (lahd-*joo*) *adv* over there

**lagnanza** (lah-*ñahn*-tsah) *f* complaint

**lagnarsi** (lah-*ñahr*-see) *v* complain

**lago** (*laa*-goa) *m* lake

**laguna** (lah-*gōō*-nah) *f* lagoon

**lama** (*laa*-mah) *f* blade; **~ di rasoio** razor-blade

**lamentevole** (lah-mayn-*tāȳ*-voa-lay) *adj* lamentable

**lamiera** (lah-*myai*-rah) *f* plate

**lamina** (*laa*-mee-nah) *f* sheet

**lampada** (*lahm*-pah-dah) *f* lamp; **~ da tavolo** reading-lamp; **~ flash** flash-bulb; **~ portatile** flash-light

**lampadina** (lahm-pah-*dee*-nah) *f* light bulb; **~ tascabile** torch

**lampante** (lahm-*pahn*-tay) *adj* self-evident

**lampione** (lahm-*pyōā*-nay) *m* lamp-post

**lampo** (*lahm*-poa) *m* lightning

**lampone** (lahm-*pōā*-nay) *m* raspberry

**lana** (*laa*-nah) *f* wool; **di ~** woollen; **~ da rammendo** darning wool; **~ pettinata** worsted

**lancia** (*lahn*-chah) *f* spear

**lanciare** (lahn-*chaa*-ray) *v* \*throw, \*cast; launch

**lancio** (*lahn*-choa) *m* cast

**landa** (*lahn*-dah) *f* moor, heath

**lanterna** (lahn-*tehr*-nah) *f* lantern; **~ vento** hurricane lamp

**lanugine** (lah-*nōō*-jee-nay) *f* down

**lapide** (*laa*-pee-day) *f* gravestone

**lardo** (*lahr*-doa) *m* bacon

**larghezza** (lahr-*gayt*-tsah) *f* width, breadth

**largo** (*lahr*-goa) *adj* wide, broad; **\*farsi ~** push

**laringite** (lah-reen-*jee*-tay) *f* laryngitis

**lasca** (*lah*-skah) *f* roach

**lasciare** (lahsh-*shaa*-ray) *v* desert, \*leave; \*leave behind; allow to, \*let

**lassativo** (lahss-sah-*tee*-voa) *m* laxative

**lassù** (lahss-*soo*) *adv* up there

**lastricare** (lah-stree-*kaa*-ray) *v* pave

**lateralmente** (lah-tay-rahl-*mayn*-tay) *adv* sideways

**laterizio** (lah-tay-*ree*-tsyoa) *m* brick

**latino americano** (lah-*tee*-noa ah-may-ree-*kaa*-noa) Latin-American

**latitudine** (lah-tee-*tōō*-dee-nāȳ) *f* latitude

**lato** (*laa*-toa) *m* way, side

**latrare** (lah-*traa*-ray) *v* bay

**latta** (*laht*-tah) *f* tin, can

**lattaio** (laht-*taa*-yoa) *m* milkman

**latte** (*laht*-tay) *m* milk

**latteo** (*laht*-tay-oa) *adj* milky

**latteria** (laht-tay-*ree*-ah) *f* dairy

**lattuga** (laht-*tōō*-gah) *f* lettuce

**lavabile** (lah-*vaa*-bee-lay) *adj* washable

**lavaggio** (lah-*vahd*-joa) *m* washing; **inalterabile al ~** fast-dyed

**lavagna** (lah-*vaa*-ñah) *f* blackboard

**lavanderia** (lah-vahn-day-*ree*-ah) *f* laundry; ~ **automatica** launderette

**lavandino** (lah-vahn-*dee*-noa) *m* wash-stand; wash-basin

**lavare** (lah-*vaa*-ray) *v* wash; ~ **i piatti** wash up

**lavatrice** (lah-vah-*tree*-chay) *f* washing-machine

**lavello** (lah-*vehl*-loa) *m* sink

**lavorare** (lah-voa-*raa*-ray) *v* work; ~ **all'uncinetto** crochet; ~ **a maglia** *knit; ~ **sodo** labour; ~ **troppo** overwork

**lavoratore** (lah-voa-rah-*tōa*-ray) *m* worker

**lavoro** (lah-*vōa*-roa) *m* work; labour; job; **datore di** ~ employer; **lavori domestici** housework; ~ **fatto a mano** handwork; ~ **manuale** handicraft

**Le** (lay) *pron* you

**le** (lay) *pron* her

**leale** (lay-*aa*-lay) *adj* true, loyal

**lebbra** (*layb*-brah) *f* leprosy

**leccare** (layk-*kaa*-ray) *v* lick

**leccornia** (layk-*koar*-ñah) *f* delicatessen

**lega** (*lāy*-gah) *f* union, league

**legale** (lay-*gaa*-lay) *adj* lawful, legal; **procuratore** ~ solicitor

**legalizzazione** (lay-gah-leed-dzah-*tsyōa*-nay) *f* legalization

**legame** (lay-*gaa*-may) *m* link

**legare** (lay-*gaa*-ray) *v* *bind, tie; ~ **insieme** bundle

**legato** (lay-*gaa*-toa) *m* legacy

**legatura** (lay-gah-*tōō*-rah) *f* binding

**legazione** (lay-gah-*tsyōa*-nay) *f* legation

**legge** (*lehd*-jay) *f* law

**leggenda** (layd-*jehn*-dah) *f* legend; caption

*****leggere** (*lehd*-jay-ray) *v* *read

**leggero** (layd-*jai*-roa) *adj* light; slight;

gentle

**leggibile** (layd-*jee*-bee-lay) *adj* legible

**leggio** (layd-*jee*-oa) *m* desk

**legittimo** (lay-*jeet*-tee-moa) *adj* legitimate, legal

**legname** (lay-*ñaa*-may) *m* timber

**legno** (*lāy*-ñoa) *m* wood; **di** ~ wooden

**Lei** (*lai*-ee) *pron* you; ~ **stesso** yourself

**lente** (*lehn*-tay) *f* lens; ~ **d'ingrandimento** magnifying glass; **lenti a contatto** contact lenses

**lento** (*lehn*-toa) *adj* slack, slow

**lenza** (*lehn*-tsah) *f* fishing line

**lenzuolo** (layn-*tswaw*-loa) *m* sheet

**leone** (lay-*ōa*-nay) *m* lion

**lepre** (*lai*-pray) *f* hare

**lesione** (lay-*zyōa*-nay) *f* injury

**letale** (lay-*taa*-lay) *adj* mortal

**letamaio** (lay-tah-*maa*-yoa) *m* dunghill

**letame** (lay-*taa*-may) *m* dung

**lettera** (*leht*-tay-rah) *f* letter; **carta da lettere** notepaper; ~ **di credito** letter of credit; ~ **di raccomandazione** letter of recommendation

**letterario** (layt-tay-*raa*-ryoa) *adj* literary

**letteratura** (layt-tay-rah-*tōō*-rah) *f* literature

**letto** (*leht*-toa) *m* bed; **letti gemelli** twin beds; **lettino da campeggio** camp-bed; cot *nAm*

**lettura** (layt-*tōō*-rah) *f* reading

**leva** (*lāy*-vah) *f* lever; ~ **del cambio** gear lever

**levare** (lay-*vaa*-ray) *v* *take away

**levata** (lay-*vaa*-tah) *f* collection

**levatrice** (lay-vah-*tree*-chay) *f* midwife

**levigato** (lay-vee-*gaa*-toa) *adj* smooth

**levriere** (lay-*vryai*-ray) *m* greyhound

**lezione** (lay-*tsyōa*-nay) *f* lesson, lecture

**li** (lee) *pron* (f le) them

**lì** (lee) *adv* there

**libanese** (lee-bah-*naӯ*-say) *adj* Lebanese; *m* Lebanese

**Libano** (*lee*-bah-noa) *m* Lebanon

**libbra** (*leeb*-brah) *f* pound

**liberale** (lee-bay-*raa*-lay) *adj* liberal

**liberare** (lee-bay-*raa*-ray) *v* deliver

**liberazione** (lee-bay-rah-*tsyōā*-nay) *f* liberation; delivery

**Liberia** (lee-*bai*-ryah) *f* Liberia

**liberiano** (lee-bay-*ryaa*-noa) *adj* Liberian; *m* Liberian

**libero** (*lee*-bay-roa) *adj* free

**libertà** (lee-bayr-*tah*) *f* freedom, liberty

**libraio** (lee-*braa*-yoa) *m* bookseller

**libreria** (lee-bray-*ree*-ah) *f* bookstore

**libro** (*lee*-broa) *m* book; ~ **dei reclami** complaints book; ~ **di cucina** cookery-book; cookbook *nAm*; ~ **in brossura** paperback

**licenza** (lee-*chehn*-tsah) *f* permission, licence

**licenziare** (lee-chayn-*tsyaa*-ray) *v* fire

**lieto** (*lɣai*-toa) *adj* pleased, glad

**lieve** (*lɣai*-vay) *adj* light

**lievito** (*lɣai*-vee-toa) *m* yeast

**lilla** (*leel*-lah) *adj* mauve

**lima** (*lee*-mah) *f* file; **limetta per le unghie** nail-file

**limitare** (lee-mee-*taa*-ray) *v* limit

**limite** (*lee*-mee-tay) *m* boundary, bound; limit; ~ **di velocità** speed limit

**limonata** (lee-moa-*naa*-tah) *f* lemonade

**limone** (lee-*mōā*-nay) *m* lemon

**limpido** (*leem*-pee-doa) *adj* limpid

**lindo** (*leen*-doa) *adj* neat

**linea** (*lee*-nayah) *f* line; ~ **aerea** airline; ~ **di navigazione** shipping line; ~ **principale** main line

**lineetta** (lee-nay-*ayt*-tah) *f* dash; hyphen

**lingua** (*leeng*-gwah) *f* tongue; language; ~ **materna** mother tongue, native language

**linguaggio** (leeng-*gwahd*-joa) *m* speech

**lino** (*lee*-noa) *m* linen

**liquido** (*lee*-kwee-doa) *adj* liquid

**liquirizia** (lee-kwee-*ree*-tsyah) *f* liquorice

**liquore** (lee-*kwaw*-ray) *m* liqueur; **spaccio di liquori** off-licence

**lisca** (*lee*-skah) *f* fishbone

**liscio** (*leesh*-shoa) *adj* smooth

**liso** (*lee*-zoa) *adj* threadbare

**lista** (*lee*-stah) *f* strip; list; ~ **dei vini** wine-list; ~ **di attesa** waiting-list; **listino prezzi** price list

**lite** (*lee*-tay) *f* row, dispute, quarrel

**litigare** (lee-tee-*gaa*-ray) *v* quarrel

**litigio** (lee-*tee*-joa) *m* quarrel

**litorale** (lee-toa-*raa*-lay) *m* sea-coast

**litro** (*lee*-troa) *m* litre

**livella** (lee-*vehl*-lah) *f* level

**livellare** (lee-vayl-*laa*-ray) *v* level

**livello** (lee-*vehl*-loa) *m* level; ~ **di vita** standard of living

**livido** (*lee*-vee-doa) *m* bruise

**lo** (loa) *pron* him

**locale** (loa-*kaa*-lay) *adj* local

**località** (loa-kah-lee-*tah*) *f* spot, locality

**localizzare** (loa-kah-leed-*dzaa*-ray) *v* locate

**locanda** (loa-*kahn*-dah) *f* inn, roadhouse; roadside restaurant

**locazione** (loa-kah-*tsyōā*-nay) *f* lease; *\*dare in* ~ lease

**locomotiva** (loa-koa-moa-*tee*-vah) *f* locomotive

**locomotrice** (loa-koa-moa-*tree*-chay) *f* engine

**lodare** (loa-*daa*-ray) *v* praise

**lode** (*law*-day) *f* glory

**loggione** (load-*jōā*-nay) *m* gallery

**logica** (*law*-jee-kah) *f* logic

**logico** (*law*-jee-koa) *adj* logical

**logorare** (loa-goa-*raa*-ray) *v* wear out

**lombaggine** (loam-*bahd*-jee-nay) *f* lumbago

**longitudine** (loan-jee-*tōō*-dee-nay) *f* longitude

**lontano** (loan-*taa*-noa) *adj* far-off, far, distant

**loquace** (loa-*kwaa*-chay) *adj* talkative

**lordo** (*loar*-doa) *adj* gross

**loro** (*lōā*-roa) *adj* their; *pron* them

**lotta** (*lot*-tah) *f* combat, fight, battle; contest, struggle, strife

**lottare** (loat-*taa*-ray) *v* *fight, struggle

**lotteria** (loat-tay-*ree*-ah) *f* lottery

**lozione** (loa-*tsyoā*-nay) *f* lotion; ~ **dopo barba** aftershave lotion

**lubrificante** (loo-bree-fee-*kahn*-tay) *m* lubrication oil

**lubrificare** (loo-bree-fee-*kaa*-ray) *v* grease, lubricate

**lubrificazione** (loo-bree-fee-kah-*tsyoā*-nay) *f* lubrication

**lucchetto** (look-*kayt*-toa) *m* padlock

**luccio** (*loot*-choa) *m* pike

**luce** (*lōō*-chay) *f* light; ~ **del giorno** daylight; ~ **del sole** sunshine, sunlight; ~ **di posizione** parking light; ~ **laterale** sidelight; ~ **posteriore** tail-light; **luci di arresto** brake lights

**lucentezza** (loo-chayn-*tayt*-tsah) *f* gloss

**lucidare** (loo-chee-*daa*-ray) *v* polish

**lucido** (*lōō*-chee-doa) *adj* bright; glossy

**luglio** (*lōō*-lᵞoa) July

**lui** (looæh) *pron* him; he

**lumaca** (loo-*maa*-kah) *f* snail

**lume** (*lōō*-may) *m* light; lamp

**luminoso** (loo-mee-*nōā*-soa) *adj* luminous

**luna** (*lōō*-nah) *f* moon; ~ **di miele** honeymoon

**lunedì** (loo-nay-*dee*) *m* Monday

**lunghezza** (loong-*gayt*-tsah) *f* length; ~ **d'onda** wave-length

**lungo** (*loong*-goa) *adj* long; tall; *prep* along, past; **di gran lunga** by far; **per il** ~ lengthways

**lungofiume** (loong-goa-*fyōō*-may) *m* riverside

**luogo** (*lwaw*-goa) *m* spot; *aver ~ *take place; **in nessun** ~ nowhere; ~ **di nascita** place of birth; ~ **di riunione** meeting-place; ~ **di villeggiatura** holiday resort

**lupo** (*lōō*-poa) *m* wolf

**luppolo** (*loop*-poa-loa) *m* hop

**lusso** (*looss*-soa) *m* luxury

**lussuoso** (looss-*swoā*-soa) *adj* luxurious

**lutto** (*loot*-toa) *m* mourning

# M

**ma** (mah) *conj* but; yet

**macchia** (*mahk*-kyah) *f* stain, spot, blot

**macchiare** (mahk-*kyaa*-ray) *v* stain

**macchina** (*mahk*-kee-nah) *f* engine, machine; car; ~ **da cucire** sewing-machine; ~ **da scrivere** typewriter; ~ **fotografica** camera; ~ **sportiva** sports-car

**macchinario** (mahk-kee-*naa*-ryoa) *m* machinery

**macchiolina** (mahk-kyoa-*lee*-nah) *f* speck

**macellaio** (mah-chayl-*laa*-yoa) *m* butcher

**macinare** (mah-chee-*naa*-ray) *v* *grind

**macinino** (mah-chee-*nee*-noa) *m* mill

**madre** (*maa*-dray) *f* mother

**madreperla** (mah-dray-*pehr*-lah) *f* mother-of-pearl

**maestro** (mah-*eh*-stroa) *m* master;

schoolmaster, teacher

**magari** (mah-*gaa*-ree) *adv* even; *conj* even if

**magazzinaggio** (mah-gahd-dzee-*nahd*-joa) *m* storage

**magazzino** (mah-gahd-*dzee*-noa) *m* depository, warehouse, store-house; **grande ~** department store; *tenere in ~ stock

**maggio** (*mahd*-joa) May

**maggioranza** (mahd-joa-*rahn*-tsah) *f* majority

**maggiore** (mahd-*joā*-ray) *adj* major, main, superior; elder; eldest; *m* major

**maggiorenne** (mahd-joa-*rehn*-nay) *adj* of age

**magia** (mah-*jee*-ah) *f* magic

**magico** (*maa*-jee-koa) *adj* magic

**magistrato** (mah-jee-*straa*-toa) *m* magistrate

**maglia** (*maa*-lᵞah) *f* link; mesh; vest

**maglieria** (mah-lᵞay-*ree*-ah) *f* hosiery

**maglietta** (mah-*lᵞayt*-tah) *f* undershirt

**maglio** (*maa*-lᵞoa) *m* mallet

**maglione** (mah-*lᵞoā*-nay) *m* jersey, pullover, sweater

**magnete** (mah-*ñai*-tay) *m* magneto

**magnetico** (mah-*ñai*-tee-koa) *adj* magnetic

**magnetofono** (mah-*ñay*-taw-foa-noa) *m* recorder, tape-recorder

**magnifico** (mah-*ñee*-fee-koa) *adj* gorgeous, splendid, magnificent, swell

**magro** (*maa*-groa) *adj* thin, lean

**mai** (migh) *adv* ever; **non... ~** never

**maiale** (mah-*yaa*-lay) *m* pig

**maiuscola** (mah-*yoo*-skoa-lah) *f* capital letter

**malacca** (mah-*lahk*-kah) *f* rattan

**malagevole** (mah-lah-*jāy*-voa-lay) *adj* rough

**malaria** (mah-*laa*-ryah) *f* malaria

**malato** (mah-*laa*-toa) *adj* ill

**malattia** (mah-laht-*tee*-ah) *f* disease, ailment, illness; **~ venerea** venereal disease

**male** (*maa*-lay) *m* mischief, evil, harm; sickness; **mal d'aria** air-sickness; **mal di denti** toothache; **mal di gola** sore throat; **mal di mare** seasickness; **mal di pancia** stomach-ache; **mal di schiena** backache; **mal di stomaco** stomach-ache; **mal di testa** headache; **mal d'orecchi** earache

*maledire (mah-lay-*dee*-ray) *v* curse

**malese** (mah-*lāy*-say) *adj* Malaysian; *m* Malay

**Malesia** (mah-*lai*-zyah) *f* Malaysia

**malessere** (mah-*lehss*-say-ray) *m* hangover

**malevolo** (mah-*lāy*-voa-loa) *adj* spiteful, malicious

**malfermo** (mahl-*fayr*-moa) *adj* unsteady

**malfido** (mahl-*fee*-doa) *adj* untrustworthy

**malgrado** (mahl-*graa*-doa) *prep* in spite of, despite

**maligno** (mah-*lee*-ñoa) *adj* malignant

**malinconia** (mah-leeng-koa-*nee*-ah) *f* melancholy

**malinconico** (mah-leeng-*kaw*-nee-koa) *adj* sad

**malinteso** (mah-leen-*tāy*-soa) *m* misunderstanding

**malizia** (mah-*lee*-tsyah) *f* mischief

**malizioso** (mah-lee-*tsyoā*-soa) *adj* mischievous

**malsano** (mahl-*saa*-noa) *adj* unsound, unhealthy

**malsicuro** (mahl-see-*kōō*-roa) *adj* unsafe

**malvagio** (mahl-*vaa*-joa) *adj* evil, ill

**mamma** (*mahm*-mah) *f* mum

**mammifero** (mahm-*mee*-fay-roa) *m* mammal

**mammut** (mahm-*moot*) *m* mammoth

**mancante** (mahng-*kahn*-tay) *adj* missing

**mancanza** (mahng-*kahn*-tsah) *f* want, lack, shortage; fault

**mancare** (mahng-*kaa*-ray) *v* lack; fail

**mancia** (*mahn*-chah) *f* gratuity, tip

**manciata** (mahn-*chaa*-tah) *f* handful

**mancino** (mahn-*chee*-noa) *adj* left-handed

**mandare** (mahn-*daa*-ray) *v* *send

**mandarino** (mahn-dah-*ree*-noa) *m* mandarin, tangerine

**mandato** (mahn-*daa*-toa) *m* mandate

**mandorla** (*mahn*-doar-lah) *f* almond

**maneggevole** (mah-nayd-*jāy*-voa-lay) *adj* handy

**maneggiabile** (mah-nayd-*jaa*-bee-lay) *adj* manageable

**maneggiare** (mah-nayd-*jaa*-ray) *v* handle

**manette** (mah-*nayt*-tay) *fpl* handcuffs *pl*

**mangiare** (mahn-*jaa*-ray) *v* *eat; *m* food

**mangiatoia** (mahn-jah-*tōa*-yah) *f* manger

**mania** (mah-*nee*-ah) *f* craze

**manica** (*maa*-nee-kah) *f* sleeve; **La Manica** English Channel

**manico** (*maa*-nee-koa) *m* handle

**manicure** (mah-nee-*kōō*-ray) *f* manicure

**maniera** (mah-*ñāy*-rah) *f* way, manner; **maniere** manners *pl*

**manifestare** (mah-nee-fay-*staa*-ray) *v* express

**manifestazione** (mah-nee-fay-stah-*tsyōa*-nay) *f* expression

**mano** (*maa*-noa) *f* hand; **fatto a ~** hand-made

**manopola** (mah-*naw*-poa-lah) *f* knob

**manoscritto** (mah-noa-*skreet*-toa) *m* manuscript

**mansueto** (mahn-*swai*-toa) *adj* tame

**mantella** (mahn-*tehl*-lah) *f* cape

**mantello** (mahn-*tehl*-loa) *m* cloak

***mantenere** (mahn-tay-*nāy*-ray) *v* maintain; *keep

**mantenimento** (mahn-tay-nee-*mayn*-toa) *m* upkeep

**manuale** (mah-*nwaa*-lay) *adj* manual; *m* handbook, textbook; **~ di conversazione** phrase-book

**manutenzione** (mah-noo-tayn-*tsyōa*-nay) *f* maintenance

**manzo** (*mahn*-dzoa) *m* beef

**mappa** (*mahp*-pah) *f* map

**marca** (*mahr*-kah) *f* brand

**marcare** (mahr-*kaa*-ray) *v* mark; score

**marchio** (*mahr*-kyoa) *m* brand; **~ di fabbrica** trademark

**marcia** (*mahr*-chah) *f* march; ***far ~ indietro** reverse; **~ indietro** reverse

**marciapiede** (mahr-chah-*pyai*-day) *m* pavement; sidewalk *nAm*

**marciare** (mahr-*chaa*-ray) *v* march

**marcio** (*mahr*-choa) *adj* rotten

**mare** (*maa*-ray) *m* sea; **riva del ~** seaside

**marea** (mah-*rai*-ah) *f* tide; **alta ~** high tide; **bassa ~** low tide

**margarina** (mahr-gah-*ree*-nah) *f* margarine

**margine** (*mahr*-jee-nay) *m* edge; margin; **~ della strada** wayside, roadside

**marina** (mah-*ree*-nah) *f* navy; seascape

**marinaio** (mah-ree-*naa*-yoa) *m* sailor, seaman

**marito** (mah-*ree*-toa) *m* husband

**marittimo** (mah-*reet*-tee-moa) *adj* maritime

**marmellata** (mahr-mayl-*laa*-tah) *f* marmalade, jam

**marmo** (*mahr*-moa) *m* marble

**marocchino** (mah-roak-*kee*-noa) *adj*

Moroccan; *m* Moroccan

**Marocco** (mah-*rok*-koa) *m* Morocco

**martedì** (mahr-tay-*dee*) *m* Tuesday

**martello** (mahr-*tehl*-loa) *m* hammer

**martire** (*mahr*-tee-ray) *m* martyr

**marzo** (*mahr*-tsoa) March

**mascalzone** (mah-skahl-*tsōā*-nay) *m* bastard

**mascella** (mahsh-*shehl*-lah) *f* jaw

**maschera** (*mah*-skay-rah) *f* mask; usherette; ~ **di bellezza** face-pack

**maschile** (mah-*skee*-lay) *adj* masculine

**maschio** (*mah*-skyoa) male

**massa** (*mahss*-sah) *f* lot, bulk; mass, crowd

**massaggiare** (mahss-sahd-*jaa*-ray) *v* massage

**massaggiatore** (mahss-sahd-jah-*tōā*-ray) *m* masseur

**massaggio** (mahss-*sahd*-joa) *m* massage; ~ **facciale** face massage

**massiccio** (mahss-*seet*-choa) *adj* solid, massive

**massimo** (*mahss*-see-moa) *adj* greatest; **al** ~ at most

**masso** (*mahss*-soa) *m* boulder

**masticare** (mah-stee-*kaa*-ray) *v* chew

**matematica** (mah-tay-*maa*-tee-kah) *f* mathematics

**matematico** (mah-tay-*maa*-tee-koa) *adj* mathematical

**materasso** (mah-tay-*rahss*-soa) *m* mattress

**materia** (mah-*tai*-ryah) *f* matter; ~ **prima** raw material

**materiale** (mah-tay-*ryaa*-lay) *adj* material, substantial; *m* material

**matita** (mah-*tee*-tah) *f* pencil; ~ **per gli occhi** eye-pencil

**matrice** (mah-*tree*-chay) *f* stub

**matrigna** (mah-*tree*-ñah) *f* stepmother

**matrimoniale** (mah-tree-moa-*ñaa*-lay) *adj* matrimonial

**matrimonio** (mah-tree-*maw*-ñoa) *m* marriage; matrimony; wedding

**mattina** (maht-*tee*-nah) *f* morning

**mattino** (maht-*tee*-noa) *m* morning

**matto** (*maht*-toa) *adj* mad

**mattone** (maht-*tōā*-nay) *m* brick

**mattonella** (maht-toa-*nehl*-lah) *f* tile

**mattutino** (maht-too-*tee*-noa) *adj* early

**maturità** (mah-too-ree-*tah*) *f* maturity

**maturo** (mah-*tōō*-roa) *adj* ripe, mature

**mausoleo** (mou-zoa-*lai*-oa) *m* mausoleum

**mazza** (*maht*-tsah) *f* club; ~ **da golf** golf-club

**mazzo** (*maht*-tsoa) *m* bunch, bouquet

**me** (may) *pron* me

**meccanico** (mayk-*kaa*-nee-koa) *adj* mechanical; *m* mechanic

**meccanismo** (mayk-kah-*nee*-zmoa) *m* mechanism, machinery

**medaglia** (may-*daa*-lʸah) *f* medal

**medesimo** (may-*dāy*-zee-moa) *adj* same

**media** (*mai*-dyah) *f* average, mean; **in** ~ on the average

**mediante** (may-*dyahn*-tay) *prep* by means of

**mediatore** (may-dyah-*tōā*-ray) *m* mediator; broker

**medicamento** (may-dee-kah-*mayn*-toa) *m* medicine

**medicina** (may-dee-*chee*-nah) *f* medicine

**medico** (*mai*-dee-koa) *adj* medical; *m* physician, doctor; ~ **generico** general practitioner

**medicone** (may-dee-*kōā*-nay) *m* quack

**medievale** (may-dyay-*vaa*-lay) *adj* mediaeval

**medio** (*mai*-dyoa) *adj* medium; average

**mediocre** (may-*dyaw*-kray) *adj* moderate, medium

**medioevo** (may-dyoa-*ai*-voa) *m* Middle Ages

**meditare** (may-dee-*taa*-ray ) *v* meditate

**Mediterraneo** (may-dee-tayr-*raa*-nay-oa) *m* Mediterranean

**medusa** (may-*dōō*-zah) *f* jelly-fish

**meglio** (*mai*-lᵞoa) *adv* better; best

**mela** (*māy*-lah) *f* apple

**melanzana** (may-lahn-*tsaa*-nah) *f* egg-plant

**melma** (*mayl*-mah) *f* muck

**melodia** (may-loa-*dee*-ah) *f* tune, melody

**melodioso** (may-loa-*dyōa*-soa) *adj* tuneful

**melodramma** (may-loa-*drahm*-mah) *m* melodrama

**melone** (may-*lōa*-nay) *m* melon

**membrana** (maym-*braa*-nah) *f* diaphragm

**membro¹** (*mehm*-broa) *m* (pl le membra) limb

**membro²** (*mehm*-broa) *m* (pl i membri) member; **qualità di ~** membership

**memorabile** (may-moa-*raa*-bee-lay) *adj* memorable

**memoria** (may-*maw*-ryah) *f* memory; **a ~** by heart

**ménage** (may-*naazh*) *m* household

**mendicante** (mayn-dee-*kahn*-tay) *m* beggar

**mendicare** (mayn-dee-*kaa*-ray) *v* beg

**meno** (*māy*-noa) *adv* less; minus; **a ~ che** unless; **ˈfare a ~ di** spare

**mensa** (*mayn*-sah) *f* canteen

**mensile** (mayn-*see*-lay) *adj* monthly

**menta** (*mayn*-tah) *f* mint; **~ peperina** peppermint

**mentale** (mayn-*taa*-lay) *adj* mental

**mente** (*mayn*-tay) *f* mind

**mentire** (mayn-*tee*-ray) *v* lie

**mento** (*mayn*-toa) *m* chin

**mentre** (*mayn*-tray) *conj* whilst, while

**menu** (may-*noo*) *m* menu

**menzionare** (mayn-tsyoa-*naa*-ray) *v* mention

**menzione** (mayn-*tsyōa*-nay) *f* mention

**menzogna** (mayn-*tsōa*-ñah) *f* lie

**meraviglia** (may-rah-*vee*-lᵞah) *f* surprise; marvel

**meravigliarsi** (may-rah-vee-*lᵞahr*-see) *v* marvel

**meraviglioso** (may-rah-vee-*lᵞōa*-soa) *adj* marvellous, fine, wonderful

**mercante** (mayr-*kahn*-tay) *m* trader, merchant; **~ di vini** wine-merchant

**mercanteggiare** (mayr-kahn-tayd-*jaa*-ray) *v* bargain

**mercanzia** (mayr-kahn-*tsee*-ah) *f* merchandise

**mercato** (mayr-*kaa*-toa) *m* market; **a buon ~** cheap; **~ nero** black market

**merce** (*mehr*-chay) *f* merchandise; **merci** goods *pl*, wares *pl*

**merceria** (mayr-chay-*ree*-ah) *f* haberdashery

**mercoledì** (mayr-koa-lay-*dee*) *m* Wednesday

**mercurio** (mayr-*kōō*-ryoa) *m* mercury

**merenda** (may-*rehn*-dah) *f* tea

**meridionale** (may-ree-dyoa-*naa*-lay) *adj* southern, southerly

**meritare** (may-ree-*taa*-ray) *v* deserve, merit

**merito** (*mai*-ree-toa) *m* merit

**merlano** (mayr-*laa*-noa) *m* whiting

**merletto** (mayr-*layt*-toa) *m* lace

**merlo** (*mehr*-loa) *m* blackbird

**merluzzo** (mayr-*loot*-tsoa) *m* cod; haddock

**meschino** (may-*skee*-noa) *adj* mean; narrow-minded

**mescolare** (may-skoa-*laa*-ray) *v* mix; stir; shuffle

**mese** (*māy*-say) *m* month

**messa** (*mayss*-sah) *f* Mass

**messaggero** (mayss-sahd-*jai*-roa) *m*

messenger

**messaggio** (mayss-*sahd*-joa) *m* message

**messicano** (mayss-see-*kaa*-noa) *adj* Mexican; *m* Mexican

**Messico** (*mehss*-see-koa) *m* Mexico

**mestiere** (may-*styai*-ray) *m* trade; business

**mesto** (*meh*-stoa) *adj* sad

**mestruazione** (may-strwah-*tsyoā*-nay) *f* menstruation

**metà** (may-*tah*) *f* half; **a ~** half

**metallico** (may-*tahl*-lee-koa) *adj* metal

**metallo** (may-*tahl*-loa) *m* metal

**meticoloso** (may-tee-koa-*lōā*-soa) *adj* precise

**metodico** (may-*taw*-dee-koa) *adj* methodical

**metodo** (*mai*-toa-doa) *m* method

**metrico** (*mai*-tree-koa) *adj* metric

**metro** (*mai*-troa) *m* metre; meter; **~ a nastro** tape-measure

**metropolitana** (may-troa-poa-lee-*taa*-nah) *f* underground; subway *nAm*

**\* mettere** (*mayt*-tay-ray) *v* \*set, \*put; \*lay; **~ in imbarazzo** embarrass

**mezzanino** (mayd-dzah-*nee*-noa) *m* mezzanine

**mezzanotte** (mayd-dzah-*not*-tay) *f* midnight

**mezzo** (*mehd*-dzoa) *adj* half; middle; *m* midst, middle; means; **in ~ a** amid; among

**mezzogiorno** (mayd-dzoa-*joar*-noa) *m* midday, noon

**mi** (mee) *pron* me; myself

**miccia** (*meet*-chah) *f* fuse

**micia** (*mee*-chah) *f* pussy-cat

**microfono** (mee-*kraw*-foa-noa) *m* microphone

**micromotore** (mee-kroa-moa-*tōā*-ray) *m* moped

**microsolco** (mee-kroa-*soal*-koa) *m* long-playing record

**midollo** (mee-*doal*-loa) *m* marrow

**miele** (*myai*-lay) *m* honey

**miglio** (*mee*-lʸoa) *m* (pl le miglia) mile; **distanza in miglia** mileage

**miglioramento** (mee-lʸoa-rah-*mayn*-toa) *m* improvement

**migliorare** (mee-lʸoa-*raa*-ray) *v* improve

**migliore** (mee-lʸ*ōā*-ray) *adj* better; superior

**mignolo** (*mee*-ñoa-loa) *m* little finger

**milionario** (mee-lʸoa-*naa*-ryoa) *m* millionaire

**milione** (mee-lʸ*ōā*-nay) *m* million

**militare** (mee-lee-*taa*-ray) *adj* military; *m* soldier

**mille** (*meel*-lay) *num* thousand

**minaccia** (mee-*naht*-chah) *f* threat

**minacciare** (mee-naht-*chaa*-ray) *v* threaten

**minaccioso** (mee-naht-*chōā*-soa) *adj* threatening

**minatore** (mee-nah-*tōā*-ray) *m* miner

**minerale** (mee-nay-*raa*-lay) *m* mineral; ore

**minestra** (mee-*neh*-strah) *f* soup

**miniatura** (mee-ñah-*tōō*-rah) *f* miniature

**miniera** (mee-*ñai*-rah) *f* mine, pit; **~ d'oro** goldmine

**minimo** (*mee*-nee-moa) *adj* least; *m* minimum

**ministero** (mee-nee-*stai*-roa) *m* ministry

**ministro** (mee-*nee*-stroa) *m* minister; **primo ~** Prime Minister, premier

**minoranza** (mee-noa-*rahn*-tsah) *f* minority

**minore** (mee-*nōā*-ray) *adj* minor; junior

**minorenne** (mee-noa-*rehn*-nay) *adj* under age; *m* minor

**minuscolo** (mee-*noo*-skoa-loa) *adj* tiny

**minuto** (mee-*nōō*-toa) *adj* minute; *m*

minute

**minuzioso** (mee-noo-*tsyoā*-soa) *adj* thorough

**mio** (*mee*-oa) *adj* (f mia; pl miei, mie) my

**miope** (*mee*-oa-pay) *adj* short-sighted

**miracolo** (mee-*raa*-koa-loa) *m* miracle, wonder

**miracoloso** (mee-rah-koa-*loā*-soa) *adj* miraculous

**mirare a** (mee-*raa*-ray) aim at

**mirino** (mee-*ree*-noa) *m* view-finder

**miscuglio** (mee-*skoō*-l<sup>y</sup>oa) *m* mixture

**miserabile** (mee-zay-*raa*-bee-lay) *adj* miserable

**miseria** (mee-*zai*-ryah) *f* misery

**misericordia** (mee-zay-ree-*kor*-dyah) *f* mercy

**misericordioso** (mee-zay-ree-koar-*dyoā*-soa) *adj* merciful

**misero** (*mee*-zay-roa) *adj* miserable; poor

**missione** (meess-*syoā*-nay) *f* mission

**misterioso** (mee-stay-*ryoā*-soa) *adj* mysterious

**mistero** (mee-*stai*-roa) *m* mystery

**misto** (*mee*-stoa) *adj* mixed, miscellaneous

**misura** (mee-*zoō*-rah) *f* measure; size; **fatto su** ~ made to order, tailormade

**misurare** (mee-zoo-*raa*-ray) *v* measure

**misuratore** (mee-zoo-rah-*toā*-ray) *m* gauge

**mite** (*mee*-tay) *adj* mild

**mitigare** (mee-tee-*gaa*-ray) *v* relieve

**mito** (*mee*-toa) *m* myth

**mobile** (*maw*-bee-lay) *adj* mobile; movable

**mobilia** (moa-*bee*-l<sup>y</sup>ah) *f* furniture

**moda** (*maw*-dah) *f* fashion; **alla** ~ fashionable; **fuori** ~ out of date

**modellare** (moa-dayl-*laa*-ray) *v* model

**modello** (moa-*dehl*-loa) *m* model

**moderato** (moa-day-*raa*-toa) *adj* moderate

**moderno** (moa-*dehr*-noa) *adj* modern

**modestia** (moa-*deh*-styah) *f* modesty

**modesto** (moa-*deh*-stoa) *adj* modest

**modifica** (moa-*dee*-fee-kah) *f* alteration

**modificare** (moa-dee-fee-*kaa*-ray) *v* modify, change, alter

**modista** (moa-*dee*-stah) *f* milliner

**modo** (*maw*-doa) *m* way, fashion, manner; **ad ogni** ~ at any rate; **in nessun** ~ by no means; **in ogni** ~ anyhow; **nello stesso** ~ likewise

**moglie** (*mō*ā-l<sup>y</sup>ay) *f* wife

**molare** (moa-*laa*-ray) *m* molar

**molesto** (moa-*leh*-stoa) *adj* troublesome

**molla** (*mol*-lah) *f* spring

**molleggio** (moal-*layd*-joa) *m* suspension

**molo** (*maw*-loa) *m* pier, jetty; wharf, quay

**moltiplicare** (moal-tee-plee-*kaa*-ray) *v* multiply

**moltiplicazione** (moal-tee-plee-kah-*tsyoā*-nay) *f* multiplication

**molto** (*moal*-toa) *adj* much; *adv* very, quite; far, much; **molti** *adj* many

**momentaneo** (moa-mayn-*taa*-nay-oa) *adj* momentary

**momento** (moa-*mayn*-toa) *m* moment; **a momenti** presently

**monaca** (*maw*-nah-kah) *f* nun

**monaco** (*maw*-nah-koa) *m* monk

**monarca** (moa-*nahr*-kah) *m* monarch, ruler

**monarchia** (moa-nahr-*kee*-ah) *f* monarchy

**monastero** (moa-nah-*stai*-roa) *m* cloister, monastery

**mondiale** (moan-*dyaa*-lay) *adj* worldwide

**mondo** (*moan*-doa) *m* world

**monello** (moa-*nehl*-loa) *m* rascal

**moneta** (moa-*nay*-tah) *f* coin; ~ **spicciola** petty cash

**monetario** (moa-nay-*taa*-ryoa) *adj* monetary

**monologo** (moa-*naw*-loa-goa) *m* monologue

**monopattino** (moa-noa-*paht*-tee-noa) *m* scooter

**monopolio** (moa-noa-*paw*-lyoa) *m* monopoly

**monotono** (moa-*naw*-toa-noa) *adj* monotonous, dull

**montagna** (moan-*taa*-ñah) *f* mountain

**montagnoso** (moan-tah-*ñoa*-soa) *adj* mountainous

**montare** (moan-*taa*-ray) *v* mount; *get on; assemble

**montatura** (moan-tah-*too*-rah) *f* frame

**monte** (*moan*-tay) *m* mount

**montone** (moan-*toa*-nay) *m* mutton

**monumento** (moa-noo-*mayn*-toa) *m* monument; ~ **commemorativo** memorial

**mora** (*maw*-rah) *f* mulberry; blackberry

**morale** (moa-*raa*-lay) *adj* moral; *f* moral; *m* spirits

**moralità** (moa-rah-lee-*tah*) *f* morality

**morbido** (*mor*-bee-doa) *adj* soft, smooth

**morbillo** (moar-*beel*-loa) *m* measles

*** mordere** (*mor*-day-ray) *v* *bite

**morfina** (moar-*fee*-nah) *f* morphine, morphia

*** morire** (moa-*ree*-ray) *v* die

**mormorare** (moar-moa-*raa*-ray) *v* whisper

**morsa** (*mor*-sah) *f* clamp

**morsetto** (moar-*sayt*-toa) *m* clamp

**morso** (*mor*-soa) *m* bite

**mortale** (moar-*taa*-lay) *adj* fatal; mortal

**morte** (*mor*-tay) *f* death

**morto** (*mor*-toa) *adj* dead

**mosaico** (moa-*zaa*-ee-koa) *m* mosaic

**mosca** (*moa*-skah) *f* fly

**moschea** (moa-*skai*-ah) *f* mosque

**mossa** (*moss*-sah) *f* move

**mostra** (*moa*-strah) *f* display; exhibition; *mettere in ~ display; ~ d'arte** art exhibition

**mostrare** (moa-*straa*-ray) *v* display, *show; **mostrarsi** prove

**motivo** (moa-*tee*-voa) *m* cause, occasion; **a ~ di** owing to

**moto** (*maw*-toa) *m* motion

**motocicletta** (moa-toa-chee-*klayt*-tah) *f* motor-cycle

**motonave** (moa-toa-*naa*-vay) *f* launch

**motore** (moa-*toa*-ray) *m* motor, engine

**motorino** (moa-toa-*ree*-noa) *m* motorbike *nAm*

**motoscafo** (moa-toa-*skaa*-foa) *m* motor-boat

**motto** (*mot*-toa) *m* motto, slogan

**movente** (moa-*vehn*-tay) *m* motive

**movimento** (moa-vee-*mayn*-toa) *m* movement

**mozione** (moa-*tsyoa*-nay) *f* motion

**mucchio** (*mook*-kyoa) *m* pile, heap

**muffa** (*moof*-fah) *f* mildew

**muffole** (*moof*-foa-lay) *fpl* mittens *pl*

**mugghiare** (moog-*gyaa*-ray) *v* roar

**mugnaio** (moo-*ñaa*-yoa) *m* miller

**mulino a vento** (moo-lee-noa ah *vayn*-toa) windmill

**mulo** (*moo*-loa) *m* mule

**multa** (*mool*-tah) *f* fine

**municipale** (moo-nee-chee-*paa*-lay) *adj* municipal

**municipalità** (moo-nee-chee-pah-lee-*tah*) *f* municipality

**municipio** (moo-nee-*chee*-pyoa) *m* town hall

**munifico** (moo-*nee*-fee-koa) *adj* generous

*** muovere** (*mwaw*-vay-ray) *v* move,

stir

**murare** (moo-*raa*-ray) v *lay bricks

**muratore** (moo-rah-*tōa*-ray) m bricklayer

**muro** (*mōō*-roa) m wall

**muschio** (*moo*-skyoa) m moss

**muscolo** (*moo*-skoa-loa) m muscle

**muscoloso** (moo-skoa-*lōa*-soa) adj muscular

**museo** (moo-*zai*-oa) m museum; ~ **delle cere** waxworks pl

**musica** (*mōō*-zee-kah) f music

**musicale** (moo-zee-*kaa*-lay) adj musical

**musicista** (moo-zee-*chee*-stah) m musician

**muso** (*mōō*-zoa) m snout

**mussolina** (mooss-soa-*lee*-nah) f muslin

**mutamento** (moo-tah-*mayn*-toa) m variation

**mutande** (moo-*tahn*-day) fpl drawers; panties pl, pants pl; shorts plAm

**mutandine** (moo-tahn-*dee*-nay) fpl panties pl, briefs pl; knickers pl; underpants plAm; ~ **da bagno** bathing-trunks, swimming-trunks

**mutare** (moo-*taa*-ray) v change

**muto** (*mōō*-toa) adj mute, dumb; speechless

**mutuo** (*mōō*-twoa) adj mutual

# N

**nafta** (*nahf*-tah) f fuel oil

**nailon** (*nigh*-loan) m nylon

**nano** (*naa*-noa) m dwarf

**narciso** (nahr-*chee*-zoa) m daffodil

**narcosi** (nahr-*kaw*-zee) f narcosis

**narcotico** (nahr-*kaw*-tee-koa) m narcotic, drug

**narice** (nah-*ree*-chay) f nostril

* **nascere** (*nahsh*-shay-ray) v *be born

**nascita** (*nahsh*-shee-tah) f birth

* **nascondere** (nah-*skoan*-day-ray) v *hide; conceal

**naso** (*naa*-soa) m nose

**nastro** (*nah*-stroa) m ribbon; tape; ~ **adesivo** adhesive tape

**Natale** (nah-*taa*-lay) Xmas, Christmas

**natica** (*naa*-tee-kah) f buttock

**nativo** (nah-*tee*-voa) adj native

**nato** (*naa*-toa) adj born

**natura** (nah-*tōō*-rah) f nature

**naturale** (nah-too-*raa*-lay) adj natural

**naturalmente** (nah-too-rahl-*mayn*-tay) adv of course, naturally

**nausea** (*nou*-zay-ah) f nausea, sickness

**nauseante** (nou-zay-*ahn*-tay) adj disgusting

**nauseato** (nou-zay-*aa*-toa) adj sick

**navale** (nah-*vaa*-lay) adj naval; **cantiere** ~ shipyard

**nave** (*naa*-vay) f ship; vessel; ~ **da guerra** man-of-war; ~ **di linea** liner

**navigabile** (nah-vee-*gaa*-bee-lay) adj navigable

**navigare** (nah-vee-*gaa*-ray) v sail, navigate

**navigazione** (nah-vee-gah-*tsyōa*-nay) f navigation

**nazionale** (nah-tsyoa-*naa*-lay) adj national

**nazionalità** (nah-tsyōa-nah-lee-*tah*) f nationality

**nazionalizzare** (nah-tsyoa-nah-leed-*dzaa*-ray) v nationalize

**nazione** (nah-*tsyōa*-nay) f nation

**ne** (nay) pron of it; about him

**né... né** (nay) neither ... nor

**neanche** (nay-*ahng*-kay) adv not even; conj nor

**nebbia** (*nayb*-byah) f mist, fog

**nebbioso** (nayb-*byōa*-soa) adj misty, hazy, foggy

**necessario** (nay-chayss-*saa*-ryoa) *adj* necessary

**necessità** (nay-chayss-see-*tah*) *f* necessity; need

**necroscopia** (nay-kroa-skoa-*pee*-ah) *f* autopsy

**negare** (nay-*gaa*-ray) *v* deny

**negativa** (nay-gah-*tee*-vah) *f* negative

**negativo** (nay-gah-*tee*-voa) *adj* negative

**negligente** (nay-glee-*jehn*-tay) *adj* neglectful

**negligenza** (nay-glee-*jehn*-tsah) *f* neglect

**negoziante** (nay-goa-*tsyahn*-tay) *m* dealer; shopkeeper; ~ **di stoffe** draper

**negoziare** (nay-goa-*tsyaa*-ray) *v* negotiate

**negozio** (nay-*gaw*-tsyoa) *m* shop; ~ **di ferramenta** hardware store; ~ **di fiori** flower-shop; ~ **di giocattoli** toyshop

**negro** (*nāy*-groa) *m* Negro

**nemico** (nay-*mee*-koa) *m* enemy

**nemmeno** (naym-*māy*-noa) *adv* not even; *conj* nor

**neon** (*nai*-oan) *m* neon

**neonato** (nay-oa-*naa*-toa) *m* infant

**neppure** (nayp-*pōō*-ray) *adv* not even; *conj* nor

**nero** (*nāy*-roa) *adj* black

**nervo** (*nehr*-voa) *m* nerve

**nervoso** (nayr-*vōā*-soa) *adj* nervous

**nessuno** (nayss-*sōō*-noa) *adj* no; *pron* none, nobody, no one

**nettare** (nayt-*taa*-ray) *v* clean

**netto** (*nayt*-toa) *adj* net

**neutrale** (nay∞-*traa*-lay) *adj* neutral

**neutro** (*neh*∞-troa) *adj* neuter

**neve** (*nāy*-vay) *f* snow; ~ **fangosa** slush

**nevicare** (nay-vee-*kaa*-ray) *v* snow

**nevoso** (nay-*vōā*-soa) *adj* snowy

**nevralgia** (nay-vrahl-*jee*-ah) *f* neuralgia

**nevrosi** (nay-*vraw*-zee) *f* neurosis

**nichelio** (nee-*kai*-lᵉoa) *m* nickel

**nicotina** (nee-koa-*tee*-nah) *f* nicotine

**nido** (*nee*-doa) *m* nest; nursery

**niente** (*ñehn*-tay) *pron* nothing; nil

**Nigeria** (nee-*jai*-ryah) *f* Nigeria

**nigeriano** (nee-jay-*ryaa*-noa) *adj* Nigerian; *m* Nigerian

**nipote** (nee-*pōā*-tay) *m* grandson; nephew; *f* granddaughter; niece

**nipotina** (nee-poa-*tee*-nah) *f* granddaughter

**nipotino** (nee-poa-*tee*-noa) *m* grandson

**no** (no) no

**nobile** (*naw*-bee-lay) *adj* noble

**nobiltà** (noa-beel-*tah*) *f* nobility

**nocca** (*nok*-kah) *f* knuckle

**nocciola** (noat-*chaw*-lah) *f* hazelnut

**nocciolo** (*not*-choa-loa) *m* stone; essence, heart

**noce** (*nōā*-chay) *f* nut; walnut; ~ **di cocco** coconut; ~ **moscata** nutmeg

**nocivo** (noa-*chee*-voa) *adj* harmful, hurtful

**nodo** (*naw*-doa) *m* knot; lump; ~ **scorsoio** loop

**noi** (noi) *pron* we; ~ **stessi** ourselves

**noia** (*naw*-yah) *f* annoyance; bother

**noioso** (noa-*yōā*-soa) *adj* annoying, dull, boring

**noleggiare** (noa-lᵉyd-*jaa*-ray) *v* hire

**a nolo** (ah *naw*-loa) for hire

**nome** (*nōā*-may) *m* name; first name; denomination; noun; **a ~ di** in the name of, on behalf of; ~ **di battesimo** Christian name

**nomignolo** (noa-mee-*ño*-loa) *m* nickname

**nomina** (*naw*-mee-nah) *f* appointment, nomination

**nominale** (noa-mee-*naa*-lay) *adj* nominal

**nominare** (noa-mee-*naa*-ray) *v* mention, name; appoint, nominate

**non** (noan) *not*; ~... **mai** never; ~... **più** no longer

**nonché** (noang-*kay*) *conj* as well as

**noncurante** (noang-koo-*rahn*-tay) *adj* careless

**nonna** (*non*-nah) *f* grandmother

**nonno** (*non*-noa) *m* grandfather, granddad; **nonni** grandparents *pl*

**nono** (*naw*-noa) *num* ninth

**nonostante** (noa-noa-*stahn*-tay) *prep* in spite of

**nord** (nord) *m* north; **polo Nord** North Pole

**nord-est** (nor-*dehst*) *m* north-east

**nordico** (*nor*-dee-koa) *adj* northern

**nord-ovest** (nor-*daw*-vayst) *m* north-west

**norma** (*nor*-mah) *f* standard; **di** ~ as a rule

**normale** (noar-*maa*-lay) *adj* normal; standard, regular

**norvegese** (noar-vay-*jāy*-say) *adj* Norwegian; *m* Norwegian

**Norvegia** (noar-*vāy*-jah) *f* Norway

**nostalgia** (noa-stahl-*jee*-ah) *f* homesickness

**nostro** (*no*-stroa) *adj* our

**nota** (*naw*-tah) *f* memo

**notaio** (noa-*taa*-yoa) *m* notary

**notare** (noa-*taa*-ray) *v* note; notice

**notevole** (noa-*tāy*-voa-lay) *adj* considerable, remarkable, noticeable, striking

**notificare** (noa-tee-fee-*kaa*-ray) *v* notify

**notizia** (noa-*tee*-tsyah) *f* notice; **notizie** tidings *pl*, news

**notiziario** (noa-tee-*tsyaa*-ryoa) *m* news

**noto** (*naw*-toa) *adj* well-known

**notte** (*not*-tay) *f* night; **di** ~ by night; overnight

**notturno** (noat-*toor*-noa) *adj* nightly; **locale** ~ nightclub

**novanta** (noa-*vahn*-tah) *num* ninety

**nove** (*naw*-vay) *num* nine

**novembre** (noa-*vehm*-bray) November

**novità** (noa-vee-*tah*) *f* news

**nozione** (noa-*tsyōā*-nay) *f* notion; idea

**nubifragio** (noo-bee-*fraa*-joa) *m* cloudburst

**nuca** (*nōō*-kah) *f* nape of the neck

**nucleare** (noo-klay-*aa*-ray) *adj* nuclear

**nucleo** (*nōō*-klay-oa) *m* core, nucleus

**nudo** (*nōō*-doa) *adj* nude, bare, naked; *m* nude

**nulla** (*nool*-lah) *m* nothing

**nullo** (*nool*-loa) *adj* invalid, void

**numerale** (noo-may-*raa*-lay) *m* numeral

**numero** (*nōō*-may-roa) *m* number; digit; quantity; act; ~ **di targa** registration number; licence number *Am*

**numeroso** (noo-may-*rōā*-soa) *adj* numerous

\***nuocere** (nwaw-*chay*-ray) *v* harm

**nuotare** (nwoa-*taa*-ray) *v* \*swim

**nuotatore** (nwoa-tah-*tōā*-ray) *m* swimmer

**nuoto** (*nwaw*-toa) *m* swimming; ~ **a farfalla** butterfly stroke; ~ **a rana** breaststroke

**nuovamente** (nwaw-vah-*mayn*-tay) *adv* again

**Nuova Zelanda** (*nwaw*-vah tsay-*lahn*-dah) New Zealand

**nuovo** (*nwaw*-voa) *adj* new; **di** ~ again; ~ **fiammante** brand-new

**nutriente** (noo-*tryehn*-tay) *adj* nutritious, nourishing

**nutrire** (noo-*tree*-ray) *v* \*feed

**nuvola** (*nōō*-voa-lah) *f* cloud

**nuvoloso** (noo-voa-*lōā*-soa) *adj* cloudy

# O

**o** (oa) *conj* or; ~... **o** either ... or

**oasi** (aw-ah-zee) *f* oasis

**obbligare** (oab-blee-*gaa*-ray) *v* oblige

**obbligatorio** (oab-blee-gah-*taw*-ryoa) *adj* compulsory, obligatory

**obbligazione** (oab-blee-gah-*tsyoā*-nay) *f* bond

**obbligo** (*ob*-blee-goa) *m* obligation

**obeso** (oa-*bai*-zoa) *adj* corpulent, stout

**obiettare** (oa-byayt-*taa*-ray) *v* object

**obiettivo** (oa-byayt-*tee*-voa) *m* objective, object

**obiezione** (oa-byay-*tsyoā*-nay) *f* objection; *fare ~ a mind

**obliquo** (oa-*blee*-kwoa) *adj* slanting

**oblungo** (oa-*bloong*-goa) *adj* oblong

**oca** (*aw*-kah) *f* goose

**occasionalmente** (oak-kah-zyoa-nahl-*mayn*-tay) *adv* occasionally

**occasione** (oak-kah-*zyoā*-nay) *f* chance, occasion, opportunity; **d'occasione** second-hand

**occhiali** (oak-*kyaa*-lee) *mpl* spectacles, glasses; ~ **da sole** sun-glasses *pl*; ~ **di protezione** goggles *pl*

**occhiata** (oak-*kyaa*-tah) *f* glimpse, glance, look; *dare un'occhiata glance

**occhio** (*ok*-kyoa) *m* eye; ~ **di pernice** corn; *tenere d'occhio watch

**occidentale** (oat-chee-dayn-*taa*-lay) *adj* western; westerly

**occidente** (oat-chee-*dehn*-tay) *m* west

*occorrere (oak-*koar*-ray-ray) *v* need

**occupante** (oak-koo-*pahn*-tay) *m* occupant

**occupare** (oak-koo-*paa*-ray) *v* occupy, *take up; **occuparsi di** attend to, look after, see to, *take care of; **oc-**

**cupato** *adj* busy, engaged; occupied

**occupazione** (oak-koo-pah-*tsyoā*-nay) *f* occupation; employment

**oceano** (oa-*chai*-ah-noa) *m* ocean; **Oceano Pacifico** Pacific Ocean

**oculista** (oa-koo-*lee*-stah) *m* oculist

**odiare** (oa-*dyaa*-ray) *v* hate

**odio** (*aw*-dyoa) *m* hatred, hate

**odorare** (oa-doa-*raa*-ray) *v* *smell

**odore** (oa-*dōā*-ray) *m* odour, smell

*offendere (oaf-*fehn*-day-ray) *v* injure, offend, wound, *hurt

**offensiva** (oaf-fayn-*see*-vah) *f* offensive

**offensivo** (oaf-fayn-*see*-voa) *adj* offensive

**offerta** (oaf-*fehr*-tah) *f* offer; supply

**offesa** (oaf-*fāȳ*-sah) *f* offence

**officina** (oaf-feet-*chee*-nah) *f* workshop; ~ **del gas** gasworks

*offrire (oaf-*free*-ray) *v* offer

**offuscato** (oaf-foo-*skaa*-toa) *adj* dim

**oggettivo** (oad-jayt-*tee*-voa) *adj* objective

**oggetto** (oad-*jeht*-toa) *m* object; **oggetti smarriti** lost and found

**oggi** (*od*-jee) *adv* today

**oggigiorno** (oad-jee-*joar*-noa) *adv* nowadays

**ogni** (*ōā*-ñee) *adj* every, each

**ogniqualvolta** (oa-ñee-kwahl-*vol*-tah) *conj* whenever

**ognuno** (oa-*ñōō*-noa) *pron* everyone, everybody

**Olanda** (oa-*lahn*-dah) *f* Holland

**olandese** (oa-lahn-*dāȳ*-say) *adj* Dutch; *m* Dutchman

**oleoso** (oa-lay-*ōā*-soa) *adj* oily

**olio** (*aw*-l<sup>y</sup>oa) *m* oil; ~ **abbronzante** suntan oil; ~ **da tavola** salad-oil; ~ **d'oliva** olive oil; ~ **per capelli** hair-oil

**oliva** (oa-*lee*-vah) *f* olive

**olmo** (*oal*-moa) *m* elm

**oltraggio** (oal-*trahd*-joa) *m* outrage

**oltre** (*oal*-tray) *prep* beyond; over; ~ **a** besides

**oltremarino** (oal-tray-mah-*ree*-noa) *adj* overseas

**oltrepassare** (oal-tray-pahss-*saa*-ray) *v* *overtake; pass *vAm*

**omaggio** (oa-*mahd*-joa) *m* tribute, homage

**ombelico** (oam-bay-*lee*-koa) *m* navel

**ombra** (*oam*-brah) *f* shadow, shade

**ombreggiato** (oam-brayd-*jaa*-toa) *adj* shady

**ombrellino** (oam-brayl-*lee*-noa) *m* sun-shade

**ombrello** (oam-*brehl*-loa) *m* umbrella

**ombretto** (oam-*brayt*-toa) *m* eye-shadow

*****ometter**e (oa-*mayt*-tay-ray) *v* omit, *leave out; skip

**omosessuale** (oa-moa-sayss-*swaa*-lay) *adj* homosexual

**onda** (*oan*-dah) *f* wave

**ondulare** (oan-doo-*laa*-ray) *v* curl

**ondulato** (oan-doo-*laa*-toa) *adj* wavy, undulating

**onestà** (oa-nay-*stah*) *f* honesty

**onesto** (oa-*neh*-stoa) *adj* honest; fair, straight; honourable

**onice** (*aw*-nee-chay) *f* onyx

**onnipotente** (oan-nee-poa-*tehn*-tay) *adj* omnipotent

**onorare** (oa-noa-*raa*-ray) *v* honour

**onorario** (oa-noa-*raa*-ryoa) *m* fee

**onore** (oa-*nōā*-ray) *m* glory, honour

**onorevole** (oa-noa-*rāy*-voa-lay) *adj* honourable

**opaco** (oa-*paa*-koa) *adj* dim, mat

**opale** (oa-*paa*-lay) *m* opal

**opera** (*aw*-pay-rah) *f* opera

**operaio** (oa-pay-*raa*-yoa) *m* labourer, workman

**operare** (oa-pay-*rah*-ray) *v* operate

**operazione** (oa-pay-rah-*tsyōā*-nay) *f*

surgery, operation

**operetta** (oa-pay-*rayt*-tah) *f* operetta

**opinione** (oa-pee-*ñōā*-nay) *f* view, opinion

*****opporsi** (oap-*poar*-see) *v* oppose; ~ **a** object to

**opportunità** (oap-poar-too-nee-*tah*) *f* chance, opportunity

**opportuno** (oap-poar-*tōō*-noa) *adj* opportune

**opposizione** (oap-poa-zee-*tsyōā*-nay) *f* opposition

**opposto** (oap-*poa*-stoa) *adj* opposite

*****opprimere** (oap-*pree*-may-ray) *v* oppress

**oppure** (oap-*pōō*-ray) *conj* or

**opuscolo** (oa-*poo*-skoa-loa) *m* brochure

**ora** (*ōā*-rah) *f* hour; *adv* now; **d'ora innanzi** henceforth; ~ **di arrivo** time of arrival; ~ **di partenza** time of departure; ~ **di punta** rush-hour, peak hour; **ore di visita** visiting hours; **ore d'ufficio** office hours, business hours; **quarto d'ora** quarter of an hour

**orale** (oa-*raa*-lay) *adj* oral

**oramai** (oa-rah-*mahiæħ*) *adv* by now; by then

**orario** (oa-*raa*-ryoa) *m* timetable, schedule; ~ **di apertura** business hours; ~ **di ricevimento** consultation hours; ~ **estivo** summer time

**orchestra** (oar-*keh*-strah) *f* orchestra

**ordinare** (oar-dee-*naa*-ray) *v* arrange; order

**ordinario** (oar-dee-*naa*-ryoa) *adj* ordinary; plain, common, simple

**ordinato** (oar-dee-*naa*-toa) *adj* tidy

**ordinazione** (oar-dee-nah-*tsyōā*-nay) *f* order; **modulo di** ~ order-form

**ordine** (*oar*-dee-nay) *m* order; method; command; **in** ~ in order; *****mettere in** ~ arrange

**orecchino** (oa-rayk-*kee*-noa) *m* earring

**orecchio** (oa-*rayk*-kyoa) *f* ear

**orecchioni** (oa-rayk-*kyōā*-nee) *mpl* mumps

**orefice** (oa-*rāy*-fee-chay) *m* goldsmith

**orfano** (*or*-fah-noa) *m* orphan

**organico** (oar-*gaa*-nee-koa) *adj* organic

**organismo** (oar-gah-*nee*-zmoa) *m* organism

**organizzare** (oar-gah-need-*dzaa*-ray) *v* organize; arrange

**organizzazione** (oar-gah-need-dzah-*tsyōā*-nay) *f* organization

**organo** (*or*-gah-noa) *m* organ; **organetto di Barberia** street-organ

**orgoglio** (oar-*gaw*-lᵞoa) *m* pride

**orgoglioso** (oar-goa-lᵞōā-soa) *adj* proud

**orientale** (oa-ryayn-*taa*-lay) *adj* eastern; easterly; oriental

**orientarsi** (oa-ryayn-*tahr*-see) *v* orientate

**oriente** (oa-*ryehn*-tay) *m* east; Orient

**originale** (oa-ree-jee-*naa*-lay) *adj* original

**originariamente** (oa-ree-jee-nah-ryah-*mayn*-tay) *adv* originally

**origine** (oa-*ree*-jee-nay) *f* origin

**origliare** (oa-ree-lᵞaa-ray) *v* eavesdrop

**orizzontale** (oa-reed-dzoan-*taa*-lay) *adj* horizontal

**orizzonte** (oa-reed-*dzoan*-tay) *m* horizon

**orlo** (*oar*-loa) *m* rim, brim; hem; ~ **del marciapiede** curb

**orlon** (*or*-loan) *m* orlon

**ornamentale** (oar-nah-mayn-*taa*-lay) *adj* ornamental

**ornamento** (oar-nah-*mayn*-toa) *m* decoration, ornament

**oro** (*aw*-roa) *m* gold; ~ **laminato** gold leaf

**orologiaio** (oa-roa-loa-*jaa*-yoa) *m* watch-maker

**orologio** (oa-roa-*law*-joa) *m* watch; clock; **cinturino da** ~ watch-strap; ~ **da polso** wrist-watch; ~ **da tasca** pocket-watch

**orrendo** (oar-*rehn*-doa) *adj* hideous

**orribile** (oar-*ree*-bee-lay) *adj* horrible

**orrore** (oar-*rōā*-ray) *m* horror

**orso** (*oar*-soa) *m* bear

**orticoltura** (oar-tee-koal-*tōō*-rah) *f* horticulture

**orto** (*or*-toa) *m* kitchen garden

**ortodosso** (oar-toa-*doss*-soa) *adj* orthodox

**ortografia** (oar-toa-grah-*fee*-ah) *f* spelling

**orzo** (*or*-dzoa) *m* barley

**osare** (oa-*zaa*-ray) *v* dare

**osceno** (oash-*shai*-noa) *adj* obscene

**oscurità** (oa-skoo-ree-*tah*) *f* gloom, dark

**oscuro** (oa-*skōō*-roa) *adj* dim, dark; obscure

**ospedale** (oa-spay-*daa*-lay) *m* hospital

**ospitale** (oa-spee-*taa*-lay) *adj* hospitable

**ospitalità** (oa-spee-tah-lee-*tah*) *f* hospitality

**ospitare** (oa-spee-*taa*-ray) *v* entertain

**ospite** (*o*-spee-tay) *f* hostess, host; *m* guest; **camera degli ospiti** spare room

**ospizio** (oa-*spee*-tsyoa) *m* asylum, home

**osservare** (oass-sayr-*vaa*-ray) *v* observe; watch, regard; remark, note

**osservatorio** (oass-sayr-vah-*tōā*-ryoa) *m* observatory

**osservazione** (oass-sayr-vah-*tsyōā*-nay) *f* observation; remark

**ossessione** (oass-sayss-*syōā*-nay) *f* obsession

**ossia** (oass-*see*-ah) *conj* that is; or rather

**ossigeno** (oass-*see*-jay-noa) *m* oxygen

osso ( *oss*-soa ) *m* (pl le ossa) bone

ostacolare (oa-stah-koa-*laa*-ray ) *v* hinder, embarrass

ostacolo (oa-*staa*-koa-loa ) *m* obstacle

ostaggio (oa-*stahd*-joa ) *m* hostage

ostello (oa-*stehl*-loa ) *m* hostel; ~ della gioventù youth hostel

ostia ( *o*-styah ) *f* wafer

ostile (oa-*stee*-lay ) *adj* hostile

ostinato (oa-stee-*naa*-toa ) *adj* obstinate, dogged

ostrica ( *o*-stree-kah ) *f* oyster

ostruire (oa-*strwee*-ray ) *v* block

ottanta (oat-*tahn*-tah ) *num* eighty

ottavo (oat-*taa*-voa ) *num* eighth

*ottenere (oat-tay-*nāy*-ray ) *v* *get, obtain; acquire

ottenibile (oat-tay-*nee*-bee-lay ) *adj* available, obtainable

ottico ( *ot*-tee-koa ) *m* optician

ottimismo (oat-tee-*mee*-zmoa ) *m* optimism

ottimista (oat-tee-*mee*-stah ) *m* optimist

ottimistico (oat-tee-*mee*-stee-koa ) *adj* optimistic

ottimo ( *ot*-tee-moa ) *adj* excellent, first-rate, fine; best

otto ( *ot*-toa ) *num* eight

ottobre (oat-*tōā*-bray ) October

ottoname (oat-toa-*naa*-may ) *m* brassware

ottone (oat-*tōā*-nay ) *m* brass

otturazione (oat-too-rah-*tsyōā*-nay ) *f* filling

ottuso (oat-*tōō*-zoa ) *adj* blunt; slow, dumb

ovale (oa-*vaa*-lay ) *adj* oval

ovatta (oa-*vaht*-tah ) *f* cotton-wool

ovest ( *aw*-vayst ) *m* west

ovunque (oa-*voong*-kway ) *adv* anywhere, everywhere

ovvio ( *ov*-vyoa ) *adj* obvious, apparent

ozioso (oa-*tsyōā*-soa ) *adj* idle

# P

pacchetto (pahk-*kayt*-toa ) *m* parcel, packet

pacco ( *pahk*-koa ) *m* parcel, package

pace ( *paa*-chay ) *f* peace

pachistano (pah-kee-*staa*-noa ) *adj* Pakistani; *m* Pakistani

pacifico (pah-*chee*-fee-koa ) *adj* peaceful

pacifismo (pah-chee-*fee*-zmoa ) *m* pacifism

pacifista (pah-chee-*fee*-stah ) *m* pacifist; *adj* pacifist

padella (pah-*dehl*-lah ) *f* frying-pan

padiglione (pah-dee-*lȲōā*-nay ) *m* pavilion

padre ( *paa*-dray ) *m* father; dad

padrino (pah-*dree*-noa ) *m* godfather

padrona (pah-*drōā*-nah ) *f* mistress

padrone (pah-*drōā*-nay ) *m* master, boss; ~ di casa landlord

paesaggio (pah ᵃʸ-*zahd*-joa ) *m* landscape, scenery

paese (pah-*āȳ*-zay ) *m* country, land; ~ natio native country

Paesi Bassi (pah-*āȳ*-zee *bahss*-see ) the Netherlands

paga ( *paa*-gah ) *f* pay

pagamento (pah-gah-*mayn*-toa ) *m* payment

pagano (pah-*gaa*-noa ) *adj* pagan, heathen; *m* pagan, heathen

pagare (pah-*gaa*-ray ) *v* *pay; *far ~ charge; ~ a rate *pay on account; pagato in anticipo prepaid

paggio ( *pahd*-joa ) *m* page-boy

pagina ( *paa*-jee-nah ) *f* page

paglia ( *paa*-lȳah ) *f* straw

pagliaccio (pah-*lȲaht*-choa ) *m* clown

pagnotta (pah-*ñot*-tah ) *f* loaf

**paio** (*paa*-yoa) *m* (pl le paia) pair

**Pakistan** (pah-kee-*stahn*) *m* Pakistan

**pala** (*paa*-lah) *f* shovel

**palazzo** (pah-*laht*-tsoa) *m* palace; mansion

**palco** (*pahl*-koa) *m* antlers *pl*

**palestra** (pah-*leh*-strah) *f* gymnasium

**palla** (*pahl*-lah) *f* ball

**pallido** (*pahl*-lee-doa) *adj* pale; dim, mat, dull

**pallina** (pahl-*lee*-nah) *f* marble

**pallino** (pahl-*lee*-noa) *m* hobby-horse

**palloncino** (pahl-loan-*chee*-noa) *m* balloon

**pallone** (pahl-*lōā*-nay) *m* football

**pallottola** (pahl-*lot*-toa-lah) *f* bullet

**palma** (*pahl*-mah) *f* palm

**palo** (*paa*-loa) *m* pole, post

**palpabile** (pahl-*paa*-bee-lay) *adj* palpable

**palpare** (pahl-*paa*-ray) *v* *feel

**palpebra** (*pahl*-pay-brah) *f* eyelid

**palpitazione** (pahl-pee-tah-*tsyoa*-nay) *f* palpitation

**palude** (pah-*lōō*-day) *f* marsh, swamp, bog

**paludoso** (pah-loo-*dōā*-soa) *adj* marshy

**pancia** (*pahn*-chah) *f* belly

**panciotto** (pahn-*chot*-toa) *m* waistcoat; vest *nAm*

**pane** (*paa*-nay) *m* bread; ~ **integrale** wholemeal bread

**panetteria** (pah-nayt-tay-*ree*-ah) *f* bakery

**panettiere** (pah-nayt-*tyai*-ray) *m* baker

**panfilo** (*pahn*-fee-loa) *m* yacht

**panico** (*paa*-nee-koa) *m* panic

**paniere** (pah-*ñai*-ray) *m* hamper, basket

**panino** (pah-*nee*-noa) *m* roll, bun

**panna** (*pahn*-nah) *f* cream

**pannello** (pahn-*nehl*-loa) *m* panel; **rivestimento a pannelli** panelling

**panno** (*pahn*-noa) *m* cloth

**pannolino** (pahn-noa-*lee*-noa) *m* nappy; diaper *nAm*; ~ **igienico** sanitary towel

**pantaloni** (pahn-tah-*lōā*-nee) *mpl* trousers *pl*

**pantofola** (pahn-*taw*-foa-lah) *f* slipper

**Papa** (*paa*-pah) *m* pope

**papà** (pah-*pah*) *m* daddy

**papavero** (pah-*paa*-vay-roa) *m* poppy

**pappagallo** (pahp-pah-*gahl*-loa) *m* parrot

**parabrezza** (pah-rah-*brayd*-dzah) *m* windscreen; windshield *nAm*

**parafango** (pah-rah-*fahng*-goa) *m* mud-guard

**paragonare** (pah-rah-goa-*naa*-ray) *v* compare

**paragone** (pah-rah-*gōā*-nay) *m* comparison

**paragrafo** (pah-*raa*-grah-foa) *m* paragraph

**paralitico** (pah-rah-*lee*-tee-koa) *adj* lame

**paralizzare** (pah-rah-leed-*dzaa*-ray) *v* paralise

**parallela** (pah-rahl-*lai*-lah) *f* parallel

**parallelo** (pah-rahl-*lai*-loa) *adj* parallel

**paralume** (pah-rah-*lōō*-may) *m* lampshade

**parata** (pah-*raa*-tah) *f* parade

**paraurti** (pah-rah-*oor*-tee) *m* fender, bumper

**parcheggio** (pahr-*kehd*-joa) *m* parking; car park; parking lot *Am*

**parchimetro** (pahr-*kee*-may-troa) *m* parking meter

**parco** (*pahr*-koa) *m* park; ~ **nazionale** national park

**parecchi** (pah-*rayk*-kee) *adj* several, various

**pareggiare** (pah-rayd-*jaa*-ray) *v* level; equalize

**parente** (pah-*rehn*-tay) *m* relative,

relation

**parere** (pah-*rāy*-ray) *m* view, opinion

*****parere** (pah-*rāy*-ray) *v* seem

**parete** (pah-*rāy*-tay) *f* wall

**pari** (*paa*-ree) *adj* even

**parlamentare** (pahr-lah-mayn-*taa*-ray) *adj* parliamentary

**parlamento** (pahr-lah-*mayn*-toa) *m* parliament

**parlare** (pahr-*laa*-ray) *v* *****speak, talk

**parola** (pah-*raw*-lah) *f* word; speech; ~ **d'ordine** password

**parrocchetto** (pahr-roak-*kayt*-toa) *m* parakeet

**parrocchia** (pahr-*rok*-kyah) *f* parish

**parrucca** (pahr-*rook*-kah) *f* wig

**parrucchiere** (pahr-rook-*kyai*-ray) *m* hairdresser

**parsimonioso** (pahr-see-moa-*nyōā*-soa) *adj* thrifty, economical

**parte** (*pahr*-tay) *f* part; share; side; **a ~** apart, separately; **dall'altra ~** across; **dall'altra ~ di** across; **da ~** aside; **in ~** partly; **una ~** some

**partecipante** (pahr-tay-chee-*pahn*-tay) *m* participant

**partecipare** (pahr-tay-chee-*paa*-ray) *v* participate

**partenza** (pahr-*tehn*-tsah) *f* departure

**particolare** (pahr-tee-koa-*laa*-ray) *adj* particular, special, peculiar; *m* detail; **in ~** in particular

**particolareggiato** (pahr-tee-koa-lah-rayd-*jaa*-toa) *adj* detailed

**particolarmente** (pahr-tee-koa-lahr-*mayn*-tay) *adv* specially

**partire** (pahr-*tee*-ray) *v* depart, *****leave; *****set out; pull out; **a ~ da** as from

**partita** (pahr-*tee*-tah) *f* batch; match; ~ **di calcio** football match; ~ **di pugilato** boxing match

**partito** (pahr-*tee*-toa) *m* party

**parto** (*pahr*-toa) *m* delivery, childbirth

**parziale** (pahr-*tsyaa*-lay) *adj* partial

**pascolare** (pah-skoa-*laa*-ray) *v* graze

**pascolo** (*pah*-skoa-loa) *m* pasture

**Pasqua** (*pah*-skwah) Easter

**passaggio** (pahss-*sahd*-joa) *m* passage; aisle; ~ **a livello** level crossing; ~ **pedonale** crossing, pedestrian crossing; crosswalk *nAm*

**passante** (pahss-*sahn*-tay) *m* passer-by

**passaporto** (pahss-sah-*por*-toa) *m* passport

**passare** (pahss-*saa*-ray) *v* pass; ~ **accanto** pass by

**passarella** (pahss-sah-*rehl*-lah) *f* gangway

**passatempo** (pahss-sah-*tehm*-poa) *m* entertainment, amusement; hobby

**passato** (pahss-*saa*-toa) *adj* past; *m* past

**passeggero** (pahss-sayd-*jāy*-roa) *m* passenger

**passeggiare** (pahss-sayd-*jaa*-ray) *v* walk, stroll

**passeggiata** (pahss-sayd-*jaa*-tah) *f* walk, stroll

**passera di mare** (*pahss*-say-rah dee *maa*-ray) *f* plaice

**passero** (*pahss*-say-roa) *m* sparrow

**passione** (pahss-*syōā*-nay) *f* passion

**passivo** (pahss-*see*-voa) *adj* passive

**passo** (*pahss*-soa) *m* pace, step; gait; mountain pass; extract; *****stare al ~ con** *****keep up with

**pasta** (*pah*-stah) *f* dough; paste

**pasticca** (pah-*steek*-kah) *f* tablet

**pasticceria** (pah-steet-chay-*ree*-ah) *f* pastry, cake; pastry shop, sweetshop; candy store *Am*

**pasticciare** (pah-steet-*chaa*-ray) *v* mess up

**pasticciere** (pah-steet-*chai*-ray) *m* confectioner

**pasticcio** (pah-*steet*-choa) *m* muddle

**pasto** (*pah*-stoa) *m* meal

**pastore** (pah-*stōā*-ray) *m* shepherd;

clergyman, parson, minister, rector

**patata** (pah-*taa*-tah) f potato; **patatine fritte** chips

**patria** (*paa*-tryah) f fatherland, native country

**patrigno** (pah-*tree*-ñoa) m stepfather

**patriota** (pah-*tryaw*-tah) m patriot

**patrocinatore** (pah-troa-chee-nah-*tōā*-ray) m advocate

**pattinaggio** (paht-tee-*nahd*-joa) m skating; ~ **a rotelle** roller-skating

**pattinare** (paht-tee-*naa*-ray) v skate

**pattino** (*paht*-tee-noa) m skate

**patto** (*paht*-toa) m agreement; term

**pattuglia** (paht-*tōō*-l<sup>y</sup>ah) f patrol

**pattugliare** (paht-too-l<sup>y</sup>*aa*-ray) v patrol

**pattumiera** (paht-too-*myai*-rah) f rubbish-bin, dustbin; trash can *Am*

**paura** (pah-*ōō*-rah) f fear, fright; *aver ~ *be afraid

**pausa** (*pou*-zah) f pause

**pavimentare** (pah-vee-mayn-*taa*-ray) v pave

**pavimento** (pah-vee-*mayn*-toa) m floor; pavement

**pavoncella** (pah-voan-*chehl*-lah) f pewit

**pavone** (pah-*vōā*-nay) m peacock

**paziente** (pah-*tsyehn*-tay) adj patient; m patient

**pazienza** (pah-*tsyehn*-tsah) f patience

**pazzia** (paht-*tsee*-ah) f madness, lunacy

**pazzo** (*paht*-tsoa) adj crazy, mad, lunatic; m lunatic

**peccato** (payk-*kaa*-toa) m sin; **peccato!** what a pity!

**pecora** (*pai*-koa-rah) f sheep

**pedaggio** (pay-*dahd*-joa) m toll

**pedale** (pay-*daa*-lay) m pedal

**pedata** (pay-*daa*-tah) f kick

**pedicure** (pay-dee-*kōō*-ray) f pedicure

**pedina** (pay-*dee*-nah) f pawn

**pedone** (pay-*dōā*-nay) m pedestrian

**peggio** (*pehd*-joa) adv worse; worst

**peggiore** (payd-*jōā*-ray) adj worse

**pelle** (*pehl*-lay) f skin; hide; leather; **di ~** leather; **~ di cinghiale** pigskin; **~ di vacca** cow-hide; **~ di vitello** calf skin; **~ d'oca** goose-flesh; **~ scamosciata** suede

**pellegrinaggio** (payl-lay-gree-*nahd*-joa) m pilgrimage

**pellegrino** (payl-lay-*gree*-noa) m pilgrim

**pellicano** (payl-lee-*kaa*-noa) m pelican

**pelliccia** (payl-*leet*-chah) f fur

**pellicciaio** (payl-lee-*chaa*-yoa) m furrier

**pellicola** (payl-*lee*-koa-lah) f film; **~ a colori** colour film

**peloso** (pay-*lōā*-soa) adj hairy

**peltro** (*payl*-troa) m pewter

**pena** (*pāy*-nah) f trouble, pains, difficulty; penalty; **~ di morte** death penalty; *valer la ~ *be worthwhile

**penalità** (pay-nah-lee-*tah*) f penalty

**pendente** (payn-*dehn*-tay) adj slanting; m pendant

**pendere** (*pehn*-day-ray) v *hang; slope

**pendio** (payn-*dee*-oa) m incline, hillside, slope

**pendolare** (payn-doa-*laa*-ray) m commuter

**penetrare** (pay-nay-*traa*-ray) v penetrate

**penetrazione** (pay-nay-trah-*tsyōā*-nay) f insight

**penicillina** (pay-nee-cheel-*lee*-nah) f penicillin

**penisola** (pay-*nee*-zoa-lah) f peninsula

**penna** (*payn*-nah) f feather; pen; **~ a sfera** Biro, ballpoint-pen; **~ stilografica** fountain-pen

**pennello** (payn-*nehl*-loa) m brush; paint-brush; **~ da barba** shaving-brush

**penoso** (pay-*nōā*-soa) *adj* painful

**pensare** (payn-*saa*-ray) *v* *think; ~ **a** *think of

**pensatore** (payn-sah-*tōā*-ray) *m* thinker

**pensiero** (payn-*syai*-roa) *m* thought, idea

**pensieroso** (payn-syay-*rōā*-soa) *adj* thoughtful

**pensionante** (payn-syoa-*nahn*-tay) *m* boarder

**pensionato** (payn-syoa-*naa*-toa) *adj* retired

**pensione** (payn-*syōā*-nay) *f* board; guest-house, pension, boarding-house; ~ **completa** bed and board, full board, board and lodging

**Pentecoste** (payn-tay-*ko*-stay) *f* Whitsun

**pentimento** (payn-tee-*mayn*-toa) *m* repentance

**pentola** (*pehn*-toa-lah) *f* pot; ~ **a pressione** pressure-cooker

**penuria** (pay-*nōō*-ryah) *f* scarcity

**pepe** (*pāy*-pay) *m* pepper

**per** (payr) *prep* for; to; with; times

**pera** (*pāy*-rah) *f* pear

**percento** (payr-*chehn*-toa) *m* percent

**percentuale** (payr-chayn-*twaa*-lay) *f* percentage

**percepire** (payr-chay-*pee*-ray) *v* perceive, sense

**percettibile** (payr-chayt-*tee*-bee-lay) *adj* perceptible, noticeable

**percezione** (payr-chay-*tsyōā*-nay) *f* perception

**perché** (payr-*kay*) *adv* what for, why; *conj* because

**perciò** (payr-*cho*) *conj* therefore

*percorrere* (payr-*koar*-ray-ray) *v* cover; *go through

*percuotere* (payr-*kwaw*-tay-ray) *v* thump

**perdente** (payr-*dehn*-tay) *adj* leaky

*perdere* (*pehr*-day-ray) *v* *lose

**perdita** (*pehr*-dee-tah) *f* loss

**perdonare** (payr-doa-*naa*-ray) *v* *forgive

**perdono** (payr-*dōā*-noa) *m* pardon; grace

**perfetto** (payr-*feht*-toa) *adj* perfect; faultless

**perfezione** (payr-fay-*tsyōā*-nay) *f* perfection

**perfido** (*pehr*-fee-doa) *adj* foul

**perforare** (payr-foa-*raa*-ray) *v* pierce

**pericolo** (pay-*ree*-koa-loa) *m* danger; risk, peril; distress

**pericoloso** (pay-ree-koa-*lōā*-soa) *adj* perilous, dangerous

**periodico** (pay-*ryaw*-dee-koa) *adj* periodical; *m* periodical

**periodo** (pay-*ree*-oa-doa) *m* period, term

**perire** (pay-*ree*-ray) *v* perish

**perito** (pay-*ree*-toa) *m* expert

**perla** (*pehr*-lah) *f* pearl

**perlina** (payr-*lee*-nah) *f* bead

**perlustrare** (payr-loo-*straa*-ray) *v* search

**permanente** (payr-mah-*nehn*-tay) *adj* permanent; *f* permanent wave

**permesso** (payr-*mayss*-soa) *m* authorization, permission; permit; *avere il ~ di *be allowed to; ~ **di lavoro** work permit; labor permit *Am*; ~ **di pesca** fishing licence; ~ **di soggiorno** residence permit

*permettere* (payr-*mayt*-tay-ray) *v* allow, permit; *permettersi* afford

**pernice** (payr-*nee*-chay) *f* partridge

**però** (pay-*roa*) *conj* but; only, yet

**perorare** (pay-roa-*raa*-ray) *v* plead

**perpendicolare** (payr-payn-dee-koa-*laa*-ray) *adj* perpendicular

**perquisire** (payr-kwee-*zee*-ray) *v* search

**perseguire** (payr-say-*gwee*-ray) *v* pursue

**perseverare** (payr-say-vay-*raa*-ray) v \*keep up

**Persia** (*pehr*-syah) f Persia

**persiana** (payr-*syaa*-nah) f shutter, blind

**persiano** (payr-*syaa*-noa) adj Persian; m Persian

**persistere** (payr-*see*-stay-ray) v insist

**persona** (payr-*soa*-nah) f person; **per ~** per person

**personaggio** (payr-soa-*nahd*-joa) m personality; character

**personale** (payr-soa-*naa*-lay) adj personal, private; m staff, personnel

**personalità** (payr-soa-nah-lee-*tah*) f personality

**perspicace** (payr-spee-*kaa*-chay) adj clever

\***persuadere** (payr-swah-*dāy*-ray) v persuade

**pesante** (pay-*sahn*-tay) adj heavy

**pesare** (pay-*saa*-ray) v weigh

**pesca**[1] (*peh*-skah) f peach

**pesca**[2] (*pay*-skah) f fishing industry

**pescare** (pay-*skaa*-ray) v fish; **~ con l'amo** angle

**pescatore** (pay-skah-*tōa*-ray) m fisherman

**pesce** (*paysh*-shay) m fish; **~ persico** perch

**pescecane** (paysh-shay-*kaa*-nay) m shark

**pescheria** (pay-skay-*ree*-ah) f fish shop

**pesciolino** (paysh-shoa-*lee*-noa) m whitebait

**peso** (*pāy*-soa) m weight; load, burden

**pessimismo** (payss-see-*mee*-zmoa) m pessimism

**pessimista** (payss-see-*mee*-stah) m pessimist

**pessimistico** (payss-see-*mee*-stee-koa) adj pessimistic

**pessimo** (*pehss*-see-moa) adj worst

**pestare** (pay-*staa*-ray) v stamp

**petalo** (*pai*-tah-loa) m petal

**petizione** (pay-tee-*tsyōa*-nay) f petition

**petroliera** (pay-troa-*lYai*-rah) f tanker

**petrolio** (pay-*traw*-lYoa) m petroleum; oil; paraffin, kerosene

**pettegolare** (payt-tay-goa-*laa*-ray) v gossip

**pettegolezzo** (payt-tay-goa-*layt*-tsoa) m gossip

**pettinare** (payt-tee-*naa*-ray) v comb

**pettine** (*peht*-tee-nay) m comb; **~ ta-scabile** pocket-comb

**pettirosso** (payt-tee-*roass*-soa) m robin

**petto** (*peht*-toa) m chest, bosom

**pezzetto** (payt-*tsayt*-toa) m bit; morsel, scrap

**pezzo** (*peht*-tsoa) m piece; part, lump; fragment; **in due pezzi** two-piece; **~ di ricambio** spare part

**piacere** (pyah-*chāy*-ray) m pleasure; **con ~** gladly

\***piacere** (pyah-*chāy*-ray) v please

**piacevole** (pyah-*chāy*-voa-lay) adj pleasant, enjoyable, nice

**piacevolissimo** (pyah-chay-voa-*leess*-see-moa) adj delightful ·

**piaga** (*pyaa*-gah) f sore

**pianeta** (pyah-*nāy*-tah) m planet

\***piangere** (*pyahn*-jay-ray) v \*weep, cry

**pianista** (pyah-*nee*-stah) m pianist

**piano** (*pyaa*-noa) adj plane, smooth, even, flat, level; m floor, storey; project; **primo ~** foreground

**pianoforte** (pyah-noa-*for*-tay) m piano; **~ a coda** grand piano

**pianta** (*pyahn*-tah) f plant; map, plan

**piantagione** (pyahn-tah-*jōa*-nay) f plantation

**piantare** (pyahn-*taa*-ray) v plant

**pianterreno** (pyahn-tayr-*rāy*-noa) m ground floor

**pianura** (pyah-*nōō*-rah) *f* plain

**piattino** (pyaht-*tee*-noa) *m* saucer

**piatto** (*pyaht*-toa) *adj* even, flat, level; *m* plate, dish

**piazza** (*pyaht*-tsah) *f* square; ~ **del mercato** market-place

**piccante** (peek-*kahn*-tay) *adj* savoury; spicy

**picchiare** (peek-*kyaa*-ray) *v* \*strike, \*beat; smack

**piccino** (peet-*chee*-noa) *m* baby

**piccione** (peet-*chōā*-nay) *m* pigeon

**piccolo** (*peek*-koa-loa) *adj* small, little; minor, petty

**piccone** (peet-*kōā*-nay) *m* pick-axe

**\*fare un picnic** picnic

**pidocchio** (pee-*dok*-kyoa) *m* louse

**piede** (*pyai*-day) *m* foot; leg; **a piedi** walking, on foot; **in piedi** upright; ~ **di porco** crowbar

**piega** (*pyai*-gah) *f* fold; crease

**piegare** (pyay-*gaa*-ray) *v* fold

**pieghevole** (pyay-*gāy*-voa-lay) *adj* flexible, supple

**pieno** (*pyai*-noa) *adj* full; **\*fare il ~** fill up; ~ **zeppo** chock-full

**pietà** (pyay-*tah*) *f* pity

**pietanza** (pyay-*tahn*-tsah) *f* dish

**pietra** (*pyai*-trah) *f* stone; **di** ~ stone; ~ **miliare** milestone; landmark; ~ **pomice** pumice stone; ~ **preziosa** stone; ~ **sepolcrale** tombstone

**pietrina** (pyay-*tree*-nah) *f* flint

**pigiama** (pee-*jaa*-mah) *m* pyjamas *pl*

**pigliare** (pee-*lʸaa*-ray) *v* \*take

**pigro** (*pee*-groa) *adj* lazy; idle

**pila** (*pee*-lah) *f* stack

**pilastro** (pee-*lah*-stroa) *m* column, pillar

**pillola** (*peel*-loa-lah) *f* pill

**pilota** (pee-*law*-tah) *m* pilot

**pinguedine** (peeng-*gwai*-dee-nay) *f* fatness

**pinguino** (peeng-*gwee*-noa) *m* penguin

**pinze** (*peen*-tsay) *fpl* pliers *pl*, tongs *pl*

**pinzette** (peen-*tsayt*-tay) *fpl* tweezers *pl*

**pio** (*pee*-oa) *adj* pious

**pioggerella** (pyoad-jay-*rehl*-lah) *f* drizzle

**pioggia** (*pyod*-jah) *f* rain

**piombo** (*pyoam*-boa) *m* lead

**pioniere** (pyoa-*ñai*-ray) *m* pioneer

**\*piovere** (*pyaw*-vay-ray) *v* rain

**piovoso** (pyoa-*vōā*-soa) *adj* rainy

**pipa** (*pee*-pah) *f* pipe

**pirata** (pee-*raa*-tah) *m* pirate

**piroscafo** (pee-*raw*-skah-foa) *m* steamer

**piscina** (peesh-*shee*-nah) *f* swimming pool

**pisello** (pee-*sehl*-loa) *m* pea

**pisolino** (pee-zoa-*lee*-noa) *m* nap

**pista** (*pee*-stah) *f* track; ring; ~ **da corsa** race-course, race-track; ~ **di bocce** bowling alley; ~ **di decollo** runway; ~ **di pattinaggio** skating-rink

**pistola** (pee-*staw*-lah) *f* pistol

**pittore** (peet-*tōā*-ray) *m* painter

**pittoresco** (peet-toa-*ray*-skoa) *adj* picturesque, scenic

**pittura** (peet-*tōō*-rah) *f* painting, picture; ~ **ad olio** oil-painting

**pitturare** (peet-too-*raa*-ray) *v* paint

**più** (pyoo) *adv* more; *prep* plus; **il ~** most; **per lo ~** mostly; ~ ... **più** the ... the; ~ **in là di** beyond; ~ **lontano** further; **sempre ~** more and more; **tutt'al ~** at most

**piuttosto** (pee°°t-*to*-stoa) *adv* sooner, rather; fairly, pretty, quite

**pizzicare** (peet-tsee-*kaa*-ray) *v* pinch

**planetario** (plah-nay-*taa*-ryoa) *m* planetarium

**plasmare** (plah-*zmaa*-ray) *v* model

**plastica** (*plah*-stee-kah) *f* plastic

**plastico** (*plah*-stee-koa) *adj* plastic

**platino** (*plaa*-tee-noa) *m* platinum

**plurale** (ploo-*raa*-lay) *m* plural

**pneumatico** (pnay∞-*maa*-tee-koa) *adj* pneumatic; *m* tire; ~ **di ricambio** spare tyre

**poco** (*paw*-koa) *adj* little; *m* bit; **pochi** *adj* few; **press'a** ~ about; **tra** ~ soon

**poderoso** (poa-day-*rōā*-soa) *adj* mighty, powerful

**poema** (poa-*ai*-mah) *m* poem; ~ **epico** epic

**poesia** (poa-ay-*zee*-ah) *f* poetry

**poeta** (poa-*ai*-tah) *m* poet

**poi** (poi) *adv* then; afterwards

**poiché** (poay-*kay*) *conj* as, since, because; for

**polacco** (poa-*lahk*-koa) *adj* Polish; *m* Pole

**polio** (*paw*-lⁱoa) *f* polio

**polipo** (*paw*-lee-poa) *m* octopus

**politica** (poa-*lee*-tee-kah) *f* politics; policy

**politico** (poa-*lee*-tee-koa) *adj* political

**polizia** (poa-lee-*tsee*-ah) *f* police *pl*

**poliziotto** (poa-lee-*tsyot*-toa) *m* policeman

**polizza** (poa-*leet*-tsah) *f* policy; ~ **di assicurazione** insurance policy

**pollame** (poal-*laa*-may) *m* fowl; poultry

**pollice** (*pol*-lee-chay) *m* thumb

**pollivendolo** (poal-lee-*vayn*-doa-loa) *m* poulterer

**pollo** (*poal*-loa) *m* chicken

**polmone** (poal-*mōā*-nay) *m* lung

**polmonite** (poal-moa-*nee*-tay) *f* pneumonia

**Polonia** (poa-*law*-ñah) *f* Poland

**polpaccio** (poal-*paht*-choa) *m* calf

**polposo** (poal-*pōā*-soa) *adj* mellow

**polsino** (poal-*see*-noa) *m* cuff

**polso** (*poal*-soa) *m* pulse; wrist

**poltrona** (poal-*trōā*-nah) *f* armchair, easy chair; ~ **d'orchestra** orchestra seat *Am*; stall

**polvere** (*poal*-vay-ray) *f* dust; powder; ~ **da sparo** gunpowder; ~ **dentifricia** toothpowder

**polveroso** (poal-vay-*rōā*-soa) *adj* dusty

**pomeriggio** (poa-may-*reed*-joa) *m* afternoon; **oggi nel** ~ this afternoon

**pomodoro** (poa-moa-*daw*-roa) *m* tomato

**pompa** (*poam*-pah) *f* pump; ~ **ad acqua** water pump; ~ **di benzina** petrol pump; gas pump *Am*

**pompare** (poam-*paa*-ray) *v* pump

**pompelmo** (poam-*pehl*-moa) *m* grapefruit

**pompieri** (poam-*pyai*-ree) *mpl* firebrigade

**ponderare** (poan-day-*raa*-ray) *v* deliberate

**ponte** (*poan*-tay) *m* bridge; ~ **di coperta** main deck; ~ **levatoio** drawbridge; ~ **sospeso** suspension bridge

**pontefice** (poan-*tāy*-fee-chay) *m* pontiff

**popelina** (poa-pay-*lee*-nah) *f* poplin

**popolano** (poa-poa-*laa*-noa) *adj* vulgar

**popolare** (poa-poa-*laa*-ray) *adj* popular; **danza** ~ folk-dance

**popolazione** (poa-poa-lah-*tsyōā*-nay) *f* population

**popolo** (*paw*-poa-loa) *m* people; nation, folk

**popoloso** (poa-poa-*lōā*-soa) *adj* populous

**porcellana** (poar-chayl-*laa*-nah) *f* porcelain, china

**porcellino** (poar-chayl-*lee*-noa) *m* piglet; ~ **d'India** guinea-pig

**porco** (*por*-koa) *m* (pl porci) pig

**porcospino** (poar-koa-*spee*-noa) *m* porcupine

**\*porgere** (por-jay-ray) v hand, \*give

**porporino** (poar-poa-ree-noa) adj purple

**\*porre** (poar-ray) v place; \*put

**porta** (por-tah) f door; ~ **girevole** revolving door; ~ **scorrevole** sliding door

**portabagagli** (poar-tah-bah-gaa-lYee) m luggage rack

**portacarte** (poar-tah-kahr-tay) m attaché case

**portacenere** (poar-tah-chāy-nay-ray) m ashtray

**portacipria** (poar-tah-chee-pryah) m powder compact

**portafoglio** (poar-tah-fōa-lYoa) m pocket-book, wallet

**portafortuna** (poar-tah-foar-tōō-nah) m lucky charm

**portalampada** (poar-tah-lahm-pah-dah) m socket

**portare** (poar-taa-ray) v \*bring; fetch; carry, \*bear; **portar via** \*take away

**portasigarette** (poar-tah-see-gah-rayt-tay) m cigarette-case

**portata** (poar-taa-tah) f course; reach, range

**portatile** (poar-taa-tee-lay) adj portable

**portatore** (poar-tah-tōa-ray) m bearer

**portauovo** (poar-tah-waw-voa) m egg-cup

**portico** (por-tee-koa) m arcade

**portiere** (poar-tyai-ray) m porter; goalkeeper

**portinaio** (poar-tee-naa-yoa) m concierge, janitor; doorman, door-keeper

**porto** (por-toa) m harbour, port; ~ **di mare** seaport

**Portogallo** (poar-toa-gahl-loa) m Portugal

**portoghese** (poar-toa-gāy-say) adj Portuguese; m Portuguese

**portuale** (poar-twaa-lay) m docker

**porzione** (poar-tsyōā-nay) f portion, helping

**posare** (poa-saa-ray) v \*lay, \*put; place

**posate** (poa-saa-tay) fpl cutlery

**positiva** (poa-zee-tee-vah) f positive, print

**positivo** (poa-zee-tee-voa) adj positive

**posizione** (poa-zee-tsyōā-nay) f position; site, location

**\*possedere** (poass-say-dāy-ray) v possess, own

**possedimenti** (poass-say-dee-mayn-tee) mpl possessions

**possesso** (poass-sehss-soa) m possession

**possibile** (poass-see-bee-lay) adj possible

**possibilità** (poass-see-bee-lee-tah) f possibility

**posta** (po-stah) f post, mail; bet; ~ **aerea** airmail

**posteggiare** (poa-stayd-jaa-ray) v park

**posteggio di autopubbliche** (poa-stayd-joa dee ou-toa-poob-biee-kay) taxi rank; taxi stand Am

**posteriore** (poa-stay-ryōā-ray) adj rear; later

**postino** (poa-stee-noa) m postman

**posto** (poa-stoa) m place; seat; station; **in qualche** ~ somewhere; **\*mettere a** ~ \*put away; ~ **di polizia** police-station; ~ **di pronto soccorso** first-aid post; ~ **libero** vacancy

**potabile** (poa-taa-bee-lay) adj for drinking

**potente** (poa-tehn-tay) adj powerful

**potenza** (poa-tehn-tsah) f might; power; capacity

**potere** (poa-tāy-ray) m authority, power; faculty

**\*potere** (poa-tāy-ray) v \*can, \*be able to; \*might; \*may

**povero** (*paw*-vay-roa) *adj* poor

**povertà** (poa-vayr-*tah*) *f* poverty

**pozzanghera** (poat-*tsahng*-gay-rah) *f* puddle

**pozzo** (*poat*-tsoa) *m* well; ~ **di petrolio** oil-well

**pranzare** (prahn-*dzaa*-ray) *v* \*eat; dine

**pranzo** (*prahn*-dzoa) *m* dinner; lunch; ~ **a prezzo fisso** set menu

**pratica** (*praa*-tee-kah) *f* practice

**praticamente** (prah-tee-kah-*mayn*-tay) *adv* practically

**praticare** (prah-tee-*kaa*-ray) *v* practise

**pratico** (*praa*-tee-koa) *adj* practical

**prato** (*praa*-toa) *m* meadow; lawn

**precario** (pray-*kaa*-ryoa) *adj* critical, precarious

**precauzione** (pray-kou-*tsyōa*-nay) *f* precaution

**precedente** (pray-chay-*dehn*-tay) *adj* previous, former, preceding

**precedentemente** (pray-chay-dayn-tay-*mayn*-tay) *adv* before

**precedenza** (pray-chay-*dehn*-tsah) *f* right of way; priority

**precedere** (pray-*chai*-day-ray) *v* precede

**precettore** (pray-chayt-*tōa*-ray) *m* tutor

**precipitare** (pray-chee-pee-*taa*-ray) *v* crash; **precipitarsi** dash

**precipitazione** (pray-chee-pee-tah-*tsyōa*-nay) *f* shower; precipitation

**precipizio** (pray-chee-*pee*-tsyoa) *m* precipice

**precisamente** (pray-chee-zah-*mayn*-tay) *adv* exactly

**precisare** (pray-chee-*zaa*-ray) *v* specify

**precisione** (pray-chee-*zyōa*-nay) *f* precision

**preciso** (pray-*chee*-zoa) *adj* very, precise

**predecessore** (pray-day-chayss-*sōa*-ray) *m* predecessor

**predicare** (pray-dee-*kaa*-ray) *v* preach

**\*predire** (pray-*dee*-ray) *v* predict

**preferenza** (pray-fay-*rehn*-tsah) *f* preference

**preferibile** (pray-fay-*ree*-bee-lay) *adj* preferable

**preferire** (pray-fay-*ree*-ray) *v* prefer; **preferito** favourite

**prefisso** (pray-*feess*-soa) *m* prefix; area code

**pregare** (pray-*gaa*-ray) *v* ask; pray

**preghiera** (pray-*gyai*-rah) *f* prayer

**pregiudizio** (pray-joo-*dee*-tsyoa) *m* prejudice

**preliminare** (pray-lee-mee-*naa*-ray) *adj* preliminary

**prematuro** (pray-mah-*tōō*-roa) *adj* premature

**premeditato** (pray-may-dee-*taa*-toa) *adj* deliberate

**premere** (*prai*-may-ray) *v* press

**premio** (*prai*-myoa) *m* award, prize; premium; ~ **di consolazione** consolation prize

**premura** (pray-*mōō*-rah) *f* haste

**premuroso** (pray-moo-*rōa*-soa) *adj* thoughtful

**\*prendere** (*prehn*-day-ray) *v* \*take; \*catch; capture

**prenotare** (pray-noa-*taa*-ray) *v* reserve, book

**prenotazione** (pray-noa-tah-*tsyōa*-nay) *f* reservation, booking

**preoccuparsi** (pray-oak-koo-*pahr*-see) *v* worry; ~ **di** care about

**preoccupato** (pray-oak-koo-*paa*-toa) *adj* concerned, anxious, worried

**preoccupazione** (pray-oak-koo-pah-*tsyōa*-nay) *f* worry; trouble, care

**preparare** (pray-pah-*raa*-ray) *v* prepare; cook

**preparazione** (pray-pah-rah-*tsyōa*-nay) *f* preparation

**preposizione** (pray-poa-zee-*tsyōa*-nay) *f* preposition

**presa** (*prāy*-sah) *f* grip; capture

**presbiterio** (pray-zbee-*tai*-ryoa) *m* parsonage, rectory, vicarage

**a prescindere da** (ah pray-*sheen*-day-ray dah) apart from

***prescrivere** (pray-*skree*-vay-ray) *v* prescribe

**presentare** (pray-zayn-*taa*-ray) *v* offer, present; introduce; **presentarsi** report; appear

**presentazione** (pray-zayn-tah-*tsyōā*-nay) *f* introduction

**presente** (pray-*zehn*-tay) *adj* present; *m* present

**presenza** (pray-*zehn*-tsah) *f* presence

**preservativo** (pray-*sayr*-vah-tee-voa) *m* condom

**preservazione** (pray-zayr-vah-*tsyōā*-nay) *f* preservation

**preside** (*prai*-see-day) *m* headmaster, principal

**presidente** (pray-see-*dehn*-tay) *m* chairman, president

**pressante** (prayss-*sahn*-tay) *adj* pressing

**pressione** (prayss-*syōā*-nay) *f* pressure; ~ **atmosferica** atmospheric pressure; ~ **dell'olio** oil pressure; ~ **gomme** tyre pressure; ~ **sanguigna** blood pressure

**presso** (*prehss*-soa) *prep* with

**prestare** (pray-*staa*-ray) *v* *lend

**prestazione** (pray-stah-*tsyōā*-nay) *f* feat

**prestigiatore** (pray-stee-jah-*tōā*-ray) *m* magician

**prestigio** (pray-*stee*-joa) *m* prestige

**prestito** (*preh*-stee-toa) *m* loan; ***prendere in** ~ borrow

**presto** (*preh*-stoa) *adv* soon, shortly

***presumere** (pray-*zōō*-may-ray) *v* assume

**presuntuoso** (pray-zoon-*twōā*-soa) *adj* conceited, presumptuous

**prete** (*prai*-tay) *m* priest

***pretendere** (pray-*tehn*-day-ray) *v* pretend

**pretesa** (pray-*tāy*-sah) *f* pretence; claim

**pretesto** (pray-*teh*-stoa) *m* pretext

***prevedere** (pray-vay-*dāy*-ray) *v* forecast; anticipate

***prevenire** (pray-vay-*nee*-ray) *v* anticipate, prevent

**preventivo** (pray-vayn-*tee*-voa) *adj* preventive; *m* budget

**previo** (*prai*-vyoa) *adj* previous

**previsione** (pray-vee-*zyōā*-nay) *f* forecast

**prezioso** (pray-*tsyōā*-soa) *adj* valuable, precious

**prezzare** (prayt-*tsaa*-ray) *v* price

**prezzemolo** (prayt-*tsāy*-moa-loa) *m* parsley

**prezzo** (*preht*-tsoa) *m* price-list; cost, rate; **calo di** ~ slump; ~ **d'acquisto** purchase price; ~ **del biglietto** fare; ~ **del coperto** cover charge

**prigione** (pree-*jōā*-nay) *m* jail, prison

**prigioniero** (pree-joa-*ñai*-roa) *m* prisoner; ***far** ~ capture

**prima** (*pree*-mah) *adv* at first; before; ~ **che** before; ~ **di** before

**primario** (pree-*maa*-ryoa) *adj* primary

**primato** (pree-*maa*-toa) *m* record

**primavera** (pree-mah-*vāy*-rah) *f* springtime, spring

**primitivo** (pree-mee-*tee*-voa) *adj* primitive

**primo** (*pree*-moa) *num* first, foremost, primary, chief

**principale** (preent-shee-*paa*-lay) *adj* leading, main, cardinal, principal, primary, chief

**principalmente** (preen-chee-pahl-*mayn*-tay) *adv* mainly

**principe** (*preen*-chee-pay) *m* prince

**principessa** (preen-chee-*payss*-sah) *f*

princess

**principiante** (preen-chee-*pyahn*-tay) *m*
beginner, learner

**principio** (preen-*chee*-pyoa) *m* beginning; principle; **al ~** at first

**priorità** (pryoa-ree-*tah*) *f* priority

**privare di** (pree-*vaa*-ray) deprive of

**privato** (pree-*vaa*-toa) *adj* private

**privazioni** (pree-vah-*tsyōā*-nee) *fpl* exposure

**privilegiare** (pree-vee-lay-*jaa*-ray) *v* favour

**privilegio** (pree-vee-*lai*-joa) *m* privilege

**probabile** (proa-*baa*-bee-lay) *adj* probable, likely

**probabilmente** (proa-bah-beel-*mayn*-tay) *adv* probably

**problema** (proa-*blai*-mah) *m* problem, question

**procedere** (proa-*chai*-day-ray) *v* proceed

**procedimento** (proa-chay-dee-*mayn*-toa) *m* procedure; process

**processione** (proa-chayss-*syōā*-nay) *f* procession

**processo** (proa-*chehss*-soa) *m* trial, lawsuit; process

**proclamare** (proa-klah-*maa*-ray) *v* proclaim

**procurare** (proa-koo-*raa*-ray) *v* furnish

**prodigo** (*praw*-dee-goa) *adj* lavish; liberal

**prodotto** (proa-*doat*-toa) *m* product; produce

***produrre** (proa-*door*-ray) *v* produce

**produttore** (proa-doot-*tōā*-ray) *m* producer

**produzione** (proa-doo-*tsyōā*-nay) *f* production, output; **~ in serie** mass production

**profano** (proa-*faa*-noa) *m* layman

**professare** (proa-fayss-*saa*-ray) *v* confess

**professionale** (proa-fayss-syoa-*naa*-lay)

*adj* professional

**professione** (proa-fayss-*syōā*-nay) *f* profession

**professore** (proa-fayss-*sōā*-ray) *m* master; professor

**professoressa** (proa-fayss-soa-*rayss*-sah) *f* teacher

**profeta** (proa-*fai*-tah) *m* prophet

**profitto** (proa-*feet*-toa) *m* benefit, gain; profit

**profondità** (proa-foan-dee-*tah*) *f* depth

**profondo** (proa-*foan*-doa) *adj* deep; profound

**profumo** (proa-*fōō*-moa) *m* scent; perfume

**progettare** (proa-jayt-*taa*-ray) *v* plan; design

**progetto** (proa-*jeht*-toa) *m* plan, scheme; project

**programma** (proa-*grahm*-mah) *m* programme

**progredire** (proa-gray-*dee*-ray) *v* *get on

**progressista** (proa-grayss-*see*-stah) *adj* progressive

**progressivo** (proa-grayss-*see*-voa) *adj* progressive

**progresso** (proa-*grehss*-soa) *m* progress

**proibire** (proa-ee-*bee*-ray) *v* *forbid, prohibit; **proibito passare** no entry

**proibitivo** (proa-ee-bee-*tee*-voa) *adj* prohibitive

**proiettore** (proa-yayt-*tōā*-ray) *m* spotlight

**prolunga** (proa-*loong*-gah) *f* extension cord

**prolungamento** (proa-loong-gah-*mayn*-toa) *m* extension

**promessa** (proa-*mayss*-sah) *f* promise; vow

***promettere** (proa-*mayt*-tay-ray) *v* promise

**promontorio** (proa-moan-*taw*-ryoa) *m*

headland

**promozione** (proa-moa-*tsyōā*-nay ) *f* promotion

*****promuovere** (proa-*mwaw*-vay-ray ) *v* promote

**pronome** (proa-*nōā*-may ) *m* pronoun

**pronto** (*proan*-toa ) *adj* ready; prompt

**pronuncia** (proa-*noon*-chah ) *f* pronunciation

**pronunciare** (proa-noon-*chaa*-ray ) *v* pronounce

**propaganda** (proa-pah-*gahn*-dah ) *f* propaganda

**propenso** (proa-*pehn*-soa ) *adj* inclined

*****proporre** (proa-*poar*-ray ) *v* propose

**proporzionale** (proa-poar-tsyoa-*naa*-lay ) *adj* proportional

**proporzione** (proa-poar-*tsyōā*-nay ) *f* proportion

**proposito** (proa-*paw*-zee-toa ) *m* purpose; **a** ~ by the way

**proposta** (proa-*poa*-stah ) *f* proposition, proposal

**proprietà** (proa-pryay-*tah* ) *f* property; estate

**proprietario** (proa-pryay-*taa*-ryoa ) *m* proprietor, owner; landlord

**proprio** (*pro*-pryoa ) *adj* own

**propulsare** (proa-pool-*saa*-ray ) *v* propel

**prosaico** (proa-*zigh*-koa ) *adj* matter-of-fact

**prosciugare** (proash-shoo-*gaa*-ray ) *v* drain

**prosciutto** (proash-*shoot*-toa ) *m* ham

**proseguire** (proa-say-*gwee*-ray ) *v* continue, carry on

**prosperità** (proa-spay-ree-*tah* ) *f* prosperity

**prospettiva** (proa-spayt-*tee*-vah ) *f* perspective; prospect, outlook

**prospetto** (proa-*speht*-toa ) *m* prospectus

**prossimamente** (proass-see-mah-*mayn*-tay ) *adv* shortly

**prossimità** (proass-see-mee-*tah* ) *f* vicinity

**prossimo** (*pross*-see-moa ) *adj* next

**prostituta** (proa-stee-*tōō*-tah ) *f* prostitute

**protagonista** (proa-tah-goa-*nee*-stah ) *m* protagonist

*****proteggere** (proa-*tehd*-jay-ray ) *v* protect

**proteina** (proa-tay-*ee*-nah ) *f* protein

**protesta** (proa-*teh*-stah ) *f* protest

**protestante** (proa-tay-*stahn*-tay ) *adj* Protestant

**protestare** (proa-tay-*staa*-ray ) *v* protest

**protezione** (proa-tay-*tsyōā*-nay ) *f* protection

**protuberanza** (proa-too-bay-*rahn*-tsah ) *f* lump

**prova** (*praw*-vah ) *f* trial, experiment, test; evidence, token, proof; rehearsal; *****fare le prove** rehearse; **in** ~ on approval

**provare** (proa-*vaa*-ray ) *v* attempt, test; prove; experience; try on

**provenienza** (proa-vay-*ñehn*-tsah ) *f* origin

*****provenire da** (proa-vay-*nee*-ray ) *come from; originate from

**proverbio** (proa-*vehr*-byoa ) *m* proverb

**provincia** (proa-*veen*-chah ) *f* province

**provinciale** (proa-veen-*chaa*-lay ) *adj* provincial

**provocare** (proa-voa-*kaa*-ray ) *v* cause

*****provvedere** (proav-vay-*dāy*-ray ) *v* provide; ~ **di** furnish with

**provvedimento** (proav-vay-dee-*mayn*-toa ) *m* measure

**provvisioni** (proav-vee-*zyōā*-nee ) *fpl* provisions *pl*

**provvisorio** (proav-vee-*zaw*-ryoa ) *adj* provisional, temporary

**provvista** (proav-*vee*-stah ) *f* supply

**prudente** (proo-*dehn*-tay ) *adj* wary

**prudere** (*prōo*-day-ray) *v* itch

**prurito** (proo-*ree*-toa) *m* itch

**psichiatra** (psee-*kyaa*-trah) *m* psychiatrist

**psichico** (*psee*-kee-koa) *adj* psychic

**psicoanalista** (psee-koa-ah-nah-*lee*-stah) *m* psychoanalyst

**psicologia** (psee-koa-loa-*jee*-ah) *f* psychology

**psicologico** (psee-koa-*law*-jee-koa) *adj* psychological

**psicologo** (psee-*kaw*-loa-goa) *m* psychologist

**pubblicare** (poob-blee-*kaa*-ray) *v* publish

**pubblicazione** (poob-blee-kah-*tsyōā*-nay) *f* publication

**pubblicità** (poob-blee-chee-*tah*) *f* advertising, publicity

**pubblico** (*poob*-blee-koa) *adj* public; *m* public

**pudore** (poo-*dōā*-ray) *m* shame

**pugno** (*pōō*-ñoa) *m* fist; punch; **sferrare pugni** punch

**pulcino** (pool-*chee*-noa) *m* chicken

**pulire** (poo-*lee*-ray) *v* clean; **~ a secco** dry-clean

**pulito** (poo-*lee*-toa) *adj* clean

**pulitura** (poo-lee-*tōō*-rah) *f* cleaning

**pulizia** (poo-lee-*tsee*-ah) *f* cleaning

**pulpito** (*pool*-pee-toa) *m* pulpit

**pulsante** (pool-*sahn*-tay) *m* push-button

**\*pungere** (*poon*-jay-ray) *v* \*sting, prick

**punire** (poo-*nee*-ray) *v* punish

**punizione** (poo-nee-*tsyōā*-nay) *f* punishment

**punta** (*poon*-tah) *f* point, tip

**puntare su** (poon-*taa*-ray) aim at

**punteggio** (poon-*tehd*-joa) *m* score

**punto** (*poon*-toa) *m* point; period, full stop; item, issue; stitch; **~ decisivo** turning-point; **~ di congelamento** freezing-point; **~ di partenza** starting-point; **~ di riferimento** landmark; **~ di vista** point of view, outlook; **~ e virgola** semi-colon; **~ interrogativo** question mark

**puntuale** (poon-*twaa*-lay) *adj* punctual

**puntura** (poon-*tōō*-rah) *f* bite, sting

**purché** (poor-*kay*) *conj* provided that

**pure** (*pōō*-ray) *adv* as well, also

**puro** (*pōō*-roa) *adj* clean, pure; neat, sheer

**purosangue** (poo-roa-*sahng*-gway) *adj* thoroughbred

**pus** (pooss) *m* pus

**pustoletta** (poo-stoa-*layt*-tah) *f* pimple

**puttana** (poot-*taa*-nah) *f* whore

**puzzare** (poot-*tsaa*-ray) *v* \*smell, \*stink

**puzzle** (pahzl) jigsaw puzzle

**puzzolente** (poot-tsoa-*lehn*-tay) *adj* smelly

# Q

**qua** (kwah) *adv* here

**quadrato** (kwah-*draa*-toa) *adj* square; *m* square

**quadrettato** (kwah-drayt-*taa*-toa) *adj* chequered

**quadretto** (kwah-*drayt*-toa) *m* check

**quadro** (*kwaa*-droa) *m* picture; cadre; **~ di distribuzione** switchboard

**quaglia** (*kwaa*-lʸah) *f* quail

**qualche** (*kwahl*-kay) *adj* some

**qualcosa** (kwahl-*kaw*-sah) *pron* something

**qualcuno** (kwahl-*kōō*-noa) *pron* someone, somebody

**quale** (*kwaa*-lay) *pron* which

**qualifica** (kwah-*lee*-fee-kah) *f* qualification

**qualificato** (kwah-lee-fee-*kaa*-toa) *adj*

qualified; **non** ~ unskilled

**qualità** (kwah-lee-*tah*) f quality; **di prima** ~ first-rate, first-class

**qualora** (kwah-*lōā*-rah) conj when, in case

**qualsiasi** (kwahl-*see*-ah-see) adj whatever; whichever

**quando** (*kwahn*-doa) adv when; conj when

**quantità** (kwahn-tee-*tah*) f amount, quantity; number; lot

**quanto** (*kwahn*-toa) adj how much, how many

**quantunque** (kwahn-*toong*-kway) conj though

**quaranta** (kwah-*rahn*-tah) num forty

**quarantena** (kwah-rahn-*tai*-nah) f quarantine

**quartiere** (kwahr-*tyai*-ray) m district, quarter; ~ **generale** headquarters pl; ~ **povero** slum

**quarto** (*kwahr*-toa) num fourth; m quarter

**quasi** (*kwaa*-zee) adv almost, nearly

**quattordicesimo** (kwaht-toar-dee-*chai*-zee-moa) num fourteenth

**quattordici** (kwaht-*tor*-dee-chee) num fourteen

**quattro** (*kwaht*-troa) num four

**quello¹** (*kwayl*-loa) pron that; **quelli** those; ~ **che** what

**quello²** (*kwayl*-loa) adj that; **quei** adj those

**quercia** (*kwehr*-chah) f oak

**questione** (kway-*styōā*-nay) f matter, issue, question

**questo** (*kway*-stoa) adj this; **questi** these

**qui** (kwee) adv here

**quiete** (kwee-*ai*-tay) f stillness, quiet

**quieto** (kwee-*ai*-toa) adj quiet

**quindi** (*kween*-dee) conj therefore

**quindicesimo** (kween-dee-*chai*-zee-moa) num fifteenth

**quindici** (*kween*-dee-chee) num fifteen

**quinto** (*kween*-toa) num fifth

**quota** (*kwaw*-tah) f quota

**quotidiano** (kwoa-tee-*dyaa*-noa) adj daily; everyday; m daily

# R

**rabarbaro** (rah-*bahr*-bah-roa) m rhubarb

**rabbia** (*rahb*-byah) f anger, rage; rabies

**rabbioso** (rahb-*byōā*-soa) adj mad

**rabbrividire** (rahb-bree-vee-*dee*-ray) v shiver

**raccapricciante** (rahk-kahp-preet-*chahn*-tay) adj creepy

**raccapriccio** (rahk-kahp-*preet*-choa) m horror

**racchetta** (rahk-*kayt*-tah) f racquet

\***raccogliere** (rahk-*kaw*-lᵞay-ray) v pick up; gather; collect; \***raccogliersi** gather

**raccolta** (rahk-*kol*-tah) f crop; ~ **di documenti** file

**raccolto** (rahk-*kol*-toa) m harvest

**raccomandare** (rahk-koa-mahn-*daa*-ray) v recommend; register

**raccomandata** (rahk-koa-mahn-*daa*-tah) f registered letter

**raccomandazione** (rahk-koa-mahn-dah-*tsyōā*-nay) f recommendation

**raccontare** (rahk-koan-*taa*-ray) v relate, \*tell

**racconto** (rahk-*koan*-toa) m story, tale; ~ **a fumetti** comics pl

**raccorciare** (rahk-koar-*chaa*-ray) v shorten; trim

\***radere** (*raa*-day-ray) v shave

**radiatore** (rah-dyah-*tōā*-ray) m radiator

**radicale** (rah-dee-*kaa*-lay) adj radical

**radice** (rah-*dee*-chay) *f* root

**radio** (*raa*-dyoa) *f* wireless, radio

**radiografare** (rah-dyoa-grah-*faa*-ray) *v* X-ray

**radiografia** (rah-dyoa-grah-*fee*-ah) *f* X-ray

**raduno** (rah-*dōō*-noa) *m* rally

**radura** (rah-*dōō*-rah) *f* clearing

**rafano** (*raa*-fah-noa) *m* horseradish

**raffermo** (rahf-*fayr*-moa) *adj* stale

**raffica** (*rahf*-fee-kah) *f* gust, blow

**raffigurare** (rahf-fee-goo-*raa*-ray) *v* represent

**raffineria** (rahf-fee-nay-*ree*-ah) *f* refinery; ~ **di petrolio** oil-refinery

**raffreddore** (rahf-frayd-*dōā*-ray) *m* cold; *prendere un ~ catch a cold

**ragazza** (rah-*gaht*-tsah) *f* girl

**ragazzino** (rah-gaht-*tsee*-noa) *m* boy

**ragazzo** (rah-*gaht*-tsoa) *m* lad, boy

**raggio** (*rahd*-joa) *m* beam, ray; radius; spoke

*raggiungere** (rahd-*joon*-jay-ray) *v* attain, achieve, reach

**raggiungibile** (rahd-joon-*jee*-bee-lay) *adj* attainable

**ragguaglio** (rahg-*gwaa*-lYoa) *m* information

**ragionamento** (rah-joa-nah-*mayn*-toa) *m* reasoning

**ragionare** (rah-joa-*naa*-ray) *v* reason

**ragione** (rah-*jōā*-nay) *f* reason, wits *pl*, sense; cause; *avere ~ * be right

**ragionevole** (rah-joa-*nāy*-voa-lay) *adj* reasonable; sensible

**ragnatela** (rah-ñah-*tāy*-lah) *f* cobweb, spider's web

**ragno** (*raa*-ñoa) *m* spider

**raion** (*raa*-yoan) *m* rayon

**rallegrare** (rahl-lay-*graa*-ray) *v* cheer up

**rallentare** (rahl-layn-*taa*-ray) *v* slow down

**rame** (*raa*-may) *m* copper

**rammendare** (rahm-mayn-*daa*-ray) *v* mend, darn

**rammentare** (rahm-mayn-*taa*-ray) *v* remind of; **rammentarsi** remember

**ramo** (*raa*-moa) *m* branch, bough

**ramoscello** (rah-moash-*shehl*-loa) *m* twig

**rampa** (*rahm*-pah) *f* ramp

**rana** (*raa*-nah) *f* frog

**rancido** (*rahn*-chee-doa) *adj* rancid

**randello** (rahn-*dehl*-loa) *m* cudgel

**rapida** (*raa*-pee-dah) *f* rapids *pl*

**rapidità** (rah-pee-dee-*tah*) *f* speed

**rapido** (*raa*-pee-doa) *adj* fast; swift, rapid

**rapina** (rah-*pee*-nah) *f* robbery, hold-up

**rappezzare** (rahp-payt-*tsaa*-ray) *v* patch

**rapporto** (rahp-*por*-toa) *m* report; affair, intercourse

**rappresentante** (rahp-pray-zayn-*tahn*-tay) *m* agent

**rappresentanza** (rahp-pray-zayn-*tahn*-tsah) *f* representation

**rappresentare** (rahp-pray-zayn-*taa*-ray) *v* represent

**rappresentativo** (rahp-pray-zayn-tah-*tee*-voa) *adj* representative

**rappresentazione** (rahp-pray-zayn-tah-*tsyōā*-nay) *f* performance, show; ~ **di marionette** puppet-show; ~ **teatrale** play

**raramente** (rah-rah-*mayn*-tay) *adv* seldom, rarely

**raro** (*raa*-roa) *adj* uncommon, rare

**raschiare** (rah-*skyaa*-ray) *v* scrape

**raso** (*raa*-soa) *m* satin

**rasoio** (rah-*sōā*-yoa) *m* safety-razor, razor; ~ **elettrico** electric razor; shaver

**raspare** (rah-*spaa*-ray) *v* grate

**rassegna** (rahss-*sāy*-ñah) *f* survey

**rassomiglianza** (rahss-soa-mee-*lYahn*-

tsah ) *f* similarity

**rastrello** (rah-*strehl*-loa ) *m* (pl ~n) rake

**rata** (*raa*-tah ) *f* instalment

**ratto** (*raht*-toa ) *m* rat

**rauco** (*rou*-koa ) *adj* hoarse

**ravanello** (rah-vah-*nehl*-loa ) *m* radish

**razione** (rah-*tsyōa*-nay ) *f* ration

**razza** (*raht*-tsah ) *f* breed, race

**razziale** (raht-*tsyaa*-lay ) *adj* racial

**razzo** (*raht*-tsoa ) *m* rocket

**re** (ray ) *m* (pl ~) king

**reale** (ray-*aa*-lay ) *adj* true, factual, actual, substantial, real; royal

**realizzabile** (ray-ah-leed-*dzaa*-bee-lay ) *adj* feasible, realizable

**realizzare** (ray-ah-leed-*dzaa*-ray ) *v* realize

**realtà** (ray-ahl-*tah* ) *f* reality; **in ~** actually, in effect; really

**reato** (ray-*aa*-toa ) *m* offence

**reazione** (ray-ah-*tsyōa*-nay ) *f* reaction

**recapitare** (ray-kah-pee-*taa*-ray ) *v* deliver

**recare** (ray-*kaa*-ray ) *v* *bring; cause; **recarsi** *go

**recensione** (ray-chayn-*syōa*-nay ) *f* review

**recente** (ray-*chehn*-tay ) *adj* recent; **di ~** recently

**recentemente** (ray-chayn-tay-*mayn*-tay ) *adv* lately, recently

**recessione** (ray-chayss-*syōa*-nay ) *f* recession

**recinto** (ray-*cheen*-toa ) *m* fence

**recipiente** (ray-chee-*pyehn*-tay ) *m* container, vessel

**reciproco** (ray-*chee*-proa-koa ) *adj* mutual

**recital** (ray-see-*tahl* ) *m* recital

**recitare** (ray-chee-*taa*-ray ) *v* act

**reclamare** (ray-klah-*maa*-ray ) *v* claim

**recluta** (*ray*-kloo-tah ) *f* recruit

**redattore** (ray-daht-*tōa*-ray ) *m* editor

**reddito** (*rehd*-dee-toa ) *m* revenue, income; **redditi** earnings *pl*

* **redigere** (ray-*dee*-jay-ray ) *v* *draw up

* **redimere** (ray-*dee*-may-ray ) *v* redeem

**refe** (*rāy*-fay ) *m* thread

**referenza** (ray-fay-*rehn*-tsah ) *f* reference

**regalo** (ray-*gaa*-loa ) *m* gift, present

**regata** (ray-*gaa*-tah ) *f* regatta

* **reggersi** (*rehd*-jayr-see ) *v* *hold on

**reggicalze** (rayd-jee-*kahl*-tsay ) *m* suspender belt; garter belt *Am*

**reggipetto** (rayd-jee-*peht*-toa ) *m* brassiere, bra

**reggiseno** (rayd-jee-*sāy*-noa ) *m* brassiere, bra

**regia** (ray-*jee*-ah ) *f* direction

**regime** (ray-*jee*-may ) *m* rule, régime

**regina** (ray-*jee*-nah ) *f* queen

**regionale** (ray-joa-*naa*-lay ) *adj* regional

**regione** (ray-*jōa*-nay ) *f* region; country, district

**regista** (ray-*jee*-stah ) *m* director

**registrare** (ray-jee-*straa*-ray ) *v* record, book; **registrarsi** register, check in

**registrazione** (ray-jee-strah-*tsyōa*-nay ) *f* registration; record, entry; recording

**regnare** (ray-*ña*-ray ) *v* reign

**regno** (*rāy*-ñoa ) *m* kingdom; reign

**regola** (*rai*-goa-lah ) *f* rule

**regolamentazione** (ray-goa-lah-mayn-tah-*tsyōa*-nay ) *f* regulation

**regolamento** (ray-goa-lah-*mayn*-toa ) *m* regulation

**regolare** (ray-goa-*laa*-ray ) *adj* regular; *v* regulate; adjust; **regolato** regular

**relativo** (ray-lah-*tee*-voa ) *adj* relative; comparative

**relazione** (ray-lah-*tsyōa*-nay ) *f* relation; reference, connection; report; **in ~ a** regarding

**religione** (ray-lee-*jōa*-nay ) *f* religion

**religioso** (ray-lee-*jōa*-soa) *adj* religious

**reliquia** (ray-*lee*-kwee-ah) *f* relic

**relitto** (ray-*leet*-toa) *m* wreck

**remare** (ray-*maa*-ray) *v* row

**remo** (*rai*-moa) *m* oar; paddle

**remoto** (ray-*maw*-toa) *adj* remote, out of the way

\***rendere** (*rehn*-day-ray) *v* reimburse; \***pay**; ~ **conto di** account for; ~ **omaggio** honour

**rene** (*rai*-nay) *m* kidney

**renna** (*rehn*-nah) *f* reindeer

**reparto** (ray-*pahr*-toa) *m* section, division

**repellente** (ray-payl-*lehn*-tay) *adj* repellent

**repertorio** (ray-payr-*taw*-ryoa) *m* repertory

\***reprimere** (ray-*pree*-may-ray) *v* suppress

**repubblica** (ray-*poob*-blee-kah) *f* republic

**repubblicano** (ray-poob-blee-*kaa*-noa) *adj* republican

**reputare** (ray-poo-*taa*-ray) *v* consider

**reputazione** (ray-poo-tah-*tsyōa*-nay) *f* fame, reputation

**resa** (*rāy*-sah) *f* surrender

**residente** (ray-see-*dehn*-tay) *adj* resident; *m* resident

**residenza** (ray-see-*dehn*-tsah) *f* residence

**residuo** (ray-*see*-dwoa) *m* remnant, remainder

**resina** (*rai*-zee-nah) *f* resin

**resistenza** (ray-see-*stehn*-tsah) *f* resistance; strength

**resistere** (ray-*see*-stay-ray) *v* resist

**resoconto** (ray-soa-*koan*-toa) *m* account

\***respingere** (ray-*speen*-jay-ray) *v* turn down, reject

**respirare** (ray-spee-*raa*-ray) *v* breathe

**respiratore** (ray-spee-rah-*tōa*-ray) *m* snorkel

**respirazione** (ray-spee-rah-*tsyōa*-nay) *f* respiration, breathing

**respiro** (ray-*stee*-roa) *m* breath

**responsabile** (ray-spoan-*saa*-bee-lay) *adj* responsible; liable

**responsabilità** (ray-spoan-sah-bee-lee-*tah*) *f* responsibility; liability

**restare** (ray-*staa*-ray) *v* remain

**restauro** (ray-*stou*-roa) *m* repair

**restio** (ray-*stee*-oa) *adj* unwilling

**resto** (*reh*-stoa) *m* rest; remnant, remainder

\***restringersi** (ray-*streen*-jayr-see) *v* \*shrink; tighten

**restrizione** (ray-stree-*tsyōa*-nay) *f* restriction, qualification

**rete** (*rāy*-tay) *f* net; network; goal; ~ **da pesca** fishing net; ~ **stradale** road system

**reticella** (ray-tee-*chehl*-lah) *f* hair-net

**retina** (*rai*-tee-nah) *f* retina

**rettangolare** (rayt-tahng-goa-*laa*-ray) *adj* rectangular

**rettangolo** (rayt-*tahng*-goa-loa) *m* rectangle, oblong

**rettifica** (rayt-*tee*-fee-kah) *f* correction

**rettile** (*reht*-tee-lay) *m* reptile

**retto** (*reht*-toa) *adj* right; *m* rectum

**reumatismo** (ray$^{oo}$-mah-*tee*-zmoa) *m* rheumatism

**revisionare** (ray-vee-zyoa-*naa*-ray) *v* revise, overhaul

**revisione** (ray-vee-*zyōa*-nay) *f* revision

**revocare** (ray-voa-*kaa*-ray) *v* recall

**rialzo** (*ryahl*-tsoa) *m* rise

**riassunto** (ryahss-*soon*-toa) *m* résumé

**ribassare** (ree-bahss-*saa*-ray) *v* lower

**ribasso** (ree-*bahss*-soa) *m* reduction

**ribellione** (ree-bayl-*lꟾōa*-nay) *f* revolt, rebellion

**ribes** (*ree*-bayss) *m* currant; ~ **nero** black-currant

**ributtante** (ree-boot-*tahn*-tay) *adj*

creepy, repulsive

**ricamare** (ree-kah-*maa*-ray) v embroider

**ricambio** (ree-*kahm*-byoa) m refill

**ricamo** (ree-*kaa*-moa) m embroidery

**ricchezza** (reek-*kayt*-tsah) f riches pl, wealth, fortune

**riccio** (*reet*-choa) m hedgehog; ~ **di mare** sea-urchin

**ricciolo** (*reet*-choa-loa) m curl; wave

**ricciuto** (reet-*choo*-toa) adj curly

**ricco** (*reek*-koa) adj rich, wealthy

**ricerca** (ree-*chehr*-kah) f research; search

**ricetta** (ree-*cheht*-tah) f prescription; recipe

**ricevere** (ree-*chāy*-vay-ray) v receive

**ricevimento** (ree-chay-vee-*mayn*-toa) m reception, receipt; **capo ufficio** ~ receptionist

**ricevitore** (ree-chay-vee-*tōā*-ray) m receiver

**ricevuta** (ree-chay-*vōō*-tah) f receipt; voucher

**richiamare** (ree-kyah-*maa*-ray) v recall

**richiamo** (ree-*kiæћa*-moa) m recall m; allurement; cross-reference

**\*richiedere** (ree-*kyai*-day-ray) v request; demand

**richiesta** (ree-*kyeh*-stah) f request; application

**richiesto** (ree-*keeeh*-stoa) adj requisite

**riciclabile** (ree-chee-*klah*-bee-lay) adj recyclable

**riciclare** (ree-chee-*klah*-ray) v recycle

**ricominciare** (ree-koa-meen-*chaa*-ray) v recommence

**ricompensa** (ree-koam-*pehn*-sah) f reward, prize

**ricompensare** (ree-koam-payn-*saa*-ray) v reward

**riconciliazione** (ree-koan-chee-lyah-*tsyōā*-nay) f reconciliation

**riconoscente** (ree-koa-noash-*shehn*-tay) adj grateful, thankful

**\*riconoscere** (ree-koa-*noash*-shay-ray) v recognize; acknowledge; admit, confess

**riconoscimento** (ree-koa-noash-shee-*mayn*-toa) m recognition

**ricordare** (ree-koar-*daa*-ray) v remember; *think of; \*far ~ remind; **ricordarsi** recollect, remember, recall

**ricordo** (ree-*kor*-doa) m memory, remembrance; souvenir

**\*ricorrere** (ree-*koar*-ray-ray) v recur; appeal; ~ **a** apply to

**ricostruire** (ree-koa-*strwee*-ray) v *rebuild; reconstruct

**ricreazione** (ree-kray-ah-*tsyōā*-nay) f recreation

**ricuperare** (ree-koo-pay-*raa*-ray) v recover

**ricusare** (ree-koo-*zaa*-ray) v deny

**ridacchiare** (ree-dahk-*kyaa*-ray) v giggle, chuckle

**\*ridere** (*ree*-day-ray) v laugh

**ridicolizzare** (ree-dee-koa-leed-*dzaa*-ray) v ridicule

**ridicolo** (ree-*dee*-koa-loa) adj ridiculous, ludicrous

**ridondante** (ree-doan-*dahn*-tay) adj redundant

**ridotto** (ree-*doat*-toa) m lobby, foyer

**\*ridurre** (ree-*door*-ray) v reduce, *cut

**riduzione** (ree-doo-*tsyōā*-nay) f discount, reduction, rebate

**rieducazione** (ryay-doo-kah-*tsyōā*-nay) f rehabilitation

**riempire** (ryaym-*pee*-ray) v fill

**rientrare** (rıæћyn-*traa*-ray) v return; ~ **in** *be part of

**riferimento** (ree-fay-ree-*mayn*-toa) m reference

**riferire** (ree-fay-*ree*-ray) v report

**rifiutare** (ree-fyoo-*taa*-ray) v deny, refuse; reject

**rifiuto** (ree-*fyōō*-toa) m refusal; **rifiuti** litter

**riflessione** (ree-flayss-*syōā*-nay ) f deliberation

**riflesso** (ree-*flehss*-soa) m reflection

**\*riflettere¹** (ree-*fleht*-tay-ray ) v (pp riflesso) reflect

**\*riflettere²** (ree-*fleht*-tay-ray ) v (pp riflettuto) \*think

**riflettore** (ree-flayt-*tōā*-ray ) m searchlight ; reflector

**riforma** (ree-*foar*-mah ) f reformation

**rifornimento** (ree-foar-nee-*mayn*-toa ) m supply

**rifugiarsi** (ree-foo-*jahr*-see ) v \*seek refuge

**rifugio** (ree-*fōō*-joa ) m cover, shelter

**riga** (*ree*-gah ) f line ; ruler

**rigettare** (ree-jayt-*taa*-ray ) v reject ; vomit

**rigido** (*ree*-jee-doa ) adj stiff ; bleak ; strict

**rigirarsi** (ree-jee-*rahr*-see ) v turn round

**rigoroso** (ree-goa-*rōā*-soa ) adj severe

**riguardare** (ree-gwahr-*daa*-ray ) v concern, affect ; **per quanto riguarda** as regards ; **riguardante** concerning

**riguardo** (ree-*gwahr*-doa ) m regard, consideration ; ~ **a** regarding ; concerning, with reference to

**riguardoso** (ree-gwahr-*dōā*-soa ) adj considerate

**rilassamento** (ree-lahss-sah-*mayn*-toa ) m relaxation

**rilassarsi** (ree-lahss-*sahr*-see ) v relax

**rilevante** (ree-lay-*vahn*-tay ) adj important

**rilevare** (ree-lay-*vaa*-ray ) v notice ; collect, pick up ; \*take over

**rilievo** (ree-(*Yai*-voa ) m relief ; importance

**rima** (*ree*-mah ) f rhyme

**rimandare** (ree-mahn-*daa*-ray ) v postpone ; ~ **a** refer to

**rimanente** (ree-mah-*nehn*-tay ) adj remaining

**rimanenza** (ree-mah-*nehn*-tsah ) f remnant

**\*rimanere** (ree-mah-*nāy*-ray ) v stay, remain

**rimborsare** (reem-boar-*saa*-ray ) v reimburse, refund, \*repay

**rimborso** (reem-*boar*-soa ) m refund, repayment

**rimedio** (ree-*māy*-dyoa ) m remedy

**rimessa** (ree-*mayss*-sah ) f remittance ; garage ; \*mettere in ~ garage

**\*rimettere** (ree-*mayt*-tay-ray ) v remit

**rimorchiare** (ree-moar-*kyaa*-ray ) v tug

**rimorchiatore** (ree-moar-kyah-*tōā*-ray ) m tug

**rimorchio** (ree-*mor*-kyoa ) m trailer

**\*rimpiangere** (reem-*pyahn*-jay-ray ) v regret ; miss

**rimpianto** (reem-*pyahn*-toa ) m regret

**rimproverare** (reem-proa-vay-*raa*-ray ) v reproach, reprimand ; blame

**rimprovero** (reem-*praw*-vay-roa ) m reproach

**rimunerare** (ree-moo-nay-*raa*-ray ) v remunerate

**rimunerativo** (ree-moo-nay-rah-*tee*-voa ) adj paying

**rimunerazione** (ree-moo-nay-rah-*tsyōā*-nay ) f remuneration

**rincasare** (reeng-kah-*saa*-ray ) v \*go home

**\*rinchiudere** (reeng-*kyōō*-day-ray ) v \*shut in

**rinfrescare** (reen-fray-*skaa*-ray ) v refresh

**rinfresco** (reen-*fray*-skoa ) m refreshment

**ringhiera** (reeng-*gyai*-rah ) f banisters pl, rail

**ringraziare** (reeng-grah-*tsyaa*-ray ) v thank

**rinnovare** (reen-noa-*vaa*-ray ) v renew

**rinoceronte** (ree-noa-chay-*roan*-tay ) m rhinoceros

**rinomanza** (ree-noa-*mahn*-tsah) f fame

**rinorragia** (ree-noar-rah-*jee*-ah) f nose-bleed

**rintracciare** (reen-traht-*chaa*-ray) v trace

**rinviare** (reen-*vyaa*-ray) v *send back; adjourn, *put off

**rinvio** (reen-*vee*-oa) m delay

**riordinare** (ryoar-dee-*naa*-ray) v tidy up

**riparare** (ree-pah-*raa*-ray) v shelter; mend, repair, fix

**riparazione** (ree-pah-rah-*tsyoā*-nay) f reparation

**riparo** (ree-*paa*-roa) m shelter; screen

**ripartire** (ree-pahr-*tee*-ray) v divide

**riparto** (ree-*pahr*-toa) m department

**ripensare** (ree-payn-*saa*-ray) v *think over

**ripetere** (ree-*pai*-tay-ray) v repeat

**ripetizione** (ree-pay-tee-*tsyoā*-nay) f repetition

**ripetutamente** (ree-pay-too-tah-*mayn*-tay) adv again and again

**ripido** (*ree*-pee-doa) adj steep

**ripieno** (ree-*pyai*-noa) adj stuffed; m filling; stuffing

**riportare** (ree-poar-*taa*-ray) v *bring back

**riposante** (ree-poa-*sahn*-tay) adj restful

**riposarsi** (ree-poa-*sahr*-see) v rest

**riposo** (ree-*paw*-soa) m rest

*** riprendere** (ree-*prehn*-day-ray) v resume

**ripresa** (ree-*prāy*-sah) f round

**ripristino** (ree-pree-*stee*-noa) m revival

*** riprodurre** (ree-proa-*door*-ray) v reproduce

**riproduzione** (ree-proa-doo-*tsyoā*-nay) f reproduction

**riprovare** (ree-proa-*vaa*-ray) v scold

**ripugnante** (ree-poo-*ñahn*-tay) adj repellent

**ripugnanza** (ree-poo-*ñahn*-tsah) f dislike

**risarcimento** (ree-sahr-chee-*mayn*-toa) m indemnity

**risata** (ree-*saa*-tah) f laughter

**riscaldamento** (ree-skahl-dah-*mayn*-toa) m heating

**riscaldatore** (ree-skahl-dah-*tōā*-ray) m heater

**riscatto** (ree-*skaht*-toa) m ransom

**rischiare** (ree-*skyaa*-ray) v risk

**rischio** (*ree*-skyoa) m risk; chance, hazard

**rischioso** (ree-*skyoā*-soa) adj risky

*** riscuotere** (ree-*skwaw*-tay-ray) v cash, raise

**risentirsi per** (ree-sayn-*teer*-see) resent

**riserva** (ree-*sehr*-vah) f reserve; store; qualification; **di ~** spare; **~ di selvaggina** game reserve

**riservare** (ree-sayr-*vaa*-ray) v reserve, engage

**riservato** (ree-sayr-*vaa*-toa) adj reserved; modest

**riso**[1] (*ree*-soa) m laugh

**riso**[2] (*ree*-soa) m rice

**risoluto** (ree-soa-*lōō*-toa) adj determined, resolute

*** risolvere** (ree-*sol*-vay-ray) v solve

**risparmi** (ree-*spahr*-mee) mpl savings pl

**risparmiare** (ree-spahr-*myaa*-ray) v save

**rispedire** (ree-spay-*dee*-ray) v *send back

**rispettabile** (ree-spayt-*taa*-bee-lay) adj respectable

**rispettare** (ree-spayt-*taa*-ray) v respect

**rispettivo** (ree-spayt-*tee*-voa) adj respective

**rispetto** (ree-*speht*-toa) m esteem, respect

**rispettoso** (ree-spayt-*tōā*-soa) adj respectful

**risplendere** (ree-*splehn*-day-ray) v *shine

***rispondere** (ree-*spoan*-day-ray) v answer; reply

**risposta** (ree-*spoa*-stah) f answer, reply; **in** ~ in reply; **senza** ~ unanswered

**ristorante** (ree-stoa-*rahn*-tay) m restaurant

**risultare** (ree-sool-*taa*-ray) v result; appear

**risultato** (ree-sool-*taa*-toa) m result; issue, effect, outcome

**risvolta** (ree-*svol*-tah) f lapel

**ritardare** (ree-tahr-*daa*-ray) v delay

**ritardo** (ree-*tahr*-doa) m delay; **in** ~ late, overdue

***ritenere** (ree-tay-*nāy*-ray) v consider

**ritirare** (ree-tee-*raa*-ray) v *withdraw; *draw

**ritmo** (*reet*-moa) m rhythm

**ritornare** (ree-toar-*naa*-ray) v turn back, return

**ritorno** (ree-*toar*-noa) m return; way back; **andata e** ~ round trip *Am*

**ritratto** (ree-*traht*-toa) m portrait

**ritrovare** (ree-troa-*vaa*-ray) v recover, *find back

**ritto** (*reet*-toa) adj erect

**riunione** (ryoo-*nyōa*-nay) f assembly, meeting

**riunire** (ryoo-*nee*-ray) v reunite; assemble; join

***riuscire** (ryoosh-*shee*-ray) v manage, succeed; *make; **riuscito** successful

**riva** (*ree*-vah) f bank, shore; ~ **del mare** seashore

**rivale** (ree-*vaa*-lay) m rival

**rivaleggiare** (ree-vah-layd-*jaa*-ray) v rival

**rivalità** (ree-vah-lee-*tah*) f rivalry

***rivedere** (ree-vay-*dāy*-ray) v check

**rivelare** (ree-vay-*laa*-ray) v reveal

**rivelazione** (ree-vay-lah-*tsyōa*-nay) f revelation

**rivendicare** (ree-vayn-dee-*kaa*-ray) v claim

**rivendicazione** (ree-vayn-dee-kah-*tsyōa*-nay) f claim

**rivenditore** (ree-vayn-dee-*tōa*-ray) m retailer

**rivista** (ree-*vee*-stah) f magazine, review; revue; ~ **mensile** monthly magazine

***rivolgersi a** (ree-*vol*-jayr-see) address

**rivolgimento** (ree-voal-jee-*mayn*-toa) m reverse

**rivolta** (ree-*vol*-tah) f revolt, rebellion

**rivoltante** (ree-voal-*tahn*-tay) adj revolting

**rivoltarsi** (ree-voal-*tahr*-see) v revolt

**rivoltella** (ree-voal-*tehl*-lah) f gun, revolver

**rivoluzionario** (ree-voa-loo-tsyoa-*naa*-ryoa) adj revolutionary

**rivoluzione** (ree-voa-loo-*tsyōa*-nay) f revolution

**roba** (*raw*-bah) f stuff

**robaccia** (roa-*baht*-chah) f trash

**robusto** (roa-*boo*-stoa) adj robust, solid, strong

**roccaforte** (roak-kah-*for*-tay) f stronghold

**rocchetto** (roak-*kayt*-toa) m spool

**roccia** (*rot*-chah) f rock

**roccioso** (roat-*chōa*-soa) adj rocky

**roco** (*raw*-koa) adj hoarse

**Romania** (roa-mah-*nee*-ah) f Rumania

**romantico** (roa-*mahn*-tee-koa) adj romantic

**romanziere** (roa-mahn-*dzyai*-ray) m novelist

**romanzo** (roa-*mahn*-dzoa) m novel; ~ **a puntate** serial; ~ **poliziesco** detective story

**rombo¹** (*roam*-boa) m roar

**rombo²** (*roam*-boa) m brill

**romeno** (roa-*mai*-noa) adj Rumanian;

*m* Rumanian

*rompere* (*roam*-pay-ray) *v* \*break

**rompicapo** (roam-pee-*kaa*-poa) *m* puzzle

**rondine** (*roan*-dee-nay) *f* swallow

**rosa** (*raw*-zah) *f* rose; *adj* rose, pink

**rosario** (roa-*zaa*-ryoa) *m* rosary, beads *pl*

**rosolaccio** (roa-zoa-*laht*-choa) *m* poppy

**rospo** (*ro*-spoa) *m* toad

**rossetto** (roass-*sayt*-toa) *m* lipstick; rouge

**rosso** (*roass*-soa) *adj* red

**rosticceria** (roa-steet-chay-*ree*-ah) *f* grill-room

**rotabile** (roa-*taa*-bee-lay) *f* carriageway; roadway *nAm*

**rotolare** (roa-toa-*laa*-ray) *v* roll

**rotolo** (*raw*-toa-loa) *m* roll

**rotonda** (roa-*toan*-dah) *f* roundabout

**rotondo** (roa-*toan*-doa) *adj* round

**rotta** (*roat*-tah) *f* route; course

**rotto** (*roat*-toa) *adj* broken

**rottura** (roat-*tōō*-rah) *f* break

**rotula** (*raw*-too-lah) *f* kneecap

**roulette** (roo-*leht*) *f* roulette

**roulotte** (roo-*lot*-tay) *f* trailer *nAm*

**rovesciare** (roa-vaysh-*shaa*-ray) *v* \*spill, knock over; \*overthrow; turn inside out; **rovesciarsi** overturn

**rovescio** (roa-*vehsh*-shoa) *m* reverse; **alla rovescia** the other way round; inside out

**rovina** (roa-*vee*-nah) *f* destruction, ruination, ruin; **rovine** ruins

**rovinare** (roa-vee-*naa*-ray) *v* ruin

**rozzo** (*road*-dzoa) *adj* gross

**rubare** (roo-*baa*-ray) *v* \*steal; rob

**rubinetto** (roo-bee-*nayt*-toa) *m* tap; faucet *nAm*

**rubino** (roo-*bee*-noa) *m* ruby

**rubrica** (roo-*bree*-kah) *f* column

**ruga** (*rōō*-gah) *f* wrinkle

**ruggine** (*rood*-jee-nay) *f* rust

**ruggire** (rood-*jee*-ray) *v* roar

**ruggito** (rood-*jee*-toa) *m* roar

**rugiada** (roo-*jaa*-dah) *f* dew

**rumore** (roo-*mōā*-ray) *m* noise

**rumoroso** (roo-moa-*rōā*-soa) *adj* noisy

**ruota** (*rwaw*-tah) *f* wheel; ~ **di ricambio** spare wheel

**rurale** (roo-*raa*-lay) *adj* rural

**ruscello** (roosh-*shehl*-loa) *m* brook, stream

**russare** (rooss-*saa*-ray) *v* snore

**Russia** (*rooss*-syah) *f* Russia

**russo** (*rooss*-soa) *adj* Russian; *m* Russian

**rustico** (*roo*-stee-koa) *adj* rustic

**ruvido** (*rōō*-vee-doa) *adj* uneven

# S

**sabato** (*saa*-bah-toa) *m* Saturday

**sabbia** (*sahb*-byah) *f* sand

**sabbioso** (sahb-*byōā*-soa) *adj* sandy

**saccarina** (sahk-kah-*ree*-nah) *f* saccharin

**sacchetto** (sahk-*kayt*-toa) *m* paper bag; pouch

**sacco** (*sahk*-koa) *m* bag, sack; ~ **a pelo** sleeping-bag

**sacerdote** (sah-chayr-*daw*-tay) *m* priest

**sacrificare** (sah-kree-fee-*kaa*-ray) *v* sacrifice

**sacrificio** (sah-kree-*fee*-choa) *m* sacrifice

**sacrilegio** (sah-kree-*lai*-joa) *m* sacrilege

**sacro** (*saa*-kroa) *adj* sacred

**saggezza** (sahd-*jayt*-tsah) *f* wisdom

**saggiare** (sahd-*jaa*-ray) *v* test

**saggio** (*sahd*-joa) *adj* wise; *m* essay

**sagrestano** (sah-gray-*staa*-noa) *m* sexton

**sala** (*saa*-lah) *f* hall; ~ **da ballo** ballroom; ~ **da banchetto** banqueting-hall; ~ **da concerti** concert hall; ~ **da pranzo** dining-room; ~ **d'aspetto** waiting-room; ~ **da tè** tea-shop; ~ **di esposizione** showroom; ~ **di lettura** reading-room; ~ **per fumatori** smoking-room

**salariato** (sah-lah-*ryaa*-toa) *m* employee

**salario** (sah-*laa*-ryoa) *m* salary, pay

**salassare** (sah-lahss-*saa*-ray) *v* *bleed

**salato** (sah-*laa*-toa) *adj* salty

**saldare** (sahl-*daa*-ray) *v* weld, solder; *pay off

**saldatore** (sahl-dah-*tōā*-ray) *m* soldering-iron

**saldatura** (sahl-dah-*tōō*-rah) *f* joint

**saldo** (*sahl*-doa) *adj* firm; *m* balance; **saldi** sales

**sale** (*saa*-lay) *m* salt; **sali da bagno** bath salts

**saliera** (sah-*l*Ⅴ*ai*-rah) *f* salt-cellar

*salire** (sah-*lee*-ray) *v* ascend; *rise, increase

**saliva** (sah-*lee*-vah) *f* spit

**salmone** (sahl-*mōā*-nay) *m* salmon

**salone** (sah-*lōā*-nay) *m* salon; lounge; ~ **di bellezza** beauty salon, beauty parlour

**salotto** (sah-*lot*-toa) *m* drawing-room, living-room; **salottino di prova** fitting room

**salsa** (*sahl*-sah) *f* sauce

**salsiccia** (sahl-*seet*-chah) *f* sausage

**saltare** (sahl-*taa*-ray) *v* jump

**saltellare** (sahl-tayl-*laa*-ray) *v* skip, hop

**saltello** (sahl-*tehl*-loa) *m* hop

**salto** (*sahl*-toa) *m* leap, jump

**salubre** (sah-*lōō*-bray) *adj* wholesome

**salutare** (sah-loo-*taa*-ray) *v* greet; salute

**salute** (sah-*lōō*-tay) *f* health

**saluto** (sah-*lōō*-toa) *m* greeting

**salvare** (sahl-*vaa*-ray) *v* save, rescue

**salvataggio** (sahl-vah-*tahd*-joa) *m* rescue; **cintura di** ~ lifebelt

**salvatore** (sahl-vah-*tōā*-ray) *m* saviour

**salvo** (*sahl*-voa) *prep* except

**sanatorio** (sah-nah-*taw*-ryoa) *m* sanatorium

**sandalo** (*sahn*-dah-loa) *m* sandal

**sangue** (*sahng*-gway) *m* blood

**sanguinare** (sahng-gwee-*naa*-ray) *v* *bleed

**sanitario** (sah-nee-*taa*-ryoa) *adj* sanitary

**sano** (*saa*-noa) *adj* healthy; well

**santo** (*sahn*-toa) *adj* holy; *m* saint

**santuario** (sahn-*twaa*-ryoa) *m* shrine

*sapere** (sah-*pāy*-ray) *v*.taste; *know; *be able to

**sapone** (sah-*pōā*-nay) *m* soap; ~ **da barba** shaving-soap; ~ **in polvere** soap powder

**sapore** (sah-*pōā*-ray) *m* taste

**saporito** (sah-poa-*ree*-toa) *adj* savoury, tasty

**sardina** (sahr-*dee*-nah) *f* sardine

**sarta** (*sahr*-tah) *f* dressmaker

**sarto** (*sahr*-toa) *m* tailor

**sasso** (*sahss*-soa) *m* stone

**satellite** (sah-*tehl*-lee-tay) *m* satellite

**saudita** (sou-*dee*-tah) *adj* Saudi Arabian

**sauna** (*sou*-nah) *f* sauna

**sbadigliare** (zbah-dee-*l*Ⅴ*aa*-ray) *v* yawn

**sbagliarsi** (zbah-*l*Ⅴ*ahr*-see) *v* *be mistaken

**sbagliato** (zbah-*l*Ⅴ*aa*-toa) *adj* false, wrong; misplaced

**sbaglio** (*zbaa*-l*Ⅴ*oa) *m* mistake, error

**sbalordire** (zbah-loar-*dee*-ray) *v* astonish

**sbarcare** (zbahr-*kaa*-ray) *v* land, disembark

**sbarra** (*zbahr*-rah) *f* bar; rail

**sbattere** (*zbaht*-tay-ray) v slam; whip

**sbiadire** (zbyah-*dee*-ray) v fade

**sbottonare** (zboat-toa-*naa*-ray) v unbutton

**sbucciare** (zboot-*chaa*-ray) v peel

**scaccato** (skahk-*kaa*-toa) adj chequered

**scacchi** (*skahk*-kee) mpl chess

**scacchiera** (skahk-*kyai*-rah) f draughtboard; checkerboard nAm

**scacciare** (skaht-*chaa*-ray) v chase

**scacco!** (*skahk*-koa) check!

**scadente** (skah-*dehn*-tay) adj poor

**scadenza** (skah-*dehn*-tsah) f expiry

**\*scadere** (skah-*dāy*-ray) v expire

**scaffale** (skahf-*faa*-lay) m shelf

**scala** (*skaa*-lah) f stairs pl, staircase; ladder; scale; ~ **di sicurezza** fire-escape; ~ **mobile** escalator; ~ **musicale** scale

**scaldare** (skahl-*daa*-ray) v warm, heat; **scaldacqua ad immersione** immersion heater

**scalfire** (skahl-*fee*-ray) v scratch

**scalfittura** (skahl-feet-*tōō*-rah) f scratch

**scalino** (skah-*lee*-noa) m step

**scalo** (*skaa*-loa) m dock

**scalpello** (skahl-*pehl*-loa) m chisel

**scalpore** (skahl-*pōā*-ray) m fuss

**scambiare** (skahm-*byaa*-ray) v exchange

**scambio** (*skahm*-byoa) m exchange; points pl

**scandalo** (*skahn*-dah-loa) m scandal; offence

**Scandinavia** (skahn-dee-*naa*-vyah) f Scandinavia

**scandinavo** (skahn-dee-*naa*-voa) adj Scandinavian; m Scandinavian

**scappamento** (skahp-pah-*mayn*-toa) m exhaust

**scappare** (skahp-*paa*-ray) v escape; slip

**scarabeo** (skah-rah-*bai*-oa) m beetle

**scaricare** (skah-ree-*kaa*-ray) v discharge, unload

**scarlatto** (skahr-*laht*-toa) adj scarlet

**scarpa** (*skahr*-pah) f shoe; **lucido per scarpe** shoe polish; **scarpe da ginnastica** gym shoes, plimsolls pl; sneakers plAm; **scarpe da tennis** tennis shoes; **stringa per scarpe** shoe-lace

**scarrozzata** (skahr-roat-*tsaa*-tah) f drive

**scarsamente** (skahr-sah-*mayn*-tay) adv scarcely

**scarsezza** (skahr-*sayt*-tsah) f want

**scarso** (*skahr*-soa) adj scarce; slight, small

**scartare** (skahr-*taa*-ray) v discard

**scassinare** (skahss-see-*naa*-ray) v burgle

**scassinatore** (skahss-see-nah-*tōā*-ray) m burglar

**scatola** (*skaa*-toa-lah) f box; ~ **di colori** paint-box; ~ **di fiammiferi** match-box

**scatolone** (skah-toa-*lōā*-nay) m carton

**scavare** (skah-*vaa*-ray) v *dig

**scavo** (*skaa*-voa) m excavation

**\*scegliere** (*shai*-lYay-ray) v *choose; pick, select; elect

**scellerato** (shayl-lay-*raa*-toa) adj wicked

**scelta** (*shayl*-tah) f choice; pick, selection

**scelto** (*shayl*-toa) adj select

**scena** (*shai*-nah) f scene; stage

**scenario** (shay-*naa*-ryoa) m setting

**\*scendere** (*shayn*-day-ray) v descend; *get off

**scheggia** (*skayd*-jah) f splinter, chip

**scheggiare** (skayd-*jaa*-ray) v chip

**scheletro** (*skai*-lay-troa) m skeleton

**schema** (*skai*-mah) m scheme; diagram

**schermo** (*skayr*-moa) *m* screen

**scherno** (*skayr*-noa) *m* scorn

**scherzare** (skayr-*tsaa*-ray) *v* joke

**scherzo** (*skayr*-tsoa) *m* joke; fun

**schiaccianoci** (skyaht-chah-*nōā*-chee) *m* nutcrackers *pl*

**schiacciare** (skyaht-*chaa*-ray) *v* mash; press; overwhelm

**schiaffeggiare** (skyahf-fayd-*jaa*-ray) *v* slap

**schiaffo** (*skyahf*-foa) *m* slap

**schiarimento** (skyah-ree-*mayn*-toa) *m* explanation

**schiavo** (*skyaa*-voa) *m* slave

**schioccare** (skyoak-*kaa*-ray) *v* crack

**schiocco** (*skyok*-koa) *m* crack

**schiuma** (*skyōō*-mah) *f* lather, foam, froth

**schivo** (*skee*-voa) *adj* shy

**schizzare** (skeet-*tsaa*-ray) *v* splash

**schizzo** (*skeet*-tsoa) *m* sketch

**sci** (shee) *m* ski; skiing; **scarponi da ∼ ski** boots; **∼ d'acqua** water ski

**sciacquare** (shahk-*kwaa*-ray) *v* rinse

**sciacquata** (shahk-*kwaa*-tah) *f* rinse

**sciagura** (shah-*gōō*-rah) *f* disaster

**scialle** (*shahl*-lay) *m* scarf, shawl

**sciare** (*shyaa*-ray) *v* ski

**sciarpa** (*shahr*-pah) *f* scarf

**sciatore** (shyah-*tōā*-ray) *m* skier

**sciatto** (*shaht*-toa) *adj* slovenly

**scientifico** (shayn-*tee*-fee-koa) *adj* scientific

**scienza** (*shehn*-tsah) *f* science

**scienziato** (shayn-*tsyaa*-toa) *m* scientist

**scimmia** (*sheem*-myah) *f* monkey

**scintilla** (sheen-*teel*-lah) *f* spark

**scintillante** (sheen-teel-*lahn*-tay) *adj* sparkling

**scintillare** (sheen-teel-*laa*-ray) *v* *shine

**sciocchezza** (shoak-*kayt*-tsah) *f* rubbish, nonsense

**sciocco** (*shok*-koa) *adj* crazy, foolish, silly; *m* fool

*** sciogliere** (shaw-*lYay*-ray) *v* dissolve

**scioperare** (shoa-pay-*raa*-ray) *v* *strike

**sciopero** (*shaw*-pay-roa) *m* strike

**sciroppo** (shee-*rop*-poa) *m* syrup

**scivolare** (shee-voa-*laa*-ray) *v* glide, slip; skid

**scivolata** (shee-voa-*laa*-tah) *f* slide

**scivolo** (*shee*-voa-loa) *m* slide

**scodella** (skoa-*dehl*-lah) *f* soup-plate

**scogliera** (skoa-*lYāy*-rah) *f* cliff

**scoglio** (*skaw*-lYoa) *m* cliff

**scoiattolo** (skoa-*yaht*-toa-loa) *m* squirrel

**scolara** (skoa-*laa*-rah) *f* schoolgirl

**scolaro** (skoa-*laa*-roa) *m* schoolboy; pupil

**scolo** (*skōā*-loa) *m* drain

**scolorirsi** (skoa-loa-*reer*-see) *v* fade, discolour

**scommessa** (skoam-*mayss*-sah) *f* bet

*** scommettere** (skoam-*mayt*-tay-ray) *v* *bet

**scomodità** (skoa-moa-dee-*tah*) *f* inconvenience

**scomodo** (*skaw*-moa-doa) *adj* uncomfortable

*** scomparire** (skoam-pah-*ree*-ray) *v* disappear

**scompartimento** (skoam-pahr-tee-*mayn*-toa) *m* compartment; **∼ per fumatori** smoker

**scomparto** (skoam-*pahr*-toa) *m* section

*** sconfiggere** (skoan-*feed*-jay-ray) *v* defeat

**sconfinato** (skoan-fee-*naa*-toa) *adj* unlimited

**sconfitta** (skoan-*feet*-tah) *f* defeat

**sconosciuto** (skoa-noash-*shōō*-toa) *adj* unfamiliar

**sconsiderato** (skoan-see-day-*raa*-toa) *adj* rash

**scontentare** (skoan-tayn-*taa*-ray) *v* displease

**scontento** (skoan-*tehn*-toa) *adj* dissatisfied, discontented

**sconto** (*skoan*-toa) *m* discount, rebate; **tasso di ~** bank-rate

**scontrarsi** (skoan-*trahr*-see) *v* crash

**scontro** (*skoan*-troa) *m* collision, crash

**scopa** (*skōa*-pah) *f* broom

**scopare** (skoa-*paa*-ray) *v* \*sweep

**scoperta** (skoa-*pehr*-tah) *f* discovery

**scopo** (*skaw*-poa) *m* design; **allo ~ di** to, in order to

**scoppiare** (skoap-*pyaa*-ray) *v* \*burst

**scoppio** (*skop*-pyoa) *m* outbreak

\***scoprire** (skoa-*pree*-ray) *v* uncover; detect, discover

\***scorgere** (*skor*-jay-ray) *v* perceive

\***scorrere** (*skoar*-ray-ray) *v* flow, stream

**scorretto** (skoar-*reht*-toa) *adj* incorrect

**scorso** (*skoar*-soa) *adj* past, last

**scorta** (*skor*-tah) *f* escort; stock

**scortare** (skoar-*taa*-ray) *v* escort

**scortese** (skoar-*tāy*-zay) *adj* unkind, impolite

**scossa** (*skoss*-sah) *f* shock

**Scozia** (*skaw*-tsyah) *f* Scotland

**scozzese** (skoat-*tsāy*-say) *adj* Scottish, Scotch; *m* Scot

**scriminatura** (skree-mee-nah-*tōō*-rah) *f* parting

**scritto** (*skreet*-toa) *m* writing

**scrittoio** (skreet-*tōa*-yoa) *m* bureau

**scrittore** (skreet-*tōa*-ray) *m* writer

**scrittura** (skreet-*tōō*-rah) *f* handwriting

**scrivania** (skree-vah-*nee*-ah) *f* desk

**scrivano** (skree-*vaa*-noa) *m* clerk

\***scrivere** (*skree*-vay-ray) *v* \*write

**scrupoloso** (skroo-poa-*lōa*-soa) *adj* careful

**sculacciata** (skoo-laht-*chaa*-tah) *f* spanking

**scultore** (skool-*tōa*-ray) *m* sculptor

**scultura** (skool-*tōō*-rah) *f* sculpture; ~

**in legno** wood-carving, carving

**scuola** (*skwaw*-lah) *f* school; **marinare la ~** play truant; **~ di equitazione** riding-school; **~ media** secondary school

\***scuotere** (*skwaw*-tay-ray) *v* shock

**scuro** (*skōō*-roa) *adj* obscure

**scusa** (*skōō*-zah) *f* apology, excuse

**scusare** (skoo-*zaa*-ray) *v* excuse; **scusa!** sorry!; **scusarsi** apologize

**sdolcinatura** (zdoal-chee-nah-*tōō*-rah) *f* tear-jerker

**sdraiarsi** (zdrah-*yahr*-see) *v* \*lie down

**sdrucciolevole** (zdroot-choa-*lāy*-voa-lay) *adj* slippery

**se** (say) *conj* if; whether; **se ... o** whether ... or

**sé** (say) *pron* oneself

**sebbene** (sayb-*bai*-nay) *conj* though, although

**seccatore** (sayk-kah-*tōa*-ray) *m* bore

**seccatura** (sayk-kah-*tōō*-rah) *f* nuisance

**secchio** (*sayk*-kyoa) *m* pail, bucket

**secolo** (*sai*-koa-loa) *m* century

**secondario** (say-koan-*daa*-ryoa) *adj* secondary, subordinate

**secondo**[1] (say-*koan*-doa) *num* second

**secondo**[2] (say-*koan*-doa) *prep* according to

**secondo**[3] (say-*koan*-doa) *m* second

**sedano** (*sai*-dah-noa) *m* celery

**sedativo** (say-dah-*tee*-voa) *m* sedative

**sede** (*sai*-day) *f* seat

**sedere** (say-*dāy*-ray) *m* bottom

\***sedere** (say-*dāy*-ray) *v* \*sit; \***sedersi** \*sit down

**sedia** (*sai*-dyah) *f* chair, seat; **~ a rotelle** wheelchair; **~ a sdraio** deck chair

**sedicesimo** (say-dee-*chai*-zee-moa) *num* sixteenth

**sedici** (*sāy*-dee-chee) *num* sixteen

**sedimento** (say-dee-*mayn*-toa) *m* deposit

\*sedurre (say-*door*-ray) v seduce

seduta (say-*dōō*-tah) f session

sega (*sāy*-gah) f saw

segatura (say-gah-*tōō*-rah) f sawdust

seggio (*sehd*-joa) m chair

segheria (say-gay-*ree*-ah) f saw-mill

segmento (sayg-*mayn*-toa) m stretch

segnalare (say-ñah-*laa*-ray) v signal; indicate

segnale (say-*ñaa*-lay) m signal; ~ di soccorso distress signal

segnare (say-*ñaa*-ray) v tick off, mark

segno (*sāy*-ñoa) m sign; mark; token; signal

segretaria (say-gray-*taa*-ryah) f secretary

segretario (say-gray-*taa*-ryoa) m clerk, secretary

segreto (say-*grāy*-toa) adj secret; m secret

seguente (say-*gwehn*-tay) adj following

seguire (say-*gwee*-ray) v follow; in seguito then, afterwards

seguitare (say-gooæh-*taa*-ray) v continue

sei (say) num six

selezionare (say-lay-tsyoa-*naa*-ray) v select; selezionato select

selezione (say-lay-*tsyōā*-nay) f selection; choice

sella (*sehl*-lah) f saddle

selvaggina (sayl-vahd-*jee*-nah) f game

selvaggio (sayl-*vahd*-joa) adj fierce, savage

selvatico (sayl-*vaa*-tee-koa) adj wild

semaforo (say-*maa*-foa-roa) m traffic light

sembrare (saym-*braa*-ray) v appear, seem, look

seme (*sāy*-may) m pip

semenza (say-*mehn*-tsah) f seed

semi- (say-mee) semi-

semicerchio (say-mee-*chehr*-kyoa) m semicircle

seminare (say-mee-*naa*-ray) v \*sow

seminterrato (say-meen-tayr-*raa*-toa) m basement

semplice (*saym*-plee-chay) adj simple; plain

sempre (*sehm*-pray) adv always, ever; ~ diritto straight ahead

senape (*sai*-nah-pay) f mustard

senato (say-*naa*-toa) m senate

senatore (say-nah-*tōā*-ray) m senator

senile (say-*nee*-lay) adj senile

seno (*sāy*-noa) m breast, bosom

sensato (sayn-*saa*-toa) adj down-to-earth

sensazionale (sayn-sah-tsyoa-*naa*-lay) adj sensational

sensazione (sayn-sah-*tsyōā*-nay) f feeling; sensation

sensibile (sayn-*see*-bee-lay) adj sensitive

sensibilità (sayn-see-bee-lee-*tah*) f sensibility

senso (*sehn*-soa) m sense; reason; ~ unico one-way traffic

sentenza (sayn-*tehn*-tsah) f sentence, verdict

sentiero (sayn-*tyai*-roa) m trail, path, lane, footpath

sentimentale (sayn-tee-mayn-*taa*-lay) adj sentimental

sentimento (sayn-tee-*mayn*-toa) m feeling

sentire (sayn-*tee*-ray) v \*feel; listen

senza (*sehn*-tsah) prep without; senz'altro without fail

separare (say-pah-*raa*-ray) v part, separate, divide; separato separate

separatamente (say-pah-rah-tah-*mayn*-tay) adv apart

sepoltura (say-poal-*tōō*-rah) f burial

seppellimento (sayp-payl-lee-*mayn*-toa) m burial

**seppellire** (sayp-payl-*lee*-ray) *v* bury

**sequenza** (say-*kwehn*-tsah) *f* shot

**sequestrare** (say-kway-*straa*-ray) *v* confiscate, impound

**sera** (*say*-rah) *f* evening, night

**serbatoio** (sayr-bah-*tóa*-yoa) *m* reservoir, tank; ~ **di benzina** petrol tank

**sereno** (say-*ráy*-noa) *adj* serene

**serie** (*sai*-ryay) *f* (pl~) series, sequence

**serietà** (say-ryay-*tah*) *f* seriousness; gravity

**serio** (*sai*-ryoa) *adj* serious

**sermone** (sayr-*móa*-nay) *m* sermon

**serpeggiante** (sayr-payd-*jahn*-tay) *adj* winding

**serpente** (sayr-*pehn*-tay) *m* snake

**serra** (*sehr*-rah) *f* greenhouse

**serrare** (sayr-*raa*-ray) *v* tighten

**serratura** (sayr-rah-*tóo*-rah) *f* lock

**servire** (sayr-*vee*-ray) *v* attend on, serve, wait on

**servitore** (sayr-vee-*tóa*-ray) *m* servant

**servizievole** (sayr-vee-*tsyáy*-voa-lay) *adj* obliging, helpful

**servizio** (sayr-*vee*-tsyoa) *m* service; service charge; ~ **da tavola** dinner-service; ~ **da tè** tea-set; ~ **in camera** room service; ~ **postale** postal service

**servo** (*sehr*-voa) *m* boy

**sessanta** (sayss-*sahn*-tah) *num* sixty

**sessione** (sayss-*syóa*-nay) *f* session

**sesso** (*sehss*-soa) *m* sex

**sessuale** (sayss-*swaa*-lay) *adj* sexual

**sessualità** (sayss-swah-lee-*tah*) *f* sexuality

**sesto** (*seh*-stoa) *num* sixth

**seta** (*sáy*-tah) *f* silk; **di** ~ silken

**setacciare** (sayt-taht-*chaa*-ray) *v* sieve

**setaccio** (say-*taht*-choa) *m* sieve

**sete** (*sáy*-tay) *f* thirst

**settanta** (sayt-*tahn*-tah) *num* seventy

**sette** (*seht*-tay) *num* seven

**settembre** (sayt-*tehm*-bray) September

**settentrionale** (sayt-tayn-tryoa-*naa*-lay) *adj* northerly, north

**settentrione** (sayt-tayn-*tryóa*-nay) *m* north

**setticemia** (sayt-tee-chay-*mee*-ah) *f* blood-poisoning

**settico** (*seht*-tee-koa) *adj* septic

**settimana** (sayt-tee-*maa*-nah) *f* week

**settimanale** (sayt-tee-mah-*naa*-lay) *adj* weekly

**settimo** (*seht*-tee-moa) *num* seventh

**settore** (sayt-*tóa*-ray) *m* field

**severo** (say-*vai*-roa) *adj* harsh, strict, severe

**sezione** (say-*tsyóa*-nay) *f* department; section

**sfacciato** (sfaht-*chaa*-toa) *adj* bold

**sfavorevole** (sfah-voa-*ráy*-voa-lay) *adj* unfavourable

**sfera** (*sfai*-rah) *f* sphere

**sfida** (*sfee*-dah) *f* challenge

**sfidare** (sfee-*daa*-ray) *v* challenge, dare

**sfilacciarsi** (sfee-laht-*chahr*-see) *v* fray

**sfiorare** (sfyoa-*raa*-ray) *v* skim over; touch on

**sfondo** (*sfoan*-doa) *m* background

**sfortuna** (sfoar-*tóo*-nah) *f* bad luck, misfortune

**sfortunato** (sfoar-too-*naa*-toa) *adj* unfortunate, unlucky

**sforzarsi** (sfoar-*tsahr*-see) *v* try

**sforzo** (*sfor*-tsoa) *m* effort; strain

**sfrontato** (sfroan-*taa*-toa) *adj* bold

**sfruttare** (sfroot-*taa*-ray) *v* exploit

**sfuggire** (sfood-*jee*-ray) *v* escape

**sfumatura** (sfoo-mah-*tóo*-rah) *f* nuance

**sgangerato** (zgahng-gay-*raa*-toa) *adj* ramshackle

**sgarbato** (zgahr-*baa*-toa) *adj* unkind

**sgocciolamento** (zgoat-choa-lah-*mayn*-toa) *m* leak

**sgombrare** (zgoam-*braa*-ray) *v* vacate

**sgombro** (*zgoam*-broa) *m* mackerel

**sgomentare** (zgoa-mayn-*taa*-ray) *v* terrify

**sgradevole** (zgrah-*dāy*-voa-lay) *adj* disagreeable, unpleasant, nasty

**sguardo** (*zgwahr*-doa) *m* look

**si** (see) *pron* himself; herself; themselves

**sì** (see) yes

**sia ... sia** (*see*-ah) both ... and

**Siam** (syahm) *m* Siam

**siamese** (syah-*māy*-zay) *adj* Siamese; *m* Siamese

**siccità** (seet-chee-*tah*) *f* drought

**siccome** (seek-*kōa*-may) *conj* as

**sicurezza** (see-koo-*rayt*-tsah) *f* safety, security; **cintura di ~** safety-belt, seat-belt

**sicuro** (see-*kōo*-roa) *adj* safe, secure; sure

**siepe** (*syai*-pay) *f* hedge

**siero** (*syai*-roa) *m* serum

**sifone** (see-*fōa*-nay) *m* siphon, syphon

**sigaretta** (see-gah-*rayt*-tah) *f* cigarette

**sigaro** (*see*-gah-roa) *m* cigar

**sigillo** (see-*jeel*-loa) *m* seal

**significare** (see-ñee-fee-*kaa*-ray) *v* *mean

**significativo** (see-ñee-fee-kah-*tee*-voa) *adj* significant

**significato** (see-ñee-fee-*kaa*-toa) *m* meaning, sense

**signora** (see-*ñōā*-rah) *f* lady; mistress; madam

**signore** (see-*ñōā*-ray) *m* gentleman; mister; sir

**signorina** (see-ñoa-*ree*-nah) *f* miss

**silenziatore** (see-layn-tsyah-*tōā*-ray) *m* silencer; muffler *nAm*

**silenzio** (see-*lehn*-tsyoa) *m* silence

**silenzioso** (see-layn-*tsyōā*-soa) *adj* silent

**sillaba** (*seel*-lah-bah) *f* syllable

**simbolo** (*seem*-boa-loa) *m* symbol

**simile** (*see*-mee-lay) *adj* alike, like; such; similar

**simpatia** (seem-pah-*tee*-ah) *f* sympathy

**simpatico** (seem-*paa*-tee-koa) *adj* pleasant, nice

**simulare** (see-moo-*laa*-ray) *v* simulate

**simultaneo** (see-mool-*taa*-nay-oa) *adj* simultaneous

**sinagoga** (see-nah-*gaw*-gah) *f* synagogue

**sincero** (seen-*chai*-roa) *adj* honest, sincere

**sindacato** (seen-dah-*kaa*-toa) *m* trade-union

**sindaco** (*seen*-dah-koa) *m* mayor

**sinfonia** (seen-foa-*nee*-ah) *f* symphony

**singhiozzo** (seeng-*geeot*-tsoa) *m* hiccup

**singolare** (seeng-goa-*laa*-ray) *adj* queer; *m* singular

**singolarità** (seeng-goa-lah-ree-*tah*) *f* peculiarity

**singolo** (*seeng*-goa-loa) *adj* individual, single; *m* individual

**sinistro** (see-*nee*-stroa) *adj* left-hand, left; ominous, sinister; **a sinistra** left-hand

**sino a** (*see*-noa ah) as far as, till

**sinonimo** (see-*naw*-nee-moa) *m* synonym

**sintetico** (seen-*tai*-tee-koa) *adj* synthetic

**sintomo** (*seen*-toa-moa) *m* symptom

**sintonizzare** (seen-toa-need-*dzaa*-ray) *v* tune in

**sipario** (see-*paa*-ryoa) *m* curtain

**sirena** (see-*rai*-nah) *f* siren; mermaid

**Siria** (*see*-ryah) *f* Syria

**siriano** (see-*ryaa*-noa) *adj* Syrian; *m* Syrian

**siringa** (see-*reeng*-gah) *f* syringe

**sistema** (see-*stai*-mah) *m* system; **~ decimale** decimal system; **~ di raf-**

**freddamento** cooling system; ~ **lubrificante** lubrication system

**sistemare** (see-stay-*maa*-ray) v settle; **sistemarsi** settle down

**sistematico** (see-stay-*maa*-tee-koa) adj systematic

**sistemazione** (see-stay-mah-*tsyoa*-nay) f accommodation

**sito** (*see*-toa) m site

**situato** (see-*twaa*-toa) adj situated

**situazione** (see-twah-*tsyoa*-nay) f situation; position

**slacciare** (zlaht-*chaa*-ray) v unfasten, untie

**slegare** (zlay-*gaa*-ray) v loosen; **slegato** loose

**slip** (zleep) mpl briefs pl

**slitta** (*zleet*-tah) f sleigh, sledge

**slittare** (zleet-*taa*-ray) v *slide

**slogato** (zloa-*gaa*-toa) adj dislocated

**smacchiatore** (zmahk-kyah-*toa*-ray) m stain remover, cleaning fluid

**smaltare** (zmahl-*taa*-ray) v glaze; **smaltato** enamelled

**smalto** (*zmahl*-toa) m enamel; ~ **per unghie** nail-polish

**smarrire** (zmahr-*ree*-ray) v *lose; *mislay; **smarrito** lost

**smemorato** (zmay-moa-*raa*-toa) adj forgetful

**smeraldo** (zmay-*rahl*-doa) m emerald

* **smettere** (*zmayt*-tay-ray) v cease, stop, quit

**smisurato** (zmee-zoo-*raa*-toa) adj immense

**smoking** (*zmo*-keeng) m dinner-jacket; tuxedo nAm

**smorfia** (*zmoar*-fyah) f grin

**smorto** (*zmor*-toa) adj dull

**smussato** (zmooss-*saa*-toa) adj dull

**snello** (*znehl*-loa) adj slim, slender

**sobborgo** (soab-*boar*-goa) m suburb; outskirts pl

**sobrio** (*saw*-bryoa) adj sober

**soccombere** (soak-*koam*-bay-ray) v succumb

**soccorso** (soak-*koar*-soa) m assistance, aid; **equipaggiamento di pronto ~** first-aid kit; **pronto ~** first-aid

**sociale** (soa-*chaa*-lay) adj social

**socialismo** (soa-chah-*lee*-zmoa) m socialism

**socialista** (soa-chah-*lee*-stah) adj socialist; m socialist

**società** (soa-chyay-*tah*) f community; society; company

**socio** (*saw*-choa) m associate; partner

* **soddisfare** (soad-dee-*sfaa*-ray) v satisfy

**soddisfazione** (soad-dee-sfah-*tsyoa*-nay) f satisfaction

**sofà** (soa-*fah*) m sofa

**sofferenza** (soaf-fay-*rehn*-tsah) f suffering

* **soffiare** (soaf-*fyaa*-ray) v *blow

**soffione** (soaf-*fyoa*-nay) m dandelion

**soffitta** (soaf-*feet*-tah) f attic

**soffitto** (soaf-*feet*-toa) m ceiling

**soffocare** (soaf-foa-*kaa*-ray) v choke

* **soffrire** (soaf-*free*-ray) v suffer

**soggetto** (soad-*jeht*-toa) m topic, subject; **soggetto a** subject to, liable to

**soggiornare** (soad-joar-*naa*-ray) v stay

**soggiorno** (soad-*joar*-noa) m stay; sitting-room, living-room

**soglia** (*saw*-lʸah) f threshold

**sogliola** (*saw*-lʸoa-lah) f sole

**sognare** (soa-*ñaa*-ray) v *dream

**sogno** (*soa*-ñoa) m dream

**solamente** (soa-lah-*mayn*-tay) adv only

**solco** (*soal*-koa) m groove

**soldato** (soal-*daa*-toa) m soldier

**sole** (*soa*-lay) m sun

**soleggiato** (soa-layd-*jaa*-toa) adj sunny

**solenne** (soa-*lehn*-nay) adj solemn

**solido** (*saw*-lee-doa) adj sound, solid, firm; m solid

**solitario** (soa-lee-*taa*-ryoa) *adj* lonely

**solito** (*saw*-lee-toa) *adj* customary, usual, ordinary

**solitudine** (soa-lee-*tōō*-dee-nay) *f* loneliness

**sollecito** (soal-*lāy*-chee-toa) *adj* prompt

**solleticare** (soal-lay-tee-*kaa*-ray) *v* tickle

**sollevare** (soal-lay-*vaa*-ray) *v* lift, raise; *bring up

**sollievo** (soal-*lʸai*-voa) *m* relief

**solo** (*sōa*-loa) *adj* only; *adv* only, alone

**soltanto** (soal-*tahn*-toa) *adv* only, merely

**solubile** (soa-*lōō*-bee-lay) *adj* soluble

**soluzione** (soa-loo-*tsyōa*-nay) *f* solution

**somiglianza** (soa-mee-*lʸahn*-tsah) *f* resemblance

**somma** (*soam*-mah) *f* amount, sum; ~ **globale** lump sum

**sommario** (soam-*maa*-ryoa) *m* summary

**somministrare** (soam-mee-nee-*straa*-ray) *v* administer

**sommo** (*soam*-moa) *adj* top

**sommossa** (soam-*moss*-sah) *f* riot

**sonare** (soa-*naa*-ray) *v* play

**sonnifero** (soan-*nee*-fay-roa) *m* sleeping-pill

**sonno** (*soan*-noa) *m* sleep

**sonoro** (soa-*naw*-roa) *adj* noisy

**sopportare** (soap-poar-*taa*-ray) *v* *bear, sustain, endure; *go through

**sopra** (*sōa*-prah) *prep* over; *adv* above; **al di ~** over; **di ~** upstairs

**soprabito** (soa-*praa*-bee-toa) *m* coat; topcoat, overcoat

**sopracciglio** (soa-praht-*chee*-lʸoa) *m* eyebrow

*  **sopraffare** (soa-prahf-*faa*-ray) *v* overwhelm

**soprappeso** (soa-prahp-*pāy*-soa) *m* overweight

**soprattutto** (soa-praht-*toot*-toa) *adv* most of all, especially

**sopravvivenza** (soa-prahv-vee-*vehn*-tsah) *f* survival

*  **sopravvivere** (soa-prahv-*vee*-vay-ray) *v* survive

**soprintendenza** (soa-preen-tayn-*dehn*-tsah) *f* supervision

*  **soprintendere** (soa-preen-*tehn*-day-ray) *v* supervise

**sordido** (*sor*-dee-doa) *adj* filthy

**sordo** (*soar*-doa) *adj* deaf

**sorella** (soa-*rehl*-lah) *f* sister

**sorgente** (soar-*jehn*-tay) *f* source, spring, fountain

*  **sorgere** (*sor*-jay-ray) *v* *rise; *arise

**sorpassare** (soar-pahss-*saa*-ray) *v* pass

**sorprendente** (soar-prayn-*dehn*-tay) *adj* astonishing

*  **sorprendere** (soar-*prehn*-day-ray) *v* surprise

**sorpresa** (soar-*prāy*-sah) *f* astonishment, surprise

*  **sorridere** (soar-*ree*-day-ray) *v* smile

**sorriso** (soar-*ree*-soa) *m* smile

**sorsetto** (soar-*sayt*-toa) *m* sip

**sorte** (*sor*-tay) *f* destiny, lot

**sorteggio** (soar-*tayd*-joa) *m* draw

**sorveglianza** (soar-vay-*lʸahn*-tsah) *f* supervision

**sorvegliare** (soar-vay-*lʸaa*-ray) *v* patrol

*  **sospendere** (soa-*spehn*-day-ray) *v* discontinue, suspend

**sospensione** (soa-spayn-*syōa*-nay) *f* suspension

**sospettare** (soa-spayt-*taa*-ray) *v* suspect

**sospetto** (soa-*speht*-toa) *adj* suspicious; *m* suspicion

**sospettoso** (soa-spayt-*tōa*-soa) *adj* suspicious

**sostanza** (soa-*stahn*-tsah) *f* substance

sostanziale (soa-stahn-*tsyaa*-lay) *adj* substantial

sostare (soa-*staa*-ray) *v* stop

sostegno (soa-*stāy*-ñoa) *m* support

*sostenere (soa-stay-*nāy*-ray) *v* *hold up, support

sostituire (soa-stee-*twee*-ray) *v* replace, substitute

sostituto (soa-stee-*tōō*-toa) *m* deputy, substitute

sottaceti (soat-tah-*chāy*-tee) *mpl* pickles *pl*

sottacqua (soat-*tahk*-kwah) *adj* underwater

sotterraneo (soa-tayr-*raa*-nay-oa) *adj* underground

sottile (soat-*tee*-lay) *adj* thin, sheer; subtle

sotto (*soat*-toa) *prep* beneath, below, under; *adv* underneath

sottolineare (soat-toa-lee-nay-*aa*-ray) *v* underline; stress, emphasize

*sottomettere (soat-toa-*mayt*-tay-ray) *v* subject; *sottomettersi submit

*sottoporre (soat-toa-*poar*-ray) *v* subject; submit

sottoscritto (soat-toa-*skreet*-toa) *m* undersigned

*sottoscrivere (soat-toa-*skree*-vay-ray) *v* sign

sottosopra (soat-toa-*sōā*-prah) upside-down

sottotitolo (soat-toa-*tee*-toa-loa) *m* subtitle

sottovalutare (soat-toa-vah-loo-*taa*-ray) *v* underestimate

*sottrarre (soat-*trahr*-ray) *v* subtract; deduct

sovrano (soa-*vraa*-noa) *m* sovereign; ruler

sovvenzione (soav-vayn-*tsyōā*-nay) *f* subsidy

sozzo (*soad*-dzoa) *adj* dirty

spaccare (spahk-*kaa*-ray) *v* crack;

chop; spaccarsi *burst

spada (*spaa*-dah) *f* sword

Spagna (*spaa*-ñah) *f* Spain

spagnolo (spah-*ñōā*-loa) *adj* Spanish; *m* Spaniard

spago (*spaa*-goa) *m* twine, cord, string

spalancare (spah-lahng-*kaa*-ray) *v* open wide

spalla (*spahl*-lah) *f* shoulder

*spandere (*spahn*-day-ray) *v* *spill

sparare (spah-*raa*-ray) *v* fire, *shoot

*spargere *v* *strew; *shed; spill; *spread

sparire (spah-*ree*-ray) *v* disappear, vanish

sparo (*spaa*-roa) *m* shot

sparpagliare (spahr-pah-*lʸaa*-ray) *v* scatter

spaventare (spah-vayn-*taa*-ray) *v* scare, frighten; spaventarsi *be frightened

spaventevole (spah-vayn-*tāy*-voa-lay) *adj* horrible, terrifying

spavento (spah-*vehn*-toa) *m* scare, fright

spaventoso (spah-vayn-*tōā*-soa) *adj* dreadful, terrible

spaziare (spah-*tsyaa*-ray) *v* space

spazio (*spaa*-tsyoa) *m* room, space

spazioso (spah-*tsyōā*-soa) *adj* roomy, spacious, large

spazzare (spaht-*tsaa*-ray) *v* wipe

spazzatura (spaht-tsah-*tōō*-rah) *f* junk, garbage

spazzola (*spaht*-tsoa-lah) *f* brush; ~ per capelli hairbrush; ~ per vestiti clothes-brush; spazzolino da denti toothbrush; spazzolino per le unghie nailbrush

spazzolare (spaht-tsoa-*laa*-ray) *v* brush

specchio (*spehk*-kyoa) *m* mirror, looking-glass

speciale (spay-*chaa*-lay) *adj* particular, special, peculiar

**specialista** (spay-chah-*lee*-stah) *m* specialist

**specialità** (spay-chah-lee-*tah*) *f* speciality

**specializzarsi** (spay-chah-leed-*dzahr*-see) *v* specialize

**specialmente** (spay-chahl-*mayn*-tay) *adv* especially

**specie** (*spai*-chay) *f* (pl ~) species, breed; sort

**specifico** (spay-*chee*-fee-koa) *adj* specific

**speculare** (spay-koo-*laa*-ray) *v* speculate

**spedire** (spay-*dee*-ray) *v* despatch, dispatch, *send off, *send; ship

**spedizione** (spay-dee-*tsyoā*-nay) *f* consignment; expedition

***spegnere** (*spay*-ñay-ray) *v* extinguish; *put out, switch off

**spelonca** (spay-*loang*-kah) *f* cave

***spendere** (*spehn*-day-ray) *v* *spend

**spendereccio** (spayn-day-*rayt*-choa) *adj* wasteful

**spensierato** (spayn-syay-*raa*-toa) *adj* carefree

**speranza** (spay-*rahn*-tsah) *f* hope

**speranzoso** (spay-rahn-*tsoā*-soa) *adj* hopeful

**sperare** (spay-*raa*-ray) *v* hope

**spergiuro** (spayr-*jōō*-roa) *m* perjury

**sperimentare** (spay-ree-mayn-*taa*-ray) *v* experiment; experience

**spesa** (*spāy*-sah) *f* expense, expenditure; *fare la ~ shop; spese ex-penses *pl*, expenditure; **spese di viaggio** fare; travelling expenses

**spesso** (*spayss*-soa) *adj* thick; *adv* often

**spessore** (spayss-*soā*-ray) *m* thickness

**spettacolo** (spayt-*taa*-koa-loa) *m* spectacle, show; sight; ~ **di varietà** floor show, variety show

**spettatore** (spayt-tah-*toā*-ray) *m* spectator

**spettro** (*speht*-troa) *m* spook, ghost

**spezie** (*spai*-tsyay) *fpl* spices

**spezzare** (spayt-*tsaa*-ray) *v* *break; interrupt

**spia** (*spee*-ah) *f* spy

**spiacente** (spyah-*chehn*-tay) *adj* sorry

**spiacevole** (spyah-*chāy*-voa-lay) *adj* unpleasant

**spiaggia** (*spyahd*-jah) *f* beach; ~ **per nudisti** nudist beach

**spianata** (spyah-*naa*-tah) *f* esplanade

**spianato** (spyah-*naa*-toa) *adj* level

**spiare** (*spyaa*-ray) *v* peep

**spicciarsi** (speet-*chahr*-see) *v* hurry

**spiccioli** (*speet*-choa-lee) *mpl* change

**spiedo** (*spyai*-doa) *m* spit

**spiegabile** (spyay-*gaa*-bee-lay) *adj* accountable

**spiegare** (spyay-*gaa*-ray) *v* unfold; explain

**spiegazione** (spyay-gah-*tsyoā*-nay) *f* explanation

**spietato** (spyay-*taa*-toa) *adj* heartless

**spilla** (*speel*-lah) *f* brooch

**spillo** (*speel*-loa) *m* pin; ~ **di sicurez-za** safety-pin

**spina** (*spee*-nah) *f* thorn; plug; ~ **di pesce** fishbone; ~ **dorsale** spine, backbone

**spinaci** (spee-*naa*-chee) *mpl* spinach

***spingere** (*speen*-jay-ray) *v* push

**spinta** (*speen*-tah) *f* push

**spirare** (spee-*raa*-ray) *v* expire

**spirito** (*spee*-ree-toa) *m* spirit; soul; humour; ghost

**spiritoso** (spee-ree-*toā*-soa) *adj* witty, humorous

**spirituale** (spee-ree-*twaa*-lay) *adj* spiritual

**splendido** (*splehn*-dee-doa) *adj* splendid; glorious, magnificent, lovely

**splendore** (splayn-*doā*-ray) *m* glare; splendour

**spogliarsi** (spoa-*l*<sup>y</sup>*ahr*-see ) v undress
**spogliatoio** (spoa-l<sup>y</sup>ah-*tōā*-yoa) m cloakroom
**spoglio** (*spaw*-l<sup>y</sup>oa) adj bare, naked
**sponda** (*spoan*-dah) f shore
**sporco** (*spawr*-koa) adj dirty, foul
*****sporgere** (*spor*-jay-ray) v *put out; protrude
**sport** (sport) m sport; ~ **invernali** winter sports; ~ **velico** yachting
**sportivo** (spoar-*tee*-voa) m sportsman
**sportello automatico** (spor-*tehl*-loa ou-toa-*maa*-tee-koa) m cash dispenser, automatic teller
**sposa** (*spaw*-zah) f bride
**sposalizio** (spoa-zah-*lee*-tsyoa) m wedding
**sposare** (spoa-*zaa*-ray) v marry
**sposo** (*spaw*-zoa) m bridegroom
**spostamento** (spoa-stah-*mayn*-toa) m removal
**spostare** (spoa-*staa*-ray) v move, remove
**sprecare** (spray-*kaa*-ray) v waste
**spreco** (*sprai*-koa) m waste
**spruzzatore** (sproot-tsah-*tōā*-ray) m atomizer
**spugna** (*spōō*-ñah) f sponge
**spumante** (spoo-*mahn*-tay) adj sparkling
**spumare** (spoo-*maa*-ray) v foam
**spuntato** (spoon-*taa*-toa) adj blunt
**spuntino** (spoon-*tee*-noa) m snack
**sputare** (spoo-*taa*-ray) v *spit
**sputo** (*spōō*-toa) m spit
**squadra** (*skwaa*-drah) f team; shift, gang; soccer team
**squama** (*skwaa*-mah) f scale
**squattrinato** (skwaht-tree-*naa*-toa) adj broke
**squisito** (skwee-*zee*-toa) adj exquisite, delicious
**stabile** (*staa*-bee-lay) adj steady, stable, permanent; m premises pl

**stabilire** (stah-bee-*lee*-ray) v establish; determine
**staccare** (stahk-*kaa*-ray) v detach
**stadio** (*staa*-dyoa) m stadium; stage
**staffa** (*stahf*-fah) f stirrup
**stagione** (stah-*jōā*-nay) f season; **alta** ~ peak season, high season; **bassa** ~ low season; **fuori** ~ off season
**stagno** (*staa*-ñoa) m tin; pond
**stagnola** (stah-*ñaw*-lah) f tinfoil
**stalla** (*stahl*-lah) f stable
**stamani** (stah-*maa*-nee) adv this morning
**stampa** (*stahm*-pah) f press; picture, print, engraving; **stampe** printed matter
**stampare** (stahm-*paa*-ray) v print
**stampella** (stahm-*pehl*-lah) f crutch
**stancare** (stahng-*kaa*-ray) v tire
**stanco** (*stahng*-koa) adj weary, tired
**stanotte** (stah-*not*-tay) adv tonight
**stantio** (stahn-*tee*-oa) adj stuffy
**stantuffo** (stahn-*toof*-foa) m piston; **asta dello** ~ piston-rod
**stanza** (*stahn*-tsah) f room; ~ **da bagno** bathroom
**stappare** (stahp-*paa*-ray) v uncork
*****stare** (*staa*-ray) v stay; **lasciar** ~ *keep off; *****star disteso** *lie; ~ **attento a** *pay attention to; ~ **in guardia** watch out; ~ **in piedi** *stand
**starnutire** (stahr-noo-*tee*-ray) v sneeze
**stasera** (stah-*sai*-rah) adv tonight
**statale** (stah-*taa*-lay) adj national
**statistica** (stah-*tee*-stee-kah) f statistics pl
**Stati Uniti** (*staa*-tee oo-*nee*-tee) United States, the States
**stato** (*staa*-toa) m state; condition; ~ **di emergenza** emergency
**statua** (*staa*-twah) f statue
**stazionario** (stah-tsyoa-*naa*-ryoa) adj stationary

**stazione** (stah-*tsyōā*-nay) *f* station; depot *nAm*; ~ **balneare** seaside resort; ~ **centrale** central station; ~ **di servizio** gas station *Am*; ~ **termale** spa

**stecca** (*stayk*-kah) *f* rod; splint; carton

**steccato** (stayk-*kaa*-toa) *m* fence

**stella** (*stayl*-lah) *f* star

**stendardo** (stayn-*dahr*-doa) *m* banner

*__stendere__ (stehn-day-ray) *v* *spread

**stenografia** (stay-noa-grah-*fee*-ah) *f* shorthand

**stenografo** (stay-*naw*-grah-foa) *m* stenographer

**sterile** (*stai*-ree-lay) *adj* sterile

**sterilizzare** (stay-ree-leed-*dzaa*-ray) *v* sterilize

**stesso** (*stayss*-soa) *adj* same

**stile** (*stee*-lay) *m* style

**stima** (*stee*-mah) *f* esteem, respect; *__fare la__ ~ estimate

**stimare** (stee-*maa*-ray) *v* esteem

**stimolante** (stee-moa-*lahn*-tay) *m* stimulant

**stimolare** (stee-moa-*laa*-ray) *v* stimulate, urge

**stimolo** (*stee*-moa-loa) *m* impulse

**stipendio** (stee-*pehn*-dyoa) *m* salary, wages *pl*

**stipulare** (stee-poo-*laa*-ray) *v* stipulate

**stipulazione** (stee-poo-lah-*tsyōā*-nay) *f* stipulation

**stirare** (stee-*raa*-ray) *v* iron, press; **non si stira** wash and wear, drip-dry; **senza stiratura** drip-dry; **stiratura permanente** permanent press

**stitichezza** (stee-tee-*kayt*-tsah) *f* constipation

**stitico** (*stee*-tee-koa) *adj* constipated

**stiva** (*stee*-vah) *f* hold

**stivale** (stee-*vaa*-lay) *m* boot

**stizza** (*steet*-tsah) *f* temper

**stoffa** (*stof*-fah) *f* cloth, fabric, material

**stola** (*staw*-lah) *f* stole

**stolto** (*stoal*-toa) *adj* foolish

**stomachevole** (stoa-mah-*kāȳ*-voa-lay) *adj* revolting

**stomaco** (*staw*-mah-koa) *m* stomach; **bruciore di** ~ heartburn

*__storcere__ (stor-chay-ray) *v* wrench; sprain

**stordito** (stoar-*dee*-toa) *adj* giddy, dizzy

**storia** (*staw*-ryah) *f* history; tale; ~ **d'amore** love-story; ~ **dell'arte** art history

**storico** (*staw*-ree-koa) *adj* historical, historic; *m* historian

**stornello** (stoar-*nehl*-loa) *m* starling

**storta** (*stor*-tah) *f* wrench

**storto** (*stor*-toa) *adj* crooked

**stoviglie** (stoa-*vee*-l^(Y)ay) *fpl* pottery; **canovaccio per** ~ tea-cloth

**strabico** (*straa*-bee-koa) *adj* cross-eyed

**straccio** (*straht*-choa) *m* rag

**strada** (*straa*-dah) *f* road, street; drive; **a mezza** ~ halfway; ~ **a pedaggio** turnpike *nAm*; ~ **ferrata** railroad *nAm*; ~ **in riparazione** road up; ~ **maestra** thoroughfare

**strangolare** (strahng-goa-*laa*-ray) *v* strangle

**straniero** (strah-*ñai*-roa) *adj* alien, foreign; *m* alien, stranger, foreigner

**strano** (*straa*-noa) *adj* strange; odd, curious, peculiar, queer, singular, funny

**straordinario** (strah-oar-dee-*naa*-ryoa) *adj* extraordinary, exceptional

**strappare** (strahp-*paa*-ray) *v* rip, *tear

**strappo** (*strahp*-poa) *m* tear

**strato** (*straa*-toa) *m* layer

**strattone** (straht-*tōā*-nay) *m* tug

**stravagante** (strah-vah-*gahn*-tay) *adj* extravagant

**strega** (*strāy*-gah) f witch

**stregare** (stray-*gaa*-ray) v bewitch

**stretta** (*strayt*-tah) f clutch, grip, grasp; ~ **di mano** handshake

**strettamente** (strayt-tah-*mayn*-tay) adv tight

**stretto** (*strayt*-toa) adj narrow; tight

**stria** (*stree*-ah) f stripe

**striato** (*stryaa*-toa) adj striped

**strillare** (streel-*laa*-ray) v scream, yell, shriek

**strillo** (*streel*-loa) m scream, yell, shriek

*****stringere** (*streen*-jay-ray) v tighten

**striscia** (*streesh*-shah) f strip

**strisciare** (streesh-*shaa*-ray) v *creep

**strofa** (*straw*-fah) f stanza

**strofinare** (stroa-fee-*naa*-ray) v rub, scrub; wipe

**strozzare** (stroat-*tsaa*-ray) v choke

**strumento** (stroo-*mayn*-toa) m implement; instrument; ~ **musicale** musical instrument

**struttura** (stroot-*tōō*-rah) f fabric, structure, texture

**struzzo** (*stroot*-tsoa) m ostrich

**stucco** (*stook*-koa) m plaster

**studente** (stoo-*dehn*-tay) m student

**studentessa** (stoo-dayn-*tayss*-sah) f student

**studiare** (stoo-*dyaa*-ray) v study

**studio** (*stōō*-dyoa) m study

**stufa** (*stōō*-fah) f stove; ~ **a gas** gas stove

**stufo di** (*stōō*-foa dee) fed up with, tired of

**stuoia** (*stwaw*-yah) f mat

*****stupefare** (stoo-pay-*faa*-ray) v amaze

**stupendo** (stoo-*pehn*-doa) adj wonderful

**stupidaggini** (stoo-pee-*dahd*-jee-nee) fpl rubbish; *****dire** ~ talk rubbish

**stupido** (*stōō*-pee-doa) adj stupid; foolish, dumb

**stupire** (stoo-*pee*-ray) v amaze, surprise

**stupore** (stoo-*pōā*-ray) m amazement, wonder

**stuzzicadenti** (stoot-tsee-kah-*dehn*-tee) m toothpick

**stuzzicare** (stoot-tsee-*kaa*-ray) v kid, tease

**stuzzichino** (stoot-tsee-*kee*-noa) m appetizer

**su** (soo) prep on, upon, in; above; about; adv up; upstairs; **in** ~ upwards, up; overhead

**subacqueo** (soo-*bahk*-kway-oa) adj underwater

**subalterno** (soo-bahl-*tehr*-noa) adj subordinate

**subire** (soo-*bee*-ray) v suffer

**subito** (*sōō*-bee-toa) adv at once, instantly, straight away, presently, immediately

**subordinato** (soo-boar-dee-*naa*-toa) adj minor

**suburbano** (soo-boor-*baa*-noa) adj suburban

*****succedere** (soot-*chai*-day-ray) v succeed; happen, occur

**successione** (soot-chayss-*syōā*-nay) f sequence

**successivo** (soot-chayss-*see*-voa) adj following, subsequent

**successo** (soot-*chehss*-soa) m success; hit

**succhiare** (sook-*kyaa*-ray) v suck

**succo** (*sook*-koa) m juice; ~ **di frutta** squash

**succoso** (sook-*kōā*-soa) adj juicy

**succursale** (sook-koor-*saa*-lay) f branch

**sud** (sood) m south; **polo Sud** South Pole

**sudare** (soo-*daa*-ray) v perspire, sweat

**suddito** (*sood*-dee-toa) m subject

**sud-est** (soo-*dehst*) m south-east

**sudicio** (*soo*-dee-choa) *adj* dirty; filthy, unclean, soiled

**sudiciume** (soo-dee-*choo*-may) *m* dirt

**sudore** (soo-*doa*-ray) *m* perspiration, sweat

**sud-ovest** (sood-*aw*-vayst) *m* south-west

**sufficiente** *adj* enough, sufficient

**suffragio** (soof-*fraa*-joa) *m* suffrage

**suggerimento** (sood-jay-ree-*mayn*-toa) *m* suggestion

**suggerire** (sood-jay-*ree*-ray) *v* suggest

**sughero** (*soo*-gay-roa) *m* cork

**sugo** (*soo*-goa) *m* gravy

**suicidio** (swee-*chee*-dyoa) *m* suicide

**sunto** (*soon*-toa) *m* summary

**suo** (*soo*-oa) *adj* (f sua;pl suoi,sue) his; her; **Suo** *adj* your

**suocera** (*swaw*-chay-rah) *f* mother-in-law

**suocero** (*swaw*-chay-roa) *m* father-in-law; **suoceri** parents-in-law *pl*

**suola** (*swaw*-lah) *f* sole

**suolo** (*swaw*-loa) *m* soil, earth

**suonare** (swoa-*naa*-ray) *v* sound; *ring; ~ il clacson hoot; toot *vAm*, honk *vAm*

**suono** (*swaw*-noa) *m* sound

**superare** (soo-pay-*raa*-ray) *v* exceed, *outdo

**superbo** (soo-*pehr*-boa) *adj* superb

**superficiale** (soo-payr-fee-*chaa*-lay) *adj* superficial

**superficie** (soo-payr-*fee*-chay) *f* surface

**superfluo** (soo-*pehr*-flwoa) *adj* unnecessary, superfluous

**superiore** (soo-pay-*ryoa*-ray) *adj* upper, superior

**superlativo** (soo-payr-lah-*tee*-voa) *adj* superlative; *m* superlative

**supermercato** (soo-payr-mayr-*kaa*-toa) *m* supermarket

**superstizione** (soo-payr-stee-*tsyoa*-nay) *f* superstition

**supplementare** (soop-play-mayn-*taa*-ray) *adj* extra, additional

**supplemento** (soop-play-*mayn*-toa) *m* supplement; surcharge

**supplicare** (soop-plee-*kaa*-ray) *v* beg

*supporre** (soop-*poar*-ray) *v* suppose; suspect; **supposto che** supposing that

**supposta** (soop-*poa*-stah) *f* suppository

**suscitare** (soosh-shee-*taa*-ray) *v* stir up

**susina** (soo-*see*-nah) *f* plum

**sussidio** (sooss-*see*-dyoa) *m* grant

**sussistenza** (sooss-see-*stehn*-tsah) *f* livelihood

**sussurro** (sooss-*soor*-roa) *m* whisper

**suturare** (soo-too-*raa*-ray) *v* sew up

**svago** (*zvaa*-goa) *m* recreation

**svalutare** (zvah-loo-*taa*-ray) *v* devalue

**svalutazione** (zvah-loo-tah-*tsyoa*-nay) *f* devaluation

**svantaggio** (zvahn-*tahd*-joa) *m* disadvantage

**svedese** (zvay-*day*-zay) *adj* Swedish; *m* Swede

**sveglia** (*zvay*-l*y*ah) *f* alarm-clock

**svegliare** (zvay-*l*y*a*-ray) *v* *awake, *wake; **svegliarsi** wake up

**sveglio** (*zvay*-l*y*oa) *adj* awake; clever, smart, bright

**svelare** (zvay-*laa*-ray) *v* reveal

**svelto** (*zvehl*-toa) *adj* quick

**svendita** (*zvayn*-dee-tah) *f* clearance sale

*svenire** (zvay-*nee*-ray) *v* faint

**sventolare** (zvayn-toa-*laa*-ray) *v* wave

**Svezia** (*zvai*-tsyah) *f* Sweden

**sviluppare** (zvee-loop-*paa*-ray) *v* develop

**sviluppo** (zvee-*loop*-poa) *m* development

**svista** (*zvee*-stah) *f* slip, oversight

**svitare** (zvee-*taa*-ray) *v* unscrew

**Svizzera** (*zveet*-tsay-rah) *f* Switzerland

svizzero (*zveet*-tsay-roa) *adj* Swiss; *m* Swiss

*svolgere (*zvol*-jay-ray) *v* *unwind; treat; carry out

svolta (*zvol*-tah) *f* turning, curve

swahili (zvah-*ee*-lee) *m* Swahili

# T

tabaccaio (tah-bahk-*kaa*-yoa) *m* tobacconist

tabaccheria (tah-bahk-kay-*ree*-ah) *f* tobacconist's, cigar shop

tabacco (tah-*bahk*-koa) *m* tobacco; ~ da pipa pipe tobacco

tabella (tah-*behl*-lah) *f* chart, table; ~ di conversione conversion chart

tabù (tah-*boo*) *m* taboo

taccagno (tahk-*kaa*-ñoa) *adj* stingy

tacchino (tahk-*kee*-noa) *m* turkey

tacco (*tahk*-koa) *m* heel

taccuino (tahk-*kwee*-noa) *m* notebook

*tacere (tah-*chay*-ray) *v* *keep quiet, *be silent; *far ~ silence

tachimetro (tah-*kee*-may-troa) *m* speedometer

tagliacarte (tah-lʸah-*kahr*-tay) *m* paper-knife

tagliando (tah-*lʸahn*-doa) *m* coupon

tagliare (tah-*lʸaa*-ray) *v* *cut; *cut off, carve, chip

taglio (*taa*-lʸoa) *m* cut; ~ di capelli haircut

tailandese (tigh-lahn-*day*-say) *adj* Thai; *m* Thai

Tailandia (tigh-*lahn*-dyah) *f* Thailand

talco (*tahl*-koa) *m* talc powder; ~ per piedi foot powder

tale (*taa*-lay) *adj* such

talento (tah-*lehn*-toa) *m* gift, talent; di ~ gifted

talloncino (tahl-loan-*cheenoa*) *m* coun-

terfoil

tallone (tahl-*lōā*-nay) *m* heel

talmente (tahl-*mayn*-tay) *adv* so

taluni (tah-*lōō*-nee) *pron* some

talvolta (tahl-*vol*-tah) *adv* sometimes

tamburo (tahm-*bōō*-roa) *m* drum; ~ del freno brake drum

tampone (tahm-*pōā*-nay) *m* tampon

tana (*taa*-nah) *f* den

tangibile (tahn-*jee*-bee-lay) *adj* tangible

tanto (*tahn*-toa) *adv* as much; di ~ in tanto now and then; ogni ~ occasionally

tappa (*tahp*-pah) *f* stage

tappeto (tahp-*pāy*-toa) *m* carpet; rug

tappezzare (tahp-payt-*tsaa*-ray) *v* upholster

tappezzeria (tahp-payt-tsay-*ree*-ah) *f* tapestry

tappo (*tahp*-poa) *m* cork, stopper

tardi (*tahr*-dee) *adv* late

tardivo (tahr-*dee*-voa) *adj* late

tardo (*tahr*-doa) *adj* late; slow

targa automobilistica (*tahr*-gah ou-toa-moa-bee-*lee*-stee-kah) registration plate; licence plate *Am*

tariffa (tah-*reef*-fah) *f* tariff, rate; ~ del parcheggio parking fee; ~ doganale Customs duty; ~ notturna night rate

tarma (*tahr*-mah) *f* moth

tartaruga (tahr-tah-*rōō*-gah) *f* turtle

tasca (*tah*-skah) *f* pocket

tassa (*tahss*-sah) *f* tax; ~ sugli affari turnover tax, sales tax; ~ di scambio sales tax

tassabile (tahss-*saa*-bee-lay) *adj* dutiable

tassametro (tahss-*saa*-may-troa) *m* taxi-meter

tassare (tahss-*saa*-ray) *v* tax

tassì (tahss-*see*) *m* cab, taxi

tassista (tahss-*see*-stah) *m* cab-driver,

taxi-driver

**tattica** (*taht*-tee-kah) *f* tactics *pl*

**tatto** (*taht*-toa) *m* touch

**taverna** (tah-*vehr*-nah) *f* public house, pub; tavern

**tavola** (*taa*-voa-lah) *f* table; ~ **calda** snack-bar, cafeteria

**tavoletta** (tah-voa-*layt*-tah) *f* board

**tazza** (*taht*-tsah) *f* cup; mug; **tazzina da tè** teacup

**te** (tay) *pron* you

**tè** (teh) *m* tea

**teatro** (tay-*aa*-troa) *m* theatre; drama; ~ **dell'opera** opera house; ~ **di varietà** music-hall, variety theatre

**tecnica** (*tehk*-nee-kah) *f* technique

**tecnico** (*tehk*-nee-koa) *adj* technical; *m* technician

**tecnologia** (tayk-noa-loa-*jee*-ah) *f* technology

**tedesco** (tay-*day*-skoa) *adj* German; *m* German

**tegame** (tay-*gaa*-may) *m* pan

**tegola** (*tāy*-goa-lah) *f* tile

**teiera** (tay-*yai*-rah) *f* teapot

**telaio** (tay-*laa*-yoa) *m* chassis

**telecamera** (tay-lay-*kaa*-may-rah) *f* video camera

**telefonare** (tay-lay-foa-*naa*-ray) *v* ring up, phone, call; call up *Am*

**telefonata** (tay-lay-foa-*naa*-tah) *f* call

**telefonista** (tay-lay-foa-*nee*-stah) *f* telephonist, telephone operator

**telefono** (tay-*lai*-foa-noa) *m* phone, telephone; ~ **interno** extension

**telegrafare** (tay-lay-grah-*faa*-ray) *v* cable, telegraph

**telegramma** (tay-lay-*grahm*-mah) *m* cable, telegram

**telemetro** (tay-*lai*-may-troa) *m* range-finder

**teleobbiettivo** (tay-lay-oab-byayt-*tee*-voa) *m* telephoto lens

**televisione** (tay-lay-vee-*zyōā*-nay) *f*

television; ~ **cavo** cable television; ~ **satellite** satellite television

**televisore** (tay-lay-vee-*zōā*-ray) *m* television set

**telex** (tay-*lehks*) *m* telex

**tema** (*tai*-mah) *m* theme

**temere** (tay-*māy*-ray) *v* fear, dread

**temperamatite** (taym-pay-rah-mah-*tee*-tay) *m* pencil-sharpener

**temperatura** (taym-pay-rah-*tōō*-rah) *f* temperature; ~ **ambientale** room temperature

**temperino** (taym-pay-*ree*-noa) *m* pocket-knife, penknife

**tempesta** (taym-*peh*-stah) *f* storm, tempest

**tempestoso** (taym-pay-*stōā*-soa) *adj* stormy

**tempia** (*tehm*-pyah) *f* temple

**tempio** (*tehm*-pyoa) *m* temple

**tempo** (*tehm*-poa) *m* time; weather; **in** ~ in time; ~ **libero** spare time

**temporale** (taym-poa-*raa*-lay) *m* thunderstorm

**temporalesco** (taym-poa-rah-*lay*-skoa) *adj* thundery

**temporaneo** (taym-poa-*raa*-nay-oa) *adj* temporary

**tenace** (tay-*naa*-chay) *adj* tough

**tenaglie** (tay-*naa*-lʸay) *fpl* pincers *pl*

**tenda** (,*tehn*-dah) *f* curtain; tent; ~ **di riparo** awning

**tendenza** (tayn-*dehn*-tsah) *f* tendency

\***tendere** (*tehn*-day-ray) *v* stretch; \*be inclined to; \*~ **a** tend to

**tendine** (tayn-*dee*-nay) *m* sinew, tendon

\***tenere** (tay-*nāy*-ray) *v* \*keep; \*hold

**tenero** (*tai*-nay-roa) *adj* tender

**tennis** (*tehn*-neess) *m* tennis; **campo di** ~ tennis-court; ~ **da tavolo** ping-pong

**tensione** (tayn-*syōā*-nay) *f* tension;

stress, pressure

**tentare** (tayn-*taa*-ray) *v* try, attempt; tempt

**tentativo** (tayn-tah-*tee*-voa) *m* try, attempt, effort

**tentazione** (tayn-tah-*tsyōā*-nay) *f* temptation

**teologia** (tay-oa-loa-*jee*-ah) *f* theology

**teoria** (tay-oa-*reeah*) *f* theory

**teorico** (tay-*aw*-ree-koa) *adj* theoretical

**terapia** (tay-rah-*pee*-ah) *f* therapy

**tergicristallo** (tayr-jee-kree-*stahl*-loa) *m* windscreen wiper; windshield wiper *Am*

**terital** (tay-ree-*tahl*) *m* terylene

**terminare** (tayr-mee-*naa*-ray) *v* finish; stop

**termine** (*tehr*-mee-nay) *m* term; finish, end; terminal

**termometro** (tayr-*maw*-may-troa) *m* thermometer

**termos** (*tehr*-moass) *m* vacuum flask, thermos flask

**termostato** (tayr-*mo*-stah-toa) *m* thermostat

**terra** (*tehr*-rah) *f* earth; land; ground, soil; **a ~** ashore; down

**terracotta** (tayr-rah-*kot*-tah) *f* faience

**terraferma** (tayr-rah-*fayr*-mah) *f* mainland

**terraglie** (tayr-*raa*-lᵞay) *fpl* crockery, ceramics *pl*, earthenware

**terrazza** (tayr-*raht*-tsah) *f* terrace

**terremoto** (tayr-ray-*maw*-toa) *m* earthquake

**terreno** (tayr-*rāy*-noa) *m* soil; grounds, terrain

**terribile** (tayr-*ree*-bee-lay) *adj* terrible; awful, dreadful, frightful

**territorio** (tayr-ree-*taw*-ryoa) *m* territory

**terrore** (tayr-*rōā*-ray) *m* terror

**terrorismo** (tayr-roa-*ree*-zmoa) *m* terrorism

**terrorista** (tayr-roa-*ree*-stah) *m* terrorist

**terzo** (*tehr*-tsoa) *num* third

**tesi** (*tai*-zee) *f* thesis

**teso** (*tāy*-soa) *adj* tense

**tesoriere** (tay-zoa-*ryai*-ray) *m* treasurer

**tesoro** (tay-*zaw*-roa) *m* treasure; **Tesoro** *m* treasury

**tessere** (*tehss*-say-ray) *v* \*weave

**tessitore** (tayss-see-*tōā*-ray) *m* weaver

**tessuto** (tayss-*sōō*-toa) *m* tissue; textile

**testa** (*teh*-stah) *f* head; **in ~ a** ahead of; **~ cilindro** cylinder head

**testamento** (tay-stah-*mayn*-toa) *m* will

**testardo** (tay-*stahr*-doa) *adj* pigheaded, head-strong

**testimone** (tay-stee-*maw*-nay) *m* witness; **~ oculare** eye-witness

**testimoniare** (tay-stee-moa-*ñaa*-ray) *v* testify

**testo** (*teh*-stoa) *m* text

**tetro** (*tai*-troa) *adj* sombre

**tetto** (*tayt*-toa) *m* roof; **~ di paglia** thatched roof

**ti** (tee) *pron* you; yourself

**tiepido** (*tyai*-pee-doa) *adj* lukewarm, tepid

**tifoidea** (tee-foa-ee-*dai*-ah) *f* typhoid

**tifoso** (tee-*fōā*-soa) *m* fan; supporter

**tiglio** (*tee*-lᵞoa) *m* limetree, lime

**tigre** (*tee*-gray) *f* tiger

**timbro** (*teem*-broa) *m* stamp; tone

**timidezza** (tee-mee-*dayt*-tsah) *f* timidity, shyness

**timido** (*tee*-mee-doa) *adj* timid, shy

**timo** (*tee*-moa) *m* thyme

**timone** (tee-*mōā*-nay) *m* rudder, helm

**timoniere** (tee-moa-*ñai*-ray) *m* steersman, helmsman

**timore** (tee-*mōā*-ray) *m* fear, dread

**timpano** (*teem*-pah-noa) *m* ear-drum

**\*tingere** (*teen*-jay-ray) *v* dye

**tinta** (*teen*-tah) *f* shade; **a ~ solida** fast-dyed

**tintoria** (teen-toa-*ree*-ah) *f* dry-cleaner's

**tintura** (teen-*too*-rah) *f* colourant, dye

**tipico** (*tee*-pee-koa) *adj* typical, characteristic

**tipo** (*tee*-poa) *m* type; guy, fellow

**tiranno** (tee-*rahn*-noa) *m* tyrant

**tirare** (tee-*raa*-ray) *v* \*draw, pull; \*blow; **~ di scherma** fence

**tiratura** (tee-rah-*too*-rah) *f* issue

**tiro** (*tee*-roa) *m* throw; trick

**titolo** (*tee*-toa-loa) *m* title; headline, heading; degree; **titoli** stocks and shares

**tizio** (*tee*-tsyoa) *m* chap

**toccare** (toak-*kaa*-ray) *v* touch; \*hit

**tocco** (*toak*-koa) *m* touch

\***togliere** (*taw*-l^yay-ray) *v* \*take out, \*take away

**toletta** (toa-*leht*-tah) *f* dressing-table; washroom *nAm*

**tollerabile** (toal-lay-*raa*-bee-lay) *adj* tolerable

**tollerare** (toal-lay-*raa*-ray) *v* \*bear

**tomba** (*toam*-bah) *f* grave, tomb

**tonico** (*taw*-nee-koa) *m* tonic; **~ per capelli** hair tonic

**tonnellata** (toan-nayl-*laa*-tah) *f* ton

**tonno** (*toan*-noa) *m* tuna

**tono** (*taw*-noa) *m* tone; note

**tonsille** (toan-*seel*-lay) *fpl* tonsils *pl*

**tonsillite** (toan-seel-*lee*-tay) *f* tonsilitis

**topo** (*taw*-poa) *m* mouse

**torace** (toa-*raa*-chay) *m* chest

\***torcere** (*tor*-chay-ray) *v* twist

**torcia** (*tor*-chah) *f* torch

**tordo** (*tor*-doa) *m* thrush

**tormenta** (toar-*mayn*-tah) *f* blizzard, snowstorm

**tormentare** (toar-mayn-*taa*-ray) *v* torment

**tormento** (toar-*mayn*-toa) *m* torment

**tornante** (toar-*nahn*-tay) *m* turn

**tornare** (toar-*naa*-ray) *v* \*go back, \*get back

**torneo** (toar-*nai*-oa) *m* tournament

**toro** (*taw*-roa) *m* bull

**torre** (*tor*-ray) *f* tower

**torrone** (toar-*rōa*-nay) *m* nougat

**torsione** (toar-*syōa*-nay) *f* twist

**torsolo** (*toar*-soa-loa) *m* core

**torta** (*toar*-tah) *f* cake

**torto** (*tor*-toa) *m* wrong; \***avere ~** \*be wrong; \***fare un ~** wrong

**tortuoso** (toar-*twōa*-soa) *adj* crooked

**tortura** (toar-*too*-rah) *f* torture

**torturare** (toar-too-*raa*-ray) *v* torture

**tosse** (*toass*-say) *f* cough

**tossico** (*toss*-see-koa) *adj* toxic

**tossire** (toass-*see*-ray) *v* cough

**totale** (toa-*taa*-lay) *adj* total; utter; *m* whole; total

**totalitario** (toa-tah-lee-*taa*-ryoa) *adj* totalitarian

**totalizzatore** (toa-tah-leed-dzah-*tōa*-ray) *m* totalizator

**totalmente** (toa-tahl-*mayn*-tay) *adv* completely

**toupet** (too-*pay*) *m* hair piece

**tovaglia** (toa-*vaa*-l^yah) *f* table-cloth

**tovagliolo** (toa-vah-l^yaw-loa) *m* napkin, serviette; **~ di carta** paper napkin

**tra** (trah) *prep* between; among, amid

**traccia** (*traht*-chah) *f* trail, trace

**tradimento** (trah-dee-*mayn*-toa) *m* treason

**tradire** (trah-*dee*-ray) *v* betray; \*give away

**traditore** (trah-dee-*tōa*-ray) *m* traitor

**tradizionale** (trah-dee-tsyoa-*naa*-lay) *adj* traditional

**tradizione** (trah-dee-*tsyōa*-nay) *f* tradition

\***tradurre** (trah-*door*-ray) *v* translate

**traduttore** (trah-doot-*tōa*-ray) *m* translator

**traduzione** (trah-doo-*tsyōā*-nay) *f* translation, version

**traffico** (*trahf*-fee-koa) *m* traffic

**tragedia** (trah-*jai*-dyah) *f* tragedy; drama

**traghetto** (trah-*gayt*-toa) *m* ferry-boat

**tragico** (*traa*-jee-koa) *adj* tragic

**traguardo** (trah-*gwahr*-doa) *m* finish; goal

**trainare** (trigh-*naa*-ray) *v* tow, haul

**tralasciare** (trah-lahsh-*shaa*-ray) *v* fail

**tram** (trahm) *m* tram; streetcar *nAm*

**trama** (*traa*-mah) *f* plot

**trambusto** (trahm-*boo*-stoa) *m* fuss

**tramezzino** (trah-mayd-*dzee*-noa) *m* sandwich

**tramonto** (trah-*moan*-toa) *m* sunset

**tranne** (*trahn*-nay) *prep* but

**tranquillante** (trahng-kweel-*lahn*-tay) *m* tranquillizer

**tranquillità** (trahng-kweel-lee-*tah*) *f* quiet

**tranquillizzare** (trahng-kweel-leed-*dzaa*-ray) *v* reassure

**tranquillo** (trahng-*kweel*-loa) *adj* calm; still, tranquil, quiet

**transatlantico** (trahn-saht-*lahn*-tee-koa) *adj* transatlantic

**transazione** (trahn-sah-*tsyōā*-nay) *f* transaction

**transizione** (trahn-see-*tsyōā*-nay) *f* transition

**trapanare** (trah-pah-*naa*-ray) *v* drill, bore

**trapano** (*traa*-pah-noa) *m* drill

**trapassare** (trah-pahss-*saa*-ray) *v* depart

**trappola** (*trahp*-poa-lah) *f* trap

*\**trarre** (*trahr*-ray) *v* \*draw

**trascinare** (trahsh-shee-*naa*-ray) *v* drag

*\**trascorrere** (trah-*skoar*-ray-ray) *v* pass

**trascurare** (trah-skoo-*raa*-ray) *v* neglect; overlook; **trascurato** careless

**trasferire** (trah-sfay-*ree*-ray) *v* transfer

**trasformare** (trah-sfoar-*maa*-ray) *v* transform

**trasformatore** (trah-sfoar-mah-*tōā*-ray) *m* transformer

**trasgredire** (trahz-gray-*dee*-ray) *v* trespass, offend

**trasgressore** (trah-zgrayss-*sōā*-ray) *m* trespasser

**traslocare** (trah-zloa-*kaa*-ray) *v* move

**trasloco** (trah-*zlaw*-koa) *m* move

*\**trasmettere** (trah-*zmayt*-tay-ray) *v* transmit, \*broadcast

**trasmettitore** (trah-zmayt-tee-*tōā*-ray) *m* transmitter

**trasmissione** (trah-zmeess-*syōā*-nay) *f* transmission

**trasparente** (trah-spah-*rehn*-tay) *adj* transparent, sheer

**traspirare** (trah-spee-*raa*-ray) *v* perspire

**traspirazione** (trah-spee-rah-*tsyōā*-nay) *f* perspiration

**trasportare** (trah-spoar-*taa*-ray) *v* transport

**trasporto** (trah-*spor*-toa) *m* transportation, transport

**tratta** (*traht*-tah) *f* draft

**trattamento** (traht-tah-*mayn*-toa) *m* treatment

**trattare** (traht-*taa*-ray) *v* handle, treat; ~ **con** \*deal with

**trattativa** (traht-tah-*tee*-vah) *f* negotiation

**trattato** (traht-*taa*-toa) *m* essay; treaty

*\**trattenere** (traht-tay-*nāȳ*-ray) *v* restrain; \***trattenersi** stay

**tratto** (*traht*-toa) *m* line; feature, trait; ~ **del carattere** characteristic

**trattore** (traht-*tōā*-ray) *m* tractor

**trave** (*traa*-vay) *f* beam

**traversa** (trah-*vehr*-sah) *f* side-street

**traversata** (trah-vayr-*saa*-tah) *f* passage, crossing

**travestimento** (trah-vay-stee-*mayn*-toa) *m* disguise

**travestirsi** (trah-vay-*steer*-see) *v* disguise

**tre** (tray) *num* three; ~ **quarti** three-quarter

**tredicesimo** (tray-dee-*chai*-zee-moa) *num* thirteenth

**tredici** (*tray*-dee-chee) *num* thirteen

**tremare** (tray-*maa*-ray) *v* tremble, shiver

**tremendo** (tray-*mehn*-doa) *adj* terrible

**trementina** (tray-mayn-*tee*-nah) *f* turpentine

**treno** (*trai*-noa) *m* train; ~ **direttissimo** express train; ~ **diretto** through train; ~ **locale** local train; ~ **merci** goods train; freight-train *nAm*; ~ **notturno** night train; ~ **passeggeri** passenger train

**trenta** (*trayn*-tah) *num* thirty

**trentesimo** (trayn-*tai*-zee-moa) *num* thirtieth

**triangolare** (tryahng-goa-*laa*-ray) *adj* triangular

**triangolo** (*tryahng*-goa-loa) *m* triangle

**tribordo** (tree-*boar*-doa) *m* starboard

**tribù** (tree-*boo*) *f* tribe

**tribuna** (tree-*boō*-nah) *f* stand

**tribunale** (tree-boo-*naa*-lay) *m* law court

**trifoglio** (tree-*faw*-lΥoa) *m* clover; shamrock

**triglia** (*tree*-lΥah) *f* mullet

**trimestrale** (tree-may-*straa*-lay) *adj* quarterly

**trimestre** (tree-*meh*-stray) *m* quarter

**trinciato** (treen-*chaa*-toa) *m* cigarette tobacco

**trionfante** (tryoan-*fahn*-tay) *adj* triumphant

**trionfare** (tryoan-*faa*-ray) *v* triumph

**trionfo** (*tryoan*-foa) *m* triumph

**triste** (*tree*-stay) *adj* sad

**tristezza** (tree-*stayt*-tsah) *f* sadness, sorrow

**tritare** (tree-*taa*-ray) *v* \*grind, mince

**triviale** (tree-*vyaa*-lay) *adj* vulgar

**tromba** (*troam*-bah) *f* trumpet

**troncare** (troang-*kaa*-ray) *v* \*cut off

**tronco** (*troang*-koa) *m* trunk

**trono** (*traw*-noa) *m* throne

**tropicale** (troa-pee-*kaa*-lay) *adj* tropical

**tropici** (*traw*-pee-chee) *mpl* tropics *pl*

**troppo** (*trop*-poa) *adv* too

**trota** (*traw*-tah) *f* trout

**trovare** (troa-*vaa*-ray) *v* \*find, \*come across

**trovata** (troa-*vaa*-tah) *f* idea

**trucco** (*trook*-koa) *m* make-up; trick

**truffa** (*troof*-fah) *f* swindle

**truffare** (troof-*faa*-ray) *v* swindle

**truffatore** (troof-fah-*tōa*-ray) *m* swindler

**truppe** (*troop*-pay) *fpl* troops *pl*

**tu** (too) *pron* you; ~ **stesso** yourself

**tubatura** (too-bah-*tōō*-rah) *f* pipe

**tubercolosi** (too-bayr-koa-*law*-zee) *f* tuberculosis

**tubetto** (too-*bayt*-toa) *m* tube

**tubo** (*tōō*-boa) *m* tube

**tuffare** (toof-*faa*-ray) *v* dive

**tulipano** (too-lee-*paa*-noa) *m* tulip

**tumore** (too-*mōa*-ray) *m* tumour

**tumulto** (too-*mool*-toa) *m* disturbance

**tunica** (*tōō*-nee-kah) *f* tunic

**Tunisia** (too-nee-*zee*-ah) *f* Tunisia

**tunisino** (too-nee-*zee*-noa) *adj* Tunisian; *m* Tunisian

**tuo** (*tōō*-oa) *adj* (f tua; pl tuoi, tue) your

**tuonare** (twoa-*naa*-ray) *v* thunder

**tuono** (*twaw*-noa) *m* thunder

**tuorlo** (*twor*-loa) *m* egg-yolk

**turbare** (toor-*baa*-ray) *v* upset

**turbina** (toor-*bee*-nah) *f* turbine

**turbolento** ( toor-boa-*lehn*-toa ) *adj*
rowdy

**Turchia** (toor-*kee*-ah ) *f* Turkey

**turco** ( *toor*-koa) *adj* Turkish; *m* Turk

**turismo** (too-*ree*-zmoa) *m* tourism

**turista** (too-*ree*-stah ) *m* tourist

**turno** ( *toor*-noa) *m* turn

**tuta** ( *too*-tah ) *f* overalls *pl*

**tutela** (too-*tai*-lah ) *f* custody

**tutore** (too-*tōa*-ray ) *m* guardian, tutor

**tuttavia** (toot-tah-*vee*-ah ) *adv* however, nevertheless

**tutto** ( *toot*-toa) *adj* all; entire; *pron* everything; **in** ~ altogether; ~ **compreso** all in

**tuttora** (toot-*tōa*-rah ) *adv* still

**tweed** (tweed ) *m* tweed

# U

**ubbidiente** (oob-bee-*dyehn*-tay ) *adj* obedient

**ubbidienza** (oob-bee-*dyehn*-tsah ) *f* obedience

**ubbidire** (oob-bee-*dee*-ray ) *v* obey

**ubicazione** (oo-bee-kah-*tsyōa*-nay ) *f* situation

**ubriaco** (oo-*bryaa*-koa ) *adj* intoxicated, drunk

**uccello** (oot-*chehl*-loa ) *m* bird; ~ **marino** sea-bird

* **uccidere** (oot-*chee*-day-ray ) *v* kill

**udibile** (oo-*dee*-bee-lay ) *adj* audible

**udienza** (oo-*dyehn*-tsah ) *f* audience

* **udire** (oo-*dee*-ray ) *v* *hear

**udito** (oo-*dee*-toa ) *m* hearing

**uditore** (oo-dee-*tōa*-ray ) *m* auditor

**ufficiale** (oof-fee-*chaa*-lay ) *adj* official; *m* officer

**ufficio** (oof-*fee*-choa ) *m* office; ~ **cambio** money exchange, exchange office; ~ **di collocamento** employ-

ment exchange; ~ **informazioni** inquiry office, information bureau; ~ **oggetti smarriti** lost property office; ~ **postale** post-office; ~ **ricevimento** reception office; ~ **turistico** tourist office

**ufficioso** (oof-fee-*chōa*-soa ) *adj* unofficial

**uguaglianza** (oo-gwah-*lÿahn*-tsah ) *f* equality

**uguagliare** (oo-gwah-*lÿaa*-ray ) *v* equal

**uguale** (oo-*gwaa*-lay ) *adj* even, equal; alike

**ulcera** ( *ool*-chay-rah ) *f* ulcer, sore; ~ **gastrica** gastric ulcer

**ulteriore** (ool-tay-*ryōa*-ray ) *adj* further

**ultimamente** (ool-tee-mah-*mayn*-tay ) *adv* lately

**ultimo** ( *ool*-tee-moa ) *adj* last, ultimate

**ultravioletto** (ool-trah-vyoa-*layt*-toa ) *adj* ultraviolet

**umanità** (oo-mah-nee-*tah* ) *f* humanity, mankind

**umano** (oo-*maa*-noa ) *adj* human

**umidità** (oo-mee-dee-*tah* ) *f* moisture, humidity, damp

**umido** ( *ōo*-mee-doa ) *adj* wet, moist, humid, damp

**umile** ( *ōo*-mee-lay ) *adj* humble

**umore** (oo-*mōa*-ray ) *m* spirit, mood; **di buon** ~ good-tempered, good-humoured

**un** (oon ) *art* (uno;*f* una) a *art*

**unanime** (oo-*naa*-nee-may ) *adj* unanimous; like-minded

**uncino** (oon-*chee*-noa ) *m* hook

**undicesimo** (oon-dee-*chai*-zee-moa ) *num* eleventh

**undici** ( *oon*-dee-chee ) *num* eleven

**ungherese** (oong-gay-*rāy*-zay ) *adj* Hungarian; *m* Hungarian

**Ungheria** (oong-gay-*ree*-ah ) *f* Hungary

**unghia** ( *oong*-gyah ) *f* nail

**unguento** (oong-*gwehn*-toa ) *m* salve,

ointment

**unicamente** (oo-nee-kah-*mayn*-tay) *adv* exclusively

**unico** (*ōō*-nee-koa) *adj* sole; unique

**uniforme** (oo-nee-*foar*-may) *adj* uniform; *f* uniform

**unilaterale** (oo-nee-lah-tay-*raa*-lay) *adj* one-sided

**unione** (oo-*ñōā*-nay) *f* union

**unire** (oo-*nee*-ray) *v* join; unite; combine; **unirsi a** join

**unità** (oo-nee-*tah*) *f* unity; unit; ~ **monetaria** monetary unit

**unito** (oo-*nee*-toa) *adj* joint

**universale** (oo-nee-vayr-*saa*-lay) *adj* universal, global; all-round

**università** (oo-nee-vayr-see-*tah*) *f* university

**universo** (oo-nee-*vehr*-soa) *m* universe

**uno** (*ōō*-noa) *num* one; *pron* one

**unto** (*oon*-toa) *adj* greasy

**untuoso** (oon-*twōā*-soa) *adj* fatty

**uomo** (*waw*-moa) *m* (pl uomini) man; ~ **d'affari** businessman; ~ **di stato** statesman; ~ **politico** politician

**uovo** (*waw*-voa) *m* (pl le uova) egg; **uova di pesce** roe

**uragano** (oo-rah-*gaa*-noa) *m* hurricane

**urbano** (oor-*baa*-noa) *adj* urban

**urgente** (oor-*jehn*-tay) *adj* urgent, pressing

**urgenza** (oor-*jehn*-tsah) *f* urgency

**urina** (oo-*ree*-nah) *f* urine

**urlare** (oor-*laa*-ray) *v* scream, shout

**urlio** (oor-*lee*-oa) *m* shouting

**urlo** (*oor*-loa) *m* cry

**urtante** (oor-*tahn*-tay) *adj* shocking, irritating, annoying

**urtare** (oor-*taa*-ray) *v* bump

**urto** (*oor*-toa) *m* bump; push

**uruguaiano** (oo-roo-gwah-*yaa*-noa) *adj* Uruguayan; *m* Uruguayan

**Uruguay** (oo-roo-*gwaa*-ee) *m* Uruguay

**usabile** (oo-*zaa*-bee-lay) *adj* usable

**usanza** (oo-*zahn*-tsah) *f* usage

**usare** (oo-*zaa*-ray) *v* use; **usato** worn-out

**usciere** (oosh-*shai*-ray) *m* usher; bailiff

**uscio** (*oosh*-shoa) *m* door

*****uscire** (oosh-*shee*-ray) *v* *go out

**uscita** (oosh-*shee*-tah) *f* way out, exit; issue; ~ **di sicurezza** emergency exit

**usignolo** (oo-zee-*ñōā*-loa) *m* nightingale

**uso** (*ōō*-zoa) *m* use; **fuori** ~ out of order

**usuale** (oo-*zwaa*-lay) *adj* customary

**utensile** (oo-tayn-*see*-lay) *m* utensil, implement

**utente** (oo-*tehn*-tay) *m* user

**utero** (*ōō*-tay-roa) *m* womb

**utile** (*ōō*-tee-lay) *adj* useful

**utilità** (oo-tee-lee-*tah*) *f* utility, use

**utilizzare** (oo-tee-leed-*dzaa*-ray) *v* utilize, employ; exploit

**uva** (*ōō*-vah) *f* grapes *pl*; ~ **di Corinto** currant; ~ **spina** gooseberry

**uvetta** (oo-*vayt*-tah) *f* raisin

# V

**vacante** (vah-*kahn*-tay) *adj* unoccupied, vacant

**vacanza** (vah-*kahn*-tsah) *f* vacation

**vacca** (*vahk*-kah) *f* cow

**vaccinare** (vaht-chee-*naa*-ray) *v* vaccinate

**vaccinazione** (vaht-chee-nah-*tsyōā*-nay) *f* vaccination

**vacillante** (vah-cheel-*lahn*-tay) *adj* shaky; unsteady

**vacillare** (vah-cheel-*laa*-ray) *v* falter

**vagabondaggio** (vah-gah-boan-*dahd*-joa) *m* vagrancy

**vagabondare** (vah-gah-boan-*daa*-ray) *v* roam, tramp

**vagabondo** (vah-gah-*boan*-doa) *m* tramp

**vagare** (vah-*gaa*-ray) *v* wander

**vaglia** (vaa-lʸah) *m* money order; ~ **postale** postal order; mail order *Am*

**vagliare** (vah-lʸaa-ray) *v* sift

**vago** (*vaa*-goa) *adj* faint, vague

**vagone** (vah-*gōa*-nay) *m* coach, carriage; waggon; passenger car *Am*; ~ **letto** sleeping-car; ~ **ristorante** dining-car

**vaiolo** (vah-*yaw*-loa) *m* smallpox

**valanga** (vah-*lahng*-gah) *f* avalanche

\***valere** (vah-*lāy*-ray) *v* \*be worth

**valido** (*vaa*-lee-doa) *adj* valid

**valigia** (vah-*lee*-jah) *f* bag, case, suitcase

**valle** (*vahl*-lay) *f* valley

**valletto** (vahl-*layt*-toa) *m* valet

**valore** (vah-*lōa*-ray) *m* value, worth; **senza**~ worthless; **valori** valuables *pl*

**valoroso** (vah-loa-*rōa*-soa) *adj* courageous

**valuta** (vah-*lōō*-tah) *f* currency

**valutare** (vah-ioo-*taa*-ray) *v* evaluate, estimate, appreciate, value

**valutazione** (vah-loo-tah-*tsyōa*-nay) *f* estimate

**valvola** (*vahl*-voa-lah) *f* valve; ~ **dell'aria** choke

**valzer** (*vahl*-tsayr) *m* waltz

**vanga** (*vahng*-gah) *f* spade

**vangelo** (vahn-*jai*-loa) *m* gospel

**vaniglia** (vah-*nee*-lʸah) *f* vanilla

**vanità** (vah-nee-*tah*) *f* vanity

**vano** (*vaa*-noa) *adj* vain, idle; *m* room

**vantaggio** (vahn-*tahd*-joa) *m* benefit, advantage; profit; lead

**vantaggioso** (vahn-tahd-*jōa*-soa) *adj* advantageous

**vantarsi** (vahn-*tahr*-see) *v* boast

**vapore** (vah-*pōa*-ray) *m* steam, vapour

**vaporizzatore** (vah-poa-reed-dzah-*tōa*-ray) *m* atomizer

**vari** (*vaa*-ree) *adj* various

**variabile** (vah-*ryaa*-bee-lay) *adj* variable

**variare** (vah-*ryaa*-ray) *v* vary

**variazione** (vah-ryah-*tsyōa*-nay) *f* variation

**varicella** (vah-ree-*chehl*-lah) *f* chickenpox

**varietà** (vah-rʸay-*tah*) *f* variety

**varo** (*vaa*-roa) *m* launching

**vascello** (vahsh-*shehl*-loa) *m* vessel

**vasellame** (vah-zayl-*laa*-may) *m* crockery

**vasellina** (vah-zayl-*lee*-nah) *f* vaseline

**vaso** {*vaa*-zoa) *m* vase; bowl; ~ **sanguigno** blood-vessel

**vassoio** (vahss-*sōa*-yoa) *m* tray

**vasto** (*vah*-stoa) *adj* vast; extensive, wide

**vecchiaia** (vayk-*kyaa*-yah) *f* old age

**vecchio** (*vehk*-keeoa) *adj* old; ancient

\***vedere** (vay-*dāy*-ray) *v* \*see; notice; \***far** ~ \*show

**vedova** (*vāy*-doa-vah) *f* widow

**vedovo** (*vāy*-doa-voa) *m* widower

**veduta** (vay-*dōō*-tah) *f* sight

**veemente** (vay-ay-*mayn*-tay) *adj* fierce, intense

**vegetariano** (vay-jay-tah-*ryaa*-noa) *m* vegetarian

**vegetazione** (vay-jay-tah-*tsyōa*-nay) *f* vegetation

**veicolo** (vay-ee-koa-loa) *m* vehicle

**vela** (*vāy*-lah) *f* sail; ~ **di trinchetto** foresail

**veleno** (vay-*lāy*-noa) *m* poison

**velenoso** (vay-lay-*nōa*-soa) *adj* poisonous

**velivolo** (vay-*lee*-voa-loa) *m* aircraft

**velluto** (vayl-*lōō*-toa) *m* velvet; ~ **a**

**coste** corduroy; ~ **di cotone** velveteen

**velo** (*vāy*-loa) *m* veil

**veloce** (vay-*lōā*-chay) *adj* fast, rapid

**velocità** (vay-loa-chee-*tah*) *f* speed; pace, rate; gear; **limite di** ~ speed limit; ~ **di crociera** cruising speed

**vena** (*vāy*-nah) *f* vein; ~ **varicosa** varicose vein

**vendemmia** (vayn-*daym*-myah) *f* vintage

**vendere** (*vayn*-day-ray) *v* *sell; ~ **al minuto** retail

**vendetta** (vayn-*dayt*-tah) *f* revenge

**vendibile** (vayn-*dee*-bee-lay) *adj* saleable

**vendita** (*vayn*-dee-tah) *f* sale; **in** ~ for sale; ~ **al minuto** retail trade

**venerabile** (vay-nay-*raa*-bee-lay) *adj* venerable

**venerare** (vay-nay-*raa*-ray) *v* worship

**venerdì** (vay-nayr-*dee*) *m* Friday

**venezolano** (vay-nay-tsoa-*laa*-noa) *adj* Venezuelan; *m* Venezuelan

**Venezuela** (vay-nay-*tswai*-lah) *m* Venezuela

***venire** (vay-nee-ray) *v* *come; **far** ~ *send for

**ventaglio** (vayn-*taa*-lŸoa) *m* fan

**ventesimo** (vayn-*tai*-zee-moa) *num* twentieth

**venti** (*vayn*-tee) *num* twenty

**ventilare** (vayn-tee-*laa*-ray) *v* ventilate

**ventilatore** (vayn-tee-lah-*tōā*-ray) *m* fan, ventilator

**ventilazione** (vayn-tee-lah-*tsyōā*-nay) *f* ventilation

**vento** (*vehn*-toa) *m* wind

**ventoso** (vayn-*tōā*-soa) *adj* gusty, windy

**veramente** (vay-rah-*mayn*-tay) *adv* really

**veranda** (vay-*rahn*-dah) *f* veranda

**verbale** (vayr-*baa*-lay) *adj* verbal; *m*

minutes

**verbo** (*vehr*-boa) *m* verb

**verde** (*vayr*-day) *adj* green

**verdetto** (vayr-*dayt*-toa) *m* verdict

**verdura** (vayr-*dōō*-rah) *f* greens *pl*, vegetable

**vergine** (*vehr*-jee-nay) *f* virgin

**vergogna** (vayr-*gōā*-ñah) *f* shame; ***aver** ~ *be ashamed; **vergogna!** shame!

**vergognoso** (vayr-goa-*ñōā*-soa) *adj* ashamed

**verificare** (vay-ree-fee-*kaa*-ray) *v* check, verify

**verità** (vay-ree-*tah*) *f* truth

**veritiero** (vay-ree-*tyai*-roa) *adj* truthful

**verme** (*vehr*-may) *m* worm

**vernice** (vayr-*nee*-chay) *f* varnish

**verniciare** (vayr-nee-*chaa*-ray) *v* varnish, paint

**vero** (*vāy*-roa) *adj* true; very

**versamento** (vayr-sah-*mayn*-toa) *m* deposit

**versare** (vayr-*saa*-ray) *v* pour; *shed

**versione** (vayr-*syōā*-nay) *f* version

**verso**[1] (*vehr*-soa) *prep* to; at, towards

**verso**[2] (*vehr*-soa) *m* verse

**verticale** (vayr-tee-*kaa*-lay) *adj* vertical

**vertigine** (vayr-*tee*-jee-nay) *f* vertigo; giddiness

**vescica** (vaysh-*shee*-kah) *f* bladder

**vescovo** (*vāy*-skoa-voa) *m* bishop

**vespa** (*vay*-spah) *f* wasp

**vestaglia** (vay-*staa*-lŸah) *f* negligee; dressing-gown

**veste** (*veh*-stay) *f* frock; robe

**vestibolo** (vayss-*tee*-boa-loa) *m* hall

**vestire** (vay-*stee*-ray) *v* dress; *wear

**vestiti** (vayss-*tee*-tee) *mpl* clothes *pl*; **vestito da donna** gown, dress; **vestito da uomo** *m* suit

**veterinario** (vay-tay-ree-*naa*-ryoa) *m* veterinary surgeon

**vetrina** (vay-*tree*-nah) *f* shop-window

**vetro** (*vāy*-troa) *m* glass; **pane; di ~** glass; **~ colorato** stained glass

**vetta** (*vayt*-tah) *f* peak, summit

**vi** (vee) *pron* you; yourselves

**via¹** (*vee*-ah) *f* way; **~ d'acqua** waterway; **~ principale** main street; **~ selciata** causeway

**via²** (*vee*-ah) *adv* away, gone, off; *prep* via

**viadotto** (vyah-*doat*-toa) *m* viaduct

**viaggiare** (veeahd-*jaa*-ray) *v* travel

**viaggiatore** (vyahd-jah-*tōā*-ray) *m* traveller

**viaggio** (*vyahd*-joa) *m* journey; trip, voyage; **~ d'affari** business trip; **~ di ritorno** return journey

**viale** (*vyaa*-lay) *m* avenue

**vibrare** (vee-*braa*-ray) *v* tremble, vibrate

**vibrazione** (vee-brah-*tsyōā*-nay) *f* vibration

**vicenda** (vee-*chehn*-dah) *f* vicissitude; event

**vicepresidente** (vee-chay-pray-see-*dehn*-tay) *m* vice-president

**vicinanza** (vee-chee-*nahn*-tsah) *f* vicinity

**vicinato** (vee-chee-*naa*-toa) *m* neighbourhood

**vicino** (vee-*chee*-noa) *adj* close, nearby, near; *m* neighbour; **~ a** near; beside, next to, by

**vicolo** (*vee*-koa-loa) *m* lane, alley; **~ cieco** cul-de-sac

**video** (*vee*-day-oa) *m* screen

**videocassetta** (vee-day-oa-kahss-*sayt*-tah) *f* video cassette

**videoregistratore** (vee-day-oa-ray-jee-straa-*toa*-ray) *m* video recorder

**vietato** (vyay-*taa*-toa) *adj* prohibited; **~ ai pedoni** no pedestrians; **~ fumare** no smoking; **~ l'ingresso** no admittance

**vigna** (*vee*-ñah) *f* vineyard

**vigore** (vee-*gōā*-ray) *m* stamina

**vile** (*vee*-lay) *adj* cowardly

**villa** (*veel*-lah) *f* villa

**villaggio** (veel-*lahd*-joa) *m* village

**villino** (veel-*lee*-noa) *m* cottage

**\*vincere** (*veen*-chay-ray) *v* conquer, \*overcome; \*win

**vincita** (*veen*-chee-tah) *f* winnings *pl*

**vincitore** (veen-chee-*tōā*-ray) *m* winner

**vino** (*vee*-noa) *m* wine

**violazione** (vyoa-lah-*tsyōā*-nay) *f* violation

**violentare** (vyoa-layn-*taa*-ray) *v* rape

**violento** (vyoa-*lehn*-toa) *adj* violent, severe

**violenza** (vyoa-*lehn*-tsah) *f* violence

**violetta** (vyoa-*layt*-tah) *f* violet

**violetto** (vyoa-*layt*-toa) *adj* violet

**violino** (vyoa-*lee*-noa) *m* violin

**virgola** (*veer*-goa-lah) *f* comma

**virgolette** (veer-goa-*layt*-tay) *fpl* quotation marks

**virtù** (veer-*too*) *f* virtue

**virtuoso** (veer-*twōā*-soa) *adj* good

**viscido** (*veesh*-shee-doa) *adj* slippery

**visibile** (vee-*zee*-bee-lay) *adj* visible

**visibilità** (vee-zee-bee-lee-*tah*) *f* visibility

**visione** (vee-*zyōā*-nay) *f* vision

**visita** (*vee*-zee-tah) *f* visit, call; **~ medica** check-up

**visitare** (vee-zee-*taa*-ray) *v* call on; visit

**visitatore** (vee-zee-tah-*tōā*-ray) *m* visitor

**viso** (*vee*-zoa) *m* face

**visone** (vee-*zōā*-nay) *m* mink

**vista** (*vee*-stah) *f* sight; view

**vistare** (vee-*staa*-ray) *v* endorse

**visto** (*vee*-stoa) *m* visa

**vistoso** (vee-*stōā*-soa) *adj* striking

**vita** (*vee*-tah) *f* life; waist

**vitale** (vee-*taa*-lay) *adj* vital

**vitamina** (vee-tah-*mee*-nah) *f* vitamin

**vite** (*vee*-tay) *f* screw; vine

**vitello** (vee-*tehl*-loa) *m* calf; veal

**vittima** (*veet*-tee-mah) *f* victim; casualty

**vitto** (*veet*-toa) *m* fare, food; ~ **e alloggio** room and board, bed and board, board and lodging

**vittoria** (veet-*taw*-ryah) *f* victory

**vivace** (vee-*vaa*-chay) *adj* active, brisk, lively; gay

**vivaio** (vee-*vaa*-yoa) *m* nursery

**vivente** (vee-*vehn*-tay) *adj* alive

*__vivere__ (*vee*-vay-ray) *v* live

**vivido** (*vee*-vee-doa) *adj* vivid

**vivo** (*vee*-voa) *adj* alive, live

**viziare** (vee-*tsyaa*-ray) *v* *spoil

**vizio** (*vee*-tsiæh) *m* vice

**vocabolario** (voa-kah-boa-*laa*-ryoa) *m* vocabulary

**vocale** (voa-*kaa*-lay) *adj* vocal; *f* vowel

**voce** (*vōa*-chay) *f* voice; **ad alta ~** aloud

**voglia** (*vaw*-lʸah) *f* fancy; *aver ~ di fancy, *feel like

**voi** (*vōa*-ee) *pron* you; ~ **stessi** yourselves

**volante** (voa-*lahn*-tay) *m* steering-wheel

**volare** (voa-*laa*-ray) *v* *fly

**volentieri** (voa-layn-*tyai*-ree) *adv* gladly, willingly

*__volere__ (voa-*lāy*-ray) *v* *will, want; *__voler bene__ care for, like

**volgare** (voal-*gaa*-ray) *adj* coarse, vulgar

*__volgere__ (*vol*-jay-ray) *v* turn

**volo** (*vōa*-loa) *m* flight; ~ **charter** charter flight; ~ **di ritorno** return flight; ~ **notturno** night flight

**volontà** (voa-loan-*tah*) *f* will

**volontario** (voa-loan-*taa*-ryoa) *adj* voluntary; *m* volunteer

**volpe** (*voal*-pay) *f* fox

**volt** (voalt) *m* volt

**volta** (*vol*-tah) *f* time; vault; **ancora una ~** once more; **due volte** twice; **qualche ~** sometimes; **una ~** once

**voltaggio** (voal-*tahd*-joa) *m* voltage

**voltare** (voal-*taa*-ray) *v* turn; turn round

**volume** (voa-*lōō*-may) *m* volume

**voluminoso** (voa-loo-mee-*nōa*-soa) *adj* big, bulky

**vomitare** (voa-mee-*taa*-ray) *v* vomit

**vostro** (*vo*-stroa) *adj* your

**votare** (voa-*taa*-ray) *v* vote

**votazione** (voa-tah-*tsyōa*-nay) *f* vote

**voto** (*vōa*-toa) *m* vote; mark

**vulcano** (vool-*kaa*-noa) *m* volcano

**vulnerabile** (vool-nay-*raa*-bee-lay) *adj* vulnerable

**vuotare** (vwo-*taa*-ray) *v* empty

**vuoto** (*vwaw*-toa) *adj* empty; hollow; *m* vacuum

# Z

**zaffiro** (dzahf-*fee*-roa) *m* sapphire

**zaino** (*dzigh*-noa) *m* rucksack, knapsack

**zampa** (*tsahm*-pah) *f* paw

**zampillo** (tsahm-*peel*-loa) *m* squirt

**zanzara** (dzahn-*dzaa*-rah) *f* mosquito

**zanzariera** (dzahn-dzah-*ryai*-rah) *f* mosquito-net

**zappa** (*tsahp*-pah) *f* spade

**zattera** (*tsaht*-tay-rah) *f* raft

**zebra** (*dzai*-brah) *f* zebra

**zelante** (dzay-*lahn*-tay) *adj* diligent, zealous

**zelo** (*dzai*-loa) *m* diligence, zeal

**zenit** (*dzai*-neet) *m* zenith

**zenzero** (*dzehn*-dzay-roa) *m* ginger

**zero** (*dzai*-roa) *m* nought, zero

**zia** (*tsee*-ah) *f* aunt

**zigomo** (*dzee*-goa-moa) *m* cheek-bone

**zigzagare** (dzeeg-dzah-*gaa*-ray) *v* *wind

**zinco** (*dzeeng*-koa) *m* zinc

**zingaro** (*tseeng*-gah-roa) *m* gipsy

**zio** (*tsee*-oa) *m* uncle

**zitella** (tsee-*tehl*-lah) *f* spinster

**zitto** (*tseet*-toa) *adj* silent

**zoccolo** (*tsok*-koa-loa) *m* wooden shoe; hoof

**zodiaco** (dzoa-*dee*-ah-koa) *m* zodiac

**zona** (*dzōa*-nah) *f* zone; area; ~ **di**

**parcheggio** parking zone; ~ **industriale** industrial area

**zoologia** (dzoa-oa-loa-*jee*-ah) *f* zoology

**zoom** (zōōm) *m* zoom lens

**zoppicante** (tsoap-pee-*kahn*-tay) *adj* lame

**zoppicare** (tsoap-pee-*kaa*-ray) *v* limp

**zoppo** (*tsop*-poa) *adj* crippled, lame

**zuccherare** (tsook-kay-*raa*-ray) *v* sweeten

**zucchero** (*tsook*-kay-roa) *m* sugar; **zolletta di** ~ lump of sugar

# Menu Reader

## Food

**abbacchio** grilled lam

~ **alla cacciatora** pieces of lamb, often braised with garlic, rosemary, white wine, anchovy paste and hot peppers

**(all') abruzzese** Abruzzi style; with red peppers and sometimes ham

**acciughe** anchovies

~ **al limone** fresh anchovies served with a sauce of lemon, oil, breadcrumbs and oregano

**(all')aceto** (in) vinegar

**acetosella** sorrel

**acquacotta** soup of bread and vegetables, sometimes with eggs and cheese

**affettati** sliced cold meat, ham and salami (US cold cuts)

**affumicato** smoked

**agliata** garlic sauce; garlic mashed with breadcrumbs

**aglio** garlic

**agnello** lamb

**agnolotti** kind of ravioli with savoury filling of vegetables, chopped meats, sometimes with garlic and herbs

**(all')agro** dressing of lemon juice and oil

**agrodolce** sweet-sour dressing of caramelized sugar, vinegar and flour to which capers, raisins or lemon may be added

**al, all', alla** in the style of: with

**ala** wing

**albicocca** apricot

**alice** anchovy

**allodola** lark

**alloro** bay leaf

**ananas** pineapple

**anguilla** eel

~ **alla veneziana** braised with tunny (tuna) and lemon sauce

**anguria** watermelon

**anice** aniseed

**animelle (di vitello)** (veal) sweetbreads

**anitra** duck

~ **selvatica** wild duck

**annegati** slices of meat in white wine or Marsala wine

**antipasto** hors-d'oeuvre

~ **di mare** seafood

~ **a scelta** to one's own choosing

**arachide** peanuts

**aragosta** spiny lobster

**arancia** orange

**aringa** herring

**arista** loin of pork

**arrosto** roast(ed)

**arsella** kind of mussel

**asiago** cheese made of skimmed milk, semi hard to hard, sweet when young

**asparago** asparagus

**assortito** assorted

**astice** lobster

**attorta** flaky pastry filled with fruit and almonds

**avellana** hazelnut

**babbaluci** snails in olive-oil sauce with tomatoes and onions

**baccalà** stockfish, dried cod

　~ **alla fiorentina** floured and fried in oil

　~ **alla vicentina** poached in milk with onion, garlic, parsley, anchovies and cinnamon

**(con) bagna cauda** simmering sauce of butter, olive oil, garlic and chopped anchovies, into which raw vegetables and bread are dipped

**barbabietola** beetroot

**basilico** basil

**beccaccia** woodcock

**Bel Paese** smooth cheese with delicate taste

**ben cotto** well-done

**(alla) besciamella** (with) white sauce

**bigoli in salsa** noodles with an anchovy or sardine sauce

**biscotto** rusk, biscuit (US zwieback, cookie)

**bistecca** steak, usually beef, but may be another kind of meat

　~ **di manzo** beef steak

　~ **(alla) pizzaiola** with tomatoes, basil and sometimes garlic

　~ **di vitello** veal scallop

**bocconcini** diced meat with herbs

**bollito** 1) boiled 2) meat or fish stew

**(alla) bolognese** in a sauce of tomatoes and meat or ham and cheese

**(alla) brace** on charcoal

**braciola di maiale** pork chop

**bracioletta** small slice of meat

　~ **a scottadito** charcoal-grilled lamb chops

**braciolone alla napoletana** breaded rumpsteak with garlic, parsley, ham and currants; rolled, sautéed and stewed

**branzino** bass

**brasato** braised

**broccoletti strascinati** brocoli sautéed with pork fat and garlic

**brodetto** fish soup with onions and tomato pulp

**brodo** bouillon, broth, soup

　~ **vegetale** vegetable broth

**bruschetta** a thick slice of countrystyle bread, grilled, rubbed with garlic and sprinkled with olive oil

**budino** blancmange, custard

**bue** beef

**burrida** fish casserole strongly flavoured with spices and herbs

**burro** butter

　~ **maggiordomo** with lemon juice and parsley

**busecca** thick tripe and vegetable soup

**cacciagione** game

**(alla) cacciatora** often with mushrooms, herbs, shallots, wine, tomatoes, strips of ham and tongue

**cacciucco** spicy fish soup, usually with onions, green pepper, garlic and red wine topped with garlic flavoured croutons

**caciocavallo** firm, slightly sweet cheese from cow's or sheep's milk

**calamaretto** young squid

**calamaro** squid

**caldo** hot

**calzone** pizza dough envelope with ham, cheese, herbs and baked

**(alla) campagnola** with vegetables, especially onions and tomatoes

**canederli** dumplings made from ham, sausage and breadcrumbs

**cannella** cinnamon

**cannelloni** tubular dough stuffed with meat, cheese or vegetables, covered with a white sauce and baked

~ **alla Barbaroux** with chopped ham, veal, cheese and covered with white sauce

~ **alla laziale** with meat and onion filling and baked in to-mato sauce

~ **alla napoletana** with cheese and ham filling in tomato and herb sauce

**cannolo** rolled pastry filled with sweet, white cheese, sometimes nougat and crystallized fruit

**capitone** large eel

**capocollo** smoked salt pork

**caponata** aubergine, green pep-per, tomato, vegetable marrow, garlic, oil and herbs; usually served cold

**cappelletti** small ravioli filled with meat, herbs, cheese and eggs

**cappero** caper

**cappon magro** pyramid of cooked vegetables and fish salad

**cappone** capon

**capretto** kid

~ **ripieno al forno** stuffed with herbs and roasted

**caprino** a soft goat's cheese

~ **romano** hard goat's milk cheese

**capriolo** roebuck

**caramellato** caramelized

**(alla) carbonara** *pasta* with smok-ed ham, cheese, eggs and olive oil

**carbonata** 1) grilled pork chop 2) beef stew in red wine

**carciofo** artichoke

~ **alla romana** stuffed, sautéed in oil, garlic and white wine

**carciofino** small artichoke

**cardo** cardoon

**carne** meat

~ **a carrargiu** spit-roasted

**carota** carrot

**carpa, carpione** carp

**(della) casa** chef's speciality

**(alla) casalinga** home-made

**cassata** ice-cream with a crystal-lized fruit filling

~ **(alla) siciliana** sponge cake garnished with sweet cream cheese, chocolate and crystal-lized fruit

**(in) casseruola** (in a) casserole

**castagnaccio** chestnut cake with pine kernels, raisins, nuts, cooked in oil

**castagne** chestnuts

**caviale** caviar

**cavolfiore** cauliflower

**cavolino di Bruxelles** brussels sprout

**cavolo** cabbage

**cazzoeula** a casserole of pork, ce-lery, onions, cabbage and spices

**cece** chick-pea

**cena** dinner, supper

**cerfoglio** chervil

**cervella** brains

**cervo** stag
**cetriolino** gherkin (US pickle)
**cetriolo** cucumber
**chiodo di garofano** cloves
**ciambella** ringshaped bun
**cicoria** endive (US chicory)
**ciliegia** cherry
**cima** cold, stuffed veal
 ~ **alla genovese** stuffed with eggs, sausage and mushrooms
**cinghiale** (wild) boar
**cioccolata** chocolate
**cipolla** onion
**cipollina** pearl onion
**ciuppin** thick fish soup
**cocomero** watermelon
**coda di bue** oxtail
**colazione** lunch
**composta** stewed fruit
**coniglio** rabbit
 ~ **all'agro** stewed in red wine, with the addition of lemon juice
**contorno** garnish
**copata** small wafer of honey and nuts
**coppa** kind of raw ham, usually smoked
**corda** lamb tripes roasted or braised in tomato sauce with peas
**cornetti** 1) string beans  2) crescent rolls
**cosce di rana** frogs' legs
**coscia** leg, thigh
**cosciotto** leg
**costata** beef steak or chop, entrecôte
 ~ **alla fiorentina** grilled over an olive-wood fire, served with lemon juice and parsley
 ~ **alla pizzaiola** braised in sauce with tomatoes, marjoram, parsley and *mozzarella* cheese
 ~ **al prosciutto** with ham,

cheese and truffles; breaded and fried
**costoletta** cutlet, chop (veal or pork)
 ~ **alla bolognese** breaded veal cutlet topped with a slice of ham, cheese and tomato sauce
 ~ **alla milanese** veal cutlet, breaded, then fried
 ~ **alla parmigiana** breaded and baked with parmesan cheese
 ~ **alla valdostana** with ham and *fontina* cheese
 ~ **alla viennese** breaded veal scallop, wiener schnitzel
**cotechino** spiced pork sausage, served hot in slices
**cotto** cooked
 ~ **a puntino** medium (done)
**cozza** mussel
**cozze alla marinara** mussels cooked in white wine with parsley and garlic
**crauti** sauerkraut
**crema** cream, custard
**cremino** 1) soft cheese  2) type of ice-cream bar
**crescione** watercress
**crespolino** spinach-filled pancake baked in cheese sauce
**crocchetta** potato or rice croquette
**crostaceo** shellfish
**crostata** pie, flan
**crostini** small pieces of toast, croutons
 ~ **in brodo** broth with croutons
 ~ **alla provatura** diced bread and *provatura* cheese toasted on a spit
**crostino alla napoletana** small toast with anchovies and melted cheese
**crudo** raw
**culatello** type of raw ham, cured

in white wine

**cuore** heart

~ **di sedano** celery heart

**cuscusu di Trapani** fish soup with semolina flakes

**dattero** date

**datteri di mare** mussels, small clams

**dentice** dentex (Mediterranean fish, similar to sea bream)

**(alla) diavola** usually grilled with a lavish amount of pepper, chili pepper or pimento

**diverso** varied

**dolce** sweet, dessert

**dolci** pastries, cakes

**(alla) Doria** with cucumbers

**dragoncello** tarragon

**fagiano** pheasant

**fagiolino** French bean (US green bean)

**fagiolo** haricot bean

**faraona** guinea hen

**farcito** stuffed

**farsumagru** rolled beef or veal stuffed with bacon, ham, eggs, cheese, parsley and onions; braised with tomatoes

**fatto in casa** home-made

**fava** broad bean

**favata** casserole of beans, bacon, sausage and seasoning

**fegatelli di maiale alla Fiorentina** pork liver grilled on a skewer with bay leaves and diced, fried croutons

**fegato** liver

~ **alla veneziana** slices of calf's liver fried with onions

**(ai) ferri** on the grill, grilled

**fesa** round cut taken from leg of veal

~ **in gelatina** roast veal in aspic jelly

**fettina** small slice

**fettuccine** flat narrow noodles

~ **verdi** green noodles

**fico** fig

**filetto** fillet

**finocchio** fennel

~ **in salsa bianca** in white sauce

**(alla) fiorentina** with herbs, oil and often spinach

**focaccia** 1) flat bread, sprinkled with olive oil, sometimes with fried chopped onions or cheese 2) sweet ring-shaped cake

~ **di vitello** veal patty

**fondo di carciofo** artichoke heart (US bottom)

**fonduta** melted cheese with egg-yolk, milk and truffles

**fontina** a soft, creamy cheese from Piedmont, chiefly used in cooking

**formaggio** cheese

**(al) forno** baked

**forte** hot, spicy

**fra diavolo** with a spicy tomato sauce

**fragola** strawberry

~ **di bosco** wild

**frattaglie** giblets

**fregula** soup with semolina and saffron dumplings

**fresco** cool, fresh, uncooked

**frittata** omelet

~ **semplice** plain

**frittatina di patate** potato omelet

**frittella** fritter, pancake, often filled with ham and cheese or with an apple

**fritto** deep-fried

~ **alla milanese** breaded

~ **misto** deep-fried bits of seafood, vegetables or meat

~ **alla napoletana** fried fish, vegetables and cheese

~ **alla romana** sweetbread, artichokes and cauliflower

~ **di verdura** fried vegetables

**frutta** fruit

~ **candita** crystallized (US candied)

~ **cotta** stewed

**frutti di mare** shellfish

**fungo** mushroom

**galantina tartufata** truffles in aspic jelly

**gallina** hen

**gallinaccio** 1) chanterelle mushroom 2) woodcock

**gallinella** water-hen

**gallo cedrone** grouse

**gamberetto** shrimp

**gambero** crayfish, crawfish

**garofolato** beef stew with cloves

**(in) gelatina** (in) aspic jelly

**gelato** ice-cream; iced dessert

**(alla) genovese** with basil and other herbs, pine kernels, garlic and oil

**ghiacciato** iced, chilled

**ginepro** juniper (berry)

**girello** round steak from the leg

**gnocchi** dumplings

**gorgonzola** most famous of the Italian blue-veined cheese, rich with a tangy flavour

**grana** hard cheese; also known as *parmigiano(-reggiano)*

**granchio** crab

**grasso** rich with fat or oil

**(alla) graticola** grilled

**gratinata** sprinkled with breadcrumbs and grated cheese and oven-browned

**grattugiato** grated

**(alla) griglia** from the grill

**grissino** breadstick

**gruviera** mild cheese with holes, Italian version of Swiss *gruyère*

**guazzetto** meat stew with garlic, rosemary, tomatoes and pimentos

**incasciata** layers of dough, meat sauce, hard-boiled eggs and grated cheese

**indivia** chicory (US endive)

**insalata** salad

~ **all'americana** mayonnaise and shrimps

~ **russa** diced boiled vegetables in mayonnaise

~ **verde** green

~ **di verdura cotta** boiled vegetables

**involtino** stuffed meat or ham roll

**lampone** raspberry

**lampreda** lamprey

**lardo** bacon

**lasagne** thin layers of generally green noodle dough alternating with tomato, sausage meat, ham, white sauce and grated cheese; baked in the oven

**latte alla portoghese** baked custard with liquid caramel

**lattuga** lettuce

**lauro** bay leaf

**(alla) laziale** with onions

**legume** vegetable

**lenticchia** lentil

**lepre** hare

~ **al lardo con funghi** with bacon and mushrooms

~ **in salmì** jugged

**leprotto** leveret

**lesso** 1) boiled 2) meat or fish stew

**limone** lemon

**lingua** tongue

**linguine** flat noodles

**lista dei vini** wine list

**lodigiano** kind of parmesan cheese

**lombata** loin

**luganega** pork sausage

**lumaca** snail
**lupo di mare** sea perch
**maccheroni** macaroni
**macedonia di frutta** fruit salad
**maggiorana** marjoram
**magro** 1) lean 2) dish without meat
**maiale** pork
  ~ **al latte** cooked in milk
  ~ **ubriaco** cooked in red wine
**maionese** mayonnaise
**mandarino** mandarin
**mandorla** almond
**manzo** beef
  ~ **arrosto ripieno** stuffed roast
  ~ **lesso** boiled
  ~ **salato** corned beef
**(alla) marinara** sauce of tomatoes, olives, garlic, clams and mussels
**marinato** marinated
**maritozzo** soft roll
**marmellata** jam
  ~ **d'arance** marmalade
**marrone** chestnut
**mascarpone** soft, butter-coloured cheese, often served as a sweet dish
**medaglione** round fillet of beef or veal
**mela** apple
  ~ **cotogna** quince
**melanzana** aubergine (US eggplant)
**melanzane alla parmigiana** aubergines baked with tomatoes, parmesan cheese and spices
**melanzane ripiene** stuffed with various ingredients and gratinéed
**melone** melon
  ~ **con prosciutto** with cured ham
**menta** mint
**meringa** meringue

**merlano** whiting
**merluzzo** cod
**messicani** veal scallops rolled around a meat, cheese or herb stuffing
**midollo** marrow (bone)
**miele** honey
**(alla) milanese** 1) Milanese style of cooking 2) breaded (of meat)
**millefoglie** custard slice (US napoleon)
**minestra** soup
  ~ **in brodo** bouillon with noodles or rice and chicken liver
  ~ **di funghi** cream of mushroom
**minestrone** thick vegetable soup
  ~ **alla genovese** with spinach, basil, macaroni
  ~ **verde** with French beans and herbs
**mirtillo** bilberry (US blueberry)
**misto** mixed
**mitilo** mussel
**(alla) montanara** with different root vegetables
**montone** mutton
**mora** blackberry, mulberry
**mortadella** bologna (sausage)
**mostarda** mustard
  ~ **di frutta** spiced crystallized fruits (US candied fruits) in a sweet-sour syrup
**mozzarella** soft, unripened cheese with a bland, slightly sweet flavour, made from buffalo's milk in southern Italy, elsewhere with cow's milk
**(alla) napoletana** with cheese, tomatoes, herbs and sometimes anchovies
**nasello** whiting
**naturale** plain, without sauce or

filling
**navone** yellow turnip
**nocciola** hazelnut
**noce** nut
  ~ **di cocco** coconut
  ~ **moscata** nutmeg
**nostrano** local, home-grown
**oca** goose
**olio** oil
  ~ **d'arachide** peanut oil
  ~ **di semi** seed oil
**olive agrodolci** olives in vinegar and sugar
**olive ripiene** stuffed olives (e.g. with meat, cheese, pimento)
**ombrina** umbrine (fish)
**orata** John Dory (fish)
**origano** oregano
**osso** bone
  ~ **buco** veal shanks cooked in various ways depending on the region
**ostrica** oyster
**ovalina** small *mozzarella* cheese from buffalo's milk
**ovolo** egg mushroom
**(alla) paesana** with bacon, potatoes, carrots, vegetable marrow and other root vegetables
**pagliarino** medium-soft cheese from Piedmont
**palomba** wood-pigeon, ring-dove
**pan di Genova** almond cake
**pan di Spagna** sponge cake
**pan tostato** toasted Italian bread
**pancetta** bacon
**pandolce** heavy cake with dried fruit and pine kernels
**pane** bread
  ~ **casareccio** home-made
  ~ **scuro** dark
  ~ **di segale** rye
**panettone** tall light cake with a few raisins and crystallized fruit

**panforte di Siena** flat round slab made mostly of spiced crystallized fruit
**pangrattato** breadcrumbs
**panicielli d'uva passula** grapes wrapped in citron leaves and baked
**panino** roll
  ~ **imbottito** sandwich
**panna** cream
  ~ **montata** whipped
**panzarotti** fried or baked large dough envelopes often with a filling of pork, eggs, cheese, anchovies and tomatoes
**pappardelle** long, broad noodles
  ~ **con la lepre** garnished with spiced hare
**parmigiano(-reggiano)** parmesan, a hard cheese generally grated for use in hot dishes
**passatelli** pasta made from a mixture of egg, parmesan cheese, breadcrumbs, often with a pinch of nutmeg
**passato** purée, creamed
  ~ **di verdura** mashed vegetable soup, generally with croutons
**pasta** the traditional Italian first course; essentially a dough consisting of flour, water, oil (or butter) and eggs; produced in a variety of shapes and sizes (e.g. spaghetti, macaroni, broad noodles, ravioli, shell- and star-shaped *pasta*); may be eaten on its own, in a bouillon, seasoned with butter or olive oil, stuffed or accompanied by a savoury sauce, sprinkled with grated cheese
  ~ **asciutta** any pasta not eaten in a bouillon; served with any of various dressings

**pasticcino** tart, cake, small pastry

**pasticcio** 1) pie  2) type of *pasta* like *lasagne*

**pastina** small *pasta* in various shapes used principally as a bouillon or soup ingredient

**pasto** meal

**patate** potatoes
~ **fritte** deep fried
~ **lesse** boiled
~ **novelle** new
~ **in padella** fried in a pan
~ **rosolate** roasted
~ **saltate** sliced and sautéed

**patatine** small, new potatoes

**pecorino** a hard cheese made from sheep's milk

**pepato** peppered

**pepe** pepper

**peperonata** stew of peppers, tomatoes and sometimes onions

**peperone** green or red sweet pepper
~ **arrostito** roasted sweet pepper
~ **ripieno** stuffed, usually with rice and chopped meat

**pera** pear

**pernice** partridge

**pesca** peach
~ **melba** peach-halves poached in syrup over vanilla ice-cream, topped with raspberry sauce and whipped cream

**pescatrice** angler fish, frog fish

**pesce** fish
~ **spada** swordfish

**pesto** sauce of basil leaves, garlic, cheese and sometimes with pine kernels and majoram; used in *minestrone* or with *pasta*

**petto** breast

**(a) piacere** to your own choosing

**piatto** dish

~ **del giorno** the day's speciality
~ **principale** main course

**primo** ~ first course

**piccante** highly seasoned

**piccata** thin veal scallop
~ **al marsala** braised in Marsala sauce

**piccione** pigeon (US squab)

**piede** trotter (US foot)

**(alla) piemontese** Piedmontese style; with truffles and rice

**pignoli** pine kernels

**pinoccate** pine kernel and almond cake

**pisello** pea

**pistacchi** pistachio nuts

**piviere** plover (bird)

**pizza** flat, open(-faced) pie, tart, flan; bread dough bottom with any of a wide variety of toppings

**pizzetta** small *pizza*

**polenta** pudding of maizemeal (US cornmeal)
~ **pasticciata** *polenta*, sliced and served with meat sauce, mushrooms, white sauce, butter and cheese
~ **e uccelli** small birds spit-roasted and served with *polenta*

**pollame** fowl

**pollo** chicken
~ **alla diavola** highly spiced and grilled
~ **novello** spring chicken

**polpetta di carne** meatball

**polpettone** meat loaf of seasoned beef or veal

**polpo** octopus
~ **in purgatorio** sautéed in oil with tomatoes, parsley, garlic and peppers

**(salsa di) pommarola** tomato sauce

for *pasta*
**pomodoro** tomato
**pompelmo** grapefruit
**popone** melon
**porchetta** roast suck(l)ing pig
**porcini** boletus mushrooms
**porro** leek
**pranzo** lunch or dinner
**prezzemolo** parsley
**prezzo** price
  ~ **fisso** fixed price
**prima colazione** breakfast
**primizie** spring fruit or vegetables
**profiterole** filled cream puff
  ~ **alla cioccolata** with chocolate frosting
**prosciutto** ham
  ~ **affumicato** cured, smoked
  ~ **di cinghiale** smoked wild boar
  ~ **di Parma** cured ham from Parma
**provatura** soft, mild and slightly sweet cheese made from buffalo's milk
**provolone** white, medium-hard cheese
**prugna** plum
  ~ **secca** prune
**punte di asparagi** asparagus tips
**purè di patate** mashed potatoes
**quaglia** quail
**rabarbaro** rhubarb
**rafano** horse-radish
**ragù** meat sauce for *pasta*
**ragusano** hard and slightly sweet cheese
**rapa** turnip
**ravanello** radish
**raviggiolo** cheese made from sheep's or goat's milk
**razza** ray
**ribes** currants
  ~ **neri** blackcurrants

  ~ **rossi** redcurrants
**riccio di mare** sea urchin
**ricotta** soft cow's or sheep's milk cheese
**rigaglie** giblets
**rigatoni** 1) type of *pasta* similar to *cannelloni* 2) type of macaroni
**ripieno** stuffing, stuffed
**risi e bisi** rice and peas cooked in chicken bouillon
**riso** rice
  ~ **in bianco** white rice with butter
**risotto** dish made of boiled rice served as a first course, with various ingredients according to the region
**(brodo) ristretto** consommé
**robiola** soft, rich and sweet sheep's milk cheese
**robiolina** goat's or sheep's milk cheese
**rognoni** kidneys
**(alla) romana** with vegetables, particularly onions, mint and sometimes anchovies
**rombo** turbot, brill
**rosbif** roast beef
**rosmarino** rosemary
**rotolo** rolled, stuffed meat
**salame** salami
**salato** salted
**sale** salt
**salmone** salmon
**salsa** sauce
**salsiccia** any spiced pork sausage to be served cooked
**saltimbocca** veal slices with ham, sage, herbs and wine
  ~ **alla romana** veal cutlet flavoured with ham and sage, sautéed in butter and white wine
**(al) sangue** underdone (US rare)
**sarda** pilchard, sardine

**sardina** small sardine

**sardo** sheep's milk cheese, hard, pungent and aromatic

**sartù** oven-baked rice with tomatoes, meat balls, chicken giblets, mushrooms and peas

**scalogno** shallot

**scaloppa, scaloppina** veal scallop
~ **alla fiorentina** with spinach and white sauce

**scamorza** aged *mozzarella*, firmer and saltier

**scampi** Dublin Bay prawns

**scapece** fried fish preserved in white vinegar with saffron

**(allo) sciroppo** in syrup

**scorfano** rascasse, a Mediterranean fish, used for fish soup

**scorzonera** salsify

**sedano** celery

**selvaggina** game

**senape** mustard

**seppia** cuttlefish, squid

**servizio (non) compreso** service (not) included

**sfogliatelle** puff pastry with custard or fruit-preserve filling

**sgombro** mackerel

**silvano** chocolate meringue or tart

**soffritto** sautéed

**sogliola** sole
~ **arrosto** baked in olive oil, herbs and white wine
~ **dorata** breaded and fried
~ **ai ferri** grilled
~ **alla mugnaia** sautéed in butter with lemon juice and parsley

**soppressata** 1) sausage 2) preserved pig's head with pistachio nuts

**sottaceti** pickled vegetables

**sottaceto** pickled

**spaghetti** spaghetti

~ **aglio e olio** with olive oil and fried garlic

~ **all'amatriciana** with tomato sauce, garlic and parmesan cheese

~ **alla carbonara** with oil, cheese, bacon and eggs

~ **pomodoro e basilico** fresh tomatoes and basil leaves

~ **alle vongole** with clam or mussel sauce, tomatoes, garlic and pimento

**spalla** shoulder

**specialità** speciality

**spezzatino** meat or fowl stew

**spiedino** pieces of meat grilled or roasted on a skewer
~ **di mare** pieces of fish and seafood skewered and roasted

**(allo) spiedo** (on a) spit

**spigola** sea bass

**spinaci** spinach

**spugnola** morel mushroom

**spumone** foamy ice-cream dessert with crystallized fruit, whipped cream and nuts

**(di) stagione** (in) season

**stellette** star-shaped *pasta*

**stinco** knuckle (of veal), shin (of beef)

**stoccafisso** stockfish, dried cod

**storione** sturgeon

**stracchino** creamy, soft to medium-soft cheese

**stracciatella** consommé with semolina or breadcrumbs, eggs and grated cheese

**stracotto** meat stew, slowly cooked for several hours

**strascinati** shell-shaped fresh *pasta* with different sauces

**stufato** 1) stew(ed) 2) beef stew

**succu tunnu** soup with semolina and saffron dumplings

**sufflé** soufflé
**sugo** sauce, gravy
**(carne di) suino** pork
**suppli** rice croquettes with *mozzarella* cheese and meat sauce
**suprema di pollo in gelatina** chicken breast in aspic jelly
**susina** plum
**tacchino** turkey
**tagliatelle** flat noodles
**tagliolini** thin flat noodles
**taleggio** medium-hard cheese with a mild flavour
**tartaruga** turtle
**tartina** open(-faced) sandwich
**tartufo** truffle
**tartufi di mare** cockles or small clams
**(al) tegame** sautéed
**(alla) teglia** fried in a pan
**testa di vitello** calf's head
**timo** thyme
**tinca** tench (fish)
**tonnato** in tunny (tuna) sauce
**tonno** tunny (US tuna)
**topinambur** Jerusalem artichoke
**tordo** thrush
**torrone** nougat
**torta** pie, tart, flan
**tortelli** small fritters
**tortellini** ringlets of dough filled with seasoned minced meat
**tortiglione** almond cake
**tortino** savoury tart filled with cheese and vegetables
  ∼ **di carciofi** fried artichokes mixed with beaten eggs
**(alla) toscana** with tomatoes, celery and herbs
**tostato** toasted
**totano** young squid
**tramezzino** small sandwich
**trenette** noodles
**triglia** red mullet

**trippe alla fiorentina** slowly braised tripe and minced beef with tomato sauce, marjoram, parmesan cheese
**trippe alla milanese** tripe stewed with onions, leek, carrots, tomatoes, beans, sage and nutmeg
**trippe alla romana** cooked in sweet-and-sour sauce with cheese
**tritato** minced
**trota** trout
  ∼ **alle mandorle** stuffed, seasoned, baked in cream and topped with almonds
  ∼ **di ruscello** river trout
**tutto compreso** everything included
**uccelletti, uccelli** small birds, usually spit-roasted
  ∼ **in umido** stewed
**uovo** egg
  ∼ **affogato nel vino** poached in wine
  ∼ **al burro** fried in butter
  ∼ **in camicia** poached
  ∼ **alla coque** boiled
  ∼ **alla fiorentina** fried, served on a bed of spinach
  ∼ **(al) forno** baked
  ∼ **fritto** fried
  ∼ **molle** soft-boiled
  ∼ **ripieno** stuffed
  ∼ **sodo** hard-boiled
  ∼ **strapazzato** scrambled
**uva** grape
**vaniglia** vanilla
**vario** assorted
**(alla) veneziana** with onions or shallots, white wine and mint
**verdura** green vegetables
**vermicelli** thin noodles
**verza** green cabbage
**vitello** veal

~ **all'uccelletto** diced veal, sage, simmered in wine

**vongola** small clam

**zaba(gl)ione** dessert of egg-yolks, sugar and Marsala wine; served warm

**zampone** pig's trotter filled with seasoned pork, boiled and served in slices

**zèppola** fritter, doughnut

**zimino** fish stew

**zucca** pumpkin, gourd

**zucchero** sugar

**zucchino** small vegetable marrow (US zucchini)

**zuppa** soup

~ **fredda** cold

~ **di frutti di mare** seafood

~ **inglese** sponge cake steeped in rum with candied fruit and custard or whipped cream

~ **alla pavese** consommé with poached egg, croutons and grated cheese

~ **di vongole** clam soup with white wine

# Drinks

**abboccato** medium dry (wine)

**acqua** water

~ **fredda** ice-cold

~ **gasata** soda water

**acquavite** brandy, spirits

**Aleatico** a dessert wine made from muscat grapes

**amabile** slightly sweet (wine)

**Americano** a popular aperitif made with *Campari*, vermouth, angostura and lemon peel

**aperitivo** aperitif

**aranciata** orangeade

**asciutto** dry (wine)

**Asti Spumante** the renowned sparkling white wine from Piedmont

**Aurum** an orange liqueur

**Barbaresco** a red wine from Piedmont resembling *Barolo*, but lighter and slightly drier

**Barbera** a dark red, full-bodied wine from Piedmont and Lombardy with a rich bouquet

**Bardolino** a very pale red wine, from the Lago di Garda near Verona

**Barolo** a high quality red wine from Piedmont, can be compared to wines from the Rhone Valley

**bibita** beverage, drink

**birra** beer

~ **di barile** draught (US draft)

~ **chiara** lager, light

~ **scura** dark

~ **alla spina** draught (US draft)

**caffè** coffee

~ **corretto** espresso laced with a shot of liquor or brandy

~ **freddo** iced

~ **macchiato** with a few drops of warm milk

~ **nero** black

~ **ristretto** small and concentrated

**caffellatte** coffee with milk

**Campania** the region around Naples is noted for its fine red and white wines like *Capri, Falerno* and *Lacrima Christi*

**Campari** a reddish bitter aperitif with a quinine taste

**cappuccino** black coffee and whipped milk, sometimes with grated chocolate

**caraffa** carafe

**Castelli Romani** a common dry white wine from south-east of Rome

**Centerbe** a strong, green herb liqueur

**Cerasella** a cherry liqueur

**Certosino** a yellow or green herb liqueur

**Chianti** the renowned red and white table wines of Tuscany, traditionally bottled in a *fiasco;* there are many different qualities depending on the vineyards

**Chiaretto** one of Italy's most famous rosé wines; best when drunk very young; produced south of Lago di Garda

**Cortese** a dry white wine from Piedmont with limited production

**dolce** sweet (wine)

**Emilia-Romagna** the region around Bologna produces chiefly red wine like *Lambrusco,* which is sparkling and has a certain tang, and *Sangiovese,* a still type

**Est! Est! Est!** a semi-sweet white wine from the region north of Rome

**Etna** wines from the west slopes of Mount Etna (Sicily)

**Falerno** red and white dry wines produced in Campagnia

**Fernet-Branca** a bitter digestive

**fiasco** a straw-covered flask

**frappè** milk shake

**Frascati** a *Castelli Romani* white wine which can be dry or slightly sweet

**Freisa** red wines from Piedmont; one type is dry and fruity, the other is lighter and can be slightly sweet or semi-sparkling; one of Italy's best red wines produced south-west of Lago Maggiore

**frizzante** semi-sparkling (wine)

**Gattinara** a red, high-quality full-bodied wine from Piedmont, south-east of Lago Maggiore

**granatina, granita** fruit syrup or coffee served over crushed ice

**grappa** spirit distilled from grape mash

**Grignolino** good quality red wine with a special character and scent; often with a high alcoholic content

**Lacrima Christi** the most well-known wine from the Vesuvian slopes (Campania); the white wine is the best, but there are also red and rosé versions

**Lago di Caldaro** light red wine produced in the Italian Tyrol

**Lagrein Rosato** a good rosé from the region around Bolzano in the Italian Tyrol

**Lambrusco** a sparkling and tingling red wine from Emilia-Romagna

**latte** milk

~ **al cacao** chocolate drink

**Lazio** Latium; the region principally to the south of Rome produces chiefly white wine like *Castelli Romani, Est! Est! Est!* and *Frascati*

**limonata** lemonade

**Lombardia** Lombardy; the region around Milan produces various red wines like the *Bonarda, Inferno, Spanna* and *Valtellina*, the rosé *Chiaretto* and the white *Lugana*

**Lugana** a good dry white wine from the region of Lago di Garda

**Marsala** the renowned red dessert wine from Sicily

**Martini** a brand-name of white and red vermouth

**Millefiori** a liqueur distilled from herbs and alpine flowers

**Moscatello, Moseato** muscatel; name for different dessert and table wines produced from the muscat grapes; there are some red, but most are white

**Orvieto** light, white wine from Umbria; three versions exist: dry, slightly sweet and sweet

**Piemonte** Piedmont; the northwestern region of Italy reputedly produces the highest quality wine in the country and is best known for its sparkling wine *Asti Spumante;* among its red wines are *Barbaresco, Barbera, Barolo, Dolcetto, Freisa, Gattinara, Grignolino, Nebbiolo; Cortese* is a light white wine

**porto** port (wine)

**Puglia** Apulia; at the south-eastern tip of Italy, this region produces the greatest quantity of the nation's wine, mainly table wine and some dessert wine

**Punt e Mès** a brand-name vermouth

**Sangiovese** a red table wine from Emilia-Romagna

**Santa Giustina** a good red table wine from the Italian Tyrol

**Santa Maddalena** a good quality red wine from the Italian Tyrol, light in colour and rather fruity

**sciroppo** fruit syrup diluted with water

**secco** dry (wine)

**Sicilia** Sicily; this island is noted for its dessert wine, particularly the celebrated *Marsala;* among many table wines the red, white and rosé *Etna* wines are the best known

**sidro** cider

**Silvestro** a herb and mint liqueur

**Soave** very good dry white wine, which is best when drunk young (from the east ov Verona)

**spremuta** fresh fruit drink

**spumante** sparkling

**Stock** a wine-distilled brandy

**Strega** a strong herb liqueur

**succo** juice

**tè** tea

~ **al latte** with milk

~ **al limone** with lemon

**Terlano** Tyrolean white wine, renowned, well balanced, greenish yellow in colour and with a delicate taste

**Toscana** Tuscany; the region around Florence is particularly noted for its red and white *Chianti*, a good table wine, and the dessert wines *Aleatico* and *Vin Santo*

**Traminer** a Tyrolean white wine from the region which gave the grape and the name to the renowned Alsatian *Traminer* and *Gewürztraminer* white wines

**Trentino-Alto Adige** the alpine region produces red wines like *Lago di Caldaro, Santa Giustina, Santa Maddalena; Terlano* and *Traminer* are notable white wines; *Lagrein Rosato* is a rosé to remember while *Vin Santo* is a good dessert wine

**Valpolicella** a light red wine with a rich cherry colour and a trace of bitterness; it is best when drunk young

**Valtellina** region near the Swiss border which produces good, dark red wine

**Vecchia Romagna** a wine-distilled brandy

**Veneto** the north-eastern region of Italy produces high quality wines; among its red wines are *Amarone, Bardolino, Merlot, Pinot Nero, Valpolicella;* among the whites, *Pinot Grigio, Soave. Recioto* is a sparkling red wine

**Vin Santo (Vinsanto)** a fine dessert wine produced chiefly in Tuscany but also in Trentino, the Italian Tyrol

**vino** wine

~ **aperto** open

~ **bianco** white

~ **del paese** local

~ **rosatello, rosato** rosé

~ **rosso** red

# Mini-Grammar

## Articles

There are two genders in Italian—masculine (masc.) and feminine (fem.).

**1. Definite article** (the):

|       | singular | plural |
|-------|----------|--------|
| masc. | **l'** before a vowel | **gli** |
|       | **lo** before **z** or **s + consonant** | **gli** |
|       | **il** before all other consonants | **i** |
|       | **l'amico** (the friend) | **gli amici** (the friends) |
|       | **lo studente** (the student) | **gli studenti** (the students) |
|       | **il treno** (the train) | **i treni** (the trains) |
| fem.  | **l'** before a vowel | **le** |
|       | **la** before a consonant | **le** |
|       | **l'arancia** (the orange) | **le arance** (the oranges) |
|       | **la casa** (the house) | **le case** (the houses) |

**2. Indefinite article** (a/an):

| masc. | **un** (**uno** before **z** or **s + consonant\***) |
|-------|------|
|       | **un piatto** (a plate) |
|       | **uno specchio** (a mirror) |
| fem.  | **una** (**un'** before a vowel) |
|       | **una strada** (a street) |
|       | **un'amica** (a girl friend) |

**3. Partitive** (some/any)

In affirmative sentences and some interrogatives, **some** and **any** are expressed by **di + definite article**, which has the following contracted forms:

| masc. | **dell'** before a vowel | **degli** |
|-------|--------------------------|-----------|
|       | **dello** before **z** or **s + consonant** | **degli** |
|       | **del** before other consonants | **dei** |
| fem.  | **dell'** before a vowel | **delle** |
|       | **della** before a consonant | **delle** |

| | |
|---|---|
| **Desidero del vino.** | I want some wine. |
| **Vorrei delle sigarette.** | I'd like some cigarettes. |
| **Ha degli amici a Roma?** | Have you any friends in Rome? |

## Nouns

Nouns ending in **o** are generally masculine. To form the plural, change **o** to **i**.

**il tavolo** (the table)    **i tavoli** (the tables)

Nouns ending in **a** are usually feminine. To form the plural, change **a** to **e**.

**la casa** (the house)    **le case** (the houses)

Nouns ending in **e**—no rule as to gender. Learn each noun individually. Plurals are formed by changing the **e** to **i**.

**il piede** (the foot)    **i piedi** (the feet)    **la notte** (the night)    **le notti** (the nights)

---

\*When **s** is followed by a vowel, the masculine articles are **il/i** (definite) and **un** (indefinite).

## Adjectives

They agree with the noun they modify in number and gender. There are two basic types—ending in **o** and ending in **e**.

|  | singular | plural |  | singular | plural |
|---|---|---|---|---|---|
| masc. | **leggero** light (in weight) | **leggeri** | fem. | **leggera** | **leggere** |
|  | **grande** big | **grandi** |  | **grande** | **grandi** |

They usually follow the noun but certain common adjectives precede the noun.

**un caro amico** (a dear friend)    **una strada lunga** (a long street)

## Demonstratives

| this | **questo/questa** (contracted to **quest'** before a vowel) |
|---|---|
| these | **questi/queste** (no contraction) |
| that | **quell', quello, quel** (masc.)/**quell', quella\*** (fem.) |
| those | **quegli, quei** (masc.)/**quelle** (fem.) |

## Possessive adjectives and pronouns

These agree in number and gender *with the nouns they modify* (or replace).

|  | masculine | | feminine | |
|---|---|---|---|---|
|  | singular | plural | singular | plural |
| my, mine | **il mio** | **i miei** | **la mia** | **le mie** |
| your, yours | **il tuo** | **i tuoi** | **la tua** | **le tue** |
| his, her, hers, its | **il suo** | **i suoi** | **la sua** | **le sue** |
| our, ours | **il nostro** | **i nostri** | **la nostra** | **le nostre** |
| your, yours | **il vostro** | **i vostri** | **la vostra** | **le vostre** |
| their, theirs | **il loro** | **i loro** | **la loro** | **le loro** |
| \*\*your, yours (sing.) | **il suo** | **i suoi** | **la sua** | **le sue** |
| \*\*your, yours (plur.) | **il loro** | **i loro** | **la loro** | **le loro** |

Thus, depending on the context, **il suo cane** can mean *his, her* or *your dog.*

\* These forms follow the same system as **dell'/dello/della,** etc. (see p. 167).
\*\*This is the formal form—used in addressing people you do not know well.

## Personal pronouns

|  | Subject | Direct Object | Indirect Object | After a Preposition |
|---|---|---|---|---|
| I | **io** | **mi** | **mi** | **me** |
| you | **tu** | **ti** | **ti** | **te** |
| he, it (masc.) | **lui/egli** | **lo** | **gli** | **lui** |
| she, it (fem.) | **lei/ella** | **la** | **le** | **lei** |
| we | **noi** | **ci** | **ci** | **noi** |
| you | **voi** | **vi** | **vi** | **voi** |
| they (masc.) | **loro/essi** | **li** | **loro** | **loro** |
| they (fem.) | **loro/esse** | **le** | **loro** | **loro** |

*Note:* There are two forms for "you" in Italian: **tu** (singular) is used when talking to relatives, close friends and children (and between young people); the plural of **tu** is **voi**. **Lei** (singular) and **Loro** (plural) are used in all other cases (with the 3rd person singular/plural of the verb).

# Italian verbs

Below is a list of Italian verbs in three regular conjugations, grouped by families according to their infinitive endings, *-are, -ere* and *-ire*. Within the *-ire* group is one category that lengthens its stem by the addition of *-isc-* in the singular and the third person plural of the present tense (e.g. *fiorire – fiorisco*). Verbs which do not follow the conjugations below are considered irregular (see irregular verb list). Note that there are some verbs which follow the regular conjugation of the category they belong to, but present some minor changes in spelling. Examples: *mangiare, mangerò; cominciare, comincerò; navigare, navigherò*. The personal pronoun is not generally expressed since the verb endings clearly indicate the person.

|  | 1st conj. | 2nd conj. | 3rd conj. |
|---|---|---|---|
| Infinitive | **am are** *(love)* | **tem ere** *(fear)* | **vest ire** *(dress)* |
| Present | (io) am **o** | tem **o** | vest **o** |
|  | (tu) am **i** | tem **i** | vest **i** |
|  | (egli) am **a** | tem **e** | vest **e** |
|  | (noi) am **iamo** | tem **iamo** | vest **iamo** |
|  | (voi) am **ate** | tem **ete** | vest **ite** |
|  | (essi) am **ano** | tem **ono** | vest **ono** |
| Imperfect | (io) am **avo** | tem **evo** | vest **ivo** |
|  | (tu) am **avi** | tem **evi** | vest **ivi** |
|  | (egli) am **ava** | tem **eva** | vest **iva** |
|  | (noi) am **avamo** | tem **evamo** | vest **ivamo** |
|  | (voi) am **avate** | tem **evate** | vest **ivate** |
|  | (essi) am **avano** | tem **evano** | vest **ivano** |
| Past Definit | (io) am **ai** | tem **ei** | vest **ii** |
|  | (tu) am **asti** | tem **esti** | vest **isti** |
|  | (egli) am **ò** | tem **è** | vest **ì** |
|  | (noi) am **ammo** | tem **emmo** | vest **immo** |
|  | (voi) am **aste** | tem **este** | vest **iste** |
|  | (essi) am **arono** | tem **erono** | vest **irono** |
| Future | (io) am **erò** | tem **erò** | vest **irò** |
|  | (tu) am **erai** | tem **erai** | vest **irai** |
|  | (egli) am **erà** | tem **erà** | vest **irà** |
|  | (noi) am **eremo** | tem **eremo** | vest **iremo** |
|  | (voi) am **erete** | tem **erete** | vest **irete** |
|  | (essi) am **eranno** | tem **eranno** | vest **iranno** |
| Conditional | (io) am **erei** | tem **erei** | vest **irei** |
|  | (tu) am **eresti** | tem **eresti** | vest **iresti** |
|  | (egli) am **erebbe** | tem **erebbe** | vest **irebbe** |
|  | (noi) am **eremmo** | tem **eremmo** | vest **iremmo** |
|  | (voi) am **ereste** | tem **ereste** | vest **ireste** |
|  | (essi) am **erebbero** | tem **erebbero** | vest **irebbero** |

| Pres. subj. | (io) | am **i** | tem **a** | vest **a** |
| | (tu) | am **i** | tem **a** | vest **a** |
| | (egli) | am **i** | tem **a** | vest **a** |
| | (noi) | am **iamo** | tem **iamo** | vest **iamo** |
| | (voi) | am **iate** | tem **iate** | vest **iate** |
| | (essi) | am **ino** | tem **ano** | vest **ano** |
| Pres. part./gerund | | am **ando** | tem **endo** | vest **endo** |
| Past. part. | | am **ato** | tem **uto** | vest **ito** |

## Auxiliary verbs

| | **avere**<br>*(to have)* | | **essere**<br>*(to be)* | |
|---|---|---|---|---|
| | *Present* | *Imperfect* | *Present* | *Imperfect* |
| (io) | ho | avevo | sono | ero |
| (tu) | hai | avevi | sei | eri |
| (egli) | ha | aveva | è | era |
| (noi) | abbiamo | avevamo | siamo | eravamo |
| (voi) | avete | avevate | siete | eravate |
| (essi) | hanno | avevano | sono | erano |
| | *Future* | *Conditional* | *Future* | *Conditional* |
| (io) | avrò | avrei | sarò | sarei |
| (tu) | avrai | avresti | sarai | saresti |
| (egli) | avrà | avrebbe | sarà | sarebbe |
| (noi) | avremo | avremmo | saremo | saremmo |
| (voi) | avrete | avreste | sarete | sareste |
| (essi) | avranno | avrebbero | saranno | sarebbero |
| | *Pres. subj.* | *Pres. perf.* | *Pres. subj.* | *Pres. perf.* |
| (io) | abbia | ho avuto | sia | sono stato |
| (tu) | abbia | hai avuto | sia | sei stato |
| (egli) | abbia | ha avuto | sia | è stato |
| (noi) | abbiamo | abbiamo avuto | siamo | siamo stati |
| (voi) | abbiate | avete avuto | siate | siete stati |
| (essi) | abbiano | hanno avuto | siano | sono stati |
| | *Past definit* | | *Past definit* | |
| (io) | ebbi | | fui | |
| (tu) | avesti | | fosti | |
| (egli) | ebbe | | fu | |
| (noi) | avemmo | | fummo | |
| (voi) | aveste | | foste | |
| (essi) | ebbero | | furono | |

# Irregular verbs

Below is a list of the verbs and tenses commonly used in spoken Italian. In the listing, a) stands for the present tense, b) for the past definit, c) for the future, d) for the conditional and e) for the past participle. Certain verbs are considered irregular although often only their past participles have an irregular form while, for the rest, they are conjugated like regular verbs. A few verbs are conjugated irregularly in the present tense. Such cases are shown below in all persons, the first person singular only is given for all other tenses. Unless otherwise indicated, the verbs with prefixes like *ac-, am-, ap-, as-, at-, av-, co-, com-, con-, cor-, de-, di-, dis-, e-, es-, im-, in-, inter-, intra-, ot-, per-, pro-, re-, ri-, sopra-, sup-, tra(t)-,* etc. are conjugated like the stem verb.

**accendere**
*light*
a) accendo; b) accesi; c) accenderò; d) accenderei;
e) acceso

**accludere**
*enclose*
a) accludo; b) acclusi; c) accluderò; d) accluderei;
e) accluso

**accorgersi**
*perceive*
a) mi accorgo, ti accorgi, si accorge, ci accorgiamo, vi accorgete, si accorgono; b) mi accorsi; c) mi accorgerò;
d) mi accorgerei; e) accorto

**addurre**
*bring, result in*
a) adduco; b) addussi; c) addurrò; d) addurrei;
e) addotto

**affliggere**
*afflict, upset*
a) affliggo; b) afflissi; c) affliggerò; d) affliggerei;
e) afflitto

**alludere**
*allude*
a) alludo; b) allusi; c) alluderò; d) alluderei; e) alluso

**andare**
*go*
a) vado, vai, va, andiamo, andate, vanno; b) andai;
c) andrò; d) andrei; e) andato

**annettere**
*annex*
a) annetto; b) annettei; c) annetterò; d) annetterei;
e) annesso

**apparire**
*appear*
a) appaio, apparisci, appare, appariamo, apparite, appaiono; b) apparsi; c) apparirò; d) apparirei;
e) apparso

**appendere**
*hang*
a) appendo; b) appesi; c) appenderò; d) appenderei;
e) appeso

**aprire**
*open*
a) apro; b) aprii; c) aprirò; d) aprirei; e) aperto

**ardere**
*burn*
a) ardo; b) arsi; c) arderò; d) arderei; e) arso

**assistere**
*assist*
a) assisto; b) assistei; c) assisterò; d) assisterei;
e) assistito

**assolvere**
*absolve*
a) assolvo; b) assolsi; c) assolverò; d) assolverei;
e) assolto

**assumere**
*employ; assume*
a) assumo; b) assunsi; c) assumerò; d) assumerei;
e) assunto

**avere**
*have*
a) ho, hai, ha, abbiamo, avete, hanno; b) ebbi; c) avrò;
d) avrei; e) avuto

**bere**
*drink*
a) bevo, bevi, beve, beviamo, bevete, bevono; b) bevvi;
c) berrò; d) berrei; e) bevuto

**cadere**
*fall*
a) cado; b) caddi; c) cadrò; d) cadrei; e) caduto

**capire**
*understand*
a) capisco, capisci, capisce, capiamo, capite, capiscono;
b) capii; c) capirò; d) capirei; e) capito

**chiedere**
*ask*
a) chiedo; b) chiesi; c) chiederò; d) chiederei; e) chiesto

**chiudere**
*close*
a) chiudo; b) chiusi; c) chiuderò; d) chiuderei; e) chiuso

**cingere**
*gird*
a) cingo; b) cinsi; c) cingerò; d) cingerei; e) cinto

**cogliere**
*pick*
a) colgo, cogli, coglie, cogliamo, cogliete, colgono;
b) colsi; c) coglierò; d) coglierei; e) colto

**compiere**
*complete, do*
a) compio, compi, compie, compiamo, compiete,
compiono; b) compiei; c) compierò; d) compierei;
e) compiuto

**comprimere**
*squeeze; press*
a) comprimo; b) compressi; c) comprimerò;
d) comprimerei; e) compresso

**concludere**
*conclude*
→chiudere

**condurre**
*escort, drive*
a) conduco; b) condussi; c) condurrò; d) condurrei;
e) condotto

**connettere**
*connect, join*
a) connetto; b) connessi; c) connetterò; d) connetterei;
e) connesso

**conoscere**
*know, be aware of*
a) conosco; b) conobbi; c) conoscerò; d) conoscerei;
e) conosciuto

**coprire**
*cover*
a) copro; b) coprii; c) coprirò; d) coprirei; e) coperto

**correre**
*run*
a) corro; b) corsi; c) correrò; d) correrei; e) corso

**costruire**
*construct*
→capire

**crescere**
*grow*
a) cresco; b) crebbi; c) crescerò; d) crescerei;
e) cresciuto

**cucire**
*sew*
a) cucio, cuci, cuce, cuciamo, cucite, cuciono; b) cucii;
c) cucirò; d) cucirei; e) cucito

**cuocere**
*cook*
a) cuocio, cuoci, cuoce, cuociamo, cuocete, cuociono;
b) cossi; c) cuocerò; d) cuocerei; e) cotto

**dare**
*give*
a) do, dai, dà, diamo, date, danno; b) diedi; c) darò;
d) darei; e) dato

| | |
|---|---|
| **decidere**<br>*decide* | a) decido; b) decisi; c) deciderò; d) deciderei; e) deciso |
| **dedurre**<br>*deduct* | →condurre |
| **deludere**<br>*disappoint* | →alludere |
| **deprimere**<br>*depress* | →comprimere |
| **difendere**<br>*defend* | a) difendo; b) difesi; c) difenderò; d) difenderei;<br>e) difeso |
| **dipendere**<br>*depend* | →appendere |
| **dipingere**<br>*paint* | a) dipingo; b) dipinsi; c) dipingerò; d) dipingerei;<br>e) dipinto |
| **dire**<br>*say, tell* | a) dico, dici, dice, diciamo, dite, dicono; b) dissi;<br>c) dirò; d) direi; e) detto |
| **dirigere**<br>*manage; conduct* | a) dirigo; b) diressi; c) dirigerò; d) dirigerei; e) diretto |
| **discutere**<br>*discuss* | a) discuto; b) discussi; c) discuterò; d) discuterei;<br>e) discusso |
| **dissuadere**<br>*dissuade* | a) dissuado; b) dissuasi; c) dissuaderò; d) dissuaderei;<br>e) dissuaso |
| **distinguere**<br>*distinguish* | a) distinguo; b) distinsi; c) distinguerò; d) distinguerei;<br>e) distinto |
| **dividere**<br>*divide* | a) divido; b) divisi; c) dividerò; d) divederei;<br>e) diviso |
| **dolere**<br>*hurt; ache* | a) dolgo, duoli, duole, dogliamo, dolete, dolgono;<br>b) dolsi; c) dorrò; d) dorrei; e) doluto |
| **dovere**<br>*have to, ought to* | a) devo, devi, deve, dobbiamo, dovete, debbono<br>(devono); b) dovetti; c) dovrò; d) dovrei; e) dovuto |
| **eccellere**<br>*excel, outshine* | a) eccello; b) eccelsi; c) eccellerò; d) eccellerei;<br>e) eccelso |
| **emergere**<br>*rise; distinguish*<br>*oneself* | a) emergo; b) emersi; c) emergerò; d) emergerei;<br>e) emerso |
| **erigere**<br>*erect, build* | a) erigo; b) eressi; c) erigerò; d) erigerei; e) eretto |
| **escludere**<br>*exclude* | →alludere |
| **esigere**<br>*demand, require* | a) esigo; b) esigei; c) esigerò; d) esigerei; e) esatto |
| **esistere**<br>*exist, live* | a) esisto; b) esistei; c) esisterò; d) esisterei; e) esistito |

174

| | |
|---|---|
| **espellere** <br> *expel* | a) espello; b) espulsi; c) espellerò; d) espellerei; d) espulso |
| **esplodere** <br> *explode* | a) esplodo; b) esplosi; c) esploderò; d) esploderei; e) esploso |
| **esprimere** <br> *express* | →comprimere |
| **essere** <br> *be* | a) sono, sei, è, siamo, siete, sono; b) fui; c) sarò; d) sarei; e) stato |
| **estinguere** <br> *extinguish* | →distinguere |
| **fare** <br> *do, make* | a) faccio, fai, fa, facciamo, fate, fanno; b) feci; c) farò; d) farei; e) fatto |
| **fendere** <br> *split* | a) fendo; b) fendei; c) fenderò; d) fenderei; e) fesso |
| **ferire** <br> *wound, hurt* | →capire |
| **figgere** <br> *fasten* | a) figgo; b) fissi; c) figgerò; d) figgerei; e) fitto |
| **fingere** <br> *pretend* | a) fingo; b) finsi; c) fingerò; d) fingerei; e) finto |
| **flettere** <br> *bend* | a) fletto; b) flettei; c) fletterò; d) fletterei; e) flesso |
| **fondere** <br> *melt* | a) fondo; b) fusi; c) fonderò; d) fonderei; e) fuso |
| **frangere** <br> *break* | a) frango; b) fransi; c) frangerò; d) frangerei; e) franto |
| **friggere** <br> *fry* | →affliggere |
| **giacere** <br> *lie, rest* | a) giaccio, giaci, giace, giaciamo, giacete, giacciono; b) giacqui; c) giacerò; d) giacerei; e) giaciuto |
| **giungere** <br> *arrive* | a) giungo; b) giunsi; c) giungerò; d) giungerei; e) giunto |
| **immergere** <br> *dip, immerse* | a) immergo; b) immersi; c) immergerò; d) immergerei; e) immerso |
| **incidere** <br> *engrave; record; have influence* | a) incido; b) incisi; c) inciderò; d) inciderei; e) inciso |
| **includere** <br> *include* | →alludere |
| **indurre** <br> *induce* | →condurre |
| **introdurre** <br> *insert, introduce* | →condurre |
| **invadere** <br> *invade* | a) invado; b) invasi; c) invaderò; d) invaderei; e) invaso |

| | |
|---|---|
| **leggere** <br> *read* | a) leggo; b) lessi; c) leggerò; d) leggerei; e) letto |
| **mettere** <br> *put* | a) metto; b) misi; c) metterò; d) metterei; e) messo |
| **mordere** <br> *bite* | a) mordo; b) morsi; c) morderò; d) morderei; e) morso |
| **morire** <br> *die* | a) muoio, muori, muore, moriamo, morite, muoiono; <br> b) morii; c) morirò; d) morirei; e) morto |
| **muovere** <br> *move* | →mordere; e) mosso |
| **nascere** <br> *be born* | →conoscere; e) nato |
| **nascondere** <br> *hide* | →mordere; e) nascosto |
| **nuocere** <br> *harm, damage* | a) nuoccio, nuoci, nuoce, nociamo, nocete, nuociono; <br> b) nocqui; c) nocerò; d) nocerei; e) nuociuto |
| **nutrire** <br> *nourish* | →capire |
| **offendere** <br> *offend* | a) offendo; b) offesi; c) offenderò; d) offenderei; <br> e) offeso |
| **offrire** <br> *offer* | a) offro; b) offrii; c) offrirò; d) offrirei; e) offerto |
| **opprimere** <br> *oppress* | →comprimere |
| **parere** <br> *seem* | a) paio, pari, pare, paiamo, parete, paiono; b) parvi; <br> c) parrò; d) parrei; e) parso |
| **percuotere** <br> *hit, strike* | a) percuoto; b) percossi; c) percuoterò; d) percuoterei; <br> e) percosso |
| **perdere** <br> *lose* | a) perdo; b) persi; c) perderò; d) perderei; e) perso |
| **persuadere** <br> *persuade* | →dissuadere |
| **piacere** <br> *like; please* | a) piaccio, piaci, piace, piacciamo, piacete, piacciono; <br> b) piacqui; c) piacerò; d) piacerei; e) piaciuto |
| **piangere** <br> *cry* | a) piango; b) piansi; c) piangerò; d) piangerei; e) pianto |
| **piovere** <br> *rain* | a) piove; b) piovve; c) pioverà; d) pioverebbe; <br> e) piovuto |
| **porgere** <br> *hand over, offer* | →leggere; e) porto |
| **porre** <br> *place, put* | a) pongo, poni, pone, poniamo, ponete, pongono; <br> b) posi; c) porrò; d) porrei; e) posto |
| **potere** <br> *be able to* | a) posso, puoi, può, possiamo, potete, possono; <br> b) potei; c) potrò; d) potrei; e) potuto |

| **prendere** *take* | a) prendo; b) presi; c) prenderò; d) prenderei; e) preso |
|---|---|
| **presumere** *presume* | → assumere |
| **produrre** *produce* | → condurre |
| **proteggere** *protect* | a) proteggo; b) protessi; c) proteggerò; d) proteggerei; e) protetto |
| **pungere** *sting* | a) pungo; b) punsi; c) pungerò; d) pungerei; e) punto |
| **radere** *shave, raze* | a) rado; b) rasi; c) raderò; d) raderei; e) raso |
| **redigere** *edit, write* | a) redigo; b) redassi; c) redigerò; d) redigerei; e) redatto |
| **redimere** *redeem* | a) redimo; b) redensi; c) redimerò; d) redimerei; e) redento |
| **reggere** *uphold, support* | → leggere |
| **rendere** *render, give up* | → prendere |
| **reprimere** *repress* | → comprimere |
| **retrocedere** *retreat* | a) retrocedo; b) retrocedei; c) retrocederò; d) retrocederei; e) retroceduto |
| **ridere** *laugh* | → prendere |
| **ridurre** *reduce* | → condurre |
| **rimanere** *remain* | a) rimango, rimani, rimane, rimaniamo, rimanete, rimangono; b) rimasi; c) rimarrò; d) rimarrei; e) rimasto |
| **riprodurre** *reproduce* | → condurre |
| **risolvere** *resolve* | → assolvere |
| **rispondere** *answer* | a) rispondo; b) risposi; c) risponderò; d) risponderei; e) risposto |
| **rompere** *break* | a) rompo; b) ruppi; c) romperò; d) romperei; e) rotto |
| **salire** *go up, climb* | a) salgo, sali, sale, saliamo, salite, salgono; b) salii; c) salirò; d) salirei; e) salito |
| **sapere** *know* | a) so, sai, sa, sappiamo, sapete, sanno; b) seppi; c) saprò; d) saprei; e) saputo |
| **scegliere** *choose* | a) scelgo, scegli, sceglie, scegliamo, scegliete, scelgono; b) scelsi; c) sceglierò; d) sceglierei; e) scelto |

| | |
|---|---|
| **scendere**<br>*get down* | a) scendo; b) scesi; c) scenderò; d) scenderei; e) sceso |
| **sciogliere**<br>*solve* | → cogliere |
| **scomparire**<br>*disappear* | → apparire |
| **scoprire**<br>*dis-, uncover* | → coprire |
| **scorgere**<br>*notice, see* | a) scorgo; b) scorsi; c) scorgerò; d) scorgerei; e) scorto |
| **scrivere**<br>*write* | → leggere |
| **scuotere**<br>*shake* | → percuotere |
| **sedere**<br>*sit* | a) siedo, siedi, siede, sediamo, sedete, siedono; b) sedei;<br>c) sederò; d) sederei; e) seduto |
| **sedurre**<br>*seduce* | → condurre |
| **smettere**<br>*put a stop to* | → mettere |
| **soffrire**<br>*suffer* | → offrire |
| **solere**<br>*be used to* | a) soglio, suoli, suole, sogliamo, solete, sogliono;<br>b) solei; c) –; d) –; e) solito |
| **sommergere**<br>*flood, sink* | → immergere |
| **sopprimere**<br>*suppress, abolish* | → comprimere |
| **sorgere**<br>*rise, ascend; be due to* | → leggere; e) sorto |
| **sospendere**<br>*suspend* | → appendere |
| **spandere**<br>*spread* | a) spando; b) spansi; c) spanderò; d) spanderei;<br>e) spanto |
| **spargere**<br>*scatter, strew* | a) spargo; b) sparsi; c) spargerò; d) spargerei; e) sparso |
| **spegnere**<br>*extinguish* | a) spengo, spegni, spegne, spegniamo, spegnete,<br>spengono; b) spensi; c) spegnerò; d) spegnerei; e) spento |
| **spendere**<br>*spend; make use of* | a) spendo; b) spesi; c) spenderò; d) spenderei; e) speso |
| **spingere**<br>*push* | a) spingo; b) spinsi; c) spingerò; d) spingerei; e) spinto |
| **stare**<br>*stand, remain* | a) sto, stai, sta, stiamo, state, stanno; b) stetti; c) starò;<br>d) starei; e) stato |

| **stendere**<br>*stretch* | → tendere |
|---|---|
| **stringere**<br>*press, tighten* | a) stringo; b) strinsi; c) stringerò; d) stringerei;<br>e) stretto |
| **struggere**<br>*melt ; torment* | a) struggo; b) strussi; c) struggerò; d) struggerei;<br>e) strutto |
| **succedere**<br>*happen, succeed* | a) succedo; b) successi; c) succederò; d) succederei;<br>e) successo |
| **tacere**<br>*be silent* | a) taccio, taci, tace, tacciamo, tacete, tacciono;<br>b) tacqui; c) tacerò; d) tacerei; e) taciuto |
| **tendere**<br>*stretch* | a) tendo; b) tesi; c) tenderò; d) tenderei; e) teso |
| **tenere**<br>*keep* | a) tengo, tieni, tiene, teniamo, tenete, tengono; b) tenni;<br>c) terrò; d) terrei; e) tenuto |
| **tingere**<br>*dye* | a) tingo; b) tinsi; c) tingerò; d) tingerei; e) tinto |
| **togliere**<br>*take away* | → cogliere |
| **torcere**<br>*wring* | a) torco; b) torsi; c) torcerò; d) torcerei; e) torto |
| **tradurre**<br>*translate* | → condurre |
| **trarre**<br>*draw, haul in* | a) traggo, trai, trae, traiamo, traete, traggono; b) trassi;<br>c) trarrò; d) trarrei; e) tratto |
| **uccidere**<br>*kill* | a) uccido; b) uccisi; c) ucciderò; d) ucciderei; e) ucciso |
| **udire**<br>*hear, listen to* | a) odo, odi, ode, udiamo, udite, odono; b) udii;<br>c) udirò; d) udirei; e) udito |
| **uscire**<br>*go, come out* | a) esco, esci, esce, usciamo, uscite, escono; b) uscii;<br>c) uscirò; d) uscirei; e) uscito |
| **valere**<br>*be worth* | a) valgo, vali, vale, valiamo, valete, valgono; b) valsi;<br>c) varrò; d) varrei; e) valuto (valso) |
| **vedere**<br>*see* | a) vedo; b) vidi; c) vedrò; d) vedrei; e) visto |
| **venire**<br>*come, arrive* | a) vengo, vieni, viene, veniamo, venite, vengono;<br>b) venni; c) verrò; d) verrei; e) venuto |
| **vincere**<br>*win, conquer* | a) vinco; b) vinsi; c) vincerò; d) vincerei; e) vinto |
| **vivere**<br>*live* | a) vivo; b) vissi; c) vivrò; d) vivrei; e) vissuto (vivuto) |
| **volere**<br>*want* | a) voglio, vuoi, vuole, vogliamo, volete, vogliono;<br>b) volli (volsi); c) vorrò; d) vorrei; e) voluto (volsuto) |
| **volgere**<br>*turn* | a) volgo; b) volsi; c) volgerò; d) volgerei; e) volto |

# Italian Abbreviations

| | | |
|---|---|---|
| **ab.** | *abitanti* | inhabitants, population |
| **abb.** | *abbonamento* | subscription |
| **a.C.** | *avanti Cristo* | B.C. |
| **A.C.I.** | *Automobile Club d'Italia* | Italian Automobile Association |
| **A.D.** | *anno Domini* | Anno Domini |
| **A.G.I.P.** | *Azienda Generale Italiana Petroli* | Italian National Oil Company |
| **ail.** | *allegato* | enclosure, enclosed |
| **A.N.A.S.** | *Azienda Nazionale Autonoma della Strada* | National Road Board |
| **A.N.S.A.** | *Azienda Nazionale Stampa Associata* | Italian News Agency |
| **Avv.** | *Avvocato* | lawyer, solicitor, barrister |
| **C.A.I.** | *Club Alpino Italiano* | Italian Alpine Club |
| **cat.** | *categoria* | category |
| **Cav.** | *Cavaliere* | title of nobility corresponding to knight |
| **C.C.I.** | *Camera di Commercio Internazionale* | International Chamber of Commerce |
| **cfr.** | *confronta* | compare |
| **C.I.T.** | *Compagnia Italiana Turismo* | Italian Tourist Information Office |
| **c.m.** | *corrente mese* | instant, of this month |
| **Com. in Prov.** | *Comune in provincia di...* | township in the province of... |
| **C.O.N.I.** | *Comitato Olimpico Nazionale Italiano* | Italian Olympic Games Committee |
| **C.P.** | *casella postale* | post office box |
| **C.so** | *Corso* | main street |
| **c.c.** | *conto corrente* | current account |
| **d.C.** | *dopo Cristo* | A.D. |
| **dott., dr.** | *dottore* | doctor |
| **dott.ssa** | *dottoressa* | lady doctor |
| **dozz.** | *dozzina* | dozen |
| **ecc.** | *eccetera* | and so on |
| **Ed.** | *editore* | publisher |
| **EE** | *Escursionisti Esteri* | licence plate for foreigners temporarily living in Italy |
| **Fed.** | *federale* | federal |
| **F.S.** | *Ferrovie dello Stato* | Italian State Railways |

| | | |
|---|---|---|
| **I.C.E.** | *Istituto Italiano per il Commercio Estero* | Italian Institute for Foreign Trade |
| **I.V.A.** | *Imposta sul Valore Aggiunto* | VAT, value added tax |
| **L., Lit.** | *Lira italiana* | lira |
| **mod.** | *modulo* | form |
| **n/, ns.** | *nostro* | our(s) |
| **p.** | *pagina* | page |
| **P.T.** | *Poste & Telecomunicazioni* | Post and Telecommunications |
| **P.za** | *piazza* | square |
| **racc.** | *raccomandata* | registered (letter) |
| **R.A.I.** | *Radio Audizioni Italiane* | Italian Broadcasting Corporation |
| **Rep.** | *Repubblica* | republic |
| **Rev.** | *Reverendo* | reverend |
| **S.** | *Santo* | saint |
| **S.E.** | *Sua Eccellenza* | His/Her Excellency |
| **sec.** | *secolo* | century |
| **Sig.** | *Signor* | Mr. |
| **Sig.na** | *Signorina* | Miss |
| **Sig.a** | *Signora* | Mrs. |
| **S.p.A.** | *Società per Azioni* | Ltd., Inc. |
| **S.r.l.** | *Società a responsabilità limitata* | limited liability company |
| **S.S.** | *Sua Santità* | His Holiness |
| **T.C.I.** | *Touring Club Italiano* | Italian Touring Club |
| **U.E.** | *Union europea* | European Union |
| **v/, vs.** | *vostro* | your(s) |
| **V.le** | *Viale* | boulevard, avenue |
| **v.p.** | *vedi pagina* | see page |
| **v.r.** | *vedi retro* | P.T.O., please turn over |

# Numerals

| Cardinal numbers | | Ordinal numbers | |
|---:|---|---:|---|
| 0 | zero | 1° | primo |
| 1 | uno | 2° | secondo |
| 2 | due | 3° | terzo |
| 3 | tre | 4° | quarto |
| 4 | quattro | 5° | quinto |
| 5 | cinque | 6° | sesto |
| 6 | sei | 7° | settimo |
| 7 | sette | 8° | ottavo |
| 8 | otto | 9° | nono |
| 9 | nove | 10° | decimo |
| 10 | dieci | 11° | undicesimo |
| 11 | undici | 12° | dodicesimo |
| 12 | dodici | 13° | tredicesimo |
| 13 | tredici | 14° | quattordicesimo |
| 14 | quattordici | 15° | quindicesimo |
| 15 | quindici | 16° | sedicesimo |
| 16 | sedici | 17° | diciassettesimo |
| 17 | diciassette | 18° | diciottesimo |
| 18 | diciotto | 19° | diciannovesimo |
| 19 | diciannove | 20° | ventesimo |
| 20 | venti | 21° | ventunesimo |
| 21 | ventuno | 22° | ventiduesimo |
| 22 | ventidue | 23° | ventitreesimo |
| 28 | ventotto | 24° | ventiquattresimo |
| 30 | trenta | 30° | trentesimo |
| 31 | trentuno | 31° | trentunesimo |
| 32 | trentadue | 32° | trentaduesimo |
| 40 | quaranta | 33° | trentatreesimo |
| 50 | cinquanta | 40° | quarantesimo |
| 60 | sessanta | 50° | cinquantesimo |
| 70 | settanta | 60° | sessantesimo |
| 80 | ottanta | 70° | settantesimo |
| 90 | novanta | 80° | ottantesimo |
| 100 | cento | 90° | novantesimo |
| 101 | centuno | 100° | centesimo |
| 230 | duecentotrenta | 101° | centunesimo |
| 1.000 | mille | 102° | centoduesimo |
| 1.001 | milleuno | 230° | duecentotrentesimo |
| 2.000 | duemila | 1.000° | millesimo |
| 1.000.000 | un milione | 1.001° | milleunesimo |

# Time

In everyday conversation the 12-hour clock is generally used, but you will notice that the 24-hour system is employed elsewhere (e.g., 14.00 = 2 p.m.).

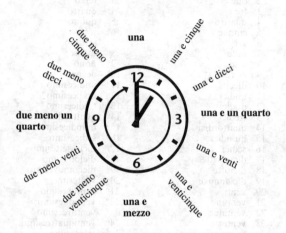

If you have to indicate that it is a.m. or p.m., add *del mattino, del pomeriggio* or *di sera*.

| | |
|---|---|
| *otto del mattino* | 8 a.m. |
| *due del pomeriggio* | 2 p.m. |
| *otto di sera* | 8 p.m. |

---

## Days of the Week

| | | | |
|---|---|---|---|
| *domenica* | Sunday | *giovedì* | Thursday |
| *lunedì* | Monday | *venerdì* | Friday |
| *martedì* | Tuesday | *sabato* | Saturday |
| *mercoledì* | Wednesday | | |

| Some Basic Phrases | Alcune espressioni utili |
|---|---|
| Please. | Per favore. |
| Thank you very much. | Mille grazie. |
| Don't mention it. | Prego. |
| Good morning. | Buongiorno *(di mattina)*. |
| Good afternoon. | Buongiorno *(di pomeriggio)*. |
| Good evening. | Buona sera. |
| Good night. | Buona notte. |
| Good-bye. | Arrivederci. |
| See you later. | A più tardi. |
| Where is/Where are…? | Dov'è/Dove sono…? |
| What do you call this? | Come si chiama questo? |
| What does that mean? | Cosa significa? |
| Do you speak English? | Parla inglese? |
| Do you speak German? | Parla tedesco? |
| Do you speak French? | Parla francese? |
| Do you speak Spanish? | Parla spagnolo? |
| Do you speak Italian? | Parla italiano? |
| Could you speak more slowly, please? | Può parlare più adagio, per piacere? |
| I don't understand. | Non capisco. |
| Can I have…? | Posso avere…? |
| Can you show me…? | Può indicarmi…? |
| Can you tell me…? | Può dirmi…? |
| Can you help me, please? | Può aiutarmi, per piacere? |
| I'd like… | Vorrei… |
| We'd like… | Vorremmo… |
| Please give me… | Per favore, mi dia… |
| Please bring me… | Per favore, mi porti… |
| I'm hungry. | Ho fame. |
| I'm thirsty. | Ho sete. |
| I'm lost. | Mi sono perso. |
| Hurry up! | Si affretti! |
| There is/There are… | C'è/Ci sono… |
| There isn't/There aren't… | Non c'è/Non ci sono… |

## Arrival

| | |
|---|---|
| Your passport, please. | Il passaporto, per favore. |
| Have you anything to declare? | Ha qualcosa da dichiarare? |
| No, nothing at all. | No, non ho nulla. |
| Can you help me with my luggage, please? | Può prendere le mie valige, per favore? |
| Where's the bus to the centre of town, please? | Dov'è l'autobus per il centro della città, per favore? |
| This way, please. | Da questa parte, per piacere. |
| Where can I get a taxi? | Dove posso trovare un taxi? |
| What's the fare to...? | Quanto costa la corsa per...? |
| Take me to this address, please. | Mi porti a questo indirizzo, per favore. |
| I'm in a hurry. | Ho fretta. |

## Hotel

## L'arrivo

## L'albergo

| | |
|---|---|
| My name is... | Mi chiamo... |
| Have you a reservation? | Ha fatto la prenotazione? |
| I'd like a room with a bath. | Vorrei una camera con bagno. |
| What's the price per night? | Qual è il prezzo per una notte? |
| May I see the room? | Posso vedere la camera? |
| What's my room number, please? | Qual è il numero della mia camera? |
| There's no hot water. | Non c'è acqua calda. |
| May I see the manager, please? | Posso vedere il direttore, per piacere? |
| Did anyone telephone me? | Mi ha telefonato qualcuno? |
| Is there any mail for me? | C'è posta per me? |
| May I have my bill (check), please? | Posso avere il conto, per favore? |

## Eating out

## Al ristorante

| | |
|---|---|
| Do you have a fixed-price menu? | Avete un menù a prezzo fisso? |
| May I see the menu? | Posso vedere il menù a scelta? |

| | |
|---|---|
| May we have an ashtray, please? | Possiamo avere un portacenere, per favore? |
| Where's the toilet, please? | Dove sono i gabinetti, per favore? |
| I'd like an hors d'œuvre (starter). | Vorrei degli antipasti. |
| Have you any soup? | Ha un brodo? |
| I'd like some fish. | Vorrei del pesce. |
| What kind of fish do you have? | Che pesce ha? |
| I'd like a steak. | Vorrei una bistecca. |
| What vegetables have you got? | Quali verdure ha? |
| Nothing more, thanks. | Nient'altro. Grazie. |
| What would you like to drink? | Cosa desidera bere? |
| I'll have a beer, please. | Mi dia una birra, per piacere. |
| I'd like a bottle of wine. | Vorrei una bottiglia di vino. |
| May I have the bill (check), please? | Posso avere il conto, per piacere? |
| Is service included? | È compreso il servizio? |
| Thank you, that was a very good meal. | Grazie. Abbiamo mangiato molto bene. |

## Travelling

## In viaggio

| | |
|---|---|
| Where's the railway station, please? | Dove si trova la stazione, per favore? |
| Where's the ticket office, please? | Dove si trova lo sportello dei biglietti, per favore? |
| I'd like a ticket to… | Vorrei un biglietto per… |
| First or second class? | Di prima o di seconda classe? |
| First class, please. | Di prima classe, per piacere. |
| Single or return (one way or roundtrip)? | Andata o andata e ritorno? |
| Do I have to change trains? | Devo cambiare treno? |
| What platform does the train for… leave from? | Da che binario parte il treno per…? |
| Where's the nearest underground (subway) station? | Dov'è la più vicina stazione della metropolitana? |
| Where's the bus station, please? | Dov'è la stazione degli autobus, per piacere? |

| | |
|---|---|
| When's the first bus to…? | Quando passa il primo autobus per…? |
| Please let me off at the next stop. | Mi faccia scendere alla prossima fermata, per piacere. |

## Relaxing

## Gli svaghi

| | |
|---|---|
| What's on at the cinema (movies)? | Cosa danno al cinema? |
| What time does the film begin? | A che ora incomincia il film? |
| Are there any tickets for tonight? | Ci sono ancora posti liberi per questa sera? |
| Where can we go dancing? | Dove possiamo andare a ballare? |

## Meeting people

## Incontri

| | |
|---|---|
| How do you do. | Buongiorno. |
| How are you? | Come sta? |
| Very well, thank you. And you? | Molto bene. Grazie. E lei? |
| May I introduce…? | Posso presentarle…? |
| My name is… | Mi chiamo… |
| I'm very pleased to meet you. | Sono molto lieto di fare la sua conoscenza. |
| How long have you been here? | Da quanto tempo è qui? |
| It was nice meeting you. | Sono lieto di aver fatto la sua conoscenza. |
| Do you mind if I smoke? | Le disturba se fumo? |
| Do you have a light, please? | Mi fa accendere, per piacere? |
| May I get you a drink? | Posso offrirle da bere? |
| May I invite you for dinner tonight? | Posso invitarla a cena questa sera? |
| Where shall we meet? | Dove possiamo incontrarci? |

## Shops, stores and services

## Negozi, grandi magazzini e altro

| | |
|---|---|
| Where's the nearest bank, please? | Dov'è la banca più vicina, per favore? |
| Where can I cash some travellers' cheques? | Dove posso incassare dei travellers' cheque? |

| | |
|---|---|
| Can you give me some small change, please? | Potrebbe darmi della moneta spicciola, per favore? |
| Where's the nearest chemist's (pharmacy)? | Dov'è la più vicina farmacia? |
| How do I get there? | Come ci si può arrivare? |
| Is it within walking distance? | Ci si può andare anche a piedi? |
| Can you help me, please? | Può aiutarmi, per piacere? |
| How much is this? And that? | Quanto costa questo? E quello? |
| It's not quite what I want. | Non è quello che volevo. |
| I like it. | Questo mi piace. |
| Can you recommend something for sunburn? | Può consigliarmi qualcosa per una scottatura di sole? |
| I'd like a haircut, please. | Vorrei farmi tagliare i capelli, per favore. |
| I'd like a manicure, please. | Vorrei una manicure, per favore. |

## Street directions

**Indicazioni stradali**

| | |
|---|---|
| Can you show me on the map where I am? | Può indicarmi sulla cartina dove mi trovo? |
| You are on the wrong road. | È sulla strada sbagliata. |
| Go/Walk straight ahead. | Continui diritto. |
| It's on the left/on the right. | È a sinistra/a destra. |

## Emergencies

**Urgenze**

| | |
|---|---|
| Call a doctor quickly. | Chiami subito un medico. |
| Call an ambulance. | Chiami un'ambulanza. |
| Please call the police. | Per piacere, chiami la polizia. |

inglese-italiano

english-italian

# Introduzione

Questo dizionario è stato compilato in modo da rispondere quanto meglio possibile a necessità di ordine pratico. Sono state volontariamente omesse informazioni linguistiche ritenute non indispensabili. Le voci sono collocate in ordine alfabetico, siano esse costituite da una parola sola, o da più parole separate o no tra loro da una lineetta. Come unica eccezione a questa regola, alcune espressioni idiomatiche sono state classificate come voci principali nella posizione alfabetica della parola più significativa nell'espressione stessa. Quando ad una voce susseguono accezioni varie come espressioni e locuzioni particolari, esse sono egualmente collocate in ordine alfabetico.

Ad ogni vocabolo fa seguito la trascrizione fonetica (vedasi la Guida di pronuncia) la quale a sua volta precede, salvo eccezioni, la definizione della categoria grammaticale del vocabolo (nome, verbo, aggettivo, ecc.). Quando un vocabolo rappresenta più di una categoria, le varie traduzioni sono raggruppate dopo le rispettive categorie.

Quando irregolare, la forma plurale di un nome è sempre indicata, com'è pure indicata nei casi in cui il lettore possa emettere un dubbio.

La tilde (∼) è usata per rappresentare una voce ogni qualvolta essa si ripeta, in forme plurali irregolari o in accezioni varie.

Nei plurali irregolari dei nomi composti, è scritta per intero solo la parte che cambia, mentre quella che rimane immutata è rappresentata da una lineetta.

Un verbo irregolare è segnalato da un asterisco (*) posto dinnanzi. Per dettagli, ci si può riferire all'elenco dei verbi irregolari.

Il dizionario segue le norme dell'ortografia britannica. Ogni vocabolo o significato di esso che sia prevalentemente americano è stato contrassegnato come tale (vedasi l'elenco delle abbreviazioni usate nel testo).

## Abbreviazioni

| | | | |
|---|---|---|---|
| *adj* | aggettivo | *num* | numerale |
| *adv* | avverbio | *p* | passato |
| *Am* | Americano | *pl* | plurale |
| *art* | articolo | *plAm* | plurale (Americano) |
| *conj* | congiunzione | *pp* | participio passato |
| *f* | femminile | *pr* | presente |
| *fpl* | femminile plurale | *pref* | prefisso |
| *m* | maschile | *prep* | preposizione |
| *mpl* | maschile plurale | *pron* | pronome |
| *n* | nome | *v* | verbo |
| *nAm* | nome (Americano) | *vAm* | verbo (Americano) |

# Guida della pronuncia

Ogni lemma di questa parte del dizionario è accompagnato da una trascrizione fonetica che ne indica la pronuncia e che si deve leggere come l'italiano. Diamo spiegazioni (sotto) solo per le lettere e i simboli ambigui o particolarmente difficili da comprendere.

Le lineette indicano le divisioni fra le sillabe, che sono stampate in *corsivo* quando si devono pronunciare accentuate.

Certo, i suoni delle due lingue non coincidono mai perfettamente, ma seguendo alla lettera le nostre indicazioni, potrete pronunciare le parole straniere in modo da farvi comprendere. Per facilitarvi il compito, talvolta le nostre trascrizioni semplificano leggermente il sistema fonetico della lingua pur riflettendo le differenze di suono essenziali.

## Consonanti

| | |
|---|---|
| ð | una **s** blesa come in ro**s**a; mettete la punta della lingua contro i denti incisivi centrali superiori e soffiate leggermente facendo vibrare le corde vocali come per pronunciare **d** |
| gh | come in **gh**iro |
| h | come **c** nella pronunzia toscana di **c**asa (**h**asa); espirate udibilmente, come se aveste appena fatto una corsa |
| ng | come **ng** in lu**ng**o, ma senza pronunciare la **g** finale |
| r | mettete la lingua nella posizione come per pronunciare ʒ (vedi sotto), poi aprite leggermente la bocca e abbassate la lingua |
| s | sempre sonora, come in ro**s**a, mai come in **s**i |
| ∫ | come **sc** in **sc**i |
| θ | come **ð**, ma senza far vibrare le corde vocali |
| ʒ | il suono dolce della **g** toscana; come **g** in **g**iro, ma senza far sentire la **d** che compone all'inizio tale suono |

## Vocali e dittonghi

| | |
|---|---|
| æ | fra **a** in **c**aso ed **e** in b**e**lla |
| ê | come **e** in b**e**lla (aperta) |
| o | come in p**o**rta (aperta) |
| ô | come **o** in s**o**le (chiusa) |
| ö | un suono neutro, come la vocale di f**uo**co nei dialetti settentrionali («f**oe**ch») |

1) Le vocali lunghe sono stampate doppie.

2) Le lettere rialzate (es. <sup>u</sup>i, u<sup>ò</sup>) si devono pronunciare rapidamente.

3) Alcune parole inglesi derivanti dal francese hanno vocali nasali, che abbiamo trascritto col simbolo della vocale più **ng** (es. **ang**). Questo **ng** *non* si deve pronunciare: serve unicamente a indicare il suono nasale della vocale da pronunciare simultaneamente attraverso la bocca e il naso.

## Pronuncia americana

La nostra trascrizione fonetica segue le norme usuali della pronunzia britannica. Benchè vi siano numerose variazioni secondo le regioni, l'inglese parlato in America presenta un certo numero di differenze generali. Eccone alcune:

1) La **r**, sia essa posta dinnanzi a consonante o in fine di parola, si pronunzia sempre (contrariamente all'usanza britannica).

2) In numerose parole (quali ad es. *ask*, *castle*, *laugh*, ecc.) **aa** diventa **ææ**.

3) Il suono britannico **o** si pronunzia **a**, spesso anche **oo**.

4) In vocaboli come *duty*, *tune*, *new*, ecc., <sup>i</sup>**uu** diventa sovente una sola **uu**.

5) Infine, talune parole sono accentuate diversamente.

# A

**a** (ei,ö) *art* (an) un *art*

**abbey** (æ-bi) *n* badia *f*

**abbreviation** (ö-brii-vi-*ei*-ʃön) *n* abbreviazione *f*

**aberration** (æ-bö-*rei*-ʃön) *n* aberrazione *f*

**ability** (ö-*bi*-lö-ti) *n* abilità *f*

**able** (*ei*-böl) *adj* capace; abile; *be ~ to* \*essere in grado di; \*sapere, \*potere

**abnormal** (æb-*noo*-möl) *adj* anormale

**aboard** (ö-*bood*) *adv* a bordo

**abolish** (ö-*bo*-liʃ) *v* abolire

**abortion** (ö-*boo*-ʃön) *n* aborto *m*

**about** (ö-*baut*) *prep* su; circa; intorno a; *adv* press'a poco, circa; attorno

**above** (ö-*bav*) *prep* su; *adv* sopra

**abroad** (ö-*brood*) *adv* all'estero

**abscess** (æb-ssèss) *n* ascesso *m*

**absence** (æb-ssönss) *n* assenza *f*

**absent** (æb-ssönt) *adj* assente

**absolutely** (æb-ssö-*luut*-li) *adv* assolutamente

**abstain from** (öb-*sstein*) \*astenersi da

**abstract** (æb-sstrækt) *adj* astratto

**absurd** (öb-*ssööd*) *adj* assurdo

**abundance** (ö-*ban*-dönss) *n* abbondanza *f*

**abundant** (ö-*ban*-dönt) *adj* abbondante

**abuse** (ö-*b'uuss*) *n* abuso *m*

**abyss** (ö-*biss*) *n* abisso *m*

**academy** (ö-*kæ*-dö-mi) *n* accademia *f*

**accelerate** (ök-*ssê*-lö-reit) *v* accelerare

**accelerator** (ök-*ssê*-lö-rei-tö) *n* acceleratore *m*

**accent** (æk-ssönt) *n* accento *m*

**accept** (ök-*ssêpt*) *v* accettare; \*accogliere

**access** (æk-ssèss) *n* accesso *m*

**accessary** (ök-*ssê*-ssö-ri) *n* complice *m*

**accessible** (ök-*ssê*-ssö-böl) *adj* accessibile

**accessories** (ök-*ssê*-ssö-ris) *pl* accessori *mpl*

**accident** (æk-ssi-dönt) *n* incidente *m*

**accidental** (æk-ssi-*dên*-töl) *adj* fortuito

**accommodate** (ö-*ko*-mö-deit) *v* alloggiare

**accommodation** (ö-ko-mö-*dei*-ʃön) *n* sistemazione *f*, alloggio *m*

**accompany** (ö-*kam*-pö-ni) *v* accompagnare

**accomplish** (ö-*kam*-pliʃ) *v* compiere; adempiere

**in accordance with** (in ö-*koo*-dönss ᵘið) in conformità con

**according to** (ö-*koo*-ding tuu) secondo

**account** (ö-*kaunt*) *n* conto *m*; resoconto *m*; *~ for* \*rendere conto di;

**on** ~ **of** a causa di

**accountable** (ö-*kaun*-tö-böl) *adj* spiegabile

**accurate** (æ-k'u-röt) *adj* accurato

**accuse** (ö-*k'uus*) *v* accusare

**accused** (ö-*k'uusd*) *n* accusato *m*

**accustom** (ö-*ka*-sstöm) *v* abituare

**ache** (eik) *v* *dolere; *n* dolore *m*

**achieve** (ö-*tfiiv*) *v* *raggiungere; effettuare

**achievement** (ö-*tfiiv*-mönt) *n* adempimento *m*

**acid** (æ-ssid) *n* acido *m*

**acknowledge** (ök-*no*-lid3) *v* *riconoscere; *ammettere; confermare

**acne** (æk-ni) *n* acne *f*

**acorn** (*ei*-koon) *n* ghianda *f*

**acquaintance** (ö-k*u*ein-tönss) *n* conoscenza *f*

**acquire** (ö-k*u*ai*ö*) *v* *ottenere

**acquisition** (æ-k*u*i-*si*-fön) *n* acquisizione *f*

**acquittal** (ö-k*u*i-töl) *n* assoluzione *f*

**acre** (*ei*-kö) *n* acro *m*

**across** (ö-*kross*) *prep* attraverso; dall'altra parte di; *adv* dall'altra parte

**act** (ækt) *n* atto *m*; numero *m*; *v* agire; comportarsi; recitare

**action** (æk-fön) *n* azione *f*

**active** (æk-tiv) *adj* attivo; vivace

**activity** (æk-*ti*-vö-ti) *n* attività *f*

**actor** (æk-tö) *n* attore *m*

**actress** (æk-triss) *n* attrice *f*

**actual** (æk-tfu-öl) *adj* reale

**actually** (æk-tfu-ö-li) *adv* in realtà

**acute** (ö-k'uut) *adj* acuto

**adapt** (ö-*dæpt*) *v* adattare

**adaptor** (ö-*dæp*-tö) *n* adattatore *m*

**add** (æd) *v* addizionare; *aggiungere

**addition** (ö-*di*-fön) *n* addizione *f*; aggiunta *f*

**additional** (ö-*di*-fö-nöl) *adj* supplementare; accessorio

**address** (ö-*drêss*) *n* indirizzo *m*; *v* indirizzare; *rivolgersi a

**addressee** (æ-drê-*ssii*) *n* destinatario *m*

**adequate** (æ-di-k*u*öt) *adj* adeguato; idoneo

**adjective** (æ-d3ik-tiv) *n* aggettivo *m*

**adjourn** (ö-*d3öön*) *v* rinviare

**adjust** (ö-*d3asst*) *v* regolare; adattare

**administer** (öd-*mi*-ni-sstö) *v* somministrare

**administration** (öd-mi-ni-*sstrei*-fön) *n* amministrazione *f*

**administrative** (öd-*mi*-ni-sströ-tiv) *adj* amministrativo; ~ **law** diritto amministrativo

**admiral** (æd-mö-röl) *n* ammiraglio *m*

**admiration** (æd-mö-*rei*-fön) *n* ammirazione *f*

**admire** (öd-*mai*ö) *v* ammirare

**admission** (öd-*mi*-fön) *n* ingresso *m*; ammissione *f*

**admit** (öd-*mit*) *v* *ammettere; *riconoscere

**admittance** (öd-*mi*-tönss) *n* ammissione *f*; **no** ~ vietato l'ingresso

**adopt** (ö-*dopt*) *v* adottare

**adorable** (ö-*doo*-rö-böl) *adj* adorabile

**adult** (æ-dalt) *n* adulto *m*; *adj* adulto

**advance** (öd-*vaanss*) *n* avanzamento *m*; anticipo *m*; *v* avanzare; **in** ~ anticipatamente, in anticipo

**advanced** (öd-*vaansst*) *adj* avanzato

**advantage** (öd-*vaan*-tid3) *n* vantaggio *m*

**advantageous** (æd-vön-*tei*-d3öss) *adj* vantaggioso

**adventure** (öd-*vên*-tfö) *n* avventura *f*

**adverb** (æd-vööb) *n* avverbio *m*

**advertisement** (öd-*vöö*-tiss-mönt) *n* avviso *m*

**advertising** (æd-vö-tai-sing) *n* pubblicità *f*

**advice** (öd-*vaiss*) *n* consiglio *m*

**advise** (öd-*vais*) *v* consigliare

**advocate** (*æd*-vö-köt) *n* patrocinatore *m*

**aerial** (*ê⁰*-ri-öl) *n* antenna *f*

**aeroplane** (*ê⁰*-rö-plein) *n* aeroplano *m*

**affair** (ö-*fê⁰*) *n* affare *m*; rapporto *m*, amoretto *m*

**affect** (ö-*fêkt*) *v* influenzare; riguardare

**affected** (ö-*fêk*-tid) *adj* affettato

**affection** (ö-*fêk*-fön) *n* affezione *f*; affetto *m*

**affectionate** (ö-*fêk*-fö-nit) *adj* affettuoso

**affiliated** (ö-*fi*-li-ei-tid) *adj* associato

**affirmative** (ö-*föö*-mö-tiv) *adj* affermativo

**affliction** (ö-*flik*-fön) *n* afflizione *f*

**afford** (ö-*food*) *v* *permettersi

**afraid** (ö-*freid*) *adj* impaurito; *be ~ *aver paura

**Africa** (*æ*-fri-kö) Africa *f*

**African** (*æ*-fri-kön) *adj* africano

**after** (*aaf*-tö) *prep* dopo; *conj* dopo che

**afternoon** (aaf-tö-*nuun*) *n* pomeriggio *m*; **this ~** oggi nel pomeriggio

**afterwards** (*aaf*-tö-ᵘöds) *adv* poi; in seguito

**again** (ö-*ghên*) *adv* ancora; di nuovo; **~ and again** ripetutamente

**against** (ö-*ghênsst*) *prep* contro

**age** (eidʒ) *n* età *f*; vecchiaia *f*; **of ~** maggiorenne; **under ~** minorenne

**aged** (*ei*-dʒid) *adj* attempato; anziano

**agency** (*ei*-dʒön-ssi) *n* agenzia *f*; divisione *f*

**agenda** (ö-*dʒên*-dö) *n* agenda *f*

**agent** (*ei*-dʒönt) *n* agente *m*, rappresentante *m*

**aggressive** (ö-*ghrê*-ssiv) *adj* aggressivo

**ago** (ö-*ghou*) *adv* fa

**agrarian** (ö-*ghrê⁰*-ri-ön) *adj* agricolo

**agree** (ö-*ghrii*) *v* accordarsi; consentire; *corrispondere

**agreeable** (ö-*ghrii*-ö-böl) *adj* gradevole

**agreement** (ö-*ghrii*-mönt) *n* contratto *m*; accordo *m*; concordanza *f*

**agriculture** (*æ*-ghri-kal-tfö) *n* agricoltura *f*

**ahead** (ö-*hêd*) *adv* avanti; **~ of** in testa a; *go **~** continuare; **straight ~** sempre diritto

**aid** (eid) *n* soccorso *m*; *v* *assistere, aiutare

**ailment** (*eil*-mönt) *n* affezione *f*; malattia *f*

**aim** (eim) *n* intento *m*; **~ at** puntare su, mirare a; aspirare a

**air** (ê⁰) *n* aria *f*; *v* arieggiare

**air-conditioning** (*ê⁰*-kön-di-fö-ning) *n* condizionamento dell'aria; **air-conditioned** *adj* ad aria condizionata

**aircraft** (*ê⁰*-kraaft) *n* (pl ~) velivolo *m*; aereo *m*

**airfield** (*ê⁰*-fiild) *n* aerodromo *m*

**air-filter** (*ê⁰*-fil-tö) *n* filtro dell'aria

**airline** (*ê⁰*-lain) *n* linea aerea

**airmail** (*ê⁰*-meil) *n* posta aerea

**airplane** (*ê⁰*-plein) *nAm* aeroplano *m*

**airport** (*ê⁰*-poot) *n* aeroporto *m*

**air-sickness** (*ê⁰*-ssik-nöss) *n* mal d'aria

**airtight** (*ê⁰*-tait) *adj* a tenuta d'aria

**airy** (*ê⁰*-ri) *adj* arioso

**aisle** (ail) *n* navata laterale; passaggio *m*

**alarm** (ö-*laam*) *n* allarme *m*; *v* allarmare

**alarm-clock** (ö-*laam*-klok) *n* sveglia *f*

**album** (*æl*-böm) *n* album *m*

**alcohol** (*æl*-kö-hol) *n* alcool *m*

**alcoholic** (æl-kö-*ho*-lik) *adj* alcoolico

**ale** (eil) *n* birra *f*

**algebra** (*æl*-dʒi-brö) *n* algebra *f*

**Algeria** (æl-*dʒi⁰*-ri-ö) Algeria *f*

**Algerian** (æl-*dʒiᵒ*-ri-ön) *adj* algerino

**alien** (*ei*-li-ön) *n* straniero *m*; *adj* straniero

**alike** (ö-*laik*) *adj* uguale, simile; *adv* ugualmente

**alimony** (æ-li-mö-ni) *n* alimenti *m*

**alive** (ö-*laiv*) *adj* vivo, vivente

**all** (ool) *adj* tutto; ~ **in** tutto compreso; ~ **right!** va bene!; **at** ~ affatto

**allergy** (æ-lö-dʒi) *n* allergia *f*

**alley** (æ-li) *n* vicolo *m*

**alliance** (ö-*lai*-önss) *n* alleanza *f*

**allot** (ö-*lot*) *v* assegnare

**allow** (ö-*lau*) *v* \*permettere; ~ **to** lasciare; \*be allowed \*essere permesso; \*be allowed to \*avere il permesso di

**allowance** (ö-*lau*-önss) *n* assegno *m*

**all-round** (ool-*raund*) *adj* universale

**ally** (æ-lai) *n* alleato *m*

**almanac** (*ool*-mö-næk) *n* almanacco *m*

**almond** (*aa*-mönd) *n* mandorla *f*

**almost** (*ool*-mousst) *adv* quasi

**alone** (ö-*loun*) *adv* solo

**along** (ö-*long*) *prep* lungo

**aloud** (ö-*laud*) *adv* ad alta voce

**alphabet** (*æl*-fö-bêt) *n* alfabeto *m*

**already** (ool-*rê*-di) *adv* già

**also** (*ool*-ssou) *adv* anche; pure

**altar** (*ool*-tö) *n* altare *m*

**alter** (*ool*-tö) *v* cambiare, modificare

**alteration** (ool-tö-*rei*-fön) *n* cambiamento *m*, modifica *f*

**alternate** (ool-*töö*-nöt) *adj* alternato

**alternative** (ool-*töö*-nö-tiv) *n* alternativa *f*

**although** (ool-*ðou*) *conj* benché, sebbene

**altitude** (*æl*-ti-tⁱuud) *n* altitudine *f*

**alto** (*æl*-tou) *n* (pl ~s) contralto *m*

**altogether** (ool-tö-*ghê*-ðö) *adv* interamente; in tutto

**always** (*ool*-ᵘeis) *adv* sempre

**am** (æm) *v* (pr be)

**amaze** (ö-*meis*) *v* stupire, \*stupefare

**amazement** (ö-*meis*-mönt) *n* stupore *m*

**ambassador** (æm-*bæ*-ssö-dö) *n* ambasciatore *m*

**amber** (*æm*-bö) *n* ambra *f*

**ambiguous** (æm-*bi*-ghⁱu-öss) *adj* ambiguo; equivoco

**ambitious** (æm-*bi*-föss) *adj* ambizioso

**ambulance** (*æm*-bⁱu-lönss) *n* ambulanza *f*

**ambush** (*æm*-buʃ) *n* imboscata *f*

**America** (ö-*mê*-ri-kö) America *f*

**American** (ö-*mê*-ri-kön) *adj* americano

**amethyst** (*æ*-mi-θisst) *n* ametista *f*

**amid** (ö-*mid*) *prep* fra; tra, in mezzo a

**ammonia** (ö-*mou*-ni-ö) *n* ammoniaca *f*

**amnesty** (*æm*-ni-ssti) *n* amnistia *f*

**among** (ö-*mang*) *prep* tra; fra, in mezzo a; ~ **other things** tra l'altro

**amount** (ö-*maunt*) *n* quantità *f*; ammontare *m*, somma *f*; ~ **to** ammontare a

**amuse** (ö-*mⁱuus*) *v* divertire

**amusement** (ö-*mⁱuus*-mönt) *n* passatempo *m*, divertimento *m*

**amusing** (ö-*mⁱuu*-sing) *adj* divertente

**anaemia** (ö-*nii*-mi-ö) *n* anemia *f*

**anaesthesia** (æ-niss-*θii*-si-ö) *n* anestesia *f*

**anaesthetic** (æ-niss-*θê*-tik) *n* anestetico *m*

**analyse** (*æ*-nö-lais) *v* analizzare

**analysis** (ö-*næ*-lö-ssiss) *n* (pl -ses) analisi *f*

**analyst** (*æ*-nö-lisst) *n* analista *m*; psicoanalista *m*

**anarchy** (*æ*-nö-ki) *n* anarchia *f*

**anatomy** (ö-*næ*-tö-mi) *n* anatomia *f*

**ancestor** (*æn*-ssê-sstö) *n* antenato *m*

**anchor** (*æng*-kö) *n* ancora *f*

anchovy (æn-tʃö-vi) n acciuga f
ancient (ein-fönt) adj vecchio, antico; antiquato
and (ænd, önd) conj e
angel (ein-dʒöl) n angelo m
anger (æng-ghö) n collera f, rabbia f; ira f
angle (æng-ghöl) v pescare con l'amo; n angolo m
angry (æng-ghri) adj irato, arrabbiato
animal (æ-ni-möl) n animale m
ankle (æng-köl) n caviglia f
annex¹ (æ-nêkss) n dipendenza f; allegato m
annex² (ö-nêkss) v *annettere
anniversary (æ-ni-vöö-ssö-ri) n anniversario m
announce (ö-naunss) v annunziare
announcement (ö-naunss-mönt) n annunzio m, avviso m
annoy (ö-noi) v infastidire, annoiare
annoyance (ö-noi-önss) n noia f
annoying (ö-noi-ing) adj noioso
annual (æ-nⁱu-öl) adj annuale; n annuario m
per annum (pör æ-nöm) all'anno
anonymous (ö-no-ni-möss) adj anonimo
another (ö-na-ðö) adj un altro
answer (aan-ssö) v *rispondere a; n risposta f
ant (ænt) n formica f
anthology (æn-θo-lö-dʒi) n antologia f
antibiotic (æn-ti-bai-o-tik) n antibiotico m
anticipate (æn-ti-ssi-peit) v *prevedere, anticipare; *prevenire
antifreeze (æn-ti-friis) n anticongelante m
antipathy (æn-ti-pö-θi) n antipatia f
antique (æn-tiik) adj antico; n anticaglia f; ~ dealer antiquario m
antiquity (æn-ti-kᵘö-ti) n Antichità f;

antiquities pl antichità fpl
antiseptic (æn-ti-ssêp-tik) n antisettico m
antlers (ænt-lös) pl palco m
anxiety (æng-sai-ö-ti) n ansietà f
anxious (ængk-föss) adj ansioso; preoccupato
any (ê-ni) adj alcuno
anybody (ê-ni-bo-di) pron chiunque
anyhow (ê-ni-hau) adv in ogni modo
anyone (ê-ni-ᵘan) pron chiunque
anything (ê-ni-θing) pron qualunque cosa
anyway (ê-ni-ᵘei) adv in ogni caso
anywhere (ê-ni-ᵘêᵒ) adv dovunque; ovunque
apart (ö-paat) adv a parte, separatamente; ~ from a prescindere da
apartment (ö-paat-mönt) nAm appartamento m, alloggio m; ~ house Am blocco di appartamenti
aperitif (ö-pê-rô-tiv) n aperitivo m
apologize (ö-po-lö-dʒais) v scusarsi
apology (ö-po-lö-dʒi) n scusa f
apparatus (æ-pö-rei-töss) n dispositivo m, apparecchio m
apparent (ö-pæ-rönt) adj apparente; ovvio
apparently (ö-pæ-rönt-li) adv apparentemente; evidentemente
apparition (æ-pö-ri-fön) n apparizione f
appeal (ö-piil) n appello m
appear (ö-piᵒ) v sembrare; risultare; *apparire; presentarsi
appearance (ö-piᵒ-rönss) n apparenza f; aspetto m; ingresso m
appendicitis (ö-pên-di-ssai-tiss) n appendicite f
appendix (ö-pên-dikss) n (pl -dices, -dixes) appendice f
appetite (æ-pö-tait) n appetito m
appetizer (æ-pö-tai-sö) n stuzzichino m

**appetizing** (æ-pö-tai-sing) *adj* appetitoso

**applause** (ö-*ploos*) *n* applauso *m*

**apple** (æ-pöl) *n* mela *f*

**appliance** (ö-*plai*-önss) *n* apparecchio *m*

**application** (æ-pli-*kei*-ʃön) *n* applicazione *f*; richiesta *f*; domanda d'impiego

**apply** (ö-*plai*) *v* applicare; inoltrare una domanda d'impiego; applicarsi

**appoint** (ö-*point*) *v* designare, nominare

**appointment** (ö-*point*-mönt) *n* appuntamento *m*; nomina *f*

**appreciate** (ö-*prii*-ʃi-eit) *v* valutare; apprezzare

**appreciation** (ö-prii-ʃi-ei-ʃön) *n* apprezzamento *m*

**approach** (ö-*proutʃ*) *v* avvicinare; *n* impostazione *f*; accesso *m*

**appropriate** (ö-*prou*-pri-öt) *adj* adatto, appropriato

**approval** (ö-*pruu*-völ) *n* approvazione *f*; accordo *m*; **on ~** in prova

**approve** (ö-*pruuv*) *v* approvare

**approximate** (ö-*prok*-ssi-möt) *adj* approssimativo

**approximately** (ö-*prok*-ssi-möt-li) *adv* circa, approssimativamente

**apricot** (*ei*-pri-kot) *n* albicocca *f*

**April** (*ei*-pröl) aprile

**apron** (*ei*-prön) *n* grembiule *m*

**Arab** (æ-röb) *adj* arabo

**arbitrary** (*aa*-bi-trö-ri) *adj* arbitrario

**arcade** (aa-*keid*) *n* portico *m*, arcata *f*

**arch** (aatʃ) *n* arco *m*; arcata *f*

**archaeologist** (aa-ki-*o*-lö-dʒisst) *n* archeologo *m*

**archaeology** (aa-ki-*o*-lö-dʒi) *n* archeologia *f*

**archbishop** (aatʃ-*bi*-ʃöp) *n* arcivescovo *m*

**arched** (aatʃt) *adj* arcato

**architect** (*aa*-ki-têkt) *n* architetto *m*

**architecture** (*aa*-ki-têk-tʃö) *n* architettura *f*

**archives** (*aa*-kaivs) *pl* archivio *m*

**are** (aa) *v* (pr be)

**area** (*êᵒ*-ri-ö) *n* area *f*; zona *f*; **~ code** prefisso *m*

**Argentina** (aa-dʒön-*tii*-nö) Argentina *f*

**Argentinian** (aa-dʒön-*ti*-ni-ön) *adj* argentino

**argue** (*aa*-ghʼuu) *v* argomentare, \*discutere; disputare

**argument** (*aa*-ghʼu-mönt) *n* argomento *m*; discussione *f*; disputa *f*

**arid** (æ-rid) *adj* arido

\***arise** (ö-*rais*) *v* \*sorgere

**arithmetic** (ö-*riθ*-mö-tik) *n* aritmetica *f*

**arm** (aam) *n* braccio *m*; arma *f*; *v* armare

**armchair** (*aam*-tʃêᵒ) *n* poltrona *f*

**armed** (aamd) *adj* armato; **~ forces** forze armate

**armour** (*aa*-mö) *n* corazza *f*

**army** (*aa*-mi) *n* esercito *m*

**aroma** (ö-*rou*-mö) *n* aroma *m*

**around** (ö-*raund*) *prep* intorno a; *adv* intorno

**arrange** (ö-*reindʒ*) *v* ordinare, \*mettere in ordine; organizzare

**arrangement** (ö-*reindʒ*-mönt) *n* accomodamento *m*

**arrest** (ö-*rêsst*) *v* arrestare; *n* arresto *m*

**arrival** (ö-*rai*-völ) *n* arrivo *m*

**arrive** (ö-*raiv*) *v* arrivare

**arrow** (æ-rou) *n* freccia *f*

**art** (aat) *n* arte *f*; abilità *f*; **~ collection** collezione d'arte; **~ exhibition** mostra d'arte; **~ gallery** galleria d'arte; **~ history** storia dell'arte; **arts and crafts** arti e mestieri; **~ school** accademia di belle arti

**artery** (*aa*-tö-ri) *n* arteria *f*

artichoke (aa-ti-tʃouk) n carciofo m

article (aa-ti-köl) n articolo m

artifice (aa-ti-fiss) n artificio m

artificial (aa-ti-fi-ʃól) adj artificiale

artist (aa-tisst) n artista m

artistic (aa-ti-sstik) adj artistico

as (æs) conj come; così; che; poiché, siccome; ~ from a partire da; da; ~ if come se

asbestos (æs-bê-sstoss) n amianto m

ascend (ö-ssênd) v *salire; *ascendere

ascent (ö-ssênt) n ascensione f; ascesa f

ascertain (æ-ssö-tein) v constatare; accertarsi di, accertare

ash (æʃ) n cenere f

ashamed (ö-ʃeimd) adj vergognoso; *be ~ *aver vergogna

ashore (ö-ʃoo) adv a terra

ashtray (æʃ-trei) n portacenere m

Asia (ei-ʃö) Asia f

Asian (ei-ʃön) adj asiatico

aside (ö-ssaid) adv da parte

ask (aassk) v domandare; pregare, *chiedere; invitare

asleep (ö-ssliip) adj addormentato

asparagus (ö-sspæ-rö-ghöss) n asparago m

aspect (æ-sspêkt) n aspetto m

asphalt (æss-fælt) n asfalto m

aspire (ö-sspaiᵒ) v aspirare

aspirin (æ-sspö-rin) n aspirina f

ass (æss) n asino m

assassination (ö-ssæ-ssi-nei-ʃön) n assassinio m

assault (ö-ssoolt) v attaccare; aggredire

assemble (ö-ssêm-böl) v riunire; montare

assembly (ö-ssêm-bli) n riunione f, assemblea f

assignment (ö-ssain-mönt) n incarico m

assign to (ö-ssain) assegnare a; attribuire a

assist (ö-ssisst) v *assistere

assistance (ö-ssi-sstönss) n aiuto m; soccorso m, assistenza f

assistant (ö-ssi-sstönt) n assistente m

associate (ö-ssou-ʃi-öt) n socio m; alleato m; v associare; ~ with frequentare

association (ö-ssou-ssi-ei-ʃön) n associazione f

assort (ö-ssoot) v assortire

assortment (ö-ssoot-mönt) n assortimento m

assume (ö-ssiᵘuum) v *assumere, *presumere

assure (ö-ʃuᵒ) v assicurare

asthma (æss-mö) n asma f

astonish (ö-ssto-niʃ) v sbalordire

astonishing (ö-ssto-ni-ʃing) adj sorprendente

astonishment (ö-ssto-niʃ-mönt) n sorpresa f

astronomy (ö-sstro-nö-mi) n astronomia f

asylum (ö-ssai-löm) n asilo m; ospizio m

at (æt) prep in, da, a; verso

ate (êt) v (p eat)

atheist (ei-θi-isst) n ateo m

athlete (æθ-liit) n atleta m

athletics (æθ-lê-tikss) pl atletica f

Atlantic (öt-læn-tik) Atlantico m

atmosphere (æt-möss-fiᵒ) n atmosfera f

atom (æ-töm) n atomo m

atomic (ö-to-mik) adj atomico

atomizer (æ-to-mai-sö) n atomizzatore m; spruzzatore m, vaporizzatore m

attach (ö-tætʃ) v attaccare; *annettere; attached to affezionato a

attack (ö-tæk) v *assalire; n attacco m

**attain** (ö-*tein*) v *raggiungere

**attainable** (ö-*tei*-nö-böl) adj raggiungibile; conseguibile

**attempt** (ö-*têmpt*) v tentare; provare; n tentativo m

**attend** (ö-*ténd*) v *assistere a; ~ **on** servire; ~ **to** accudire a, occuparsi di; prestare attenzione a

**attendance** (ö-*tên*-dönss) n frequenza f

**attendant** (ö-*tên*-dönt) n guardia f

**attention** (ö-*tên*-[ön) n attenzione f; *pay ~ *fare attenzione

**attentive** (ö-*tên*-tiv) adj attento

**attic** (*æ*-tik) n soffitta f

**attitude** (*æ*-ti-t¹uud) n attitudine f

**attorney** (ö-*töö*-ni) n avvocato m

**attract** (ö-*trækt*) v *attrarre

**attraction** (ö-*træk*-[ön) n attrattiva f; attrazione f

**attractive** (ö-*træk*-tiv) adj attraente

**auburn** (*oo*-bön) adj castano

**auction** (*ook*-[ön) n asta f

**audible** (*oo*-di-böl) adj udibile

**audience** (*oo*-di-önss) n udienza f

**auditor** (*oo*-di-tö) n uditore m

**auditorium** (oo-di-*too*-ri-öm) n auditorio m

**August** (*oo*-ghösst) agosto

**aunt** (aant) n zia f

**Australia** (o-*sstrei*-li-ö) Australia f

**Australian** (o-*sstrei*-li-ön) adj australiano

**Austria** (*o*-sstri-ö) Austria f

**Austrian** (*o*-sstri-ön) adj austriaco

**authentic** (oo-*θên*-tik) adj autentico

**author** (*oo*-θö) n autore m

**authoritarian** (oo-θo-ri-*têᵒ*-ri-ön) adj autoritario

**authority** (oo-*θo*-rö-ti) n autorità f; potere m

**authorization** (oo-θö-rai-*sei*-[ön) n autorizzazione f; permesso m

**automatic** (oo-tö-*mæ*-tik) adj automa-

tico; ~ **teller** Am sportello automatica f

**automation** (oo-tö-*mei*-[ön) n automazione f

**automobile** (*oo*-tö-mö-biil) n automobile f; ~ **club** automobile club

**autonomous** (oo-*to*-nö-möss) adj autonomo

**autopsy** (*oo*-to-pssi) n necroscopia f

**autumn** (*oo*-töm) n autunno m

**available** (ö-*vei*-lö-böl) adj ottenibile, disponibile

**avalanche** (*æ*-vö-laan[) n valanga f

**avaricious** (æ-vö-*ri*-[öss) adj avaro

**avenue** (*æ*-vö-n¹uu) n viale m

**average** (*æ*-vö-rid3) adj medio; n media f; **on the ~** in media

**aversion** (ö-*vöö*-[ön) n avversione f

**avert** (ö-*vööt*) v *distogliere

**avoid** (ö-*void*) v evitare

**await** (ö-*ᵁeit*) v aspettare

**awake** (ö-*ᵁeik*) adj sveglio

*awake** (ö-*ᵁeik*) v svegliare

**award** (ö-*ᵁood*) n premio m; v aggiudicare

**aware** (ö-*ᵁêᵒ*) adj consapevole

**away** (ö-*ᵁei*) adv via; *go ~ *andarsene

**awful** (*oo*-föl) adj terribile

**awkward** (*oo*-kᵁöd) adj imbarazzante; goffo

**awning** (*oo*-ning) n tenda di riparo

**axe** (ækss) n ascia f

**axle** (*æk*-ssöl) n asse m

# B

**baby** (*bei*-bi) n piccino m; ~ **carriage** Am carrozzina f

**babysitter** (*bei*-bi-ssi-tö) n bambinaia f

**bachelor** (*bæ*-t[ö-lö) n celibe m

**back** (bæk) *n* dorso *m*; *adv* indietro; •**go** ~ tornare

**backache** (*bæ*-keik) *n* mal di schiena

**backbone** (*bæk*-boun) *n* spina dorsale

**background** (*bæk*-ghraund) *n* sfondo *m*; istruzione *f*

**backwards** (*bæk*-ᵘöds) *adv* all'indietro

**bacon** (*bei*-kön) *n* lardo *m*

**bacterium** (bæk-*tii*-ri-öm) *n* (pl -ria) batterio *m*

**bad** (bæd) *adj* cattivo; brutto

**bag** (bægh) *n* sacco *m*; borsetta *f*, borsa *f*; valigia *f*

**baggage** (*bæ*-ghidʒ) *n* bagaglio *m*; ~ **deposit office** *Am* deposito bagagli; **hand** ~ *Am* bagaglio a mano

**bail** (beil) *n* cauzione *f*

**bailiff** (*bei*-lif) *n* usciere *m*

**bait** (beit) *n* esca *f*

**bake** (beik) *v* infornare

**baker** (*bei*-kö) *n* panettiere *m*

**bakery** (*bei*-kö-ri) *n* panetteria *f*

**balance** (*bæ*-lönss) *n* equilibrio *m*; bilancio *m*; saldo *m*

**balcony** (*bæl*-kö-ni) *n* balcone *m*

**bald** (boold) *adj* calvo

**ball** (bool) *n* palla *f*; ballo *m*

**ballet** (*bæ*-lei) *n* balletto *m*

**balloon** (bö-*luun*) *n* palloncino *m*

**ballpoint-pen** (*bool*-point-pên) *n* penna a sfera

**ballroom** (*bool*-ruum) *n* sala da ballo

**bamboo** (bæm-*buu*) *n* (pl ~s) bambù *m*

**banana** (bö-*naa*-nö) *n* banana *f*

**band** (bænd) *n* banda *f*; benda *f*

**bandage** (*bæn*-didʒ) *n* fasciatura *f*

**bandit** (*bæn*-dit) *n* bandito *m*

**bangle** (*bæng*-ghöl) *n* braccialetto *m*

**banisters** (*bæ*-ni-sstös) *pl* ringhiera *f*

**bank** (bængk) *n* riva *f*; banca *f*; *v* depositare; ~ **account** conto bancario

**banknote** (*bængk*-nout) *n* banconota

*f*

**bank-rate** (*bængk*-reit) *n* tasso di sconto

**bankrupt** (*bængk*-rapt) *adj* fallito

**banner** (*bæ*-nö) *n* stendardo *m*

**banquet** (*bæng*-kᵘit) *n* banchetto *m*

**banqueting-hall** (*bæng*-kᵘi-ting-hool) *n* sala da banchetto

**baptism** (*bæp*-ti-söm) *n* battesimo *m*

**baptize** (bæp-*tais*) *v* battezzare

**bar** (baa) *n* bar *m*; sbarra *f*

**barber** (*baa*-bö) *n* barbiere *m*

**bare** (bêᵒ) *adj* nudo; spoglio

**barely** (*bêᵒ*-li) *adv* appena

**bargain** (*baa*-ghin) *n* affare *m*; *v* mercanteggiare

**baritone** (*bæ*-ri-toun) *n* baritono *m*

**bark** (baak) *n* corteccia *f*; *v* abbaiare

**barley** (*baa*-li) *n* orzo *m*

**barmaid** (*baa*-meid) *n* barista *f*

**barman** (*baa*-mön) *n* (pl -men) barista *m*

**barn** (baan) *n* granaio *m*

**barometer** (bö-*ro*-mi-tö) *n* barometro *m*

**baroque** (bö-*rok*) *adj* barocco

**barracks** (*bæ*-rökss) *pl* caserma *f*

**barrel** (*bæ*-röl) *n* botte *f*, barile *m*

**barrier** (*bæ*-ri-ö) *n* barriera *f*

**barrister** (*bæ*-ri-sstö) *n* avvocato *m*

**bartender** (*baa*-tên-dö) *n* barista *m*

**base** (beiss) *n* base *f*; fondamento *m*; *v* basare

**baseball** (*beiss*-bool) *n* baseball *m*

**basement** (*beiss*-mönt) *n* seminterrato *m*

**basic** (*bei*-ssik) *adj* fondamentale

**basilica** (bö-*si*-li-kö) *n* basilica *f*

**basin** (*bei*-ssön) *n* bacino *m*, catino *m*

**basis** (*bei*-ssiss) *n* (pl bases) fondamento *m*, base *f*

**basket** (*baa*-sskit) *n* paniere *m*

**bass¹** (beiss) *n* basso *m*

**bass²** (bæss) *n* (pl ~) branzino *m*

**bastard** (*baa*-sstöd) *n* bastardo *m*; mascalzone *m*

**batch** (bætʃ) *n* partita *f*

**bath** (baaθ) *n* bagno *m*; ~ **salts** sali da bagno; ~ **towel** asciugamano *m*

**bathe** (beið) *v* bagnarsi, *fare il bagno

**bathing-cap** (*bei*-ðing-kæp) *n* cuffia da bagno

**bathing-suit** (*bei*-ðing-ssuut) *n* costume da bagno

**bathing-trunks** (*bei*-ðing-trangkss) *n* mutandine da bagno

**bathrobe** (*baaθ*-roub) *n* accappatoio *m*

**bathroom** (*baaθ*-ruum) *n* stanza da bagno; gabinetto *m*

**batter** (*bæ*-tö) *n* impasto *m*

**battery** (*bæ*-tö-ri) *n* batteria *f*; accumulatore *m*

**battle** (*bæ*-töl) *n* battaglia *f*; lotta *f*, combattimento *m*; *v* combattere

**bay** (bei) *n* baia *f*; *v* latrare

*be (bii) *v* *essere

**beach** (biitʃ) *n* spiaggia *f*; **nudist** ~ spiaggia per nudisti

**bead** (biid) *n* perlina *f*; **beads** *pl* collana *f*; rosario *f*

**beak** (biik) *n* becco *m*

**beam** (biim) *n* raggio *m*; trave *f*

**bean** (biin) *n* fagiolo *m*

**bear** (bêᵒ) *n* orso *m*

*bear (bêᵒ) *v* portare; tollerare; sopportare

**beard** (biᵒd) *n* barba *f*

**bearer** (*bêᵒ*-rö) *n* portatore *m*

**beast** (biisst) *n* animale *m*; ~ **of prey** animale da preda

*beat (biit) *v* picchiare; battere

**beautiful** (*bⁱuu*-ti-föl) *adj* bello

**beauty** (*bⁱuu*-ti) *n* bellezza *f*; ~ **parlour** salone di bellezza; ~ **salon** salone di bellezza; ~ **treatment** cura di bellezza

**beaver** (*bii*-vö) *n* castoro *m*

**because** (bi-*kos*) *conj* perché; poiché; ~ **of** in conseguenza di, a causa di

*become (bi-*kam*) *v* *divenire; *addirsi

**bed** (bêd) *n* letto *m*; ~ **and board** vitto e alloggio, pensione completa; ~ **and breakfast** alloggio e colazione

**bedding** (*bê*-ding) *n* biancheria da letto

**bedroom** (*bêd*-ruum) *n* camera da letto

**bee** (bii) *n* ape *f*

**beech** (bii-tʃ) *n* faggio *m*

**beef** (biif) *n* manzo *m*

**beehive** (*bii*-haiv) *n* alveare *m*

**been** (biin) *v* (pp be)

**beer** (biᵒ) *n* birra *f*

**beet** (biit) *n* barbabietola *f*

**beetle** (*bii*-töl) *n* scarabeo *m*

**beetroot** (*biit*-ruut) *n* barbabietola *f*

**before** (bi-*foo*) *prep* prima di; davanti; *conj* prima che; *adv* prima; precedentemente

**beg** (bêgh) *v* mendicare; supplicare; *chiedere

**beggar** (*bê*-ghö) *n* mendicante *m*

*begin (bi-*ghin*) *v* cominciare; iniziare

**beginner** (bi-*ghi*-nö) *n* principiante *m*

**beginning** (bi-*ghi*-ning) *n* inizio *m*; principio *m*

**on behalf of** (on bi-*haaf* ov) a nome di, per conto di; a favore di

**behave** (bi-*heiv*) *v* comportarsi

**behaviour** (bi-*hei*-vⁱö) *n* comportamento *m*

**behind** (bi-*haind*) *prep* dietro; *adv* indietro

**beige** (beiʒ) *adj* beige

**being** (*bii*-ing) *n* essere *m*

**Belgian** (*bêl*-dʒön) *adj* belga

**Belgium** (*bêl*-dʒöm) Belgio *m*

**belief** (bi-*liif*) *n* fede *f*
**believe** (bi-*liiv*) *v* credere
**bell** (bêl) *n* campana *f*; campanello *m*
**bellboy** (*bêl*-boi) *n* fattorino d'albergo
**belly** (*bê*-li) *n* pancia *f*
**belong** (bi-*long*) *v* *appartenere
**belongings** (bi-*long*-ings) *pl* effetti personali
**beloved** (bi-*lavd*) *adj* amato
**below** (bi-*lou*) *prep* sotto; *adv* giù
**belt** (bêlt) *n* cinghia *f*; **garter** ~ *Am* reggicalze *m*
**bench** (bêntʃ) *n* banco *m*
**bend** (bênd) *n* curva *f*; curvatura *f*
* **bend** (bênd) *v* curvare; ~ **down** chinarsi
**beneath** (bi-*niiθ*) *prep* sotto; *adv* giù
**benefit** (*bê*-ni-fit) *n* profitto *m*, beneficio *m*; vantaggio *m*; *v* approfittare
**bent** (bênt) *adj* (pp bend) curvato
**beret** (*bê*-rei) *n* berretto *m*
**berry** (*bê*-ri) *n* bacca *f*
**berth** (bööθ) *n* cuccetta *f*
**beside** (bi-*ssaid*) *prep* vicino a
**besides** (bi-*ssaids*) *adv* inoltre; d'altronde; *prep* oltre a
**best** (bêsst) *adj* ottimo
**bet** (bêt) *n* scommessa *f*; posta *f*
* **bet** (bêt) *v* *scommettere
**betray** (bi-*trei*) *v* tradire
**better** (*bê*-tö) *adj* migliore
**between** (bi-*t^u^iin*) *prep* tra
**beverage** (*bê*-vö-ridʒ) *n* bevanda *f*
**beware** (bi-*^u^ê^ö^*) *v* guardarsi, *fare attenzione
**bewitch** (bi-*^u^itʃ*) *v* stregare, incantare
**beyond** (bi-*^i^ond*) *prep* più in là di; oltre; in aggiunta a; *adv* al di là
**bible** (*bai*-böl) *n* bibbia *f*
**bicycle** (*bai*-ssi-köl) *n* bicicletta *f*; ciclo *m*
**big** (bigh) *adj* grande; voluminoso; grosso; importante
**bile** (bail) *n* bile *f*
**bilingual** (bai-*ling*-gh^u^öl) *adj* bilingue
**bill** (bil) *n* fattura *f*; conto *m*; *v* fatturare
**billiards** (*bil*-^i^öds) *pl* biliardo *m*
* **bind** (baind) *v* legare
**binding** (*bain*-ding) *n* legatura *f*
**binoculars** (bi-*no*-k^i^ö-lös) *pl* binocolo *m*
**biology** (bai-*o*-lö-dʒi) *n* biologia *f*
**birch** (böötʃ) *n* betulla *f*
**bird** (bööd) *n* uccello *m*
**Biro** (*bai*-rou) *n* penna a sfera
**birth** (bööθ) *n* nascita *f*
**birthday** (*bööθ*-dei) *n* compleanno *m*
**biscuit** (*biss*-kit) *n* biscottino *m*
**bishop** (*bi*-ʃöp) *n* vescovo *m*
**bit** (bit) *n* pezzetto *m*; poco *m*
**bitch** (bitʃ) *n* cagna *f*
**bite** (bait) *n* boccone *m*; morso *m*; puntura *f*
* **bite** (bait) *v* *mordere
**bitter** (*bi*-tö) *adj* amaro
**black** (blæk) *adj* nero; ~ **market** mercato nero
**blackberry** (*blæk*-bö-ri) *n* mora *f*
**blackbird** (*blæk*-bööd) *n* merlo *m*
**blackboard** (*blæk*-bood) *n* lavagna *f*
**black-currant** (blæk-*ka*-rönt) *n* ribes nero
**blackmail** (*blæk*-meil) *n* ricatto *m*; *v* ricattare
**blacksmith** (*blæk*-ssmiθ) *n* fabbro *m*
**bladder** (*blæ*-dö) *n* vescica *f*
**blade** (bleid) *n* lama *f*; ~ **of grass** filo d'erba
**blame** (bleim) *n* colpa *f*; biasimo *m*; *v* biasimare, rimproverare
**blank** (blængk) *adj* in bianco
**blanket** (*blæng*-kit) *n* coperta *f*
**blast** (blaasst) *n* esplosione *f*
**blazer** (*blei*-sö) *n* giacca sportiva
**bleach** (bliitʃ) *v* imbiancare

**bleak** (bliik) *adj* rigido

**\*bleed** (bliid) *v* sanguinare; salassare

**bless** (blêss) *v* \*benedire

**blessing** (blê-ssing) *n* benedizione *f*

**blind** (blaind) *n* avvolgibile *m*, persiana *f*; *adj* cieco; *v* abbagliare

**blister** (bli-sstô) *n* bolla *f*

**blizzard** (bli-söd) *n* tormenta *f*

**block** (blok) *v* ostruire, bloccare; *n* ceppo *m*; ~ **of flats** caseggiato *m*

**blonde** (blond) *n* bionda *f*

**blood** (blad) *n* sangue *m*; ~ **pressure** pressione sanguigna

**blood-poisoning** (blad-poi-sö-ning) *n* setticemia *f*

**blood-vessel** (blad-vê-ssöl) *n* vaso sanguigno

**blot** (blot) *n* macchia *f*; **blotting paper** carta assorbente

**blouse** (blaus) *n* blusa *f*

**blow** (blou) *n* colpo *m*; raffica *f*

**\*blow** (blou) *v* soffiare; tirare

**blow-out** (blou-aut) *n* foratura *f*

**blue** (bluu) *adj* blu; depresso

**blunt** (blant) *adj* ottuso; spuntato

**blush** (blaʃ) *v* arrossire

**board** (bood) *n* asse *f*; tavoletta *f*; pensione *f*; consiglio *m*; ~ **and lodging** pensione completa, vitto e alloggio

**boarder** (boo-dö) *n* pensionante *m*

**boarding-house** (boo-ding-hauss) *n* pensione *f*

**boarding-school** (boo-ding-sskuul) *n* convitto *m*

**boast** (bousst) *v* vantarsi

**boat** (bout) *n* battello *m*, barca *f*

**body** (bo-di) *n* corpo *m*

**bodyguard** (bo-di-ghaad) *n* guardia del corpo

**bog** (bogh) *n* palude *f*

**boil** (boil) *v* bollire; *n* foruncolo *m*

**bold** (bould) *adj* coraggioso; sfrontato, sfacciato

**Bolivia** (bö-li-vi-ö) Bolivia *f*

**Bolivian** (bö-li-vi-ön) *adj* boliviano

**bolt** (boult) *n* chiavistello *m*; bullone *m*

**bomb** (bom) *n* bomba *f*; *v* bombardare

**bond** (bond) *n* obbligazione *f*

**bone** (boun) *n* osso *m*; lisca *f*; *v* dissossare

**bonnet** (bo-nit) *n* cofano *m*

**book** (buk) *n* libro *m*; *v* prenotare; registrare, allibrare

**booking** (bu-king) *n* prenotazione *f*

**bookmaker** (buk-mei-kö) *n* allibratore *m*

**bookseller** (buk-ssê-lö) *n* libraio *m*

**bookstand** (buk-sstænd) *n* edicola *f*

**bookstore** (buk-sstoo) *n* libreria *f*

**boot** (buut) *n* stivale *m*; bagagliaio *m*

**booth** (buuð) *n* baracca *f*; cabina *f*

**border** (boo-dö) *n* confine *m*; bordo *m*

**bore¹** (boo) *v* annoiare; trapanare; *n* seccatore *m*

**bore²** (boo) *v* (p bear)

**boring** (boo-ring) *adj* noioso

**born** (boon) *adj* nato

**borrow** (bo-rou) *v* \*prendere in prestito; adottare

**bosom** (bu-söm) *n* petto *m*; seno *m*

**boss** (boss) *n* capo *m*, padrone *m*

**botany** (bo-tö-ni) *n* botanica *f*

**both** (bouθ) *adj* entrambi; **both ... and** sia ... sia

**bother** (bo-ðö) *v* infastidire, importunare; disturbarsi; *n* noia *f*

**bottle** (bo-töl) *n* bottiglia *f*; ~ **opener** apribottiglie *m*; **hot-water** ~ borsa dell'acqua calda

**bottleneck** (bo-töl-nêk) *n* ingorgo *m*

**bottom** (bo-töm) *n* fondo *m*; didietro *m*, sedere *m*; *adj* inferiore

**bough** (bau) *n* ramo *m*

**bought** (boot) *v* (p, pp buy)

**boulder** (*boul*-dö) *n* masso *m*

**bound** (baund) *n* limite *m*; \***be ~ to** \*dovere; **~ for** diretto a

**boundary** (*baun*-dö-ri) *n* limite *m*; frontiera *f*

**bouquet** (bu-*kei*) *n* mazzo *m*

**bourgeois** (*buô*-ʒ<sup>u</sup>aa) *adj* borghese

**boutique** (bu-*tiik*) *n* boutique *m*

**bow¹** (bau) *v* inchinare

**bow²** (bou) *n* arco *m*; **~ tie** cravattino *m*, cravatta a farfalla

**bowels** (bau<sup>ö</sup>ls) *pl* intestino *m*, budella *fpl*

**bowl** (boul) *n* vaso *m*

**bowling** (*bou*-ling) *n* bowling *m*, gioco delle bocce; **~ alley** pista di bocce

**box¹** (bokss) *v* \*fare del pugilato; **boxing match** partita di pugilato

**box²** (bokss) *n* scatola *f*

**box-office** (*bokss*-o-fiss) *n* botteghino *m*, biglietteria *f*

**boy** (boi) *n* ragazzo *m*; ragazzino *m*, fanciullo *m*; servo *m*; **~ scout** giovane esploratore

**bra** (braa) *n* reggipetto *m*, reggiseno *m*

**bracelet** (*breiss*-lit) *n* braccialetto *m*

**braces** (*brei*-ssis) *pl* bretelle *fpl*

**brain** (brein) *n* cervello *m*; intelligenza *f*

**brain-wave** (*brein*-<sup>u</sup>eiv) *n* idea luminosa

**brake** (breik) *n* freno *m*; **~ drum** tamburo del freno; **~ lights** luci di arresto

**branch** (braantʃ) *n* ramo *m*; succursale *f*

**brand** (brænd) *n* marca *f*; marchio *m*

**brand-new** (brænd-n<sup>i</sup>uu) *adj* nuovo fiammante

**brass** (braass) *n* ottone *m*; **~ band** *n* fanfara *f*

**brassiere** (*bræ*-si<sup>ö</sup>) *n* reggipetto *m*, reggiseno *m*

**brassware** (*braass*-<sup>u</sup>ê<sup>ö</sup>) *n* ottoname *m*

**brave** (breiv) *adj* audace, coraggioso

**Brazil** (brö-*sil*) Brasile *m*

**Brazilian** (brö-*sil*-<sup>i</sup>ön) *adj* brasiliano

**breach** (briitʃ) *n* breccia *f*

**bread** (brêd) *n* pane *m*; **wholemeal ~** pane integrale

**breadth** (brêdθ) *n* larghezza *f*

**break** (breik) *n* frattura *f*; intervallo *m*

\***break** (breik) *v* \*rompere; **~ down** guastarsi; analizzare

**breakdown** (*breik*-daun) *n* guasto *m*, avaria *f*

**breakfast** (*brêk*-fösst) *n* prima colazione

**bream** (briim) *n* (pl ~) abramide *m*

**breast** (brêsst) *n* seno *m*

**breaststroke** (*brêsst*-sstrouk) *n* nuoto a rana

**breath** (brêθ) *n* respiro *m*; fiato *m*

**breathe** (briið) *v* respirare

**breathing** (*brii*-ðing) *n* respirazione *f*

**breed** (briid) *n* razza *f*; specie *f*

\***breed** (briid) *v* allevare

**breeze** (briis) *n* brezza *f*

**brew** (bruu) *v* \*fare la birra

**brewery** (*bruu*-ö-ri) *n* birreria *f*

**bribe** (braib) *v* \*corrompere

**bribery** (*brai*-bö-ri) *n* corruzione *f*

**brick** (brik) *n* laterizio *m*, mattone *m*

**bricklayer** (*brik*-lei<sup>ö</sup>) *n* muratore *m*

**bride** (braid) *n* sposa *f*

**bridegroom** (*braid*-ghruum) *n* sposo *m*

**bridge** (briʒ) *n* ponte *m*; bridge *m*

**brief** (briif) *adj* breve

**briefcase** (*briif*-keiss) *n* cartella *f*

**briefs** (briifss) *pl* slip *mpl*, mutandine *fpl*

**bright** (brait) *adj* brillante; lucido; sveglio, intelligente

**brill** (bril) *n* rombo *m*

**brilliant** (*bril*-<sup>i</sup>önt) *adj* brillante

**brim** (brim) *n* orlo *m*

***bring** (bring) *v* portare; ~ **back** riportare; ~ **up** educare; sollevare

**brisk** (brissk) *adj* vivace

**Britain** (*bri*-tön) Gran Bretagna

**British** (*bri*-tiʃ) *adj* britannico; inglese

**Briton** (*bri*-tön) *n* britanno *m*; inglese *m*

**broad** (brood) *adj* largo; ampio, esteso; generale

**broadcast** (*brood*-kaasst) *n* emissione *f*

***broadcast** (*brood*-kaasst) *v* *trasmettere

**brochure** (brou-ʃuö) *n* opuscolo *m*

**broke¹** (brouk) *v* (p break)

**broke²** (brouk) *adj* squattrinato

**broken** (*brou*-kön) *adj* (pp break) guasto, rotto

**broker** (*brou*-kö) *n* mediatore *m*

**bronchitis** (brong-*kai*-tiss) *n* bronchite *f*

**bronze** (brons) *n* bronzo *m*; *adj* bronzeo

**brooch** (broutʃ) *n* spilla *f*

**brook** (bruk) *n* ruscello *m*

**broom** (bruum) *n* scopa *f*

**brothel** (*bro*-θöl) *n* bordello *m*

**brother** (*bra*-ðö) *n* fratello *m*

**brother-in-law** (*bra*-ðö-rin-loo) *n* (pl brothers-) cognato *m*

**brought** (broot) *v* (p, pp bring)

**brown** (braun) *adj* bruno

**bruise** (bruus) *n* livido *m*, contusione *f*; *v* ammaccare

**brunette** (bruu-*nêt*) *n* bruna *f*

**brush** (braʃ) *n* spazzola *f*; pennello *m*; *v* spazzolare

**brutal** (*bruu*-töl) *adj* brutale

**bubble** (*ba*-böl) *n* bolla *f*

**bucket** (*ba*-kit) *n* secchio *m*

**buckle** (*ba*-köl) *n* fibbia *f*

**bud** (bad) *n* bocciolo *m*

**budget** (*ba*-dʒit) *n* preventivo *m*, bilancio *m*

**buffet** (*bu*-fei) *n* buffé *m*

**bug** (bagh) *n* cimice *f*; *nAm* insetto *m*

***build** (bild) *v* costruire

**building** (*bil*-ding) *n* edificio *m*

**bulb** (balb) *n* bulbo *m*; **light** ~ lampadina *f*

**Bulgaria** (bal-*ghêô*-ri-ö) Bulgaria *f*

**Bulgarian** (bal-*ghêô*-ri-ön) *adj* bulgaro

**bulk** (balk) *n* massa *f*; maggior parte

**bulky** (*bal*-ki) *adj* voluminoso

**bull** (bul) *n* toro *m*

**bullet** (*bu*-lit) *n* pallottola *f*

**bullfight** (*bul*-fait) *n* corrida *f*

**bullring** (*bul*-ring) *n* arena *f*

**bump** (bamp) *v* urtare; cozzare; *n* urto *m*

**bumper** (*bam*-pö) *n* paraurti *m*

**bumpy** (*bam*-pi) *adj* accidentato

**bun** (ban) *n* panino *m*

**bunch** (bantʃ) *n* mazzo *m*; gruppo *m*

**bundle** (*ban*-döl) *n* fagotto *m*; *v* legare insieme, affastellare

**bunk** (bangk) *n* cuccetta *f*

**buoy** (boi) *n* boa *f*

**burden** (*böö*-dön) *n* peso *m*

**bureau** (b'*uô*-rou) *n* (pl ~x, ~s) scrittoio *m*; *nAm* comò *m*

**bureaucracy** (b'uô-*ro*-krö-ssi) *n* burocrazia *f*

**burglar** (*böö*-ghlö) *n* scassinatore *m*

**burgle** (*böö*-ghol) *v* scassinare

**burial** (*bê*-ri-öl) *n* seppellimento *m*, sepoltura *f*

**burn** (böön) *n* bruciatura *f*

***burn** (böön) *v* *ardere; bruciare

***burst** (böösst) *v* scoppiare; spaccarsi

**bury** (*bê*-ri) *v* seppellire

**bus** (bass) *n* autobus *m*

**bush** (buʃ) *n* cespuglio *m*

**business** (*bis*-nöss) *n* affari, commercio *m*; azienda *f*, ditta *f*; mestiere *m*; affare *m*; ~ **hours** orario di apertura, ore d'ufficio; ~ **trip** viaggio d'affari; **on** ~ per affari

**businessman** (*bis-nòss-mön*) *n* (pl -men) uomo d'affari

**bust** (basst) *n* busto *m*

**bustle** (*ba*-ssöl) *n* andirivieni *m*

**busy** (*bi*-si) *adj* occupato; animato, indaffarato

**but** (bat) *conj* ma; però; *prep* tranne

**butcher** (*bu*-tʃö) *n* macellaio *m*

**butter** (*ba*-tö) *n* burro *m*

**butterfly** (*ba*-tö-flai) *n* farfalla *f*; ~ **stroke** nuoto a farfalla

**buttock** (*ba*-tök) *n* natica *f*

**button** (*ba*-tön) *n* bottone *m*; *v* abbottonare

**buttonhole** (*ba*-tön-houl) *n* asola *f*

*****buy** (bai) *v* comprare; acquistare

**buyer** (*bai*-ö) *n* compratore *m*

**by** (bai) *prep* da; con; vicino a

**by-pass** (*bai*-paass) *n* circonvallazione *f*; *v* girare intorno a

# C

**cab** (kæb) *n* tassì *m*

**cabaret** (*kæ*-bö-rei) *n* cabaret *m*

**cabbage** (*kæ*-bidʒ) *n* cavolo *m*

**cab-driver** (*kæb*-drai-vö) *n* tassista *m*

**cabin** (*kæ*-bin) *n* cabina *f*; capanna *f*

**cabinet** (*kæ*-bi-nöt) *n* gabinetto *m*

**cable** (*kei*-böl) *n* cavo *m*; telegramma *m*; *v* telegrafare

**cadre** (*kaa*-dö) *n* quadro *m*

**café** (*kæ*-fei) *n* bar *m*

**cafeteria** (kæ-fö-*ti°*-ri-ö) *n* tavola calda

**caffeine** (*kæ*-fiin) *n* caffeina *f*

**cage** (keidʒ) *n* gabbia *f*

**cake** (keik) *n* dolce *m*; pasticceria *f*, torta *f*

**calamity** (kö-*læ*-mö-ti) *n* calamità *f*,

disastro *m*

**calcium** (*kæl*-ssi-öm) *n* calcio *m*

**calculate** (*kæl*-kⁱu-leit) *v* computare, calcolare

**calculation** (kæl-kⁱu-*lei*-ʃön) *n* calcolo *m*

**calculator** (*kæl*-kⁱu-*lei*-tö) *n* calcolatrice *f*

**calendar** (*kæ*-lön-dö) *n* calendario *m*

**calf** (kaaf) *n* (pl calves) vitello *m*; polpaccio *m*; ~ **skin** pelle di vitello

**call** (kool) *v* chiamare; telefonare; *n* appello *m*; visita *f*; telefonata *f*; *****be called** chiamarsi; ~ **names** ingiuriare; ~ **on** visitare; ~ **up** *Am* telefonare

**callus** (*kæ*-löss) *n* callo *m*

**calm** (kaam) *adj* tranquillo, calmo; ~ **down** calmare

**calorie** (*kæ*-lö-ri) *n* caloria *f*

**Calvinism** (*kæl*-vi-ni-söm) *n* calvinismo *m*

**came** (keim) *v* (p come)

**camel** (*kæ*-möl) *n* cammello *m*

**camera** (*kæ*-mö-rö) *n* macchina fotografica; cinepresa *f*; ~ **shop** negozio di articoli fotografici

**camp** (kæmp) *n* campo *m*; *v* accamparsi

**campaign** (kæm-*pein*) *n* campagna *f*

**camp-bed** (kæmp-*bêd*) *n* lettino da campeggio, branda *f*

**camper** (*kæm*-pö) *n* campeggiatore *m*

**camping** (*kæm*-ping) *n* campeggio *m*; ~ **site** campeggio *m*

**camshaft** (*kæm*-ʃaaft) *n* albero a camme

**can** (kæn) *n* latta *f*; ~ **opener** apriscatole *m*

*****can** (kæn) *v* *****potere

**Canada** (*kæ*-nö-dö) *n* Canadà *m*

**Canadian** (kö-*nei*-di-ön) *adj* canadese

**canal** (kö-*næl*) *n* canale *m*

**canary** (kö-*nê°*-ri) *n* canarino *m*

cancel (*kæn*-ssöl) v annullare; *disdire

cancellation (kæn-ssö-*lei*-ſön) n annullamento m

cancer (*kæn*-ssö) n cancro m

candelabrum (kæn-dö-*laa*-bröm) n (pl -bra) candelabro m

candidate (*kæn*-di-döt) n candidato m

candle (*kæn*-döl) n candela f

candy (*kæn*-di) nAm caramella f; dolciumi mpl; ~ store Am pasticceria f

cane (kein) n canna f; bastone m

canister (*kæ*-ni-sstö) n barattolo m

canoe (kö-*nuu*) n canoa f

canteen (kæn-*tiin*) n mensa f

canvas (*kæn*-vöss) n tela di canapa

cap (kæp) n berretto m

capable (*kei*-pö-böl) adj capace

capacity (kö-*pæ*-ssö-ti) n capacità f; potenza f; abilità f

cape (keip) n mantella f; capo m

capital (*kæ*-pi-töl) n capitale f; capitale m; adj importante, capitale; ~ letter maiuscola f

capitalism (*kæ*-pi-tö-li-söm) n capitalismo m

capitulation (kö-pi-t[u]-*lei*-ſön) n capitolazione f

capsule (*kæp*-ss[u]ul) n capsula f

captain (*kæp*-tin) n capitano m; comandante m

capture (*kæp*-tſö) v *far prigioniero, catturare; *prendere; n cattura f; presa f

car (kaa) n macchina f; ~ hire autonoleggio m; ~ park parcheggio m; ~ rental Am autonoleggio m

carafe (kö-*ræf*) n caraffa f

caramel (*kæ*-rö-möl) n caramella di zucchero

carat (*kæ*-röt) n carato m

caravan (*kæ*-rö-væn) n carovana f;

carrozzone m

carburettor (kaa-b[u]-*rê*-tö) n carburatore m

card (kaad) n cartoncino m; cartolina f

cardboard (*kaad*-bood) n cartone m; adj di cartone

cardigan (*kaa*-di-ghön) n giaccone m

cardinal (*kaa*-di-nöl) n cardinale m; adj cardinale, principale

care (kêⁿ) n cura f; preoccupazione f; ~ about preoccuparsi di; ~ for *voler bene; *take ~ of *aver cura di, occuparsi di

career (kö-*riⁿ*) n carriera f

carefree (*kêⁿ*-frii) adj spensierato

careful (*kêⁿ*-föl) adj attento; scrupoloso, accurato

careless (*kêⁿ*-löss) adj noncurante, trascurato

caretaker (*kêⁿ*-tei-kö) n custode m

cargo (*kaa*-ghou) n (pl ~es) carico m

carnival (*kaa*-ni-völ) n carnevale m

carp (kaap) n (pl ~) carpa f

carpenter (*kaa*-pin-tö) n falegname m

carpet (*kaa*-pit) n tappeto m

carriage (*kæ*-ridʒ) n vagone m; carrozza f

carriageway (*kæ*-ridʒ-[u]ei) n rotabile f

carrot (*kæ*-röt) n carota f

carry (*kæ*-ri) v portare; *condurre; ~ on continuare; proseguire; ~ out eseguire

carry-cot (*kæ*-ri-kot) n baby-pullman m

cart (kaat) n carro m

cartilage (*kaa*-ti-lidʒ) n cartilagine f

carton (*kaa*-tön) n scatolone m; stecca f

cartoon (kaa-*tuun*) n cartone animato

cartridge (*kaa*-tridʒ) n cartuccia f

carve (kaav) v tagliare; intagliare

carving (*kaa*-ving) n scultura in legno

case (keiss) n caso m; causa f; vali-

gia *f*; astuccio *m*; **attaché** ~ portacarte *m*; **in** ~ qualora; **in** ~ **of** in
caso di

**cash** (kæʃ) *n* contanti *mpl*; *v* convertire, \*riscuotere, incassare; ~ **dispenser** sportello automatica *f*

**cashier** (kæ-ʃiⁿ) *n* cassiere *m*; cassiera *f*

**cashmere** (kæʃ-miⁿ) *n* cachemire *m*

**casino** (kö-*ssii*-nou) *n* (pl ~s) casinò
*m*

**cask** (kaassk) *n* barile *m*, botte *f*

**cast** (kaasst) *n* lancio *m*

\***cast** (kaasst) *v* lanciare, gettare; **cast
iron** ghisa *f*

**castle** (*kaa*-ssöl) *n* castello *m*

**casual** (kæ-ʒu-öl) *adj* informale; incidentale, fortuito

**casualty** (kæ-ʒu-öl-ti) *n* vittima *f*

**cat** (kæt) *n* gatto *m*

**catacomb** (kæ-tö-koum) *n* catacomba *f*

**catalogue** (kæ-tö-logh) *n* catalogo *m*

**catarrh** (kö-*taa*) *n* catarro *m*

**catastrophe** (kö-*tæ*-sströ-fi) *n* catastrofe *f*

\***catch** (kætʃ) *v* acchiappare; afferra-
re; \*cogliere

**category** (kæ-ti-ghö-ri) *n* categoria *f*

**cathedral** (kö-*θii*-dröl) *n* duomo *m*,
cattedrale *f*

**catholic** (kæ-θö-lik) *adj* cattolico

**cattle** (kæ-töl) *pl* bestiame *m*

**caught** (koot) *v* (p, pp catch)

**cauliflower** (ko-li-flauⁿ) *n* cavolfiore
*m*

**cause** (koos) *v* causare; provocare; *n*
causa *f*; ragione *f*, motivo *m*; ~ **to**
\*indurre a

**causeway** (*koos*-ᵘei) *n* via selciata *f*

**caution** (koo-ʃön) *n* cautela *f*; *v* ammonire

**cautious** (koo-ʃöss) *adj* cauto

**cave** (keiv) *n* caverna *f*; spelonca *f*

**cavern** (kæ-vön) *n* caverna *f*

**caviar** (kæ-vi-aa) *n* caviale *m*

**cavity** (kæ-vö-ti) *n* cavità *f*

**cease** (ssiiss) *v* \*smettere

**ceiling** (*ssii*-ling) *n* soffitto *m*

**celebrate** (ssê-li-breit) *v* celebrare

**celebration** (ssê-li-*brei*-ʃön) *n* celebrazione *f*

**celebrity** (ssi-*lê*-brö-ti) *n* celebrità *f*

**celery** (ssê-lö-ri) *n* sedano *m*

**celibacy** (ssê-li-bö-ssi) *n* celibato *m*

**cell** (ssêl) *n* cella *f*

**cellar** (ssê-lö) *n* cantina *f*

**cellophane** (ssê-lö-fein) *n* cellofan *m*

**cement** (ssi-*mênt*) *n* cemento *m*

**cemetery** (ssê-mi-tri) *n* cimitero *m*

**censorship** (ssên-ssö-ʃip) *n* censura *f*

**centigrade** (ssên-ti-ghreid) *adj* centigrado

**centimetre** (ssên-ti-mii-tö) *n* centimetro *m*

**central** (ssên-tröl) *adj* centrale; ~
**heating** riscaldamento centrale; ~
**station** stazione centrale

**centralize** (ssên-trö-lais) *v* centralizzare

**centre** (ssên-tö) *n* centro *m*

**century** (ssên-tʃö-ri) *n* secolo *m*

**ceramics** (ssi-*ræ*-mikss) *pl* terraglie
*fpl*, ceramica *f*

**ceremony** (ssê-rö-mö-ni) *n* cerimonia
*f*

**certain** (ssöö-tön) *adj* certo

**certificate** (ssö-*ti*-fi-köt) *n* attestato
*m*; certificato *m*, atto *m*, diploma
*m*

**chain** (tʃein) *n* catena *f*

**chair** (tʃêⁿ) *n* sedia *f*; seggio *m*

**chairman** (*tʃêⁿ*-mön) *n* (pl -men) presidente *m*

**chalet** (ʃæ-lei) *n* chalet *m*

**chalk** (tʃook) *n* creta *f*

**challenge** (*tʃæ*-löndʒ) *v* sfidare; *n* sfida *f*

**chamber** (tʃeim-bö) *n* camera *f*

**chambermaid** (*tʃeim*-bö-meid) *n* cameriera *f*

**champagne** (ʃæm-*pein*) *n* champagne *m*

**champion** (*tʃæm*-p'ön) *n* campione *m*; difensore *m*

**chance** (tʃaanss) *n* caso *m*; opportunità *f*, occasione *f*; rischio *m*; azzardo *m*; **by ~** per caso

**change** (tʃeindʒ) *v* modificare, cambiare; cambiarsi; *n* cambiamento *m*, cambio *m*; spiccioli *mpl*

**channel** (*tʃæ*-nöl) *n* canale *m*; **English Channel** La Manica

**chaos** (*kei*-oss) *n* caos *m*

**chaotic** (kei-*o*-tik) *adj* caotico

**chap** (tʃæp) *n* tizio *m*

**chapel** (*tʃæ*-pöl) *n* chiesa *f*, cappella *f*

**chaplain** (*tʃæ*-plin) *n* cappellano *m*

**character** (*kæ*-rök-tö) *n* carattere *m*

**characteristic** (kæ-rök-tö-*ri*-sstik) *adj* tipico, caratteristico; *n* caratteristica *f*; tratto del carattere

**characterize** (*kæ*-rök-tö-rais) *v* caratterizzare

**charcoal** (*tʃaa*-koul) *n* carbone di legno

**charge** (tʃaadʒ) *v* \*far pagare; incaricare; accusare; caricare; *n* costo *m*; carico *m*; accusa *f*; **~ plate** *Am* carta di credito; **free of ~** gratuito; **in ~ of** incaricato di; \***take ~ of** incaricarsi di

**charity** (*tʃæ*-rö-ti) *n* carità *f*

**charm** (tʃaam) *n* incanto *m*, fascino *m*; amuleto *m*

**charming** (*tʃaa*-ming) *adj* affascinante

**chart** (tʃaat) *n* tabella *f*; diagramma *m*; carta nautica; **conversion ~** tabella di conversione

**chase** (tʃeiss) *v* inseguire; scacciare, cacciare; *n* caccia *f*

**chasm** (*kæ*-söm) *n* baratro *m*

**chassis** (*ʃæ*-ssi) *n* (pl ~) telaio *m*

**chaste** (tʃeisst) *adj* casto

**chat** (tʃæt) *v* chiacchierare, ciarlare; *n* ciancia *f*, ciarlata *f*, chiacchierata *f*

**chatterbox** (*tʃæ*-tö-bokss) *n* chiacchierone *m*

**chauffeur** (*ʃou*-fö) *n* autista *m*

**cheap** (tʃiip) *adj* a buon mercato; economico

**cheat** (tʃiit) *v* ingannare; imbrogliare

**check** (tʃêk) *v* verificare, \*rivedere; *n* quadretto *m*; *nAm* conto *m*; assegno *m*; **check!** scacco!; **~ in** registrarsi; **~ out** \*disdire

**check-book** (*tʃêk*-buk) *nAm* libretto di assegni

**checkerboard** (*tʃê*-kö-bood) *nAm* scacchiera *f*

**checkers** (*tʃê*-kös) *plAm* gioco della dama

**checkroom** (*tʃêk*-ruum) *nAm* guardaroba *m*

**check-up** (*tʃê*-kap) *n* visita medica

**cheek** (tʃiik) *n* guancia *f*

**cheek-bone** (*tʃiik*-boun) *n* zigomo *m*

**cheer** (tʃiö) *v* acclamare; **~ up** rallegrare

**cheerful** (*tʃiö*-föl) *adj* gaio, allegro

**cheese** (tʃiis) *n* formaggio *m*

**chef** (ʃêf) *n* capocuoco *m*

**chemical** (*kê*-mi-köl) *adj* chimico

**chemist** (*kê*-misst) *n* farmacista *m*; **chemist's** farmacia *f*

**chemistry** (*kê*-mi-sstri) *n* chimica *f*

**cheque** (tʃêk) *n* assegno *m*

**cheque-book** (*tʃêk*-buk) *n* libretto di assegni

**chequered** (*tʃê*-köd) *adj* quadrettato, scaccato

**cherry** (*tʃê*-ri) *n* ciliegia *f*

**chess** (tʃêss) *n* scacchi *mpl*

**chest** (tʃêsst) *n* petto *m*; torace *m*; baule *m*; **~ of drawers** cassettone *m* chestnut (*tʃêss*-nat) *n* castagna *f*

chew (tʃuu) *v* masticare

chewing-gum (*tʃuu*-ing-gham) *n* gomma da masticare

chicken (*tʃi*-kin) *n* pollo *m*; pulcino *m*

chickenpox (*tʃi*-kin-pokss) *n* varicella *f*

chief (tʃiif) *n* capo *m*; *adj* primo, principale

chieftain (*tʃiif*-tön) *n* capo *m*

chilblain (*tʃil*-blein) *n* gelone *m*

child (tʃaild) *n* (pl children) bambino *m*

childbirth (*tʃaild*-bööθ) *n* parto *m*

childhood (*tʃaild*-hud) *n* infanzia *f*

Chile (*tʃi*-li) *m* Cile *m*

Chilean (*tʃi*-li-ön) *adj* cileno

chill (tʃil) *n* brivido *m*

chilly (*tʃi*-li) *adj* freddino

chimes (tʃaims) *pl* carillon *m*

chimney (*tʃim*-ni) *n* camino *m*

chin (tʃin) *n* mento *m*

China (*tʃai*-nö) Cina *f*

china (*tʃai*-nö) *n* porcellana *f*

Chinese (tʃai-*niis*) *adj* cinese

chink (tʃingk) *n* fessura *f*

chip (tʃip) *n* scheggia *f*; gettone *m*; *v* tagliare, scheggiare; **chips** patatine fritte

chiropodist (ki-*ro-pö*-disst) *n* callista *m*

chisel (*tʃi*-söl) *n* scalpello *m*

chives (tʃaivs) *pl* cipollina *f*

chlorine (*kloo*-riin) *n* cloro *m*

chock-full (tʃok-*ful*) *adj* gremito, pieno zeppo

chocolate (*tʃo*-klöt) *n* cioccolata *f*; cioccolatino *m*

choice (tʃoiss) *n* scelta *f*; selezione *f*

choir (kʷai⁶) *n* coro *m*

choke (tʃouk) *v* soffocare; strozzare; *n* valvola dell'aria

*choose (tʃuus) *v* *scegliere

chop (tʃop) *n* cotoletta *f*, braciola *f*; *v* spaccare

Christ (kraisst) Cristo *m*

christen (*kri*-ssön) *v* battezzare

christening (*kri*-ssö-ning) *n* battesimo *m*

Christian (*kriss*-tʃön) *adj* cristiano; ~ **name** nome di battesimo

Christmas (*kriss*-möss) Natale

chromium (*krou*-mi-öm) *n* cromo *m*

chronic (*kro*-nik) *adj* cronico

chronological (kro-nö-*lo*-dʒi-köl) *adj* cronologico

chuckle (*tʃa*-köl) *v* ridacchiare

chunk (tʃangk) *n* grosso pezzo

church (tʃöötʃ) *n* chiesa *f*

churchyard (*tʃöötʃ*-ʲaad) *n* camposanto *m*

cigar (ssi-*ghaa*) *n* sigaro *m*; ~ **shop** tabaccheria *f*

cigarette (ssi-ghö-*rêt*) *n* sigaretta *f*; ~ **tobacco** trinciato *m*

cigarette-case (ssi-ghö-*rêt*-keiss) *n* portasigarette *m*

cigarette-holder (ssi-ghö-*rêt*-houl-dö) *n* bocchino *m*

cigarette-lighter (ssi-ghö-*rêt*-lai-tö) *n* accendino *m*

cinema (*ssi*-nö-mö) *n* cinematografo *m*

cinnamon (*ssi*-nö-mön) *n* cannella *f*

circle (*ssöö*-köl) *n* cerchio *m*; circolo *m*; balconata *f*; *v* accerchiare, circondare

circulation (ssöö-kʲu-*lei*-ʃön) *n* circolazione *f*; circolazione del sangue

circumstance (*ssöö*-köm-sstænss) *n* circostanza *f*

circus (*ssöö*-köss) *n* circo *m*

citizen (*ssi*-ti-sön) *n* cittadino *m*

citizenship (*ssi*-ti-sön-ʃip) *n* cittadinanza *f*

city (*ssi*-ti) *n* città *f*

civic (*ssi*-vik) *adj* civico

**civil** (*ssi*-völ) *adj* civile; cortese; ~ **law** diritto civile; ~ **servant** funzionario *m*

**civilian** (ssi-*vil*-¹ön) *adj* civile; *n* borghese *m*

**civilization** (ssi-vö-lai-*sei*-∫ön) *n* civiltà *f*

**civilized** (*ssi*-vö-laisd) *adj* civilizzato

**claim** (kleim) *v* rivendicare, reclamare; asserire; *n* rivendicazione *f*, pretesa *f*

**clamp** (klæmp) *n* morsa *f*; morsetto *m*

**clap** (klæp) *v* battere le mani, applaudire

**clarify** (*klæ*-ri-fai) *v* chiarire, chiarificare

**class** (klaass) *n* classe *f*

**classical** (*klæ*-ssi-köl) *adj* classico

**classify** (*klæ*-ssi-fai) *v* classificare

**class-mate** (*klaass*-meit) *n* compagno di classe

**classroom** (*klaass*-ruum) *n* aula *f*

**clause** (kloos) *n* clausola *f*

**claw** (kloo) *n* artiglio *m*

**clay** (klei) *n* argilla *f*

**clean** (kliin) *adj* puro, pulito; *v* nettare, pulire

**cleaning** (*klii*-ning) *n* pulizia *f*, pulitura *f*; ~ **fluid** smacchiatore *m*

**clear** (kli⁰) *adj* chiaro; *v* sgombrare

**clearing** (*kli*⁰-ring) *n* radura *f*

**cleft** (kléft) *n* crepa *f*

**clergyman** (*klöö*-dʒi-mön) *n* (pl -men) pastore *m*; chierico *m*

**clerk** (klaak) *n* commesso d'ufficio, impiegato *m*; scrivano *m*; segretario *m*

**clever** (*klê*-vö) *adj* intelligente; perspicace, sveglio

**client** (*klai*-önt) *n* cliente *m*

**cliff** (klif) *n* scoglio *m*, scogliera *f*

**climate** (*klai*-mit) *n* clima *m*

**climb** (klaim) *v* arrampicarsi; arram-picare

**clinic** (*kli*-nik) *n* clinica *f*

**cloak** (klouk) *n* mantello *m*

**cloakroom** (*klouk*-ruum) *n* spogliatoio *m*

**clock** (klok) *n* orologio *m*; **at ... o'-clock** alle ...

**cloister** (*kloi*-sstö) *n* monastero *m*

**close¹** (klous) *v* *chiudere

**close²** (klouss) *adj* vicino

**closet** (*klo*-sit) *n* credenza *f*

**cloth** (kloθ) *n* stoffa *f*; panno *m*

**clothes** (klouðs) *pl* abiti, vestiti *mpl*

**clothes-brush** (*klouðs*-bra∫) *n* spazzola per vestiti

**clothing** (*klou*-ðing) *n* vestiti *mpl*

**cloud** (klaud) *n* nuvola *f*

**cloud-burst** (*klaud*-böösst) *n* nubifragio *m*

**cloudy** (*klau*-di) *adj* nuvoloso

**clover** (*klou*-vö) *n* trifoglio *m*

**clown** (klaun) *n* pagliaccio *m*

**club** (klab) *n* circolo *m*; associazione *f*; clava *f*, mazza *f*

**clumsy** (*klam*-si) *adj* goffo

**clutch** (klat∫) *n* frizione *f*; stretta *f*

**coach** (kout∫) *n* autobus *m*; vagone *m*; carrozza *f*; allenatore *m*

**coachwork** (*kout∫*-ᵘöök) *n* carrozzeria *f*

**coagulate** (kou-æ-ghi-u-leit) *v* coagulare

**coal** (koul) *n* carbone *m*

**coarse** (kooss) *adj* grossolano; volgare

**coast** (kousst) *n* costa *f*

**coat** (kout) *n* cappotto *m*, soprabito *m*

**coat-hanger** (*kout*-hæng-ö) *n* attaccapanni *m*

**cobweb** (*kob*-ᵘêb) *n* ragnatela *f*

**cocaine** (kou-*kein*) *n* cocaina *f*

**cock** (kok) *n* gallo *m*

**cocktail** (*kok*-teil) *n* cocktail *m*

**coconut** (*kou*-kö-nat) *n* noce di cocco

**cod** (kod) *n* (pl ~) merluzzo *m*

**code** (koud) *n* codice *m*

**coffee** (*ko*-fi) *n* caffè *m*

**cognac** (*ko*-nⁱæk) *n* cognac *m*

**coherence** (kou-*hi⁰*-rönss) *n* coerenza *f*

**coin** (koin) *n* moneta *f*

**coincide** (kou-in-*ssaid*) *v* *coincidere

**cold** (kould) *adj* freddo; *n* freddo *m*; raffreddore *m*; **catch a** ~ *prendere un raffreddore

**collapse** (kö-*læpss*) *v* crollare

**collar** (*ko*-lö) *n* collare *m*; colletto *m*; ~ **stud** bottoncino per colletto

**collarbone** (*ko*-lö-boun) *n* clavicola *f*

**colleague** (*ko*-liigh) *n* collega *m*

**collect** (kö-*lêkt*) *v* *raccogliere; rilevare, *andare a prendere; *fare una colletta

**collection** (kö-*lêk*-jön) *n* collezione *f*; levata *f*

**collective** (kö-*lêk*-tiv) *adj* collettivo

**collector** (kö-*lêk*-tö) *n* collezionista *m*; collettore *m*

**college** (*ko*-lidʒ) *n* collegio *m*

**collide** (kö-*laid*) *v* cozzare

**collision** (kö-*li*-ʒön) *n* scontro *m*, collisione *f*

**Colombia** (kö-*lom*-bi-ö) Colombia *f*

**Colombian** (kö-*lom*-bi-ön) *adj* colombiano

**colonel** (*köö*-nöl) *n* colonnello *m*

**colony** (*ko*-lö-ni) *n* colonia *f*

**colour** (*ka*-lö) *n* colore *m*; *v* colorare; ~ **film** pellicola a colori

**colourant** (*ka*-lö-rönt) *n* tintura *f*

**colour-blind** (*ka*-lö-blaind) *adj* daltonico

**coloured** (*ka*-löd) *adj* di colore

**colourful** (*ka*-lö-föl) *adj* pieno di colore, colorito

**column** (*ko*-löm) *n* pilastro *m*, colonna *f*; rubrica *f*

**coma** (*kou*-mö) *n* coma *m*

**comb** (koum) *v* pettinare; *n* pettine *m*

**combat** (*kom*-bæt) *n* lotta *f*, combattimento *m*; *v* combattere

**combination** (kom-bi-*nei*-jön) *n* combinazione *f*

**combine** (köm-*bain*) *v* combinare; unire

*  **come** (kam) *v* *venire; ~ **across** incontrare; trovare

**comedian** (kö-*mii*-di-ön) *n* commediante *m*; comico *m*

**comedy** (*ko*-mö-di) *n* commedia *f*; **musical** ~ commedia musicale

**comfort** (*kam*-föt) *n* agio *m*, comodità *f*, conforto *m*; consolazione *f*; *v* consolare

**comfortable** (*kam*-fö-tö-böl) *adj* confortevole, comodo

**comic** (*ko*-mik) *adj* comico

**comics** (*ko*-mikss) *pl* racconto a fumetti

**coming** (*ka*-ming) *n* venuta *f*

**comma** (*ko*-mö) *n* virgola *f*

**command** (kö-*maand*) *v* comandare; *n* ordine *m*

**commander** (kö-*maan*-dö) *n* comandante *m*

**commemoration** (kö-mê-mö-*rei*-jön) *n* commemorazione *f*

**commence** (kö-*mênss*) *v* iniziare

**comment** (*ko*-mênt) *n* commento *m*; *v* commentare

**commerce** (*ko*-mööss) *n* commercio *m*

**commercial** (kö-*möö*-jöl) *adj* commerciale; *n* annunzio pubblicitario; ~ **law** diritto commerciale

**commission** (kö-*mi*-jön) *n* comitato *m*

**commit** (kö-*mit*) *v* affidare, consegnare; *commettere, compiere

**committee** (kö-*mi*-ti) *n* commissione

f, comitato m

**common** (ko-mön) adj comune; abituale; ordinario

**commune** (ko-m'uun) n comune f

**communicate** (kö-m'uu-ni-keit) v comunicare

**communication** (kö-m'uu-ni-kei-ʃön) n comunicazione f

**communism** (ko-m'u-ni-söm) n comunismo m

**communist** (ko-m'u-nisst) n comunista m

**community** (kö-m'uu-nö-ti) n società f, comunità f

**commuter** (kö-m'uu-tö) n pendolare m

**compact** (kom-pækt) adj compatto

**compact disc** (kom-pækt dissk) n compact disc m; ~ **player** compact disc m

**companion** (köm-pæ-n'ön) n compagno m

**company** (kam-pö-ni) n compagnia f; ditta f, società f

**comparative** (köm-pæ-rö-tiv) adj relativo

**compare** (köm-pêᵉ) v paragonare

**comparison** (köm-pæ-ri-ssön) n paragone m

**compartment** (köm-paat-mönt) n scompartimento m

**compass** (kam-pöss) n bussola f

**compel** (köm-pêl) v *costringere

**compensate** (kom-pön-sseit) v compensare

**compensation** (kom-pön-ssei-ʃön) n compensazione f; indennità f

**compete** (köm-piit) v competere

**competition** (kom-pö-ti-ʃön) n gara f; concorrenza f

**competitor** (köm-pê-ti-tör) n concorrente m

**compile** (köm-pail) v compilare

**complain** (köm-plein) v lagnarsi

**complaint** (köm-pleint) n lagnanza f;

**complaints book** libro dei reclami

**complete** (köm-pliit) adj completo; v completare

**completely** (köm-pliit-li) adv interamente, totalmente, completamente

**complex** (kom-plêkss) n complesso m; adj intricato, complesso

**complexion** (köm-plêk-ʃön) n carnagione f

**complicated** (kom-pli-kei-tid) adj complicato

**compliment** (kom-pli-mönt) n complimento m; v complimentare, felicitarsi con

**compose** (köm-pous) v *comporre

**composer** (köm-pou-sö) n compositore m

**composition** (kom-pö-si-ʃön) n composizione f

**comprehensive** (kom-pri-hên-ssiv) adj comprensivo

**comprise** (köm-prais) v *comprendere, *contenere

**compromise** (kom-prö-mais) n compromesso m

**compulsory** (köm-pal-ssö-ri) adj obbligatorio

**computer** (kom-p'uu-tö) n computer m

**conceal** (kön-ssiil) v *nascondere

**conceited** (kön-ssii-tid) adj presuntuoso

**conceive** (kön-ssiiv) v concepire, *comprendere

**concentrate** (kon-ssön-treit) v concentrare

**concentration** (kon-ssön-trei-ʃön) n concentrazione f

**conception** (kön-ssêp-ʃön) n concezione f; concepimento m

**concern** (kön-ssöön) v riguardare, concernere; n ansietà f; faccenda f; azienda f, impresa f

**concerned** (kön-ssöönd) adj preoccupato; interessato

**concerning** (kön-*ssöö*-ning) *prep* riguardo a, riguardante

**concert** (*kon*-ssöt) *n* concerto *m*; ~ **hall** sala da concerti

**concession** (kön-*ssê*-ʃön) *n* concessione *f*

**concierge** (kong-ssi-*ê*ᵒʒ) *n* portinaio *m*

**concise** (kön-*ssaiss*) *adj* conciso, breve

**conclusion** (köng-*kluu*-ʒön) *n* conclusione *f*

**concrete** (*kong*-kriit) *adj* concreto; *n* calcestruzzo *m*

**concussion** (köng-*ka*-ʃön) *n* commozione cerebrale

**condition** (kön-*di*-ʃön) *n* condizione *f*; stato *m*, forma *f*; circostanza *f*

**conditional** (kön-*di*-ʃö-nöl) *adj* condizionale

**conditioner** (kön-*di*-ʃö-nö) *n* balsamo *m*

**condom** (*kön*-döm) *n* condom *m*, preservativo *m*

**conduct**¹ (*kon*-dakt) *n* condotta *f*

**conduct**² (kön-*dakt*) *v* *condurre; guidare; *dirigere

**conductor** (kön-*dak*-tö) *n* conduttore *m*; direttore d'orchestra

**confectioner** (kön-*fêk*-ʃö-nö) *n* pasticciere *m*

**conference** (*kon*-fö-rönss) *n* conferenza *f*

**confess** (kön-*fêss*) *v* *riconoscere; confessare; professare

**confession** (kön-*fê*-ʃön) *n* confessione *f*

**confidence** (*kon*-fi-dönss) *n* fiducia *f*

**confident** (*kon*-fi-dönt) *adj* confidente

**confidential** (kon-fi-*dên*-ʃöl) *adj* confidenziale

**confirm** (kön-*fööm*) *v* confermare

**confirmation** (kon-fö-*mei*-ʃön) *n* conferma *f*

**confiscate** (*kon*-fi-sskeit) *v* sequestrare, confiscare

**conflict** (*kon*-flikt) *n* conflitto *m*

**confuse** (kön-*f*ᵘ*uss*) *v* *confondere; **confused** *adj* confuso

**confusion** (kön-*f*ᵘ*uu*-ʒön) *n* confusione *f*

**congratulate** (köng-*ghræ*-tʃu-leit) *v* congratularsi, felicitarsi con

**congratulation** (köng-ghræ-tʃu-*lei*-ʃön) *n* congratulazione *f*, felicitazione *f*

**congregation** (kong-ghri-*ghei*-ʃön) *n* comunione *f*, congregazione *f*

**congress** (*kong*-ghrêss) *n* congresso *m*

**connect** (kö-*nêkt*) *v* *connettere; collegare

**connection** (kö-*nêk*-ʃön) *n* relazione *f*; connessione *f*; coincidenza *f*

**connoisseur** (ko-nö-*ssöö*) *n* intenditore *m*

**connotation** (ko-nö-*tei*-ʃön) *n* significato secondario

**conquer** (*kong*-kö) *v* conquistare; *vincere

**conqueror** (*kong*-kö-rö) *n* conquistatore *m*

**conquest** (*kong*-kᵘêsst) *n* conquista *f*

**conscience** (*kon*-ʃönss) *n* coscienza *f*

**conscious** (*kon*-ʃöss) *adj* conscio

**consciousness** (*kon*-ʃöss-nöss) *n* coscienza *f*

**conscript** (*kon*-sskript) *n* coscritto *m*

**consent** (kön-*ssênt*) *v* consentire; acconsentire; *n* consenso *m*

**consequence** (*kon*-ssi-kᵘönss) *n* conseguenza *f*

**consequently** (*kon*-ssi-kᵘönt-li) *adv* conseguentemente

**conservative** (kön-*ssöö*-vö-tiv) *adj* conservatore

**consider** (kön-*ssi*-dö) *v* considerare; reputare, *ritenere

**considerable** (kön-*ssi*-dö-rö-böl) *adj* considerevole; notevole

**considerate** (kön-*ssi*-dö-röt) *adj* riguardoso

**consideration** (kön-ssi-dö-*rei*-ʃön) *n*

considerazione f; riguardo m, attenzione f

**considering** (kön-*ssi*-dö-ring) *prep* considerato

**consignment** (kön-*ssain*-mönt) n spedizione f

**consist of** (kön-*ssisst*) consistere in

**conspire** (kön-*sspai*ᵒ) v cospirare

**constant** (*kon*-stönt) *adj* constante

**constipated** (*kon*-ssti-pei-tid) *adj* stitico

**constipation** (kon-ssti-*pei*-ʃön) n stitichezza f

**constituency** (kön-*ssti*-tʃu-ön-ssi) n circoscrizione elettorale

**constitution** (kon-ssti-*t'uu*-ʃön) n costituzione f

**construct** (kön-*sstrakt*) v costruire; edificare, fabbricare

**construction** (kön-*sstrak*-ʃön) n costruzione f; fabbricazione f; edificio m

**consul** (*kon*-ssöl) n console m

**consulate** (*kon*-ss¹u-löt) n consolato m

**consult** (kön-*ssalt*) v consultare

**consultation** (kon-ssöl-*tei*-ʃön) n consultazione f; consulta f; ~ **hours** n orario di ricevimento

**consumer** (kön-*ss'uu*-mö) n consumatore m

**contact** (*kon*-tækt) n contatto m; accensione f; v contattare; ~ **lenses** lenti a contatto

**contagious** (kön-*tei*-dʒöss) *adj* contagioso

**contain** (kön-*tein*) v *contenere; *comprendere

**container** (kön-*tei*-nö) n recipiente m; cassa mobile

**contemporary** (kön-*têm*-pö-rö-ri) *adj* contemporaneo; di allora; n contemporaneo m

**contempt** (kön-*têmpt*) n disprezzo m,

disdegno m

**content** (kön-*tênt*) *adj* contento

**contents** (*kon*-têntss) *pl* contenuto m

**contest** (*kon*-têsst) n lotta f; competizione f

**continent** (*kon*-ti-nönt) n continente m

**continental** (kon-ti-*nên*-töl) *adj* continentale

**continual** (kön-*ti*-n¹u-öl) *adj* continuo

**continue** (kön-*ti*-n'uu) v continuare; proseguire

**continuous** (kön-*ti*-n¹u-öss) *adj* continuo, ininterrotto

**contour** (*kon*-tuᵒ) n contorno m

**contraceptive** (kon-trö-*ssêp*-tiv) n anticoncezionale m

**contract¹** (*kon*-trækt) n contratto m

**contract²** (kön-*trækt*) v *contrarre

**contractor** (kön-*træk*-tö) n imprenditore m

**contradict** (kon-trö-*dikt*) v *contraddire

**contradictory** (kon-trö-*dik*-tö-ri) *adj* contraddittorio

**contrary** (*kon*-trö-ri) n contrario m; *adj* contrario; **on the ~** al contrario

**contrast** (*kon*-traasst) n contrasto m; differenza f

**contribution** (kon-tri-*b'uu*-ʃön) n contribuzione f

**control** (kön-*troul*) n controllo m; v controllare

**controversial** (kon-trö-*vöö*-ʃöl) *adj* controverso

**convenience** (kön-*vii*-n¹önss) n comodità f

**convenient** (kön-*vii*-n'önt) *adj* comodo; conveniente

**convent** (*kon*-vönt) n convento m

**conversation** (kon-vö-*ssei*-ʃön) n discorso m, conversazione f

**convert** (kön-*vööt*) v convertire

**convict¹** (kön-*vikt*) v dichiarare colpevole

**convict²** (*kon*-vikt) n condannato m

**conviction** (kön-*vik*-ʃön) n convinzione f; condanna f

**convince** (kön-*vinss*) v *convincere

**convulsion** (kön-*val*-ʃön) n convulsione f

**cook** (kuk) n cuoco m; v cucinare; preparare

**cookbook** (*kuk*-buk) nAm libro di cucina

**cooker** (*ku*-kö) n fornello m; **gas ∼** cucina a gas

**cookery-book** (*ku*-kö-ri-buk) n libro di cucina

**cookie** (*ku*-ki) nAm biscotto m

**cool** (kuul) adj fresco; **cooling system** sistema di raffreddamento

**co-operation** (kou-o-pö-*rei*-ʃön) n cooperazione f

**co-operative** (kou-*o*-pö-rö-tiv) adj cooperativo; cooperante, cooperatore; n cooperativa f

**co-ordinate** (kou-*on*-di-neit) v coordinare

**co-ordination** (kou-oo-di-*nei*-ʃön) n coordinazione f

**copper** (*ko*-pö) n rame m

**copy** (*ko*-pi) n copia f; v copiare; imitare; **carbon ∼** copia f

**coral** (*ko*-röl) n corallo m

**cord** (kood) n corda f; spago m

**cordial** (*koo*-di-öl) adj cordiale

**corduroy** (*koo*-dö-roi) n velluto a coste

**core** (koo) n nucleo m; torsolo m

**cork** (kook) n sughero m; tappo m

**corkscrew** (*kook*-sskruu) n cavatappi m

**corn** (koon) n granello m; frumento m, grano m; occhio di pernice, callo m; **∼ on the cob** pannocchia di granturco

**corner** (*koo*-nö) n angolo m

**cornfield** (*koon*-fiild) n campo di gra-

no

**corpse** (koopss) n cadavere m

**corpulent** (*koo*-p'u-lönt) adj corpulento; grasso, obeso

**correct** (kö-*rêkt*) adj esatto, corretto; v *correggere

**correction** (kö-*rêk*-ʃön) n correzione f; rettifica f

**correctness** (kö-*rêkt*-nöss) n correttezza f

**correspond** (ko-ri-*sspond*) v *corrispondere

**correspondence** (ko-ri-*sspon*-dönss) n corrispondenza f

**correspondent** (ko-ri-*sspon*-dönt) n corrispondente m

**corridor** (*ko*-ri-doo) n corridoio m

**corrupt** (kö-*rapt*) adj corrotto; v *corrompere

**corruption** (kö-*rap*-ʃön) n corruzione f

**corset** (*koo*-ssit) n busto m

**cosmetics** (kos-*mê*-tikss) pl cosmetici mpl

**cost** (kosst) n costo m; prezzo m

***cost** (kosst) v costare

**cosy** (*kou*-si) adj intimo, confortevole

**cot** (kot) nAm lettino da campeggio

**cottage** (*ko*-tidʒ) n villino m

**cotton** (*ko*-tön) n cotone m; di cotone

**cotton-wool** (*ko*-tön-ᵘul) n ovatta f

**couch** (kautʃ) n divano m

**cough** (kof) n tosse f; v tossire

**could** (kud) v (p can)

**council** (*kaun*-ssöl) n consiglio m

**councillor** (*kaun*-ssö-lö) n consigliere m

**counsel** (*kaun*-ssöl) n consiglio m

**counsellor** (*kaun*-ssö-lö) n consigliere m

**count** (kaunt) v contare; addizionare; *includere; considerare; n conte m

**counter** (*kaun*-tö) n banco m

**counterfeit** (*kaun*-tö-fiit) v falsificare

**counterfoil** (*kaun*-tö-foil) *n* talloncino *m*

**counterpane** (*kaun*-tö-pein) *n* copriletto *m*

**countess** (*kaun*-tiss) *n* contessa *f*

**country** (*kan*-tri) *n* paese *m*; campagna *f*; regione *f*; ~ **house** casa di campagna

**countryman** (*kan*-tri-mön) *n* (pl -men) compatriota *m*

**countryside** (*kan*-tri-ssaid) *n* campagna *f*

**county** (*kaun*-ti) *n* contea *f*

**couple** (*ka*-pöl) *n* coppia *f*

**coupon** (*kuu*-pon) *n* cedola *f*, tagliando *m*

**courage** (*ka*-ridʒ) *n* audacia *f*, coraggio *m*

**courageous** (kö-*rei*-dʒöss) *adj* valoroso, coraggioso

**course** (kooss) *n* rotta *f*; portata *f*; corso *m*; **intensive** ~ corso accelerato; **of** ~ naturalmente

**court** (koot) *n* tribunale *m*; corte *f*

**courteous** (*köö*-ti-öss) *adj* cortese

**cousin** (*ka*-sön) *n* cugina *f*, cugino *m*

**cover** (*ka*-vö) *v* \*coprire; *n* rifugio *m*; coperchio *m*; copertina *f*; ~ **charge** prezzo del coperto

**cow** (kau) *n* vacca *f*

**coward** (*kau*-öd) *n* codardo *m*

**cowardly** (*kau*-öd-li) *adj* vile

**cow-hide** (*kau*-haid) *n* pelle di vacca

**crab** (kræb) *n* granchio *m*

**crack** (kræk) *n* schiocco *m*; fessura *f*; *v* schioccare; spaccare, incrinarsi

**cracker** (*kræ*-kö) *nAm* biscottino *m*

**cradle** (*krei*-döl) *n* culla *f*

**cramp** (kræmp) *n* crampo *m*

**crane** (krein) *n* gru *f*

**crankcase** (*krængk*-keiss) *n* basamento *m*

**crankshaft** (*krængk*-ʃaaft) *n* albero a gomiti

**crash** (kræʃ) *n* scontro *m*; *v* scontrarsi; precipitare; ~ **barrier** barriera di sicurezza

**crate** (kreit) *n* gabbia da imballaggio

**crater** (*krei*-tö) *n* cratere *m*

**crawl** (krool) *v* \*andare carponi; *n* crawl *m*

**craze** (kreis) *n* mania *f*

**crazy** (*krei*-si) *adj* pazzo; sciocco, folle

**creak** (kriik) *v* cigolare

**cream** (kriim) *n* crema *f*; panna *f*; *adj* color crema

**creamy** (*krii*-mi) *adj* cremoso

**crease** (kriiss) *v* increspare; *n* piega *f*; grinza *f*

**create** (kri-*eit*) *v* creare

**creature** (*krii*-tʃö) *n* creatura *f*; essere *m*

**credible** (*krê*-di-böl) *adj* credibile

**credit** (*krê*-dit) *n* credito *m*; *v* accreditare; ~ **card** carta di credito

**creditor** (*krê*-di-tö) *n* creditore *m*

**credulous** (*krê*-d'u-löss) *adj* credulo

**creek** (kriik) *n* insenatura *f*

\***creep** (kriip) *v* strisciare

**creepy** (*krii*-pi) *adj* ributtante, raccapricciante

**cremate** (kri-*meit*) *v* cremare

**cremation** (kri-*mei*-ʃön) *n* cremazione *f*

**crew** (kruu) *n* equipaggio *m*

**cricket** (*kri*-kit) *n* cricket *m*; grillo *m*

**crime** (kraim) *n* crimine *m*

**criminal** (*kri*-mi-nöl) *n* delinquente *m*, criminale *m*; *adj* criminale; ~ **law** diritto penale

**criminality** (kri-mi-*næ*-lö-ti) *n* criminalità *f*

**crimson** (*krim*-sön) *adj* cremisino

**crippled** (*kri*-pöld) *adj* zoppo

**crisis** (*krai*-ssiss) *n* (pl crises) crisi *f*

**crisp** (krissp) *adj* croccante

**critic** (*kri*-tik) *n* critico *m*

**critical** (*kri*-ti-köl) *adj* critico; precario

**criticism** (*kri*-ti-ssi-söm) *n* critica *f*
**criticize** (*kri*-ti-ssais) *v* criticare
**crochet** (*krou*-fei) *v* lavorare all'unci-netto
**crockery** (*kro*-kö-ri) *n* terraglie *fpl*, vasellame *m*
**crocodile** (*kro*-kö-dail) *n* coccodrillo *m*
**crooked** (*kru*-kid) *adj* tortuoso, storto; disonesto
**crop** (krop) *n* raccolta *f*
**cross** (kross) *v* attraversare; *adj* arrabbiato, imbronciato; *n* croce *f*
**cross-eyed** (*kross*-aid) *adj* strabico
**crossing** (*kro*-ssing) *n* traversata *f*; crocevia *m*; passaggio pedonale; passaggio a livello
**crossroads** (*kross*-rouds) *n* crocicchio *m*
**crosswalk** (*kross*-ᵁook) *nAm* passaggio pedonale
**crow** (krou) *n* cornacchia *f*
**crowbar** (*krou*-baa) *n* piede di porco *m*
**crowd** (kraud) *n* massa *f*, folla *f*
**crowded** (*krau*-did) *adj* affollato
**crown** (kraun) *n* corona *f*; *v* incoronare; coronare
**crucifix** (*kruu*-ssi-fikss) *n* crocifisso *m*
**crucifixion** (kruu-ssi-*fik*-Jön) *n* crocifissione *f*
**crucify** (*kruu*-ssi-fai) *v* *crocifiggere
**cruel** (kru⁰l) *adj* crudele
**cruise** (kruus) *n* crociera *f*
**crumb** (kram) *n* briciola *f*
**crusade** (kruu-*sseid*) *n* crociata *f*
**crust** (krasst) *n* crosta *f*
**crutch** (kratf) *n* stampella *f*
**cry** (krai) *v* *piangere; gridare; *n* urlo *m*, grido *m*
**crystal** (*kri*-sstöl) *n* cristallo *m*; *adj* cristallino
**Cuba** (*k¹uu*-bö) Cuba *f*
**Cuban** (*k¹uu*-bön) *adj* cubano
**cube** (k¹uub) *n* cubo *m*

**cuckoo** (*ku*-kuu) *n* cuculo *m*
**cucumber** (*k¹uu*-köm-bö) *n* cetriolo *m*
**cuddle** (*ka*-döl) *v* vezzeggiare
**cudgel** (*ka*-dʒöl) *n* randello *m*
**cuff** (kaf) *n* polsino *m*
**cuff-links** (*kaf*-lingkss) *pl* gemelli *mpl*
**cul-de-sac** (*kal*-dö-ssæk) *n* vicolo cieco
**cultivate** (*kal*-ti-veit) *v* coltivare
**culture** (*kal*-tJö) *n* cultura *f*; coltura *f*
**cultured** (*kal*-tJöd) *adj* colto
**cunning** (*ka*-ning) *adj* furbo
**cup** (kap) *n* tazza *f*; coppa *f*
**cupboard** (*ka*-böd) *n* armadio *m*
**curb** (köb) *n* orlo del marciapiede; *v* frenare
**cure** (k¹u⁰) *v* curare; *n* cura *f*; guarigione *f*
**curio** (*k¹u⁰*-ri-ou) *n* (pl ~s) curiosità *f*
**curiosity** (k¹u⁰-ri-o-ssö-ti) *n* curiosità *f*
**curious** (*k¹u⁰*-ri-öss) *adj* curioso; strano
**curl** (köl) *v* ondulare; arricciare; *n* ricciolo *m*
**curler** (*köö*-lö) *n* bigodino *m*
**curling-tongs** (*köö*-ling-tongs) *pl* arricciacapelli *m*
**curly** (*köö*-li) *adj* ricciuto
**currant** (*ka*-rönt) *n* uva di Corinto; ribes *m*
**currency** (*ka*-rön-ssi) *n* valuta *f*; **foreign** ~ divisa estera
**current** (*ka*-rönt) *n* corrente *f*; *adj* corrente; **alternating** ~ corrente alternata; **direct** ~ corrente continua
**curry** (*ka*-ri) *n* curry *m*
**curse** (kööss) *v* bestemmiare; *maledire; *n* bestemmia *f*
**curtain** (*köö*-tön) *n* tenda *f*; sipario *m*
**curve** (kööv) *n* curva *f*; svolta *f*
**curved** (köövd) *adj* curvo
**cushion** (*ku*-Jön) *n* cuscino *m*
**custodian** (ka-*sstou*-di-ön) *n* custode *m*

**custody** (*ka*-sstö-di) *n* detenzione *f*; custodia *f*; tutela *f*

**custom** (*ka*-sstöm) *n* costume *m*; abitudine *f*

**customary** (*ka*-sstö-mö-ri) *adj* usuale, solito, abituale

**customer** (*ka*-sstö-mö) *n* cliente *m*; avventore *m*

**Customs** (*ka*-sstöms) *pl* dogana *f*; ~ **duty** dazio *m*; ~ **officer** doganiere *m*

**cut** (kat) *n* incisione *f*; taglio *m*

\***cut** (kat) *v* tagliare; \*ridurre; ~ **off** tagliare; troncare

**cutlery** (*kat*-lö-ri) *n* posate *fpl*

**cutlet** (*kat*-löt) *n* costoletta *f*

**cycle** (*ssai*-köl) *n* ciclo *m*; bicicletta *f*

**cyclist** (*ssai*-klisst) *n* ciclista *m*

**cylinder** (*ssi*-lin-dö) *n* cilindro *m*; ~ **head** testa cilindro

**cystitis** (ssi-*sstai*-tiss) *n* cistite *f*

**Czech** (tʃêk) *adj* ceco

**Czech Republic** (tʃêk ri-*pa*-blik) Repubblica Ceca *f*

# D

**dad** (dæd) *n* padre *m*

**daddy** (*dæ*-di) *n* papà *m*

**daffodil** (*dæ*-fö-dil) *n* narciso *m*

**daily** (*dei*-li) *adj* giornaliero, quotidiano; *n* quotidiano *m*

**dairy** (*dê*ᵒ-ri) *n* latteria *f*

**dam** (dæm) *n* argine *m*; diga *f*

**damage** (*dæ*-midʒ) *n* danno *m*; *v* danneggiare

**damp** (dæmp) *adj* umido; bagnato; *n* umidità *f*; *v* inumidire

**dance** (daanss) *v* ballare; *n* ballo *m*

**dandelion** (*dæn*-di-lai-ön) *n* soffione *m*

**dandruff** (*dæn*-dröf) *n* forfora *f*

**Dane** (dein) *n* danese *m*

**danger** (*dein*-dʒö) *n* pericolo *m*

**dangerous** (*dein*-dʒö-röss) *adj* pericoloso

**Danish** (*dei*-niʃ) *adj* danese

**dare** (dêᵒ) *v* osare; sfidare

**daring** (*dêᵒ*-ring) *adj* temerario

**dark** (daak) *adj* buio, oscuro; *n* oscurità *f*, buio *m*

**darling** (*daa*-ling) *n* amore *m*, caro *m*

**darn** (daan) *v* rammendare

**dash** (dæʃ) *v* precipitarsi; *n* lineetta *f*

**dashboard** (*dæʃ*-bood) *n* cruscotto *m*

**data** (*dei*-tö) *pl* dato *m*

**date**¹ (deit) *n* data *f*; appuntamento *m*; *v* datare; **out of** ~ fuori moda

**date**² (deit) *n* dattero *m*

**daughter** (*doo*-tö) *n* figlia *f*

**dawn** (doon) *n* alba *f*; aurora *f*

**day** (dei) *n* giorno *m*; **by** ~ di giorno; ~ **trip** giro *m*; **per** ~ al giorno; **the** ~ **before yesterday** avant'ieri

**daybreak** (*dei*-breik) *n* aurora *f*

**daylight** (*dei*-lait) *n* luce del giorno

**dead** (dêd) *adj* morto; deceduto

**deaf** (dêf) *adj* sordo

**deal** (diil) *n* accordo *m*, affare *m*

\***deal** (diil) *v* distribuire; ~ **with** *v* trattare con; \*fare affari con

**dealer** (*dii*-lö) *n* negoziante *m*, commerciante *m*

**dear** (diᵒ) *adj* caro; diletto

**death** (dêθ) *n* morte *f*; ~ **penalty** pena di morte

**debate** (di-*beit*) *n* dibattito *m*

**debit** (*dê*-bit) *n* debito *m*

**debt** (dêt) *n* debito *m*

**decaffeinated** (dii-*kæ*-fi-nei-tid) *adj* decaffeinizzato

**deceit** (di-*ssit*) *n* inganno *m*

**deceive** (di-*ssiiv*) *v* ingannare

**December** (di-*ssêm*-bö) *n* dicembre *m*

**decency** (*dii*-ssön-ssi) *n* decenza *f*

**decent** (*dii*-ssönt) *adj* decente

decide (di-*ssaid*) v *decidere

decision (di-*ssi*-ʃön) n decisione f

deck (dĕk) n coperta f; ~ cabin cabina di coperta; ~ chair sedia a sdraio

declaration (dĕ-klö-*rei*-ʃön) n dichiarazione f

declare (di-*klḗᵒ*) v dichiarare; indicare

decoration (dĕ-kö-*rei*-ʃön) n ornamento m

decrease (dii-*kriiss*) v diminuire; *decrescere; n diminuzione f

dedicate (*dĕ*-di-keit) v dedicare

deduce (di-d'*uuss*) v *dedurre

deduct (di-*dakt*) v *sottrarre

deed (diid) n azione f, atto m

deep (diip) adj profondo

deep-freeze (diip-*friis*) n congelatore m

deer (diᵒ) n (pl ~) cervo m

defeat (di-*fiit*) v *sconfiggere; n sconfitta f

defective (di-*fĕk*-tiv) adj difettoso

defence (di-*fĕnss*) n difesa f

defend (di-*fĕnd*) v *difendere

deficiency (di-*fi*-ʃön-ssi) n deficienza f

deficit (*dĕ*-fi-ssit) n deficit m

define (di-*fain*) v definire, determinare

definite (*dĕ*-fi-nit) adj determinato; esplicito

definition (dĕ-fi-*ni*-ʃön) n definizione f

deformed (di-*foomd*) adj deformato, deforme

degree (di-*ghrii*) n grado m; titolo m

delay (di-*lei*) v ritardare; differire; n indugio m, ritardo m; rinvio m

delegate (*dĕ*-li-ghöt) n delegato m

delegation (dĕ-li-*ghei*-ʃön) n delegazione f

deliberate[1] (di-*li*-bö-reit) v deliberare, ponderare

deliberate[2] (di-*li*-bö-röt) adj premeditato

deliberation (di-li-bö-*rei*-ʃön) n riflessione f, deliberazione f

delicacy (*dĕ*-li-kö-ssi) n ghiottoneria f

delicate (*dĕ*-li-köt) adj delicato

delicatessen (dĕ-li-kö-*tĕ*-ssön) n leccornia f; negozio di specialità gastronomiche

delicious (di-*li*-föss) adj squisito, delizioso

delight (di-*lait*) n diletto m, delizia f; v deliziare; delighted felicissimo

delightful (di-*lait*-föl) adj dilettevole, piacevolissimo

deliver (di-*li*-vö) v recapitare, consegnare; liberare

delivery (di-*li*-vö-ri) n consegna f; parto m; liberazione f; ~ van furgone m

demand (di-*maand*) v *richiedere, *esigere; n esigenza f; domanda f

democracy (di-*mo*-krö-ssi) n democrazia f

democratic (dĕ-mö-*kræ*-tik) adj democratico

demolish (di-*mo*-liʃ) v demolire

demolition (dĕ-mö-*li*-ʃön) n demolizione f

demonstrate (*dĕ*-mön-sstreit) v dimostrare; *fare una dimostrazione

demonstration (dĕ-mön-*sstrei*-ʃön) n dimostrazione f

den (dĕn) n tana f

Denmark (*dĕn*-maak) Danimarca f

denomination (di-no-mi-*nei*-ʃön) n denominazione f

dense (dĕnss) adj denso

dent (dĕnt) n ammaccatura f

dentist (*dĕn*-tisst) n dentista m

denture (*dĕn*-tʃö) n dentiera f

deny (di-*nai*) v negare; rifiutare, ricusare

deodorant (dii-*ou*-dö-rönt) n deodorante *m*

**depart**[1] (di-*paat*) *v* *andarsene, partire; trapassare

**department** (di-*paat*-mönt) *n* sezione *f*, riparto *m*; ~ **store** grande magazino

**departure** (di-*paa*-tjö) *n* partenza *f*

**dependant** (di-*pên*-dönt) *adj* dipendente

**depend on** (di-*pênd*) *dipendere da

**deposit** (di-*po*-sit) *n* versamento *m*; deposito *m*; sedimento *m*, giacimento *m*; *v* depositare

**depository** (di-*po*-si-tö-ri) *n* magazzino *m*

**depot** (*dê*-pou) *n* deposito *m*; *nAm* stazione *f*

**depress** (di-*prêss*) *v* *deprimere

**depression** (di-*prê*-jön) *n* depressione *f*

**deprive of** (di-*praiv*) privare di

**depth** (dêpθ) *n* profondità *f*

**deputy** (*dê*-p'u-ti) *n* deputato *m*; sostituto *m*

**descend** (di-*ssênd*) *v* *scendere

**descendant** (di-*ssên*-dönt) *n* discendente *m*

**descent** (di-*ssênt*) *n* discesa *f*

**describe** (di-*sskraib*) *v* *descrivere

**description** (di-*sskrip*-jön) *n* descrizione *f*; connotati *mpl*

**desert**[1] (*dê*-söt) *n* deserto *m*; *adj* incolto, deserto

**desert**[2] (di-*sööt*) *v* disertare; lasciare

**deserve** (di-*sööv*) *v* meritare

**design** (di-*sain*) *v* progettare; *n* disegno *m*; scopo *m*

**designate** (*dê*-sigh-neit) *v* designare

**desirable** (di-*sai*[o]-rö-böl) *adj* desiderabile

**desire** (di-*sai*[o]) *n* desiderio *m*; *v* desiderare

**desk** (dèssk) *n* scrivania *f*; leggio *m*; banco di scuola

**despair** (di-*sspê*[o]) *n* disperazione *f*; *v* disperare

**despatch** (di-*sspætf*) *v* spedire

**desperate** (*dé*-sspö-röt) *adj* disperato

**despise** (di-*sspais*) *v* disprezzare

**despite** (di-*sspait*) *prep* malgrado

**dessert** (di-*sööt*) *n* dolce *m*

**destination** (dê-ssti-*nei*-jön) *n* destinazione *f*

**destine** (*dê*-sstin) *v* destinare

**destiny** (*dê*-ssti-ni) *n* destino *m*, sorte *f*

**destroy** (di-*sstroi*) *v* *distruggere

**destruction** (di-*sstrak*-jön) *n* distruzione *f*; rovina *f*

**detach** (di-*tætf*) *v* staccare

**detail** (*dii*-teil) *n* particolare *m*, dettaglio *m*

**detailed** (*dii*-teild) *adj* particolareggiato, dettagliato

**detect** (di-*têkt*) *v* *scoprire

**detective** (di-*têk*-tiv) *n* investigatore *m*; ~ **story** romanzo poliziesco

**detergent** (di-*töö*-dʒönt) *n* detergente *m*

**determine** (di-*töö*-min) *v* stabilire, determinare

**determined** (di-*töö*-mind) *adj* risoluto

**detour** (*dii*-tu[o]) *n* giro *m*; deviazione *f*

**devaluation** (dii-væl-[i]u-*ei*-jön) *n* svalutazione *f*

**devalue** (dii-*væl*-[i]uu) *v* svalutare

**develop** (di-*vê*-löp) *v* sviluppare

**development** (di-*vê*-löp-mönt) *n* sviluppo *m*

**deviate** (*dii*-vi-eit) *v* deviare

**devil** (*dé*-völ) *n* diavolo *m*

**devise** (di-*vais*) *v* escogitare

**devote** (di-*vout*) *v* dedicare

**dew** (d[i]uu) *n* rugiada *f*

**diabetes** (dai-ö-*bii*-tiis) *n* diabete *m*

**diabetic** (dai-ö-*bê*-tik) *n* diabetico *m*

**diagnose** (dai-ögh-*nous*) *v* diagnosticare; costatare

**diagnosis** (dai-ôgh-*nou*-ssiss) *n* (pl -ses) diagnosi *f*

**diagonal** (dai-æ-ghô-nôl) *n* diagonale *f*; *adj* diagonale

**diagram** (*dai*-ö-ghræm) *n* diagramma *m*; schema *m*, grafico *m*

**dialect** (*dai*-ö-lêkt) *n* dialetto *m*

**diamond** (*dai*-ö-mönd) *n* diamante *m*

**diaper** (*dai*-ö-pö) *nAm* pannolino *m*

**diaphragm** (*dai*-ö-fræm) *n* membrana *f*

**diarrhoea** (dai-ö-*ri*-ö) *n* diarrea *f*

**diary** (*dai*-ö-ri) *n* agenda *f*; diario *m*

**dictaphone** (*dik*-tö-foun) *n* dittafono *m*

**dictate** (dik-*teit*) *v* dettare

**dictation** (dik-*tei*-jön) *n* dettato *m*

**dictator** (dik-*tei*-tö) *n* dittatore *m*

**dictionary** (*dik*-jö-nö-ri) *n* dizionario *m*

**did** (did) *v* (p do)

**die** (dai) *v* \*morire

**diesel** (*dii*-söl) *n* diesel *m*

**diet** (*dai*-öt) *n* dieta *f*

**differ** (*di*-fö) *v* differire

**difference** (*di*-fö-rönss) *n* differenza *f*; distinzione *f*

**different** (*di*-fö-rönt) *adj* differente; altro

**difficult** (*di*-fi-költ) *adj* difficile; fastidioso

**difficulty** (*di*-fi-köl-ti) *n* difficoltà *f*; pena *f*

**\*dig** (digh) *v* scavare

**digest** (di-*d3êsst*) *v* digerire

**digestible** (di-*d3ê*-sstö-böl) *adj* digeribile

**digestion** (di-*d3êss*-tjön) *n* digestione *f*

**digit** (*di*-d3it) *n* numero *m*

**digital** (*di*-d3i-töl) *adj* digitale

**dike** (daik) *n* diga *f*; argine *m*

**dilapidated** (di-*læ*-pi-dei-tid) *adj* de-

crepito

**diligence** (*di*-li-d3önss) *n* zelo *m*, diligenza *f*

**diligent** (*di*-li-d3önt) *adj* zelante, diligente

**dilute** (dai-*l'uut*) *v* allungare, diluire

**dim** (dim) *adj* pallido, opaco; oscuro, debole, offuscato

**dine** (dain) *v* pranzare

**dinghy** (*ding*-ghi) *n* barchetta *f*

**dining-car** (*dai*-ning-kaa) *n* vagone ristorante

**dining-room** (*dai*-ning-ruum) *n* sala da pranzo

**dinner** (*di*-nö) *n* pranzo *m*; cena *f*

**dinner-jacket** (*di*-nö-d3æ-kit) *n* smoking *m*

**dinner-service** (*di*-nö-ssöö-viss) *n* servizio da tavola

**diphtheria** (dif-θiᵒ-ri-ö) *n* difterite *f*

**diploma** (di-*plou*-mö) *n* diploma *m*

**diplomat** (*di*-plö-mæt) *n* diplomatico *m*

**direct** (di-*rêkt*) *adj* diretto; *v* \*dirigere; amministrare

**direction** (di-*rêk*-fön) *n* direzione *f*; indicazione *f*; regia *f*; amministrazione *f*; **directional signal** *Am* indicatore di direzione; **directions for use** istruzioni per l'uso

**directive** (di-*rêk*-tiv) *n* direttiva *f*

**director** (di-*rêk*-tö) *n* direttore *m*; regista *m*

**dirt** (dööt) *n* sudiciume *m*

**dirty** (*döö*-ti) *adj* sozzo, sudicio, sporco

**disabled** (di-*ssei*-böld) *adj* inabilitato, invalido

**disadvantage** (di-ssöd-*vaan*-tid3) *n* svantaggio *m*

**disagree** (di-ssö-*ghrii*) *v* non \*essere d'accordo, dissentire

**disagreeable** (di-ssö-*ghrii*-ö-böl) *adj* sgradevole

**disappear** (di-ssö-*piᵒ*) *v* sparire

**disappoint** (di-ssö-*point*) *v* \*deludere

**disappointment** (di-ssö-*point*-mönt) *n* delusione *f*

**disapprove** (di-ssö-*pruuv*) *v* disapprovare

**disaster** (di-*saa*-sstö) *n* disastro *m*; catastrofe *f*, sciagura *f*

**disastrous** (di-*saa*-ssträss) *adj* disastroso

**disc** (dissk) *n* disco *m*; **slipped ~** ernia *f*

**discard** (di-*sskaad*) *v* scartare

**discharge** (diss-*t/aad3*) *v* scaricare; **~ of** esonerare da

**discipline** (*di*-ssi-plin) *n* disciplina *f*

**discolour** (di-*sska*-lö) *v* scolorirsi

**disconnect** (di-sskö-*nêkt*) *v* \*disgiungere; disinserire

**discontented** (di-sskön-*tén*-tid) *adj* scontento

**discontinue** (di-sskön-*ti*-n'uu) *v* \*sospendere, cessare

**discount** (*di*-sskaunt) *n* sconto *m*, riduzione *f*

**discover** (di-*sska*-vö) *v* \*scoprire

**discovery** (di-*sska*-vö-ri) *n* scoperta *f*

**discuss** (di-*sskass*) *v* \*discutere; dibattere

**discussion** (di-*sska*-fön) *n* discussione *f*; conversazione *f*, dibattito *m*

**disease** (di-*siis*) *n* malattia *f*

**disembark** (di-ssim-*baak*) *v* sbarcare

**disgrace** (diss-*ghreiss*) *n* disonore *m*

**disguise** (diss-*ghais*) *v* travestirsi; *n* travestimento *m*

**disgusting** (diss-*gha*-ssting) *adj* nauseante, disgustoso

**dish** (diʃ) *n* piatto *m*; pietanza *f*

**dishonest** (di-*sso*-nisst) *adj* disonesto

**disinfect** (di-ssin-*fêkt*) *v* disinfettare

**disinfectant** (di-ssin-*fék*-tönt) *n* disinfettante *m*

**dislike** (di-*sslaik*) *v* detestare, non

amare; *n* ripugnanza *f*, avversione *f*, antipatia *f*

**dislocated** (di-sslö-kei-tid) *adj* slogato

**dismiss** (diss-*miss*) *v* congedare

**disorder** (di-*ssoo*-dö) *n* disordine *m*; confusione *f*

**dispatch** (di-*sspætf*) *v* inviare, spedire

**display** (di-*ssplei*) *v* \*mettere in mostra, \*esporre; mostrare; *n* esposizione *f*, mostra *f*

**displease** (di-*sspliis*) *v* scontentare, \*dispiacere

**disposable** (di-*sspou*-sö-böl) *adj* da buttare

**disposal** (di-*sspou*-söl) *n* disposizione *f*

**dispose of** (di-*sspous*) \*disporre di

**dispute** (di-*ssp'uut*) *n* disputa *f*; lite *f*, controversia *f*; *v* \*discutere, disputare

**dissatisfied** (di-*ssæ*-tiss-faid) *adj* scontento

**dissolve** (di-*solv*) *v* \*sciogliere

**dissuade from** (di-ss*ᵘeid*) \*dissuadere

**distance** (*di*-sstönss) *n* distanza *f*; **~ in kilometres** chilometraggio *m*

**distant** (*di*-sstönt) *adj* lontano

**distinct** (di-*sstingkt*) *adj* chiaro; distinto

**distinction** (di-*sstingk*-fön) *n* distinzione *f*, differenza *f*

**distinguish** (di-*ssting*-ghᵘiʃ) *v* \*distinguere

**distinguished** (di-*ssting*-ghᵘiʃt) *adj* distinto

**distress** (di-*ssträss*) *n* pericolo *m*; **~ signal** segnale di soccorso

**distribute** (di-*sstri*-b'uut) *v* distribuire

**distributor** (di-*sstri*-b'u-tö) *n* distributore *m*

**district** (*di*-sstrikt) *n* distretto *m*; regione *f*; quartiere *m*

**disturb** (di-*sstööb*) *v* importunare, disturbare

**disturbance** (di-*sstöö*-bönss) *n* disturbo *m*; tumulto *m*

**ditch** (ditʃ) *n* fosso *m*, fossato *m*

**dive** (daiv) *v* tuffare

**diversion** (dai-*vöö*-ʃön) *n* deviazione *f*; diversione *f*

**divide** (di-*vaid*) *v* \*dividere; ripartire; separare

**divine** (di-*vain*) *adj* divino

**division** (di-*vi*-ʒön) *n* divisione *f*; reparto *m*

**divorce** (di-*vooss*) *n* divorzio *m*; *v* divorziare

**dizziness** (*di*-si-nöss) *n* capogiro *m*

**dizzy** (*di*-si) *adj* stordito

**\*do** (duu) *v* \*fare; bastare

**dock** (dok) *n* bacino *m*; scalo *m*; *v* attraccare

**docker** (*do*-kö) *n* portuale *m*

**doctor** (*dok*-tö) *n* medico *m*, dottore *m*

**document** (*do*-kⁱu-mönt) *n* documento *m*

**dog** (dogh) *n* cane *m*

**dogged** (*do*-ghid) *adj* ostinato

**doll** (dol) *n* bambola *f*

**dome** (doum) *n* cupola *f*

**domestic** (dö-*mé*-sstik) *adj* domestico; interno; *n* domestico *m*

**domicile** (*do*-mi-ssail) *n* domicilio *m*

**domination** (do-mi-*nei*-ʃön) *n* dominazione *f*

**dominion** (dö-*mi*-nⁱön) *n* dominio *m*

**donate** (dou-*neit*) *v* donare

**donation** (dou-*nei*-ʃön) *n* donazione *f*

**done** (dan) *v* (pp do)

**donkey** (*dong*-ki) *n* asino *m*

**donor** (*dou*-nö) *n* donatore *m*

**door** (doo) *n* porta *f*; **revolving ~** porta girevole; **sliding ~** porta scorrevole

**doorbell** (*doo*-bêl) *n* campanello *m*

**door-keeper** (*doo*-kii-pö) *n* portinaio *m*

**doorman** (*doo*-mön) *n* (pl -men) portinaio *m*

**dormitory** (*doo*-mi-tri) *n* dormitorio *m*

**dose** (douss) *n* dose *f*

**dot** (dot) *n* punto *m*

**double** (*da*-böl) *adj* doppio

**doubt** (daut) *v* dubitare di, dubitare; *n* dubbio *m*; **without ~** senza dubbio

**doubtful** (*daut*-föl) *adj* dubbioso; incerto

**dough** (dou) *n* pasta *f*

**down**¹ (daun) *adv* giù; in giù, dabbasso, a terra; *adj* abbattuto; *prep* lungo, giù da; **~ payment** acconto *m*

**down**² (daun) *n* lanugine *f*

**downpour** (*daun*-poo) *n* acquazzone *m*

**downstairs** (daun-*sstê*ᵒs) *adv* dabbasso

**downstream** (daun-*sstriim*) *adv* con la corrente

**down-to-earth** (daun-tu-*ööθ*) *adj* sensato

**downwards** (*daun*-ᵘöds) *adv* in giù, in discesa

**dozen** (*da*-sön) *n* (pl ~, ~s) dozzina *f*

**draft** (draaft) *n* tratta *f*

**drag** (drægh) *v* trascinare

**dragon** (*dræ*-ghön) *n* drago *m*

**drain** (drein) *v* prosciugare; drenare; *n* scolo *m*

**drama** (*draa*-mö) *n* dramma *m*; tragedia *f*; teatro *m*

**dramatic** (drö-*mæ*-tik) *adj* drammatico

**dramatist** (*dræ*-mö-tisst) *n* drammaturgo *m*

**drank** (drængk) *v* (p drink)

**draper** (*drei*-pö) *n* negoziante di stoffe

**drapery** (*drei*-pö-ri) *n* drapperia *f*

**draught** (draaft) *n* corrente d'aria;

**draughts** gioco della dama

**draught-board** (*draaft*-bood ) *n* scacchiera *f*

**draw** (droo) *n* sorteggio *m*

**\*draw** (droo) *v* disegnare; tirare; ritirare; ~ **up** \*redigere

**drawbridge** (*droo*-bridʒ) *n* ponte levatoio

**drawer** (*droo*-ö) *n* cassetto *m*; **drawers** mutande *fpl*

**drawing** (*droo*-ing) *n* disegno *m*

**drawing-pin** (*droo*-ing-pin ) *n* puntina da disegno

**drawing-room** (*droo*-ing-ruum) *n* salotto *m*

**dread** (drêd) *v* temere; *n* timore *m*

**dreadful** (*drêd*-fôl) *adj* terribile, spaventoso

**dream** (driim) *n* sogno *m*

**\*dream** (driim) *v* sognare

**dress** (drèss) *v* vestire; abbigliarsi, vestirsi, abbigliare; bendare; *n* abito femminile, vestito da donna

**dressing-gown** (*drê*-ssing-ghaun ) *n* vestaglia *f*

**dressing-room** (*drê*-ssing-ruum ) *n* camerino *m*

**dressing-table** (*drê*-ssing-tei-böl ) *n* toletta *f*

**dressmaker** (*drêss*-mei-kö ) *n* sarta *f*

**drill** (dril ) *v* trapanare; addestrare; *n* trapano *m*

**drink** (dringk) *n* aperitivo *m*, bibita *f*

**\*drink** (dringk) *v* \*bere

**drinking-water** (*dring*-king-ᵁoo-tö ) *n* acqua potabile

**drip-dry** (drip-*drai*) *adj* non si stira, senza stiratura

**drive** (draiv) *n* strada *f*; scarrozzata *f*

**\*drive** (draiv) *v* guidare; \*condurre

**driver** (*drai*-vö) *n* autista *m*

**drizzle** (*dri*-söl) *n* pioggerella *f*

**drop** (drop) *v* \*far cadere; *n* goccia *f*

**drought** (draut) *n* siccità *f*

**drown** (draun) *v* affogare; **\*be drowned** affogarsi

**drug** (dragh) *n* narcotico *m*; farmaco *ni*

**drugstore** (*dragh*-sstoo) *nAm* bar-emporio *m*, farmacia *f*; emporio *m*

**drum** (dram) *n* tamburo *m*

**drunk** (drangk) *adj* (pp drink) ubriaco

**dry** (drai) *adj* asciutto; *v* asciugare

**dry-clean** (drai-*kliin*) *v* pulire a secco

**dry-cleaner's** (drai-*klii*-nös) *n* tintoria *f*

**dryer** (*drai*-ö) *n* essiccatoio *m*

**duchess** (da-tʃiss) *n* duchessa *f*

**duck** (dak ) *n* anitra *f*

**due** (dᶦuu) *adj* in arrivo; dovuto

**dues** (dᶦuus) *pl* diritti *mpl*

**dug** (dagh) *v* (p, pp dig)

**duke** (dᶦuuk ) *n* duca *m*

**dull** (dal) *adj* monotono, noioso; smorto, pallido; smussato

**dumb** (dam) *adj* muto; ottuso, stupido

**dune** (dᶦuun) *n* duna *f*

**dung** (dang) *n* letame *m*

**dunghill** (*dang*-hil) *n* letamaio *m*

**duration** (dᶦu-*rei*-ʃön) *n* durata *f*

**during** (*dᶦuᵒ*-ring) *prep* durante

**dusk** (dassk ) *n* crepuscolo *m*

**dust** (dasst) *n* polvere *f*

**dustbin** (*dasst*-bin) *n* pattumiera *f*

**dusty** (*da*-ssti) *adj* polveroso

**Dutch** (datʃ) *adj* olandese

**Dutchman** (*datʃ*-mön) *n* (pl -men) olandese *m*

**dutiable** (*dᶦuu*-ti-ö-böl) *adj* tassabile

**duty** (*dᶦuu*-ti) *n* dovere *m*; compito *m*; dazio *m*; **Customs** ~ tariffa doganale

**duty-free** (dᶦuu-ti-*frii*) *adj* franco di dazio

**dwarf** (dᵁoof) *n* nano *m*

**dye** (dai) *v* \*tingere; *n* tintura *f*

**dynamo** (*dai*-nö-mou) *n* (pl ~s) dina-

mo f
**dysentery** (*di*-ssön-tri) *n* dissenteria f

# E

**each** (iitʃ) *adj* ogni, ciascuno; ~ other l'un l'altro
**eager** (*ii*-ghö) *adj* desideroso, ansioso, impaziente
**eagle** (*ii*-ghöl) *n* aquila f
**ear** (iº) *n* orecchio f
**earache** (*iº*-reik) *n* mal d'orecchi
**ear-drum** (*iº*-dram) *n* timpano m
**earl** (ööl) *n* conte m
**early** (*öö*-li) *adj* mattutino
**earn** (öön) *v* guadagnare
**earnest** (*öö*-nisst) *n* serietà f
**earnings** (*öö*-nings) *pl* redditi, guadagni *mpl*
**earring** (*iº*-ring) *n* orecchino m
**earth** (ööθ) *n* terra f; suolo m
**earthenware** (*öö*-θön-ʰêº) *n* terraglie *fpl*
**earthquake** (*ööθ*-kʰeik) *n* terremoto m
**ease** (iis) *n* disinvoltura f, facilità f; agio m
**east** (iisst) *n* oriente m, est m
**Easter** (*ii*-sstö) Pasqua
**easterly** (*ii*-sstö-li) *adj* orientale
**eastern** (*ii*-sstön) *adj* orientale
**easy** (*ii*-si) *adj* facile; comodo; ~ chair poltrona f
**easy-going** (*ii*-si-ghou-ing) *adj* facilone
**·eat** (iit) *v* mangiare; pranzare
**eavesdrop** (*iivs*-drop) *v* origliare
**ebony** (*ê*-bö-ni) *n* ebano m
**eccentric** (ik-*ssên*-trik) *adj* eccentrico
**echo** (*ê*-kou) *n* (pl ~es) eco m/f
**eclipse** (i-*klipss*) *n* eclissi f
**economic** (ii-kö-*no*-mik) *adj* economi-

co
**economical** (ii-kö-*no*-mi-köl) *adj* parsimonioso, economico
**economist** (i-*ko*-nö-misst) *n* economista m
**economize** (i-*ko*-nö-mais) *v* economizzare
**economy** (i-*ko*-nö-mi) *n* economia f
**ecstasy** (*êk*-sstö-si) *n* estasi f
**Ecuador** (*ê*-kʰö-doo) Ecuador m
**Ecuadorian** (ê-kʰö-*doo*-ri-ön) *n* ecuadoriano m
**eczema** (*êk*-ssi-mö) *n* eczema m
**edge** (êdʒ) *n* bordo m, margine m
**edible** (*ê*-di-böl) *adj* commestibile
**edition** (i-*di*-ʃön) *n* edizione f; morning ~ edizione del mattino
**editor** (*ê*-di-tö) *n* redattore m
**educate** (*ê*-dʒu-keit) *v* istruire, educare
**education** (ê-dʒu-*kei*-ʃön) *n* educazione f
**eel** (iil) *n* anguilla f
**effect** (i-*fêkt*) *n* risultato m, effetto m; *v* effettuare; in ~ in realtà
**effective** (i-*fêk*-tiv) *adj* efficace
**efficient** (i-*fi*-ʃönt) *adj* efficiente
**effort** (*ê*-föt) *n* sforzo m; tentativo m
**egg** (êgh) *n* uovo m
**egg-cup** (*êgh*-kap) *n* portauovo m
**eggplant** (*êgh*-plaant) *n* melanzana f
**egg-yolk** (*êgh*-ʰouk) *n* tuorlo m
**egoistic** (ê-ghou-*i*-sstik) *adj* egoistico
**Egypt** (*ii*-dʒipt) Egitto m
**Egyptian** (i-*dʒip*-ʃön) *adj* egiziano
**eiderdown** (*ai*-dö-daun) *n* trapunta di piume m
**eight** (eit) *num* otto
**eighteen** (ei-*tiin*) *num* diciotto
**eighteenth** (ei-*tiin*θ) *num* diciottesimo
**eighth** (eitθ) *num* ottavo
**eighty** (*ei*-ti) *num* ottanta
**either** (*ai*-ðö) *pron* l'uno o l'altro;

either ... or o... o

**elaborate** (i-*læ*-bö-reit) v elaborare

**elastic** (i-*læ*-sstik) adj elastico; flessibile; elastico m

**elasticity** (ê-læ-*ssti*-ssö-ti) n elasticità f

**elbow** (*êl*-bou) n gomito m

**elder** (*êl*-dö) adj maggiore

**elderly** (*êl*-dö-li) adj anziano

**eldest** (*êl*-disst) adj maggiore

**elect** (i-*lêkt*) v *scegliere, *eleggere

**election** (i-*lêk*-fön) n elezione f

**electric** (i-*lêk*-trik) adj elettrico; ~ **razor** rasoio elettrico; ~ **cord** cordone elettrico

**electrician** (i-lêk-*tri*-fön) n elettricista m

**electricity** (i-lêk-*tri*-ssö-ti) n elettricità f

**electronic** (i-lêk-*tro*-nik) adj elettronico

**elegance** (ê-li-ghönss) n eleganza f

**elegant** (ê-li-ghönt) adj elegante

**element** (ê-li-mönt) n elemento m

**elephant** (ê-li-fönt) n elefante m

**elevator** (ê-li-vei-tö) nAm ascensore m

**eleven** (i-*lê*-vön) num undici

**eleventh** (i-*lê*-vönθ) num undicesimo

**elf** (êlf) n (pl elves) folletto m

**eliminate** (i-*li*-mi-neit) v eliminare

**elm** (êlm) n olmo m

**else** (êlss) adv altrimenti

**elsewhere** (êl-ss$^u$êô) adv altrove

**elucidate** (i-*luu*-ssi-deit) v delucidare

**emancipation** (i-mæn-ssi-*pei*-fön) n emancipazione f

**embankment** (im-*bængk*-mönt) n argine m

**embargo** (êm-*baa*-ghou) n (pl ~es) embargo m

**embark** (im-*baak*) v imbarcarsi; imbarcare

**embarkation** (êm-baa-*kei*-fön) n im-

barco m

**embarrass** (im-*bæ*-röss) v imbarazzare; *mettere in imbarazzo; ostacolare

**embassy** (*êm*-bö-ssi) n ambasciata f

**emblem** (*êm*-blöm) n emblema m

**embrace** (im-*breiss*) v abbracciare; n abbraccio m

**embroider** (im-*broi*-dö) v ricamare

**embroidery** (im-*broi*-dö-ri) n ricamo m

**emerald** (ê-mö-röld) n smeraldo m

**emergency** (i-*möö*-dʒön-ssi) n caso di emergenza, emergenza f; stato di emergenza; ~ **exit** uscita di sicurezza

**emigrant** (ê-mi-ghrönt) n emigrante m

**emigrate** (ê-mi-ghreit) v emigrare

**emigration** (ê-mi-*ghrei*-fön) n emigrazione f

**emotion** (i-*mou*-fön) n commozione f, emozione f

**emperor** (*êm*-pö-rö) n imperatore m

**emphasize** (*êm*-fö-ssais) v sottolineare

**empire** (*êm*-paiô) n impero m

**employ** (im-*ploi*) v impiegare; utilizzare

**employee** (êm-ploi-*ii*) n salariato m, impiegato m

**employer** (im-*ploi*-ö) n datore di lavoro

**employment** (im-*ploi*-mönt) n impiego m, occupazione f; ~ **exchange** ufficio di collocamento

**empress** (*êm*-priss) n imperatrice f

**empty** (*êmp*-ti) adj vuoto; v vuotare

**enable** (i-*nei*-böl) v abilitare

**enamel** (i-*næ*-möl) n smalto m

**enamelled** (i-*næ*-möld) adj smaltato

**enchanting** (in-*tfaan*-ting) adj affascinante, incantevole

**encircle** (in-*ssöö*-köl) v *cingere, circondare; accerchiare

**enclose** (ing-*klous*) v *accludere, allegare

**enclosure** (ing-*klou*-ʒö) n allegato m

**encounter** (ing-*kaun*-tö) v incontrare; n incontro m

**encourage** (ing-*ka*-ridʒ) v incoraggiare

**encyclopaedia** (ên-ssai-klö-*pii*-di-ö) n enciclopedia f

**end** (ênd) n fine f, estremità f; termine m; v finire; cessare

**ending** (*ên*-ding) n fine f

**endless** (*ênd*-löss) adj infinito

**endorse** (in-*dooss*) v vistare, girare

**endure** (in-*d'u⁰*) v sopportare

**enemy** (*é*-nö-mi) n nemico m

**energetic** (ê-nö-*dʒê*-tik) adj energico

**energy** (*é*-nö-dʒi) n energia f; forza f

**engage** (ing-*gheidʒ*) v *assumere; riservare; impegnarsi; **engaged** fidanzato; occupato

**engagement** (ing-*gheidʒ*-mönt) n fidanzamento m; impegno m; ~ **ring** anello di fidanzamento

**engine** (*ên*-dʒin) n macchina f, motore m; locomotrice f

**engineer** (ên-dʒi-*ni⁰*) n ingegnere m

**England** (*ing*-ghlönd) Inghilterra f

**English** (*ing*-ghlif) adj inglese

**Englishman** (*ing*-ghliʃ-mön) n (pl -men) inglese m

**engrave** (ing-*ghreiv*) v *incidere

**engraver** (ing-*ghrei*-vö) n incisore m

**engraving** (ing-*ghrei*-ving) n stampa f; incisione f

**enigma** (i-*nigh*-mö) n enigma m

**enjoy** (in-*dʒoi*) v godere, gustare

**enjoyable** (in-*dʒoi*-ö-böl) adj piacevole, gradevole, divertente; gustoso

**enjoyment** (in-*dʒoi*-mönt) n godimento m

**enlarge** (in-*laadʒ*) v ingrandire; ampliare

**enlargement** (in-*laadʒ*-mönt) n ingrandimento m

**enormous** (i-*noo*-möss) adj ingente, enorme

**enough** (i-*naf*) adv abbastanza; adj sufficiente

**enquire** (ing-*kᵘai⁰*) v informarsi; indagare

**enquiry** (ing-*kᵘai⁰*-ri) n informazione f; investigazione f; inchiesta f

**enter** (*ên*-tö) v entrare; *iscrivere

**enterprise** (*ên*-tö-prais) n impresa f

**entertain** (ên-tö-*tein*) v divertire, *intrattenere; ospitare

**entertainer** (ên-tö-*tei*-nö) n comico m

**entertaining** (ên-tö-*tei*-nıng) adj divertente

**entertainment** (ên-tö-*tein*-mönt) n divertimento m, passatempo m

**enthusiasm** (in-*θ'uu*-si-æ-söm) n entusiasmo m

**enthusiastic** (in-θ'uu-si-æ-sstik) adj entusiastico

**entire** (in-*tai⁰*) adj tutto, intero

**entirely** (in-*tai⁰*-li) adv interamente

**entrance** (*ên*-trönss) n entrata f; accesso m; ingresso m

**entrance-fee** (*ên*-trönss-fii) n ingresso m

**entry** (*ên*-tri) n entrata f; ingresso m; registrazione f; **no** ~ proibito passare

**envelope** (*ên*-vö-loup) n busta f

**envious** (*ên*-vi-öss) adj invidioso, geloso

**environment** (in-*vai⁰*-rön-mönt) n ambiente m; dintorni mpl

**envoy** (*ên*-voi) n inviato m

**envy** (*ên*-vi) n invidia f; v invidiare

**epic** (*é*-pik) n poema epico; adj epico

**epidemic** (ê-pi-*dé*-mik) n epidemia f

**epilepsy** (*ê*-pi-lêp-ssi) n epilessia f

**epilogue** (*ê*-pi-logh) n epilogo m

**episode** (*é*-pi-ssoud) n episodio m

**equal** (*ii*-kᵘöl) adj uguale; v uguagliare

equality (i-k<sup>u</sup>o-lö-ti ) n uguaglianza f

equalize (ii-k<sup>u</sup>ö-lais ) v pareggiare

equally (ii-k<sup>u</sup>ö-li ) adv ugualmente

equator (i-k<sup>u</sup>ei-tö ) n equatore m

equip (i-k<sup>u</sup>ip ) v equipaggiare

equipment (i-k<sup>u</sup>ip-mönt ) n equipaggiamento m

equivalent (i-k<sup>u</sup>i-vö-lönt ) adj equivalente

eraser (i-rei-sö ) n gomma per cancellare

erect (i-rêkt ) v innalzare, \*erigere; adj ritto, diritto

err (öö ) v errare

errand (ê-rönd ) n commissione f

error (ê-rö ) n sbaglio m, errore m

escalator (ê-sskö-lei-tö ) n scala mobile

escape (i-sskeip ) v scappare; fuggire, sfuggire; n evasione f

escort¹ (ê-sskoot ) n scorta f

escort² (i-sskoot ) v scortare

especially (i-sspê-fö-li ) adv soprattutto, specialmente

esplanade (ê-ssplö-neid ) n spianata f

essay (ê-ssei ) n saggio m; trattato m, componimento m

essence (ê-ssönss ) n essenza f; nocciolo m, anima f

essential (i-ssên-föl ) adj indispensabile; fondamentale, essenziale

essentially (i-ssên-fö-li ) adv essenzialmente

establish (i-sstæ-bliʃ ) v stabilire

estate (i-ssteit ) n proprietà f

esteem (i-sstiim ) n rispetto m, stima f; v stimare

estimate¹ (ê-ssti-meit ) v \*fare la stima, valutare

estimate² (ê-ssti-möt ) n valutazione f

estuary (êss-tʃu-ö-ri ) n estuario m

etcetera (êt-ssê-tö-rö ) eccetera

etching (ê-tʃing ) n acquaforte f

eternal (i-töö-nöl ) adj eterno

eternity (i-töö-nö-ti ) n eternità f

ether (ii-θö ) n etere m

Ethiopia (i-θi-ou-pi-ö ) Etiopia f

Ethiopian (i-θi-ou-pi-ön ) adj etiopico

Europe ('u<sup>ö</sup>-röp) Europa f

European ('u<sup>ö</sup>-rö-pii-ön ) adj europeo

evacuate (i-væ-k<sup>i</sup>u-eit ) v evacuare

evaluate (i-væl-¹u-eit ) v valutare

evaporate (i-væ-pö-reit ) v evaporare

even (ii-vön ) adj piano, piatto, uguale; costante; pari; adv anche

evening (iiv-ning ) n sera f; ~ dress abito da sera

event (i-vênt ) n evento m; caso m

eventual (i-vên-tʃu-öl ) adj eventuale; finale

ever (ê-vö ) adv mai; sempre

every (êv-ri ) adj ciascuno, ogni

everybody (êv-ri-bo-di ) pron ognuno

everyday (êv-ri-dei ) adj quotidiano

everyone (êv-ri-<sup>u</sup>an ) pron ognuno

everything (êv-ri-θing ) pron tutto

everywhere (êv-ri-<sup>u</sup>ê<sup>ö</sup> ) adv ovunque

evidence (ê-vi-dönss ) n prova f

evident (ê-vi-dönt ) adj evidente

evil (ii-völ ) n male m; adj cattivo, malvagio

evolution (ii-vö-luu-ʃön ) n evoluzione f

exact (igh-sækt ) adj esatto

exactly (igh-sækt-li ) adv precisamente

exaggerate (igh-sæ-dʒö-reit ) v esagerare

examination (igh-sæ-mi-nei-ʃön ) n esame m; indagine f; interrogazione f

examine (igh-sæ-min ) v esaminare

example (igh-saam-pöl ) n esempio m; for ~ per esempio

excavation (êkss-kö-vei-ʃön ) n scavo m

exceed (ik-ssiid ) v eccedere; superare

excel (ik-ssêl ) v \*eccellere

excellent (êk-ssö-lönt ) adj ottimo, eccellente

**except** (ik-*ssêpt*) prep eccetto, salvo

**exception** (ik-*ssêp*-ʃön) n eccezione f

**exceptional** (ik-*ssêp*-ʃö-nöl) adj straordinario, eccezionale

**excerpt** (*êk*-ssööpt) n brano m

**excess** (ik-*ssêss*) n eccesso m

**excessive** (ik-*ssê*-ssiv) adj eccessivo

**exchange** (ikss-*tʃeindʒ*) v scambiare, cambiare; n cambio m; borsa f; ~ office ufficio cambio; ~ rate corso del cambio

**excite** (ik-*ssait*) v eccitare

**excitement** (ik-*ssait*-mönt) n agitazione f, eccitazione f

**exciting** (ik-*ssai*-ting) adj eccitante

**exclaim** (ik-*sskleim*) v esclamare

**exclamation** (êk-ssklö-*mei*-ʃön) n esclamazione f

**exclude** (ik-*sskluud*) v *escludere

**exclusive** (ik-*sskluu*-ssiv) adj esclusivo

**exclusively** (ik-*sskluu*-ssiv-li) adv esclusivamente, unicamente

**excursion** (ik-*sskööʃ*-ʃön) n gita f, escursione f

**excuse**[1] (ik-*sski*uuss) n scusa f

**excuse**[2] (ik-*sski*uus) v scusare

**execute** (*êk*-ssi-k'uut) v eseguire

**execution** (êk-ssi-k'*uu*-ʃön) n esecuzione f

**executioner** (êk-ssi-k'*uu*-ʃö-nö) n boia m

**executive** (igh-sê-k'u-tiv) adj esecutivo; n potere esecutivo; direttore m

**exempt** (igh-*ʒêmpt*) v dispensare, esentare; adj esente

**exemption** (igh-*sêmp*-ʃön) n esenzione f

**exercise** (*êk*-ssö-ssais) n esercizio m; v esercitare

**exhale** (êkss-*heil*) v esalare

**exhaust** (igh-*soosst*) n scappamento m; v esaurire; ~ gases gas di scarico

**exhibit** (igh-*si*-bit) v *esporre; esibire

**exhibition** (êk-ssi-*bi*-ʃön) n mostra f, esposizione f

**exile** (*êk*-ssail) n esilio m; esule m

**exist** (igh-*sisst*) v *esistere

**existence** (igh-*si*-sstönss) n esistenza f

**exit** (*êk*-ssit) n uscita f

**exotic** (igh-*so*-tik) adj esotico

**expand** (ik-*sspænd*) v *espandere; *estendere; allargare

**expect** (ik-*sspêkt*) v aspettare

**expectation** (êk-sspêk-*tei*-ʃön) n aspettativa f

**expedition** (êk-sspö-*di*-ʃön) n invio m; spedizione f

**expel** (ik-*sspêl*) v *espellere

**expenditure** (ik-*sspên*-di-tʃö) n spesa f

**expense** (ik-*sspênss*) n spesa f

**expensive** (ik-*sspên*-ssiv) adj caro; costoso

**experience** (ik-*sspi*o-ri-önss) n esperienza f; v provare, sperimentare; **experienced** esperto

**experiment** (ik-*sspê*-ri-mönt) n prova f, esperimento m; v sperimentare

**expert** (*êk*-sspööt) n perito m, esperto m; adj competente

**expire** (ik-*sspai*o) v spirare, finire; *scadere; espirare; **expired** scaduto

**expiry** (ik-sspai*o*-ri) n scadenza f

**explain** (ik-*ssplein*) v chiarire, spiegare

**explanation** (êk-ssplö-*nei*-ʃön) n schiarimento m, esplicazione f, spiegazione f

**explicit** (ik-*sspli*-ssit) adj categorico, esplicito

**explode** (ik-*ssploud*) v *esplodere

**exploit** (ik-*ssploit*) v sfruttare, utilizzare

**explore** (ik-*ssploo*) v esplorare

**explosion** (ik-*ssplou*-ʒön) n esplosione f

**explosive** (ik-*ssplou*-ssiv) adj esplosivo; n esplosivo m

**export**¹ (ik-*sspoot*) v esportare

**export**² (*êk*-sspoot) n esportazione f

**exportation** (êk-sspoo-*tei*-ʃön) n esportazione f

**exports** (*êk*-sspootss) pl esportazione f

**exposition** (êk-sspö-*si*-ʃön) n esposizione f

**exposure** (ik-*sspou*-ʒö) n privazioni fpl; esposizione f; ~ **meter** esposimetro m

**express** (ik-*ssprêss*) v *esprimere; manifestare; adj espresso; esplicito; ~ **train** treno direttissimo

**expression** (ik-*ssprê*-ʃön) n espressione f; manifestazione f

**exquisite** (ik-*ssk*ᵘ*i*-sit) adj squisito

**extend** (ik-*sstênd*) v *estendere; allargare; accordare

**extension** (ik-*sstên*-ʃön) n prolungamento m; ampliamento m; telefono interno; ~ **cord** prolunga f

**extensive** (ik-*sstên*-ssiv) adj ampio; vasto

**extent** (ik-*sstênt*) n dimensione f

**exterior** (êk-*ssti*ᵒ-ri-ö) adj esterno; n esterno m

**external** (êk-*sstöö*-nöl) adj esteriore

**extinguish** (ik-*ssting*-ghᵘiʃ) v *spegnere, *estinguere

**extort** (ik-*sstoot*) v *estorcere

**extortion** (ik-*sstoo*-ʃön) n estorsione f

**extra** (*êk*-sströ) adj supplementare

**extract**¹ (ik-*sstrækt*) v *estrarre

**extract**² (*êk*-sstrækt) n passo m

**extradite** (*êk*-sströ-dait) v estradare

**extraordinary** (ik-*sstroo*-dön-ri) adj straordinario

**extravagant** (ik-*sstræ*-vö-ghönt) adj esagerato, stravagante

**extreme** (ik-*sstriim*) adj estremo; n estremo m

**exuberant** (igh-s'*uu*-bö-rönt) adj esuberante

**eye** (ai) n occhio m

**eyebrow** (*ai*-brau) n sopracciglio m

**eyelash** (*ai*-læʃ) n ciglio m

**eyelid** (*ai*-lid) n palpebra f

**eye-pencil** (*ai*-pên-ssöl) n matita per gli occhi

**eye-shadow** (*ai*-ʃæ-dou) n ombretto m

**eye-witness** (*ai*-ᵘit-nöss) n testimone oculare

# F

**fable** (*fei*-böl) n favola f

**fabric** (*fæ*-brik) n stoffa f; struttura f

**façade** (fö-*ssaad*) n facciata f

**face** (feiss) n faccia f; v *far fronte a; ~ **massage** massaggio facciale; **facing** in faccia a

**face-cream** (*feiss*-kriim) n crema di bellezza

**face-pack** (*feiss*-pæk) n maschera di bellezza

**face-powder** (*feiss*-pau-dö) n cipria f

**facility** (fö-*ssi*-lö-ti) n agevolazione f

**fact** (fækt) n fatto m; **in** ~ infatti

**factor** (*fæk*-tö) n fattore m

**factory** (*fæk*-tö-ri) n fabbrica f

**factual** (*fæk*-tʃu-öl) adj reale

**faculty** (*fæ*-köl-ti) n potere m; capacità f, attitudine f, facoltà f

**fad** (fæd) n capriccio m

**fade** (feid) v scolorirsi, sbiadire

**faience** (fai-*aŋss*) n ceramica f, terracotta f

**fail** (feil) v fallire; mancare; tralasciare; bocciare; **without** ~ senz'altro

**failure** (*feil*-'ö) n insuccesso m; fallimento m

**faint** (feint) v *svenire; adj fiacco, vago, debole

**fair** (fêᵒ) n fiera f; adj giusto, onesto;

biondo; bello

**fairly** (*fê⁰-li*) *adv* alquanto, piuttosto, abbastanza

**fairy** (*fê⁰-ri*) *n* fata *f*

**fairytale** (*fê⁰-ri-teil*) *n* fiaba *f*

**faith** (*feiθ*) *n* fede *f*; fiducia *f*

**faithful** (*feiθ-ful*) *adj* fedele

**fake** (*feik*) *n* falsificazione *f*

**fall** (*fool*) *n* caduta *f*; *nAm* autunno *m*

* **fall** (*fool*) *v* *cadere

**false** (*foolss*) *adj* falso; sbagliato, fallace, contraffatto; ~ **teeth** dentiera *f*

**falter** (*fool-tö*) *v* vacillare; balbettare

**fame** (*feim*) *n* rinomanza *f*, fama *f*; reputazione *f*

**familiar** (*fö-mil-'ö*) *adj* familiare; confidenziale

**family** (*fæ-mö-li*) *n* famiglia *f*; ~ **name** cognome *m*

**famous** (*fei-möss*) *adj* famoso

**fan** (*fæn*) *n* ventilatore *m*; ventaglio *m*; tifoso *m*; ~ **belt** cinghia del ventilatore

**fanatical** (*fö-næ-ti-köl*) *adj* fanatico

**fancy** (*fæn-ssi*) *v* gradire, *aver voglia di; figurarsi, immaginare; *n* capriccio *m*; immaginazione *f*

**fantastic** (*fæn-tæ-sstik*) *adj* fantastico

**fantasy** (*fæn-tö-si*) *n* fantasia *f*

**far** (*faa*) *adj* lontano; *adv* molto; **by** ~ di gran lunga; **so** ~ finora

**far-away** (*faa-rö-ᵘei*) *adj* distante

**farce** (*faass*) *n* farsa *f*, buffonata *f*

**fare** (*fê⁰*) *n* spese di viaggio, prezzo del biglietto; vitto *m*, cibo *m*

**farm** (*faam*) *n* fattoria *f*

**farmer** (*faa-mö*) *n* fattore *m*; **farmer's wife** fattoressa *f*

**farmhouse** (*faam-hauss*) *n* cascina *f*

**far-off** (*faa-rof*) *adj* lontano

**fascinate** (*fæ-ssi-neit*) *v* affascinare

**fascism** (*fæ-ʃi-söm*) *n* fascismo *m*

**fascist** (*fæ-ʃisst*) *adj* fascistico; *n* fascista *m*

**fashion** (*fæ-ʃön*) *n* moda *f*; modo *m*

**fashionable** (*fæ-ʃö-nö-böl*) *adj* alla moda

**fast** (*faasst*) *adj* rapido, veloce; fisso

**fast-dyed** (*faasst-daid*) *adj* inalterabile al lavaggio, a tinta solida

**fasten** (*faa-ssön*) *v* allacciare; *chiudere

**fastener** (*faa-ssö-nö*) *n* fermaglio *m*

**fat** (*fæt*) *adj* grasso; *n* grasso *m*

**fatal** (*fei-töl*) *adj* fatale, mortale

**fate** (*feit*) *n* fato *m*, destino *m*

**father** (*faa-ðö*) *n* padre *m*

**father-in-law** (*faa-ðö-rin-loo*) *n* (pl fathers-) suocero *m*

**fatherland** (*faa-ðö-lönd*) *n* patria *f*

**fatness** (*fæt-nöss*) *n* pinguedine *f*

**fatty** (*fæ-ti*) *adj* untuoso

**faucet** (*foo-ssit*) *nAm* rubinetto *m*

**fault** (*foolt*) *n* colpa *f*; imperfezione *f*, difetto *m*, mancanza *f*

**faultless** (*foolt-löss*) *adj* impeccabile; perfetto

**faulty** (*fool-ti*) *adj* difettoso

**favour** (*fei-vö*) *n* favore *m*; *v* privilegiare, favorire

**favourite** (*fei-vö-rit*) *n* favorito *m*; *adj* preferito

**fawn** (*foon*) *adj* fulvo; *n* cerbiatto *m*

**fax** (*fækss*) *n* fax *m*; *v* mandare un fax

**fear** (*fi⁰*) *n* timore *m*, paura *f*; *v* temere

**feasible** (*fii-sö-böl*) *adj* realizzabile

**feast** (*fiisst*) *n* festa *f*

**feat** (*fiit*) *n* prestazione *f*

**feather** (*fê-ðö*) *n* penna *f*

**feature** (*fii-tʃö*) *n* caratteristica *f*; tratto *m*

**February** (*fê-bru-ö-ri*) febbraio

**federal** (*fê-dö-röl*) *adj* federale

**federation** (*fê-dö-rei-ʃön*) *n* federazione f; confederazione f

**fee** (fii) n onorario m

**feeble** (fii-böl) adj fiacco

**\*feed** (fiid) v nutrire; **fed up with** stufo di

**\*feel** (fiil) v sentire; palpare; ~ **like** \*aver voglia di

**feeling** (fii-ling) n sensazione f

**fell** (fêl) v (p fall)

**fellow** (fê-lou) n tipo m

**felt¹** (fêlt) n feltro m

**felt²** (fêlt) v (p, pp feel)

**female** (fii-meil) adj femminile

**feminine** (fê-mi-nin) adj femminile

**fence** (fênss) n recinto m; steccato m; v tirare di scherma

**fender** (fên-dö) n paraurti m

**ferment** (föö-mênt) v fermentare

**ferry-boat** (fê-ri-bout) n traghetto m

**fertile** (föö-tail) adj fertile

**festival** (fê-ssti-völ) n festival m

**festive** (fê-sstiv) adj festivo

**fetch** (fêtʃ) v portare; \*andare a prendere

**feudal** (fᵘu-döl) adj feudale

**fever** (fii-vö) n febbre f

**feverish** (fii-vö-riʃ) adj febbricitante

**few** (fᶦuu) adj pochi

**fiancé** (fi-ang-ssei) n fidanzato m

**fiancée** (fi-ang-ssei) n fidanzata f

**fibre** (fai-bö) n fibra f

**fiction** (fik-ʃön) n finzione f

**field** (fiild) n campo m; settore m; ~ **glasses** binocolo m

**fierce** (fiᵒss) adj feroce; selvaggio, veemente

**fifteen** (fif-tiin) num quindici

**fifteenth** (fif-tiinθ) num quindicesimo

**fifth** (fifθ) num quinto

**fifty** (fif-ti) num cinquanta

**fig** (figh) n fico m

**fight** (fait) n combattimento m, lotta f

**\*fight** (fait) v combattere, lottare

**figure** (fi-ghö) n forma f, figura f; cifra f

**file** (fail) n lima f; raccolta di documenti; fila f

**Filipino** (fi-li-pii-nou) n filippino m

**fill** (fil) v riempire; ~ **in** completare; **filling station** distributore di benzina; ~ **out** Am completare, compilare; ~ **up** \*fare il pieno

**filling** (fi-ling) n otturazione f; ripieno m

**film** (film) n film m; pellicola f; v filmare

**filter** (fil-tö) n filtro m

**filthy** (fil-θi) adj sordido, sudicio

**final** (fai-nöl) adj finale

**finance** (fai-nænss) v finanziare

**finances** (fai-næn-ssis) pl finanze fpl

**financial** (fai-næn-föl) adj finanziario

**finch** (fintʃ) n fringuello m

**\*find** (faind) v trovare

**fine** (fain) n multa f; adj fino; bello; ottimo, meraviglioso; ~ **arts** belle arti

**finger** (fing-ghö) n dito m; **little** ~ mignolo m

**fingerprint** (fing-ghö-print) n impronta digitale

**finish** (fi-niʃ) v completare, finire; terminare; n termine m; traguardo m

**Finland** (fin-lönd) Finlandia f

**Finn** (fin) n finlandese m

**Finnish** (fi-niʃ) adj finlandese

**fire** (faiᵒ) n fuoco m; incendio m; v sparare; licenziare

**fire-alarm** (faiᵒ-rö-laam) n allarme d'incendio

**fire-brigade** (faiᵒ-bri-gheid) n pompieri mpl

**fire-escape** (faiᵒ-ri-sskeip) n scala di sicurezza

**fire-extinguisher** (faiᵒ-rik-ssting-ghᵘi-jö) n estintore m

**fireplace** (faiᵒ-pleiss) n focolare m

**fireproof** (*faió*-pruuf) *adj* incombustibile

**firm** (fööm) *adj* saldo; solido; *n* ditta *f*

**first** (föösst) *num* primo; **at** ~ prima; al principio; ~ **name** nome *m*

**first-aid** (föösst-*eid*) *n* pronto soccorso; ~ **kit** equipaggiamento di pronto soccorso; ~ **post** posto di pronto soccorso

**first-class** (föösst-*klaass*) *adj* di prima qualità

**first-rate** (föösst-*reit*) *adj* ottimo, di prima qualità

**fir-tree** (*föö*-trii) *n* abete *m*

**fish¹** (fiʃ) *n* (pl ~, ~es) pesce *m*; ~ **shop** pescheria *f*

**fish²** (fiʃ) *v* pescare; pescare con l'amo; **fishing gear** attrezzi da pesca; **fishing hook** amo *m*; **fishing industry** pesca *f*; **fishing licence** permesso di pesca; **fishing line** lenza *f*; **fishing net** rete da pesca; **fishing rod** canna da pesca; **fishing tackle** attrezzi da pesca

**fishbone** (*fiʃ*-boun) *n* lisca *f*, spina di pesce

**fisherman** (*fi*-ʃö-mön) *n* (pl -men) pescatore *m*

**fist** (fisst) *n* pugno *m*

**fit** (fit) *adj* adatto; *n* attacco *m*; *v* *convenire; **fitting room** salottino di prova

**five** (faiv) *num* cinque

**fix** (fikss) *v* riparare

**fixed** (fiksst) *adj* fisso

**fizz** (fis) *n* effervescenza *f*

**fjord** (fˈood) *n* fiordo *m*

**flag** (flægh) *n* bandiera *f*

**flame** (fleim) *n* fiamma *f*

**flamingo** (flö-*ming*-ghou) *n* (pl ~s, ~es) fenicottero *m*

**flannel** (*flæ*-nöl) *n* flanella *f*

**flash** (flæʃ) *n* baleno *m*

**flash-bulb** (*flæʃ*-balb) *n* lampada flash

**flash-light** (*flæʃ*-lait) *n* lampada portatile

**flask** (flaassk) *n* flacone *m*; **thermos** ~ termos *m*

**flat** (flæt) *adj* piano, piatto; *n* appartamento *m*; ~ **tyre** bucatura *f*

**flavour** (*flei*-vö) *n* gusto *m*; *v* condire

**fleet** (fliit) *n* flotta *f*

**flesh** (fleʃ) *n* carne *f*

**flew** (fluu) *v* (p fly)

**flex** (flêkss) *n* cordone elettrico

**flexible** (*flêk*-ssi-böl) *adj* flessibile; pieghevole

**flight** (flait) *n* volo *m*; **charter** ~ volo charter

**flint** (flint) *n* pietrina *f*

**float** (flout) *v* galleggiare; *n* galleggiante *m*

**flock** (flok) *n* gregge *m*

**flood** (flad) *n* inondazione *f*; flusso *m*

**floor** (floo) *n* pavimento *m*; piano *m*; ~ **show** spettacollo di varietà

**florist** (*flo*-risst) *n* fioraio *m*

**flour** (flauó) *n* farina *f*

**flow** (flou) *v* *scorrere

**flower** (flauó) *n* fiore *m*

**flowerbed** (*flauó*-bêd) *n* aiola *f*

**flower-shop** (*flauó*-ʃop) *n* negozio di fiori

**flown** (floun) *v* (pp fly)

**flu** (fluu) *n* influenza *f*

**fluent** (*fluu*-önt) *adj* fluente

**fluid** (*fluu*-id) *adj* fluido; *n* fluido *m*

**flute** (fluut) *n* flauto *m*

**fly** (flai) *n* mosca *f*; brachetta *f*

***fly** (flai) *v* volare

**foam** (foum) *n* schiuma *f*; *v* spumare

**foam-rubber** (*foum*-ra-bö) *n* gommapiuma *f*

**focus** (*fou*-köss) *n* fuoco *m*

**fog** (fogh) *n* nebbia *f*

**foggy** (*fo*-ghi) *adj* nebbioso

**foglamp** (*fogh*-læmp) *n* fanale antinebbia

**fold** (fould) *v* piegare; *n* piega *f*

**folk** (fouk) *n* popolo *m*; ~ **song** canzone popolare

**folk-dance** (fouk-daanss) *n* danza popolare

**folklore** (fouk-loo) *n* folklore *m*

**follow** (fo-lou) *v* seguire; **following** *adj* successivo, seguente

*****be fond of** (bii fond ov) amare

**food** (fuud) *n* cibo *m*; mangiare *m*, vitto *m*; ~ **poisoning** intossicazione alimentare

**foodstuffs** (fuud-sstafss) *pl* alimentari *mpl*

**fool** (fuul) *n* idiota *m*, sciocco *m*; *v* beffare

**foolish** (fuu-liʃ) *adj* stolto, stupido; sciocco

**foot** (fut) *n* (pl feet) piede *m*; ~ **powder** talco per piedi; **on** ~ a piedi

**football** (fut-bool) *n* pallone *m*; ~ **match** partita di calcio

**foot-brake** (fut-breik) *n* freno a pedale

**footpath** (fut-paaθ) *n* sentiero *m*

**footwear** (fut-ᵘê̂ᵒ) *n* calzatura *f*

**for** (foo, fö) *prep* per; durante; a causa di, in conseguenza di; *conj* poiché

*****forbid** (fö-bid) *v* proibire

**force** (fooss) *v* *costringere, forzare; *n* forza *f*; **by** ~ per forza; **driving** ~ forza motrice

**ford** (food) *n* guado *m*

**forecast** (foo-kaasst) *n* previsione *f*; *v* *prevedere

**foreground** (foo-ghraund) *n* primo piano

**forehead** (fo-rêd) *n* fronte *f*

**foreign** (fo-rin) *adj* straniero; estraneo

**foreigner** (fo-ri-nö) *n* straniero *m*; forestiero *m*

**foreman** (foo-mön) *n* (pl -men) capo-

mastro *m*

**foremost** (foo-mousst) *adj* primo

**foresail** (foo-sseil) *n* vela di trinchetto

**forest** (fo-risst) *n* foresta *f*

**forester** (fo-ri-sstö) *n* guardia forestale

**forge** (foodʒ) *v* falsificare

*****forget** (fö-ghêt) *v* dimenticare

**forgetful** (fö-ghêt-föl) *adj* smemorato

*****forgive** (fö-ghiv) *v* perdonare

**fork** (fook) *n* forchetta *f*; bivio *m*; *v* biforcarsi

**form** (foom) *n* forma *f*; formulario *m*; classe *f*; *v* formare

**formal** (foo-möl) *adj* formale

**formality** (foo-mæ-lö-ti) *n* formalità *f*

**former** (foo-mö) *adj* antico; precedente; **formerly** anteriormente, già

**formula** (foo-mⁱu-lö) *n* (pl ~e, ~s) formula *f*

**fort** (foot) *n* forte *m*

**fortnight** (foot-nait) *n* quindicina di giorni

**fortress** (foo-triss) *n* fortezza *f*

**fortunate** (foo-tʃö-nöt) *adj* fortunato

**fortune** (foo-tʃuun) *n* ricchezza *f*; destino *m*, fortuna *f*

**forty** (foo-ti) *num* quaranta

**forward** (foo-ᵘöd) *adv* in avanti, avanti; *v* inoltrare

**fought** (foot) *v* (p, pp fight)

**foul** (faul) *adj* sporco; perfido

**found¹** (faund) *v* (p, pp find)

**found²** (faund) *v* fondare, istituire

**foundation** (faun-dei-ʃön) *n* fondazione *f*; ~ **cream** fondo tinta

**fountain** (faun-tin) *n* fontana *f*; sorgente *f*

**fountain-pen** (faun-tin-pên) *n* penna stilografica

**four** (foo) *num* quattro

**fourteen** (foo-tiin) *num* quattordici

**fourteenth** (foo-tiinθ) *num* quattordicesimo

**fourth** (fooθ) *num* quarto

**fowl** (faul) *n* (pl ~s, ~) pollame *m*

**fox** (fokss) *n* volpe *f*

**foyer** (foi-ei) *n* ridotto *m*

**fraction** (fræk-ʃön) *n* frazione *f*

**fracture** (fræk-tʃö) *v* fratturare; *n* frattura *f*

**fragile** (fræ-dʒail) *adj* fragile

**fragment** (frægh-mönt) *n* frammento *m*; pezzo *m*

**frame** (freim) *n* cornice *f*; montatura *f*

**France** (fraanss) Francia *f*

**franchise** (fræn-tʃais) *n* diritto elettorale

**fraternity** (frö-töö-nö-ti) *n* fraternità *f*

**fraud** (frood) *n* frode *f*

**fray** (frei) *v* sfilacciarsi

**free** (frii) *adj* libero; gratuito; ~ of charge gratuito; ~ ticket biglietto gratuito

**freedom** (frii-döm) *n* libertà *f*

*****freeze** (friiss) *v* gelare; congelarsi

**freezing** (frii-sing) *adj* glaciale

**freezing-point** (frii-sing-point) *n* punto di congelamento

**freight** (freit) *n* carico *m*

**freight-train** (freit-trein) *nAm* treno merci

**French** (frêntʃ) *adj* francese

**Frenchman** (frêntʃ-mön) *n* (pl -men) francese *m*

**frequency** (frii-kⁱön-ssi) *n* frequenza *f*

**frequent** (frii-kⁱönt) *adj* frequente

**fresh** (frêʃ) *adj* fresco; ~ water acqua dolce

**friction** (frik-ʃön) *n* attrito *m*

**Friday** (frai-di) venerdì *m*

**fridge** (fridʒ) *n* frigorifero *m*

**friend** (frênd) *n* amico *m*; amica *f*

**friendly** (frênd-li) *adj* affabile; amichevole

**friendship** (frênd-ʃip) *n* amicizia *f*

**fright** (frait) *n* paura *f*, spavento *m*

**frighten** (frai-tön) *v* spaventare

**frightened** (frai-tönd) *adj* spaventato; *be ~ spaventarsi

**frightful** (frait-föl) *adj* terribile

**fringe** (frindʒ) *n* frangia *f*

**frock** (frok) *n* veste *f*

**frog** (frogh) *n* rana *f*

**from** (from) *prep* da

**front** (frant) *n* facciata *f*; in ~ of di fronte a

**frontier** (fran-tiᵒ) *n* frontiera *f*

**frost** (frosst) *n* gelo *m*

**froth** (froθ) *n* schiuma *f*

**frozen** (frou-sön) *adj* congelato; ~ food cibo surgelato

**fruit** (fruut) *n* frutta *f*; frutto *m*

**fry** (frai) *v* *friggere

**frying-pan** (frai-ing-pæn) *n* padella *f*

**fuel** (fⁱuu-öl) *n* combustibile *m*; benzina *f*; ~ pump *Am* pompa di alimentazione

**full** (ful) *adj* pieno; ~ board pensione completa; ~ stop punto *m*; ~ up colmo

**fun** (fan) *n* divertimento *m*; scherzo *m*

**function** (fangk-ʃön) *n* funzione *f*

**fund** (fand) *n* fondi *m*

**fundamental** (fan-dö-mên-töl) *adj* fondamentale

**funeral** (fⁱuu-nö-röl) *n* funerale *m*

**funnel** (fa-nöl) *n* imbuto *m*

**funny** (fa-ni) *adj* buffo, divertente; strano

**fur** (föö) *n* pelliccia *f*; ~ coat cappotto di pelliccia; furs pelliccia *f*

**furious** (fⁱuᵒ-ri-öss) *adj* furibondo, furioso

**furnace** (föö-niss) *n* fornace *f*

**furnish** (föö-niʃ) *v* fornire, procurare; arredare, ammobiliare; ~ with *provedere di

**furniture** (föö-ni-tʃö) *n* mobilia *f*

**furrier** (fa-ri-ö) *n* pellicciaio *m*

**further** (föö-ðö) *adj* più lontano; ulteriore

**furthermore** (_föö_-ðö-moo ) _adv_ inoltre

**furthest** (_föö_-ðisst) _adj_ il più lontano

**fuse** (fi'uus ) _n_ fusibile _m_; miccia _f_

**fuss** (fass ) _n_ trambusto _m_; scalpore _m_

**future** (_fi'uu_-tjö ) _n_ futuro _m_; _adj_ futuro

# G

**gable** (_ghei_-böl ) _n_ frontone _m_

**gadget** (_ghæ_-dʒit) _n_ aggeggio _m_

**gaiety** (_ghei_-ö-ti ) _n_ gaiezza _f_, allegria _f_

**gain** (ghein ) _v_ guadagnare; _n_ profitto _m_

**gait** (gheit ) _n_ andatura _f_, passo _m_

**gale** (gheil ) _n_ burrasca _f_

**gall** (ghool ) _n_ bile _f_; ~ **bladder** cistifellea _f_

**gallery** (_ghæ_-lö-ri ) _n_ loggione _m_; galleria _f_

**gallop** (_ghæ_-löp ) _n_ galoppo _m_

**gallows** (_ghæ_-lous ) _pl_ forca _f_

**gallstone** (_ghool_-sstoun ) _n_ calcolo biliare

**game** (gheim ) _n_ giuoco _m_; selvaggina _f_; ~ **reserve** riserva di selvaggina

**gang** (ghæng ) _n_ banda _f_; squadra _f_

**gangway** (_ghæng_-ᵘei ) _n_ passarella _f_

**gaol** (dʒeil ) _n_ carcere _m_

**gap** (ghæp ) _n_ breccia _f_

**garage** (_ghæ_-raaʒ ) _n_ rimessa _f_; _v_ *mettere in rimessa

**garbage** (_ghaa_-bidʒ ) _n_ spazzatura _f_, immondizia _f_

**garden** (_ghaa_-dön ) _n_ giardino _m_; **public** ~ giardino pubblico; **zoological gardens** giardino zoologico

**gardener** (_ghaa_-dö-nö ) _n_ giardiniere _m_

**gargle** (_ghaa_-ghöl ) _v_ gargarizzare

**garlic** (_ghaa_-lik ) _n_ aglio _m_

**gas** (ghæss ) _n_ gas _m_; _nAm_ benzina _f_; ~ **cooker** fornello a gas; ~ **pump** _Am_ pompa di benzina; ~ **station** _Am_ stazione di servizio; ~ **stove** stufa a gas

**gasoline** (_ghæ_-ssö-liin ) _nAm_ benzina _f_

**gastric** (_ghæ_-sstrik ) _adj_ gastrico; ~ **ulcer** ulcera gastrica

**gasworks** (_ghæss_-ᵘöökss ) _n_ officina del gas

**gate** (gheit ) _n_ cancello _m_

**gather** (_ghæ_-ðö ) _v_ *raccogliere; *raccogliersi

**gauge** (gheidʒ ) _n_ misuratore _m_

**gauze** (ghoos ) _n_ garza _f_

**gave** (gheiv ) _v_ (p give)

**gay** (ghei ) _adj_ allegro; vivace

**gaze** (gheis ) _v_ fissare

**gazetteer** (_ghæ_-sö-_tiᵒ_ ) _n_ dizionario geografico

**gear** (ghiᵒ ) _n_ velocità _f_; attrezzatura _f_; **change** ~ cambiare marcia; ~ **lever** leva del cambio

**gear-box** (_ghiᵒ_-bokss ) _n_ cambio di velocità

**gem** (dʒèm ) _n_ gioiello _m_, gemma _f_

**gender** (_dʒên_-dö ) _n_ genere _m_

**general** (_dʒê_-nö-röl ) _adj_ generale; _n_ generale _m_; ~ **practitioner** medico generico; **in** ~ in generale

**generate** (_dʒê_-nö-reit ) _v_ generare

**generation** (dʒê-nö-_rei_-jön ) _n_ generazione _f_

**generator** (_dʒê_-nö-rei-tör ) _n_ generatore _m_

**generosity** (dʒê-nö-_ro_-ssö-ti ) _n_ generosità _f_

**generous** (_dʒê_-nö-röss ) _adj_ munifico, generoso

**genital** (_dʒê_-ni-töl ) _adj_ genitale

**genius** (_dʒii_-ni-öss ) _n_ genio _m_

gentle (dʒên-töl) adj amabile; dolce, leggero; delicato

gentleman (dʒên-töl-mön) n (pl -men) signore m

genuine (dʒê-n'u-in) adj genuino

geography (dʒi-o-ghrö-fi) n geografia f

geology (dʒi-o-lö-dʒi) n geologia f

geometry (dʒi-o-mö-tri) n geometria f

germ (dʒööm) n germe m

German (dʒöö-mön) adj tedesco

Germany (dʒöö-mö-ni) Germania f

gesticulate (dʒi-ssti-k'u-leit) v gesticolare

*get (ghêt) v *ottenere; *andare a prendere; diventare; ~ back tornare; ~ off *scendere; ~ on montare; avanzare, progredire; ~ up alzarsi

ghost (ghousst) n spettro m; spirito m

giant (dʒai-önt) n gigante m

giddiness (ghi-di-nöss) n vertigine f

giddy (ghi-di) adj stordito

gift (ghift) n regalo m, dono m; talento m

gifted (ghif-tid) adj di talento

gigantic (dʒai-ghæn-tik) adj gigantesco

giggle (ghi-ghöl) v ridacchiare

gill (ghil) n branchia f

gilt (ghilt) adj dorato

ginger (dʒin-dʒö) n zenzero m

gipsy (dʒip-ssi) n zingaro m

girdle (ghöö-döl) n busto m

girl (ghööl) n ragazza f; ~ guide giovane esploratrice

*give (ghiv) v *dare; *porgere; ~ away tradire; ~ in cedere; ~ up desistere

glacier (ghlæ-ssi-ö) n ghiacciaio m

glad (ghlæd) adj lieto, contento; gladly con piacere, volentieri

gladness (ghlæd-nöss) n gioia f

glamorous (ghlæ-mö-röss) adj affasci-

nante

glamour (ghlæ-mö) n fascino m

glance (ghlaanss) n occhiata f; v *dare un'occhiata

gland (ghlænd) n ghiandola f

glare (ghlêᵒ) n bagliore m; splendore m

glaring (ghlêᵒ-ring) adj abbagliante

glass (ghlaass) n bicchiere m; vetro m; di vetro; glasses occhiali mpl; magnifying ~ lente d'ingrandimento

glaze (ghleis) v smaltare

glen (ghlên) n gola f

glide (ghlaid) v scivolare

glider (ghlai-dö) n aliante m

glimpse (ghlimpss) n occhiata f; visione fugace; v *intravvedere

global (ghlou-böl) adj universale

globe (ghloub) n globo m

gloom (ghluum) n oscurità f

gloomy (ghluu-mi) adj cupo

glorious (ghloo-ri-öss) adj splendido

glory (ghloo-ri) n gloria f; onore m, lode f

gloss (ghloss) n lucentezza f

glossy (ghlo-ssi) adj lucido

glove (ghlav) n guanto m

glow (ghlou) v *ardere; n ardore m

glue (ghluu) n colla f

*go (ghou) v *andare; camminare; diventare; ~ ahead continuare; ~ away *andarsene; ~ back tornare; ~ home rincasare; ~ in entrare; ~ on continuare; ~ out *uscire; ~ through sopportare

goal (ghoul) n traguardo m, rete f

goalkeeper (ghoul-kii-pö) n portiere m

goat (ghout) n becco m, capra f

god (ghod) n dio m

goddess (gho-diss) n dea f

godfather (ghod-faa-ðö) n padrino m

goggles (gho-ghöls) pl occhiali di protezione

**gold** (ghould) *n* oro *m*; ~ **leaf** oro laminato

**golden** (*ghoul*-dön) *adj* aureo

**goldmine** (*ghould*-main) *n* miniera d'oro

**goldsmith** (*ghould*-ssmiθ) *n* orefice *m*

**golf** (gholf) *n* golf *m*

**golf-club** (*gholf*-klab) *n* mazza da golf

**golf-course** (*gholf*-kooss) *n* campo di golf

**golf-links** (*gholf*-lingkss) *n* campo di golf

**gondola** (*ghon*-dö-lö) *n* gondola *f*

**gone** (ghon) *adv* (pp go) via

**good** (ghud) *adj* buono; virtuoso

**good-bye!** (ghud-*bai*) arrivederci!

**good-humoured** (ghud-*hᵢuu*-möd) *adj* di buon umore

**good-looking** (ghud-*lu*-king) *adj* di bell'aspetto

**good-natured** (ghud-*nei*-tʃöd) *adj* gentile

**goods** (ghuds) *pl* merci; ~ **train** treno merci

**good-tempered** (ghud-*têm*-pöd) *adj* di buon umore

**goodwill** (ghud-*ᵁil*) *n* benevolenza *f*

**goose** (ghuuss) *n* (pl geese) oca *f*

**gooseberry** (*ghus*-bö-ri) *n* uva spina

**goose-flesh** (*ghuuss*-flêʃ) *n* pelle d'oca

**gorge** (ghoodʒ) *n* gola *f*

**gorgeous** (*ghoo*-dʒöss) *adj* magnifico

**gospel** (*gho*-sspöl) *n* vangelo *m*

**gossip** (*gho*-ssip) *n* pettegolezzo *m*; *v* pettegolare

**got** (ghot) *v* (p, pp get)

**gourmet** (*ghuᵒ*-mei) *n* buongustaio *m*

**gout** (ghaut) *n* gotta *f*

**govern** (*gha*-vön) *v* governare

**governess** (*gha*-vö-niss) *n* governante *f*

**government** (*gha*-vön-mönt) *n* governo *m*

**governor** (*gha*-vö-nö) *n* governatore *m*

**gown** (ghaun) *n* vestito da donna

**grace** (ghreiss) *n* grazia *f*; perdono *m*

**graceful** (*ghreiss*-föl) *adj* grazioso

**grade** (ghreid) *n* classe *f*; *v* classificare

**gradient** (*ghrei*-di-önt) *n* inclinazione *f*

**gradual** (*ghræ*-dʒu-öl) *adj* graduale

**graduate** (*ghræ*-dʒu-eit) *v* diplomarsi

**grain** (ghrein) *n* granello *m*, frumento *m*, grano *m*

**gram** (ghræm) *n* grammo *m*

**grammar** (*ghræ*-mö) *n* grammatica *f*

**grammatical** (ghrö-*mæ*-ti-köl) *adj* grammaticale

**gramophone** (*ghræ*-mö-foun) *n* grammofono *m*

**grand** (ghrænd) *adj* imponente

**granddad** (*ghræn*-dæd) *n* nonno *m*

**granddaughter** (*ghræn*-doo-tö) *n* nipotina *f*, nipote *f*

**grandfather** (*ghræn*-faa-ðö) *n* nonno *m*

**grandmother** (*ghræn*-ma-ðö) *n* nonna *f*

**grandparents** (*ghræn*-pê ᵒ-röntss) *pl* nonni

**grandson** (*ghræn*-ssan) *n* nipotino *m*, nipote *m*

**granite** (*ghræ*-nit) *n* granito *m*

**grant** (ghraant) *v* accordare; *concedere; *n* sussidio *m*, borsa *f*

**grapefruit** (*ghreip*-fruut) *n* pompelmo *m*

**grapes** (ghreipss) *pl* uva *f*

**graph** (ghræf) *n* grafico *m*

**graphic** (*ghræ*-fik) *adj* grafico

**grasp** (ghraassp) *v* afferrare; *n* stretta *f*

**grass** (ghraass) *n* erba *f*

**grasshopper** (*ghraass*-ho-pö) *n* cavalletta *f*

grate (ghreit) n grata f; v raspare

grateful (ghreit-föl) adj grato, riconoscente

grater (ghrei-tö) n grattugia f

gratis (ghræ-tiss) adj gratis

gratitude (ghræ-ti-t'uud) n gratitudine f

gratuity (ghrö-t'uu-ö-ti) n mancia f

grave (ghreiv) n tomba f; adj grave

gravel (ghræ-völ) n ghiaia f

gravestone (ghreiv-sstoun) n lapide f

graveyard (ghreiv-¹aad) n cimitero m

gravity (ghræ-vö-ti) n gravità f; serietà f

gravy (ghrei-vi) n sugo m

graze (ghreis) v pascolare; n escoriazione f

grease (ghriiss) n grasso m; v lubrificare

greasy (ghrii-ssi) adj grasso, unto

great (ghreit) adj grande; Great Britain Gran Bretagna

Greece (ghriiss) Grecia f

greed (ghriid) n cupidigia f

greedy (ghrii-di) adj avido; goloso

Greek (ghriik) adj greco

green (ghriin) adj verde; ~ card carta verde

greengrocer (ghriin-ghrou-ssö) n fruttivendolo m

greenhouse (ghriin-hauss) n serra f

greens (ghriins) pl verdura f

greet (ghriit) v salutare

greeting (ghrii-ting) n saluto m

grey (ghrei) adj grigio

greyhound (ghrei-haund) n levriere m

grief (ghriif) n cordoglio m; afflizione f, dolore m

grieve (ghriiv) v *affliggersi

grill (ghril) n griglia f; v cucinare alla griglia

grill-room (ghril-ruum) n rosticceria f

grin (ghrin) v ghignare; n smorfia f

*grind (ghraind) v macinare; tritare

grip (ghrip) v impugnare; n presa f, stretta f; nAm valigetta a mano f

grit (ghrit) n graniglia f

groan (ghroun) v gemere

grocer (ghrou-ssö) n droghiere m; grocer's drogheria f

groceries (ghrou-ssö-ris) pl alimentari mpl

groin (ghroin) n inguine m

groove (ghruuv) n solco m

gross¹ (ghrouss) n (pl ~) grossa f

gross² (ghrouss) adj rozzo; lordo

grotto (ghro-tou) n (pl ~es, ~s) grotta f

ground¹ (ghraund) n fondo m, terra f; ~ floor pianterreno m; grounds terreno m

ground² (ghraund) v (p, pp grind)

group (ghruup) n gruppo m

grove (ghrouv) n boschetto m

*grow (ghrou) v *crescere; coltivare; diventare

growl (ghraul) v brontolare

grown-up (ghroun-ap) adj adulto; n adulto m

growth (ghrouθ) n crescita f; escrescenza f

grudge (ghradʒ) v invidiare

grumble (ghram-böl) v brontolare

guarantee (ghæ-rön-tii) n garanzia f; cauzione f; v garantire

guarantor (ghæ-rön-too) n garante m

guard (ghaad) n guardiano m; v custodire

guardian (ghaa-di-ön) n tutore m

guess (ghêss) v indovinare; credere, congetturare; n congettura f

guest (ghêsst) n ospite m

guest-house (ghêsst-hauss) n pensione f

guest-room (ghêsst-ruum) n camera degli ospiti

guide (ghaid) n guida f; v guidare

guidebook (ghaid-buk) n guida f

guide-dog (*ghaid*-dogh) *n* cane guida

guilt (ghilt) *n* colpa *f*

guilty (*ghil*-ti) *adj* colpevole

guinea-pig (*ghi*-ni-pigh) *n* porcellino d'India

guitar (ghi-*taa*) *n* chitarra *f*

gulf (ghalf) *n* golfo *m*

gull (ghal) *n* gabbiano *m*

gum (gham) *n* gengiva *f*; gomma *f*; colla *f*

gun (ghan) *n* fucile *m*, rivoltella *f*; cannone *m*

gunpowder (*ghan*-pau-dö) *n* polvere da sparo

gust (ghasst) *n* raffica *f*

gusty (*gha*-ssti) *adj* ventoso

gut (ghat) *n* intestino *m*; guts coraggio *m*

gutter (*gha*-tö) *n* cunetta *f*

guy (ghai) *n* tipo *m*

gymnasium (dʒim-*nei*-si-öm) *n* (pl ~s, -sia) palestra *f*

gymnast (*dʒim*-næsst) *n* ginnasta *m*

gymnastics (dʒim-*næ*-sstikss) *pl* ginnastica *f*

gynaecologist (ghai-nö-*ko*-lö-dʒisst) *n* ginecologo *m*

# H

haberdashery (*hæ*-bö-dæ-ʃö-ri) *n* merceria *f*

habit (*hæ*-bit) *n* abitudine *f*

habitable (*hæ*-bi-tö-böl) *adj* abitabile

habitual (hö-*bi*-tʃu-öl) *adj* consueto

had (hæd) *v* (p, pp have)

haddock (*hæ*-dök) *n* (pl ~) merluzzo *m*

haemorrhage (*hê*-mö-ridʒ) *n* emorragia *f*

haemorrhoids (*hê*-mö-roids) *pl* emorroidi *fpl*

hail (heil) *n* grandine *f*

hair (hêᵒ) *n* capello *m*; ~ cream brillantina *f*; ~ gel brillantina *f*; ~ piece toupet *m*; ~ rollers bigodini *mpl*

hairbrush (*hêᵒ*-braʃ) *n* spazzola per capelli

haircut (*hêᵒ*-kat) *n* taglio di capelli

hair-do (*hêᵒ*-duu) *n* capigliatura *f*, acconciatura *f*

hairdresser (*hêᵒ*-drè-ssö) *n* parrucchiere *m*

hair-dryer (*hêᵒ*-drai-ö) *n* asciugacapelli *m*

hair-grip (*hêᵒ*-ghrip) *n* forcina *f*

hair-net (*hêᵒ*-nêt) *n* reticella *f*

hair-oil (*hêᵒ*-roil) *n* olio per capelli

hairpin (*hêᵒ*-pin) *n* forcina *f*

hair-spray (*hêᵒ*-ssprei) *n* lacca per capelli

hairy (*hêᵒ*-ri) *adj* peloso

half¹ (haaf) *adj* mezzo; *adv* a metà

half² (haaf) *n* (pl halves) metà *f*

half-time (haaf-*taim*) *n* intervallo *m*

halfway (haaf-ᵘ*ei*) *adv* a mezza strada

halibut (*hæ*-li-böt) *n* (pl ~) ippoglosso *m*

hall (hool) *n* vestibolo *m*; sala *f*

halt (hoolt) *v* fermarsi

halve (haav) *v* dimezzare

ham (hæm) *n* prosciutto *m*

hamlet (*hæm*-löt) *n* frazione *f*

hammer (*hæ*-mö) *n* martello *m*

hammock (*hæ*-mök) *n* amaca *f*

hamper (*hæm*-pö) *n* paniere *m*

hand (hænd) *n* mano *f*; *v* \*porgere; ~ cream crema per le mani

handbag (*hænd*-bægh) *n* borsetta *f*

handbook (*hænd*-buk) *n* manuale *m*

hand-brake (*hænd*-breik) *n* freno a mano

handcuffs (*hænd*-kafss) *pl* manette *fpl*

handful (*hænd*-ful) *n* manciata *f*

**hit** (hitt) *n* successo *m*

***hit** (hitt) *v* colpire; toccare

**hitchhike** (hitʃ-haik) *v* *fare l'autostop

**hitchhiker** (hitʃ-hai-kö) *n* autostoppista *m*

**hoarse** (hooss) *adj* roco, rauco

**hobby** (ho-bi) *n* passatempo *m*, hobby *m*

**hobby-horse** (ho-bi-hooss) *n* pallino *m*

**hockey** (ho-ki) *n* hockey *m*

**hoist** (hoisst) *v* issare

**hold** (hould) *n* stiva *f*

***hold** (hould) *v* *tenere; conservare; ~ on *reggersi; ~ up *sostenere

**hold-up** (houl-dap) *n* rapina *f*

**hole** (houl) *n* buca *f*, buco *m*

**holiday** (ho-lö-di) *n* ferie *fpl*; festa *f*; ~ camp colonia di vacanze; ~ resort luogo di villeggiatura; on ~ in ferie

**Holland** (ho-lönd) Olanda *f*

**hollow** (ho-lou) *adj* vuoto

**holy** (hou-li) *adj* santo

**homage** (ho-midʒ) *n* omaggio *m*

**home** (houm) *n* casa *f*; ospizio *m*, abitazione *f*; *adv* a casa; at ~ in casa

**home-made** (houm-meid) *adj* casalingo

**homesickness** (houm-ssik-nöss) *n* nostalgia *f*

**homosexual** (hou-mö-ssêk-ʃu-öl) *adj* omosessuale

**honest** (o-nisst) *adj* onesto; sincero

**honesty** (o-ni-ssti) *n* onestà *f*

**honey** (ha-ni) *n* miele *m*

**honeymoon** (ha-ni-muun) *n* luna di miele

**honk** (hangk) *vAm* suonare il clacson

**honour** (o-nö) *n* onore *m*; *v* onorare, *rendere omaggio

**honourable** (o-nö-rö-böl) *adj* onorevole; onesto

**hood** (hud) *n* cappuccio *m*; *nAm* cofano *m*

**hoof** (huuf) *n* zoccolo *m*

**hook** (huk) *n* uncino *m*

**hoot** (huut) *v* suonare il clacson

**hooter** (huu-tö) *n* clacson *m*

**hoover** (huu-vö) *v* pulire con l'aspirapolvere

**hop**[1] (hop) *v* saltellare; *n* saltello *m*

**hop**[2] (hop) *n* luppolo *m*

**hope** (houp) *n* speranza *f*; *v* sperare

**hopeful** (houp-föl) *adj* speranzoso

**hopeless** (houp-löss) *adj* disperato

**horizon** (hö-rai-sön) *n* orizzonte *m*

**horizontal** (ho-ri-son-töl) *adj* orizzontale

**horn** (hoon) *n* corno *m*; clacson *m*

**horrible** (ho-ri-böl) *adj* orribile; spaventevole, atroce

**horror** (ho-rö) *n* raccapriccio *m*, orrore *m*

**hors-d'œuvre** (oo-döövr) *n* antipasto *m*

**horse** (hooss) *n* cavallo *m*

**horseman** (hooss-mön) *n* (pl -men) cavallerizzo *m*

**horsepower** (hooss-pau⁶) *n* cavallo vapore

**horserace** (hooss-reiss) *n* corsa di cavalli

**horseradish** (hooss-ræ-diʃ) *n* rafano *m*

**horseshoe** (hooss-ʃuu) *n* ferro di cavallo

**horticulture** (hoo-ti-kal-tʃö) *n* orticoltura *f*

**hosiery** (hou-ʒö-ri) *n* maglieria *f*

**hospitable** (ho-sspi-tö-böl) *adj* ospitale

**hospital** (ho-sspi-töl) *n* ospedale *m*

**hospitality** (ho-sspi-tæ-lö-ti) *n* ospitalità *f*

**host** (housst) *n* ospite *m*

**hostage** (ho-sstidʒ) *n* ostaggio *m*

**hostel** ( *ho*-sstöl ) *n* ostello *m*

**hostess** ( *hou*-sstiss ) *n* ospite *f*

**hostile** ( *ho*-sstail ) *adj* ostile

**hot** ( hot ) *adj* caldo

**hotel** ( hou-*têl* ) *n* albergo *m*

**hot-tempered** ( hot-*têm*-pöd ) *adj* irascibile

**hour** ( au⁰ ) *n* ora *f*

**hourly** ( *au⁰*-li ) *adj* ogni ora

**house** ( hauss ) *n* casa *f*; abitazione *f*; immobile *m*; ~ **agent** agente immobiliare; ~ **block** *Am* isolato *m*; **public** ~ caffè *m*

**houseboat** ( *hauss*-bout ) *n* casa galleggiante

**household** ( *hauss*-hould ) *n* ménage *m*

**housekeeper** ( *hauss*-kii-pö ) *n* governante *f*

**housekeeping** ( *hauss*-kii-ping ) *n* faccende domestiche, faccende di casa

**housemaid** ( *hauss*-meid ) *n* domestica *f*

**housewife** ( *hauss*-ᵁaif ) *n* casalinga *f*

**housework** ( *hauss*-ᵁöök ) *n* lavori domestici

**how** ( hau ) *adv* come; che; ~ **many** quanto; ~ **much** quanto

**however** ( hau-ê-vö ) *conj* tuttavia, eppure

**hug** ( hagh ) *v* abbracciare; *n* abbraccio *m*

**huge** ( hⁱuudʒ ) *adj* immenso, enorme

**hum** ( ham ) *v* canticchiare

**human** ( *hⁱuu*-mön ) *adj* umano; ~ **being** essere umano

**humanity** ( hⁱu-*mæ*-nö-ti ) *n* umanità *f*

**humble** ( *ham*-böl ) *adj* umile

**humid** ( *hⁱuu*-mid ) *adj* umido

**humidity** ( hⁱu-*mi*-dö-ti ) *n* umidità *f*

**humorous** ( *hⁱuu*-mö-röss ) *adj* comico, spiritoso

**humour** ( *hⁱuu*-mö ) *n* spirito *m*

**hundred** ( *han*-dröd ) *n* cento

**Hungarian** ( hang-*ghê⁰*-ri-ön ) *adj* ungherese ( hang-ghö-ri ) Ungheria *f*

**Hungary** ( *hang*-ghö-ri ) Ungheria *f*

**hunger** ( *hang*-ghö ) *n* fame *f*

**hungry** ( *hang*-ghri ) *adj* affamato

**hunt** ( hant ) *v* cacciare; *n* caccia *f*; ~ **for** cercare

**hunter** ( *han*-tö ) *n* cacciatore *m*

**hurricane** ( *ha*-ri-kön ) *n* uragano *m*; ~ **lamp** lanterna vento

**hurry** ( *ha*-ri ) *v* spicciarsi, affrettarsi; *n* fretta *f*; **in a** ~ in fretta

*** hurt** ( hööt ) *v* *dolere, ferire; *offendere

**hurtful** ( *hööt*-föl ) *adj* nocivo

**husband** ( *has*-bönd ) *n* marito *m*

**hut** ( hat ) *n* capanna *f*

**hydrogen** ( *hai*-drö-dʒön ) *n* idrogeno *m*

**hygiene** ( *hai*-dʒiin ) *n* igiene *f*

**hygienic** ( hai-*dʒii*-nik ) *adj* igienico

**hymn** ( him ) *n* inno *m*

**hyphen** ( *hai*-fön ) *n* lineetta *f*

**hypocrisy** ( hi-*po*-krö-ssi ) *n* ipocrisia *f*

**hypocrite** ( *hi*-pö-krit ) *n* ipocrita *m*

**hypocritical** ( hi-pö-*kri*-ti-köl ) *adj* ipocrita

**hysterical** ( hi-*sstê*-ri-köl ) *adj* isterico

# I

**I** ( ai ) *pron* io

**ice** ( aiss ) *n* ghiaccio *m*

**ice-bag** ( *aiss*-bægh ) *n* borsa da ghiaccio

**ice-cream** ( *aiss*-kriim ) *n* gelato *m*

**Iceland** ( *aiss*-lönd ) Islanda *f*

**Icelander** ( *aiss*-lön-dö ) *n* islandese *m*

**Icelandic** ( aiss-*læn*-dik ) *adj* islandese

**icon** ( *ai*-kon ) *n* icona *f*

**idea** ( ai-*di⁰* ) *n* idea *f*; trovata *f*, pensiero *m*; nozione *f*, concetto *m*

**ideal** ( ai-*di⁰l* ) *adj* ideale; *n* ideale *m*

**identical** (ai-*dên*-ti-köl) *adj* identico

**identification** (ai-dên-ti-fi-*kei*-jön) *n* identificazione f

**identify** (ai-*dên*-ti-fai) *v* identificare

**identity** (ai-*dên*-tö-ti) *n* identità f; ~ **card** carta d'identità

**idiom** (*i*-di-öm) *n* idioma m

**idiomatic** (i-di-ö-*mæ*-tik) *adj* idiomatico

**idiot** (*i*-di-öt) *n* idiota m

**idiotic** (i-di-*o*-tik) *adj* idiota

**idle** (*ai*-döl) *adj* ozioso; pigro; vano

**idol** (*ai*-döl) *n* idolo m

**if** (if) *conj* se

**ignition** (igh-*ni*-jön) *n* accensione f; ~ **coil** bobina di accensione

**ignorant** (*igh*-nö-rönt) *adj* ignorante

**ignore** (igh-*noo*) *v* ignorare

**ill** (il) *adj* ammalato; cattivo; malvagio

**illegal** (i-*lii*-ghöl) *adj* illegale

**illegible** (i-*lê*-dʒö-böl) *adj* illeggibile

**illiterate** (i-*li*-tö-röt) *n* analfabeta m

**illness** (*il*-nöss) *n* malattia f

**illuminate** (i-*luu*-mi-neit) *v* illuminare

**illumination** (i-luu-mi-*nei*-jön) *n* illuminazione f

**illusion** (i-*luu*-ʒön) *n* illusione f; inganno m

**illustrate** (*i*-lö-sstreit) *v* illustrare

**illustration** (i-lö-*sstrei*-jön) *n* illustrazione f

**image** (*i*-midʒ) *n* immagine f

**imaginary** (i-*mæ*-dʒi-nö-ri) *adj* immaginario

**imagination** (i-mæ-dʒi-*nei*-jön) *n* immaginazione f

**imagine** (i-*mæ*-dʒin) *v* immaginare; figurarsi

**imitate** (*i*-mi-teit) *v* imitare

**imitation** (i-mi-*tei*-jön) *n* imitazione f

**immediate** (i-*mii*-dʲöt) *adj* immediato

**immediately** (i-*mii*-dʲöt-li) *adv* subito, immediatamente

**immense** (i-*mênss*) *adj* smisurato, enorme, immenso

**immigrant** (*i*-mi-ghrönt) *n* immigrante m

**immigrate** (*i*-mi-ghreit) *v* immigrare

**immigration** (i-mi-*ghrei*-jön) *n* immigrazione f

**immodest** (i-*mo*-disst) *adj* immodesto

**immunity** (i-*mʲuu*-nö-ti) *n* immunità f

**immunize** (*i*-mʲu*-nais) *v* immunizzare

**impartial** (im-*paa*-jöl) *adj* imparziale

**impassable** (im-*paa*-ssö-böl) *adj* impraticabile

**impatient** (im-*pei*-jönt) *adj* impaziente

**impede** (im-*piid*) *v* impedire

**impediment** (im-*pê*-di-mönt) *n* impedimento m

**imperfect** (im-*pöö*-fikt) *adj* imperfetto

**imperial** (im-*piö*-ri-öl) *adj* imperiale

**impersonal** (im-*pöö*-ssö-nöl) *adj* impersonale

**impertinence** (im-*pöö*-ti-nönss) *n* impertinenza f

**impertinent** (im-*pöö*-ti-nönt) *adj* impertinente, insolente

**implement¹** (*im*-pli-mönt) *n* utensile m, strumento m

**implement²** (*im*-pli-mênt) *v* effettuare

**imply** (im-*plai*) *v* implicare; comportare

**impolite** (im-pö-*lait*) *adj* scortese

**import¹** (im-*poot*) *v* importare

**import²** (*im*-poot) *n* importazione f; ~ **duty** dazio m

**importance** (im-*poo*-tönss) *n* rilievo m, importanza f

**important** (im-*poo*-tönt) *adj* rilevante, importante

**importer** (im-*poo*-tö) *n* importatore m

**imposing** (im-*pou*-sing) *adj* imponente

**impossible** (im-*po*-ssö-böl) *adj* impossibile

**impotence** (*im*-pö-tönss) *n* impotenza f

**impotent** (*im*-pö-tönt) *adj* impotente

**impound** (im-*paund*) *v* sequestrare

**impress** (im-*prêss*) *v* impressionare

**impression** (im-*prê*-∫ön) *n* impressione *f*

**impressive** (im-*prê*-ssiv) *adj* impressionante

**imprison** (im-*pri*-sön) *v* imprigionare

**imprisonment** (im-*pri*-sön-mönt) *n* imprigionamento *m*

**improbable** (im-*pro*-bö-böl) *adj* improbabile

**improper** (im-*pro*-pö) *adj* improprio

**improve** (im-*pruuv*) *v* migliorare

**improvement** (im-*pruuv*-mönt) *n* miglioramento *m*

**improvise** (*im*-prö-vais) *v* improvvisare

**impudent** (*im*-p<sup>i</sup>u-dönt) *adj* impudente

**impulse** (*im*-palss) *n* impulso *m*; stimolo *m*

**impulsive** (im-*pal*-ssiv) *adj* impulsivo

**in** (in) *prep* in; entro, su; *adv* dentro

**inaccessible** (i-næk-*ssê*-ssö-böl) *adj* inaccessibile

**inaccurate** (i-*næ*-k<sup>i</sup>u-röt) *adj* inesatto

**inadequate** (i-*næ*-di-k<sup>u</sup>öt) *adj* inadeguato

**incapable** (ing-*kei*-pö-böl) *adj* incapace

**incense** (*in*-ssènss) *n* incenso *m*

**incident** (*in*-ssi-dönt) *n* incidente *m*

**incidental** (in-ssi-*dén*-töl) *adj* incidentale

**incite** (in-*ssait*) *v* incitare

**inclination** (ing-kli-*nei*-∫ön) *n* inclinazione *f*

**incline** (ing-*klain*) *n* pendio *m*

**inclined** (ing-*klaind*) *adj* propenso, tendente; *be* ~ *to* *v* *tendere

**include** (ing-*kluud*) *v* *comprendere, *includere

**inclusive** (ing-*kluu*-ssiv) *adj* compreso

**income** (*ing*-köm) *n* reddito *m*

**income-tax** (*ing*-köm-tækss) *n* imposta sul reddito

**incompetent** (ing-*kom*-pö-tönt) *adj* incompetente

**incomplete** (in-köm-*pliit*) *adj* incompleto

**inconceivable** (ing-kön-*ssii*-vö-böl) *adj* inconcepibile

**inconspicuous** (ing-kön-*sspi*-k<sup>i</sup>u-öss) *adj* insignificante

**inconvenience** (ing-kön-*vii*-n<sup>i</sup>önss) *n* scomodità *f*, inconveniente *m*

**inconvenient** (ing-kön-*vii*-n<sup>i</sup>önt) *adj* inconveniente; fastidioso

**incorrect** (ing-kö-*rêkt*) *adj* inesatto, scorretto

**increase**[1] (ing-*kriiss*) *v* aumentare; *salire, *accrescersi

**increase**[2] (*ing*-kriiss) *n* aumento *m*; incremento *m*

**incredible** (ing-*krê*-dö-böl) *adj* incredibile

**incurable** (ing-k<sup>i</sup>u<sup>ö</sup>-rö-böl) *adj* incurabile

**indecent** (in-*dii*-ssönt) *adj* indecente

**indeed** (in-*diid*) *adv* effettivamente

**indefinite** (in-*dê*-fi-nit) *adj* indefinito

**indemnity** (in-*dêm*-nö-ti) *n* risarcimento *m*, indennità *f*

**independence** (in-di-*pên*-dönss) *n* indipendenza *f*

**independent** (in-di-*pên*-dönt) *adj* indipendente; autonomo

**index** (*in*-dêkss) *n* indice *m*; ~ **finger** indice *m*

**India** (*in*-di-ö) India *f*

**Indian** (*in*-di-ön) *adj* indiano; *n* indiano *m*

**indicate** (*in*-di-keit) *v* segnalare, indicare

**indication** (in-di-*kei*-∫ön) *n* indizio *m*, indicazione *f*

**indicator** (*in*-di-kei-tö) *n* freccia *f*

**indifferent** (in-*di*-fö-rönt) *adj* indifferente

**indigestion** (in-di-*dʒ*ĕss-tʃön) *n* indigestione *f*

**indignation** (in-digh-*nei*-ʃön) *n* indignazione *f*

**indirect** (in-di-*rĕkt*) *adj* indiretto

**individual** (in-di-*vi*-dʒu-öl) *adj* singolo, individuale; *n* singolo *m*, individuo *m*

**Indonesia** (in-dö-*nii*-si-ö) Indonesia *f*

**Indonesian** (in-dö-*nii*-si-ön) *adj* indonesiano

**indoor** (*in*-doo) *adj* in casa

**indoors** (in-*doos*) *adv* in casa

**indulge** (in-*daldʒ*) *v* cedere

**industrial** (in-*da*-sstri-öl) *adj* industriale; ~ **area** zona industriale

**industrious** (in-*da*-sstri-öss) *adj* laborioso

**industry** (*in*-dö-sstri) *n* industria *f*

**inedible** (i-*nĕ*-di-böl) *adj* immangiabile

**inefficient** (i-ni-*fi*-ʃönt) *adj* inefficace

**inevitable** (i-*nĕ*-vi-tö-böl) *adj* inevitabile

**inexpensive** (i-nik-*sspĕn*-ssiv) *adj* economico

**inexperienced** (i-nik-*sspi*[o]-ri-önsst) *adj* inesperto

**infant** (*in*-fönt) *n* neonato *m*

**infantry** (*in*-fön-tri) *n* fanteria *f*

**infect** (in-*fĕkt*) *v* infettare

**infection** (in-*fĕk*-ʃön) *n* infezione *f*

**infectious** (in-*fĕk*-ʃöss) *adj* contagioso

**infer** (in-*föö*) *v* \*dedurre

**inferior** (in-*fi*[o]-ri-ö) *adj* inferiore

**infinite** (*in*-fi-nöt) *adj* infinito

**infinitive** (in-*fi*-ni-tiv) *n* infinito *m*

**infirmary** (in-*föö*-mö-ri) *n* infermeria *f*

**inflammable** (in-*flæ*-mö-böl) *adj* infiammabile

**inflammation** (in-flö-*mei*-ʃön) *n* infiammazione *f*

**inflatable** (in-*flei*-tö-böl) *adj* gonfiabile

**inflate** (in-*fleit*) *v* gonfiare

**inflation** (in-*flei*-ʃön) *n* inflazione *f*

**influence** (*in*-flu-önss) *n* influenza *f*; *v* influire

**influential** (in-flu-*ĕn*-ʃöl) *adj* influente

**influenza** (in-flu-*ĕn*-sö) *n* influenza *f*

**inform** (in-*foom*) *v* informare; \*mettere al corrente, comunicare

**informal** (in-*foo*-möl) *adj* informale

**information** (in-fö-*mei*-ʃön) *n* informazione *f*; ragguaglio *m*, comunicazione *f*; ~ **bureau** ufficio informazioni

**infra-red** (in-frö-*rĕd*) *adj* infrarosso

**infrequent** (in-*frii*-k[u]önt) *adj* infrequente

**ingredient** (ing-*ghrii*-di-önt) *n* ingrediente *m*

**inhabit** (in-*hæ*-bit) *v* abitare

**inhabitable** (in-*hæ*-bi-tö-böl) *adj* abitabile

**inhabitant** (in-*hæ*-bi-tönt) *n* abitante *m*

**inhale** (in-*heil*) *v* aspirare

**inherit** (in-*hĕ*-rit) *v* ereditare

**inheritance** (in-*hĕ*-ri-tönss) *n* eredità *f*

**initial** (i-*ni*-ʃöl) *adj* iniziale; *n* iniziale *f*; *v* \*apporre le iniziali

**initiative** (i-*ni*-ʃö-tiv) *n* iniziativa *f*

**inject** (in-*dʒĕkt*) *v* iniettare

**injection** (in-*dʒĕk*-ʃön) *n* iniezione *f*

**injure** (*in*-dʒö) *v* ferire, \*offendere

**injury** (*in*-dʒö-ri) *n* ferita *f*; lesione *f*

**injustice** (in-*dʒa*-sstiss) *n* ingiustizia *f*

**ink** (ingk) *n* inchiostro *m*

**inlet** (*in*-lĕt) *n* insenatura *f*

**inn** (in) *n* locanda *f*

**inner** (*i*-nö) *adj* interno; ~ **tube** camera d'aria

**inn-keeper** (*in*-kii-pö) *n* albergatore *m*

**innocence** (*i*-nö-ssönss) *n* innocenza *f*

**innocent** (*i*-nö-ssönt) *adj* innocente

**inoculate** (i-no-kⁱu-leit) *v* inoculare

**inoculation** (i-no-kⁱu-*lei*-ʃön) *n* inoculazione *f*

**inquire** (ing-kᵘaiᵒ) *v* informarsi, indagare

**inquiry** (ing-kᵘaiᵒ-ri) *n* domanda *f*, indagine *f*; inchiesta *f*; ~ **office** ufficio informazioni

**inquisitive** (ing-kᵘi-sö-tiv) *adj* inquisitivo

**insane** (in-*ssein*) *adj* insano

**inscription** (in-*sskrip*-ʃön) *n* iscrizione *f*

**insect** (*in*-ssèkt) *n* insetto *m*; ~ **repellent** insettifugo *m*

**insecticide** (in-*ssèk*-ti-ssaid) *n* insetticida *m*

**insensitive** (in-*ssèn*-ssö-tiv) *adj* insensibile

**insert** (in-*ssööt*) *v* inserire

**inside** (in-*ssaid*) *n* interno *m*; *adj* interno; *adv* dentro; *prep* dentro, dentro a; ~ **out** alla rovescia; **insides** interiora *fpl*

**insight** (*in*-ssait) *n* penetrazione *f*

**insignificant** (in-ssigh-*ni*-fi-könt) *adj* insignificante; irrilevante; futile

**insist** (in-*ssisst*) *v* insistere; persistere

**insolence** (*in*-ssö-lönss) *n* insolenza *f*

**insolent** (*in*-ssö-lönt) *adj* impertinente, insolente

**insomnia** (in-*ssom*-ni-ö) *n* insonnia *f*

**inspect** (in-*sspèkt*) *v* ispezionare

**inspection** (in-*sspèk*-ʃön) *n* ispezione *f*; controllo *m*

**inspector** (in-*sspèk*-tö) *n* ispettore *m*

**inspire** (in-*sspaiᵒ*) *v* ispirare

**install** (in-*sstool*) *v* installare

**installation** (in-sstö-*lei*-ʃön) *n* installazione *f*

**instalment** (in-*sstool*-mönt) *n* rata *f*

**instance** (*in*-sstönss) *n* esempio *m*; caso *m*; **for** ~ per esempio

**instant** (*in*-sstönt) *n* istante *m*

**instantly** (*in*-sstönt-li) *adv* all'istante, subito, immediatamente

**instead of** (in-*sstèd* ov) invece di

**instinct** (*in*-sstingkt) *n* istinto *m*

**institute** (*in*-ssti-tⁱuut) *n* istituto *m*; istituzione *f*; *v* istituire

**institution** (in-ssti-tⁱuu-ʃön) *n* istituto *m*, istituzione *f*

**instruct** (in-*sstrakt*) *v* istruire

**instruction** (in-*sstrak*-ʃön) *n* istruzione *f*

**instructive** (in-*sstrak*-tiv) *adj* istruttivo

**instructor** (in-*sstrak*-tö) *n* istruttore *m*

**instrument** (*in*-sstru-mönt) *n* strumento *m*; **musical** ~ strumento musicale .

**insufficient** (*in*-ssö-*fi*-ʃönt) *adj* insufficiente

**insulate** (*in*-ssⁱu-leit) *v* isolare

**insulation** (in-ssⁱu-*lei*-ʃön) *n* isolamento *m*

**insulator** (*in*-ssⁱu-lei-tö) *n* isolatore *m*

**insult**[1] (in-*ssalt*) *v* insultare

**insult**[2] (*in*-ssalt) *n* insulto *m*

**insurance** (in-*ʃuᵒ*-rönss) *n* assicurazione *f*; ~ **policy** polizza di assicurazione

**insure** (in-*ʃuᵒ*) *v* assicurare

**intact** (in-*tækt*) *adj* intatto

**intellect** (*in*-tö-lêkt) *n* intelletto *m*

**intellectual** (in-tö-*lêk*-tʃu-öl) *adj* intellettuale

**intelligence** (in-*tê*-li-dʒönss) *n* intelligenza *f*

**intelligent** (in-*tê*-li-dʒönt) *adj* intelligente

**intend** (in-*tênd*) *v* *intendere

**intense** (in-*tênss*) *adj* intenso; veemente

**intention** (in-*tên*-ʃön) *n* intenzione *f*

**intentional** (in-*tên*-ʃö-nöl) *adj* intenzionale

**intercourse** (*in*-tö-kooss) *n* rapporto *m*

**interest** (*in*-trösst) n interesse m, interessamento m; v interessare

**interesting** (*in*-trö-ssting) adj interessante

**interfere** (in-tö-*fiº*) v interferire; ~ **with** intromettersi in

**interference** (in-tö-*fiº*-rönss) n interferenza f

**interim** (*in*-tö-rim) n interim m

**interior** (in-*tiº*-ri-ö) n interiore m

**interlude** (*in*-tö-luud) n intermezzo m

**intermediary** (in-tö-*mii*-d'ö-ri) n intermediario m

**intermission** (in-tö-*mi*-fön) n intervallo m

**internal** (in-*töö*-nöl) adj interno

**international** (in-tö-*næ*-fö-nöl) adj internazionale

**interpret** (in-*töö*-prit) v *fare da interprete; interpretare

**interpreter** (in-*töö*-pri-tö) n interprete m

**interrogate** (in-*tê*-rö-gheit) v interrogare

**interrogation** (in-tê-rö-*ghei*-fön) n interrogatorio m

**interrogative** (in-tö-*ro*-ghö-tiv) adj interrogativo

**interrupt** (in-tö-*rapt*) v *interrompere

**interruption** (in-tö-*rap*-fön) n interruzione f

**intersection** (in-tö-*ssêk*-fön) n intersezione f

**interval** (*in*-tö-völ) n intervallo m

**intervene** (in-tö-*viin*) v *intervenire

**interview** (*in*-tö-v'uu) n intervista f

**intestine** (in-*tê*-sstin) n intestino m

**intimate** (*in*-ti-möt) adj intimo

**into** (*in*-tu) prep in

**intolerable** (in-*to*-lö-rö-böl) adj intollerabile

**intoxicated** (in-*tok*-ssi-kei-tid) adj ubriaco

**intrigue** (in-*triigh*) n intrigo m

**introduce** (in-trö-*d'uuss*) v presentare; *introdurre

**introduction** (in-trö-*dak*-fön) n presentazione f; introduzione f

**invade** (in-*veid*) v *invadere

**invalid**[1] (*in*-vö-liid) n invalido m; adj invalido

**invalid**[2] (in-*væ*-lid) adj nullo

**invasion** (in-*vei*-ʒön) n irruzione f, invasione f

**invent** (in-*vênt*) v inventare

**invention** (in-*vên*-fön) n invenzione f

**inventive** (in-*vên*-tiv) adj inventivo

**inventor** (in-*vên*-tö) n inventore m

**inventory** (*in*-vön-tri) n inventario m

**invert** (in-*vööt*) v invertire

**invest** (in-*vêsst*) v investire

**investigate** (in-*vê*-ssti-gheit) v investigare

**investigation** (in-vê-ssti-*ghei*-fön) n investigazione f

**investment** (in-*vêsst*-mönt) n investimento m

**investor** (in-*vê*-sstö) n finanziatore m

**invisible** (in-*vi*-sö-böl) adj invisibile

**invitation** (in-vi-*tei*-fön) n invito m

**invite** (in-*vait*) v invitare

**invoice** (*in*-voiss) n fattura f

**involve** (in-*volv*) v *coinvolgere

**inwards** (*in*-ⁿöds) adv verso l'interno

**iodine** (*ai*-ö-diin) n iodio m

**Iran** (i-*raan*) Iran m

**Iranian** (i-*rei*-ni-ön) adj iraniano

**Iraq** (i-*raak*) Iraq m

**Iraqi** (i-*raa*-ki) adj iracheno

**irascible** (i-*ræ*-ssi-böl) adj irascibile

**Ireland** (*aiº*-lönd) Irlanda f

**Irish** (*aiº*-rif) adj irlandese

**Irishman** (*aiº*-rif-mön) n (pl -men) irlandese m

**iron** (*ai*-ön) n ferro m; ferro da stiro; di ferro; v stirare

**ironical** (ai-*ro*-ni-köl) adj ironico

**ironworks** (*ai*-ön-ⁿöökss) n ferriera f

irony (*aiô*-rö-ni) *n* ironia *f*
irregular (i-*rê*-ghⁱu-lö) *adj* irregolare
irreparable (i-*rê*-pö-rö-böl) *adj* irreparabile
irrevocable (i-*rê*-vö-kö-böl) *adj* irrevocabile
irritable (*i*-ri-tö-böl) *adj* irritabile
irritate (*i*-ri-teit) *v* irritare
is (is) *v* (pr be)
island (*ai*-lönd) *n* isola *f*
isolate (*ai*-ssö-leit) *v* isolare
isolation (ai-ssö-*lei*-fön) *n* isolamento *m*
Israel (*is*-reil) Israele *m*
Israeli (is-*rei*-li) *adj* israeliano
issue (*i*-fuu) *v* distribuire; *n* emissione *f*, tiratura *f*, edizione *f*; questione *f*, punto *m*; conseguenza *f*, risultato *m*, conclusione *f*, esito *m*; uscita *f*
isthmus (*iss*-möss) *n* istmo *m*
Italian (i-*tæl*-ⁱön) *adj* italiano
italics (i-*tæ*-likss) *pl* caratteri corsivi
Italy (*i*-tö-li) Italia *f*
itch (itf) *n* prurito *m*; *v* prudere
item (*ai*-töm) *n* articolo *m*; punto *m*
itinerant (ai-*ti*-nö-rönt) *adj* ambulante
itinerary (ai-*ti*-nö-rö-ri) *n* itinerario *m*
ivory (*ai*-vö-ri) *n* avorio *m*
ivy (*ai*-vi) *n* edera *f*

# J

jack (dʒæk) *n* cricco *m*
jacket (*dʒæ*-kit) *n* giacchetta *f*, giacca *f*; copertina *f*
jade (dʒeid) *n* giada *f*
jail (dʒeil) *n* prigione *m*
jailer (*dʒei*-lö) *n* carceriere *m*
jam (dʒæm) *n* marmellata *f*; ingorgo *m*
janitor (*dʒæ*-ni-tö) *n* portinaio *m*

January (*dʒæ*-nⁱu-ö-ri) gennaio
Japan (dʒö-*pæn*) Giappone *m*
Japanese (dʒæ-pö-*niis*) *adj* giapponese
jar (dʒaa) *n* giara *f*
jaundice (*dʒoon*-diss) *n* itterizia *f*
jaw (dʒoo) *n* mascella *f*
jealous (*dʒê*-löss) *adj* geloso
jealousy (*dʒê*-lö-ssi) *n* gelosia *f*
jeans (dʒiins) *pl* jeans *mpl*
jelly (*dʒê*-li) *n* gelatina *f*
jelly-fish (*dʒê*-li-fif) *n* medusa *f*
jersey (*dʒöê*-si) *n* jersey *m*; maglione *m*
jet (dʒêt) *n* getto *m*; aviogetto *m*
jetty (*dʒê*-ti) *n* molo *m*
Jew (dʒuu) *n* ebreo *m*
jewel (*dʒuu*-öl) *n* gioiello *m*
jeweller (*dʒuu*-ö-lö) *n* gioielliere *m*
jewellery (*dʒuu*-öl-ri) *n* gioie; gioielli
Jewish (*dʒuu*-if) *adj* ebraico
job (dʒob) *n* lavoro *m*; impiego *m*
jockey (*dʒo*-ki) *n* fantino *m*
join (dʒoin) *v* unire; unirsi a, associarsi; riunire
joint (dʒoint) *n* articolazione *f*; saldatura *f*; *adj* unito, congiunto
jointly (*dʒoint*-li) *adv* insieme
joke (dʒouk) *n* scherzo *m*
jolly (*dʒo*-li) *adj* allegro
Jordan (*dʒoo*-dön) Giordania *f*
Jordanian (dʒoo-*dei*-ni-ön) *adj* giordano
journal (*dʒöö*-nöl) *n* giornale *m*
journalism (*dʒöö*-nö-li-ssöm) *n* giornalismo *m*
journalist (*dʒöö*-nö-lisst) *n* giornalista *m*
journey (*dʒöö*-ni) *n* viaggio *m*
joy (dʒoi) *n* delizia *f*, gioia *f*
joyful (*dʒoi*-föl) *adj* allegro, gioioso
jubilee (*dʒuu*-bi-lii) *n* anniversario *m*
judge (dʒadʒ) *n* giudice *m*; *v* giudicare

**judgment** (dʒadʒ-mönt) n giudizio m
**jug** (dʒagh) n brocca f
**juggler** (dʒa-glö) n giocoliere m, giocoliera f
**juice** (dʒuuss) n succo m
**juicy** (dʒuu-ssi) adj succoso
**July** (dʒu-lai) luglio
**jump** (dʒamp) v saltare; n salto m
**jumper** (dʒam-pö) n golf m
**junction** (dʒangk-fön) n incrocio m; crocevia m
**June** (dʒuun) giugno
**jungle** (dʒang-ghöl) n giungla f
**junior** (dʒuu-n'ö) adj minore
**junk** (dʒangk) n spazzatura f
**jury** (dʒuʰ-ri) n giuria f
**just** (dʒasst) adj giusto; esatto; adv appena; esattamente
**justice** (dʒa-sstiss) n giustizia f
**justify** (dʒa-ssti-fai) v giustificare
**juvenile** (dʒuu-vö-nail) adj giovanile

## K

**kangaroo** (kæng-ghö-ruu) n canguro m
**keel** (kiil) n chiglia f
**keen** (kiin) adj appassionato; aguzzo
***keep** (kiip) v *tenere; *mantenere; continuare; ~ away from *tenersi lontano da; ~ off lasciar *stare; ~ on continuare; ~ quiet *tacere; ~ up perseverare; ~ up with *stare al passo con
**keg** (kêgh) n bariletto m
**kennel** (kê-nöl) n canile m
**Kenya** (kê-n'ö) Kenia m
**kerosene** (kê-rö-ssiin) n petrolio m
**ketchup** (kê-tfap) n ketchup m
**kettle** (kê-töl) n bollitore m
**key** (kii) n chiave f
**keyhole** (kii-houl) n buco della serratura

**khaki** (kaa-ki) n kaki m
**kick** (kik) v tirare calci, *prendere a calci; n calcio m, pedata f
**kick-off** (ki-kof) n calcio d'inizio
**kid** (kid) n bambino m; capretto m; v stuzzicare
**kidney** (kid-ni) n rene m
**kill** (kil) v ammazzare, *uccidere
**kilogram** (ki-lö-ghræm) n chilo m
**kilometre** (ki-lö-mii-tö) n chilometro m
**kind** (kaind) adj gentile, benevolo; buono; n genere m
**kindergarten** (kin-dö-ghaa-tön) n giardino d'infanzia, asilo infantile
**king** (king) n re m
**kingdom** (king-döm) n regno m
**kiosk** (kii-ossk) n chiosco m
**kiss** (kiss) n bacio m; v baciare
**kit** (kit) n corredo m
**kitchen** (ki-tfin) n cucina f; ~ garden orto m
**kleenex** (klii-nêkss) n fazzoletto di carta
**knapsack** (næp-ssæk) n zaino m
**knave** (neiv) n fante m
**knee** (nii) n ginocchio m
**kneecap** (nii-kæp) n rotula f
***kneel** (niil) v inginocchiarsi
**knew** (n'uu) v (p know)
**knickers** (ni-kös) pl mutandine fpl
**knife** (naif) n (pl knives) coltello m
**knight** (nait) n cavaliere m
***knit** (nit) v lavorare a maglia
**knob** (nob) n manopola f
**knock** (nok) v bussare; n colpo m; ~ against urtare contro; ~ down atterrare
**knot** (not) n nodo m; v annodare
***know** (nou) v *sapere, *conoscere
**knowledge** (no-lidʒ) n conoscenza f
**knuckle** (na-köl) n nocca f

# L

**label** (*lei*-böl) *n* etichetta *f*; *v* etichettare

**laboratory** (lö-*bo*-rö-tö-ri) *n* laboratorio *m*

**labour** (*lei*-bö) *n* lavoro *m*; doglie *fpl*; *v* lavorare sodo, faticare; **labor permit** *Am* permesso di lavoro

**labourer** (*lei*-bö-rö) *n* operaio *m*

**labour-saving** (*lei*-bö-ssei-ving) *adj* che risparmia lavoro

**labyrinth** (*læ*-bö-rinθ) *n* labirinto *m*

**lace** (leiss) *n* merletto *m*; laccio *m*

**lack** (læk) *n* mancanza *f*; *v* mancare

**lacquer** (*læ*-kö) *n* lacca *f*

**lad** (læd) *n* giovane *m*, ragazzo *m*

**ladder** (*læ*-dö) *n* scala *f*

**lady** (*lei*-di) *n* signora *f*; **ladies' room** gabinetto per signore

**lagoon** (lö-*ghuun*) *n* laguna *f*

**lake** (leik) *n* lago *m*

**lamb** (læm) *n* agnello *m*

**lame** (leim) *adj* paralitico, zoppicante, zoppo

**lamentable** (*læ*-mön-tö-böl) *adj* lamentevole

**lamp** (læmp) *n* lampada *f*

**lamp-post** (*læmp*-pousst) *n* lampione *m*

**lampshade** (*læmp*-ʃeid) *n* paralume *m*

**land** (lænd) *n* paese *m*, terra *f*; *v* atterrare; sbarcare

**landlady** (*lænd*-lei-di) *n* affittacamere *f*

**landlord** (*lænd*-lood) *n* padrone di casa, proprietario *m*; affittacamere *m*

**landmark** (*lænd*-maak) *n* punto di riferimento; pietra miliare

**landscape** (*lænd*-sskeip) *n* paesaggio *m*

**lane** (lein) *n* vicolo *m*, sentiero *m*; corsia *f*

**language** (*læng*-gh<sup>u</sup>idʒ) *n* lingua *f*; ~ **laboratory** laboratorio linguistico

**lantern** (*læn*-tön) *n* lanterna *f*

**lapel** (lö-*pêl*) *n* risvolta *f*

**larder** (*laa*-dö) *n* dispensa *f*

**large** (laadʒ) *adj* grande; spazioso

**lark** (laak) *n* allodola *f*

**laryngitis** (læ-rin-*dʒai*-tiss) *n* laringite *f*

**last** (laasst) *adj* ultimo; scorso; *v* durare; **at** ~ finalmente

**lasting** (*laa*-ssting) *adj* duraturo, durevole

**latchkey** (*lætʃ*-kii) *n* chiave di casa

**late** (leit) *adj* tardivo; in ritardo

**lately** (*leit*-li) *adv* ultimamente, recentemente

**lather** (*laa*-ðö) *n* schiuma *f*

**Latin America** (*læ*-tin ö-*mê*-ri-kö) America Latina

**Latin-American** (*læ*-tin-ö-*mê*-ri-kön) *adj* latino americano

**latitude** (*læ*-ti-t'uud) *n* latitudine *f*

**laugh** (laaf) *v* *ridere; *n* riso *m*

**laughter** (*laaf*-tö) *n* risata *f*

**launch** (loontʃ) *v* lanciare; *n* motonave *f*

**launching** (*loon*-tʃing) *n* varo *m*

**launderette** (loon-dö-*rêt*) *n* lavanderia automatica

**laundry** (*loon*-dri) *n* lavanderia *f*; bucato *m*

**lavatory** (*læ*-vö-tö-ri) *n* gabinetto *m*

**lavish** (*læ*-viʃ) *adj* prodigo

**law** (loo) *n* legge *f*; ~ **court** tribunale *m*

**lawful** (*loo*-föl) *adj* legale

**lawn** (loon) *n* prato *m*

**lawsuit** (*loo*-ssuut) *n* processo *m*, causa *f*

**lawyer** (*loo*-'ö) *n* avvocato *m*; giurista *m*

**laxative** (*læk*-ssö-tiv) *n* lassativo *m*

**\*lay** (lei) v collocare, \*mettere, posare; ~ **bricks** murare

**layer** (lei⁶) n strato m

**layman** (lei-mön) n profano m

**lazy** (lei-si) adj pigro

**lead¹** (liid) n vantaggio m; guida f; guinzaglio m

**lead²** (lêd) n piombo m

**\*lead** (liid) v \*dirigere

**leader** (lii-dö) n leader m, dirigente m

**leadership** (lii-dö-ʃip) n comando m

**leading** (lii-ding) adj dominante, principale

**leaf** (liif) n (pl leaves) foglia f

**league** (liigh) n lega f

**leak** (liik) n sgocciolamento m

**leaky** (lii-ki) adj perdente

**lean** (liin) adj magro

**\*lean** (liin) v appoggiarsi

**leap** (liip) n salto m

**\*leap** (liip) v balzare

**leap-year** (liip-⁻ʲ⁶) n anno bisestile

**\*learn** (löön) v imparare

**learner** (löö-nö) n principiante m

**lease** (liiss) n contratto di affitto; locazione f; v \*dare in locazione, \*dare in affitto; \*prendere in affitto

**leash** (liiʃ) n guinzaglio m

**least** (liisst) adj minimo; **at** ~ almeno

**leather** (lê-ðö) n pelle f; di pelle

**leave** (liiv) n congedo m

**\*leave** (liiv) v partire, lasciare; ~ **out** \*omettere

**Lebanese** (lê-bö-niis) adj libanese

**Lebanon** (lê-bö-nön) Libano m

**lecture** (lèk-tʃö) n lezione f, conferenza f

**left¹** (lèft) adj sinistro

**left²** (lèft) v (p, pp leave)

**left-hand** (lêft-hænd) adj sinistro, a sinistra

**left-handed** (lêft-hæn-did) adj mancino

**leg** (lêgh) n piede m, gamba f

**legacy** (lê-ghö-ssi) n legato m

**legal** (lii-ghöl) adj legittimo, legale; giuridico

**legalization** (lii-ghö-lai-sei-ʃön) n legalizzazione f

**legation** (li-ghei-ʃön) n legazione f

**legible** (lê-dʒi-böl) adj leggibile

**legitimate** (li-dʒi-ti-möt) adj legittimo

**leisure** (lê-ʒö) n comodo m

**lemon** (lê-mön) n limone m

**lemonade** (lê-mö-neid) n limonata f

**\*lend** (lênd) v prestare

**length** (lêngθ) n lunghezza f

**lengthen** (lêng-θön) v allungare

**lengthways** (lêngθ-ᵘeis) adv per il lungo

**lens** (lêns) n lente f; **telephoto** ~ teleobbiettivo m; **zoom** ~ zoom m

**leprosy** (lê-prö-ssi) n lebbra f

**less** (lèss) adv meno

**lessen** (lê-ssön) v diminuire

**lesson** (lê-ssön) n lezione f

**\*let** (lêt) v lasciare; affittare; ~ **down** \*deludere

**letter** (lê-tö) n lettera f; ~ **of credit** lettera di credito; ~ **of recommendation** lettera di raccomandazione

**letter-box** (lê-tö-bokss) n cassetta postale

**lettuce** (lê-tiss) n lattuga f

**level** (lê-völ) adj piano; piatto, spianato; n livello m; livella f; v pareggiare, livellare; ~ **crossing** passaggio a livello

**lever** (lii-vö) n leva f

**Levis** (lii-vais) pl jeans mpl

**liability** (lai-ö-bi-lö-ti) n responsabilità f

**liable** (lai-ö-böl) adj responsabile; ~ **to** soggetto a

**liberal** (li-bö-röl) adj liberale; generoso, prodigo

**liberation** (li-bö-rei-ʃön) n liberazione f

**Liberia** (lai-*bi*ᵒ-ri-ö) Liberia *f*
**Liberian** (lai-*bi*ᵒ-ri-ön) *adj* liberiano
**liberty** (*li*-bö-ti) *n* libertà *f*
**library** (*lai*-brö-ri) *n* biblioteca *f*
**licence** (*lai*-ssönss) *n* licenza *f*;
   **driving** ~ patente di guida; ~ **number** *Am* numero di targa; ~ **plate** *Am* targa automobilistica
**license** (*lai*-ssönss) *v* autorizzare
**lick** (lik) *v* leccare
**lid** (lid) *n* coperchio *m*
**lie** (lai) *v* mentire; *n* menzogna *f*
*****lie** (lai) *v* *star disteso; ~ **down** sdraiarsi
**life** (laif) *n* (pl lives) vita *f*; ~ **insurance** assicurazione sulla vita
**lifebelt** (*laif*-bêlt) *n* cintura di salvataggio
**lifetime** (*laif*-taim) *n* vita *f*
**lift** (lift) *v* alzare, sollevare; *n* ascensore *m*
**light** (lait) *n* luce *f*; *adj* leggero; chiaro; ~ **bulb** bulbo *m*
*****light** (lait) *v* *accendere
**lighter** (*lai*-tö) *n* accendino *m*
**lighthouse** (*lait*-hauss) *n* faro *m*
**lighting** (*lai*-ting) *n* illuminazione *f*
**lightning** (*lait*-ning) *n* lampo *m*
**like** (laik) *v* *voler bene; gradire; *adj* simile; *conj* come
**likely** (*lai*-kli) *adj* probabile
**like-minded** (laik-*main*-did) *adj* unanime
**likewise** (*laik*-ᵘais) *adv* nello stesso modo, inoltre
**lily** (*li*-li) *n* giglio *m*
**limb** (lim) *n* membro *m*
**lime** (laim) *n* calce *f*; tiglio *m*: cedro *m*
**limetree** (*laim*-trii) *n* tiglio *m*
**limit** (*li*-mit) *n* limite *m*; *v* limitare
**limp** (limp) *v* zoppicare; *adj* floscio
**line** (lain) *n* riga *f*; tratto *m*; cordicella *f*; linea *f*; fila *f*; **stand in** ~ *Am*

*****fare la coda
**linen** (*li*-nin) *n* lino *m*; biancheria *f*
**liner** (*lai*-nö) *n* nave di linea
**lingerie** (*long*-ȝö-rii) *n* biancheria *f*
**lining** (*lai*-ning) *n* fodera *f*
**link** (lingk) *v* collegare; *n* legame *m*; maglia *f*
**lion** (*lai*-ön) *n* leone *m*
**lip** (lip) *n* labbro *m*
**lipsalve** (*lip*-ssaav) *n* pomata per le labbra
**lipstick** (*lip*-sstik) *n* rossetto *m*
**liqueur** (li-kᵘid) *n* liquore *m*
**liquid** (*li*-kᵘid) *adj* liquido; *n* liquido *m*
**liquor** (*li*-kö) *n* bevande alcooliche
**liquorice** (*li*-kö-riss) *n* liquirizia *f*
**list** (lisst) *n* elenco *m*; *v* elencare
**listen** (*li*-ssön) *v* sentire, ascoltare
**listener** (*liss*-nö) *n* ascoltatore *m*
**literary** (*li*-trö-ri) *adj* letterario
**literature** (*li*-trö-tʃö) *n* letteratura *f*
**litre** (*lii*-tö) *n* litro *m*
**litter** (*li*-tö) *n* rifiuti; figliata *f*
**little** (*li*-töl) *adj* piccolo; poco
**live**¹ (liv) *v* *vivere; abitare
**live**² (laiv) *adj* vivo
**livelihood** (*laiv*-li-hud) *n* sussistenza *f*
**lively** (*laiv*-li) *adj* vivace
**liver** (*li*-vö) *n* fegato *m*
**living-room** (*li*-ving-ruum) *n* soggiorno *m*, salotto *m*
**load** (loud) *n* carico *m*; peso *m*; *v* caricare
**loaf** (louf) *n* (pl loaves) pagnotta *f*
**loan** (loun) *n* prestito *m*
**lobby** (*lo*-bi) *n* atrio *m*; ridotto *m*
**lobster** (*lob*-sstö) *n* aragosta *f*
**local** (*lou*-köl) *adj* locale; ~ **call** chiamata locale; ~ **train** treno locale
**locality** (lou-*kæ*-lö-ti) *n* località *f*
**locate** (lou-*keit*) *v* localizzare
**location** (lou-*kei*-ʃön) *n* posizione *f*
**lock** (lok) *v* *chiudere a chiave; *n* ser-

ratura *f*; chiusa *f*; ~ **up** *chiudere a chiave

**locomotive** (lou-kö-*mou*-tiv) *n* locomotiva *f*

**lodge** (lodʒ) *v* alloggiare; *n* padiglione da caccia

**lodger** (*lo*-dʒö) *n* inquilino *m*

**lodgings** (*lo*-dʒings) *pl* alloggio *m*

**log** (logh) *n* ceppo *m*

**logic** (*lo*-dʒik) *n* logica *f*

**logical** (*lo*-dʒi-köl) *adj* logico

**lonely** (*loun*-li) *adj* solitario

**long** (long) *adj* lungo; ~ **for** bramare; **no longer** non... più

**longing** (*long*-ing) *n* bramosia *f*

**longitude** (*lon*-dʒi-t'uud) *n* longitudine *f*

**look** (luk) *v* guardare; sembrare, *aver l'aria; *n* occhiata *f*, sguardo *m*; aspetto *m*; ~ **after** occuparsi di, badare a; ~ **at** guardare; ~ **for** cercare; ~ **out** *stare attento, *fare attenzione; ~ **up** cercare

**looking-glass** (*lu*-king-ghlaass) *n* specchio *m*

**loop** (luup) *n* nodo scorsoio

**loose** (luuss) *adj* slegato

**loosen** (*luu*-ssön) *v* slegare

**lord** (lood) *n* lord *m*

**lorry** (*lo*-ri) *n* autocarro *m*

*lose (luus) *v* *perdere, smarrire

**loss** (loss) *n* perdita *f*

**lost** (losst) *adj* smarrito; ~ **and found** oggetti smarriti; ~ **property office** ufficio oggetti smarriti

**lot** (lot) *n* fortuna *f*, sorte *f*; massa *f*, quantità *f*

**lotion** (*lou*-ʃön) *n* lozione *f*; **after-shave** ~ lozione dopo barba

**lottery** (*lo*-tö-ri) *n* lotteria *f*

**loud** (laud) *adj* forte, alto

**loud-speaker** (laud-*sspii*-kö) *n* altoparlante *m*

**lounge** (laundʒ) *n* salone *m*

**louse** (lauss) *n* (pl lice) pidocchio *m*

**love** (lav) *v* amare; *n* amore *m*; **in** ~ innamorato

**lovely** (*lav*-li) *adj* delizioso, splendido, bello

**lover** (*la*-vö) *n* amante *m*

**love-story** (*lav*-sstoo-ri) *n* storia d'amore

**low** (lou) *adj* basso; abbattuto; ~ **tide** bassa marea

**lower** (*lou*-ö) *v* abbassare; ribassare; calare; *adj* inferiore

**lowlands** (*lou*-lönds) *pl* bassopiano *m*

**loyal** (*loi*-öl) *adj* leale

**lubricate** (*luu*-bri-keit) *v* lubrificare

**lubrication** (luu-bri-*kei*-ʃön) *n* lubrificazione *f*; ~ **oil** lubrificante *m*; ~ **system** sistema lubrificante

**luck** (lak) *n* successo *m*, fortuna *f*; caso *m*; **bad** ~ sfortuna *f*

**lucky** (*la*-ki) *adj* fortunato; ~ **charm** portafortuna *m*

**ludicrous** (*luu*-di-kröss) *adj* irrisorio, ridicolo

**luggage** (*la*-ghidʒ) *n* bagaglio *m*; **hand** ~ bagaglio a mano; **left** ~ **office** deposito bagagli; ~ **rack** portabagagli *m*; ~ **van** bagagliaio *m*

**lukewarm** (*luuk*-ᵘoom) *adj* tiepido

**lumbago** (lam-*bei*-ghou) *n* lombaggine *f*

**luminous** (*luu*-mi-nöss) *adj* luminoso

**lump** (lamp) *n* nodo *m*, grumo *m*, pezzo *m*; protuberanza *f*; ~ **of sugar** zolletta di zucchero; ~ **sum** somma globale

**lumpy** (*lam*-pi) *adj* grumoso

**lunacy** (*luu*-nö-ssi) *n* pazzia *f*

**lunatic** (*luu*-nö-tik) *adj* pazzo; *n* pazzo *m*

**lunch** (lantʃ) *n* pranzo *m*, seconda colazione, colazione *f*

**luncheon** (*lan*-tʃön) *n* colazione *f*

**lung** (lang) *n* polmone *m*

**lust** (lasst) *n* concupiscenza *f*
**luxurious** (lagh-ʒuᵒ-ri-öss) *adj* lussuoso
**luxury** (lak-ʃö-ri) *n* lusso *m*

# M

**machine** (mö-ʃiin) *n* apparecchio *m*, macchina *f*
**machinery** (mö-ʃii-nö-ri) *n* macchinario *m*; meccanismo *m*
**mackerel** (mæ-kröl) *n* (pl ~) sgombro *m*
**mackintosh** (mæ-kin-toʃ) *n* impermeabile *m*
**mad** (mæd) *adj* matto, pazzo, folle; rabbioso
**madam** (mæ-döm) *n* signora *f*
**madness** (mæd-nöss) *n* pazzia *f*
**magazine** (mæ-ghö-siin) *n* rivista *f*
**magic** (mæ-dʒik) *n* magia *f*; *adj* magico
**magician** (mö-dʒi-ʃön) *n* prestigiatore *m*
**magistrate** (mæ-dʒi-sstreit) *n* magistrato *m*
**magnetic** (mægh-nê-tik) *adj* magnetico
**magneto** (mægh-nii-tou) *n* (pl ~s) magnete *m*
**magnificent** (mægh-ni-fi-ssönt) *adj* magnifico, grandioso, splendido
**magpie** (mægh-pai) *n* gazza *f*
**maid** (meid) *n* cameriera *f*
**maiden name** (mei-dön neim) cognome da nubile
**mail** (meil) *n* posta *f*; *v* impostare; ~ **order** *Am* vaglia postale
**mailbox** (meil-bokss) *nAm* cassetta postale
**main** (mein) *adj* principale; maggiore; ~ **deck** ponte di coperta; ~ **line**

linea principale; ~ **road** strada principale; ~ **street** via principale
**mainland** (mein-lönd) *n* terraferma *f*
**mainly** (mein-li) *adv* principalmente
**mains** (meins) *pl* linea elettrica principale
**maintain** (mein-tein) *v* *mantenere
**maintenance** (mein-tö-nönss) *n* manutenzione *f*
**maize** (meis) *n* granturco *m*
**major** (mei-dʒö) *adj* grande; maggiore; *n* maggiore *m*
**majority** (mö-dʒo-rö-ti) *n* maggioranza *f*
***make** (meik) *v* *fare; guadagnare; *riuscire; ~ **do with** arrangiarsi con; ~ **good** compensare; ~ **up** compilare
**make-up** (mei-kap) *n* trucco *m*
**malaria** (mö-lêᵒ-ri-ö) *n* malaria *f*
**Malay** (mö-lei) *n* malese *m*
**Malaysia** (mö-lei-si-ö) Malesia *f*
**Malaysian** (mö-lei-si-ön) *adj* malese
**male** (meil) *adj* maschio
**malicious** (mö-li-ʃöss) *adj* malevolo
**malignant** (mö-ligh-nönt) *adj* maligno
**mallet** (mæ-lit) *n* maglio *m*
**malnutrition** (mæl-nⁱu-tri-ʃön) *n* denutrizione *f*
**mammal** (mæ-möl) *n* mammifero *m*
**mammoth** (mæ-möθ) *n* mammut *m*
**man** (mæn) *n* (pl men) uomo *m*; **men's room** gabinetto per signori
**manage** (mæ-nidʒ) *v* *dirigere; *riuscire
**manageable** (mæ-ni-dʒö-böl) *adj* maneggiabile
**management** (mæ-nidʒ-mönt) *n* direzione *f*; gestione *f*
**manager** (mæ-ni-dʒö) *n* capo *m*, direttore *m*
**mandarin** (mæn-dö-rin) *n* mandarino *m*
**mandate** (mæn-deit) *n* mandato *m*

**manger** (*mein*-dʒö) *n* mangiatoia *f*

**manicure** (*mæ*-ni-kʲuᵒ) *n* manicure *f*; *v* curare le unghie

**mankind** (mæn-*kaind*) *n* umanità *f*

**mannequin** (*mæ*-nö-kin) *n* indossatrice *f*

**manner** (*mæ*-nö) *n* modo *m*, maniera *f*; **manners** *pl* maniere

**man-of-war** (mæ-növ-ᵘᵒ*oo*) *n* nave da guerra

**manor-house** (*mæ*-nö-hauss) *n* casa padronale

**mansion** (*mæn*-ʃön) *n* palazzo *m*

**manual** (*mæ*-nʲu-öl) *adj* manuale

**manufacture** (mæ-nʲu-*fæk*-tʃö) *v* confezionare, fabbricare

**manufacturer** (mæ-nʲu-*fæk*-tʃö-rö) *n* fabbricante *m*

**manure** (mö-nʲuᵒ) *n* concime *m*

**manuscript** (*mæ*-nʲu-sskript) *n* manoscritto *m*

**many** (*mê*-ni) *adj* molti

**map** (mæp) *n* carta *f*; mappa *f*; pianta *f*

**maple** (*mei*-pöl) *n* acero *m*

**marble** (*maa*-böl) *n* marmo *m*; pallina *f*

**March** (maatʃ) *n* marzo

**march** (maatʃ) *v* marciare; *n* marcia *f*

**mare** (mêᵒ) *n* cavalla *f*

**margarine** (maa-dʒö-*riin*) *n* margarina *f*

**margin** (*maa*-dʒin) *n* margine *m*

**maritime** (*mæ*-ri-taim) *adj* marittimo

**mark** (maak) *v* marcare; segnare; caratterizzare; *n* segno *m*; voto *m*; bersaglio *m*

**market** (*maa*-kit) *n* mercato *m*

**market-place** (*maa*-kit-pleiss) *n* piazza del mercato

**marmalade** (*maa*-mö-leid) *n* marmellata *f*

**marriage** (*mæ*-ridʒ) *n* matrimonio *m*

**marrow** (*mæ*-rou) *n* midollo *m*

**marry** (*mæ*-ri) *v* sposare; **married couple** coniugi *mpl*

**marsh** (maaʃ) *n* palude *f*

**marshy** (*maa*-ʃi) *adj* paludoso

**martyr** (*maa*-tö) *n* martire *m*

**marvel** (*maa*-völ) *n* meraviglia *f*; *v* meravigliarsi

**marvellous** (*maa*-vö-löss) *adj* meraviglioso

**mascara** (mæ-*sskaa*-rö) *n* mascara *m*

**masculine** (*mæ*-ssk'u-lin) *adj* maschile

**mash** (mæʃ) *v* schiacciare

**mask** (maassk) *n* maschera *f*

**Mass** (mæss) *n* messa *f*

**mass** (mæss) *n* massa *f*; ~ **production** produzione in serie

**massage** (*mæ*-ssaaʒ) *n* massaggio *m*; *v* massaggiare

**masseur** (mæ-*ssöö*) *n* massaggiatore *m*

**massive** (*mæ*-ssiv) *adj* massiccio

**mast** (maasst) *n* albero *m*

**master** (*maa*-sstö) *n* maestro *m*; padrone *m*; professore *m*, insegnante *m*; *v* dominare

**masterpiece** (*maa*-sstö-piiss) *n* capolavoro *m*

**mat** (mæt) *n* stuoia *f*; *adj* pallido, opaco

**match** (mætʃ) *n* fiammifero *m*; partita *f*; *v* intonarsi con

**match-box** (*mætʃ*-bokss) *n* scatola di fiammiferi

**material** (mö-*tiᵒ*-ri-öl) *n* materiale *m*; stoffa *f*; *adj* materiale

**mathematical** (mæ-θö-*mæ*-ti-köl) *adj* matematico

**mathematics** (mæ-θö-*mæ*-tikss) *n* matematica *f*

**matrimonial** (mæ-tri-*mou*-ni-öl) *adj* matrimoniale

**matrimony** (*mæ*-tri-mö-ni) *n* matrimonio *m*

**matter** (*mæ*-tö) *n* materia *f*; affare

*m*, questione *f*, faccenda *f*; *v* \*avere importanza; **as a ~ of fact** effettivamente, infatti

**matter-of-fact** (mæ-tö-röv-*fækt*) *adj* prosaico

**mattress** (*mæ*-tröss) *n* materasso *m*

**mature** (mö-*t'uᵒ*) *adj* maturo

**maturity** (mö-*t'uᵒ*-rö-ti) *n* maturità *f*

**mausoleum** (moo-ssö-*lii*-öm) *n* mausoleo *m*

**mauve** (mouv) *adj* lilla

**May** (mei) maggio

\***may** (mei) *v* \*potere

**maybe** (*mei*-bii) *adv* forse

**mayor** (mêᵒ) *n* sindaco *m*

**maze** (meis) *n* labirinto *m*

**me** (mii) *pron* mi; me

**meadow** (*mê*-dou) *n* prato *m*

**meal** (miil) *n* pasto *m*

**mean** (miin) *adj* meschino; *n* media *f*

\***mean** (miin) *v* significare; \*voler dire; \*intendere

**meaning** (*mii*-ning) *n* significato *m*

**meaningless** (*mii*-ning-löss) *adj* insensato

**means** (miins) *n* mezzo *m*; **by no ~** in nessun modo

**in the meantime** (in ðö *miin*-taim) intanto, nel frattempo

**meanwhile** (*miin*-ᵘail) *adv* frattanto

**measles** (*mii*-söls) *n* morbillo *m*

**measure** (*mê*-3ö) *v* misurare; *n* misura *f*

**meat** (miit) *n* carne *f*

**mechanic** (mi-*kæ*-nik) *n* meccanico *m*

**mechanical** (mi-*kæ*-ni-köl) *adj* meccanico

**mechanism** (*mê*-kö-ni-söm) *n* meccanismo *m*

**medal** (*mê*-döl) *n* medaglia *f*

**mediaeval** (mê-di-*ii*-völ) *adj* medievale

**mediate** (*mii*-di-eit) *v* \*fare da intermediario

**mediator** (*mii*-di-ei-tö) *n* mediatore *m*

**medical** (*mê*-di-köl) *adj* medico

**medicine** (*mêd*-ssin) *n* medicamento *m*; medicina *f*

**meditate** (*mê*-di-teit) *v* meditare

**Mediterranean** (mê-di-tö-*rei*-ni-ön) Mediterraneo *m*

**medium** (*mii*-di-öm) *adj* mediocre, medio

\***meet** (miit) *v* incontrare

**meeting** (*mii*-ting) *n* assemblea *f*, riunione *f*; incontro *m*

**meeting-place** (*mii*-ting-pleiss) *n* luogo di riunione

**melancholy** (*mê*-löng-kö-li) *n* malinconia *f*

**mellow** (*mê*-lou) *adj* polposo

**melodrama** (*mê*-lö-draa-mö) *n* melodramma *m*

**melody** (*mê*-lö-di) *n* melodia *f*

**melon** (*mê*-lön) *n* melone *m*

**melt** (mêlt) *v* \*fondere

**member** (*mêm*-bö) *n* membro *m*; **Member of Parliament** deputato *m*

**membership** (*mêm*-bö-ʃip) *n* qualità di membro

**memo** (*mê*-mou) *n* (pl ~s) nota *f*

**memorable** (*mê*-mö-rö-böl) *adj* memorabile

**memorial** (mö-*moo*-ri-öl) *n* monumento commemorativo

**memorize** (*mê*-mö-rais) *v* imparare a memoria

**memory** (*mê*-mö-ri) *n* memoria *f*; ricordo *m*

**mend** (mênd) *v* rammendare, riparare

**menstruation** (mên-sstru-*ei*-ʃön) *n* mestruazione *f*

**mental** (*mên*-töl) *adj* mentale

**mention** (*mên*-ʃön) *v* nominare, menzionare; *n* citazione *f*, menzione *f*

**menu** (*mê*-nⁱuu) *n* carta *f*, menu *m*

**merchandise** (*möö*-tʃön-dais) *n* merce *f*, mercanzia *f* merchant (möö-tſönt) n commerciante m, mercante m

mercury (möö-k'u-ri) n mercurio m

mercy (möö-ssi) n misericordia f, clemenza f

mere (mi⁰) adj mero

merely (mi⁰-li) adv soltanto

merger (möö-dჳö) n fusione f

merit (mê-rit) v meritare; n merito m

mermaid (möö-meid) n sirena f

merry (mê-ri) adj allegro

merry-go-round (mê-ri-ghou-raund) n giostra f

mesh (mêſ) n maglia f

mess (mêss) n disordine m; ~ up pasticciare

message (mê-ssidჳ) n commissione f, messaggio m

messenger (mê-ssin-dჳö) n messaggero m

metal (mê-töl) n metallo m; metallico

meter (mii-tö) n metro m

method (mê-θöd) n metodo m; ordine m

methodical (mö-θo-di-köl) adj metodico

methylated spirits (mê-θö-lei-tid sspiritss) alcool metilico

metre (mii-tö) n metro m

metric (mê-trik) adj metrico

Mexican (mêk-ssi-kön) adj messicano

Mexico (mêk-ssi-kou) Messico m

mezzanine (mê-sö-niin) n mezzanino m

microphone (mai-krö-foun) n microfono m

microwave oven (mai-krö-ᵘeiv a-vön) n forno a microonde m

midday (mid-dei) n mezzogiorno m

middle (mi-döl) n mezzo m; adj mezzo; Middle Ages medioevo m; ~ class ceto medio; middle-class adj borghese

midnight (mid-nait) n mezzanotte f

midst (midsst) n mezzo m

midsummer (mid-ssa-mö) n piena estate

midwife (mid-ᵘaif) n (pl -wives) levatrice f

might (mait) n potenza f

*might (mait) v *potere

mighty (mai-ti) adj poderoso

migraine (mi-ghrein) n emicrania f

mild (maild) adj mite

mildew (mil-dᶦu) n muffa f

mile (mail) n miglio m

mileage (mai-lidჳ) n distanza in miglia

milepost (mail-pousst) n cartello indicatore

milestone (mail-sstoun) n pietra miliare

milieu (mii-lᶦöö) n ambiente m

military (mi-li-tö-ri) adj militare; ~ force forze militari

milk (milk) n latte m

milkman (milk-mön) n (pl -men) lattaio m

milk-shake (milk-ſeik) n frappé m

milky (mil-ki) adj latteo

mill (mil) n macinino m; fabbrica f

miller (mi-lö) n mugnaio m

milliner (mi-li-nö) n modista f

million (mil-ᶦön) n milione m

millionaire (mil-ᶦö-nê⁰) n milionario m

mince (minss) v tritare

mind (maind) n mente f; v *fare obiezione a; badare a, *fare attenzione

mine (main) n miniera f

miner (mai-nö) n minatore m

mineral (mi-nö-röl) n minerale m; ~ water acqua minerale

miniature (min-ᶦö-tſö) n miniatura f

minimum (mi-ni-möm) n minimo m

mining (mai-ning) n industria mineraria

minister (mi-ni-sstö) n ministro m;

pastore *m*; **Prime Minister** primo
ministro

**ministry** (*mi*-ni-sstri) *n* ministero *m*

**mink** (mingk) *n* visone *m*

**minor** (*mai*-nö) *adj* piccolo, esiguo,
minore; subordinato; *n* minorenne
*m*

**minority** (mai-*no*-rö-ti) *n* minoranza *f*

**mint** (mint) *n* menta *f*

**minus** (*mai*-nöss) *prep* meno

**minute¹** (*mi*-nit) *n* minuto *m*; **minutes** verbale *m*

**minute²** (mai-*n'uut*) *adj* minuto

**miracle** (*mí*-rö-köl) *n* miracolo *m*

**miraculous** (mi-*ræ*-k'u-löss) *adj* miracoloso

**mirror** (*mi*-rö) *n* specchio *m*

**misbehave** (miss-bi-*heiv*) *v* comportarsi male

**miscarriage** (miss-*kæ*-ridʒ) *n* aborto
*m*

**miscellaneous** (mi-ssö-*lei*-ni-öss) *adj*
misto

**mischief** (*miss*-tʃif) *n* birichinata *f*;
male *m*, danno *m*, malizia *f*

**mischievous** (*miss*-tʃi-vöss) *adj* malizioso

**miserable** (*mi*-sö-rö-böl) *adj* misero,
miserabile

**misery** (*mi*-sö-ri) *n* miseria *f*; bisogno
*m*

**misfortune** (miss-*foo*-tʃên) *n* sfortuna
*f*, avversità *f*

* **mislay** (miss-*lei*) *v* smarrire

**misplaced** (miss-*pleisst*) *adj* inopor-
tuno; sbagliato

**mispronounce** (miss-prö-*naunss*) *v*
pronunciar male

**miss¹** (miss) signorina *f*

**miss²** (miss) *v* *rimpiangere

**missing** (*mi*-ssing) *adj* mancante; ~
**person** persona scomparsa

**mist** (misst) *n* foschia *f*, nebbia *f*

**mistake** (mi-*ssteik*) *n* fallo *m*, sbaglio

*m*, errore *m*

* **mistake** (mi-*ssteik*) *v* *confondere

**mistaken** (mi-*sstei*-kön) *adj* erroneo;
* **be** ~ sbagliarsi

**mister** (*mi*-sstö) signore *m*

**mistress** (*mi*-sströss) *n* signora *f*; padrona *f*; amante *f*

**mistrust** (miss-*trasst*) *v* diffidare di

**misty** (*mi*-ssti) *adj* nebbioso

* **misunderstand** (mi-ssan-dö-*sstænd*)
*v* *fraintendere

**misunderstanding** (mi-ssan-dö-*sstæn*-
ding) *n* malinteso *m*

**misuse** (miss-*'uuss*) *n* abuso *m*

**mittens** (*mi*-töns) *pl* muffole *fpl*

**mix** (mikss) *v* mescolare; ~ **with** frequentare

**mixed** (miksst) *adj* misto

**mixer** (*mik*-ssö) *n* frullatore *m*

**mixture** (*mikss*-tʃö) *n* miscuglio *m*

**moan** (moun) *v* gemere

**moat** (mout) *n* fossato *m*

**mobile** (*mou*-bail) *adj* mobile

**mock** (mok) *v* canzonare

**mockery** (*mo*-kö-ri) *n* derisione *f*

**model** (*mo*-döl) *n* modello *m*; indossatrice *f*; *v* modellare, plasmare

**moderate** (*mo*-dö-röt) *adj* moderato;
mediocre

**modern** (*mo*-dön) *adj* moderno

**modest** (*mo*-disst) *adj* riservato, modesto

**modesty** (*mo*-di-ssti) *n* modestia *f*

**modify** (*mo*-di-fai) *v* modificare

**mohair** (*mou*-hêᵒ) *n* angora *f*

**moist** (moisst) *adj* bagnato, umido

**moisten** (*moi*-ssön) *v* inumidire

**moisture** (*moiss*-tʃö) *n* umidità *f*;
**moisturizing cream** crema idratante

**molar** (*mou*-lö) *n* molare *m*

**moment** (*mou*-mönt) *n* attimo *m*, momento *m*

**momentary** (*mou*-mön-tö-ri) *adj* momentaneo

**monarch** (*mo*-nök) *n* monarca *m*

**monarchy** (*mo*-nö-ki) *n* monarchia *f*

**monastery** (*mo*-nö-sstri) *n* monastero *m*

**Monday** (*man*-di) lunedì *m*

**monetary** (*ma*-ni-tö-ri) *adj* monetario; ~ **unit** unità monetaria

**money** (*ma*-ni) *n* denaro *m*; ~ **exchange** ufficio cambio; ~ **order** vaglia *m*

**monk** (mangk) *n* monaco *m*

**monkey** (*mang*-ki) *n* scimmia *f*

**monologue** (*mo*-no-logh) *n* monologo *m*

**monopoly** (mö-*no*-pö-li) *n* monopolio *m*

**monotonous** (mö-*no*-tö-nöss) *adj* monotono

**month** (manθ) *n* mese *m*

**monthly** (*man*θ-li) *adj* mensile; ~ **magazine** rivista mensile

**monument** (*mo*-n¹u-mönt) *n* monumento *m*

**mood** (muud) *n* umore *m*

**moon** (muun) *n* luna *f*

**moonlight** (*muun*-lait) *n* chiaro di luna

**moor** (mu⁰) *n* brughiera *f*, landa *f*

**moose** (muuss) *n* (pl ~, ~s) alce *m*

**moped** (*mou*-pêd) *n* micromotore *m*

**moral** (*mo*-röl) *n* morale *f*; *adj* morale; **morals** costumi *mpl*

**morality** (mö-*ræ*-lö-ti) *n* moralità *f*

**more** (moo) *adj* più; **once** ~ ancora una volta

**moreover** (moo-*rou*-vö) *adv* inoltre

**morning** (*moo*-ning) *n* mattino *m*, mattina *f*; ~ **paper** giornale del mattino; **this** ~ stamani

**Moroccan** (mö-*ro*-kön) *adj* marocchino

**Morocco** (mö-*ro*-kou) Marocco *m*

**morphia** (*moo*-fi-ö) *n* morfina *f*

**morphine** (*moo*-fiin) *n* morfina *f*

**morsel** (*moo*-ssöl) *n* pezzetto *m*

**mortal** (*moo*-töl) *adj* letale, mortale

**mortgage** (*moo*-ghidʒ) *n* ipoteca *f*

**mosaic** (mö-*sei*-ik) *n* mosaico *m*

**mosque** (mossk) *n* moschea *f*

**mosquito** (mö-*sskii*-tou) *n* (pl ~es) zanzara *f*

**mosquito-net** (mö-*sskii*-tou-nêt) *n* zanzariera *f*

**moss** (moss) *n* muschio *m*

**most** (mousst) *adj* il più; **at** ~ al massimo, tutt'al più; ~ **of all** soprattutto

**mostly** (*mousst*-li) *adv* per lo più

**motel** (mou-*têl*) *n* autostello *m*

**moth** (moθ) *n* tarma *f*

**mother** (*ma*-ðö) *n* madre *f*; ~ **tongue** lingua materna

**mother-in-law** (*ma*-ðö-rin-loo) *n* (pl mothers-) suocera *f*

**mother-of-pearl** (ma-ðö-röv-*pööl*) *n* madreperla *f*

**motion** (*mou*-ʃön) *n* moto *m*; mozione *f*

**motive** (*mou*-tiv) *n* movente *m*

**motor** (*mou*-tö) *n* motore *m*; *v* viaggiare in automobile; ~ **body** *Am* carrozzeria *f*; **starter** ~ avviatore *m*

**motorbike** (*mou*-tö-baik) *nAm* motorino *m*

**motor-boat** (*mou*-tö-bout) *n* motoscafo *m*

**motor-car** (*mou*-tö-kaa) *n* automobile *f*

**motor-cycle** (*mou*-tö-ssai-köl) *n* motocicletta *f*

**motoring** (*mou*-tö-ring) *n* automobilismo *m*

**motorist** (*mou*-tö-risst) *n* automobilista *m*

**motorway** (*mou*-tö-ᵘei) *n* autostrada *f*

**motto** (*mo*-tou) *n* (pl ~es, ~s) motto

*m*

**mouldy** (*moul*-di) *adj* ammuffito

**mound** (maund) *n* elevazione *f*

**mount** (maunt) *v* montare; *n* monte *m*

**mountain** (*maun*-tin) *n* montagna *f*; ~ **pass** passo *m*; ~ **range** catena di montagne

**mountaineering** (maun-ti-*ni⁰*-ring) *n* alpinismo *m*

**mountainous** (*maun*-ti-nöss) *adj* montagnoso

**mourning** (*moo*-ning) *n* lutto *m*

**mouse** (mauss) *n* (pl mice) topo *m*

**moustache** (mö-*sstaaf*) *n* baffi *mpl*

**mouth** (mauθ) *n* bocca *f*; fauci *fpl*; foce *f*

**mouthwash** (*mauθ-ᵘoʃ*) *n* acqua dentifricia

**movable** (*muu*-vö-böl) *adj* mobile

**move** (muuv) *v* *muovere; spostare; traslocare; *commuovere; *n* mossa *f*; trasloco *m*

**movement** (*muuv*-mönt) *n* movimento *m*

**movie** (*muu*-vi) *n* film *m*; **movies** *Am* cinema *m*; ~ **theater** *Am* cinema *m*

**much** (matʃ) *adj* molto; **as** ~ altrettanto; tanto

**muck** (mak) *n* melma *f*

**mud** (mad) *n* fango *m*

**muddle** (*ma*-döl) *n* imbroglio *m*, pasticcio *m*; *v* impasticciare

**muddy** (*ma*-di) *adj* fangoso

**mud-guard** (*mad*-ghaad) *n* parafango *m*

**muffler** (*maf*-lö) *nAm* silenziatore *m*

**mug** (magh) *n* boccale *m*, tazza *f*

**mulberry** (*mal*-bö-ri) *n* mora *f*

**mule** (mⁱuul) *n* mulo *m*

**mullet** (*ma*-lit) *n* triglia *f*

**multiplication** (mal-ti-pli-*kei*-ʃön) *n* moltiplicazione *f*

**multiply** (*mal*-ti-plai) *v* moltiplicare

**mumps** (mampss) *n* orecchioni *mpl*

**municipal** (mⁱuu-*ni*-ssi-pöl) *adj* municipale

**municipality** (mⁱuu-ni-ssi-*pæ*-lö-ti) *n* municipalità *f*

**murder** (*möö*-dö) *n* assassinio *m*; *v* assassinare

**murderer** (*möö*-dö-rö) *n* assassino *m*

**muscle** (*ma*-ssöl) *n* muscolo *m*

**muscular** (*ma*-sskⁱu-lö) *adj* muscoloso

**museum** (mⁱuu-*sii*-öm) *n* museo *m*

**mushroom** (*maf*-ruum) *n* fungo mangereccio; fungo *m*

**music** (*mⁱuu*-sik) *n* musica *f*; ~ **academy** conservatorio *m*

**musical** (*mⁱuu*-si-köl) *adj* musicale; *n* commedia musicale

**music-hall** (*mⁱuu*-sik-hool) *n* teatro di varietà

**musician** (mⁱuu-*si*-ʃön) *n* musicista *m*

**muslin** (*mas*-lin) *n* mussolina *f*

**mussel** (*ma*-ssöl) *n* cozza *f*

*** must** (masst) *v* *dovere

**mustard** (*ma*-sstöd) *n* senape *f*

**mute** (mⁱuut) *adj* muto

**mutiny** (*mⁱuu*-ti-ni) *n* ammutinamento *m*

**mutton** (*ma*-tön) *n* montone *m*

**mutual** (*mⁱuu*-tʃu-öl) *adj* mutuo, reciproco

**my** (mai) *adj* mio

**myself** (mai-*sêlf*) *pron* mi; io stesso

**mysterious** (mi-*ssti⁰*-ri-öss) *adj* misterioso

**mystery** (*mi*-sstö-ri) *n* enigma *m*, mistero *m*

**myth** (miθ) *n* mito *m*

# N

**nail** (neil) *n* unghia *f*; chiodo *m*

**nailbrush** (*neil*-braʃ) *n* spazzolino per le unghie

**nail-file** (*neil*-fail) *n* limetta per le unghie

**nail-polish** (*neil*-po-liʃ) *n* smalto per unghie

**nail-scissors** (*neil*-ssi-sös) *pl* forbicine per le unghie

**naïve** (naa-*iiv*) *adj* ingenuo

**naked** (*nei*-kid) *adj* nudo; spoglio

**name** (neim) *n* nome *m*; *v* nominare; **in the ~ of** a nome di

**namely** (*neim*-li) *adv* cioè

**nap** (næp) *n* pisolino *m*

**napkin** (*næp*-kin) *n* tovagliolo *m*

**nappy** (*næ*-pi) *n* pannolino *m*

**narcosis** (naa-*kou*-ssiss) *n* (pl -ses) narcosi *f*

**narcotic** (naa-*ko*-tik) *n* narcotico *m*

**narrow** (*næ*-rou) *adj* angusto, stretto

**narrow-minded** (*næ*-rou-*main*-did) *adj* meschino

**nasty** (*naa*-ssti) *adj* antipatico, sgradevole

**nation** (*nei*-ʃön) *n* nazione *f*; popolo *m*

**national** (*næ*-ʃö-nöl) *adj* nazionale; statale; **~ anthem** inno nazionale; **~ dress** costume nazionale; **~ park** parco nazionale

**nationality** (næ-ʃö-*næ*-lö-ti) *n* nazionalità *f*

**nationalize** (*næ*-ʃö-nö-lais) *v* nazionalizzare

**native** (*nei*-tiv) *n* indigeno *m*; *adj* nativo; **~ country** patria *f*, paese natio; **~ language** lingua materna

**natural** (*næ*-tʃö-röl) *adj* naturale; innato

**naturally** (*næ*-tʃö-rö-li) *adv* naturalmente

**nature** (*nei*-tʃö) *n* natura *f*; indole *f*

**naughty** (*noo*-ti) *adj* cattivo

**nausea** (*noo*-ssi-ö) *n* nausea *f*

**naval** (*nei*-völ) *adj* navale

**navel** (*nei*-völ) *n* ombelico *m*

**navigable** (*næ*-vi-ghö-böl) *adj* navigabile

**navigate** (*næ*-vi-gheit) *v* navigare; governare

**navigation** (næ-vi-*ghei*-ʃön) *n* navigazione *f*

**navy** (*nei*-vi) *n* marina *f*

**near** (niö) *prep* vicino a; *adj* vicino

**nearby** (niö-*bai*) *adj* vicino

**nearly** (*niö*-li) *adv* quasi

**neat** (niit) *adj* lindo, curato; puro

**necessary** (*nê*-ssö-ssö-ri) *adj* necessario

**necessity** (nö-*ssê*-ssö-ti) *n* necessità *f*

**neck** (nêk) *n* collo *m*; **nape of the ~** nuca *f*

**necklace** (*nêk*-löss) *n* collana *f*

**necktie** (*nêk*-tai) *n* cravatta *f*

**need** (niid) *v* *occorrere, *aver bisogno di, bisognare; *n* bisogno *m*, necessità *f*; **~ to** *dovere

**needle** (*nii*-döl) *n* ago *m*

**negative** (*nê*-ghö-tiv) *adj* negativo; *n* negativa *f*

**neglect** (ni-*ghlêkt*) *v* trascurare; *n* negligenza *f*

**neglectful** (ni-*ghlêkt*-föl) *adj* negligente

**negligee** (*nê*-ghli-ʒei) *n* vestaglia *f*

**negotiate** (ni-*ghou*-ʃi-eit) *v* negoziare

**negotiation** (ni-ghou-ʃi-*ei*-ʃön) *n* trattativa *f*

**Negro** (*nii*-ghrou) *n* (pl ~es) negro *m*

**neighbour** (*nei*-bö) *n* vicino *m*

**neighbourhood** (*nei*-bö-hud) *n* vicinato *m*

**neighbouring** (*nei*-bö-ring) *adj* contiguo, adiacente

**neither** (*nai*-ðö) *pron* né l'uno né l'altro; **neither ... nor** né ... né

**neon** (*nii*-on) *n* neon *m*

**nephew** (*nê*-f<sup>i</sup>uu) *n* nipote *m*

**nerve** (nööv) *n* nervo *m*; audacia *f*

**nervous** (*nöö*-vöss) *adj* nervoso

**nest** (nêsst) *n* nido *m*

**net** (nêt) *n* rete *f*; *adj* netto

**the Netherlands** (*nê*-ðö-lönds) Paesi Bassi

**network** (*nêt*-<sup>u</sup>öök) *n* rete *f*

**neuralgia** (n<sup>i</sup>u<sup>o</sup>-*ræl*-dʒö) *n* nevralgia *f*

**neurosis** (n<sup>i</sup>u<sup>o</sup>-*rou*-ssiss) *n* nevrosi *f*

**neuter** (*n<sup>i</sup>uu*-tö) *adj* neutro

**neutral** (*n<sup>i</sup>uu*-tröl) *adj* neutrale

**never** (*nê*-vö) *adv* non... mai

**nevertheless** (nê-vö-ðö-*lêss*) *adv* tuttavia

**new** (n<sup>i</sup>uu) *adj* nuovo; **New Year** anno nuovo

**news** (n<sup>i</sup>uus) *n* notiziario *m*, novità *f*; notizie

**newsagent** (*n<sup>i</sup>uu*-sei-dʒönt) *n* giornalaio *m*

**newspaper** (*n<sup>i</sup>uus*-pei-pö) *n* giornale *m*

**newsreel** (*n<sup>i</sup>uus*-riil) *n* cinegiornale *m*

**newsstand** (*n<sup>i</sup>uus*-sstænd) *n* edicola *f*

**New Zealand** (n<sup>i</sup>uu *sii*-lönd) Nuova Zelanda

**next** (nêksst) *adj* prossimo; **~ to** vicino a

**next-door** (nêksst-*doo*) *adv* accanto

**nice** (naiss) *adj* carino, bellino, piacevole; buono; simpatico

**nickel** (*ni*-köl) *n* nichelio *m*

**nickname** (*nik*-neim) *n* nomignolo *m*

**nicotine** (*ni*-kö-tiin) *n* nicotina *f*

**niece** (niiss) *n* nipote *f*

**Nigeria** (nai-*dʒi<sup>o</sup>*-ri-ö) Nigeria *f*

**Nigerian** (nai-*dʒi<sup>o</sup>*-ri-ön) *adj* nigeriano

**night** (nait) *n* notte *f*; sera *f*; **by ~** di notte; **~ flight** volo notturno; **~**

**rate** tariffa notturna; **~ train** treno notturno

**nightclub** (*nait*-klab) *n* locale notturno

**night-cream** (*nait*-kriim) *n* crema per la notte

**nightdress** (*nait*-drêss) *n* camicia da notte

**nightingale** (*nai*-ting-gheil) *n* usignolo *m*

**nightly** (*nait*-li) *adj* notturno

**nil** (nil) *n* niente

**nine** (nain) *num* nove

**nineteen** (nain-*tiin*) *num* diciannove

**nineteenth** (nain-*tiinθ*) *num* diciannovesimo

**ninety** (*nain*-ti) *num* novanta

**ninth** (nainθ) *num* nono

**nitrogen** (*nai*-trö-dʒön) *n* azoto *m*

**no** (nou) no; *adj* nessuno; **~ one** nessuno

**nobility** (nou-*bi*-lö-ti) *n* nobiltà *f*

**noble** (*nou*-böl) *adj* nobile

**nobody** (*nou*-bo-di) *pron* nessuno

**nod** (nod) *n* cenno con la testa; *v* annuire

**noise** (nois) *n* rumore *m*; baccano *m*, chiasso *m*

**noisy** (*noi*-si) *adj* rumoroso; sonoro

**nominal** (*no*-mi-nöl) *adj* nominale

**nominate** (*no*-mi-neit) *v* nominare

**nomination** (no-mi-*nei*-ʃön) *n* nomina *f*

**none** (nan) *pron* nessuno

**nonsense** (*non*-ssönss) *n* sciocchezza *f*

**noon** (nuun) *n* mezzogiorno *m*

**normal** (*noo*-möl) *adj* normale

**north** (nooθ) *n* nord *m*; settentrione *m*; *adj* settentrionale; **North Pole** polo Nord

**north-east** (nooθ-*iisst*) *n* nord-est *m*

**northerly** (*noo*-ðö-li) *adj* settentrionale

**northern** (*noo*-ðön) *adj* nordico

**north-west** (nooθ-ᵘêsst) *n* nord-ovest *m*

**Norway** (*noo*-ᵘei) Norvegia *f*

**Norwegian** (noo-ᵘii-dʒön) *adj* norvegese

**nose** (nous) *n* naso *m*

**nosebleed** (*nous*-bliid) *n* rinorragia *f*

**nostril** (*no*-sstril) *n* narice *f*

**not** (not) *adv* non

**notary** (*nou*-tö-ri) *n* notaio *m*

**note** (nout) *n* appunto *m*, biglietto *m*; commento *m*; tono *m*; *v* annotare; osservare, notare

**notebook** (*nout*-buk) *n* taccuino *m*

**noted** (*nou*-tid) *adj* illustre

**notepaper** (*nout*-pei-pö) *n* carta da lettere

**nothing** (*na*-θing) *n* nulla *m*, niente

**notice** (*nou*-tiss) *v* rilevare, \*accorgersi di, notare; \*vedere; *n* avviso *m*, notizia *f*; attenzione *f*

**noticeable** (*nou*-ti-ssö-böl) *adj* percettibile; notevole

**notify** (*nou*-ti-fai) *v* notificare; avvisare

**notion** (*nou*-ʃön) *n* nozione *f*

**notorious** (nou-*too*-ri-öss) *adj* famigerato

**nougat** (*nuu*-ghaa) *n* torrone *m*

**nought** (noot) *n* zero *m*

**noun** (naun) *n* nome *m*

**nourishing** (*na*-ri-ʃing) *adj* nutriente

**novel** (*no*-völ) *n* romanzo *m*

**novelist** (*no*-vö-lisst) *n* romanziere *m*

**November** (nou-*vêm*-bö) novembre

**now** (nau) *adv* ora; adesso; ~ **and then** di tanto in tanto

**nowadays** (*nau*-ö-deis) *adv* oggigiorno

**nowhere** (*nou*-ᵘêö) *adv* in nessun luogo

**nozzle** (*no*-söl) *n* becco *m*

**nuance** (nᵢuu-*angss*) *n* sfumatura *f*

**nuclear** (nᵢuu-kli-ö) *adj* nucleare; ~ **energy** energia nucleare

**nucleus** (nᵢuu-kli-öss) *n* nucleo *m*

**nude** (nᵢuud) *adj* nudo; *n* nudo *m*

**nuisance** (nᵢuu-ssönss) *n* seccatura *f*

**numb** (nam) *adj* intorpidito; intirizzito

**number** (*nam*-bö) *n* numero *m*; cifra *f*; quantità *f*

**numeral** (nᵢuu-mö-röl) *n* numerale *m*

**numerous** (nᵢuu-mö-röss) *adj* numeroso

**nun** (nan) *n* monaca *f*

**nunnery** (*na*-nö-ri) *n* convento *m*

**nurse** (nööss) *n* infermiera *f*; bambinaia *f*; *v* curare; allattare

**nursery** (*nöö*-ssö-ri) *n* camera dei bambini; nido *m*; vivaio *m*

**nut** (nat) *n* noce *f*; dado *m*

**nutcrackers** (*nat*-kræ-kös) *pl* schiaccianoci *m*

**nutmeg** (*nat*-mêgh) *n* noce moscata

**nutritious** (nᵢuu-*tri*-föss) *adj* nutriente

**nutshell** (*nat*-ʃêl) *n* guscio di noce

**nylon** (*nai*-lon) *n* nailon *m*

# O

**oak** (ouk) *n* quercia *f*

**oar** (oo) *n* remo *m*

**oasis** (ou-*ei*-ssiss) *n* (pl oases) oasi *f*

**oath** (ouθ) *n* giuramento *m*

**oats** (outss) *pl* avena *f*

**obedience** (ö-*bii*-di-önss) *n* ubbidienza *f*

**obedient** (ö-*bii*-di-önt) *adj* ubbidiente

**obey** (ö-*bei*) *v* ubbidire

**object**[1] (*ob*-dʒikt) *n* oggetto *m*; obiettivo *m*

**object**[2] (öb-*dʒêkt*) *v* obiettare; ~ **to** \*opporsi a

**objection** (öb-*dʒêk*-ʃön) *n* obiezione *f*

**objective** (öb-*dʒêk*-tiv) *adj* oggettivo; *n* obiettivo *m*

**obligatory** (ö-*bli*-ghö-tö-ri) *adj* obbligatorio

**oblige** (ö-*blaidʒ*) *v* obbligare; *be obliged to* *essere obbligato a; *dovere

**obliging** (ö-*blai*-dʒing) *adj* servizievole

**oblong** (*ob*-long) *adj* oblungo; *n* rettangolo *m*

**obscene** (öb-*ssiin*) *adj* osceno

**obscure** (öb-*ssk¹uᵒ*) *adj* scuro, oscuro, buio

**observation** (ob-sö-*vei*-ʃön) *n* osservazione *f*

**observatory** (öb-*söö*-vö-tri) *n* osservatorio *m*

**observe** (öb-*sööv*) *v* osservare

**obsession** (öb-*ssê*-ʃön) *n* ossessione *f*

**obstacle** (*ob*-sstö-köl) *n* ostacolo *m*

**obstinate** (*ob*-ssti-nöt) *adj* ostinato; caparbio

**obtain** (öb-*tein*) *v* conseguire, *ottenere

**obtainable** (öb-*tei*-nö-böl) *adj* ottenibile

**obvious** (*ob*-vi-öss) *adj* ovvio

**occasion** (ö-*kei*-ʒön) *n* occasione *f*; motivo *m*

**occasionally** (ö-*kei*-ʒö-nö-li) *adv* ogni tanto, occasionalmente

**occupant** (*o*-k¹u-pönt) *n* occupante *m*

**occupation** (o-k¹u-*pei*-ʃön) *n* occupazione *f*

**occupy** (*o*-k¹u-pai) *v* occupare

**occur** (ö-*köö*) *v* *succedere, capitare, *accadere

**occurrence** (ö-*ka*-rönss) *n* evento *m*

**ocean** (*ou*-ʃön) *n* oceano *m*

**October** (ok-*tou*-bö) ottobre

**octopus** (*ok*-tö-pöss) *n* polipo *m*

**oculist** (*o*-k¹u-lisst) *n* oculista *m*

**odd** (od) *adj* bizzarro, strano; dispari

**odour** (*ou*-dö) *n* odore *m*

**of** (ov, öv) *prep* di

**off** (of) *adv* via; *prep* giù da

**offence** (ö-*fênss*) *n* reato *m*; offesa *f*, scandalo *m*

**offend** (ö-*fênd*) *v* *offendere; trasgredire

**offensive** (ö-*fên*-ssiv) *adj* offensivo; insultante; *n* offensiva *f*

**offer** (*o*-fö) *v* *offrire; presentare; *n* offerta *f*

**office** (*o*-fiss) *n* ufficio *m*; funzione *f*; ~ **hours** ore d'ufficio

**officer** (*o*-fi-ssö) *n* ufficiale *m*

**official** (ö-*fi*-ʃöl) *adj* ufficiale

**off-licence** (*of*-lai-ssönss) *n* spaccio di liquori

**often** (*o*-fön) *adv* spesso

**oil** (oil) *n* olio *m*; petrolio *m*; **fuel** ~ nafta *f*; ~ **filter** filtro dell'olio; ~ **pressure** pressione dell'olio

**oil-painting** (oil-*pein*-ting) *n* pittura ad olio

**oil-refinery** (oil-ri-fai-nö-ri) *n* raffineria di petrolio

**oil-well** (oil-¹uêl) *n* pozzo di petrolio

**oily** (*oi*-li) *adj* oleoso

**ointment** (*oint*-mönt) *n* unguento *m*

**okay!** (ou-*kei*) d'accordo!

**old** (ould) *adj* vecchio; ~ **age** vecchiaia *f*

**old-fashioned** (ould-*fæ*-ʃönd) *adj* antiquato

**olive** (*o*-liv) *n* oliva *f*; ~ **oil** olio d'oliva

**omelette** (*om*-löt) *n* frittata *f*

**ominous** (*o*-mi-nöss) *adj* sinistro

**omit** (ö-*mit*) *v* *omettere

**omnipotent** (om-*ni*-pö-tönt) *adj* onnipotente

**on** (on) *prep* su; a

**once** (¹unss) *adv* una volta; **at** ~ subito; ~ **more** ancora una volta

**oncoming** (*on*-ka-ming) *adj* imminente

one (ᵁan) *num* uno; *pron* uno

oneself (ᵁan-*ssêlf*) *pron* sé stesso

onion (a-nⁱön) *n* cipolla *f*

only (*oun*-li) *adj* solo; *adv* solo, soltanto, solamente; *conj* però

onwards (*on*-ᵁöds) *adv* avanti

onyx (*o*-nikss) *n* onice *f*

opal (*ou*-pöl) *n* opale *m*

open (*ou*-pön) *v* \*aprire; *adj* aperto; franco

opening (*ou*-pö-ning) *n* apertura *f*

opera (*o*-pö-rö) *n* opera *f*; ~ house teatro dell'opera

operate (*o*-pö-reit) *v* agire, funzionare; operare

operation (o-pö-*rei*-fön) *n* funzionamento *m*; operazione *f*

operator (*o*-pö-rei-tö) *n* centralinista *f*

operetta (*o*-pö-*rê*-tö) *n* operetta *f*

opinion (ö-*pi*-nⁱön) *n* parere *m*, opinione *f*

opponent (ö-*pou*-nönt) *n* avversario *m*

opportunity (o-pö-tⁱ*uu*-nö-ti) *n* opportunità *f*, occasione *f*

oppose (ö-*pous*) *v* \*opporsi

opposite (*o*-pö-sit) *prep* di fronte a; *adj* contrario, opposto

opposition (o-pö-*si*-fön) *n* opposizione *f*

oppress (ö-*prêss*) *v* \*opprimere

optician (op-*ti*-fön) *n* ottico *m*

optimism (*op*-ti-mi-söm) *n* ottimismo *m*

optimist (*op*-ti-misst) *n* ottimista *m*

optimistic (op-ti-*mi*-sstik) *adj* ottimistico

optional (*op*-fö-nöl) *adj* facoltativo

or (oo) *conj* o

oral (*oo*-röl) *adj* orale

orange (*o*-rindʒ) *n* arancia *f*; *adj* arancione

orchard (*oo*-tföd) *n* frutteto *m*

orchestra (*oo*-ki-sströ) *n* orchestra *f*;

~ seat *Am* poltrona d'orchestra

order (*oo*-dö) *v* comandare; ordinare; *n* ordine *m*; comando *m*; ordinazione *f*; in ~ in ordine; in ~ to allo scopo di; made to ~ fatto su misura; out of ~ fuori uso; postal ~ vaglia postale

order-form (*oo*-dö-foom) *n* modulo di ordinazione

ordinary (*oo*-dön-ri) *adj* solito, ordinario

ore (oo) *n* minerale *m*

organ (*oo*-ghön) *n* organo *m*

organic (oo-ri-*ghæ*-nik) *adj* organico

organization (oo-ghö-nai-*sei*-fön) *n* organizzazione *f*

organize (*oo*-ghö-nais) *v* organizzare

Orient (*oo*-ri-önt) *n* oriente *m*

oriental (oo-ri-*ên*-töl) *adj* orientale

orientate (*oo*-ri-ön-teit) *v* orientarsi

origin (*o*-ri-dʒin) *n* origine *f*; discendenza *f*, provenienza *f*

original (ö-*ri*-dʒi-nöl) *adj* autentico, originale

originally (ö-*ri*-dʒi-nö-li) *adv* originariamente

orlon (*oo*-lon) *n* orlon *m*

ornament (*oo*-nö-mönt) *n* ornamento *m*

ornamental (oo-nö-*mên*-töl) *adj* ornamentale

orphan (*oo*-fön) *n* orfano *m*

orthodox (*oo*-θö-dokss) *adj* ortodosso

ostrich (*o*-sstritf) *n* struzzo *m*

other (*a*-ðö) *adj* altro

otherwise (*a*-ðö-ᵁais) *conj* altrimenti; *adv* altrimenti

\*ought to (oot) \*dovere

our (auᵁ) *adj* nostro

ourselves (auᵁ-*ssêlvs*) *pron* ci; noi stessi

out (aut) *adv* fuori; ~ of fuori di, da

outbreak (*aut*-breik) *n* scoppio *m*

outcome (*aut*-kam) *n* risultato *m*

\* **outdo** (aut-*duu*) v superare

**outdoors** (aut-*doos*) adv all'aperto

**outer** (*au*-tö) adj esterno

**outfit** (*aut*-fit) n equipaggiamento m

**outline** (*aut*-lain) n contorno m; v abbozzare

**outlook** (*aut*-luk) n prospettiva f; punto di vista

**output** (*aut*-put) n produzione f

**outrage** (*aut*-reidʒ) n oltraggio m

**outside** (aut-*ssaid*) adv fuori; prep fuori di; n esteriore m, esterno m

**outsize** (*aut*-ssais) n taglia fuori misura

**outskirts** (*aut*-ssköötss) pl sobborgo m

**outstanding** (aut-*sstæn*-ding) adj eminente

**outward** (*aut*-ᵘöd) adj esterno

**outwards** (*aut*-ᵘöds) adv al di fuori

**oval** (*ou*-völ) adj ovale

**oven** (*a*-vön) n forno m

**over** (*ou*-vö) prep sopra; oltre; adv al di sopra; giù; adj finito; ~ **there** laggiù

**overall** (*ou*-vö-rool) adj globale

**overalls** (*ou*-vö-rools) pl tuta f

**overcast** (*ou*-vö-kaasst) adj coperto

**overcoat** (*ou*-vö-kout) n soprabito m

\* **overcome** (ou-vö-*kam*) v \*vincere

**overdue** (ou-vö-*dʲuu*) adj in ritardo; arretrato

**overgrown** (ou-vö-*ghroun*) adj coperto di fogliame

**overhaul** (ou-vö-*hool*) v revisionare

**overhead** (ou-vö-*hêd*) adv in su

**overlook** (ou-vö-*luk*) v trascurare

**overnight** (ou-vö-*nait*) adv di notte

**overseas** (ou-vö-*ssiis*) adj oltremarino

**oversight** (*ou*-vö-ssait) n svista f

\* **oversleep** (ou-vö-*ssliip*) v dormire troppo

**overstrung** (ou-vö-*sstrang*) adj esausto

\* **overtake** (ou-vö-*teik*) v oltrepassare;

**no overtaking** divieto di sorpasso

**over-tired** (ou-vö-*taiʰd*) adj esausto

**overture** (*ou*-vö-tʃö) n ouverture f

**overweight** (*ou*-vö-ᵘeit) n soprappeso m

**overwhelm** (ou-vö-ᵘ*êlm*) v \*sopraffare, schiacciare

**overwork** (ou-vö-ᵘ*öök*) v lavorare troppo

**owe** (ou) v \*dovere; **owing to** a motivo di, a causa di

**owl** (aul) n gufo m

**own** (oun) v \*possedere; adj proprio

**owner** (*ou*-nö) n proprietario m

**ox** (okss) n (pl oxen) bue m

**oxygen** (*ok*-ssi-dʒön) n ossigeno m

**oyster** (*oi*-sstö) n ostrica f

# P

**pace** (peiss) n andatura f; passo m; velocità f

**Pacific Ocean** (pö-*ssi*-fik ou-*ʃön*) Oceano Pacifico

**pacifism** (*pæ*-ssi-fi-söm) n pacifismo m

**pacifist** (*pæ*-ssi-fisst) n pacifista m

**pack** (pæk) v imballare; ~ **up** imballare

**package** (*pæ*-kidʒ) n pacco m

**packet** (*pæ*-kit) n pacchetto m

**packing** (*pæ*-king) n imballaggio m

**pad** (pæd) n cuscinetto m; blocco per appunti

**paddle** (*pæ*-döl) n remo m

**padlock** (*pæd*-lok) n lucchetto m

**pagan** (*pei*-ghön) adj pagano; n pagano m

**page** (peidʒ) n pagina f

**page-boy** (*peidʒ*-boi) n paggio m

**pail** (peil) n secchio m

**pain** (pein) n dolore m; **pains** pena f

painful (*pein*-föl) *adj* penoso

painless (*pein*-löss) *adj* indolore

paint (peint) *n* colore *m*; *v* pitturare; verniciare

paint-box (*peint*-bokss) *n* scatola di colori

paint-brush (*peint*-braʃ) *n* pennello *m*

painter (*pein*-tö) *n* pittore *m*

painting (*pein*-ting) *n* pittura *f*

pair (pê°) *n* paio *m*

Pakistan (paa-ki-*sstaan*) Pakistan *m*

Pakistani (paa-ki-*sstaa*-ni) *adj* pachistano

palace (*pæ*-löss) *n* palazzo *m*

pale (peil) *adj* pallido; chiaro

palm (paam) *n* palma *f*

palpable (*pæl*-pö-böl) *adj* palpabile

palpitation (pæl-pi-*tei*-ʃön) *n* palpitazione *f*

pan (pæn) *n* tegame *m*

pane (pein) *n* vetro *m*

panel (*pæ*-nöl) *n* pannello *m*

panelling (*pæ*-nö-ling) *n* rivestimento a pannelli

panic (*pæ*-nik) *n* panico *m*

pant (pænt) *v* ansimare

panties (*pæn*-tis) *pl* mutandine *fpl*, mutande *fpl*

pants (pæntss) *pl* mutande *fpl*; *plAm* calzoni *mpl*

pant-suit (*pænt*-ssuut) *n* giacca e calzoni

panty-hose (*pæn*-ti-hous) *n* calzamaglia *f*

paper (*pei*-pö) *n* carta *f*; giornale *m*; di carta; **carbon** ~ carta carbone; ~ **bag** sacchetto *m*; ~ **napkin** tovagliolo di carta; **typing** ~ carta da macchina; **wrapping** ~ carta da imballaggio

paperback (*pei*-pö-bæk) *n* libro in brossura

paper-knife (*pei*-pö-naif) *n* tagliacarte *m*

parade (pö-*reid*) *n* parata *f*

paraffin (*pæ*-rö-fin) *n* petrolio *m*

paragraph (*pæ*-rö-ghraaf) *n* capoverso *m*, paragrafo *m*

parakeet (*pæ*-rö-kiit) *n* parrocchetto *m*

paralise (*pæ*-rö-lais) *v* paralizzare

parallel (*pæ*-rö-lêl) *adj* parallelo; *n* parallela *f*

parcel (*paa*-ssöl) *n* pacco *m*, pacchetto *m*

pardon (*paa*-dön) *n* perdono *m*; grazia *f*

parents (*pê°*-röntss) *pl* genitori *mpl*

parents-in-law (*pê°*-röntss-in-loo) *pl* suoceri

parish (*pæ*-riʃ) *n* parrocchia *f*

park (paak) *n* parco *m*; *v* posteggiare

parking (*paa*-king) *n* parcheggio *m*; **no** ~ divieto di sosta; ~ **fee** tariffa del parcheggio; ~ **light** luce di posizione; ~ **lot** *Am* parcheggio *m*; ~ **meter** parchimetro *m*; ~ **zone** zona di parcheggio

parliament (*paa*-lö-mönt) *n* parlamento *m*

parliamentary (paa-lö-*mên*-tö-ri) *adj* parlamentare

parrot (*pæ*-röt) *n* pappagallo *m*

parsley (*paa*-ssli) *n* prezzemolo *m*

parson (*paa*-ssön) *n* pastore *m*

parsonage (*paa*-ssö-nidʒ) *n* presbiterio *m*

part (paat) *n* parte *f*; pezzo *m*; *v* separare; **spare** ~ pezzo di ricambio

partial (*paa*-ʃöl) *adj* parziale

participant (paa-*ti*-ssi-pönt) *n* partecipante *m*

participate (paa-*ti*-ssi-peit) *v* partecipare

particular (pö-*ti*-kʰu-lö) *adj* speciale, particolare; esigente; **in** ~ in particolare

parting (*paa*-ting) *n* addio *m*; scriminatura f

**partition** (paa-*ti*-ʃön) n divisorio m

**partly** (*paat*-li) adv in parte

**partner** (*paat*-nö) n compagno m; socio m

**partridge** (*paa*-tridʒ) n pernice f

**party** (*paa*-ti) n partito m; festa f; gruppo m

**pass** (paass) v *trascorrere, passare, sorpassare; vAm oltrepassare; **no passing** Am divieto di sorpasso; ~ **by** passare accanto; ~ **through** attraversare

**passage** (*pæ*-ssidʒ) n passaggio m; traversata f; brano m

**passenger** (*pæ*-ssön-dʒö) n passeggero m; ~ **car** Am vagone m; ~ **train** treno passeggeri

**passer-by** (paa-ssö-*bai*) n passante m

**passion** (*pæ*-ʃön) n passione f; collera f

**passionate** (*pæ*-ʃö-nöt) adj appassionato

**passive** (*pæ*-ssiv) adj passivo

**passport** (*paass*-poot) n passaporto m; ~ **control** controllo passaporti; ~ **photograph** foto per passaporto

**password** (*paass*-ᵘööd) n parola d'ordine

**past** (paasst) n passato m; adj scorso, passato; prep lungo, al di là di

**paste** (peisst) n pasta f; v incollare

**pastry** (*pei*-sstri) n pasticceria f; ~ **shop** pasticceria f

**pasture** (*paass*-tʃö) n pascolo m

**patch** (pætʃ) v rappezzare

**patent** (*pei*-tönt) n brevetto m

**path** (paaθ) n sentiero m

**patience** (*pei*-ʃönss) n pazienza f

**patient** (*pei*-ʃönt) adj paziente; n paziente m

**patriot** (*pei*-tri-öt) n patriota m

**~trol** (pö-*troul*) n pattuglia f; v pat-~are; sorvegliare

**pattern** (*pæ*-tön) n disegno m

**pause** (poos) n pausa f; v *interrompersi

**pave** (peiv) v lastricare, pavimentare

**pavement** (*peiv*-mönt) n marciapiede m; pavimento m

**pavilion** (pö-*vil*-ⁱön) n padiglione m

**paw** (poo) n zampa f

**pawn** (poon) v impegnare; n pedina f

**pawnbroker** (*poon*-brou-kö) n prestatore su pegno

**pay** (pei) n salario m, paga f

*__pay__ (pei) v pagare; *rendere; ~ **attention to** *stare attento a; **paying** rimunerativo; ~ **off** saldare; ~ **on account** pagare a rate

**pay-desk** (*pei*-dêsk) n cassa f

**payee** (pei-*ii*) n beneficiario m

**payment** (*pei*-mönt) n pagamento m

**pea** (pii) n pisello m

**peace** (piiss) n pace f

**peaceful** (*piiss*-föl) adj pacifico

**peach** (piitʃ) n pesca f

**peacock** (*pii*-kok) n pavone m

**peak** (piik) n vetta f; cima f; ~ **hour** ora di punta; ~ **season** alta stagione

**peanut** (*pii*-nat) n arachide f

**pear** (pêᵒ) n pera f

**pearl** (pööl) n perla f

**peasant** (*pê*-sönt) n contadino m

**pebble** (*pê*-böl) n ciottolo m

**peculiar** (pi-*kʲuul*-ⁱö) adj strano; speciale, particolare

**peculiarity** (pi-kʲuu-li-*æ*- rö-ti) n singolarità f

**pedal** (*pê*-döl) n pedale m

**pedestrian** (pi-*dê*-sstri-ön) n pedone m; **no pedestrians** vietato ai pedoni; ~ **crossing** passaggio pedonale

**pedicure** (*pê*-di-kʲuᵒ) n pedicure m

**peel** (piil) v sbucciare; n buccia f

**peep** (piip) v spiare

**peg** (pêgh) n gancio m

pelican (*pê*-li-kön) *n* pellicano *m*

pelvis (*pêl*-viss) *n* bacino *m*

pen (pên) *n* penna *f*

penalty (*pê*-nöl-ti) *n* penalità *f*; pena *f*; ~ kick calcio di rigore

pencil (*pên*-ssöl) *n* matita *f*

pencil-sharpener (*pên*-ssöl-ʃaap-nö) *n* temperamatite *m*

pendant (*pên*-dönt) *n* pendente *m*

penetrate (*pê*-ni-treit) *v* penetrare

penguin (*pêng*-gh\*in) *n* pinguino *m*

penicillin (*pê*-ni-*ssi*-lin) *n* penicillina *f*

peninsula (pö-*nin*-ss\*u-lö) *n* penisola *f*

penknife (*pên*-naif) *n* (pl -knives) temperino *m*

pension¹ (*pang*-ssi-ong) *n* pensione *f*

pension² (*pên*-ʃön) *n* pensione *f*

people (*pii*-pöl) *pl* gente *f*; *n* popolo *m*

pepper (*pê*-pö) *n* pepe *m*

peppermint (*pê*-pö-mint) *n* menta peperina

perceive (pö-*ssiiv*) *v* percepire

percent (pö-*ssênt*) *n* percento *m*

percentage (pö-*ssên*-tidʒ) *n* percentuale *f*

perceptible (pö-*ssêp*-ti-böl) *adj* percettibile

perception (pö-*ssêp*-ʃön) *n* percezione *f*

perch (pöötʃ) (pl ~) pesce persico

percolator (*pöö*-kö-lei-tö) *n* filtro *m*

perfect (*pöö*-fikt) *adj* perfetto

perfection (pö-*fêk*-ʃön) *n* perfezione *f*

perform (pö-*foom*) *v* compiere, eseguire

performance (pö-*foo*-mönss) *n* rappresentazione *f*

perfume (*pöö*-f\*uum) *n* profumo *m*

perhaps (pö-*hæpss*) *adv* forse

peril (*pê*-ril) *n* pericolo *m*

perilous (*pê*-ri-löss) *adj* pericoloso

period (*piô*-ri-öd) *n* epoca *f*, periodo *m*; punto *m*

periodical (piô-ri-*o*-di-köl) *n* periodico *m*; *adj* periodico

perish (*pê*-riʃ) *v* perire

perishable (*pê*-ri-ʃö-böl) *adj* deperibile

perjury (*pöö*-dʒö-ri) *n* spergiuro *m*

permanent (*pöö*-mö-nönt) *adj* duraturo, permanente; stabile, fisso; ~ press stiratura permanente; ~ wave permanente *f*

permission (pö-*mi*-ʃön) *n* permesso *m*, autorizzazione *f*; licenza *f*

permit¹ (pö-*mit*) *v* \*permettere

permit² (*pöö*-mit) *n* permesso *m*

peroxide (pö-*rok*-ssaid) *n* acqua ossigenata *m*

perpendicular (pöö-pön-*di*-k\*u-lö) *adj* perpendicolare

Persia (*pöö*-ʃö) Persia *f*

Persian (*pöö*-ʃön) *adj* persiano

person (*pöö*-ssön) *n* persona *f*; per ~ per persona

personal (*pöö*-ssö-nöl) *adj* personale

personality (pöö-ssö-*næ*-lö-ti) *n* personalità *f*

personnel (pöö-ssö-*nêl*) *n* personale *m*

perspective (pö-*sspêk*-tiv) *n* prospettiva *f*

perspiration (pöö-sspö-*rei*-ʃön) *n* traspirazione *f*, sudore *m*

perspire (pö-*sspaiô*) *v* traspirare, sudare

persuade (pö-ss\*u*eid*) *v* \*persuadere; \*convincere

persuasion (pö-ss\*u*ei*-ʒön) *n* convinzione *f*

pessimism (*pê*-ssi-mi-söm) *n* pessimismo *m*

pessimist (*pê*-ssi-misst) *n* pessimista *m*

pessimistic (pê-ssi-*mi*-sstik) *adj* pessimistico

pet (pêt) *n* animale domestico; cocco

*m*; favorito

**petal** (*pê*-töl) *n* petalo *m*

**petition** (pi-*ti*-ʃön) *n* petizione *f*

**petrol** (*pê*-tröl) *n* benzina *f*; ~ **pump** pompa di benzina; ~ **station** distributore di benzina; ~ **tank** serbatoio di benzina

**petroleum** (pi-*trou*-li-öm) *n* petrolio *m*

**petty** (*pê*-ti) *adj* piccolo, futile, insignificante; ~ **cash** moneta spicciola

**pewit** (*pii*-ᵁit) *n* pavoncella *f*

**pewter** (*pᶦuu*-tö) *n* peltro *m*

**phantom** (*fæn*-töm) *n* fantasma *m*

**pharmacology** (faa-mö-*ko*-lö-dʒi) *n* farmacologia *f*

**pharmacy** (*faa*-mö-ssi) *n* farmacia *f*

**phase** (feis) *n* fase *f*

**pheasant** (*fê*-sönt) *n* fagiano *m*

**Philippine** (*fi*-li-pain) *adj* filippino

**Philippines** (*fi*-li-piins) *pl* Isole Filippine

**philosopher** (fi-*lo*-ssö-fö) *n* filosofo *m*

**philosophy** (fi-*lo*-ssö-fi) *n* filosofia *f*

**phone** (foun) *n* telefono *m*; *v* telefonare

**phonetic** (fö-*nê*-tik) *adj* fonetico

**photo** (*fou*-tou) *n* (pl ~s) foto *f*

**photocopy** (*fou*-tö-ko-pi) *n* fotocopia *f*; *v* fotocopiare

**photograph** (*fou*-tö-ghraaf) *n* fotografia *f*; *v* fotografare

**photographer** (fö-*to*-ghrö-fö) *n* fotografo *m*

**photography** (fö-*to*-ghrö-fi) *n* fotografia *f*

**phrase** (freis) *n* frase *f*

**phrase-book** (*freis*-buk) *n* manuale di conversazione

**physical** (*fi*-si-köl) *adj* fisico

**physician** (fi-*si*-ʃön) *n* medico *m*

**physicist** (*fi*-si-ssist) *n* fisico *m*

**physics** (*fi*-sikss) *n* fisica *f*

**physiology** (fi-si-*o*-lö-dʒi) *n* fisiologia *f*

**pianist** (*pii*-ö-nisst) *n* pianista *m*

**piano** (pi-*æ*-nou) *n* pianoforte *m*; **grand** ~ pianoforte a coda

**pick** (pik) *v* \*cogliere; \*scegliere; *n* scelta *f*; ~ **up** \*raccogliere; rilevare; **pick-up van** camionetta *f*

**pick-axe** (*pi*-kækss) *n* piccone *m*

**pickles** (*pi*-köls) *pl* sottaceti *mpl*

**picnic** (*pik*-nik) *n* picnic *m*; *v* \*fare un picnic

**picture** (*pik*-tʃö) *n* pittura *f*; illustrazione *f*, stampa *f*; figura *f*, quadro *m*; ~ **postcard** cartolina illustrata; **pictures** cinema *m*

**picturesque** (pik-tʃö-*rêssk*) *adj* pittoresco

**piece** (piiss) *n* pezzo *m*

**pier** (piᵒ) *n* molo *m*

**pierce** (piᵒss) *v* perforare

**pig** (pigh) *n* maiale *m*; porco *m*

**pigeon** (*pi*-dʒön) *n* piccione *m*

**pig-headed** (pigh-*hê*-did) *adj* testardo

**piglet** (*pigh*-löt) *n* porcellino *m*

**pigskin** (*pigh*-sskin) *n* pelle di cinghiale

**pike** (paik) *n* (pl ~) luccio *m*

**pile** (pail) *n* mucchio *m*; *v* ammucchiare; **piles** *pl* emorroidi *fpl*

**pilgrim** (*pil*-ghrim) *n* pellegrino *m*

**pilgrimage** (*pil*-ghri-midʒ) *n* pellegrinaggio *m*

**pill** (pil) *n* pillola *f*

**pillar** (*pi*-lö) *n* pilastro *m*, colonna *f*

**pillar-box** (*pi*-lö-bokss) *n* buca delle lettere

**pillow** (*pi*-lou) *n* guanciale *m*

**pillow-case** (*pi*-lou-keiss) *n* federa *f*

**pilot** (*pai*-löt) *n* pilota *m*

**pimple** (*pim*-pöl) *n* pustoletta *f*

**pin** (pin) *n* spillo *m*; *v* appuntare; **bobby** ~ *Am* fermaglio per capelli

**pincers** (*pin*-ssös) *pl* tenaglie *fpl*

**pinch** (pintʃ) *v* pizzicare

**pineapple** (*pai*-næ-pöl) *n* ananas *m*

**ping-pong** (*ping*-pong) *n* tennis da tavolo

**pink** (pingk) *adj* rosa

**pioneer** (pai-ö-*ni*°) *n* pioniere *m*

**pious** (*pai*-öss) *adj* pio

**pip** (pip) *n* seme *m*

**pipe** (paip) *n* pipa *f*; tubatura *f*; ~ **cleaner** curapipe *m*; ~ **tobacco** tabacco da pipa

**pirate** (*pai*°-röt) *n* pirata *m*

**pistol** (*pi*-sstöl) *n* pistola *f*

**piston** (*pi*-sstön) *n* stantuffo *m*; ~ **ring** anello per stantuffo

**piston-rod** (*pi*-sstön-rod) *n* asta dello stantuffo

**pit** (pit) *n* buca *f*; miniera *f*

**pitcher** (*pi*-tʃö) *n* brocca *f*

**pity** (*pi*-ti) *n* pietà *f*; *v* provare compassione per, compatire; **what a pity!** peccato!

**placard** (*plæ*-kaad) *n* affisso *m*

**place** (pleiss) *n* posto *m*; *v* posare, \*porre; ~ **of birth** luogo di nascita; \***take** ~ \*aver luogo

**plague** (pleigh) *n* flagello *m*

**plaice** (pleiss) (pl ~) passera di mare

**plain** (plein) *adj* chiaro; ordinario, semplice; *n* pianura *f*

**plan** (plæn) *n* progetto *m*; pianta *f*; *v* progettare

**plane** (plein) *adj* piano; *n* aereo *m*; ~ **crash** incidente aereo

**planet** (*plæ*-nit) *n* pianeta *m*

**planetarium** (plæ-ni-*te°*-ri-öm) *n* planetario *m*

**plank** (plængk) *n* asse *f*

**plant** (plaant) *n* pianta *f*; impianto *m*; *v* piantare

**plantation** (plæn-*tei*-ʃön) *n* piantagione *f*

**plaster** (*plaa*-sstö) *n* stucco *m*, gesso *m*; cerotto *m*

**plastic** (*plæ*-sstik) *adj* plastico; *n* plastica *f*

**plate** (pleit) *n* piatto *m*; lamiera *f*

**plateau** (*plæ*-tou) *n* (pl ~x, ~s) altopiano *m*

**platform** (*plæt*-foom) *n* banchina *f*

**platinum** (*plæ*-ti-nöm) *n* platino *m*

**play** (plei) *v* giocare; sonare; *n* gioco *m*; rappresentazione teatrale; **one-act** ~ commedia in un atto; ~ **truant** marinare la scuola

**player** (plei°) *n* giocatore *m*

**playground** (*plei*-ghraund) *n* cortile di ricreazione

**playing-card** (*plei*-ing-kaad) *n* carta da gioco

**playwright** (*plei*-rait) *n* drammaturgo *m*

**plea** (plii) *n* difesa *f*

**plead** (pliid) *v* perorare

**pleasant** (*plê*-sönt) *adj* gradevole, simpatico, piacevole

**please** (pliis) per favore; *v* \*piacere; **pleased** lieto; **pleasing** gradevole

**pleasure** (*plê*-ʒö) *n* diletto *m*, divertimento *m*, piacere *m*

**plentiful** (*plên*-ti-föl) *adj* abbondante

**plenty** (*plên*-ti) *n* abbondanza *f*

**pliers** (plai°s) *pl* pinze *fpl*

**plimsolls** (*plim*-ssöls) *pl* scarpe da ginnastica

**plot** (plot) *n* congiura *f*, complotto *m*; trama *f*; appezzamento *m*

**plough** (plau) *n* aratro *m*; *v* arare

**plucky** (*pla*-ki) *adj* coraggioso

**plug** (plagh) *n* spina *f*; ~ **in** \*connettere

**plum** (plam) *n* susina *f*

**plumber** (*pla*-mö) *n* idraulico *m*

**plump** (plamp) *adj* grassottello

**plural** (*plu*°-röl) *n* plurale *m*

**plus** (plass) *prep* più

**pneumatic** (n¹uu-*mæ*-tik) *adj* pneumatico

**pneumonia** (n¹uu-*mou*-ni-ö) *n* polmonite *f*

**poach** (poutʃ) v cacciare di frodo

**pocket** (po-kit) n tasca f

**pocket-book** (po-kit-buk) n portafoglio m

**pocket-comb** (po-kit-koum) n pettine tascabile

**pocket-knife** (po-kit-naif) n (pl -knives) temperino m

**pocket-watch** (po-kit-ᵘotʃ) n orologio da tasca

**poem** (pou-im) n poema m

**poet** (pou-it) n poeta m

**poetry** (pou-i-tri) n poesia f

**point** (point) n punto m; punta f; v additare; ~ **of view** punto di vista; ~ **out** indicare

**pointed** (poin-tid) adj appuntato

**poison** (poi-sön) n veleno m; v avvelenare

**poisonous** (poi-sö-nöss) adj velenoso

**Poland** (pou-lönd) Polonia f

**Pole** (poul) n polacco m

**pole** (poul) n palo m

**police** (pö-liiss) pl polizia f

**policeman** (pö-liiss-mön) n (pl -men) agente m, poliziotto m

**police-station** (pö-liiss-sstei-ʃön) n posto di polizia

**policy** (po-li-ssi) n politica f; polizza f

**polio** (pou-li-ou) n polio f, poliomielite f

**Polish** (pou-liʃ) adj polacco

**polish** (po-liʃ) v lucidare

**polite** (pö-lait) adj cortese

**political** (pö-li-ti-köl) adj politico

**politician** (po-li-ti-ʃön) n uomo politico

**politics** (po-li-tikss) n politica f

**pollution** (pö-luu-ʃön) n contaminazione f, inquinamento m

**pond** (pond) n stagno m

**pony** (pou-ni) n cavallino m

**poor** (puᵒ) adj povero; misero; scadente

**pope** (poup) n Papa m

**poplin** (po-plin) n popelina f

**pop music** (pop mᶦuu-sik) musica pop

**poppy** (po-pi) n rosolaccio m; papavero m

**popular** (po-pᶦu-lö) adj popolare

**population** (po-pᶦu-lei-ʃön) n popolazione f

**populous** (po-pᶦu-löss) adj popoloso

**porcelain** (poo-ssö-lin) n porcellana f

**porcupine** (poo-kᶦu-pain) n porcospino m

**pork** (pook) n carne di maiale

**port** (poot) n porto m; babordo m

**portable** (poo-tö-böl) adj portatile

**porter** (poo-tö) n facchino m; portiere m

**porthole** (poot-houl) n boccaporto m

**portion** (poo-ʃön) n porzione f

**portrait** (poo-trit) n ritratto m

**Portugal** (poo-tᶦu-ghöl) Portogallo m

**Portuguese** (poo-tᶦu-ghiis) adj portoghese

**position** (pö-si-ʃön) n posizione f; situazione f; atteggiamento m

**positive** (po-sö-tiv) adj positivo; n positiva f

**possess** (pö-séss) v *possedere; **possessed** adj indemoniato

**possession** (pö-sé-ʃön) n possesso m; **possessions** possedimenti mpl

**possibility** (po-ssö-bi-lö-ti) n possibilità f

**possible** (po-ssö-böl) adj possibile; eventuale

**post** (pousst) n palo m; impiego m; posta f; v impostare; **post-office** ufficio postale

**postage** (pou-sstidʒ) n affrancatura f; ~ **paid** franco di porto; ~ **stamp** francobollo m

**postcard** (pousst-kaad) n cartolina f; cartolina illustrata

**poster** (pou-sstö) n cartellone m,

poster *m*

**poste restante** (pousst rê-*sstangt*) fermo posta

**postman** (*pousst*-mön) *n* (pl -men) postino *m*

**post-paid** (pousst-*peid*) *adj* porto franco

**postpone** (pö-*sspoun*) *v* rimandare

**pot** (pot) *n* pentola *f*

**potato** (pö-*tei*-tou) *n* (pl ~es) patata *f*

**pottery** (*po*-tö-ri) *n* ceramica *f*; stoviglie *fpl*

**pouch** (pautʃ) *n* sacchetto *m*

**poulterer** (*poul*-tö-rö) *n* pollivendolo *m*

**poultry** (*poul*-tri) *n* pollame *m*

**pound** (paund) *n* libbra *f*

**pour** (poo) *v* versare

**poverty** (*po*-vö-ti) *n* povertà *f*

**powder** (*pau*-dö) *n* polvere *f*; ~ **compact** portacipria *m*; **talc** ~ talco *m*

**powder-puff** (*pau*-dö-paf) *n* piumino da cipria

**powder-room** (*pau*-dö-ruum) *n* gabinetto per signore

**power** (pau$^o$) *n* potenza *f*, energia *f*; potere *m*

**powerful** (*pau$^o$*-föl) *adj* potente, poderoso; forte

**powerless** (*pau$^o$*-löss) *adj* impotente

**power-station** (*pau$^o$*-sstei-ʃön) *n* centrale elettrica

**practical** (*præk*-ti-köl) *adj* pratico

**practically** (*præk*-ti-kli) *adv* praticamente

**practice** (*præk*-tiss) *n* pratica *f*

**practise** (*præk*-tiss) *v* praticare; esercitarsi

**praise** (preis) *v* lodare; *n* elogio *m*

**pram** (præm) *n* carrozzina *f*

**prawn** (proon) *n* gambero *m*, aragostina *f*

**pray** (prei) *v* pregare

**prayer** (prê$^o$) *n* preghiera *f*

**preach** (priitʃ) *v* predicare

**precarious** (pri-*kê$^o$*-ri-öss) *adj* precario

**precaution** (pri-*koo*-ʃön) *n* precauzione *f*

**precede** (pri-*ssiid*) *v* precedere

**preceding** (pri-*ssii*-ding) *adj* precedente

**precious** (*prê*-ʃöss) *adj* prezioso

**precipice** (*prê*-ssi-piss) *n* precipizio *m*

**precipitation** (pri-ssi-pi-*tei*-ʃön) *n* precipitazione *f*

**precise** (pri-*ssaiss*) *adj* preciso, esatto; meticoloso

**predecessor** (*prii*-di-ssê-ssö) *n* predecessore *m*

**predict** (pri-*dikt*) *v* *predire

**prefer** (pri-*föö*) *v* preferire

**preferable** (*prê*-fö-rö-böl) *adj* preferibile

**preference** (*prê*-fö-rönss) *n* preferenza *f*

**prefix** (*prii*-fikss) *n* prefisso *m*

**pregnant** (*prêgh*-nönt) *adj* incinta

**prejudice** (*prê*-dʒö-diss) *n* pregiudizio *m*

**preliminary** (pri-*li*-mi-nö-ri) *adj* preliminare

**premature** (*prê*-mö-tʃu$^o$) *adj* prematuro

**premier** (*prêm*-i$^o$) *n* primo ministro

**premises** (*prê*-mi-ssis) *pl* stabile *m*

**premium** (*prii*-mi-öm) *n* premio *m*

**prepaid** (prii-*peid*) *adj* pagato in anticipo

**preparation** (prê-pö-*rei*-ʃön) *n* preparazione *f*

**prepare** (pri-*pê$^o$*) *v* preparare

**preposition** (prê-pö-*si*-ʃön) *n* preposizione *f*

**prescribe** (pri-*sskraib*) *v* *prescrivere

**prescription** (pri-*sskrip*-ʃön) *n* ricetta *f*

**presence** (*prê*-sönss) *n* presenza *f*

**present$^1$** (*prê*-sönt) *n* regalo *m*, dono

*m*; presente *m*; *adj* attuale; presente

**present²** (pri-*sênt*) *v* presentare

**presently** (*prê*-sönt-li) *adv* a momenti, subito

**preservation** (prê-sö-*vei*-ʃön) *n* preservazione *f*

**preserve** (pri-*sööv*) *v* conservare; \*mettere in conserva

**president** (*prê*-si-dönt) *n* presidente *m*

**press** (prèss) *n* stampa *f*; *v* schiacciare, premere; stirare; ~ **conference** conferenza stampa

**pressing** (*prê*-ssing) *adj* pressante, urgente

**pressure** (*prê*-ʃö) *n* pressione *f*; tensione *f*; **atmospheric** ~ pressione atmosferica

**pressure-cooker** (*prê*-ʃö-ku-kö) *n* pentola a pressione

**prestige** (prê-*sstiiʒ*) *n* prestigio *m*

**presumable** (pri-*sⁱuu*-mö-böl) *adj* presumibile

**presumptuous** (pri-*samp*-ʃöss) *adj* presuntuoso

**pretence** (pri-*tênss*) *n* pretesa *f*

**pretend** (pri-*tênd*) *v* \*fingere, \*pretendere

**pretext** (*prii*-têksst) *n* pretesto *m*

**pretty** (*pri*-ti) *adj* bello, carino; *adv* alquanto, piuttosto, abbastanza

**prevent** (pri-*vênt*) *v* impedire; \*prevenire

**preventive** (pri-*vên*-tiv) *adj* preventivo

**previous** (*prii*-vi-öss) *adj* precedente, anteriore, previo

**pre-war** (prii-*ᵘoo*) *adj* d'anteguerra

**price** (praiss) *v* prezzare; ~ **list** listino prezzi

**priceless** (*praiss*-löss) *adj* inestimabile

**price-list** (*praiss*-lisst) *n* prezzo *m*

**prick** (prik) *v* \*pungere

**pride** (praid) *n* fierezza *f*

**priest** (priisst) *n* prete *m*

**primary** (*prai*-mö-ri) *adj* primario; primo, principale; elementare

**prince** (prinss) *n* principe *m*

**princess** (prin-*ssêss*) *n* principessa *f*

**principal** (*prin*-ssö-pöl) *adj* principale; *n* preside *m*, direttore *m*

**principle** (*prin*-ssö-pöl) *n* principio *m*

**print** (print) *v* stampare; *n* positiva *f*; stampa *f*; **printed matter** stampe

**prior** (praiᵒ) *adj* anteriore

**priority** (prai-o-rö-ti) *n* precedenza *f*, priorità *f*

**prison** (*pri*-sön) *n* prigione *f*

**prisoner** (*pri*-sö-nö) *n* detenuto *m*, prigioniero *m*; ~ **of war** prigioniero di guerra

**privacy** (*prai*-vö-ssi) *n* intimità *f*

**private** (*prai*-vit) *adj* privato; personale

**privilege** (*pri*-vi-lidʒ) *n* privilegio *m*

**prize** (praiss) *n* premio *m*; ricompensa *f*

**probable** (*pro*-bö-böl) *adj* probabile

**probably** (*pro*-bö-bli) *adv* probabilmente

**problem** (*pro*-blöm) *n* problema *m*

**procedure** (prö-*ssii*-dʒö) *n* procedimento *m*

**proceed** (prö-*ssiid*) *v* procedere

**process** (*prou*-ssêss) *n* procedimento *m*, processo *m*

**procession** (prö-*ssê*-ʃön) *n* processione *f*, corteo *m*

**proclaim** (prö-*kleim*) *v* proclamare

**produce¹** (prö-*dⁱuuss*) *v* \*produrre

**produce²** (*prod*-ⁱuuss) *n* prodotto *m*

**producer** (prö-*dⁱuu*-ssö) *n* produttore *m*

**product** (*pro*-dakt) *n* prodotto *m*

**production** (prö-*dak*-ʃön) *n* produzione *f*

**profession** (prö-*fê*-ʃön) *n* professione *f*

**professional** (prö-*fê*-ʃö-nöl) *adj* pro-

fessionale
**professor** (prö-*fé*-ssö) *n* professore *m*
**profit** (*pro*-fit) *n* profitto *m*, guadagno *m*; vantaggio *m*; *v* approfittare
**profitable** (*pro*-fi-tö-böl) *adj* fruttuoso
**profound** (prö-*faund*) *adj* profondo
**programme** (*prou*-ghræm) *n* programma *m*
**progress**[1] (*prou*-ghrèss) *n* progresso *m*
**progress**[2] (prö-*ghrèss*) *v* progredire
**progressive** (prö-*ghrê*-ssiv) *adj* progressista; progressivo
**prohibit** (prö-*hi*-bit) *v* proibire
**prohibition** (prou-i-*bi*-[ö]n) *n* divieto *m*
**prohibitive** (prö-*hi*-bi-tiv) *adj* proibitivo
**project** (*pro*-dʒèkt) *n* piano *m*, progetto *m*
**promenade** (pro-mö-*naad*) *n* corso *m*
**promise** (*pro*-miss) *n* promessa *f*; *v* *promettere
**promote** (prö-*mout*) *v* *promuovere
**promotion** (prö-*mou*-[ö]n) *n* promozione *f*
**prompt** (prompt) *adj* sollecito, pronto
**pronoun** (*prou*-naun) *n* pronome *m*
**pronounce** (prö-*naunss*) *v* pronunciare
**pronunciation** (prö-nan-ssi-*ei*-[ö]n) *n* pronuncia *f*
**proof** (pruuf) *n* prova *f*
**propaganda** (pro-pö-*ghæn*-dö) *n* propaganda *f*
**propel** (prö-*pêl*) *v* propulsare
**propeller** (prö-*pê*-lö) *n* elica *f*
**proper** (*pro*-pö) *adj* giusto; decente, conveniente, adatto, appropriato
**property** (*pro*-pö-ti) *n* proprietà *f*
**prophet** (*pro*-fit) *n* profeta *m*
**proportion** (prö-*poo*-[ö]n) *n* proporzione *f*
**proportional** (prö-*poo*-[ö]-nöl) *adj* proporzionale

**proposal** (prö-*pou*-söl) *n* proposta *f*
**propose** (prö-*pous*) *v* *proporre
**proposition** (pro-pö-*si*-[ö]n) *n* proposta *f*
**proprietor** (prö-*prai*-ö-tö) *n* proprietario *m*
**prospect** (*pro*-sspèkt) *n* prospettiva *f*
**prospectus** (prö-*sspèk*-töss) *n* prospetto *m*
**prosperity** (pro-*sspê*-rö-ti) *n* prosperità *f*
**prosperous** (*pro*-sspö-röss) *adj* fiorente
**prostitute** (*pro*-ssti-t[i]uut) *n* prostituta *f*
**protect** (prö-*têkt*) *v* *proteggere
**protection** (prö-*têk*-[ö]n) *n* protezione *f*
**protein** (*prou*-tiin) *n* proteina *f*
**protest**[1] (*prou*-tèsst) *n* protesta *f*
**protest**[2] (prö-*tèsst*) *v* protestare
**Protestant** (*pro*-ti-sstönt) *adj* protestante
**proud** (praud) *adj* fiero; orgoglioso
**prove** (pruuv) *v* dimostrare, provare; mostrarsi
**proverb** (*pro*-vööb) *n* proverbio *m*
**provide** (prö-*vaid*) *v* fornire, *provvedere*; **provided that** purché
**province** (*pro*-vinss) *n* provincia *f*
**provincial** (prö-*vin*-[ö]l) *adj* provinciale
**provisional** (prö-*vi*-ȝö-nöl) *adj* provvisorio
**provisions** (prö-*vi*-ȝöns) *pl* provvisioni *fpl*
**prune** (pruun) *n* prugna secca
**psychiatrist** (ssai-*kai*-ö-trisst) *n* psichiatra *m*
**psychic** (*ssai*-kik) *adj* psichico
**psychoanalyst** (ssai-kou-æ-nö-lisst) *n* psicoanalista *m*
**psychological** (ssai-ko-*lo*-dʒi-köl) *adj* psicologico
**psychologist** (ssai-*ko*-lö-dʒisst) *n* psi-

cologo *m*
**psychology** (ssai-*ko*-lö-dʒi) *n* psicologia *f*
**pub** (pab) *n* taverna *f*; bar *m*
**public** (*pa*-blik) *adj* pubblico; generale; *n* pubblico *m*; ~ **garden** giardino pubblico; ~ **house** taverna *f*
**publication** (pa-bli-*kei*-ʃön) *n* pubblicazione *f*
**publicity** (pa-*bli*-ssö-ti) *n* pubblicità *f*
**publish** (*pa*-bliʃ) *v* pubblicare
**publisher** (*pa*-bli-ʃö) *n* editore *m*
**puddle** (*pa*-döl) *n* pozzanghera *f*
**pull** (pul) *v* tirare; ~ **out** partire; ~ **up** fermarsi
**pulley** (*pu*-li) *n* (pl ~s) carrucola *f*
**Pullman** (*pul*-mön) *n* vettura pullman
**pullover** (*pu*-lou-vö) *n* maglione *m*
**pulpit** (*pul*-pit) *n* cattedra *f*, pulpito *m*
**pulse** (palss) *n* polso *m*
**pump** (pamp) *n* pompa *f*; *v* pompare
**punch** (pantʃ) *v* sferrare pugni; *n* pugno *m*
**punctual** (*pangk*-tʃu-öl) *adj* puntuale
**puncture** (*pangk*-tʃö) *n* foratura *f*, bucatura *f*
**punctured** (*pangk*-tʃöd) *adj* bucato
**punish** (*pa*-niʃ) *v* punire
**punishment** (*pa*-niʃ-mönt) *n* punizione *f*
**pupil** (*p'uu*-pöl) *n* scolaro *m*
**puppet-show** (*pa*-pit-ʃou) *n* rappresentazione di marionette
**purchase** (*pöö*-tʃöss) *v* comprare; *n* compera *f*, acquisto *m*; ~ **price** prezzo d'acquisto; ~ **tax** tassa di scambio
**purchaser** (*pöö*-tʃö-ssö) *n* compratore *m*
**pure** (p'uᵇ) *adj* casto, puro
**purple** (*pöö*-pöl) *adj* porporino
**purpose** (*pöö*-pöss) *n* proposito *m*, fine *m*, intenzione *f*; **on** ~ apposta

**purse** (pööss) *n* borsellino *m*
**pursue** (pö-*ss'uu*) *v* perseguire
**pus** (pass) *n* pus *m*
**push** (puʃ) *n* urto *m*, spinta *f*; *v* *spingere; *farsi largo
**push-button** (*puʃ*-ba-tön) *n* pulsante *m*
* **put** (put) *v* collocare, posare, *mettere; *porre; ~ **away** *mettere a posto; ~ **off** rinviare; ~ **on** indossare; ~ **out** *spegnere
**puzzle** (*pa*-söl) *n* rompicapo *m*; enigma *m*; *v* imbarazzare; **jigsaw** ~ puzzle
**puzzling** (*pas*-ling) *adj* imbarazzante
**pyjamas** (pö-*dʒaa*-mös) *pl* pigiama *m*

# Q

**quack** (kᵘæk) *n* medicone *m*, ciarlatano *m*
**quail** (kᵘeil) *n* (pl ~, ~s) quaglia *f*
**quaint** (kᵘeint) *adj* bizzarro; antiquato
**qualification** (kᵘo-li-fi-*kei*-ʃön) *n* qualifica *f*; riserva *f*, restrizione *f*
**qualified** (kᵘo-li-faid) *adj* qualificato; competente
**qualify** (kᵘo-li-fai) *v* *addirsi
**quality** (kᵘo-lö-ti) *n* qualità *f*; caratteristica *f*
**quantity** (kᵘon-tö-ti) *n* quantità *f*; numero *m*
**quarantine** (kᵘo-rön-tiin) *n* quarantena *f*
**quarrel** (kᵘo-röl) *v* litigare; *n* litigio *m*, lite *f*
**quarry** (kᵘo-ri) *n* cava *f*
**quarter** (kᵘoo-tö) *n* quarto *m*; trimestre *m*; quartiere *m*; ~ **of an hour** quarto d'ora
**quarterly** (kᵘoo-tö-li) *adj* trimestrale

**quay** (kii) *n* molo *m*

**queen** (kᵘiin) *n* regina *f*

**queer** (kᵘiˆ) *adj* singolare, strano; bizzarro

**query** (kᵘjˆ-ri) *n* domanda *f*; *v* domandare; *mettere in dubbio

**question** (kᵘêss-tʃön) *n* questione *f*; problema *m*; *v* interrogare; *mettere in dubbio; ~ mark punto interrogativo

**queue** (kⁱuu) *n* coda *f*; *v* *fare la coda

**quick** (kᵘik) *adj* svelto

**quick-tempered** (kᵘik-têm-pöd) *adj* irascibile

**quiet** (kᵘai-öt) *adj* quieto, calmo, tranquillo; *n* quiete *f*, tranquillità *f*

**quilt** (kᵘilt) *n* coperta *f*

**quinine** (kᵘi-niin) *n* chinino *m*

**quit** (kᵘit) *v* cessare, *smettere

**quite** (kᵘait) *adv* interamente, completamente; alquanto, abbastanza, piuttosto; assai, molto

**quiz** (kᵘis) *n* (pl ~zes) quiz *m*

**quota** (kᵘou-tö) *n* quota *f*

**quotation** (kᵘou-tei-ʃön) *n* citazione *f*; ~ marks virgolette *fpl*

**quote** (kᵘout) *v* citare

# R

**rabbit** (ræ-bit) *n* coniglio *m*

**rabies** (rei-bis) *n* rabbia *f*

**race** (reiss) *n* gara *f*, corsa *f*; razza *f*

**race-course** (reiss-kooss) *n* pista da corsa, ippodromo *m*

**race-horse** (reiss-hooss) *n* cavallo da corsa

**race-track** (reiss-træk) *n* pista da corsa

**racial** (rei-ʃöl) *adj* razziale

**racket** (ræ-kit) *n* chiasso *m*

**racquet** (ræ-kit) *n* racchetta *f*

**radiator** (rei-di-ei-tö) *n* radiatore *m*

**radical** (ræ-di-köl) *adj* radicale

**radio** (rei-di-ou) *n* radio *f*

**radish** (ræ-diʃ) *n* ravanello *m*

**radius** (rei-di-öss) *n* (pl radii) raggio *m*

**raft** (raaft) *n* zattera *f*

**rag** (rægh) *n* straccio *m*

**rage** (reidʒ) *n* furore *m*, rabbia *f*; *v* infierire

**raid** (reid) *n* irruzione *f*

**rail** (reil) *n* ringhiera *f*, sbarra *f*

**railing** (rei-ling) *n* inferriata *f*

**railroad** (reil-roud) *nAm* strada ferrata, ferrovia *f*

**railway** (reil-ᵘei) *n* ferrovia *f*

**rain** (rein) *n* pioggia *f*; *v* *piovere

**rainbow** (rein-bou) *n* arcobaleno *m*

**raincoat** (rein-kout) *n* impermeabile *m*

**rainproof** (rein-pruuf) *adj* impermeabile

**rainy** (rei-ni) *adj* piovoso

**raise** (reis) *v* sollevare; aumentare; allevare, coltivare; *riscuotere; *nAm* aumento *m*

**raisin** (rei-sön) *n* uvetta *f*

**rake** (reik) *n* rastrello *m*

**rally** (ræ-li) *n* raduno *m*

**ramp** (ræmp) *n* rampa *f*

**ramshackle** (ræm-ʃæ-köl) *adj* sgangerato

**rancid** (ræn-ssid) *adj* rancido

**rang** (ræng) *v* (p ring)

**range** (reindʒ) *n* portata *f*

**range-finder** (reindʒ-fain-dö) *n* telemetro *m*

**rank** (rængk) *n* ceto *m*; fila *f*

**ransom** (ræn-ssöm) *n* riscatto *m*

**rape** (reip) *v* violentare

**rapid** (ræ-pid) *adj* veloce, rapido

**rapids** (ræ-pids) *pl* rapida *f*

**rare** (rêˆ) *adj* raro

**rarely** (*rê⁰*-li) *adv* raramente

**rascal** (*raa*-ssköl) *n* birbante *m*, monello *m*

**rash** (ræʃ) *n* esantema *m*, eruzione *f*; *adj* avventato, sconsiderato

**raspberry** (*raas*-bö-ri) *n* lampone *m*

**rat** (ræt) *n* ratto *m*

**rate** (reit) *n* prezzo *m*, tariffa *f*; velocità *f*; **at any ~** ad ogni modo, comunque; **~ of exchange** corso del cambio

**rather** (*raa*-ðö) *adv* abbastanza, alquanto; piuttosto

**ration** (*ræ*-ʃön) *n* razione *f*

**rattan** (*ræ*-tæn) *n* malacca *f*

**raven** (*rei*-vön) *n* corvo *m*

**raw** (roo) *adj* crudo; **~ material** materia prima

**ray** (rei) *n* raggio *m*

**rayon** (*rei*-on) *n* raion *m*

**razor** (*rei*-sö) *n* rasoio *m*

**razor-blade** (*rei*-sö-bleid) *n* lama di rasoio

**reach** (riitʃ) *v* \*raggiungere; *n* portata *f*

**reaction** (ri-*æk*-ʃön) *n* reazione *f*

**\*read** (riid) *v* \*leggere

**reading** (*rii*-ding) *n* lettura *f*

**reading-lamp** (*rii*-ding-læmp) *n* lampada da tavolo

**reading-room** (*rii*-ding-ruum) *n* sala di lettura

**ready** (*rê*-di) *adj* pronto

**ready-made** (rê-di-*meid*) *adj* confezionato

**real** (ri⁰l) *adj* reale

**reality** (ri-*æ*-lö-ti) *n* realtà *f*

**realizable** (*ri⁰*-lai-sö-böl) *adj* realizzabile

**realize** (*ri⁰*-lais) *v* realizzare; attuare

**really** (*rii⁰*-li) *adv* davvero, veramente; in realtà

**rear** (ri⁰) *n* parte posteriore; *v* allevare

**rear-light** (ri⁰-*lait*) *n* fanalino posteriore

**reason** (*rii*-sön) *n* causa *f*, ragione *f*; senso *m*; *v* ragionare

**reasonable** (*rii*-sö-nö-böl) *adj* ragionevole

**reassure** (rii-ö-*ʃu⁰*) *v* tranquillizzare

**rebate** (*rii*-beit) *n* riduzione *f*, sconto *m*

**rebellion** (ri-*bêl*-¹ön) *n* rivolta *f*, ribellione *f*

**recall** (ri-*kool*) *v* ricordarsi; richiamare; revocare

**receipt** (ri-*ssiit*) *n* ricevuta *f*; ricevimento *m*

**receive** (ri-*ssiiv*) *v* ricevere

**receiver** (ri-*ssii*-vö) *n* ricevitore *m*

**recent** (*rii*-ssönt) *adj* recente

**recently** (*rii*-ssönt-li) *adv* di recente, recentemente

**reception** (ri-*ssêp*-ʃön) *n* ricevimento *m*; accoglienza *f*; **~ office** ufficio ricevimento

**receptionist** (ri-*ssêp*-ʃö-nisst) *n* capo ufficio ricevimento

**recession** (ri-*ssê*-ʃön) *n* recessione *f*

**recipe** (*rê*-ssi-pi) *n* ricetta *f*

**recital** (ri-*ssai*-töl) *n* recital *m*

**reckon** (*rê*-kön) *v* \*fare i calcoli; considerare; credere

**recognition** (rê-kögh-*ni*-ʃön) *n* riconoscimento *m*

**recognize** (*rê*-kögh-nais) *v* \*riconoscere

**recollect** (rê-kö-*lêkt*) *v* ricordarsi

**recommence** (rii-kö-*mênss*) *v* ricominciare

**recommend** (rê-kö-*mênd*) *v* raccomandare; consigliare

**recommendation** (rê-kö-mên-*dei*-ʃön) *n* raccomandazione *f*

**reconciliation** ( rê-kön-ssi-li-*ei*-ʃön ) *n* riconciliazione *f*

**record¹** (*rê*-kood) *n* disco *m*; primato

*m*; registrazione *f*; **long-playing ~** microsolco *m*

**record²** (ri-*kood*) *v* registrare

**recorder** (ri-*koo*-dö) *n* magnetofono *m*

**recording** (ri-*koo*-ding) *n* registrazione *f*

**record-player** (*rê*-kood-plei⁰) *n* giradischi *m*

**recover** (ri-*ka*-vö) *v* ricuperare; guarire

**recovery** (ri-*ka*-vö-ri) *n* guarigione *f*

**recreation** (rê-kri-*ei*-fön) *n* ricreazione *f*, svago *m*; **~ centre** centro di ricreazione; **~ ground** campo di gioco

**recruit** (ri-*kruut*) *n* recluta *f*

**rectangle** (*rêk*-tæng-ghöl) *n* rettangolo *m*

**rectangular** (rêk-*tæng*-ghiu-lö) *adj* rettangolare

**rector** (*rêk*-tö) *n* pastore *m*

**rectory** (*rêk*-tö-ri) *n* presbiterio *m*

**rectum** (*rêk*-töm) *n* retto *m*

**recycle** (ri-*ssai*-köl) *v* riciclare

**red** (rêd) *adj* rosso

**reduce** (ri-*dʲuuss*) *v* \*ridurre, diminuire

**reduction** (ri-*dak*-fön) *n* ribasso *m*, riduzione *f*

**redundant** (ri-*dan*-dönt) *adj* ridondante

**reed** (riid) *n* giunco *m*

**reef** (riif) *n* banco *m*

**reference** (*rêf*-rönss) *n* referenza *f*, riferimento *m*; relazione *f*; **with ~ to** riguardo a

**refer to** (ri-*föö*) rimandare a

**refill** (*rii*-fil) *n* ricambio *m*

**refinery** (ri-*fai*-nö-ri) *n* raffineria *f*

**reflect** (ri-*flêkt*) *v* \*riflettere

**reflection** (ri-*flêk*-fön) *n* riflesso *m*; immagine riflessa

**reflector** (ri-*flêk*-tö) *n* riflettore *m*

**reformation** (rê-fö-*mei*-fön) *n* riforma *f*

**refresh** (ri-*frêf*) *v* rinfrescare

**refreshment** (ri-*frêf*-mönt) *n* rinfresco *m*

**refrigerator** (ri-*fri*-dʒö-rei-tö) *n* frigorifero *m*

**refund¹** (ri-*fand*) *v* rimborsare

**refund²** (*rii*-fand) *n* rimborso *m*

**refusal** (ri-*fʲuu*-söl) *n* rifiuto *m*

**refuse¹** (ri-*fʲuus*) *v* rifiutare

**refuse²** (*rê*-fʲuuss) *n* immondizia *f*

**regard** (ri-*ghaad*) *v* considerare; osservare; *n* riguardo *m*; **as regards** per quanto riguarda

**regarding** (ri-*ghaa*-ding) *prep* riguardo a; in relazione a

**regatta** (ri-*ghæ*-tö) *n* regata *f*

**régime** (rei-*ʒiim*) *n* regime *m*

**region** (*rii*-dʒön) *n* regione *f*

**regional** (*rii*-dʒö-nöl) *adj* regionale

**register** (*rê*-dʒi-sstö) *v* registrarsi; raccomandare; **registered letter** raccomandata *f*

**registration** (rê-dʒi-*sstrei*-fön) *n* registrazione *f*; **~ form** foglio di registrazione; **~ number** numero di targa; **~ plate** targa automobilistica

**regret** (ri-*ghrêt*) *v* \*rimpiangere; *n* rimpianto *m*

**regular** (*rê*-ghiu-lö) *adj* regolato, regolare; normale

**regulate** (*rê*-ghiu-leit) *v* regolare

**regulation** (rê-ghiu-*lei*-fön) *n* regolamento *m*; regolamentazione *f*

**rehabilitation** (rii-hö-bi-li-*tei*-fön) *n* rieducazione *f*

**rehearsal** (ri-*höö*-ssöl) *n* prova *f*

**rehearse** (ri-*hööss*) *v* \*fare le prove

**reign** (rein) *n* regno *m*; *v* regnare

**reimburse** (rii-im-*bööss*) *v* \*rendere, rimborsare

**reindeer** (*rein*-di⁰) *n* (pl ~) renna *f*

**reject** (ri-*dʒêkt*) *v* rifiutare, \*respingere; rigettare

**relate** (ri-*leit*) v raccontare

**related** (ri-*lei*-tid) adj congiunto

**relation** (ri-*lei*-[ön) n relazione f, attinenza f; parente m

**relative** (*rê*-lö-tiv) n parente m; adj relativo

**relax** (ri-*lækss*) v rilassarsi

**relaxation** (ri-læk-*ssei*-[ön) n rilassamento m

**reliable** (ri-*lai*-ö-böl) adj fidato

**relic** (*rê*-lik) n reliquia f

**relief** (ri-*liif*) n sollievo m; aiuto m; rilievo m

**relieve** (ri-*liiv*) v mitigare; *dare il cambio

**religion** (ri-*li*-d3ön) n religione f

**religious** (ri-*li*-d3öss) adj religioso

**rely on** (ri-*lai*) contare su

**remain** (ri-*mein*) v *rimanere; restare

**remainder** (ri-*mein*-dö) n avanzo m, resto m, residuo m

**remaining** (ri-*mei*-ning) adj rimanente

**remark** (ri-*maak*) n osservazione f; v osservare

**remarkable** (ri-*maa*-kö-böl) adj notevole

**remedy** (*rê*-mö-di) n rimedio m

**remember** (ri-*mêm*-bö) v ricordarsi

**remembrance** (ri-*mêm*-brönss) n ricordo m

**remind** (ri-*maind*) v *far ricordare

**remit** (ri-*mit*) v *rimettere

**remittance** (ri-*mi*-tönss) n rimessa f

**remnant** (*rêm*-nönt) n resto m, rimanenza f, residuo m

**remote** (ri-*mout*) adj distante, remoto

**removal** (ri-*muu*-völ) n spostamento m

**remove** (ri-*muuv*) v spostare

**remunerate** (ri-*m'uu*-nö-reit) v rimunerare

**remuneration** (ri-*m'uu*-nö-*rei*-[ön) n rimunerazione f

**renew** (ri-*n'uu*) v rinnovare

**rent** (rênt) v affittare; n affitto m

**repair** (ri-*pê*°) v riparare; n restauro m

**reparation** (rê-pö-*rei*-[ön) n riparazione f

*repay (ri-*pei*) v rimborsare

**repayment** (ri-*pei*-mönt) n rimborso m

**repeat** (ri-*piit*) v ripetere

**repellent** (ri-*pê*-lönt) adj ripugnante, repellente

**repentance** (ri-*pên*-tönss) n pentimento m

**repertory** (*rê*-pö-tö-ri) n repertorio m

**repetition** (rê-pö-*ti*-[ön) n ripetizione f

**replace** (ri-*pleiss*) v sostituire

**reply** (ri-*plai*) v *rispondere; n risposta f; in ~ in risposta

**report** (ri-*poot*) v riferire; presentarsi; n relazione f, rapporto m

**reporter** (ri-*poo*-tö) n corrispondente m

**represent** (rê-pri-*sênt*) v rappresentare; raffigurare

**representation** (rê-pri-sên-*tei*-[ön) n rappresentanza f

**representative** (rê-pri-*sên*-tö-tiv) adj rappresentativo

**reprimand** (*rê*-pri-maand) v rimproverare

**reproach** (ri-*proutf*) n rimprovero m; v rimproverare

**reproduce** (rii-prö-*d'uuss*) v *riprodurre

**reproduction** (rii-prö-*dak*-[ön) n riproduzione f

**reptile** (*rép*-tail) n rettile m

**republic** (ri-*pa*-blik) n repubblica f

**republican** (ri-*pa*-bli-kön) adj repubblicano

**repulsive** (ri-*pal*-ssiv) adj ributtante

**reputation** (rê-p'u-*tei*-[ön) n reputazione f; fama f

**request** (ri-k*u*êsst) *n* richiesta f; domanda f; *v* *richiedere

**require** (ri-k*u*ai*o*) *v* *esigere

**requirement** (ri-k*u*ai*o*-mönt) *n* esigenza f

**requisite** (rê-k*u*i-sit) *adj* richiesto

**rescue** (rê-ssk*u*uu) *v* salvare; *n* salvataggio m

**research** (ri-ssöötʃ) *n* ricerca f

**resemblance** (ri-sêm-blönss) *n* somiglianza f

**resemble** (ri-sêm-böl) *v* assomigliare a

**resent** (ri-sênt) *v* risentirsi per

**reservation** (rê-sö-vei-ʃön) *n* prenotazione f

**reserve** (ri-sööv) *v* riservare; prenotare; *n* riserva f

**reserved** (rê-söövd) *adj* riservato

**reservoir** (rê-sö-v*u*aa) *n* serbatoio m

**reside** (ri-said) *v* abitare

**residence** (rê-si-dönss) *n* residenza f; ~ **permit** permesso di soggiorno

**resident** (rê-si-dönt) *n* residente m; *adj* residente; interno

**resign** (ri-sain) *v* *dimettersi

**resignation** (rê-sigh-nei-ʃön) *n* dimissioni fpl

**resin** (rê-sin) *n* resina f

**resist** (ri-sisst) *v* resistere

**resistance** (ri-si-sstönss) *n* resistenza f

**resolute** (rê-sö-luut) *adj* risoluto, deciso

**respect** (ri-sspêkt) *n* rispetto m; stima f, deferenza f; *v* rispettare

**respectable** (ri-sspêk-tö-böl) *adj* rispettabile

**respectful** (ri-sspêkt-föl) *adj* rispettoso

**respective** (ri-sspêk-tiv) *adj* rispettivo

**respiration** (rê-sspö-rei-ʃön) *n* respirazione f

**respite** (rê-sspait) *n* dilazione f

**responsibility** (ri-sspon-ssö-bi-lö-ti) *n* responsabilità f

**responsible** (ri-sspon-ssö-böl) *adj* responsabile

**rest** (rêsst) *n* riposo m; resto m; *v* riposarsi

**restaurant** (rê-sstö-rong) *n* ristorante m

**restful** (rêsst-föl) *adj* riposante

**rest-home** (rêsst-houm) *n* casa di riposo

**restless** (rêsst-löss) *adj* inquieto; irrequieto

**restrain** (ri-sstrein) *v* *contenere, *trattenere

**restriction** (ri-sstrik-ʃön) *n* restrizione f

**result** (ri-salt) *n* risultato m; conseguenza f; esito m; *v* risultare

**resume** (ri-s*i*uum) *v* *riprendere

**résumé** (rê-s*i*u-mei) *n* riassunto m

**retail** (rii-teil) *v* vendere al minuto; ~ **trade** commercio al minuto, vendita al minuto

**retailer** (rii-tei-lö) *n* dettagliante m; rivenditore m

**retina** (rê-ti-nö) *n* retina f

**retired** (ri-tai*o*d) *adj* pensionato

**return** (ri-töön) *v* ritornare; *n* ritorno m; ~ **flight** volo di ritorno; ~ **journey** viaggio di ritorno

**reunite** (rii-*i*uu-nait) *v* riunire

**reveal** (ri-viil) *v* svelare, rivelare

**revelation** (rê-vö-lei-ʃön) *n* rivelazione f

**revenge** (ri-vêndʒ) *n* vendetta f

**revenue** (rê-vö-n*i*uu) *n* entrate, reddito m

**reverse** (ri-vööss) *n* contrario m; rovescio m; marcia indietro; rivolgimento m; *adj* inverso; *v* *far marcia indietro

**review** (ri-v*i*uu) *n* recensione f; rivista f

**revise** (ri-vais) *v* revisionare

**revision** (ri-vi-ʒön) *n* revisione f

**revival** (ri-*vai*-völ) *n* ripristino *m*

**revolt** (ri-*voult*) *v* rivoltarsi; *n* ribellione *f*, rivolta *f*

**revolting** (ri-*voul*-ting) *adj* stomachevole, rivoltante, disgustoso

**revolution** (rê-vö-*luu*-ʃön) *n* rivoluzione *f*

**revolutionary** (rê-vö-*luu*-ʃö-nö-ri) *adj* rivoluzionario

**revolver** (ri-*vol*-vö) *n* rivoltella *f*

**revue** (ri-*vʲuu*) *n* rivista *f*

**reward** (ri-*ᵘood*) *n* ricompensa *f*; *v* ricompensare

**rheumatism** (*ruu*-mö-ti-söm) *n* reumatismo *m*

**rhinoceros** (rai-*no*-ssö-röss) *n* (pl ~, ~es) rinoceronte *m*

**rhubarb** (*ruu*-baab) *n* rabarbaro *m*

**rhyme** (raim) *n* rima *f*

**rhythm** (*ri*-ðöm) *n* ritmo *m*

**rib** (rib) *n* costola *f*

**ribbon** (*ri*-bön) *n* nastro *m*

**rice** (raiss) *n* riso *m*

**rich** (ritʃ) *adj* ricco

**riches** (*ri*-tʃis) *pl* ricchezza *f*

**riddle** (*ri*-döl) *n* indovinello *m*

**ride** (raid) *n* corsa *f*

*** ride** (raid) *v* *andare in macchina; cavalcare

**rider** (*rai*-dö) *n* cavallerizzo *m*

**ridge** (ridʒ) *n* cresta *f*

**ridicule** (*ri*-di-kʲuul) *v* ridicolizzare

**ridiculous** (ri-*di*-kʲu-löss) *adj* ridicolo

**riding** (*rai*-ding) *n* equitazione *f*

**riding-school** (*rai*-ding-sskuul) *n* scuola di equitazione

**rifle** (*rai*-föl) *v* fucile *m*

**right** (rait) *n* diritto *m*; *adj* corretto, giusto; retto; destro; equo; **all right!** va bene!; *** be ~** *avere ragione; **~ of way** precedenza *f*

**righteous** (*rai*-tʃöss) *adj* giusto

**right-hand** (*rait*-hænd) *adj* destro

**rightly** (*rait*-li) *adv* giustamente

**rim** (rim) *n* cerchione *m*; orlo *m*

**ring** (ring) *n* anello *m*; cerchio *m*; pista *f*

*** ring** (ring) *v* suonare; **~ up** telefonare

**rinse** (rinss) *v* sciacquare; *n* sciacquata *f*

**riot** (*rai*-öt) *n* sommossa *f*

**rip** (rip) *v* strappare

**ripe** (raip) *adj* maturo

**rise** (rais) *n* aumento *m*; altura *f*; rialzo *m*; ascesa *f*

*** rise** (rais) *v* alzarsi; *sorgere; *salire

**rising** (*rai*-sing) *n* insurrezione *f*

**risk** (rissk) *n* rischio *m*; pericolo *m*; *v* rischiare

**risky** (*ri*-sski) *adj* rischioso

**rival** (*rai*-völ) *n* rivale *m*; concorrente *m*; *v* rivaleggiare

**rivalry** (*rai*-völ-ri) *n* rivalità *f*; concorrenza *f*

**river** (*ri*-vö) *n* fiume *m*; **~ bank** argine *m*

**riverside** (*ri*-vö-ssaid) *n* lungofiume *m*

**roach** (routʃ) *n* (pl ~) lasca *f*

**road** (roud) *n* strada *f*; **~ fork** *n* bivio *m*; **~ map** carta stradale; **~ system** rete stradale; **~ up** strada in riparazione

**roadhouse** (*roud*-hauss) *n* locanda *f*

**roadside** (*roud*-ssaid) *n* margine della strada; **~ restaurant** locanda *f*

**roadway** (*roud*-ᵘei) *nAm* rotabile *f*

**roam** (roum) *v* vagabondare

**roar** (roo) *v* mugghiare, ruggire; *n* ruggito *m*, rombo *m*

**roast** (rousst) *v* *cuocere arrosto, arrostire

**rob** (rob) *v* rubare

**robber** (*ro*-bö) *n* ladro *m*

**robbery** (*ro*-bö-ri) *n* rapina *f*, furto *m*

**robe** (roub) *n* abito femminile; veste *f*

**robin** (*ro*-bin) *n* pettirosso *m*

**robust** (rou-*basst*) *adj* robusto

**rock** (rok) n roccia f; v dondolare

**rocket** (ro-kit) n razzo m

**rocky** (ro-ki) adj roccioso

**rod** (rod) n barra f, stecca f

**roe** (rou) n uova di pesce

**roll** (roul) v rotolare; n rotolo m; panino m

**roller-skating** (rou-lö-sskei-ting) n pattinaggio a rotelle

**Roman Catholic** (rou-mön kæ-θö-lik) cattolico

**romance** (rö-mænss) n idillio m

**romantic** (rö-mæn-tik) adj romantico

**roof** (ruuf) n tetto m; **thatched** ~ tetto di paglia

**room** (ruum) n camera f, stanza f; spazio m, vano m; ~ **and board** vitto e alloggio; ~ **service** servizio in camera; ~ **temperature** temperatura ambientale

**roomy** (ruu-mi) adj spazioso

**root** (ruut) n radice f

**rope** (roup) n corda f

**rosary** (rou-sö-ri) n rosario m

**rose** (rous) n rosa f; adj rosa

**rotten** (ro-tön) adj marcio

**rouge** (ruuʒ) adj rossetto m

**rough** (raf) adj malagevole

**roulette** (ruu-lêt) n roulette f

**round** (raund) adj rotondo; prep attorno a, intorno a; n ripresa f; ~ **trip** Am andata e ritorno

**roundabout** (raun-dö-baut) n rotonda f

**rounded** (raun-did) adj arrotondato

**route** (ruut) n rotta f

**routine** (ruu-tiin) n abitudine f

**row**[1] (rou) n fila f; v remare

**row**[2] (rau) n lite f

**rowdy** (rau-di) adj turbolento

**rowing-boat** (rou-ing-bout) n barca a remi

**royal** (roi-öl) adj reale

**rub** (rab) v strofinare

**rubber** (ra-bö) n caucciù m; gomma per cancellare; ~ **band** elastico m

**rubbish** (ra-biʃ) n immondizia f; sciocchezza f, stupidaggini fpl; **talk** ~ *dire stupidaggini

**rubbish-bin** (ra-biʃ-bin) n pattumiera f

**ruby** (ruu-bi) n rubino m

**rucksack** (rak-ssæk) n zaino m

**rudder** (ra-dö) n timone m

**rude** (ruud) adj grossolano

**rug** (ragh) n tappeto m

**ruin** (ruu-in) v rovinare; n rovina f

**ruination** (ruu-i-nei-ʃön) n rovina f

**rule** (ruul) n regola f; regime m, governo m, dominio m; v dominare, governare; **as a** ~ generalmente, di norma

**ruler** (ruu-lö) n monarca m, sovrano m; riga f

**Rumania** (ruu-mei-ni-ö) Romania f

**Rumanian** (ruu-mei-ni-ön) adj romeno

**rumour** (ruu-mö) n diceria f

*run (ran) v *correre; ~ **into** incontrare

**runaway** (ra-nö-ᵁei) n fuggitivo m

**rung** (ran) v (pp ring)

**runway** (ran-ᵁei) n pista di decollo

**rural** (ruᵒ-röl) adj rurale

**ruse** (ruus) n astuzia f

**rush** (raʃ) v affrettarsi; n giunco m

**rush-hour** (raʃ-auᵒ) n ora di punta

**Russia** (ra-ʃö) Russia f

**Russian** (ra-ʃön) adj russo

**rust** (rasst) n ruggine f

**rustic** (ra-sstik) adj rustico

**rusty** (ra-ssti) adj arrugginito

# S

**saccharin** (ssæ-kö-rin) n saccarina f

**sack** (ssæk) n sacco m

**sacred** ( *ssei*-krid ) *adj* sacro

**sacrifice** ( *ssæ*-kri-faiss ) *n* sacrificio *m*; *v* sacrificare

**sacrilege** ( *ssæ*-kri-lidʒ ) *n* sacrilegio *m*

**sad** ( ssæd ) *adj* triste; mesto, afflitto, malinconico

**saddle** ( *ssæ*-döl ) *n* sella *f*

**sadness** ( *ssæd*-nöss ) *n* tristezza *f*

**safe** ( sseif ) *adj* sicuro; *n* cassaforte *f*

**safety** ( *sseif*-ti ) *n* sicurezza *f*

**safety-belt** ( *sseif*-ti-bêlt ) *n* cintura di sicurezza

**safety-pin** ( *sseif*-ti-pin ) *n* spillo di sicurezza

**safety-razor** ( *sseif*-ti-rei-sö ) *n* rasoio *m*

**sail** ( sseil ) *v* navigare; *n* vela *f*

**sailing-boat** ( *ssei*-ling-bout ) *n* barca a vela

**sailor** ( *ssei*-lö ) *n* marinaio *m*

**saint** ( sseint ) *n* santo *m*

**salad** ( *ssæ*-löd ) *n* insalata *f*

**salad-oil** ( *ssæ*-löd-oil ) *n* olio da tavola

**salary** ( *ssæ*-lö-ri ) *n* stipendio *m*, salario *m*

**sale** ( sseil ) *n* vendita *f*; **clearance ~** svendita *f*; **for ~** in vendita; **sales** saldi; **sales tax** tassa di scambio

**saleable** ( *ssei*-lö-böl ) *adj* vendibile

**salesgirl** ( *sseils*-ghööl ) *n* commessa *f*

**salesman** ( *sseils*-mön ) *n* (pl -men) commesso *m*

**salmon** ( *ssæ*-mön ) *n* (pl ~) salmone *m*

**salon** ( *ssæ*-loŋ ) *n* salone *m*

**saloon** ( ssö-*luun* ) *n* bar *m*

**salt** ( ssoolt ) *n* sale *m*

**salt-cellar** ( *ssoolt*-ssê-lö ) *n* saliera *f*

**salty** ( *ssool*-ti ) *adj* salato

**salute** ( ssö-*luut* ) *v* salutare

**salve** ( ssaav ) *n* unguento *m*

**same** ( sseim ) *adj* stesso

**sample** ( *ssaam*-pöl ) *n* campione *m*

**sanatorium** ( ssæ-nö-*too*-ri-öm ) *n* (pl

~s, -ria) sanatorio *m*

**sand** ( ssænd ) *n* sabbia *f*

**sandal** ( *ssæn*-döl ) *n* sandalo *m*

**sandpaper** ( *ssænd*-pei-pö ) *n* carta vetrata

**sandwich** ( *ssæn*-ᵘidʒ ) *n* tramezzino *m*

**sandy** ( *ssæn*-di ) *adj* sabbioso

**sanitary** ( *ssæ*-ni-tö-ri ) *adj* sanitario; **~ towel** pannolino igienico

**sapphire** ( *ssæ*-faiᵒ ) *n* zaffiro *m*

**sardine** ( ssaa-*diin* ) *n* sardina *f*

**satchel** ( *ssæ*-tʃöl ) *n* cartella *f*

**satellite** ( *ssæ*-tö-lait ) *n* satellite *m*

**satin** ( *ssæ*-tin ) *n* raso *m*

**satisfaction** ( ssæ-tiss-*fæk*-ʃön ) *n* appagamento *m*, soddisfazione *f*

**satisfy** ( *ssæ*-tiss-fai ) *v* *soddisfare; **satisfied** accontentato, soddisfatto

**Saturday** ( *ssæ*-tö-di ) *n* sabato *m*

**sauce** ( ssooss ) *n* salsa *f*

**saucepan** ( *ssooss*-pön ) *n* casseruola *f*

**saucer** ( *ssoo*-ssö ) *n* piattino *m*

**Saudi Arabia** ( ssau-di-ö-*rei*-bi-ö ) Arabia Saudita

**Saudi Arabian** ( ssau-di-ö-*rei*-bi-ön ) *adj* saudita

**sauna** ( *ssoo*-nö ) *n* sauna *f*

**sausage** ( ssaa-ssidʒ ) *n* salsiccia *f*

**savage** ( *ssæ*-vidʒ ) *adj* selvaggio

**save** ( sseiv ) *v* salvare; risparmiare

**savings** ( *ssei*-vings ) *pl* risparmi *mpl*; **~ bank** cassa di risparmio

**saviour** ( *ssei*-vᵢö ) *n* salvatore *m*

**savoury** ( *ssei*-vö-ri ) *adj* saporito; piccante

**saw¹** ( ssoo ) *v* (p see)

**saw²** ( ssoo ) *n* sega *f*

**sawdust** ( *ssoo*-dasst ) *n* segatura *f*

**saw-mill** ( *ssoo*-mil ) *n* segheria *f*

**\*say** ( ssei ) *v* *dire

**scaffolding** ( *sskæ*-föl-ding ) *n* impalcatura *f*

**scale** ( sskeil ) *n* scala *f*; scala musicale; squama *f*; **scales** *pl* bilancia *f*

**scandal** (*sskæn*-döl) *n* scandalo *m*

**Scandinavia** (sskæn-di-*nei*-vi-ö) Scandinavia *f*

**Scandinavian** (sskæn-di-*nei*-vi-ön) *adj* scandinavo

**scapegoat** (*sskeip*-ghout) *n* capro espiatorio

**scar** (sskaa) *n* cicatrice *f*

**scarce** (sskêⁿss) *adj* scarso

**scarcely** (*sskêⁿ*-ssli) *adv* scarsamente

**scarcity** (*sskêⁿ*-ssö-ti) *n* penuria *f*

**scare** (sskêⁿ) *v* spaventare; *n* spavento *m*

**scarf** (sskaaf) *n* (pl ~s, scarves) sciarpa *f*, scialle *m*

**scarlet** (*sskaa*-löt) *adj* scarlatto

**scary** (*sskêⁿ*-ri) *adj* allarmante

**scatter** (*sskæ*-tö) *v* sparpagliare

**scene** (ssiin) *n* scena *f*

**scenery** (*ssii*-nö-ri) *n* paesaggio *m*

**scenic** (*ssii*-nik) *adj* pittoresco

**scent** (ssênt) *n* profumo *m*

**schedule** (*/é*-dⁱuul) *n* orario *m*

**scheme** (sskiim) *n* schema *m*; progetto *m*

**scholar** (*ssko*-lö) *n* erudito *m*; allievo *m*

**scholarship** (*ssko*-lö-ʃip) *n* borsa di studio

**school** (sskuul) *n* scuola *f*

**schoolboy** (*sskuul*-boi) *n* scolaro *m*

**schoolgirl** (*sskuul*-ghööl) *n* scolara *f*

**schoolmaster** (*sskuul*-maa-sstö) *n* insegnante *m*, maestro *m*

**schoolteacher** (*sskuul*-tii-tʃö) *n* insegnante *m*

**science** (*ssai*-önss) *n* scienza *f*

**scientific** (ssai-ön-*ti*-fik) *adj* scientifico

**scientist** (*ssai*-ön-tisst) *n* scienziato *m*

**scissors** (*ssi*-sös) *pl* forbici *fpl*

**scold** (sskould) *v* riprovare; inveire

**scooter** (*sskuu*-tö) *n* scooter *m*; monopattino *m*

**score** (sskoo) *n* punteggio *m*; *v* marcare

**scorn** (sskoon) *n* scherno *m*, disprezzo *m*; *v* disprezzare

**Scot** (sskot) *n* scozzese *m*

**Scotch** (sskotʃ) *adj* scozzese; **scotch tape** nastro gommato

**Scotland** (*sskot*-lönd) Scozia *f*

**Scottish** (*ssko*-tiʃ) *adj* scozzese

**scout** (sskaut) *n* boy-scout *m*

**scrap** (sskræp) *n* pezzetto *m*

**scrap-book** (*sskræp*-buk) *n* album per ritagli

**scrape** (sskreip) *v* raschiare

**scrap-iron** (*sskræ*-pai ⁿn) *n* rottame di ferro

**scratch** (sskrætʃ) *v* scalfire, graffiare; *n* scalfittura *f*, graffio *m*

**scream** (sskriim) *v* urlare, strillare; *n* strillo *m*, grido *m*

**screen** (sskriin) *n* riparo *m*; video *m*, schermo *m*

**screw** (sskruu) *n* vite *f*; *v* avvitare

**screw-driver** (*sskruu*-drai-vö) *n* cacciavite *m*

**scrub** (sskrab) *v* strofinare; *n* cespuglio *m*

**sculptor** (*sskalp*-tö) *n* scultore *m*

**sculpture** (*sskalp*-tʃö) *n* scultura *f*

**sea** (ssii) *n* mare *m*

**sea-bird** (*ssii*-bööd) *n* uccello marino

**sea-coast** (*ssii*-kousst) *n* litorale *m*

**seagull** (*ssii*-ghal) *n* gabbiano *m*

**seal** (ssiil) *n* sigillo *m*; foca *f*

**seam** (ssiim) *n* cucitura *f*

**seaman** (*ssii*-mön) *n* (pl -men) marinaio *m*

**seamless** (*ssiim*-löss) *adj* senza cucitura

**seaport** (*ssii*-poot) *n* porto di mare

**search** (ssöötʃ) *v* cercare; perquisire, perlustrare; *n* ricerca *f*

**searchlight** (*ssöötʃ*-lait) *n* riflettore *m*

**seascape** (*ssii*-sskeip) *n* marina *f*

**sea-shell** (*ssii*-ʃêl) *n* conchiglia *f*

**seashore** (ssii-∫oo) n riva del mare

**seasick** (ssii-ssik) adj sofferente di mal di mare

**seasickness** (ssii-ssik-nöss) n mal di mare

**seaside** (ssii-ssaid) n riva del mare; ~ **resort** stazione balneare

**season** (ssii-sön) n stagione f; **high** ~ alta stagione; **low** ~ bassa stagione; **off** ~ fuori stagione

**season-ticket** (ssii-sön-ti-kit) n abbonamento m

**seat** (ssiit) n sedia f; posto m; sede f

**seat-belt** (ssiit-bêlt) n cintura di sicurezza

**sea-urchin** (ssii-öö-t∫in) n riccio di mare

**sea-water** (ssii-ᵘoo-tö) n acqua di mare

**second** (ssê-könd) num secondo; n secondo m; istante m

**secondary** (ssê-kön-dö-ri) adj secondario; ~ **school** scuola media

**second-hand** (ssê-könd-hænd) adj d'occasione

**secret** (ssii-kröt) n segreto m; adj segreto

**secretary** (ssê-krö-tri) n segretaria f; segretario m

**section** (ssêk-∫ön) n sezione f; scomparto m, reparto m

**secure** (ssi-kⁱuᵒ) adj sicuro; v assicurarsi

**security** (ssi-kⁱuᵒ-rö-ti) n sicurezza f; cauzione f

**sedate** (ssi-deit) adj composto

**sedative** (ssê-dö-tiv) n sedativo m

**seduce** (ssi-dⁱuuss) v *sedurre

***see** (ssii) v *vedere; capire, *rendersi conto; ~ **to** occuparsi di

**seed** (ssiid) n semenza f

***seek** (ssiik) v cercare

**seem** (ssiim) v sembrare, *parere

**seen** (ssiin) v (pp see)

**seesaw** (ssii-ssoo) n altalena f

**seize** (ssiis) v afferrare

**seldom** (ssêl-döm) adv raramente

**select** (ssi-lêkt) v selezionare, *scegliere; adj selezionato, scelto

**selection** (ssi-lêk-∫ön) n scelta f, selezione f

**self-centred** (ssêlf-ssên-töd) adj egocentrico

**self-employed** (ssêlf-fim-ploid) adj indipendente

**self-evident** (ssêl-fê-vi-dönt) adj lampante

**self-government** (ssêlf-gha-vö-mönt) n autogoverno m

**selfish** (ssêl-fi∫) adj egoista

**selfishness** (ssêl-fi∫-nöss) n egoismo m

**self-service** (ssêlf-ssöö-viss) n self-service m

***sell** (ssêl) v vendere

**semblance** (ssêm-blönss) n apparenza f

**semi-** (ssê-mi) semi-

**semicircle** (ssê-mi-ssöö-köl) n semicerchio m

**semi-colon** (ssê-mi-kou-lön) n punto e virgola

**senate** (ssê-nöt) n senato m

**senator** (ssê-nö-tö) n senatore m

***send** (ssênd) v mandare, spedire; ~ **back** rinviare, rispedire; ~ **for** *far venire; ~ **off** spedire

**senile** (ssii-nail) adj senile

**sensation** (ssên-ssei-∫ön) n sensazione f

**sensational** (ssên-ssei-∫ö-nöl) adj sensazionale

**sense** (ssênss) n senso m; discernimento m, ragione f; significato m; v percepire; ~ **of honour** sentimento dell'onore

**senseless** (ssênss-löss) adj insensato

**sensible** (ssên-ssö-böl) adj ragionevo-

le
**sensitive** (*ssên*-ssi-tiv) *adj* sensibile
**sentence** (*ssên*-tönss) *n* frase *f*; sentenza *f*; *v* condannare
**sentimental** (ssèn-ti-*mên*-töl) *adj* sentimentale
**separate**[1] (*ssê*-pö-reit) *v* separare
**separate**[2] (*ssê*-pö-röt) *adj* distinto, separato
**separately** (*ssê*-pö-röt-li) *adv* a parte
**September** (ssêp-*têm*-bö) settembre
**septic** (*ssêp*-tik) *adj* settico; *become ~ infiammarsi
**sequel** (*ssii*-k$^u$öl) *n* continuazione *f*
**sequence** (*ssii*-k$^u$önss) *n* successione *f*; serie *f*
**serene** (ssö-*riin*) *adj* calmo; sereno
**serial** (*ssi*$^o$-ri-öl) *n* romanzo a puntate
**series** (*ssi*$^o$-riis) *n* (pl ~) serie *f*
**serious** (*ssi*$^o$-ri-öss) *adj* serio
**seriousness** (*ssi*$^o$-ri-öss-nöss) *n* serietà *f*
**sermon** (*ssöö*-mön) *n* sermone *m*
**serum** (*ssi*$^o$-röm) *n* siero *m*
**servant** (*ssöö*-vönt) *n* servitore *m*
**serve** (ssööv) *v* servire
**service** (*ssöö*-viss) *n* servizio *m*; ~ charge servizio *m*; ~ station distributore di benzina
**serviette** (ssöö-vi-*êt*) *n* tovagliolo *m*
**session** (*ssê*-jön) *n* sessione *f*
**set** (ssêt) *n* assieme *m*, gruppo *m*
*set (ssêt) *v* *mettere; ~ menu pranzo a prezzo fisso; ~ out partire
**setting** (*ssê*-ting) *n* scenario *m*; ~ lotion fissatore per capelli
**settle** (*ssê*-töl) *v* sistemare, fissare; ~ down sistemarsi
**settlement** (*ssê*-töl-mönt) *n* accomodamento *m*, aggiustamento *m*, accordo *m*
**seven** (*ssê*-vön) *num* sette
**seventeen** (ssê-vön-*tiin*) *num* diciassette

**seventeenth** (ssê-vön-*tiin*θ) *num* diciassettesimo
**seventh** (*ssê*-vönθ) *num* settimo
**seventy** (*ssê*-vön-ti) *num* settanta
**several** (*ssê*-vö-röl) *adj* diversi, parecchi
**severe** (ssi-*vi*$^o$) *adj* violento, rigoroso, severo
**sew** (ssou) *v* cucire; ~ up suturare
**sewer** (*ssuu*-ö) *n* fogna *f*
**sewing-machine** (*ssou*-ing-mö-jiin) *n* macchina da cucire
**sex** (ssêkss) *n* sesso *m*
**sexton** (*ssêk*-sstön) *n* sagrestano *m*
**sexual** (*ssêk*-ju-öl) *adj* sessuale
**sexuality** (ssêk-ju-æ-lö-ti) *n* sessualità *f*
**shade** (jeid) *n* ombra *f*; tinta *f*
**shadow** (*jæ*-dou) *n* ombra *f*
**shady** (*jei*-di) *adj* ombreggiato
*shake (jeik) *v* agitare
**shaky** (*jei*-ki) *adj* vacillante
*shall (jæl) *v* *dovere
**shallow** (*jæ*-lou) *adj* poco profondo
**shame** (jeim) *n* vergogna *f*; disonore *m*; shame! vergogna!
**shampoo** (jæm-*puu*) *n* shampoo *m*
**shamrock** (*jæm*-rok) *n* trifoglio *m*
**shape** (jeip) *n* forma *f*; *v* formare
**share** (jê$^o$) *v* *condividere; *n* parte *f*; azione *f*
**shark** (jaak) *n* pescecane *m*
**sharp** (jaap) *adj* affilato
**sharpen** (*jaa*-pön) *v* affilare
**shave** (jeiv) *v* *radere
**shaver** (*jei*-vö) *n* rasoio elettrico
**shaving-brush** (*jei*-ving-braj) *n* pennello da barba
**shaving-cream** (*jei*-ving-kriim) *n* crema da barba
**shaving-soap** (*jei*-ving-ssoup) *n* sapone da barba
**shawl** (jool) *n* scialle *m*
**she** (jii) *pron* essa

shed (ʃēd) n baracca f

*shed (ʃēd) v versare; *diffondere

sheep (ʃiip) n (pl ~) pecora f

sheer (ʃiº) adj assoluto, puro; fino, trasparente, sottile

sheet (ʃiit) n lenzuolo m; foglio m; lamina f

shelf (ʃēlf) n (pl shelves) scaffale m

shell (ʃēl) n conchiglia f; guscio m

shellfish (ʃēl-fiʃ) n crostaceo m

shelter (ʃēl-tö) n riparo m, rifugio m; v riparare

shepherd (ʃē-pöd) n pastore m

shift (ʃift) n squadra f

*shine (ʃain) v brillare, scintillare, risplendere

ship (ʃip) n nave f; v spedire; shipping line linea di navigazione

shipowner (ʃi-pou-nö) n armatore m

shipyard (ʃip-¹aad) n cantiere navale

shirt (ʃööt) n camicia f

shiver (ʃi-vö) v tremare, rabbrividire; n brivido m

shivery (ʃi-vö-ri) adj infreddolito

shock (ʃok) n scossa f; v *scuotere; ~ absorber ammortizzatore m

shocking (ʃo-king) adj urtante

shoe (ʃuu) n scarpa f; gym shoes scarpe da ginnastica; ~ polish lucido per scarpe

shoe-lace (ʃuu-leiss) n stringa per scarpe

shoemaker (ʃuu-mei-kö) n calzolaio m

shoe-shop (ʃuu-ʃop) n calzoleria f

shook (ʃuk) v (p shake)

*shoot (ʃuut) v sparare

shop (ʃop) n negozio m; v *fare la spesa; ~ assistant commesso m; shopping bag borsa per la spesa; shopping centre centro commerciale

shopkeeper (ʃop-kii-pö) n negoziante m

shop-window (ʃop-ᵘin-dou) n vetrina f

shore (ʃoo) n riva f, sponda f

short (ʃoot) adj corto; basso; ~ circuit corto circuito

shortage (ʃoo-tidʒ) n carenza f, mancanza f

shortcoming (ʃoot-ka-ming) n deficienza f

shorten (ʃoo-tön) v raccorciare

shorthand (ʃoot-hænd) n stenografia f

shortly (ʃoot-li) adv presto, tra breve, prossimamente

shorts (ʃootss) pl calzoncini mpl; plAm mutande fpl

short-sighted (ʃoot-ssai-tid) adj miope

shot (ʃot) n sparo m; iniezione f; sequenza f

*should (ʃud) v *dovere

shoulder (ʃoul-dö) n spalla f

shout (ʃaut) v urlare, gridare; n grido m

shovel (ʃa-völ) n pala f

show (ʃou) n rappresentazione f, spettacolo m; esposizione f

*show (ʃou) v mostrare; *far vedere, esibire; dimostrare

show-case (ʃou-keiss) n bacheca f

shower (ʃauº) n doccia f; acquazzone m, precipitazione f

showroom (ʃou-ruum) n sala di esposizione

shriek (ʃriik) v strillare; n strillo m

shrimp (ʃrimp) n gamberetto m

shrine (ʃrain) n santuario m

*shrink (ʃringk) v *restringersi

shrinkproof (ʃringk-pruuf) adj irrestringibile

shrub (ʃrab) n arbusto m

shudder (ʃa-dö) n brivido m

shuffle (ʃa-föl) v mescolare

*shut (ʃat) v *chiudere; ~ in *rinchiudere

shutter (ʃa-tö) n imposta f, persiana f

**shy** (ʃai) *adj* schivo, timido
**shyness** (*ʃai*-nöss) *n* timidezza *f*
**Siam** (ssai-*æm*) Siam *m*
**Siamese** (ssai-ö-*miis*) *adj* siamese
**sick** (ssik) *adj* ammalato; nauseato
**sickness** (*ssik*-nöss) *n* male *m*; nausea *f*
**side** (ssaid) *n* lato *m*; parte *f*; **one-sided** *adj* unilaterale
**sideburns** (*ssaid*-bööns) *pl* basette *fpl*
**sidelight** (*ssaid*-lait) *n* luce laterale
**side-street** (*ssaid*-sstriit) *n* traversa *f*
**sidewalk** (*ssaid*-$^{u}$ook) *nAm* marciapiede *m*
**sideways** (*ssaid*-$^{u}$eis) *adv* lateralmente
**siege** (ssiidʒ) *n* assedio *m*
**sieve** (ssiv) *n* setaccio *m*; *v* setacciare
**sift** (ssift) *v* vagliare
**sight** (ssait) *n* vista *f*; veduta *f*, spettacolo *m*; curiosità *f*
**sign** (ssain) *n* segno *m*; gesto *m*, cenno *m*; *v* *sottoscrivere, firmare
**signal** (*ssigh*-nöl) *n* segnale *m*; segno *m*; *v* segnalare
**signature** (*ssigh*-nö-tʃö) *n* firma *f*
**significant** (ssigh-*ni*-fi-könt) *adj* significativo
**signpost** (*ssain*-pousst) *n* cartello indicatore
**silence** (*ssai*-lönss) *n* silenzio *m*; *v* *far tacere
**silencer** (*ssai*-lön-ssö) *n* silenziatore *m*
**silent** (*ssai*-lönt) *adj* silenzioso; ***be** ~ *tacere
**silk** (ssilk) *n* seta *f*
**silken** (*ssil*-kön) *adj* di seta
**silly** (*ssi*-li) *adj* grullo, sciocco
**silver** (*ssil*-vö) *n* argento *m*; d'argento
**silversmith** (*ssil*-vö-ssmiθ) *n* argentiere *m*
**silverware** (*ssil*-vö-$^{u}$ê$^{ö}$) *n* argenteria *f*
**similar** (*ssi*-mi-lö) *adj* analogo, simile
**similarity** (ssi-mi-*læ*-rö-ti) *n* rassomiglianza *f*
**simple** (*ssim*-pöl) *adj* ingenuo, semplice; ordinario
**simply** (*ssim*-pli) *adv* semplicemente
**simulate** (*ssi*-m$^{i}$u-leit) *v* simulare
**simultaneous** (ssi-möl-*tei*-ni-öss) *adj* simultaneo
**sin** (ssin) *n* peccato *m*
**since** (ssinss) *prep* da; *adv* da allora; *conj* dacché; poiché
**sincere** (ssin-*ssi*$^{ö}$) *adj* sincero
**sinew** (*ssi*-n$^{i}$uu) *n* tendine *m*
***sing** (ssing) *v* cantare
**singer** (*ssing*-ö) *n* cantante *m*
**single** (*ssing*-ghöl) *adj* singolo; celibe
**singular** (*ssing*-gh$^{i}$u-lö) *n* singolare *m*; *adj* strano
**sinister** (*ssi*-ni-sstö) *adj* sinistro
**sink** (ssingk) *n* lavello *m*
***sink** (ssingk) *v* affondare
**sip** (ssip) *n* sorsetto *m*
**siphon** (*ssai*-fön) *n* sifone *m*
**sir** (ssöö) signore *m*
**siren** (*ssai*$^{ö}$-rön) *n* sirena *f*
**sister** (*ssi*-sstö) *n* sorella *f*
**sister-in-law** (*ssi*-sstö-rin-loo) *n* (pl sisters-) cognata *f*
***sit** (ssit) *v* *sedere; ~ **down** *sedersi
**site** (ssait) *n* sito *m*; posizione *f*
**sitting-room** (*ssi*-ting-ruum) *n* soggiorno *m*
**situated** (*ssi*-tʃu-ei-tid) *adj* situato
**situation** (ssi-tʃu-*ei*-ʃön) *n* situazione *f*; ubicazione *f*
**six** (ssikss) *num* sei
**sixteen** (ssikss-*tiin*) *num* sedici
**sixteenth** (ssikss-*tiinθ*) *num* sedicesimo
**sixth** (ssiksssθ) *num* sesto
**sixty** (*ssikss*-ti) *num* sessanta
**size** (ssais) *n* grandezza *f*, misura *f*; dimensione *f*; formato *m*
**skate** (sskeit) *v* pattinare; *n* pattino *m*

**skating** (*sskei*-ting) *n* pattinaggio *m*

**skating-rink** (*sskei*-ting-ringk) *n* pista di pattinaggio

**skeleton** (*sskê*-li-tön) *n* scheletro *m*

**sketch** (sskêtʃ) *n* disegno *m*, schizzo *m*; *v* disegnare, abbozzare

**sketch-book** (*sskêtʃ*-buk) *n* album da disegno

**ski¹** (sskii) *v* sciare

**ski²** (sskii) *n* (pl ~, ~s) sci *m*; ~ **boots** scarponi da sci; ~ **pants** calzoni da sci; ~ **poles** *Am* bastoni da sci; ~ **sticks** bastoni da sci

**skid** (sskid) *v* scivolare

**skier** (*sskii*-ö) *n* sciatore *m*

**skiing** (*sskii*-ing) *n* sci *m*

**ski-jump** (*sskii*-dʒamp) *n* salto con gli sci

**skilful** (*sskil*-föl) *adj* esperto, destro, abile

**ski-lift** (*sskii*-lift) *n* teleferica per sciatori

**skill** (sskil) *n* abilità *f*

**skilled** (sskild) *adj* abile; esperto

**skin** (sskin) *n* pelle *f*; buccia *f*; ~ **cream** crema per la pelle

**skip** (sskip) *v* saltellare; *omettere

**skirt** (sskööt) *n* gonna *f*

**skull** (sskal) *n* cranio *m*

**sky** (sskai) *n* cielo *m*; aria *f*

**skyscraper** (*sskai*-sskrei-pö) *n* grattacielo *m*

**slack** (sslæk) *adj* lento

**slacks** (sslækss) *pl* calzoni *mpl*

**slam** (sslæm) *v* sbattere

**slander** (*sslaan*-dö) *n* calunnia *f*

**slant** (sslaant) *v* inclinare

**slanting** (*sslaan*-ting) *adj* obliquo, pendente, inclinato

**slap** (sslæp) *v* schiaffeggiare; *n* schiaffo *m*

**slate** (ssleit) *n* ardesia *f*

**slave** (ssleiv) *n* schiavo *m*

**sledge** (sslêdʒ) *n* slitta *f*

**sleep** (ssliip) *n* sonno *m*

***sleep** (ssliip) *v* dormire

**sleeping-bag** (*sslii*-ping-bægh) *n* sacco a pelo

**sleeping-car** (*sslii*-ping-kaa) *n* vagone letto

**sleeping-pill** (*sslii*-ping-pil) *n* sonnifero *m*

**sleepless** (*ssliip*-löss) *adj* insonne

**sleepy** (*sslii*-pi) *adj* assonnato

**sleeve** (ssliiv) *n* manica *f*; busta *f*

**sleigh** (sslei) *n* slitta *f*

**slender** (*sslên*-dö) *adj* snello

**slice** (sslaiss) *n* fetta *f*

**slide** (sslaid) *n* scivolata *f*; scivolo *m*; diapositiva *f*

***slide** (sslaid) *v* slittare

**slight** (sslait) *adj* leggero; scarso

**slim** (sslim) *adj* snello; *v* dimagrire

**slip** (sslip) *v* scivolare; scappare; *n* svista *f*; sottoveste *f*

**slipper** (*sslii*-pö) *n* ciabatta *f*, pantofola *f*

**slippery** (*sslii*-pö-ri) *adj* viscido, sdrucciolevole

**slogan** (*sslou*-ghön) *n* motto *m*, slogan *m*

**slope** (ssloup) *n* pendio *m*; *v* pendere

**sloping** (*sslou*-ping) *adj* inclinato

**sloppy** (*sslo*-pi) *adj* disordinato

**slot** (sslot) *n* fessura *f*

**slot-machine** (*sslot*-mö-ʃiin) *n* distributore automatico

**slovenly** (*sslo*-vön-li) *adj* sciatto

**slow** (sslou) *adj* ottuso, lento; ~ **down** rallentare

**sluice** (ssluuss) *n* chiusa *f*

**slum** (sslam) *n* quartiere povero

**slump** (sslamp) *n* calo di prezzo

**slush** (sslaʃ) *n* neve fangosa

**sly** (sslai) *adj* astuto

**smack** (ssmæk) *v* picchiare; *n* ceffone *m*

**small** (ssmool) *adj* piccolo; scarso

**smallpox** (*ssmool*-pokss) *n* vaiolo *m*

**smart** (ssmaat) *adj* elegante; sveglio, intelligente

**smell** (ssmêl) *n* odore *m*

*****smell** (ssmêl) *v* odorare; puzzare

**smelly** (ssmê-li) *adj* puzzolente

**smile** (ssmail) *v* *sorridere; *n* sorriso *m*

**smith** (ssmiθ) *n* fabbro *m*

**smoke** (ssmouk) *v* fumare; *n* fumo *m*; **no smoking** vietato fumare

**smoker** (ssmou-kö) *n* fumatore *m*; scompartimento per fumatori

**smoking-compartment** (*ssmou*-king-köm-paat-mönt) *n* compartimento per fumatori

**smoking-room** (*ssmou*-king-ruum) *n* sala per fumatori

**smooth** (ssmuuð) *adj* levigato, piano, liscio; morbido

**smuggle** (*ssma*-ghöl) *v* contrabbandare

**snack** (ssnæk) *n* spuntino *m*

**snack-bar** (*ssnæk*-baa) *n* tavola calda

**snail** (ssneil) *n* lumaca *f*

**snake** (ssneik) *n* serpente *m*

**snapshot** (*ssnæp*-fot) *n* istantanea *f*

**sneakers** (*ssnii*-kös) *plAm* scarpe da ginnastica

**sneeze** (ssniis) *v* starnutire

**sniper** (*ssnai*-pö) *n* franco tiratore

**snooty** (*ssnuu*-ti) *adj* arrogante

**snore** (ssnoo) *v* russare

**snorkel** (*ssnoo*-köl) *n* respiratore *m*

**snout** (ssnaut) *n* muso *m*

**snow** (ssnou) *n* neve *f*; *v* nevicare

**snowstorm** (*ssnou*-sstoom) *n* tormenta *f*

**snowy** (*ssnou*-i) *adj* nevoso

**so** (ssou) *conj* dunque; *adv* così; talmente; **and** ~ **on** e così via; ~ **far** finora; ~ **that** così che, affinché

**soak** (ssouk) *v* ammollare, inzuppare

**soap** (ssoup) *n* sapone *m*; ~ **powder** sapone in polvere

**sober** (*ssou*-bö) *adj* sobrio; assennato

**so-called** (ssou-*koold*) *adj* cosiddetto

**soccer** (*sso*-kö) *n* calcio *m*; ~ **team** squadra *f*

**social** (*ssou*-föl) *adj* sociale

**socialism** (*ssou*-fö-li-söm) *n* socialismo *m*

**socialist** (*ssou*-fö-lisst) *adj* socialista; *n* socialista *m*

**society** (ssö-*ssai*-ö-ti) *n* società *f*; associazione *f*; compagnia *f*

**sock** (ssok) *n* calza *f*

**socket** (*sso*-kit) *n* portalampada *m*

**soda-water** (*ssou*-dö-ᵘoo-tö) *n* acqua di seltz

**sofa** (*ssou*-fö) *n* sofà *m*

**soft** (ssoft) *adj* morbido; ~ **drink** bibita analcoolica

**soften** (*sso*-fön) *v* ammorbidire

**soil** (ssoil) *n* suolo *m*; terreno *m*, terra *f*

**soiled** (ssoild) *adj* sudicio

**sold** (ssould) *v* (p, pp sell); ~ **out** esaurito

**solder** (*ssol*-dö) *v* saldare

**soldering-iron** (*ssol*-dö-ring-aiᵒn) *n* saldatore *m*

**soldier** (*ssoul*-dȝö) *n* militare *m*, soldato *m*

**sole**¹ (ssoul) *adj* unico

**sole**² (ssoul) *n* suola *f*; sogliola *f*

**solely** (*ssoul*-li) *adv* esclusivamente

**solemn** (*sso*-löm) *adj* solenne

**solicitor** (ssö-*li*-ssi-tö) *n* procuratore legale, avvocato *m*

**solid** (*sso*-lid) *adj* robusto, solido; massiccio; *n* solido *m*

**soluble** (*sso*-l'u-böl) *adj* solubile

**solution** (ssö-*luu*-fön) *n* soluzione *f*

**solve** (ssolv) *v* *risolvere

**sombre** (*ssom*-bö) *adj* tetro

**some** (ssam) *adj* alcuni, qualche; *pron* alcuni, taluni; una parte; ~

**day** un giorno o l'altro; ~ **more** ancora; ~ **time** un giorno

**somebody** (*ssam*-bö-di) *pron* qualcuno

**somehow** (*ssam*-hau) *adv* in un modo o nell'altro

**someone** (*ssam*-ᵘan) *pron* qualcuno

**something** (*ssam*-θing) *pron* qualcosa

**sometimes** (*ssam*-taims) *adv* qualche volta

**somewhat** (*ssam*-ᵘot) *adv* alquanto

**somewhere** (*ssam*-ᵘêô) *adv* in qualche posto

**son** (ssan) *n* figlio *m*

**song** (ssong) *n* canzone *f*

**son-in-law** (*ssa*-nin-loo) *n* (pl sons-) genero *m*

**soon** (ssuun) *adv* presto, tra poco; **as ~ as** non appena

**sooner** (*ssuu*-nö) *adv* piuttosto

**sore** (ssoo) *adj* indolenzito; *n* piaga *f*; ulcera *f*; ~ **throat** mal di gola

**sorrow** (*sso*-rou) *n* tristezza *f*, dolore *m*, dispiacere *m*

**sorry** (*sso*-ri) *adj* spiacente; **sorry!** scusa!, scusate!, scusi!

**sort** (ssoot) *v* classificare, assortire; *n* genere *m*, specie *f*; **all sorts of** ogni sorta di

**soul** (ssoul) *n* anima *f*; spirito *m*

**sound** (ssaund) *n* suono *m*; *v* suonare; *adj* solido

**soundproof** (*ssaund*-pruuf) *adj* insonorizzato

**soup** (ssuup) *n* minestra *f*

**soup-plate** (*ssuup*-pleit) *n* scodella *f*

**soup-spoon** (*ssuup*-sspuun) *n* cucchiaio da minestra

**sour** (ssauô) *adj* agro

**source** (ssooss) *n* sorgente *f*

**south** (ssauθ) *n* sud *m*; **South Pole** polo Sud

**South Africa** (ssauθ æ-fri-kö) Africa del Sud

**south-east** (ssauθ-*iisst*) *n* sud-est *m*

**southerly** (*ssa*-ðö-li) *adj* meridionale

**southern** (*ssa*-ðön) *adj* meridionale

**south-west** (ssauθ-ᵘêsst) *n* sud-ovest *m*

**souvenir** (*ssuu*-vö-niô) *n* ricordo *m*

**sovereign** (*ssov*-rin) *n* sovrano *m*

*\****sow** (ssou) *v* seminare

**spa** (sspaa) *n* stazione termale

**space** (sspeiss) *n* spazio *m*; distanza *f*; *v* spaziare

**spacious** (*sspei*-föss) *adj* spazioso

**spade** (sspeid) *n* zappa *f*, vanga *f*

**Spain** (sspein) Spagna *f*

**Spaniard** (*sspæ*-n'iöd) *n* spagnolo *m*

**Spanish** (*sspæ*-niʃ) *adj* spagnolo

**spanking** (*sspæng*-king) *n* sculacciata *f*

**spanner** (*sspæ*-nö) *n* chiave fissa

**spare** (sspêô) *adj* di riserva, disponibile; *v* \*fare a meno di; ~ **part** pezzo di ricambio; ~ **room** camera degli ospiti; ~ **time** tempo libero; ~ **tyre** pneumatico di ricambio; ~ **wheel** ruota di ricambio

**spark** (sspaak) *n* scintilla *f*

**sparking-plug** (*sspaa*-king-plagh) *n* candela d'accensione

**sparkling** (*sspaa*-kling) *adj* scintillante; spumante

**sparrow** (*sspæ*-rou) *n* passero *m*

**spasm** (*sspæ*-söm) *n* spasmo *m*

*\****speak** (sspiik) *v* parlare

**speaker** (*sspii*-kö) *n* parlatore *m*; altoparlante *m*

**spear** (sspiô) *n* lancia *f*

**special** (*sspê*-föl) *adj* particolare, speciale; ~ **delivery** per espresso

**specialist** (*sspê*-ʃö-lisst) *n* specialista *m*

**speciality** (sspê-ʃi-æ-lö-ti) *n* specialità *f*

**specialize** (*sspê*-ʃö-lais) *v* specializzarsi

specially (*sspê*-fö-li) *adv* particolarmente

species (*sspii*-fiis) *n* (pl ~) specie *f*

specific (sspö-*ssi*-fik) *adj* specifico

specimen (*sspê*-ssi-mön) *n* esemplare *m*

speck (sspêk) *n* macchiolina *f*

spectacle (*sspêk*-tö-köl) *n* spettacolo *m*; spectacles occhiali *mpl*

spectator (sspêk-*tei*-tö) *n* spettatore *m*

speculate (*sspê*-k'u-leit) *v* speculare

speech (sspiitf) *n* parola *f*; discorso *m*; linguaggio *m*

speechless (*sspiitf*-löss) *adj* muto

speed (sspiid) *n* velocità *f*; rapidità *f*, fretta *f*; cruising ~ velocità di crociera; ~ limit limite di velocità; ~ up *v* accelerare

*speed (sspiid) *v* *correre; *correre troppo

speeding (*sspii*-ding) *n* eccesso di velocità

speedometer (sspii-*do*-mi-tö) *n* tachimetro *m*

spell (sspêl) *n* incanto *m*

*spell (sspêl) *v* compitare

spelling (*sspê*-ling) *n* ortografia *f*

*spend (sspênd) *v* *spendere; impiegare

sphere (ssfiô) *n* sfera *f*

spiced (sspaisst) *adj* condito

spicy (*sspai*-ssi) *adj* piccante

spider (*sspai*-dö) *n* ragno *m*; spider's web ragnatela *f*

*spill (sspil) *v* *spandere

*spin (sspin) *v* filare; *far girare

spinach (*sspi*-nidʒ) *n* spinaci *mpl*

spine (sspain) *n* spina dorsale

spinster (*sspin*-sstö) *n* zitella *f*

spire (sspaiô) *n* guglia *f*

spirit (*sspi*-rit) *n* spirito *m*; fantasma *m*; umore *m*; spirits bevande alcooliche; morale *m*; ~ stove fornello a spirito

spiritual (*sspi*-ri-tʃu-öl) *adj* spirituale

spit (sspit) *n* sputo *m*, saliva *f*; spiedo *m*

*spit (sspit) *v* sputare

in spite of (in sspait ov) nonostante, malgrado

spiteful (*sspait*-föl) *adj* malevolo

splash (ssplæf) *v* schizzare

splendid (*ssplên*-did) *adj* magnifico, splendido

splendour (*ssplên*-dö) *n* splendore *m*

splint (ssplint) *n* stecca *f*

splinter (*ssplin*-tö) *n* scheggia *f*

*split (ssplit) *v* *fendere

*spoil (sspoil) *v* guastare; viziare

spoke[1] (sspouk) *v* (p speak)

spoke[2] (sspouk) *n* raggio *m*

sponge (sspandʒ) *n* spugna *f*

spook (sspuuk) *n* spettro *m*

spool (sspuul) *n* rocchetto *m*

spoon (sspuun) *n* cucchiaio *m*

spoonful (*sspuun*-ful) *n* cucchiaiata *f*

sport (sspoot) *n* sport *m*

sports-car (*sspootss*-kaa) *n* macchina sportiva

sports-jacket (*sspootss*-dʒæ-kit) *n* giacchetta sportiva

sportsman (*sspootss*-mön) *n* (pl -men) sportivo *m*

sportswear (*sspootss*-ᵘêô) *n* abbigliamento sportivo

spot (sspot) *n* chiazza *f*, macchia *f*; località *f*, luogo *m*

spotless (*sspot*-löss) *adj* immacolato

spotlight (*sspot*-lait) *n* proiettore *m*

spotted (*sspo*-tid) *adj* chiazzato

spout (sspaut) *n* getto *m*

sprain (ssprein) *v* *storcere; *n* distorsione *f*

*spread (ssprêd) *v* *stendere

spring (sspring) *n* primavera *f*; molla *f*; sorgente *f*

springtime (*sspring*-taim) *n* primavera

f

**sprouts** (ssprautss) *pl* cavolini *mpl*

**spy** (sspai) *n* spia *f*

**squadron** (ssk$^u$o-drön) *n* squadriglia *f*

**square** (ssk$^u$ê$^ö$) *adj* quadrato; *n* quadrato *m*; piazza *f*

**squash** (ssk$^u$oʃ) *n* succo di frutta

**squirrel** (ssk$^u$i-röl) *n* scoiattolo *m*

**squirt** (ssk$^u$ööt) *n* zampillo *m*

**stable** (sstei-böl) *adj* stabile; *n* stalla *f*

**stack** (sstæk) *n* pila *f*

**stadium** (sstei-di-öm) *n* stadio *m*

**staff** (sstaaf) *n* personale *m*

**stage** (ssteidʒ) *n* scena *f*; stadio *m*, fase *f*; tappa *f*

**stain** (sstein) *v* macchiare; *n* macchia *f*; **stained glass** vetro colorato; ~ **remover** smacchiatore *m*

**stainless** (sstein-löss) *adj* immacolato; ~ **steel** acciaio inossidabile

**staircase** (sstê$^ö$-keiss) *n* scala *f*

**stairs** (sstê$^ö$s) *pl* scala *f*

**stale** (ssteil) *adj* raffermo

**stall** (sstool) *n* bancarella *f*; poltrona d'orchestra

**stamina** (sstæ-mi-nö) *n* vigore *m*

**stamp** (sstæmp) *n* francobollo *m*; timbro *m*; *v* affrancare; pestare; ~ **machine** distributore automatico di francobolli

**stand** (sstænd) *n* banco *m*; tribuna *f*

*** stand** (sstænd) *v* *stare in piedi

**standard** (sstæn-död) *n* norma *f*; normale; ~ **of living** livello di vita

**stanza** (sstæn-sö) *n* strofa *f*

**staple** (sstei-pöl) *n* graffetta *f*

**star** (sstaa) *n* stella *f*

**starboard** (sstaa-böd) *n* tribordo *m*

**starch** (sstaatʃ) *n* amido *m*; *v* inamidare

**stare** (sstê$^ö$) *v* fissare

**starling** (sstaa-ling) *n* stornello *m*

**start** (sstaat) *v* cominciare; *n* inizio *m*; **starter motor** avviatore *m*

**starting-point** (sstaa-ting-point) *n* punto di partenza

**state** (ssteit) *n* stato *m*; *v* affermare

**the States** Stati Uniti

**statement** (ssteit-mönt) *n* dichiarazione *f*

**statesman** (ssteitss-mön) *n* (pl -men) uomo di stato

**station** (sstei-ʃön) *n* stazione *f*; posto *m*

**stationary** (sstei-ʃö-nö-ri) *adj* stazionario

**stationer's** (sstei-ʃö-nöss) *n* cartoleria *f*

**stationery** (sstei-ʃö-nö-ri) *n* cartoleria *f*

**station-master** (sstei-ʃön-maa-sstö) *n* capostazione *m*

**statistics** (sstö-ti-sstikss) *pl* statistica *f*

**statue** (sstæ-tʃuu) *n* statua *f*

**stay** (sstei) *v* *rimanere, *stare; soggiornare, *trattenersi; *n* soggiorno *m*

**steadfast** (sstêd-faasst) *adj* fermo

**steady** (sstê-di) *adj* stabile

**steak** (ssteik) *n* bistecca *f*

*** steal** (sstiil) *v* rubare

**steam** (sstiim) *n* vapore *m*

**steamer** (sstii-mö) *n* piroscafo *m*

**steel** (sstiil) *n* acciaio *m*

**steep** (sstiip) *adj* ripido

**steeple** (sstii-pöl) *n* campanile *m*

**steering-column** (ssti$^ö$-ring-ko-löm) *n* piantone di guida

**steering-wheel** (ssti$^ö$-ring-$^u$iil) *n* volante *m*

**steersman** (ssti$^ö$s-mön) *n* (pl -men) timoniere *m*

**stem** (sstêm) *n* gambo *m*

**stenographer** (sstê-no-ghrö-fö) *n* stenografo *m*

**step** (sstêp) *n* passo *m*; scalino *m*; *v* camminare

**stepchild** (sstêp-tʃaild) *n* (pl -children) figliastro *m*

**stepfather** (*sstêp*-faa-ðö) *n* patrigno *m*

**stepmother** (*sstêp*-ma-ðö) *n* matrigna *f*

**stereo** (*sstê*-ri-ou) *n* sistema stereofonico *m*; riproduzione stereofonica *f*

**sterile** (*sstê*-rail) *adj* sterile

**sterilize** (*sstê*-ri-lais) *v* sterilizzare

**steward** (*sst'uu*-öd) *n* steward *m*

**stewardess** (*sst'uu*-ö-dêss) *n* hostess *f*

**stick** (sstik) *n* bastone *m*

*__**stick**__ (sstik) *v* appiccicare, incollare

**sticky** (*ssti*-ki) *adj* appiccicaticcio

**stiff** (sstif) *adj* rigido

**still** (sstil) *adv* ancora; comunque; *adj* tranquillo

**stillness** (*sstil*-nöss) *n* quiete *f*

**stimulant** (*ssti*-m'u-lönt) *n* stimolante *m*

**stimulate** (*ssti*-m'u-leit) *v* stimolare

**sting** (ssting) *n* puntura *f*

*__**sting**__ (ssting) *v* *pungere

**stingy** (*sstin*-dȝi) *adj* taccagno

*__**stink**__ (sstingk) *v* puzzare

**stipulate** (*ssti*-p'u-leit) *v* stipulare

**stir** (sstöö) *v* *muovere; mescolare

**stirrup** (*ssti*-röp) *n* staffa *f*

**stitch** (sstitʃ) *n* punto *m*, fitta *f*

**stock** (sstok) *n* scorta *f*; *v* *tenere in magazzino; ~ **exchange** borsa valori, borsa *f*; ~ **market** borsa *f*; **stocks and shares** titoli

**stocking** (*ssto*-king) *n* calza *f*

**stole**[1] (sstoul) *v* (p steal)

**stole**[2] (sstoul) *n* stola *f*

**stomach** (*ssta*-mök) *n* stomaco *m*

**stomach-ache** (*ssta*-mö-keik) *n* mal di pancia, mal di stomaco

**stone** (sstoun) *n* sasso *m*, pietra *f*; pietra preziosa; nocciolo *m*; di pietra; **pumice** ~ pietra pomice

**stood** (sstud) *v* (p, pp stand)

**stop** (sstop) *v* *smettere; terminare, cessare; *n* fermata *f*; **stop!** alt!

**stopper** (*ssto*-pö) *n* tappo *m*

**storage** (*sstoo*-ridȝ) *n* magazzinaggio *m*

**store** (sstoo) *n* riserva *f*; bottega *f*; *v* immagazzinare

**store-house** (*sstoo*-hauss) *n* magazzino *m*

**storey** (*sstoo*-ri) *n* piano *m*

**stork** (sstook) *n* cicogna *f*

**storm** (sstoom) *n* tempesta *f*

**stormy** (*sstoo*-mi) *adj* tempestoso

**story** (*sstoo*-ri) *n* racconto *m*

**stout** (sstaut) *adj* grosso, obeso, corpulento

**stove** (sstouv) *n* stufa *f*; cucina *f*

**straight** (sstreit) *adj* dritto; onesto; *adv* dritto; ~ **ahead** sempre diritto; ~ **away** direttamente, subito; ~ **on** avanti dritto

**strain** (sstrein) *n* fatica *f*; sforzo *m*; *v* forzare; filtrare

**strainer** (*sstrei*-nö) *n* colapasta *m*

**strange** (sstreindȝ) *adj* strano; bizzarro

**stranger** (*sstrein*-dȝö) *n* straniero *m*; estraneo *m*

**strangle** (*sstræng*-ghöl) *v* strangolare

**strap** (sstræp) *n* cinghia *f*

**straw** (sstroo) *n* paglia *f*

**strawberry** (*sstroo*-bö-ri) *n* fragola *f*

**stream** (sstriim) *n* ruscello *m*; corrente *f*; *v* *scorrere

**street** (sstriit) *n* strada *f*

**streetcar** (*sstriit*-kaa) *nAm* tram *m*

**street-organ** (*sstrii*-too-ghön) *n* organetto di Barberia

**strength** (sstrêngθ) *n* resistenza *f*, forza *f*

**stress** (sstrêss) *n* tensione *f*; accento *m*; *v* sottolineare

**stretch** (sstrêtʃ) *v* *tendere; *n* segmento *m*

**strict** (sstrikt) *adj* severo; rigido

**strife** (sstraif) *n* lotta *f*

**strike** (sstraik) n sciopero m

**\*strike** (sstraik) v picchiare; colpire; scioperare; ammainare

**striking** (sstrai-king) adj impressionante, notevole, vistoso

**string** (sstring) n spago m; corda f

**strip** (sstrip) n striscia f

**stripe** (sstraip) n stria f

**striped** (sstraipt) adj striato

**stroke** (sstrouk) n colpo m

**stroll** (sstroul) v passeggiare; n passeggiata f

**strong** (sstrong) adj forte; robusto

**stronghold** (sstrong-hould) n roccaforte f

**structure** (sstrak-tʃö) n struttura f

**struggle** (sstra-ghöl) n combattimento m, lotta f; v lottare

**stub** (sstab) n matrice f

**stubborn** (ssta-bön) adj cocciuto

**student** (sstʼuu-dönt) n studente m; studentessa f

**study** (ssta-di) v studiare; n studio m

**stuff** (sstaf) n sostanza f; roba f

**stuffed** (sstaft) adj ripieno

**stuffing** (ssta-fing) n ripieno m

**stuffy** (ssta-fi) adj stantio

**stumble** (sstam-böl) v inciampare

**stung** (sstang) v (p, pp sting)

**stupid** (sstʼuu-pid) adj stupido

**style** (sstail) n stile m

**subject¹** (ssab-dʒikt) n soggetto m; suddito m; ~ **to** soggetto a

**subject²** (ssöb-dʒêkt) v \*sottomettere

**submit** (ssöb-mit) v \*sottomettersi

**subordinate** (ssö-boo-di-nöt) adj subalterno; secondario

**subscriber** (ssöb-sskrai-bö) n abbonato m

**subscription** (ssöb-sskrip-ʃön) n abbonamento m

**subsequent** (ssab-ssi-kʷönt) adj successivo

**subsidy** (ssab-ssi-di) n sovvenzione f

**substance** (ssab-sstönss) n sostanza f

**substantial** (ssöb-sstæn-ʃöl) adj materiale; reale; sostanziale

**substitute** (ssab-ssti-tʼuut) v sostituire; n sostituto m

**subtitle** (ssab-tai-töl) n sottotitolo m

**subtle** (ssa-töl) adj sottile

**subtract** (ssöb-trækt) v \*sottrarre

**suburb** (ssa-bööb) n sobborgo m

**suburban** (ssö-böö-bön) adj suburbano

**subway** (ssab-ᵘei) nAm metropolitana f

**succeed** (ssök-ssiid) v \*riuscire; \*succedere

**success** (ssök-ssêss) n successo m

**successful** (ssök-ssêss-föl) adj riuscito

**succumb** (ssö-kam) v soccombere

**such** (ssatʃ) adj simile, tale; adv così; ~ **as** come

**suck** (ssak) v succhiare

**sudden** (ssa-dön) adj improvviso

**suddenly** (ssa-dön-li) adv improvvisamente

**suede** (ssᵘeid) n pelle scamosciata

**suffer** (ssa-fö) v \*soffrire; subire

**suffering** (ssa-fö-ring) n sofferenza f

**suffice** (ssö-faiss) v bastare

**sufficient** (ssö-fi-jönt) adj bastante, sufficiente

**suffrage** (ssa-fridʒ) n suffragio m

**sugar** (ʃu-ghö) n zucchero m

**suggest** (ssö-dʒêsst) v suggerire

**suggestion** (ssö-dʒêss-tʃön) n suggerimento m

**suicide** (ssuu-i-ssaid) n suicidio m

**suit** (ssuut) v \*convenire; adattare; \*addirsi; n vestito da uomo m

**suitable** (ssuu-tö-böl) adj adeguato, adatto

**suitcase** (ssuut-keiss) n valigia f

**suite** (ssᵘiit) n appartamento m

**sum** (ssam) n somma f

**summary** (ssa-mö-ri) n sommario m,

sunto *m*

**summer** (*ssa*-mö) *n* estate *f*; ~ **time** orario estivo

**summit** (*ssa*-mit) *n* vetta *f*

**summons** (*ssa*-möns) *n* (pl ~es) citazione *f*

**sun** (ssan) *n* sole *m*

**sunbathe** (*ssan*-beið) *v* *fare il bagno di sole

**sunburn** (*ssan*-böön) *n* abbronzatura *f*

**Sunday** (*ssan*-di) domenica *f*

**sun-glasses** (*ssan*-ghlaa-ssis) *pl* occhiali da sole

**sunlight** (*ssan*-lait) *n* luce del sole

**sunny** (*ssa*-ni) *adj* soleggiato

**sunrise** (*ssan*-rais) *n* aurora *f*

**sunset** (*ssan*-ssêt) *n* tramonto *m*

**sunshade** (*ssan*-ʃeid) *n* ombrellino *m*

**sunshine** (*ssan*-ʃain) *n* luce del sole

**sunstroke** (*ssan*-sstrouk) *n* colpo di sole

**suntan oil** (*ssan*-tæn-oil) olio abbronzante

**superb** (ssu-*pööb*) *adj* grandioso, superbo

**superficial** (ssuu-pö-*fi*-ʃöl) *adj* superficiale

**superfluous** (ssu-*pöö*-flu-öss) *adj* superfluo

**superior** (ssu-*pi*ᵒ-ri-ö) *adj* migliore, maggiore, superiore

**superlative** (ssu-*pöö*-lö-tiv) *adj* superlativo; *n* superlativo *m*

**supermarket** (*ssuu*-pö-maa-kit) *n* supermercato *m*

**superstition** (ssuu-pö-*ssti*-ʃön) *n* superstizione *f*

**supervise** (*ssuu*-pö-vais) *v* *soprintendere

**supervision** (ssuu-pö-*vi*-ʒön) *n* soprintendenza *f*, sorveglianza *f*

**supervisor** (*ssuu*-pö-vai-sö) *n* ispettore *m*

**supper** (*ssa*-pö) *n* cena *f*

**supple** (*ssa*-pöl) *adj* pieghevole, flessibile, agile

**supplement** (*ssa*-pli-mönt) *n* supplemento *m*

**supply** (ssö-*plai*) *n* rifornimento *m*, fornitura *f*; provvista *f*; offerta *f*; *v* fornire

**support** (ssö-*poot*) *v* appoggiare, *sostenere; *n* sostegno *m*; ~ **hose** calze elastiche

**supporter** (ssö-*poo*-tö) *n* tifoso *m*

**suppose** (ssö-*pous*) *v* *supporre; **supposing that** supposto che

**suppository** (ssö-*po*-si-tö-ri) *n* supposta *f*

**suppress** (ssö-*prêss*) *v* *reprimere

**surcharge** (*ssöö*-tʃaadʒ) *n* supplemento *m*

**sure** (ʃuᵒ) *adj* sicuro

**surely** (*ʃu*ᵒ-li) *adv* certamente

**surface** (*ssöö*-fiss) *n* superficie *f*

**surf-board** (*ssööf*-bood) *n* acquaplano *m*

**surgeon** (*ssöö*-dʒön) *n* chirurgo *m*; **veterinary** ~ veterinario *m*

**surgery** (*ssöö*-dʒö-ri) *n* operazione *f*; consultorio *m*

**surname** (*ssöö*-neim) *n* cognome *m*

**surplus** (*ssöö*-plöss) *n* eccedenza *f*

**surprise** (ssö-*prais*) *n* sorpresa *f*; meraviglia *f*; *v* *sorprendere; stupire

**surrender** (ssö-*rên*-dö) *v* *arrendersi; *n* resa *f*

**surround** (ssö-*raund*) *v* circondare

**surrounding** (ssö-*raun*-ding) *adj* circostante

**surroundings** (ssö-*raun*-dings) *pl* dintorni *mpl*

**survey** (*ssöö*-vei) *n* rassegna *f*

**survival** (ssö-*vai*-völ) *n* sopravvivenza *f*

**survive** (ssö-*vaiv*) *v* *sopravvivere

**suspect**[1] (ssö-*sspêkt*) *v* sospettare;

*supporre
suspect[2] (ssa-sspêkt) n indiziato m
suspend (ssö-sspênd) v *sospendere
suspenders (ssö-sspên-dös) plAm
bretelle fpl; suspender belt reggicalze m
suspension (ssö-sspên-ʃön) n molleggio m, sospensione f; ~ bridge
ponte sospeso
suspicion (ssö-sspi-ʃön) n sospetto m
suspicious (ssö-sspi-ʃöss) adj sospetto; sospettoso
sustain (ssö-sstein) v sopportare
Swahili (ssᵘö-hii-li) n swahili m
swallow (ssᵘo-lou) v ingoiare, inghiottire; n rondine f
swam (ssᵘæm) v (p swim)
swamp (ssᵘomp) n palude f
swan (ssᵘon) n cigno m
swap (ssᵘop) v barattare
*swear (ssᵘêᵒ) v giurare; bestemmia-
re
sweat (ssᵘêt) n sudore m; v sudare
sweater (ssᵘê-tö) n maglione m
Swede (ssᵘiid) n svedese m
Sweden (ssᵘii-dön) Svezia f
Swedish (ssᵘii-diʃ) adj svedese
*sweep (ssᵘiip) v scopare
sweet (ssᵘiit) adj dolce; n caramella
f; dolce m; sweets dolciumi mpl
sweeten (ssᵘii-tön) v zuccherare
sweetheart (ssᵘiit-haat) n amore m
sweetshop (ssᵘiit-ʃop) n pasticceria f
swell (ssᵘêl) adj magnifico
*swell (ssᵘêl) v gonfiare
swelling (ssᵘê-ling) n gonfiore m
swift (ssᵘift) adj rapido
*swim (ssᵘim) v nuotare
swimmer (ssᵘi-mö) n nuotatore m
swimming (ssᵘi-ming) n nuoto m; ~
pool piscina f
swimming-trunks (ssᵘi-ming-trangkss)
n mutandine da bagno
swim-suit (ssᵘim-ssuut) n costume da

bagno
swindle (ssᵘin-döl) v truffare; n truffa f
swindler (ssᵘin-dlö) n truffatore m
swing (ssᵘing) n altalena f
*swing (ssᵘing) v dondolare
Swiss (ssᵘiss) adj svizzero
switch (ssᵘitʃ) n interruttore m; v
cambiare; ~ off *spegnere; ~ on
*accendere
switchboard (ssᵘitʃ-bood) n quadro di
distribuzione
Switzerland (ssᵘit-ssö-lönd) Svizzera f
sword (ssood) n spada f
swum (ssᵘam) v (pp swim)
syllable (ssi-lö-böl) n sillaba f
symbol (ssim-böl) n simbolo m
sympathetic (ssim-pö-θê-tik) adj cordiale, comprensivo
sympathy (ssim-pö-θi) n simpatia f;
compassione f
symphony (ssim-fö-ni) n sinfonia f
symptom (ssim-töm) n sintomo m
synagogue (ssi-nö-ghogh) n sinagoga
f
synonym (ssi-nö-nim) n sinonimo m
synthetic (ssin-θê-tik) adj sintetico
syphon (ssai-fön) n sifone m
Syria (ssi-ri-ö) Siria f
Syrian (ssi-ri-ön) adj siriano
syringe (ssi-rindʒ) n siringa f
syrup (ssi-röp) n sciroppo m
system (ssi-sstöm) n sistema m; decimal ~ sistema decimale
systematic (ssi-sstö-mæ-tik) adj sistematico

# T

table (tei-böl) n tavola f; tabella f; ~
of contents indice m; ~ tennis
ping-pong m

**table-cloth** (*tei*-böl-kloθ) *n* tovaglia *f*

**tablespoon** (*tei*-böl-sspuun) *n* cucchiaio *m*

**tablet** (*tæ*-blit) *n* pasticca *f*

**taboo** (tŏ-*buu*) *n* tabù *m*

**tactics** (*tæk*-tikss) *pl* tattica *f*

**tag** (tægh) *n* etichetta *f*

**tail** (teil) *n* coda *f*

**tail-light** (*teil*-lait) *n* luce posteriore

**tailor** (*tei*-lö) *n* sarto *m*

**tailor-made** (*tei*-lö-meid) *adj* fatto su misura

**\*take** (teik) *v* \*prendere; accompagnare; capire, afferrare; ~ **away** portar via; \*togliere, levare; ~ **off** decollare; ~ **out** \*togliere; ~ **over** rilevare; ~ **place** \*aver luogo; ~ **up** occupare

**take-off** (*tei*-kof) *n* decollo *m*

**tale** (teil) *n* storia *f*, racconto *m*

**talent** (*tæ*-lönt) *n* attitudine *f*, talento *m*

**talented** (*tæ*-lön-tid) *adj* dotato

**talk** (took) *v* parlare; *n* conversazione *f*

**talkative** (*too*-kö-tiv) *adj* loquace

**tall** (tool) *adj* alto; lungo

**tame** (teim) *adj* mansueto, addomesticato; *v* addomesticare

**tampon** (*tæm*-pön) *n* tampone *m*

**tangerine** (tæn-dʒö-*riin*) *n* mandarino *m*

**tangible** (*tæn*-dʒi-böl) *adj* tangibile

**tank** (tængk) *n* serbatoio *m*

**tanker** (*tæng*-kö) *n* petroliera *f*

**tanned** (tænd) *adj* abbronzato

**tap** (tæp) *n* rubinetto *m*; colpetto *m*; *v* bussare

**tape** (teip) *n* nastro *m*; **adhesive** ~ nastro adesivo; cerotto *m*

**tape-measure** (*teip*-mê-ʒö) *n* centimetro *m*, metro a nastro

**tape-recorder** (*teip*-ri-koo-dö) *n* magnetofono *m*

**tapestry** (*tæ*-pi-sstri) *n* arazzo *m*, tappezzeria *f*

**tar** (taa) *n* catrame *m*

**target** (*taa*-ghit) *n* bersaglio *m*

**tariff** (*tæ*-rif) *n* tariffa *f*

**tarpaulin** (taa-*poo*-lin) *n* tela cerata

**task** (taassk) *n* compito *m*

**taste** (teisst) *n* gusto *m*; *v* \*sapere; assaggiare

**tasteless** (*teisst*-löss) *adj* insipido

**tasty** (*tei*-ssti) *adj* gustoso, saporito

**taught** (toot) *v* (p, pp teach)

**tavern** (*tæ*-vön) *n* taverna *f*

**tax** (tækss) *n* tassa *f*; *v* tassare

**taxation** (tæk-*ssei*-jön) *n* imposta *f*

**tax-free** (*tækss*-frii) *adj* esente da tassa

**taxi** (*tæk*-ssi) *n* tassi *m*; ~ **rank** posteggio di autopubbliche; ~ **stand** *Am* posteggio di autopubbliche

**taxi-driver** (*tæk*-ssi-drai-vö) *n* tassista *m*

**taxi-meter** (*tæk*-ssi-mii-tö) *n* tassametro *m*

**tea** (tii) *n* tè *m*; merenda *f*

**\*teach** (tiitʃ) *v* insegnare

**teacher** (*tii*-tʃö) *n* docente *m*, insegnante *m*; professoressa *f*; maestro *m*

**teachings** (*tii*-tʃings) *pl* insegnamento *m*

**tea-cloth** (*tii*-kloθ) *n* canovaccio per stoviglie

**teacup** (*tii*-kap) *n* tazzina da tè

**team** (tiim) *n* squadra *f*

**teapot** (*tii*-pot) *n* teiera *f*

**tear¹** (tiö) *n* lacrima *f*

**tear²** (têö) *n* strappo *m*; **\*tear** *v* strappare

**tear-jerker** (*tiö*-dʒöö-kö) *n* sdolcinatura *f*

**tease** (tiis) *v* stuzzicare

**tea-set** (*tii*-ssêt) *n* servizio da tè

**tea-shop** (*tii*-ʃop) *n* sala da tè

**teaspoon** (*tii*-sspuun) *n* cucchiaino *m*

**teaspoonful** (*tii*-sspuun-ful) *n* cucchiaino *m*

**technical** (*têk*-ni-köl) *adj* tecnico

**technician** (tek-*ni*-ʃön) *n* tecnico *m*

**technique** (tek-*niik*) *n* tecnica *f*

**technology** (tek-*no*-lö-dʒi) *n* tecnologia *f*

**teenager** (*tii*-nei-dʒö) *n* adolescente *m*

**teetotaller** (tii-*tou*-tö-lö) *n* astemio *m*

**telegram** (*tê*-li-ghræm) *n* telegramma *m*

**telegraph** (*tê*-li-ghraaf) *v* telegrafare

**telephone** (*tê*-li-foun) *n* telefono *m*; ~ **book** *Am* elenco telefonico; ~ **booth** cabina telefonica; ~ **call** chiamata *f*; ~ **directory** elenco telefonico; ~ **exchange** centralino *m*; ~ **operator** telefonista *f*

**telephonist** (ti-*lê*-fö-nisst) *n* telefonista *f*

**television** (*tê*-li-vi-ʒön) *n* televisione *f*; ~ **set** televisore *m*; **cable** ~ TV cavo *f*; **satellite** ~ TV satellite *m*

**telex** (*tê*-lêkss) *n* telex *m*

***tell** (têl) *v* *dire; raccontare

**temper** (*têm*-pö) *n* stizza *f*

**temperature** (*têm*-prö-tʃö) *n* temperatura *f*

**tempest** (*têm*-pisst) *n* tempesta *f*

**temple** (*têm*-pöl) *n* tempio *m*; tempia *f*

**temporary** (*têm*-pö-rö-ri) *adj* provvisorio, temporaneo

**tempt** (têmpt) *v* tentare

**temptation** (têmp-*tei*-ʃön) *n* tentazione *f*

**ten** (tên) *num* dieci

**tenant** (*tê*-nönt) *n* inquilino *m*

**tend** (tênd) *v* *tendere a; badare a; ~ **to** *tendere a

**tendency** (*tên*-dön-ssi) *n* inclinazione *f*, tendenza *f*

**tender** (*tên*-dö) *adj* delicato, dolce; tenero

**tendon** (*tên*-dön) *n* tendine *m*

**tennis** (*tê*-niss) *n* tennis *m*; ~ **shoes** scarpe da tennis

**tennis-court** (*tê*-niss-koot) *n* campo di tennis

**tense** (tênss) *adj* teso

**tension** (*tên*-ʃön) *n* tensione *f*

**tent** (tênt) *n* tenda *f*

**tenth** (tênθ) *num* decimo

**tepid** (*tê*-pid) *adj* tiepido

**term** (tööm) *n* termine *m*; periodo *m*; condizione *f*

**terminal** (*töö*-mi-nöl) *n* termine *m*

**terrace** (*tê*-röss) *n* terrazza *f*

**terrain** (tê-*rein*) *n* terreno *m*

**terrible** (*tê*-ri-böl) *adj* tremendo, spaventoso, terribile

**terrific** (tö-*ri*-fik) *adj* formidabile

**terrify** (*tê*-ri-fai) *v* sgomentare; **terrifying** spaventevole

**territory** (*tê*-ri-tö-ri) *n* territorio *m*

**terror** (*tê*-rö) *n* terrore *m*

**terrorism** (*tê*-rö-ri-söm) *n* terrorismo *m*

**terrorist** (*tê*-rö-risst) *n* terrorista *m*

**terylene** (*tê*-rö-liin) *n* terital *m*

**test** (têsst) *n* prova *f*, esame *m*; *v* provare, saggiare

**testify** (*tê*-ssti-fai) *v* testimoniare

**text** (têksst) *n* testo *m*

**textbook** (*têkss*-buk) *n* manuale *m*

**textile** (*têk*-sstail) *n* tessuto *m*

**texture** (*têkss*-tʃö) *n* struttura *f*

**Thai** (tai) *adj* tailandese

**Thailand** (*tai*-lænd) Tailandia *f*

**than** (ðæn) *conj* che

**thank** (θæŋk) *v* ringraziare; ~ **you** grazie

**thankful** (*θæŋk*-föl) *adj* riconoscente

**that** (ðæt) *adj* quello; *pron* quello; che; *conj* che

**thaw** (θoo) *v* disgelarsi; *n* disgelo *m*

**the** (ðö,ði) *art* il *art*; **the ... the** più ... più

**theatre** (θiˈ⁰-tö) *n* teatro *m*

**theft** (θêft) *n* furto *m*

**their** (ðêˀ) *adj* loro

**them** (ðêm) *pron* li; loro

**theme** (θiim) *n* tema *m*, argomento *m*

**themselves** (ðöm-*ssêlvs*) *pron* si; essi stessi

**then** (ðên) *adv* allora; in seguito, poi; dunque

**theology** (θi-*o*-lö-dʒi) *n* teologia *f*

**theoretical** (θiˀ-*rê*-ti-köl) *adj* teorico

**theory** (θiˀ-ri) *n* teoria *f*

**therapy** (θê-rö-pi) *n* terapia *f*

**there** (ðêˀ) *adv* là; di là

**therefore** (ðêˀ-foo) *conj* quindi

**thermometer** (θö-*mo*-mi-tö) *n* termometro *m*

**thermostat** (θöö-mö-sstæt) *n* termostato *m*

**these** (ðiis) *adj* questi

**thesis** (θii-ssiss) *n* (pl theses) tesi *f*

**they** (ðei) *pron* essi

**thick** (θik) *adj* spesso; denso

**thicken** (θi-kön) *v* ispessire

**thickness** (θik-nöss) *n* spessore *m*

**thief** (θiif) *n* (pl thieves) ladro *m*

**thigh** (θai) *n* coscia *f*

**thimble** (θim-böl) *n* ditale *m*

**thin** (θin) *adj* sottile; magro

**thing** (θing) *n* cosa *f*

*** think** (θingk) *v* pensare; *riflettere; ~ of pensare a; ricordare; ~ over ripensare

**thinker** (θing-kö) *n* pensatore *m*

**third** (θööd) *num* terzo

**thirst** (θöösst) *n* sete *f*

**thirsty** (θöö-ssti) *adj* assetato

**thirteen** (θöö-*tiin*) *num* tredici

**thirteenth** (θöö-*tiin*θ) *num* tredicesimo

**thirtieth** (θöö-ti-öθ) *num* trentesimo

**thirty** (θöö-ti) *num* trenta

**this** (ðiss) *adj* questo; *pron* questo

**thistle** (θi-ssöl) *n* cardo *m*

**thorn** (θoon) *n* spina *f*

**thorough** (θa-rö) *adj* minuzioso, accurato

**thoroughbred** (θa-rö-brêd) *adj* purosangue

**thoroughfare** (θa-rö-fêˀ) *n* strada maestra, arteria *f*

**those** (ðous) *adj* quei; *pron* quelli

**though** (ðou) *conj* sebbene, quantunque, benché; *adv* comunque

**thought¹** (θoot) *v* (p, pp think)

**thought²** (θoot) *n* pensiero *m*

**thoughtful** (θoot-föl) *adj* pensieroso; premuroso

**thousand** (θau-sönd) *num* mille

**thread** (θrêd) *n* filo *m*; refe *m*; *v* infilare

**threadbare** (θrêd-bêˀ) *adj* liso

**threat** (θrêt) *n* minaccia *f*

**threaten** (θrê-tön) *v* minacciare; **threatening** minaccioso

**three** (θrii) *num* tre

**three-quarter** (θrii-kᵘoo-tö) *adj* tre quarti

**threshold** (θrê-ʃould) *n* soglia *f*

**threw** (θruu) *v* (p throw)

**thrifty** (θrif-ti) *adj* parsimonioso

**throat** (θrout) *n* gola *f*; collo *m*

**throne** (θroun) *n* trono *m*

**through** (θruu) *prep* attraverso

**throughout** (θruu-*aut*) *adv* dappertutto

**throw** (θrou) *n* tiro *m*

*** throw** (θrou) *v* lanciare, gettare, buttare

**thrush** (θraʃ) *n* tordo *m*

**thumb** (θam) *n* pollice *m*

**thumbtack** (θam-tæk) *nAm* puntina da disegno

**thump** (θamp) *v* *percuotere

**thunder** (θan-dö) *n* tuono *m*; *v* tuonare

**thunderstorm** (θan-dö-sstoom) *n* temporale *m*

**thundery** ( *θan*-dö-ri ) *adj* temporalesco

**Thursday** ( *θöös*-di ) giovedì *m*

**thus** (ðass ) *adv* così

**thyme** (taim ) *n* timo *m*

**tick** (tik ) *n* segno *m*; ~ **off** segnare

**ticket** ( *ti*-kit) *n* biglietto *m*; contravvenzione *f*; ~ **collector** controllore *m*; ~ **machine** biglietteria automatica

**tickle** ( *ti*-köl) *v* solleticare

**tide** (taid ) *n* marea *f*; **high** ~ alta marea; **low** ~ bassa marea

**tidings** ( *tai*-dings ) *pl* notizie

**tidy** ( *tai*-di ) *adj* ordinato; ~ **up** riordinare

**tie** (tai ) *v* annodare, legare; *n* cravatta *f*

**tiger** ( *tai*-ghö ) *n* tigre *f*

**tight** (tait ) *adj* stretto; attillato; *adv* strettamente

**tighten** ( *tai*-tön ) *v* serrare; \*stringere; \*restringersi

**tights** (taitss ) *pl* calzamaglia *f*

**tile** (tail ) *n* mattonella *f*; tegola *f*

**till** (til ) *prep* fino a; *conj* finché non, finché

**timber** ( *tim*-bö ) *n* legname *m*

**time** (taim ) *n* tempo *m*; volta *f*; **all the** ~ continuamente; **in** ~ in tempo; ~ **of arrival** ora di arrivo; ~ **of departure** ora di partenza

**time-saving** ( *taim*-ssei-ving ) *adj* che fa risparmiare tempo

**timetable** ( *taim*-tei-böl ) *n* orario *m*

**timid** ( *ti*-mid ) *adj* timido

**timidity** (ti-*mi*-dö-ti ) *n* timidezza *f*

**tin** (tin ) *n* stagno *m*; barattolo *m*, latta *f*; **tinned food** conserve *fpl*

**tinfoil** ( *tin*-foil ) *n* stagnola *f*

**tin-opener** ( *ti*-nou-pö-nö ) *n* apriscatole *m*

**tiny** ( *tai*-ni ) *adj* minuscolo

**tip** (tip ) *n* punta *f*; mancia *f*

**tire**[1] (tai*ō* ) *n* pneumatico *m*

**tire**[2] (tai*ō* ) *v* stancare

**tired** (tai*ō*d ) *adj* affaticato, stanco; ~ **of** stufo di

**tiring** ( *tai*ō-ring ) *adj* faticoso

**tissue** ( *ti*-ʃuu ) *n* tessuto *m*; fazzoletto di carta

**title** ( *tai*-töl ) *n* titolo *m*

**to** (tuu ) *prep* fino a; a, per, da, verso; allo scopo di

**toad** (toud ) *n* rospo *m*

**toadstool** ( *toud*-sstuul ) *n* fungo *m*

**toast** (tousst ) *n* crostino *m*; brindisi *m*

**tobacco** (tö-*bæ*-kou ) *n* (pl ~s) tabacco *m*; ~ **pouch** astuccio per tabacco

**tobacconist** (tö-*bæ*-kö-nisst ) *n* tabaccaio *m*; **tobacconist's** tabaccheria *f*

**today** (tö-*dei* ) *adv* oggi

**toddler** ( *tod*-lö ) *n* bimbo *m*

**toe** (tou ) *n* dito del piede

**toffee** ( *to*-fi ) *n* caramella *f*

**together** (tö-*ghê*-ðö ) *adv* insieme

**toilet** ( *toi*-löt ) *n* gabinetto *m*; ~ **case** astuccio di toeletta

**toilet-paper** ( *toi*-löt-pei-pö ) *n* carta igienica

**toiletry** ( *toi*-lö-tri ) *n* articoli da toeletta

**token** ( *tou*-kön ) *n* segno *m*; prova *f*; gettone *m*

**told** (tould ) *v* (p, pp tell)

**tolerable** ( *to*-lö-rö-böl ) *adj* tollerabile

**toll** (toul ) *n* pedaggio *m*

**tomato** (tö-*maa*-tou ) *n* (pl ~es) pomodoro *m*

**tomb** (tuum ) *n* tomba *f*

**tombstone** ( *tuum*-sstoun ) *n* pietra sepolcrale

**tomorrow** (tö-*mo*-rou ) *adv* domani

**ton** (tan ) *n* tonnellata *f*

**tone** (toun ) *n* tono *m*; timbro *m*

**tongs** (tongs) *pl* pinze *fpl*

**tongue** (tang) *n* lingua *f*

**tonic** (*to*-nik) *n* tonico *m*

**tonight** (tö-*nait*) *adv* stanotte, stasera

**tonsilitis** (ton-ssö-*lai*-tiss) *n* tonsillite *f*

**tonsils** (*ton*-ssöls) *pl* tonsille *fpl*

**too** (tuu) *adv* troppo; anche

**took** (tuk) *v* (p take)

**tool** (tuul) *n* attrezzo *m*, arnese *m*; ~ **kit** cassetta degli arnesi

**toot** (tuut) *vAm* suonare il clacson

**tooth** (tuuθ) *n* (pl teeth) dente *m*

**toothache** (*tuu*-θeik) *n* mal di denti

**toothbrush** (*tuuθ*-braʃ) *n* spazzolino da denti

**toothpaste** (*tuuθ*-peisst) *n* dentifricio *m*

**toothpick** (*tuuθ*-pik) *n* stuzzicadenti *m*

**toothpowder** (*tuuθ*-pau-dö) *n* polvere dentifricia

**top** (top) *n* cima *f*; parte superiore; coperchio *m*; sommo; **on ~ of** in cima a; ~ **side** lato superiore

**topcoat** (*top*-kout) *n* soprabito *m*

**topic** (*to*-pik) *n* soggetto *m*

**topical** (*to*-pi-köl) *adj* attuale

**torch** (tootʃ) *n* torcia *f*; lampadina tascabile

**torment**[1] (too-*mênt*) *v* tormentare

**torment**[2] (*too*-mênt) *n* tormento *m*

**torture** (*too*-tʃö) *n* tortura *f*; *v* torturare

**toss** (toss) *v* gettare

**tot** (tot) *n* bimbetto *m*

**total** (*tou*-töl) *adj* totale; completo, assoluto; *n* totale *m*

**totalitarian** (tou-tæ-li-*têᵒ*-ri-ön) *adj* totalitario

**totalizator** (*tou*-tö-lai-sei-tö) *n* totalizzatore *m*

**touch** (tatʃ) *v* toccare; colpire; *n* contatto *m*, tocco *m*; tatto *m*

**touching** (*ta*-tʃing) *adj* commovente

**tough** (taf) *adj* duro

**tour** (tuᵒ) *n* gita turistica

**tourism** (*tuᵒ*-ri-söm) *n* turismo *m*

**tourist** (*tuᵒ*-risst) *n* turista *m*; ~ **class** classe turistica; ~ **office** ufficio turistico

**tournament** (*tuᵒ*-nö-mönt) *n* torneo *m*

**tow** (tou) *v* trainare

**towards** (tö-*ᵘoods*) *prep* verso

**towel** (tauᵒl) *n* asciugamano *m*

**towelling** (*tauᵒ*-ling) *n* spugna *f*

**tower** (tauᵒ) *n* torre *f*

**town** (taun) *n* città *f*; ~ **centre** centro della città; ~ **hall** municipio *m*

**townspeople** (*tauns*-pii-pöl) *pl* cittadinanza *f*

**toxic** (*tok*-ssik) *adj* tossico

**toy** (toi) *n* giocattolo *m*

**toyshop** (*toi*-ʃop) *n* negozio di giocattoli

**trace** (treiss) *n* traccia *f*; *v* rintracciare

**track** (træk) *n* binario *m*; pista *f*

**tractor** (*træk*-tö) *n* trattore *m*

**trade** (treid) *n* commercio *m*; mestiere *m*; *v* commerciare

**trademark** (*treid*-maak) *n* marchio di fabbrica

**trader** (*trei*-dö) *n* mercante *m*

**tradesman** (*treids*-mön) *n* (pl -men) commerciante *m*

**trade-union** (treid-*ᶦuu*-nᶦön) *n* sindacato *m*

**tradition** (trö-*di*-ʃön) *n* tradizione *f*

**traditional** (trö-*di*-ʃö-nöl) *adj* tradizionale

**traffic** (*træ*-fik) *n* traffico *m*; ~ **jam** ingorgo *m*; ~ **light** semaforo *m*

**trafficator** (*træ*-fi-kei-tö) *n* indicatore di direzione

**tragedy** (*træ*-dʒö-di) *n* tragedia *f*

**tragic** (*træ*-dʒik) *adj* tragico

**trail** (treil) *n* traccia *f*, sentiero *m*

**trailer** (*trei*-lö) *n* rimorchio *m*; *nAm* roulotte *f*

**train** (trein) *n* treno *m*; *v* ammaestrare, addestrare; **stopping** ~ accelerato *m*; **through** ~ treno diretto

**training** (*trei*-ning) *n* addestramento *m*

**trait** (treit) *n* tratto *m*

**traitor** (*trei*-tö) *n* traditore *m*

**tram** (træm) *n* tram *m*

**tramp** (træmp) *n* vagabondo *m*, barbone *m*; *v* vagabondare

**tranquil** (træng-kʷil) *adj* tranquillo

**tranquillizer** (*træng*-kʷi-lai-sö) *n* tranquillante *m*

**transaction** (træn-*sæk*-ʃön) *n* transazione *f*

**transatlantic** (træn-söt-*læn*-tik) *adj* transatlantico

**transfer** (trænss-*föö*) *v* trasferire

**transform** (trænss-*foom*) *v* trasformare

**transformer** (trænss-*foo*-mö) *n* trasformatore *m*

**transition** (træn-*ssi*-ʃön) *n* transizione *f*

**translate** (trænss-*leit*) *v* *translate

**translation** (trænss-*lei*-ʃön) *n* traduzione *f*

**translator** (trænss-*lei*-tö) *n* traduttore *m*

**transmission** (træns-*mi*-ʃön) *n* trasmissione *f*

**transmit** (træns-*mit*) *v* *trasmettere

**transmitter** (træns-*mi*-tö) *n* trasmettitore *m*

**transparent** (træn-*sspê*ᵒ-rönt) *adj* trasparente

**transport¹** (*træn*-sspoot) *n* trasporto *m*

**transport²** (træn-*sspoot*) *v* trasportare

**transportation** (træn-sspoo-*tei*-ʃön) *n* trasporto *m*

**trap** (træp) *n* trappola *f*

**trash** (træʃ) *n* robaccia *f*; ~ **can** *Am* pattumiera *f*

**travel** (*træ*-völ) *v* viaggiare; ~ **agency** agenzia viaggi; ~ **agent** agente di viaggio; ~ **insurance** assicurazione viaggi; **travelling expenses** spese di viaggio

**traveller** (*træ*-vö-lö) *n* viaggiatore *m*; **traveller's cheque** assegno turistico

**tray** (trei) *n* vassoio *m*

**treason** (*trii*-sön) *n* tradimento *m*

**treasure** (*trê*-ʒö) *n* tesoro *m*

**treasurer** (*trê*-ʒö-rö) *n* tesoriere *m*

**treasury** (*trê*-ʒö-ri) *n* Tesoro *m*

**treat** (triit) *v* trattare

**treatment** (*triit*-mönt) *n* trattamento *m*

**treaty** (*trii*-ti) *n* trattato *m*

**tree** (trii) *n* albero *m*

**tremble** (*trêm*-böl) *v* tremare; vibrare

**tremendous** (tri-*mên*-döss) *adj* enorme

**trespass** (*trêss*-pöss) *v* trasgredire

**trespasser** (*trêss*-pö-ssö) *n* trasgressore *m*

**trial** (traiᵒl) *n* processo *m*; prova *f*

**triangle** (*trai*-æng-ghöl) *n* triangolo *m*

**triangular** (trai-*æng*-ghⁱu-lö) *adj* triangolare

**tribe** (traib) *n* tribù *f*

**tributary** (*tri*-bⁱu-tö-ri) *n* braccio *m*

**tribute** (*tri*-bⁱuut) *n* omaggio *m*

**trick** (trik) *n* tiro *m*; trucco *m*

**trigger** (*tri*-ghö) *n* grilletto *m*

**trim** (trim) *v* raccorciare

**trip** (trip) *n* gita *f*, viaggio *m*

**triumph** (*trai*-ömf) *n* trionfo *m*; *v* trionfare

**triumphant** (trai-*am*-fönt) *adj* trionfante

**trolley-bus** (*tro*-li-bass) *n* filobus *m*

**troops** (truupss) *pl* truppe *fpl*

**tropical** (*tro*-pi-köl) *adj* tropicale

**tropics** (*tro*-pikss) *pl* tropici *mpl*

**trouble** ( *tra*-böl ) *n* preoccupazione *f*, pena *f*, guaio *m*; *v* disturbare

**troublesome** ( *tra*-böl-ssöm ) *adj* molesto

**trousers** ( *trau*-sös ) *pl* pantaloni *mpl*

**trout** (traut ) *n* (pl ~) trota *f*

**truck** (trak ) *nAm* autocarro *m*

**true** (truu ) *adj* vero; reale, autentico; leale, fedele

**trumpet** ( *tram*-pit ) *n* tromba *f*

**trunk** (trangk ) *n* baule *m*; tronco *m*; *nAm* bagagliaio *m*; **trunks** *pl* calzoncini *mpl*

**trunk-call** ( *trangk*-kool ) *n* interurbana *f*

**trust** (trasst ) *v* fidarsi; *n* fiducia *f*

**trustworthy** ( *trasst*-ᵘöö-ði ) *adj* fidato

**truth** (truuθ ) *n* verità *f*

**truthful** ( *truu*θ-föl ) *adj* veritiero

**try** (trai ) *v* tentare; sforzarsi; *n* tentativo *m*; ~ **on** provare

**tube** (t'uub ) *n* tubo *m*; tubetto *m*

**tuberculosis** (t'uu-böö-k'u-*lou*-ssiss ) *n* tubercolosi *f*

**Tuesday** ( *t'uus*-di ) martedì *m*

**tug** (tagh ) *v* rimorchiare; *n* rimorchiatore *m*; strattone *m*

**tuition** (t'uu-*i*-fön ) *n* insegnamento *m*

**tulip** ( *t'uu*-lip ) *n* tulipano *m*

**tumbler** ( *tam*-blö ) *n* bicchiere *m*

**tumour** ( *t'uu*-mö ) *n* tumore *m*

**tuna** ( *t'uu*-nö ) *n* (pl ~, ~s) tonno *m*

**tune** (t'uun ) *n* aria *f*, melodia *f*; ~ **in** sintonizzare

**tuneful** ( *t'uun*-föl ) *adj* melodioso

**tunic** ( *t'uu*-nik ) *n* tunica *f*

**Tunisia** (t'uu-*ni*-si-ö ) Tunisia *f*

**Tunisian** (t'uu-*ni*-si-ön ) *adj* tunisino

**tunnel** ( *ta*-nöl ) *n* galleria *f*

**turbine** ( *töö*-bain ) *n* turbina *f*

**turbojet** (töö-bou-*dʒêt* ) *n* aereo a reazione

**Turk** (töök ) *n* turco *m*

**Turkey** ( *töö*-ki ) Turchia *f*

**turkey** ( *töö*-ki ) *n* tacchino *m*

**Turkish** ( *töö*-kiʃ ) *adj* turco; ~ **bath** bagno turco

**turn** (töön ) *v* voltare; *volgere, girare; *n* cambiamento *m*, giro *m*; tornante *m*; turno *m*; ~ **back** ritornare; ~ **down** *respingere; ~ **into** trasformarsi in; ~ **off** *chiudere; ~ **on** *accendere; *aprire; ~ **over** *capovolgere; ~ **round** voltare; rigirarsi

**turning** ( *töö*-ning ) *n* svolta *f*

**turning-point** ( *töö*-ning-point ) *n* punto decisivo

**turnover** ( *töö*-nou-vö ) *n* giro d'affari; ~ **tax** tassa sugli affari

**turnpike** ( *töön*-paik ) *nAm* strada a pedaggio

**turpentine** ( *töö*-pön-tain ) *n* trementina *f*

**turtle** ( *töö*-töl ) *n* tartaruga *f*

**tutor** ( *t'uu*-tö ) *n* precettore *m*; tutore *m*

**tuxedo** (tak-*ssii*-dou ) *nAm* (pl ~s, ~es) smoking *m*

**tweed** (t'uiid ) *n* tweed *m*

**tweezers** ( *t'uii*-sös ) *pl* pinzette *fpl*

**twelfth** (t'uêlfθ ) *num* dodicesimo

**twelve** (t'uêlv ) *num* dodici

**twentieth** ( *t'uên*-ti-öθ ) *num* ventesimo

**twenty** ( *t'uên*-ti ) *num* venti

**twice** (t'uaiss ) *adv* due volte

**twig** (t'uigh ) *n* ramoscello *m*

**twilight** ( *t'uai*-lait ) *n* crepuscolo *m*

**twine** (t'uain ) *n* spago *m*

**twins** (t'uins ) *pl* gemelli *mpl*; **twin beds** letti gemelli

**twist** (t'uisst ) *v* *torcere; *n* torsione *f*

**two** (tuu ) *num* due

**two-piece** (tuu-*piiss* ) *adj* in due pezzi

**type** (taip ) *v* dattilografare; *n* tipo *m*

**typewriter** ( *taip*-rai-tö ) *n* macchina da scrivere

**typewritten** ( *taip*-ri-tön ) dattiloscritto

**typhoid** ( *tai*-foid ) *n* tifoidea *f*
**typical** ( *ti*-pi-köl ) *adj* caratteristico, tipico
**typist** ( *tai*-pisst ) *n* dattilografa *f*
**tyrant** ( *taiº*-rönt ) *n* tiranno *m*
**tyre** (taiº ) *n* copertone *m*; ~ **pressure** pressione gomme

# U

**ugly** ( *a*-ghli ) *adj* brutto
**ulcer** ( *al*-ssö ) *n* ulcera *f*
**ultimate** ( *al*-ti-möt ) *adj* ultimo
**ultraviolet** (al-trö-*vaiº*-löt ) *adj* ultravioletto
**umbrella** (am-*brê*-lö ) *n* ombrello *m*
**umpire** (*am*-paiº ) *n* arbitro *m*
**unable** (a-*nei*-böl ) *adj* incapace
**unacceptable** (a-nök-*ssêp*-tö-böl ) *adj* inaccettabile
**unaccountable** (a-nö-*kaun*-tö-böl ) *adj* inesplicabile
**unaccustomed** (a-nö-*ka*-sstömd ) *adj* non abituato
**unanimous** ( 'uu-*næ*-ni-möss ) *adj* unanime
**unanswered** (a-*naan*-ssöd ) *adj* senza risposta
**unauthorized** (a-*noo*-θö-raisd ) *adj* illecito
**unavoidable** (a-nö-*voi*-dö-böl ) *adj* inevitabile
**unaware** (a-nö-*uêº* ) *adj* incosciente
**unbearable** (an-*bêº*-rö-böl ) *adj* insopportabile
**unbreakable** (an-*brei*-kö-böl ) *adj* infrangibile
**unbroken** (an-*brou*-kön ) *adj* intatto
**unbutton** (an-*ba*-tön ) *v* sbottonare
**uncertain** (an-*ssöö*-tön ) *adj* incerto
**uncle** ( *ang*-köl ) *n* zio *m*
**unclean** (an-*kliin* ) *adj* sudicio

**uncomfortable** (an-*kam*-fö-tö-böl ) *adj* scomodo
**uncommon** (an-*ko*-mön ) *adj* insolito, raro
**unconditional** (an-kön-*di*-[ö-nöl ) *adj* incondizionato
**unconscious** (an-*kon*-[öss ) *adj* inconscio
**uncork** (an-*kook* ) *v* stappare
**uncover** (an-*ka*-vö ) *v* *scoprire
**uncultivated** (an-*kal*-ti-vei-tid ) *adj* incolto
**under** ( *an*-dö ) *prep* sotto
**underestimate** (an-dö-*rê*-ssti-meit ) *v* sottovalutare
**underground** ( *an*-dö-ghraund ) *adj* sotterraneo; *n* metropolitana *f*
**underline** (an-dö-*lain* ) *v* sottolineare
**underneath** (an-dö-*niiθ* ) *adv* sotto
**underpants** ( *an*-dö-pæntss ) *plAm* mutandine *fpl*
**undershirt** ( *an*-dö-[ööt ) *n* maglietta *f*
**undersigned** (an-dö-*ssaind* ) *n* sottoscritto *m*
**\*understand** (an-dö-*sstænd* ) *v* *comprendere, capire
**understanding** (an-dö-*sstæn*-ding ) *n* comprensione *f*
**\*undertake** (an-dö-*teik* ) *v* *intraprendere
**undertaking** (an-dö-*tei*-king ) *n* impresa *f*
**underwater** (an-dö-ᵘoo-tö ) *adj* subacqueo
**underwear** ( *an*-dö-ᵘêº ) *n* biancheria personale
**undesirable** (an-di-*saiº*-rö-böl ) *adj* indesirabile
**\*undo** (an-*duu* ) *v* *disfare
**undoubtedly** (an-*dau*-tid-li ) *adv* indubbiamente
**undress** (an-*drêss* ) *v* spogliarsi
**undulating** ( *an*-dᵘu-lei-ting ) *adj* ondulato

**unearned** (a-nöönd) *adj* non meritato

**uneasy** (a-nii-si) *adj* inquieto

**uneducated** (a-nê-d'u-kei-tid) *adj* incolto

**unemployed** (a-nim-ploid) *adj* disoccupato

**unemployment** (a-nim-ploi-mönt) *n* disoccupazione *f*

**unequal** (a-nii-kʷöl) *adj* ineguale

**uneven** (a-nii-vön) *adj* ineguale, ruvido; irregolare

**unexpected** (a-nik-sspêk-tid) *adj* inatteso, inaspettato

**unfair** (an-fêᵒ) *adj* disonesto, ingiusto

**unfaithful** (an-feiθ-föl) *adj* infedele

**unfamiliar** (an-fö-mil-'ö) *adj* sconosciuto

**unfasten** (an-faa-ssön) *v* slacciare

**unfavourable** (an-fei-vö-rö-böl) *adj* sfavorevole

**unfit** (an-fit) *adj* disadatto

**unfold** (an-fould) *v* spiegare

**unfortunate** (an-foo-tʃö-nöt) *adj* sfortunato

**unfortunately** (an-foo-tʃö-nöt-li) *adv* disgraziatamente, sfortunatamente

**unfriendly** (an-frênd-li) *adj* poco gentile

**unfurnished** (an-föö-niʃt) *adj* non ammobiliato

**ungrateful** (an-ghreit-föl) *adj* ingrato

**unhappy** (an-hæ-pi) *adj* infelice

**unhealthy** (an-hêl-θi) *adj* malsano

**unhurt** (an-hööt) *adj* incolume

**uniform** ('uu-ni-foom) *n* uniforme *f*; *adj* uniforme

**unimportant** (a-nim-poo-tönt) *adj* insignificante

**uninhabitable** (a-nin-hæ-bi-tö-böl) *adj* inabitabile

**uninhabited** (a-nin-hæ-bi-tid) *adj* disabitato

**unintentional** (a-nin-tên-ʃö-nöl) *adj* involontario

**union** ('uu-n'ön) *n* unione *f*; lega *f*, confederazione *f*

**unique** ('uu-niik) *adj* unico

**unit** ('uu-nit) *n* unità *f*

**unite** ('uu-nait) *v* unire

**United States** ('uu-nai-tid ssteitss) Stati Uniti

**unity** ('uu-nö-ti) *n* unità *f*

**universal** ('uu-ni-vöö-ssöl) *adj* generale, universale

**universe** ('uu-ni-vööss) *n* universo *m*

**university** ('uu-ni-vöö-ssö-ti) *n* università *f*

**unjust** (an-dʒasst) *adj* ingiusto

**unkind** (an-kaind) *adj* sgarbato, scortese

**unknown** (an-noun) *adj* ignoto

**unlawful** (an-loo-föl) *adj* illegale

**unleaded** (an-lê-did) *adj* senza piombo

**unlearn** (an-löön) *v* disimparare

**unless** (ön-lêss) *conj* a meno che

**unlike** (an-laik) *adj* dissimile

**unlikely** (an-lai-kli) *adj* improbabile

**unlimited** (an-li-mi-tid) *adj* sconfinato, illimitato

**unload** (an-loud) *v* scaricare

**unlock** (an-lok) *v* *aprire

**unlucky** (an-la-ki) *adj* sfortunato

**unnecessary** (an-nê-ssö-ssö-ri) *adj* superfluo

**unoccupied** (a-no-kʲu-paid) *adj* vacante

**unofficial** (a-nö-fi-jöl) *adj* ufficioso

**unpack** (an-pæk) *v* *disfare

**unpleasant** (an-plê-sönt) *adj* increscioso, spiacevole; sgradevole

**unpopular** (an-po-pʲu-lö) *adj* impopolare

**unprotected** (an-prö-têk-tid) *adj* indifeso

**unqualified** (an-kʷo-li-faid) *adj* incompetente

**unreal** (an-riᵒl) *adj* irreale

**unreasonable** (an-rii-sö-nö-böl) *adj* irragionevole

**unreliable** (an-ri-*lai*-ö-böl) *adj* non fidato

**unrest** (an-*rêsst*) *n* agitazione *f*; inquietudine *f*

**unsafe** (an-*sseif*) *adj* malsicuro

**unsatisfactory** (an-ssæ-tiss-*fæk*-tö-ri) *adj* insoddisfacente

**unscrew** (an-*sskruu*) *v* svitare

**unselfish** (an-*ssêl*-fiʃ) *adj* disinteressato

**unskilled** (an-*sskild*) *adj* non qualificato

**unsound** (an-*ssaund*) *adj* malsano

**unstable** (an-*sstei*-böl) *adj* instabile

**unsteady** (an-*sstê*-di) *adj* barcollante, malfermo; vacillante

**unsuccessful** (an-ssök-*ssêss*-föl) *adj* infruttuoso

**unsuitable** (an-*ssuu*-tö-böl) *adj* inadatto

**unsurpassed** (an-ssö-*paasst*) *adj* insuperato

**untidy** (an-*tai*-di) *adj* disordinato

**untie** (an-*tai*) *v* slacciare

**until** (ön-*til*) *prep* fino a, finché

**untrue** (an-*truu*) *adj* falso

**untrustworthy** (an-*trasst*-ᵘöö-ði) *adj* malfido

**unusual** (an-ᶦ*uu*-ʒu-öl) *adj* inconsueto, insolito

**unwell** (an-ᵘ*êl*) *adj* indisposto

**unwilling** (an-ᵘ*i*-ling) *adj* restio

**unwise** (an-ᵘ*ais*) *adj* incauto

**unwrap** (an-*ræp*) *v* *disfare

**up** (ap) *adv* verso l'alto, in su, su

**upholster** (ap-*houl*-sstö) *v* tappezzare

**upkeep** (*ap*-kiip) *n* mantenimento *m*

**uplands** (*ap*-lönds) *pl* altopiano *m*

**upon** (ö-*pon*) *prep* su

**upper** (*a*-pö) *adj* superiore

**upright** (*ap*-rait) *adj* diritto; *adv* in piedi

**upset** (ap-*ssêt*) *v* turbare; *adj* coster-

nato

**upside-down** (ap-ssaid-*daun*) *adv* sottosopra

**upstairs** (ap-*sstê*ᵒs) *adv* di sopra; su

**upstream** (ap-*sstriim*) *adv* contro corrente

**upwards** (*ap*-ᵘöds) *adv* in su

**urban** (*öö*-bön) *adj* urbano

**urge** (öödʒ) *v* stimolare; *n* impulso *m*

**urgency** (*öö*-dʒön-ssi) *n* urgenza *f*

**urgent** (*öö*-dʒönt) *adj* urgente

**urine** (ᶦ*u*ᵒ-rin) *n* urina *f*

**Uruguay** (ᶦ*u*ᵒ-rö-ghᵘai) Uruguay *m*

**Uruguayan** (ᶦu*ᵒ*-rö-ghᵘ*ai*-ön) *adj* uruguaiano

**us** (ass) *pron* ci

**usable** (ᶦ*uu*-sö-böl) *adj* usabile

**usage** (ᶦ*uu*-sidʒ) *n* usanza *f*

**use**[1] (ᶦ*uus*) *v* usare; *be used to* *essere abituato a; ~ up consumare

**use**[2] (ᶦ*uuss*) *n* uso *m*; utilità *f*; *be of ~ giovare

**useful** (ᶦ*uuss*-föl) *adj* utile

**useless** (ᶦ*uuss*-löss) *adj* inutile

**user** (ᶦ*uu*-sö) *n* utente *m*

**usher** (*a*-ʃö) *n* usciere *m*

**usherette** (a-ʃö-*rêt*) *n* maschera *f*

**usual** (ᶦ*uu*-ʒu-öl) *adj* solito

**usually** (ᶦ*uu*-ʒu-ö-li) *adv* abitualmente

**utensil** (ᶦuu-*tên*-ssöl) *n* arnese *m*, utensile *m*

**utility** (ᶦuu-*ti*-lö-ti) *n* utilità *f*

**utilize** (ᶦ*uu*-ti-lais) *v* utilizzare

**utmost** (*at*-mousst) *adj* estremo

**utter** (*a*-tö) *adj* completo, totale; *v* *emettere

# V

**vacancy** (*vei*-kön-ssi) *n* posto libero

**vacant** (*vei*-könt) *adj* vacante

**vacate** (vö-*keit*) *v* sgombrare

**vacation** (vö-*kei*-ʃön) *n* vacanza *f*
**vaccinate** (*væk*-ssi-neit) *v* vaccinare
**vaccination** (væk-ssi-*nei*-ʃön) *n* vaccinazione *f*
**vacuum** (*væ*-kⁱu-öm) *n* vuoto *m*; *vAm* pulire con l'aspirapolvere; ~ **cleaner** aspirapolvere *m*; ~ **flask** termos *m*
**vagrancy** (*vei*-ghrön-ssi) *n* vagabondaggio *m*
**vague** (veigh) *adj* vago
**vain** (vein) *adj* vano; inutile; **in** ~ inutilmente, invano
**valet** (*væ*-lit) *n* cameriere *m*, valletto *m*
**valid** (*væ*-lid) *adj* valido
**valley** (*væ*-li) *n* valle *f*
**valuable** (*væ*-lⁱu-böl) *adj* prezioso; **valuables** *pl* valori
**value** (*væ*-lⁱuu) *n* valore *m*; *v* valutare
**valve** (vælv) *n* valvola *f*
**van** (væn) *n* furgone *m*
**vanilla** (vö-*ni*-lö) *n* vaniglia *f*
**vanish** (*væ*-niʃ) *v* sparire
**vapour** (*vei*-pö) *n* vapore *m*
**variable** (*vêᵒ*-ri-ö-böl) *adj* variabile
**variation** (vêᵒ-ri-*ei*-ʃön) *n* variazione *f*; mutamento *m*
**varied** (*vêᵒ*-rid) *adj* assortito
**variety** (vö-*rai*-ö-ti) *n* varietà *f*; ~ **show** spettacolo di varietà; ~ **theatre** teatro di varietà
**various** (*vêᵒ*-ri-öss) *adj* vari, parecchi
**varnish** (*vaa*-niʃ) *n* lacca *f*, vernice *f*; *v* verniciare
**vary** (*vêᵒ*-ri) *v* differire, variare; cambiare
**vase** (vaas) *n* vaso *m*
**vaseline** (*væ*-ssö-liin) *n* vasellina *f*
**vast** (vaasst) *adj* immenso, vasto
**vault** (voolt) *n* volta *f*; camera blindata
**veal** (viil) *n* vitello *m*

**vegetable** (*vê*-dʒö-tö-böl) *n* verdura *f*; ~ **merchant** fruttivendolo *m*
**vegetarian** (vê-dʒi-*têᵒ*-ri-ön) *n* vegetariano *m*
**vegetation** (vê-dʒi-*tei*-ʃön) *n* vegetazione *f*
**vehicle** (*vii*-ö-köl) *n* veicolo *m*
**veil** (veil) *n* velo *m*
**vein** (vein) *n* vena *f*; **varicose** ~ vena varicosa
**velvet** (*vêl*-vit) *n* velluto *m*
**velveteen** (vêl-vi-*tiin*) *n* velluto di cotone
**venerable** (*vê*-nö-rö-böl) *adj* venerabile
**venereal disease** (vi-*niᵒ*-ri-öl di-*siis*) malattia venerea
**Venezuela** (vê-ni-sᵘ*ei*-lö) Venezuela *m*
**Venezuelan** (vê-ni-sᵘ*ei*-lön) *adj* venezolano
**ventilate** (*vên*-ti-leit) *v* ventilare; aerare
**ventilation** (vên-ti-*lei*-ʃön) *n* ventilazione *f*; aerazione *f*
**ventilator** (*vên*-ti-lei-tö) *n* ventilatore *m*
**venture** (*vên*-tʃö) *v* arrischiare
**veranda** (vö-*ræn*-dö) *n* veranda *f*
**verb** (vööb) *n* verbo *m*
**verbal** (*vöö*-böl) *adj* verbale
**verdict** (*vöö*-dikt) *n* sentenza *f*, verdetto *m*
**verge** (vöödʒ) *n* bordo *m*
**verify** (*vê*-ri-fai) *v* verificare
**verse** (vööss) *n* verso *m*
**version** (*vöö*-ʃön) *n* versione *f*; traduzione *f*
**versus** (*vöö*-ssöss) *prep* contro
**vertical** (*vöö*-ti-köl) *adj* verticale
**vertigo** (*vöö*-ti-ghou) *n* vertigine *f*
**very** (*vê*-ri) *adv* assai, molto; *adj* vero, preciso; estremo
**vessel** (*vê*-ssöl) *n* nave *f*, vascello *m*; recipiente *m*

**vest** (vêsst) *n* maglia *f*; *nAm* panciotto *m*

**veterinary surgeon** (vê-tri-nö-ri ssöö-dჳön) veterinario *m*

**via** (vaiᵒ) *prep* via

**viaduct** (vaiᵒ-dakt) *n* viadotto *m*

**vibrate** (vai-*breit*) *v* vibrare

**vibration** (vai-*brei*-ſön) *n* vibrazione *f*

**vicar** (*vi*-kö) *n* vicario *m*

**vicarage** (*vi*-kö-ridჳ) *n* presbiterio *m*

**vice-president** (vaiss-*prê*-si-dönt) *n* vicepresidente *m*

**vicinity** (vi-*ssi*-nö-ti) *n* prossimità *f*, vicinanza *f*

**victim** (*vik*-tim) *n* vittima *f*

**victory** (*vik*-tö-ri) *n* vittoria *f*

**videocassette** (*vi*-di-ou-kö-*sset*) *n* videocassetta *f*; ~ **recorder** videoregistratore *m*

**view** (vⁱuu) *n* vista *f*; parere *m*, opinione *f*; *v* guardare

**view-finder** (*vⁱuu*-fain-dö) *n* mirino *m*

**vigilant** (*vi*-dჳi-lönt) *adj* vigilante

**villa** (*vi*-lö) *n* villa *f*

**village** (*vi*-lidჳ) *n* villaggio *m*

**villain** (*vi*-lön) *n* furfante *m*

**vine** (vain) *n* vite *f*

**vinegar** (*vi*-ni-ghö) *n* aceto *m*

**vineyard** (*vin*-ⁱöd) *n* vigna *f*

**vintage** (*vin*-tidჳ) *n* vendemmia *f*

**violation** (vaiᵒ-*lei*-ſön) *n* violazione *f*

**violence** (*vaiᵒ*-lönss) *n* violenza *f*

**violent** (*vaiᵒ*-lönt) *adj* violento; intenso, impetuoso

**violet** (*vaiᵒ*-löt) *n* violetta *f*; *adj* violetto

**violin** (vaiᵒ-*lin*) *n* violino *m*

**virgin** (*vöö*-dჳin) *n* vergine *f*

**virtue** (*vöö*-tſuu) *n* virtù *f*

**visa** (vii-sö) *n* visto *m*

**visibility** (vi-sö-*bi*-lö-ti) *n* visibilità *f*

**visible** (*vi*-sö-böl) *adj* visibile

**vision** (*vi*-ჳön) *n* visione *f*

**visit** (*vi*-sit) *v* visitare; *n* visita *f*;

**visiting hours** ore di visita

**visitor** (*vi*-si-tö) *n* visitatore *m*

**vital** (*vai*-töl) *adj* vitale

**vitamin** (*vi*-tö-min) *n* vitamina *f*

**vivid** (*vi*-vid) *adj* vivido

**vocabulary** (vö-*kæ*-bⁱu-lö-ri) *n* vocabolario *m*; glossario *m*

**vocal** (*vou*-köl) *adj* vocale

**vocalist** (*vou*-kö-lisst) *n* cantante *m*

**voice** (voiss) *n* voce *f*

**void** (void) *adj* nullo

**volcano** (vol-*kei*-nou) *n* (pl ~es, ~s) vulcano *m*

**volt** (voult) *n* volt *m*

**voltage** (*voul*-tidჳ) *n* voltaggio *m*

**volume** (*vo*-lⁱum) *n* volume *m*

**voluntary** (*vo*-lön-tö-ri) *adj* volontario

**volunteer** (vo-lön-*tiᵒ*) *n* volontario *m*

**vomit** (*vo*-mit) *v* rigettare, vomitare

**vote** (vout) *v* votare; *n* voto *m*; votazione *f*

**voucher** (*vau*-tſö) *n* buono *m*, ricevuta *f*

**vow** (vau) *n* promessa *f*, giuramento *m*; *v* giurare

**vowel** (*vau*ᵒl) *n* vocale *f*

**voyage** (*voi*-idჳ) *n* viaggio *m*

**vulgar** (*val*-ghö) *adj* volgare; popolano, triviale

**vulnerable** (*val*-nö-rö-böl) *adj* vulnerabile

**vulture** (*val*-tſö) *n* avvoltoio *m*

# W

**wade** (ᵘeid) *v* guadare

**wafer** (ᵘ*ei*-fö) *n* ostia *f*

**waffle** (ᵘ*o*-föl) *n* cialda *f*

**wages** (ᵘ*ei*-dჳis) *pl* stipendio *m*

**waggon** (ᵘæ-ghön) *n* vagone *m*

**waist** (ᵘeisst) *n* vita *f*

**waistcoat** (ᵘ*eiss*-kout) *n* panciotto *m*

wait (ᵁeit) v aspettare; ~ on servire

waiter (ᵁei-tö) n cameriere m

waiting (ᵁei-ting) n attesa f

waiting-list (ᵁei-ting-lisst) n lista di attesa

waiting-room (ᵁei-ting-ruum) n sala d'aspetto

waitress (ᵁei-triss) n cameriera f

*wake (ᵁeik) v svegliare; ~ up destarsi, svegliarsi

walk (ᵁook) v camminare; passeggiare; n passeggiata f; andatura f; walking a piedi

walker (ᵁoo-kö) n camminatore m

walking-stick (ᵁoo-king-sstik) n bastone da passeggio

wall (ᵁool) n muro m; parete f

wallet (ᵁo-lit) n portafoglio m

wallpaper (ᵁool-pei-pö) n carta da parati

walnut (ᵁool-nat) n noce f

waltz (ᵁoolss) n valzer m

wander (ᵁon-dö) v errare, vagare

want (ᵁont) v *volere; desiderare; n bisogno m; scarsezza f, mancanza f

war (ᵁoo) n guerra f

warden (ᵁoo-dön) n custode m, guardiano m

wardrobe (ᵁoo-droub) n guardaroba m

warehouse (ᵁêᵒ-hauss) n magazzino m, deposito m

wares (ᵁêᵒs) pl merci f

warm (ᵁoom) adj caldo; v scaldare

warmth (ᵁoomθ) n calore m

warn (ᵁoon) v avvisare

warning (ᵁoo-ning) n avvertimento m

wary (ᵁêᵒ-ri) adj prudente

was (ᵁoss) v (p be)

wash (ᵁoʃ) v lavare; ~ and wear non si stira; ~ up lavare i piatti

washable (ᵁo-ʃö-böl) adj lavabile

wash-basin (ᵁoʃ-bei-sson) n lavandino m

washing (ᵁo-ʃing) n lavaggio m; bucato m

washing-machine (ᵁo-ʃing-mö-ʃiin) n lavatrice f

washing-powder (ᵁo-ʃing-pau-dö) n detersivo m

washroom (ᵁoʃ-ruum) nAm toletta f

wash-stand (ᵁoʃ-sstænd) n lavandino m

wasp (ᵁossp) n vespa f

waste (ᵁeisst) v sprecare; n spreco m; adj incolto

wasteful (ᵁeisst-föl) adj spendereccio

wastepaper-basket (ᵁeisst-pei-pö-baasskit) n cestino m

watch (ᵁotʃ) v guardare, osservare; *tenere d'occhio; n orologio m; ~ out *stare in guardia

watch-maker (ᵁotʃ-mei-kö) n orologiaio m

watch-strap (ᵁotʃ-sstræp) n cinturino da orologio

water (ᵁoo-tö) n acqua f; iced ~ acqua ghiacciata; running ~ acqua corrente; ~ pump pompa ad acqua; ~ ski sci d'acqua

water-colour (ᵁoo-tö-ka-lö) n acquerello m

watercress (ᵁoo-tö-krêss) n crescione m

waterfall (ᵁoo-tö-fool) n cascata f

watermelon (ᵁoo-tö-mê-lön) n anguria f

waterproof (ᵁoo-tö-pruuf) adj impermeabile

water-softener (ᵁoo-tö-ssof-nö) n addolcitore m

waterway (ᵁoo-tö-ᵁei) n via d'acqua

watt (ᵁot) n watt m

wave (ᵁeiv) n ricciolo m, onda f; v sventolare

wave-length (ᵁeiv-lêngθ) n lunghezza d'onda

wavy (ᵁei-vi) adj ondulato

**wax** (ᵘækss) n cera f
**waxworks** (ᵘækss-ᵘöökss) pl museo delle cere
**way** (ᵘei) n maniera f, modo m; via f; lato m, direzione f; distanza f; **any ~** comunque; **by the ~** a proposito; **one-way traffic** senso unico; **out of the ~** remoto; **the other ~ round** alla rovescia; **~ back** ritorno m; **~ in** entrata f; **~ out** uscita f
**wayside** (ᵘei-ssaid) n margine della strada
**we** (ᵘii) pron noi
**weak** (ᵘiik) adj debole; diluito
**weakness** (ᵘiik-nöss) n debolezza f
**wealth** (ᵘêlθ) n ricchezza f
**wealthy** (ᵘêl-θi) adj ricco
**weapon** (ᵘê-pön) n arma f
*weather** (ᵘê-ô) v indossare, vestire; **~ out** logorare
**weary** (ᵘiô-ri) adj affaticato, stanco
**weather** (ᵘê-ðö) n tempo m; **~ forecast** bollettino meteorologico
*weave** (ᵘiiv) v tessere
**weaver** (ᵘii-vö) n tessitore m
**wedding** (ᵘê-ding) n sposalizio m, matrimonio m
**wedding-ring** (ᵘê-ding-ring) n fede f
**wedge** (ᵘêdʒ) n cuneo m
**Wednesday** (ᵘêns-di) mercoledì m
**weed** (ᵘiid) n erbaccia f
**week** (ᵘiik) n settimana f
**weekday** (ᵘiik-dei) n giorno feriale
**weekend** (ᵘii-kênd) n fine-settimana
**weekly** (ᵘii-kli) adj settimanale
*weep** (ᵘiip) v *piangere
**weigh** (ᵘei) v pesare
**weighing-machine** (ᵘei-ing-mö-ʃiin) n bilancia f
**weight** (ᵘeit) n peso m
**welcome** (ᵘêl-köm) adj benvenuto; n accoglienza f; v *accogliere
**weld** (ᵘêld) v saldare

**welfare** (ᵘêl-fêô) n benessere m
**well**¹ (ᵘêl) adv bene; adj sano; **as ~ pure**, come pure; **as ~ as** come pure; **well!** ebbene!
**well**² (ᵘêl) n pozzo m
**well-founded** (ᵘêl-faun-did) adj fondato
**well-known** (ᵘêl-noun) adj noto
**well-to-do** (ᵘêl-tö-duu) adj agiato
**went** (ᵘênt) v (p go)
**were** (ᵘöö) v (p be)
**west** (ᵘêsst) n occidente m, ovest m
**westerly** (ᵘê-sstö-li) adj occidentale
**western** (ᵘê-sstön) adj occidentale
**wet** (ᵘêt) adj bagnato; umido
**whale** (ᵘeil) n balena f
**wharf** (ᵘoof) n (pl ~s, wharves) molo m
**what** (ᵘot) pron che cosa; quello che; **~ for** perché
**whatever** (ᵘo-tê-vö) pron qualsiasi
**wheat** (ᵘiit) n frumento m
**wheel** (ᵘiil) n ruota f
**wheelbarrow** (ᵘiil-bæ-rou) n carriola f
**wheelchair** (ᵘiil-tʃêô) n sedia a rotelle
**when** (ᵘên) adv quando; conj qualora, quando
**whenever** (ᵘê-nê-vö) conj ogniqualvolta
**where** (ᵘêô) adv dove; conj dove
**wherever** (ᵘêô-rê-vö) conj dovunque
**whether** (ᵘê-ðö) conj se; **whether ... or** se ... o
**which** (ᵘitʃ) pron quale; che
**whichever** (ᵘi-tʃê-vö) adj qualsiasi
**while** (ᵘail) conj mentre; n istante m
**whilst** (ᵘailsst) conj mentre
**whim** (ᵘim) n ghiribizzo m, capriccio m
**whip** (ᵘip) n frusta f; v sbattere
**whiskers** (ᵘi-sskös) pl basette fpl
**whisper** (ᵘi-sspö) v mormorare; n sussurro m

**whistle** (ᵘi-ssöl) v fischiare; n fischio m

**white** (ᵘait) adj bianco

**whitebait** (ᵘait-beit) n pesciolino m

**whiting** (ᵘai-ting) n (pl ~) merlano m

**Whitsun** (ᵘit-ssön) Pentecoste f

**who** (huu) pron chi; che

**whoever** (huu-ê-vö) pron chiunque

**whole** (houl) adj completo, intero; intatto; n totale m

**wholesale** (houl-sseil) n ingrosso m; ~ **dealer** grossista m

**wholesome** (houl-ssöm) adj salubre

**wholly** (houl-li) adv completamente

**whom** (huum) pron a chi

**whore** (hoo) n puttana f

**whose** (huus) pron il cui; di chi

**why** (ᵘai) adv perché

**wicked** (ᵘi-kid) adj scellerato

**wide** (ᵘaid) adj vasto, largo

**widen** (ᵘai-dön) v allargare

**widow** (ᵘi-dou) n vedova f

**widower** (ᵘi-dou-ö) n vedovo m

**width** (ᵘidθ) n larghezza f

**wife** (ᵘaif) n (pl wives) consorte f, moglie f

**wig** (ᵘigh) n parrucca f

**wild** (ᵘaild) adj selvatico; feroce

**will** (ᵘil) n volontà f; testamento m

***will** (ᵘil) v *volere

**willing** (ᵘi-ling) adj compiacente

**willingly** (ᵘi-ling-li) adv volentieri

**will-power** (ᵘil-pau⁰) n forza di volontà

***win** (ᵘin) v *vincere

**wind** (ᵘind) n vento m

***wind** (ᵘaind) v zigzagare; caricare, *avvolgere

**winding** (ᵘain-ding) adj serpeggiante

**windmill** (ᵘind-mil) n mulino a vento

**window** (ᵘin-dou) n finestra f

**window-sill** (ᵘin-dou-ssil) n davanzale m

**windscreen** (ᵘind-sskriin) n parabrezza m; ~ **wiper** tergicristallo m

**windshield** (ᵘind-fiild) nAm parabrezza m; ~ **wiper** Am tergicristallo m

**windy** (ᵘin-di) adj ventoso

**wine** (ᵘain) n vino m

**wine-cellar** (ᵘain-ssê-lö) n cantina f

**wine-list** (ᵘain-lisst) n lista dei vini

**wine-merchant** (ᵘain-möö-tʃönt) n mercante di vini

**wine-waiter** (ᵘain-ᵘei-tö) n cantiniere m

**wing** (ᵘing) n ala f

**winkle** (ᵘing-köl) n chiocciola di mare

**winner** (ᵘi-nö) n vincitore m

**winning** (ᵘi-ning) adj vincente; **winnings** pl vincita f

**winter** (ᵘin-tö) n inverno m; ~ **sports** sport invernali

**wipe** (ᵘaip) v strofinare, asciugare; spazzare

**wire** (ᵘai⁰) n filo m; filo di ferro

**wireless** (ᵘai⁰-löss) n radio f

**wisdom** (ᵘis-döm) n saggezza f

**wise** (ᵘais) adj saggio

**wish** (ᵘiʃ) v desiderare; n desiderio m

**witch** (ᵘitʃ) n strega f

**with** (ᵘið) prep con; presso; per

***withdraw** (ᵘið-droo) v ritirare

**within** (ᵘi-ðin) prep dentro; adv all'interno

**without** (ᵘi-ðaut) prep senza

**witness** (ᵘit-nöss) n testimone m

**wits** (ᵘitss) pl ragione f

**witty** (ᵘi-ti) adj spiritoso

**wolf** (ᵘulf) n (pl wolves) lupo m

**woman** (ᵘu-mön) n (pl women) donna f

**womb** (ᵘuum) n utero m

**won** (ᵘan) v (p, pp win)

**wonder** (ᵘan-dö) n miracolo m; stupore m; v *chiedersi

**wonderful** (ᵘan-dö-föl) adj stupendo, meraviglioso; delizioso

**wood** (ᵁud) *n* legno *m*; bosco *m*

**wood-carving** (ᵁud-kaa-ving) *n* scultura in legno

**wooded** (ᵁu-did) *adj* boscoso

**wooden** (ᵁu-dön) *adj* di legno; ~ **shoe** zoccolo *m*

**woodland** (ᵁud-lönd) *n* terreno boscoso

**wool** (ᵁul) *n* lana *f*; **darning** ~ lana da rammendo

**woollen** (ᵁu-lön) *adj* di lana

**word** (ᵁööd) *n* parola *f*

**wore** (ᵁoo) *v* (p wear)

**work** (ᵁöök) *n* lavoro *m*; attività *f*; *v* lavorare; funzionare; **working day** giorno lavorativo; ~ **of art** opera d'arte; ~ **permit** permesso di lavoro

**worker** (ᵁöö-kö) *n* lavoratore *m*

**working** (ᵁöö-king) *n* funzionamento *m*

**workman** (ᵁöök-mön) *n* (pl -men) operaio *m*

**works** (ᵁöökss) *pl* fabbrica *f*

**workshop** (ᵁöök-ʃop) *n* officina *f*

**world** (ᵁööld) *n* mondo *m*; ~ **war** guerra mondiale

**world-famous** (ᵁööld-*fei*-möss) *adj* di fama mondiale

**world-wide** (ᵁööld-ᵁaid) *adj* mondiale

**worm** (ᵁööm) *n* verme *m*

**worn** (ᵁoon) *adj* (pp wear) consumato

**worn-out** (ᵁoon-*aut*) *adj* usato

**worried** (ᵁa-rid) *adj* preoccupato

**worry** (ᵁa-ri) *v* preoccuparsi; *n* ansia *f*, preoccupazione *f*

**worse** (ᵁööss) *adj* peggiore; *adv* peggio

**worship** (ᵁöö-ʃip) *v* venerare; *n* culto *m*

**worst** (ᵁöösst) *adj* pessimo; *adv* peggio

**worsted** (ᵁu-sstid) *n* lana pettinata

**worth** (ᵁööθ) *n* valore *m*; \***be** ~ \*valere; \***be worth-while** \*valer la pena

**worthless** (ᵁööθ-löss) *adj* senza valore

**worthy of** (ᵁöö-ði öv) degno di

**would** (ᵁud) *v* (p will) \*solere

**wound**¹ (ᵁuund) *n* ferita *f*; *v* \*offendere, ferire

**wound**² (ᵁaund) *v* (p, pp wind)

**wrap** (ræp) *v* \*avvolgere

**wreck** (rêk) *n* relitto *m*; *v* \*distruggere

**wrench** (rêntʃ) *n* chiave *f*; storta *f*; *v* \*storcere

**wrinkle** (*ring*-köl) *n* ruga *f*

**wrist** (risst) *n* polso *m*

**wrist-watch** (risst-ᵁotʃ) *n* orologio da polso

\***write** (rait) *v* \*scrivere; **in writing** per iscritto; ~ **down** annotare

**writer** (*rai*-tö) *n* scrittore *m*

**writing-pad** (*rai*-ting-pæd) *n* blocco per appunti, blocco di carta da lettere

**writing-paper** (*rai*-ting-pei-pö) *n* carta da lettere

**written** (*ri*-tön) *adj* (pp write) per iscritto

**wrong** (rong) *adj* erroneo, sbagliato; *n* torto *m*; *v* \*fare un torto; \***be** ~ \*avere torto

**wrote** (rout) *v* (p write)

# X

**Xmas** (*kriss*-möss) Natale

**X-ray** (*êkss*-rei) *n* radiografia *f*; *v* radiografare

# Y

**yacht** (ˈot) *n* panfilo *m*
**yacht-club** (ˈot-klab) *n* circolo nautico
**yachting** (ˈo-ting) *n* sport velico
**yard** (ˈaad) *n* cortile *m*
**yarn** (ˈaan) *n* filo *m*
**yawn** (ˈoon) *v* sbadigliare
**year** (ˈiᵒ) *n* anno *m*
**yearly** (ˈiᵒ-li) *adj* annuale
**yeast** (ˈiisst) *n* lievito *m*
**yell** (ˈêl) *v* strillare; *n* strillo *m*
**yellow** (ˈê-lou) *adj* giallo
**yes** (ˈêss) sì
**yesterday** (ˈê-sstö-di) *adv* ieri
**yet** (ˈêt) *adv* ancora; *conj* eppure, però, ma
**yield** (ˈiild) *v* *rendere; cedere
**yoke** (ˈouk) *n* giogo *m*
**yolk** (ˈouk) *n* tuorlo *m*
**you** (ˈuu) *pron* tu; ti; Lei; Le; voi; vi
**young** (ˈang) *adj* giovane
**your** (ˈoo) *adj* Suo; tuo; vostro, vostri

**yourself** (ˈoo-ssêlf) *pron* ti; tu stesso; Lei stesso
**yourselves** (ˈoo-ssêlvs) *pron* vi; voi stessi
**youth** (ˈuuθ) *n* gioventù *f*; ~ **hostel** ostello della gioventù

# Z

**zeal** (siil) *n* zelo *m*
**zealous** (sê-löss) *adj* zelante
**zebra** (sii-brö) *n* zebra *f*
**zenith** (sê-niθ) *n* zenit *m*; apice *m*
**zero** (siᵒ-rou) *n* (pl ~s) zero *m*
**zest** (sêsst) *n* gusto *m*
**zinc** (singk) *n* zinco *m*
**zip** (sip) *n* chiusura lampo; ~ **code** *Am* codice postale
**zipper** (si-pö) *n* chiusura lampo
**zodiac** (sou-di-æk) *n* zodiaco *m*
**zone** (soun) *n* zona *f*
**zoo** (suu) *n* (pl ~s) giardino zoologico
**zoology** (sou-o-lö-dʒi) *n* zoologia *f*

# Lessico gastronomico

## Cibi

**à la carte** secondo la lista delle vivande

**almond** mandorla

**anchovy** acciuga

**angel food cake** dolce a base di albumi

**angels on horseback** ostriche avvolte in fettine di pancetta, cotte alla griglia e servite su pane tostato

**appetizer** stuzzichino

**apple** mela

~ **charlotte** torta di mele coperta con fette di pane

~ **dumpling** mela ricoperta di pasta e cotta nel forno

~ **sauce** salsa di mele

**apricot** albicocca

**Arbroath smoky** eglefino affumicato

**artichoke** carciofo

**asparagus** asparago

~ **tip** punta d'asparago

**aspic** gelantina

**assorted** assortito

**aubergine** melanzana

**bacon** pancetta

~ **and eggs** uova con pancetta

**bagel** panino a forma di corona

**baked** al forno

~ **Alaska** omelette alla norvegese: dessert con gelato alla vaniglia e meringhe

~ **beans** fagioli bianchi con salsa di pomodoro

~ **potato** patate cotte al forno con la buccia

**Bakewell tart** crostata con mandorle e marmellata di lamponi

**baloney** varietà di mortadella

**banana** banana

~ **split** banana tagliata a metà e servita con gelato, noci, sciroppo o cioccolata

**barbecue** 1) carne di manzo tritata, servita in un panino con salsa di pomodoro piccante 2) pasto all'aperto a base di carne ai ferri fatta al momento

~ **sauce** salsa di pomodoro molto piccante

**barbecued** ai ferri

**basil** basilico

**bass** branzino

**bean** fagiolo

**beef** manzo

~ **olive** involtino di manzo

**beefburger** medaglione di carne di manzo ai ferri, servito in un panino

**beet, beetroot** barbabietola

**bilberry** mirtillo

**bill** conto

~ **of fare** menù, lista delle vivande

**biscuit** 1) biscotto, pasticcino (GB) 2) panino (US)

**black pudding** sanguinaccio

**blackberry** mora

**blackcurrant** ribes nero

**bloater** aringa salata e affumicata

**blood sausage** sanguinaccio

**blueberry** mirtillo

**boiled** bollito

**Bologna (sausage)** mortadella

**bone** osso

**boned** disossato

**Boston baked beans** piatto di fagioli bianchi, cotti con pancetta e zucchero grezzo

**Boston cream pie** torta a strati, ripiena di crema e con glassa al cioccolato

**brains** cervella

**braised** brasato

**bramble pudding** budino di more a cui possono essere aggiunte mele tagliate a pezzetti

**braunschweiger** specie di paté di fegato

**bread** pane

**breaded** impanato

**breakfast** prima colazione

**bream** pagello

**breast** petto

**brisket** punta di petto

**broad bean** grossa fava

**broth** brodo

**brown Betty** torta di mele con spezie, coperta di uno strato di pasta frolla

**brunch** pasto abbondante, preso in tarda mattinata, che riunisce la colazione e il pranzo

**brussels sprout** cavolino di Bruxelles

**bubble and squeak** frittelle di purea di patate e di cavolo, a volte con pezzetti di manzo

**bun** 1) panino al latte con frutta secca (GB) 2) varietà di panino (US)

**butter** burro

**buttered** imburrato

**cabbage** cavolo

**Caesar salad** insalata con crostini all'aroma d'aglio, acciughe e formaggio grattugiato

**cake** torta, dolce

**cakes** pasticcini, biscotti

**calf** vitello

**Canadian bacon** filetto di maiale affumicato, tagliato a fette sottili

**canapé** panino imbottito

**cantaloupe** melone

**caper** cappero

**capercaillie, capercailzie** gallo cedrone

**caramel** caramello

**carp** carpa

**carrot** carota

**cashew** noce di acagiù

**casserole** casseruola; stufato

**catfish** pesce gatto

**catsup** ketchup, salsa di pomodoro con aceto e spezie

**cauliflower** cavolfiore

**celery** sedano

**cereal** fiocchi di mais, avena o altri cereali, serviti con latte freddo e zucchero

  **hot** ~ pappa di cereali calda

**chateaubriand** filetto di manzo di prima scelta cotto ai ferri

**check** il conto

**Cheddar (cheese)** formaggio di pasta dura, grasso e di gusto leggermente acido

**cheese** formaggio

  ~ **board** piatto di formaggio

  ~ **cake** dolce al formaggio doppia panna

**cheeseburger** amburghese con una fetta di formaggio fuso, servito in un panino

**chef's salad** insalata di prosciutto, pollo, uova sode, pomodoro, lattuga e formaggio

**cherry** ciliegia

**chestnut** castagna

**chicken** pollo

**chicory** 1) indivia (GB) 2) cicoria (US)

**chili con carne** piatto a base di manzo tritato, fagioli borlotti e pepe di Caienna

**chili pepper** pepe di Caienna

**chips** 1) patate fritte (GB) 2) patatine (US)

**chitt(er)lings** trippa di maiale

**chive** erba cipollina

**chocolate** cioccolato

   ~ **pudding** 1) budino al cioccolato (GB) 2) spuma al cioccolato (US)

**choice** scelta

**chop** cotoletta, braciola

   ~ **suey** piatto a base di carne o di pollo, verdure e riso

**chopped** sminuzzato, tritato

**chowder** zuppa densa di pesce, di frutti di mare o di carne

**Christmas pudding** budino a base di frutta candita, scorza di limone, cedro; a volte alla fiamma

**cinnamon** cannella

**chutney** salsa indiana molto piccante

**clam** vongola, tellina

**club sandwich** panino imbottito con pancetta, pollo, pomodoro, lattuga e maionese; a diversi strati

**cobbler** crostata di frutta, ricoperta di pasta frolla

**cock-a-leekie soup** minestra di pollo e di porri

**coconut** noce di cocco

**cod** merluzzo

**Colchester oyster** la più pregiata ostrica inglese

**cold cuts/meat** affettati

**coleslaw** insalata di cavolo

**compote** composta, conserva

**condiment** condimento

**consommé** brodo ristretto

**cooked** cotto

**cookie** biscotto

**corn** 1) grano (GB) 2) granturco (US)

   ~ **on the cob** pannocchia di granturco

**cornflakes** fiocchi di granturco

**corned beef** carne di manzo in scatola

**cottage cheese** formaggio bianco, fresco

**cottage pie** carne tritata ricoperta di cipolle e purea di patate, il tutto passato al forno

**course** portata

**cover charge** coperto

**crab** granchio

**cranberry** varietà di mirtillo

   ~ **sauce** marmellata di mirtilli rossi, servita con carne e selvaggina

**crawfish, crayfish** 1) gambero di fiume 2) aragosta (GB) 3) scampo (US)

**cream** 1) crema, panna 2) dessert 3) zuppa densa

   ~ **cheese** formaggio doppia panna

   ~ **puff** bignè

**creamed potatoes** patate tagliate a dadi, in besciamella

**creole** alla creola; piatto preparato con salsa di pomodoro molto

,iccante, peperoni, cipolle e servito con riso

**cress** crescione

**crisps** patatine

**croquette** polpetta

**crumpet** panino leggero di forma rotonda, tostato e imburrato

**cucumber** cetriolo

**Cumberland ham** prosciutto inglese molto rinomato

**Cumberland sauce** gelatina di ribes, con vino, succo d'arancia e spezie

**cupcake** varietà di pasticcino

**cured** salato, affumicato, marinato (pesce o carne)

**currant** 1) uva sultanina 2) ribes

**curried** con curry

**custard** crema, sformato

**cutlet** cotoletta, scaloppina

**dab** genere di pesce, simile alla sogliola

**Danish pastry** pasticceria danese

**date** dattero

**Derby cheese** tipo di formaggio piccante

**devilled** alla diavola; condimento molto piccante

**devil's food cake** torta al cioccolato, molto sostanziosa

**devils on horseback** prugne secche cotte nel vino rosso e ripiene di mandorle e di acciughe, avvolte nella pancetta, passate alla griglia e servite su pane tostato

**Devonshire cream** crema cagliata

**diced** tagliato a dadi

**diet food** cibo dietetico

**dill** aneto

**dinner** cena

**dish** piatto

**donut, doughnut** frittella a forma di ciambella

**double cream** doppia panna, panna intera

**Dover sole** sogliola di Dover, molto rinomata

**dressing** 1) condimento per insalata 2) ripieno per tacchino (US)

**Dublin Bay prawn** scampo

**duck** anitra

**duckling** anatroccolo

**dumpling** gnocchetto di pasta, bollito

**Dutch apple pie** torta di mele, ricoperta da un impasto di burro e zucchero grezzo

**éclair** pasticcino glassato ripieno di crema

**eel** anguilla

**egg** uovo
   **boiled** ~ alla coque
   **fried** ~ al tegame
   **hard-boiled** ~ sodo
   **poached** ~ in camicia
   **scrambled** ~ strapazzato
   **soft-boiled** ~ molle

**eggplant** melanzana

**endive** 1) cicoria, insalata riccia (GB) 2) indivia (US)

**entrecôte** costata

**entrée** 1) antipasto (GB) 2) piatto principale (US)

**escalope** scaloppina

**fennel** finocchio

**fig** fico

**fillet** filetto di carne o di pesce

**finnan haddock** eglefino affumicato

**fish** pesce
   ~ **and chips** pesce fritto con contorno di patatine fritte
   ~ **cake** polpette di pesce

**flan** crostata alla frutta

**flapjack** frittella dolce e spessa

**flounder** passerino

**forcemeat** ripieno, farcia

**fowl** pollame
**frankfurter** wurstel
**French bean** fagiolino verde
**French bread** sfilatino (pane)
**French dressing** 1) condimento per insalata a base di olio e aceto (GB)  2) condimento per insalata un po' denso, con ketchup (US)
**french fries** patatine fritte
**French toast** fette di pane imbevute di uova battute e fritte in padella, servite con marmellata o zucchero
**fresh** fresco
**fricassée** fricassea
**fried** fritto
**fritter** frittella
**frogs' legs** cosce di rana
**frosting** glassa
**fruit** frutto
**fry** frittura
**galantine** galantina
**game** cacciagione
**gammon** prosciutto affumicato
**garfish** aguglia di mare, luccio
**garlic** aglio
**garnish** contorno
**gherkin** cetriolino
**giblets** rigaglie
**ginger** zenzero
**goose** oca
  ~ **berry** uva spina
**grape** uva
  ~ **fruit** pompelmo
**grated** grattugiato
**gravy** sugo a base di carne
**grayling** temolo
**green bean** fagiolino verde
**green pepper** peperone verde
**green salad** insalata verde
**greens** verdura
**grilled** alla griglia, ai ferri
**grilse** salmone giovane

**grouse** starna
**gumbo** 1) legume di origine africana  2) piatto creolo a base di *okra* con pomodori e carne o pesce
**haddock** eglefino
**haggis** frattaglie di pecora (o di vitello) tagliate a pezzetti e mescolate con fiocchi d'avena
**hake** baccalà
**half** mezzo, metà
**halibut** passera, pianuzza
**ham** prosciutto
  ~ **and eggs** uova con prosciutto
**hamburger** polpetta di carne di manzo tritata e cipolla, servita in un panino
**hare** lepre
**haricot bean** fagiolo
**hash** carne tritata o sminuzzata; piatto di carne sminuzzata, con patate e verdure
**hazelnut** nocciola
**heart** cuore
**herb** erbe, odori
**herring** aringa
**home-made** fatto in casa
**hominy grits** specie di polenta
**honey** miele
  ~ **dew melon** melone molto dolce dalla polpa verde-gialla
**hors-d'œuvre** antipasto
**horse-radish** rafano
**hot** 1) caldo  2) piccante
  ~ **cross bun** brioche a forma di croce, con uvetta e ricoperta di una glassa (per la Quaresima)
  ~ **dog** wurstel caldo in un panino
**huckleberry** mirtillo
**hush puppy** frittella di farina di mais e di cipolle
**ice-cream** gelato
**iced** glassato, gelato

icing glassa

Idaho baked potato qualità di patata specialmente adatta per essere cotta al forno

Irish stew stufato di montone con cipolle e patate

Italian dressing condimento per insalata a base di olio e aceto

jam marmellata

jellied in gelatina

Jell-O dolce di gelatina

jelly gelatina

Jerusalem artichoke topinambur

John Dory orata

jugged hare lepre in salmì

juice succo

juniper berry bacca di ginepro

junket latte cagliato zuccherato

kale cavolo ricciuto

kedgeree pesce sminuzzato, accompagnato da riso, uova e burro

kidney rognone

kipper aringa affumicata

lamb agnello

Lancashire hot pot stufato di cotolette e rognoni d'agnello, con patate e cipolle

larded lardellato

lean magro

leek porro

leg cosciotto, coscia

lemon limone

  ~ sole sogliola

lentil lenticchia

lettuce lattuga, lattuga cappuccina

lima bean specie di grossa fava

lime limoncino verde

liver fegato

loaf pagnotta

lobster astice

loin lombata

Long Island duck anitra di Long Island, molto rinomata

low-calorie povero in calorie

lox salmone affumicato

lunch pranzo

macaroon amaretto

macaroni maccheroni

mackerel sgombro

maize granturco, mais

mandarin mandarino

maple syrup sciroppo d'acero

marinade salsa di aceto e spezie

marinated marinato

marjoram maggiorana

marmalade marmellata d'arance

marrow midollo

  ~ bone osso con midollo

marshmallow caramella gelatinosa e gommosa

marzipan pasta di mandorle

mashed potatoes purea di patate

mayonnaise maionese

meal pasto

meat carne

  ~ ball polpetta di carne

  ~ loaf polpettone cotto al forno e servito a fette

  ~ pâté pasticcio di carne

medium (done) cotto a puntino

melon melone

melted fuso

Melton Mowbray pie pasticcio a base di carne

meringue meringa

milk latte

mince trito

  ~ pie dolce ripieno di frutta

minced tritato

  ~ meat carne tritata

mint menta

minute steak bistecca cotta velocemente a fuoco vivo da ambo le parti

mixed misto

  ~ grill spiedini con salsicce, fegatini, rognoni, cotolette e pan-

cetta, passati alla griglia
**molasses** melassa
**morel** spugnolo (fungo)
**mousse** 1) dolce o dessert a base di panna o albumi battuti 2) spuma leggera di carne o di pesce
**mulberry** mora
**mullet** triglia, muggine
**mulligatawny soup** minestra di pollo, molto piccante, di origine indiana
**mushroom** fungo
**muskmelon** varietà di melone
**mussel** mitilo, cozza
**mustard** mostarda, senape
**mutton** montone
**noodle** taglierini
**nut** noce
**oatmeal (porridge)** pappa d'avena
**oil** olio
**okra** baccelli di *gumbo* utilizzati per rendere dense zuppe, minestre e stufati
**olive** oliva
**omelet** frittata
**onion** cipolla
**orange** arancia
**ox tongue** lingua di bue
**oxtail** coda di bue
**oyster** ostrica
**pancake** frittella
**paprika** paprica
**Parmesan (cheese)** parmigiano
**parsley** prezzemolo
**parsnip** pastinaca
**partridge** pernice
**pastry** pasta, pasticcino
**pasty** polpetta, pasticcio
**pea** pisello
**peach** pesca
**peanut** arachide
  ~ **butter** burro di arachidi
**pear** pera
**pearl barley** orzo perlato

**pepper** pepe
  ~ **mint** menta piperita
**perch** pesce persico
**persimmon** kaki
**pheasant** fagiano
**pickerel** piccolo luccio
**pickle** 1) sottaceto 2) negli US si riferisce solo al cetriolino
**pickled** sott'aceto
**pie** pasticcio o torta, spesso ricoperta da uno strato di pasta, ripiena di carne, verdura, frutta o crema alla vaniglia
**pig** maiale
**pigeon** piccione
**pike** luccio
**pineapple** ananas
**plaice** passerino, pianuzza
**plain** liscio, al naturale
**plate** piatto
**plum** susina, prugna
  ~ **pudding** budino a base di frutta candita, scorza di limone, cedro; a volte alla fiamma
**poached** in camicia, affogato
**popover** piccolo dolce di pasta farcito alla frutta
**pork** maiale
**porterhouse steak** equivalente di bistecca alla fiorentina
**pot roast** arrosto brasato
**potato** patata
  ~ **chips** 1) patatine fritte (GB) 2) patatine (US)
  ~ **in its jacket** patata cotta con la buccia
**potted shrimps** gamberetti serviti in piccoli stampi con burro fuso aromatizzato
**poultry** pollame
**prawn** gambero

330

**prune** prugna secca
**ptarmigan** pernice delle nevi
**pudding** budino, sformato
**pumpernickel** pane di segale integrale
**pumpkin** zucca
**quail** quaglia
**quince** mela cotogna
**rabbit** coniglio
**radish** ravanello
**rainbow trout** trota fario
**raisin** uva passa
**rare** poco cotto, al sangue
**raspberry** lampone
**raw** crudo
**red mullet** triglia
**red (sweet) pepper** peperone rosso
**redcurrant** ribes rosso
**relish** condimento a base di verdura sott'aceto sminuzzata
**rhubarb** rabarbaro
**rib (of beef)** costola di manzo
**rib-eye-steak** grossa bistecca
**rice** riso
**rissole** polpetta di carne o di pesce avvolta in pasta frolla
**river trout** trota di torrente
**roast(ed)** arrosto
**Rock Cornish hen** galletto specialmente adatto per essere preparato arrosto
**roe** uova di pesce
**roll** panino
**rollmop herring** filetto di aringa, arrotolato attorno a un cetriolo, marinato nel vino bianco
**round steak** girello di manzo
**Rubens sandwich** carne tritata su toast, con crauti, emmental, condimento per insalata; servita calda
**rump steak** bistecca di girello
**rusk** pane biscottato
**rye bread** pane di segale

**saddle** la parte del dorso di un animale macellato
**saffron** zafferano
**sage** salvia
**salad** insalata
 ~ **bar** vasta scelta di insalate
 ~ **cream** condimento per insalata a base di panna, leggermente dolce
 ~ **dressing** condimento per insalata
**salami** salame
**salmon** salmone
 ~ **trout** trota salmonata
**salt** sale
**salted** salato
**sardine** sardina
**sauce** salsa, sugo
**sauerkraut** crauti
**sausage** salsiccia
**sauté(ed)** rosolato, fritto in padella
**scallop** 1) conchiglia S. Giacomo 2) scaloppina di vitello
**scone** focaccia di pasta leggera a base di farina d'avena o d'orzo
**Scotch broth** brodo di manzo o di agnello con verdure sminuzzate
**Scotch woodcock** crostino coperto di uova strapazzate e acciughe
**sea bass** spigola
**sea kale** cavolo di mare
**seafood** frutti di mare, pesce
**(in) season** (di) stagione
**seasoning** condimento
**service** servizio
 ~ **charge** prezzo del servizio
 ~ **(not) included** servizio (non) compreso
**set menu** menù a prezzo fisso
**shad** alosa, salacca (genere di sardina)
**shallot** scalogno
**shellfish** crostaceo
**sherbet** sorbetto

**shoulder** spalla

**shredded wheat** fiocchi d'avena serviti a colazione

**shrimp** gamberetto

**silverside (of beef)** controgirello

**sirloin steak** bistecca di lombo di manzo

**skewer** spiedino

**slice** fetta

**sliced** a fette

**sloppy Joe** carne di manzo tritata con salsa di pomodoro piccante, servita in un panino

**smelt** eperlano

**smoked** affumicato

**snack** spuntino

**sole** sogliola

**soup** minestra, zuppa

**sour** agro, acido

**soused herring** aringa marinata in aceto e spezie

**spare rib** costola di maiale o manzo

**spice** spezia

**spinach** spinacio

**spiny lobster** aragosta

**(on a) spit** (allo) spiedo

**sponge cake** pan di Spagna

**sprat** spratto (piccola aringa)

**squash** zucca

**starter** antipasto

**steak and kidney pie** stufato di manzo e rognoni, coperto di pasta

**steamed** cotto a vapore

**stew** stufato, in umido

**Stilton (cheese)** uno dei più rinomati formaggi inglesi a venatura blu

**strawberry** fragola

**string bean** fagiolino

**stuffed** ripieno, farcito

**stuffing** ripieno, farcia

**suck(l)ing pig** maialino da latte

**sugar** zucchero

**sugarless** senza zucchero

**sundae** varietà di cassata con noci, crema e talora sciroppo

**supper** cena

**swede** specie di rapa

**sweet** dolce, torta

  ~ **corn** granturco bianco

  ~ **potato** patata dolce

**sweetbread** animella

**Swiss cheese** emmental

**Swiss roll** brioche alla crema o marmellata

**Swiss steak** fetta di manzo brasata con legumi e spezie

**T-bone steak** bistecca di manzo formata dal filetto e dal controfiletto separati da un'osso a forma di T

**table d'hôte** menù a prezzo fisso

**tangerine** specie di mandarino

**tarragon** dragoncello, estragone

**tart** torta di frutta

**tenderloin** filetto di carne

**Thousand Island dressing** condimento per insalata a base di maionese, peperoni, olive e uova sode

**thyme** timo

**toad-in-the-hole** carne di manzo o salsiccia avvolta in pasta e cotta al forno

**toasted** tostato

  ~ **cheese** crostino spalmato di formaggio fuso

**tomato** pomodoro

**tongue** lingua

**tournedos** medaglione di filetto

**treacle** melassa

**trifle** genere di zuppa inglese; charlotte allo sherry o al brandy con mandorle, marmellata e panna montata

**tripe** trippa

crout trota
truffle tartufo
tuna, tunny tonno
turbot rombo
turkey tacchino
turnip rapa
turnover calzone ripieno
turtle tartaruga
underdone poco cotto, al sangue
vanilla vaniglia
veal vitello
   ~ bird involtino di vitello
   ~ escalope scaloppina di vitello
vegetable verdura
   ~ marrow zucchino
venison cacciagione, capriolo
vichyssoise zuppa fredda a base di panna, patate e porri
vinegar aceto
Virginia baked ham prosciutto americano, steccato con chiodi di garofano, cotto al forno e decorato con fette di ananas, ciliege e glassato con lo sciroppo di questi frutti
vol-au-vent pasticcino di pasta sfoglia ripieno di carne o altro

intingolo
wafer cialda
waffle sorta di cialda calda
walnut noce
water ice sorbetto
watercress crescione
watermelon cocomero, anguria
well-done ben cotto
Welsh rabbit/rarebit formaggio fuso su un toast
whelk buccina (mollusco)
whipped cream panna montata
whitebait bianchetti
Wiener schnitzel scaloppina impanata
wine list lista dei vini
woodcock beccaccia
Worcestershire sauce salsa piccante a base di aceto e soia
York ham uno dei più rinomati prosciutti inglesi, servito a fette sottili
Yorkshire pudding sformato a base di farina, latte e uova cotto con sugo di manzo; si mangia col rosbif
zwieback fettine di pane biscottato

## Bevande

ale birra scura, leggermente dolce, fermentata ad alta temperatura
bitter ~ scura, amara e forte
brown ~ scura in bottiglia, leggermente dolce
light ~ chiara in bottiglia
mild ~ scura alla spina, dal gu-

sto spiccato
pale ~ chiara in bottiglia
applejack acquavite di mele
Athol Brose bevanda scozzese composta da whisky, mele e talora fiocchi di avena
Bacardi cocktail cocktail al rum e

al gin, con sciroppo di melagrana e succo di limone verde

**barley water** bibita rinfrescante a
base di orzo e aromatizzata con
limone

**barley wine** birra scura a forte gradazione alcoolica

**beer** birra

　**bottled** ~ in bottiglia

　**draft, draught** ~ alla spina

**black velvet** champagne con *stout*
(servito spesso con le ostriche)

**bloody Mary** vodka con succo di
pomodoro e spezie

**bourbon** whisky americano, distil-
lato soprattutto dal granturco

**brandy** 1) appellazione generica
dell'acquavite distillata dall'uva
o da altra frutta 2) cognac

　~ **Alexander** acquavite, crema
di cacao e panna

**British wines** vini fatti con uva (o
succo d'uva) importata in Gran
Bretagna

**cherry brandy** liquore di ciliege

**chocolate** latte al cacao

**cider** sidro

　~ **cup** miscuglio di sidro, spezie, zucchero e ghiaccio

**claret** vino rosso di Bordeaux

**cobbler** *long drink* ghiacciato, a
base di frutta, al quale si
aggiunge vino o altra bevanda
alcoolica

**coffee** caffè

　~ **with cream** con panna

　**black** ~ nero

　**caffeine-free** ~ decaffeinato

　**white** ~ con latte

**cordial** cordiale

**cream** panna

**cup** bevanda rinfrescante composta da vino molto freddo, seltz,
liquore, e guarnita con una fetta

di limone, di arancia o di cetriolo

**daiquiri** bevanda composta da
rum, succo di limone verde e di
ananasso

**double** doppia quantità

**Drambuie** liquore fatto da whisky
e miele

**dry martini** 1) vermuth secco (GB)
2) cocktail al gin con un po' di
vermuth secco (US)

**egg-nog** bevanda preparata con
rum e altro liquore forte, tuorli
battuti e zucchero

**gin and it** gin e vermut italiano

**gin-fizz** bevanda composta da gin,
zucchero, succo di limone e
soda

**ginger ale** bevanda non alcoolica
allo zenzero

**ginger beer** bevanda leggermente
alcoolica a base di zenzero e
zucchero

**grasshopper** bevanda composta da
crema di menta, crema di cacao
e panna

**Guinness (stout)** birra molto scura
e dal gusto dolciastro, ad alta
gradazione di malto e luppolo

**half pint** misura di capacità: circa
0,3 litri

**highball** whisky o altri superalcoo-
lici con acqua gasata o con *ginger ale*

**iced** ghiacciato

**Irish coffee** caffè con zucchero, un
po' di whisky irlandese e rico-
perto di panna montata

**Irish Mist** liquore irlandese a base
di whisky e miele

**Irish whiskey** whisky irlandese,
più secco dello *scotch*, fatto non
solo da orzo ma anche da segale, avena e grano

**juice** succo

**lager** birra chiara e leggera, servita molto fredda

**lemon squash** succo di limone

**lemonade** limonata

**lime juice** succo di limoncini verdi

**liqueur** liquore

**liquor** bevanda molto alcoolica

**long drink** bevanda alcoolica allungata con acqua o acqua tonica e ghiaccio

**madeira** madera

**Manhattan** bevanda a base di whisky americano, vermut secco e angostura

**milk** latte

~ **shake** frappè

**mineral water** acqua minerale

**mulled wine** vin brûlé; vino caldo con spezie

**neat** liscio

**old-fashioned** bevanda a base di whisky, zucchero, angostura e ciliege al maraschino

**on the rocks** con cubetti di ghiaccio

**Ovaltine** Ovomaltina

**Pimm's cup(s)** bevanda alcoolica con aggiunta di succo di frutta e talvolta seltz

~ **No. 1** a base di gin

~ **No. 2** a base di whisky

~ **No. 3** a base di rum

~ **No. 4** a base di acquavite

**pink champagne** champagne rosé

**pink lady** cocktail composto da albumi, calvados, succo di limone, succo di melagrana e gin

**pint** misura di capacità: circa 0,6 litri

**port (wine)** porto

**porter** birra scura e amara

**quart** misura di capacità: 1,14 litri

(US 0,95 litri)

**root beer** bevanda gasata e analcoolica dolce, ricavata da erbe e radici varie

**rye (whiskey)** whisky di segale, più forte e più aspro del *bourbon*

**scotch (whisky)** miscuglio di whisky di grano e d'orzo

**screwdriver** vodka e succo d'arancia

**shandy** *bitter ale* con l'aggiunta di limonata o di *ginger beer*

**sherry** xeres

**short drink** bevanda alcoolica liscia

**shot** piccola dose di whisky o di altro liquore

**sloe gin-fizz** liquore di prugnola con soda e succo di limone

**soda water** acqua gasata, seltz

**soft drink** bevanda analcoolica

**spirits** bevande molto alcooliche

**stinger** cognac e crema di menta

**stout** birra scura, aromatizzata fortemente con il luppolo

**straight** liscio

**tea** tè

**toddy** grog, ponce

**Tom Collins** bevanda a base di gin, succo di limone, acqua di seltz e zucchero

**tonic (water)** acqua brillante, acqua tonica

**water** acqua

**whisky sour** bevanda a base di whisky, succo di limone, zucchero e soda

**wine** vino

**dry** ~ secco

**red** ~ rosso

**rosé** ~ rosato, rosatello

**sparkling** ~ spumante

**sweet** ~ dolce

**white** ~ bianco

# Mini-grammatica

## L'articolo

L'articolo determinativo (il, lo, la, i, gli, le) ha una sola forma: *the.*

**the room, the rooms**                                    la camera, le camere

L'articolo indeterminativo (un, una, uno) ha due forme: *a,* che si usa davanti a consonante, *an,* che si usa davanti a vocale e *h* muta.

**a coat**                                                 un cappotto
**an umbrella**                                            un ombrello
**an hour**                                                un'ora

*Some* (del, dello, della, dei, degli, delle) indica una quantità o un numero indefiniti.

**I'd like some water, please.**                           Vorrei dell'acqua, per favore.
**Please bring me some biscuits.**                         Per favore, portami dei biscotti.

*Any* si usa nelle frasi negative e nelle interrogative.

**There isn't any soap.**                                  Non c'è del sapone.
**Do you have any stamps?**                                Avete dei francobolli?
**Is there any message for me?**                           C'è un messaggio per me?

## Il sostantivo

Il plurale della maggior parte dei sostantivi si forma aggiungendo *-(e)s* alla forma del singolare.

**cup — cups** (tazza — tazze)                **dress — dresses** (abito — abiti)

*Nota:* se un sostantivo termina con *-y* preceduta da una consonante, la desinenza del plurale sarà *-ies*, se la *-y* è preceduta da una vocale, il sostantivo segue la regola generale.

**lady — ladies** (signora — signore)         **key — keys** (chiave — chiavi)

Alcuni plurali irregolari:

**man — men** (uomo/uomini)                    **foot — feet** (piede/-i)
**woman — women** (donna/-e)                   **tooth — teeth** (dente/-i)
**child — children** (bambino/-il)             **mouse — mice** (topo/-i)

## Il complemento del nome (genitivo)

1. Il possessore è una persona: se il sostantivo non termina in *-s,* si aggiunge *'s.*

**the boy's room**                                         la camera del ragazzo
**the children's clothes**                                 gli abiti dei bambini

Se il sostantivo termina in *s,* si aggiunge l'apostrofo (').

**the boys' room**                                         la camera dei ragazzi

2. Il possessore non è una persona: si usa la preposizione *of:*

**the key of the door**                                    la chiave della porta

# L'aggettivo

Gli aggettivi di solito precedono il sostantivo.

**a large brown suitcase**             una grande valigia marrone

Vi sono due modi per formare il comparativo e il superlativo degli aggettivi:

1. Gli aggettivi di una sillaba e molti aggettivi di due sillabe aggiungono *-(e)r* ed *-(e)st.*

**small** (piccolo) — **smaller** — **smallest**
**pretty** (carino) — **prettier** — **prettiest***

2. Gli aggettivi di tre o più sillabe e alcuni aggettivi di due sillabe (in particolare quelli che terminano in *-ful* e *-less*) formano il comparativo e il superlativo con *more* e *most*.

**expensive** (caro) — **more expensive** — **most expensive**
**careful** (attento) — **more careful** — **most careful**

Alcune forme irregolari:

| | | |
|---|---|---|
| **good** (buono) | **better** | **best** |
| **bad** (cattivo) | **worse** | **worst** |
| **little** (poco) | **less** | **least** |
| **much/many** (molto) | **more** | **most** |

# L'avverbio

Numerosi avverbi si formano aggiungendo *-ly* all'aggettivo.

**quick** — **quickly**             veloce — velocemente
**slow** — **slowly**               lento — lentamente

# Il pronome

| | Soggetto | Complemento (dir./indir.) | Possessivo 1 | 2 |
|---|---|---|---|---|
| **Singolare** | | | | |
| 1ª persona | **I** | **me** | **my** | **mine** |
| 2ª persona | **you** | **you** | **your** | **yours** |
| 3ª persona (m.) | **he** | **him** | **his** | **his** |
| (f.) | **she** | **her** | **her** | **hers** |
| (n.) | **it** | **it** | **its** | **—** |
| **Plurale** | | | | |
| 1ª persona | **we** | **us** | **our** | **ours** |
| 2ª persona | **you** | **you** | **your** | **yours** |
| 3ª persona | **they** | **them** | **their** | **theirs** |

*Nota:* in inglese non c'è distinzione come in italiano fra il «tu» e il «Lei». Si usa una sola forma: *you*.

---

*La *y* diventa *i* quando è preceduta da una consonante.

Il pronome personale complemento si usa anche dopo le preposizioni.

| **Give it to me.** | Dammelo. |
| **He came with us.** | È venuto con noi. |

La forma 1 del possessivo corrisponde a «mio», «tuo», ecc., la forma 2 a «il mio», «il tuo», ecc.

| **Where's my key?** | Dov'è la mia chiave? |
| **That's not mine.** | Non è la mia. |

## L'aggettivo dimostrativo

*This* (questo; plurale *these*) si riferisce a una cosa vicina nello spazio o nel tempo. *That* (quello; plurale *those*) si riferisce a una cosa più lontana.

| **Is this seat taken?** | È occupato questo posto? |

## Verbi ausiliari

a) **to be** (essere)

| | Forma contratta | Negativo — forme contratte | |
|---|---|---|---|
| I am | I'm | I'm not | |
| you are | you're | you're not  o | you aren't |
| he is | he's | he's not | he isn't |
| she is | she's | she's not | she isn't |
| it is | it's | it's not | it isn't |
| we are | we're | we're not | we aren't |
| you are | you're | you're not | you aren't |
| they are | they're | they're not | they aren't |

Interrogativo: **Am I? Are you? Is he?** ecc.

*Nota:* nella lingua corrente si usano quasi sempre le forme contratte.

Le forme «c'è» e «ci sono» si traducono: *there is* (*there's*) e *there are*.

b) **to have** (avere)

| | Contrazione | | Contrazione |
|---|---|---|---|
| I have | I've | we have | we've |
| you have | you've | you have | you've |
| he/she/it has | he's/she's/it's | they have | they've |

Negazione: **I have not (I haven't)**

Interrogazione: **Have you? — Has he?**

c) **to do** (fare)

|       | Negativo contratto |        | Negativo contratto |
|-------|--------------------|--------|--------------------|
| I do  | I don't            | we do  | we don't           |
| you do | you don't         | you do | you don't          |
| he/she/it does | he/she/it doesn't | they do | they don't    |

Interrogazione:                    **Do you? Does he/she/it?**


## Altri verbi

L'infinito si usa per tutte le persone del tempo presente; si aggiunge solo -*(e)s* alla terza persona singolare.

|           | to love (amare) | to come (venire) | to go (andare) |
|-----------|-----------------|------------------|----------------|
| I         | love            | come             | go             |
| you       | love            | come             | go             |
| he/she/it | loves           | comes            | goes           |
| we        | love            | come             | go             |
| you       | love            | come             | go             |
| they      | love            | come             | go             |

La negazione si forma per mezzo dell'ausiliare *do/does* + *not* + verbo all'infinito.

**We do not (don't) like this hotel.**   Non ci piace questo albergo.
**She does not (doesn't) smoke.**   Ella non fuma.

L'interrogazione si forma con l'ausiliare *do* + soggetto + infinito.

**Do you like it?**   Ti piace?
**Does he live here?**   Egli vive qui?


## Presente continuo

Si forma con il verbo *to be* (essere) + il participio presente del verbo coniugato. Il participio presente si forma aggiungendo -*ing* all'infinito (eliminando la -*e* finale quando c'è). Il presente continuo si impiega solo con certi verbi, in quanto indica un'azione o uno stato che sta avvenendo nel momento in cui si parla.

**What are you doing?**   Cosa stai facendo?
**I'm writing a letter.**   Sto scrivendo una lettera.


## Imperativo

L'imperativo (singolare e plurale) ha la stessa forma dell'infinito (senza *to*). La negazione si forma con *don't*.

**Please bring me some water.**   Per favore, portami dell'acqua.
**Don't be late.**   Non essere in ritardo.

# Verbi irregolari inglesi

Vi elenchiamo qui di seguito i verbi irregolari inglesi. I verbi composti o quelli con prefisso si coniugano come i verbi semplici, es. *mistake* e *overdrive* si coniugano come *take* e *drive*.

| Infinito | Passato remoto | Participio passato | |
|---|---|---|---|
| **arise** | arose | arisen | *alzare* |
| **awake** | awoke | awoken | *svegliare* |
| **be** | was | been | *essere* |
| **bear** | bore | borne | *portare* |
| **beat** | beat | beaten | *battere* |
| **become** | became | become | *diventare* |
| **begin** | began | begun | *cominciare* |
| **bend** | bent | bent | *curvare* |
| **bet** | bet | bet | *scommettere* |
| **bid** | bade/bid | bidden/bid | *comandare* |
| **bind** | bound | bound | *legare* |
| **bite** | bit | bitten | *mordere* |
| **bleed** | bled | bled | *sanguinare* |
| **blow** | blew | blown | *soffiare* |
| **break** | broke | broken | *rompere* |
| **breed** | bred | bred | *allevare* |
| **bring** | brought | brought | *portare* |
| **build** | built | built | *costruire* |
| **burn** | burnt/burned | burnt/burned | *bruciare* |
| **burst** | burst | burst | *scoppiare* |
| **buy** | bought | bought | *comprare* |
| **can\*** | could | — | *potere* |
| **cast** | cast | cast | *gettare* |
| **catch** | caught | caught | *afferrare* |
| **choose** | chose | chosen | *scegliere* |
| **cling** | clung | clung | *aderire* |
| **clothe** | clothed/clad | clothed/clad | *vestire* |
| **come** | came | come | *venire* |
| **cost** | cost | cost | *costare* |
| **creep** | crept | crept | *strisciare* |
| **cut** | cut | cut | *tagliare* |
| **deal** | dealt | dealt | *trattare* |
| **dig** | dug | dug | *scavare* |
| **do (he does)** | did | done | *fare* |
| **draw** | drew | drawn | *tirare* |
| **dream** | dreamt/dreamed | dreamt/dreamed | *sognare* |
| **drink** | drank | drunk | *bere* |
| **drive** | drove | driven | *guidare* |
| **dwell** | dwelt | dwelt | *abitare* |
| **eat** | ate | eaten | *mangiare* |
| **fall** | fell | fallen | *cadere* |

\* indicativo presente

| | | | |
|---|---|---|---|
| **feed** | fed | fed | *nutrire* |
| **feel** | felt | felt | *sentire* |
| **fight** | fought | fought | *combattere* |
| **find** | found | found | *trovare* |
| **flee** | fled | fled | *fuggire* |
| **fling** | flung | flung | *gettare* |
| **fly** | flew | flown | *volare* |
| **forsake** | forsook | forsaken | *abbandonare* |
| **freeze** | froze | frozen | *gelare* |
| **get** | got | got | *ottenere* |
| **give** | gave | given | *dare* |
| **go** | went | gone | *andare* |
| **grind** | ground | ground | *macinare* |
| **grow** | grew | grown | *crescere* |
| **hang** | hung | hung | *appendere* |
| **have** | had | had | *avere* |
| **hear** | heard | heard | *udire* |
| **hew** | hewed | hewed/hewn | *spaccare* |
| **hide** | hid | hidden | *nascondere* |
| **hit** | hit | hit | *colpire* |
| **hold** | held | held | *tenere* |
| **hurt** | hurt | hurt | *dolere* |
| **keep** | kept | kept | *tenere* |
| **kneel** | knelt | knelt | *inginocchiarsi* |
| **knit** | knitted/knit | knitted/knit | *congiungere* |
| **know** | knew | known | *conoscere* |
| **lay** | laid | laid | *posare* |
| **lead** | led | led | *dirigere* |
| **lean** | leant/leaned | leant/leaned | *inclinare* |
| **leap** | leapt/leaped | leapt/leaped | *balzare* |
| **learn** | learnt/learned | learnt/learned | *imparare* |
| **leave** | left | left | *lasciare* |
| **lend** | lent | lent | *prestare* |
| **let** | let | let | *permettere* |
| **lie** | lay | lain | *giacere* |
| **light** | lit/lighted | lit/lighted | *accendere* |
| **lose** | lost | lost | *perdere* |
| **make** | made | made | *fare* |
| **may*** | might | — | *potere* |
| **mean** | meant | meant | *significare* |
| **meet** | met | met | *incontrare* |
| **mow** | mowed | mowed/mown | *falciare* |
| **must*** | — | — | *dovere* |
| **ought (to)*** | — | — | *dovere* |
| **pay** | paid | paid | *pagare* |
| **put** | put | put | *mettere* |
| **read** | read | read | *leggere* |
| **rid** | rid | rid | *sbarazzare* |
| **ride** | rode | ridden | *cavalcare* |

* indicativo presente

| | | | |
|---|---|---|---|
| ring | rang | rung | *suonare* |
| rise | rose | risen | *sorgere* |
| run | ran | run | *correre* |
| saw | sawed | sawn | *segare* |
| say | said | said | *dire* |
| see | saw | seen | *vedere* |
| seek | sought | sought | *cercare* |
| sell | sold | sold | *vendere* |
| send | sent | sent | *mandare* |
| set | set | set | *mettere* |
| sew | sewed | sewed/sewn | *cucire* |
| shake | shook | shaken | *scuotere* |
| shall* | should | — | *dovere* |
| shed | shed | shed | *spandere* |
| shine | shone | shone | *splendere* |
| shoot | shot | shot | *sparare* |
| show | showed | shown | *mostrare* |
| shrink | shrank | shrunk | *restringere* |
| shut | shut | shut | *chiudere* |
| sing | sang | sung | *cantare* |
| sink | sank | sunk | *affondare* |
| sit | sat | sat | *sedere* |
| sleep | slept | slept | *dormire* |
| slide | slid | slid | *scivolare* |
| sling | slung | slung | *scagliare* |
| slink | slunk | slunk | *sgattaiolare* |
| slit | slit | slit | *fendere* |
| smell | smelled/smelt | smelled/smelt | *fiutare* |
| sow | sowed | sown/sowed | *seminare* |
| speak | spoke | spoken | *parlare* |
| speed | sped/speeded | sped/speeded | *affrettarsi* |
| spell | spelt/spelled | spelt/spelled | *compitare* |
| spend | spent | spent | *spendere* |
| spill | spilt/spilled | spilt/spilled | *versare* |
| spin | spun | spun | *(far) girare* |
| spit | spat | spat | *sputare* |
| split | split | split | *spaccare* |
| spoil | spoilt/spoiled | spoilt/spoiled | *viziare* |
| spread | spread | spread | *spargere* |
| spring | sprang | sprung | *scattare* |
| stand | stood | stood | *stare in piedi* |
| steal | stole | stolen | *rubare* |
| stick | stuck | stuck | *ficcare* |
| sting | stung | stung | *pungere* |
| stink | stank/stunk | stunk | *puzzare* |
| strew | strewed | strewed/strewn | *spargere* |
| stride | strode | stridden | *camminare a grandi passi* |
| strike | struck | struck/stricken | *percuotere* |

* indicativo presente

| string | strung | strung | *legare* |
|--------|--------|--------|----------|
| strive | strove | striven | *sforzarsi* |
| swear | swore | sworn | *giurare* |
| sweep | swept | swept | *scopare* |
| swell | swelled | swollen | *gonfiare* |
| swim | swam | swum | *nuotare* |
| swing | swung | swung | *dondolare* |
| take | took | taken | *prendere* |
| teach | taught | taught | *insegnare* |
| tear | tore | torn | *stracciare* |
| tell | told | told | *dire* |
| think | thought | thought | *pensare* |
| throw | threw | thrown | *gettare* |
| thrust | thrust | thrust | *spingere* |
| tread | trod | trodden | *calpestare* |
| wake | woke/waked | woken/waked | *svegliare* |
| wear | wore | worn | *indossare* |
| weave | wove | woven | *tessere* |
| weep | wept | wept | *piangere* |
| will* | would | — | *volere* |
| win | won | won | *vincere* |
| wind | wound | wound | *avvolgere* |
| wring | wrung | wrung | *torcere* |
| write | wrote | written | *scrivere* |

* indicativo presente

343

# Abbreviazioni inglesi

| AA | *Automobile Association* | Automobile Club Britannico |
|---|---|---|
| AAA | *American Automobile Association* | Automobile Club Americano |
| ABC | *American Broadcasting Company* | società privata radio-televisiva americana |
| A.D. | *anno Domini* | A.D. |
| Am. | *America; American* | America; americano |
| a.m. | *ante meridiem (before noon)* | di mattina (00.00–12.00) |
| Amtrak | *American railroad corporation* | società di ferrovie americana |
| AT & T | *American Telephone and Telegraph Company* | società americana dei telefoni e telegrafi |
| Ave. | *avenue* | viale |
| BBC | *British Broadcasting Corporation* | Radio-Televisione Britannica |
| B.C. | *before Christ* | a.C. |
| bldg. | *building* | edificio |
| Blvd. | *boulevard* | viale |
| B.R. | *British Rail* | ferrovie britanniche |
| Brit. | *Britain; British* | Gran Bretagna; britannico |
| Bros. | *brothers* | fratelli |
| ¢ | *cent* | 1/100 di dollaro |
| Can. | *Canada; Canadian* | Canada; canadese |
| CBS | *Columbia Broadcasting System* | società privata radio-televisiva americana |
| CID | *Criminal Investigation Department* | polizia giudiziaria britannica |
| CNR | *Canadian National Railway* | ferrovie nazionali canadesi |
| c/o | *(in) care of* | presso (negli indirizzi) |
| Co. | *company* | compagnia |
| Corp. | *corporation* | tipo di società |
| CPR | *Canadian Pacific Railways* | società di ferrovie canadesi |
| D.C. | *District of Columbia* | Distretto Federale della Columbia (Washington, D.C.) |
| DDS | *Doctor of Dental Science* | dentista |
| dept. | *department* | reparto, sezione |
| e.g. | *for instance* | per esempio |
| Eng. | *England; English* | Inghilterra; inglese |
| EU | *European Union* | Unione europea |

| | | |
|---|---|---|
| excl. | *excluding; exclusive* | esclusivo, non compreso |
| ft. | *foot/feet* | piede/piedi |
| GB | *Great Britain* | Gran Bretagna |
| H.E. | *His/Her Excellency;* | Sua Eccellenza; |
| | *His Eminence* | Sua Eminenza |
| H.H. | *His Holiness* | Sua Santità |
| H.M. | *His/Her Majesty* | Sua Maestà |
| H.M.S. | *Her Majesty's ship* | nave della marina reale |
| | | inglese |
| hp | *horsepower* | cavallo (vapore) |
| Hwy | *highway* | strada a grande scorrimento |
| i.e. | *that is to say* | cioè |
| in. | *inch* | pollice (2,54 cm) |
| Inc. | *incorporated* | tipo di società anonima |
| | | americana |
| incl. | *including, inclusive* | inclusivo, compreso |
| £ | *pound sterling* | lira sterlina |
| L.A. | *Los Angeles* | Los Angeles |
| Ltd. | *limited* | società anonima |
| M.D. | *Doctor of Medicine* | Dottore in Medicina |
| M.P. | *Member of Parliament* | deputato |
| mph | *miles per hour* | miglia all'ora |
| Mr. | *Mister* | Signor |
| Mrs. | *Missis* | Signora |
| Ms. | *Missis/Miss* | Signora/Signorina |
| nat. | *national* | nazionale |
| NBC | *National Broadcasting* | società privata radio- |
| | *Company* | televisiva americana |
| No. | *number* | numero |
| N.Y.C. | *New York City* | città di New York |
| O.B.E. | *Officer (of the Order)* | Ufficiale (dell'Ordine) |
| | *of the British Empire* | dell'Impero Britannico |
| p. | *page; penny/pence* | pagina; 1/100 di lira sterlina |
| p.a. | *per annum* | per anno |
| Ph.D. | *Doctor of Philosophy* | Dottore in Filosofia |
| PLC | *public limited company* | Società per azioni |
| p.m. | *post meridiem* | del pomeriggio o della sera |
| | *(after noon)* | (12.00–24.00) |
| PO | *Post Office* | ufficio postale |
| POO | *post office order* | mandato postale |
| pop. | *population* | abitanti |
| P.T.O. | *please turn over* | vedi retro |
| RAC | *Royal Automobile Club* | Real Automobile Club |
| | | Inglese |

| | | |
|---|---|---|
| **RCMP** | *Royal Canadian Mounted Police* | polizia reale canadese a cavallo |
| **Rd.** | *road* | strada |
| **ref.** | *reference* | riferimento |
| **Rev.** | *reverend* | reverendo della chiesa anglicana |
| **RFD** | *rural free delivery* | distribuzione della posta in campagna |
| **RR** | *railroad* | ferrovia |
| **RSVP** | *please reply* | si prega rispondere |
| **$** | *dollar* | dollaro |
| **Soc.** | *society* | società |
| **St.** | *saint ; street* | santo ; strada |
| **STD** | *Subscriber Trunk Dialling* | telefono automatico |
| **UN** | *United Nations* | N.U., Nazioni Unite |
| **UPS** | *United Parcel Service* | servizio spedizione pacchi americano |
| **US** | *United States* | Stati Uniti |
| **USS** | *United States Ship* | nave della marina americana |
| **VAT** | *value added tax* | I.V.A. |
| **VIP** | *very important person* | V.I.P., persona molto importante |
| **Xmas** | *Christmas* | Natale |
| **yd.** | *yard* | iarda (91,44 cm) |
| **YMCA** | *Young Men's Christian Association* | A.C.D.G. |
| **YWCA** | *Young Women's Christian Association* | U.C.D.G. |
| **ZIP** | *ZIP code* | codice di avviamento postale |

# Numeri

## Numeri cardinali

| | |
|---|---|
| 0 | zero |
| 1 | one |
| 2 | two |
| 3 | three |
| 4 | four |
| 5 | five |
| 6 | six |
| 7 | seven |
| 8 | eight |
| 9 | nine |
| 10 | ten |
| 11 | eleven |
| 12 | twelve |
| 13 | thirteen |
| 14 | fourteen |
| 15 | fifteen |
| 16 | sixteen |
| 17 | seventeen |
| 18 | eighteen |
| 19 | nineteen |
| 20 | twenty |
| 21 | twenty-one |
| 22 | twenty-two |
| 23 | twenty-three |
| 24 | twenty-four |
| 25 | twenty-five |
| 30 | thirty |
| 40 | forty |
| 50 | fifty |
| 60 | sixty |
| 70 | seventy |
| 80 | eighty |
| 90 | ninety |
| 100 | a/one hundred |
| 230 | two hundred and thirty |
| 1,000 | a/one thousand |
| 10,000 | ten thousand |
| 100,000 | a/one hundred thousand |
| 1,000,000 | a/one million |

## Numeri ordinali

| | |
|---|---|
| 1st | first |
| 2nd | second |
| 3rd | third |
| 4th | fourth |
| 5th | fifth |
| 6th | sixth |
| 7th | seventh |
| 8th | eighth |
| 9th | ninth |
| 10th | tenth |
| 11th | eleventh |
| 12th | twelfth |
| 13th | thirteenth |
| 14th | fourteenth |
| 15th | fifteenth |
| 16th | sixteenth |
| 17th | seventeenth |
| 18th | eighteenth |
| 19th | nineteenth |
| 20th | twentieth |
| 21st | twenty-first |
| 22nd | twenty-second |
| 23rd | twenty-third |
| 24th | twenty-fourth |
| 25th | twenty-fifth |
| 26th | twenty-sixth |
| 27th | twenty-seventh |
| 28th | twenty-eighth |
| 29th | twenty-ninth |
| 30th | thirtieth |
| 40th | fortieth |
| 50th | fiftieth |
| 60th | sixtieth |
| 70th | seventieth |
| 80th | eightieth |
| 90th | ninetieth |
| 100th | hundredth |
| 230th | two hundred and thirtieth |
| 1,000th | thousandth |

# L'ora

I Britannici e gli Americani usano il sistema di dodici ore. L'espressione *a.m. (ante meridiem)* indica le ore che precedono mezzogiorno e *p.m. (post meridiem)* quelle fino a mezzanotte. Tuttavia in Inghilterra ...li orari sono di più in più indicati alla maniera continentale.

I'll come at seven a.m.          Verrò alle 7 (del mattino).
I'll come at two p.m.            Verrò alle 2 (del pomeriggio).
I'll come at eight p.m.          Verrò alle 8 (di sera).

## I giorni della settimana

| | | | |
|---|---|---|---|
| *Sunday* | domenica | *Thursday* | giovedì |
| *Monday* | lunedì | *Friday* | venerdì |
| *Tuesday* | martedì | *Saturday* | sabato |
| *Wednesday* | mercoledì | | |

Notes